日本現代怪異事典
朝里樹
Asazato Itsuki
笠間書院

はじめに

本書は、主に戦後（一九四五年・昭和二〇年以降）の日本を舞台として語られた、現在の常識からは説明し難《がた》い超自然的な存在・現象・呪い・占い・物体などにまつわる話を収集したものです。本文を始める前に、本書における現代怪異、怪異という言葉について説明します。まず怪異という言葉を『広辞苑』で引くと次のようにあります。

一、あやしいこと。ふしぎなこと。「――な現象」
二、ばけもの。へんげ。

このように怪異という言葉は怪しい現象や存在、また不可思議な現象、存在を語義に含んでいる言葉です。現代の怪異的存在を表す言葉の場合、すでに「現代妖怪」という言葉が市民権を得ているようにも思われますが、この言葉は一九八〇年前後からメディアによって使われ始めた言葉であり、既存の言葉でありながら明確な定義が存在しないように思います（例えば妖怪と幽霊という概念は区別されることが多いが、現代妖怪の場合は妖怪と幽霊ははっきりと区別されるのか、また占いやそれ自身が意志を持たない呪物のようなものの類は現代妖怪の範疇に入るのか、など）。そのため本書では便宜的に現代怪異、怪異という言葉でそれらの不可思議で超自然的な現象・存在・物体を包括するものとして定義しました。そのためここで使われる怪異の定義は本書のみに適用されるものであり、怪異という言葉自体は本来もっと多くのものをその語義に含んで使われることを申し添えます。

また本書に書いてある情報をどう活用するかは読者の自由です。純粋に資料として読んでいただいても、出典を辿るために使っていただいても、創作の糧《かて》としていただいても構いません。本書によって、少しでも多くの方が現代の怪異たちに興味を持っていただければ、それ以上の喜びはありません。

目次

コラム

索引

凡例

一、本書は現代（一九四五年・昭和二〇年以降）を舞台として語られた都市伝説、学校の怪談などに登場する怪異のうち、基本的には明確な作者が存在せず、人々の間で事実として語り広まっていると思われるものを収集し、五十音順に並べたものである。ただし、明らかに元来は個人の創作と判明しているもの、創作が元になっているものなどについても、それが人々の間で実際に事実として語られていると思われるものについては収集対象としている。また、出典となった資料において名前が存在しないものについては、筆者が命名したものもある。怪異の定義については「はじめに」を参照。

一、参考資料は項目ごとに記しているが、一部名称を省略しているため巻末に正式名称を記載した参考資料を一覧にしている。書籍、映画の名称は『　』を、論文やウェブサイト、新聞の名称は「　」を用いて記載している。掲載の順番については特に意味を持たせていない。

一、各項目は前半にその怪異の概要を、後半にその怪異にまつわる諸々の解説を記している。文中に登場する怪異名について、事典内に別に独立した項目が存在する場合は太字で表記している。太字での表記は読み易さの観点から後半の解説部分にのみ適用している。

一、出典となる資料において、その怪異が語られていた舞台や時代、また伝承されていた地域などがはっきりと判明している場合には可能な限りその情報についても記載しているが、はっきりしない場合においては省略している。

一、現在では一般的に使用されていない言葉も、出典資料の表記に従って記載している。その際には（　）を使用し、意味を説明している。

一、幽霊、亡霊、霊の使い分けについては、原則として出典の表記に基づいている。

一、怪異、妖怪、怪といった言葉の使い分けについては、各項目の前半部分においては怪異という言葉に統一している。後半の解説部分においては、出典に基づいて使い分けている他、近代以前に記録があり、現在妖怪として認識されているものを説明する場合、現代の怪異と表記を分ける目的で「妖怪」という表記を使っている。現代において近代以前に記録された妖怪と同名の怪異が語られている場合には、現代の記録に基づいて説明する際には怪異、近代以前の記録に基づいて説明する際には妖怪という言葉を使用することで区別している。

一、出典において固有名詞のない怪異の項目名は、その怪異の性質等に沿って便宜的に名称を設定している。またその場合は「筆者命名」という言葉を項目後半の解説部分に記している。また項目名、解説部分等で似通った性質を持った怪異を一括《くく》りにする際には、民俗学研究所編『総合日本民俗語彙』以降において怪異・妖怪を分類する際に使用される「〜の怪」という括りを使用している。

【あ】

Rボタン［あーるぼたん］

とある大学のエレベーターに現れるという不可思議なボタンにまつわる怪異。Rは他のエレベーターと同じく「ROOF」、つまり屋上を表しており、実際に辿《たど》り着いた先にあるのも屋上の景色のように見えるが、実はそこは異世界であり、エレベーターを出てその扉が閉じてしまうと元の世界に戻れなくなってしまうという。

渡辺節子他編著『夢で田中にふりむくな』などに載る。異世界に閉じ込められるのを回避するためには、まず複数人でエレベーターに乗り、その扉が閉まらないように一人が「開」ボタンを押し続ければよいようだ。またこのボタンは常にある訳ではなく、再度同じエレベーターに乗ったときにはなくなっていたという。

会いに来る目玉［あいにくるめだま］

人体にまつわる怪異。あるカップルがドライブをしている途中道に迷った。さらに霧が出てきたために視界が悪化したにも関わらず、先へ先へと進んだことが災《わざわ》いし、ハンドル操作を誤った自動車は崖から落下。男は奇跡的に助かったものの女は即死した。その上落下の途中女の右の目玉が木の枝に突き刺さり、死体の眼孔《がんこう》からなくなっていたという。

それ以来恋人を亡《な》くした影響か、男は部屋に引き籠もって外へ出なくなってしまった。それを心配した友人が遊びに誘うも、男は「駄目なんだ」と拒否する。その理由を問うと、「実はあの子が会いに来るんだ。夜の決まった時間になると窓の外の所に来るんだ」と死んだ恋人のことを話し、そればかりで部屋から動こうとしない。そのため男の言っていることを確かめようと友人も部屋で待ってみることにした。

やがてその時間が迫ってきた頃、外が急に明るくなった。友人が外を見ると、何か光るものがゆらゆらと近づいてきて、窓の外でぴたりと止まった。友人がそれを凝視すると、その物体は一つの目玉だった。あの事故の日、木の枝に刺さって回収されなかった目玉が毎晩恋人に会いに来ていたのだという。

渡辺節子他編著『夢で田中にふりむくな』に載る。何者かの存在のために部屋から出られない男、というシチュエーションは**隙《すき》間女《まおんな》**の怪談にも似ている。

愛の女神様［あいのめがみさま］

こっくりさんに似た怪異の一つ。マイバースデイ編集部編『わたしは霊にとりつかれた！』に、**こっくりさん**の類例として名前のみ載る。

青い紙【あおいかみ】

トイレに現れたという怪異。ある学校の二階の男子トイレの最も奥の個室は、トイレットペーパーを入れても入れてもなくなってしまうという怪奇現象が起きていた。ある日、その個室で一人の男子児童が用を足したところやはり紙がない。それで困っていると、上から「青い紙はいりませんかァー」という声が聞こえてきた。そのため男子児童が「いります」と答えると、何者かが突然男子児童に飛びついてきて彼の血を吸い取ってしまった。

常光徹編著『みんなの学校の怪談　赤本』に、東京都の小学生からの投稿として載る。「青い紙いりませんか」という問いかけは**赤い紙・青い紙**や**赤いマント・青いスカーフ・黄色いドレス**を思い起こさせるが、色を選ばせずただ紙が必要かどうかを問うてくる話の構造はむしろ**赤いちゃんちゃんこ**、**赤いはんてん**などに類似している。また同様に紙の必要性を問うてくる怪異に**カミいりますか**がある。

あおいさん【あおいさん】

ある地域において、コンビニなど深夜まで営業している店舗に出現するとされる怪異。自ら「あおいさん」と名乗る中年男性の姿をした怪異で、一見すると普通の人間であるが、これと目を合わせてはならないとされる。また間延《まの》びした口調で商品を注文した後、最後に「命ちょーうだーい」と店員や客の命を要求し、指定した命の数の針金細工を店に置いていくという行動を取る。その針金細工は夜になるとミミズのようにくねりながら動くという奇妙な様相を見せるが、その動きが弱まるとあおいさんに指定された人間が死亡するという。さらに、その後あおいさんが死んだ人間の首を持って針金細工を置いた店に現れたという証言もある。

その他、あおいさんはカメラに映ることがないという特徴があり、また死んだ人間の首を持って現れた日には監視カメラに首のない人間が映っていたとも言われている。

2ちゃんねるオカルト板の「死ぬ程洒落《しゃれ》にならない怖い話を集めてみない？245」スレッドにて、語り手のアルバイト先であるコンビニに現れた怪異として二〇一〇年七月二二日に書き込まれた。あおいさんは以前にもそのコンビニに出没していたらしく、彼に対する対処方法がすでに同コンビニ内では伝わっていたという。

青い頭巾【あおいずきん】

名前通り青い頭巾を被《かぶ》った怪異で、「赤い血のついた足いりませんか」と問いかけてくる。これに対し「いりません」と答えると足を取られてしまう。

学校の怪談編集委員会編『学校の怪談

13』に、秋田県秋田市からの投稿として載る。

青いドレスの女
［あおいどれすのおんな］

部活帰り、一人の女子生徒が夕方遅くに学校の屋上で青いドレスを着た女の怪異が火を持って学校の裏手の墓を見つめているのを目撃した。それから女子生徒は家に帰って熱を出し、うなされたという。

常光徹著『学校の怪談　口承文芸の展開と諸相』に、東京都東久留米市《ひがしくるめし》下里《しもさと》中学校の男子中学生が語っていたという記録が載る。名称は松谷みよ子著『現代民話考7』によった。

青いハンカチ・赤いハンカチ
［あおいはんかち・あかいはんかち］

トイレに現れるという怪異。ある男性教諭が学校で夜に見回りをしていたとき、尿意を催してトイレで用を足していた。すると天井から「青いハンカチと赤いハンカチどちらが欲しい」という声がする。それに対して男性が何度「いらないよ」と言ってもその声がしつこく尋ねてくるため、「青」と答えたところ、彼は全身の血を抜かれて真っ青になって死んでしまったという。

学校の怪談編集委員会編『学校の怪談13』に、福岡県田川《たがわ》市からの投稿として載る。赤と青を選ばせる点や青を選ぶと血を吸われる点は**赤い紙・青い紙**や**赤マント・青マント**などと共通する。

青い船・赤い船
［あおいふね・あかいふね］

トイレにまつわる怪異。かつて、ある学校で夕方トイレに入り、「青い船こい、赤い船こいこい」と歌うと青と赤の折り船が流れてくるが、一人でやらなければ不吉なことが起きると伝えられていたという。

学校の怪談編集委員会編『学校の怪談13』に、兵庫県神戸市からの投稿として載る。

青い目の人形
［あおいめのにんぎょう］

ある学校では真夜中になると校舎の二階から「ママー、ママー」という悲しげな泣き声と小さな足音が聞こえてくるという怪異がたびたび報告されていた。その声を聞いた一人の教師が下宿先のお婆《ばあ》さんにその話をすると、彼女はそれに心当たりがあるという。そこで放課後、子どもたちがいなくなってからお婆さんとともに学校に入ると、彼女は迷うことなく二階の裁縫教室へ行き、そしてずっと昔に天井裏にあるものを隠したのだと話してくれた。教師がお婆さんの指示通りに天井裏を探ってみると、そこには新聞紙に包まれた青い目の西洋人形があった。

お婆さんによると、その裁縫教室はかつて彼女が子どもの頃に授業を受けていた教室であったが、戦争が起こった際、その教室の天井裏にこの青い目の人形を隠したのだという。この人形は戦前にアメリカから友好の証《あかし》として送られてきた人形であったが、戦争により反米思想が広まる中でどの学校でもこの人形を壊し、燃やし、捨てるように指示されていたものだった。しかしお婆さんはこのジュリーと名付けられた人形がどうにも可哀想《かわいそう》で、人形を盗み出して天井に隠したのだという。それから何十年もの間、この人形は天井裏に隠されていたのだ。お婆さんは人形を抱きしめた。それ以来青い目の人形が泣くことはなくなり、今ではその学校の図書室に大切に飾られているという。

この話は学校の怪談編集委員会編『学校の怪談4』に載る。「青い目の人形」は一九二七年三月三日にアメリカから日本に親善を目的として一万体以上送られた人形の通称。第二次世界大戦時に反米政策によりその多くが処分されたが、一部は隠し通されて戦後に見つかり、現存しているものが各地の学校や幼稚園に飾られている。この怪談はそれを見た子どもたちの間に生まれた怪談なのだろう。またこの人形は一つ一つに名前がつけられているが、メリーと名付けられた人形が多くいる。これが、**メリーさんの電話**に影響を与えたのかもしれない。

他に青い目の人形にまつわる怪異を挙げると、不思議な世界を考える会編『怪異百物語1』には、秋田県のある小学校にまつわる話として、夜になるとこの青い目の人形たちが動き出し、人間を見つけると空中を飛んで襲いかかってきたという怪談が載る。この学校にはもともとたくさんの青い目の人形が所蔵されていたが、人形たちが襲いかかってきた際に屋上に追い詰められた校長と用務員が次々と人形を屋上から叩《たた》き落《お》とし、粉々に壊しつつ最後の一つだけは夜が明けて動かなくなるまで抑え込んでいたと語られ、その学校で現存する青い目の人形がなぜ一つなのかについての由来が語られている。また学校の怪談編集委員会編『学校の怪談7』には、山口県防府市《ほうふし》からの投稿としてローズマリー、ベティハリウッドと名付けられた姉妹人形が夜中涙を流すという話が載る。

青いもの ［あおいもの］

ある小学校での話。二人の男児が教室に残って図工の作業をしていて、夕方六時頃に完成したため帰りの準備をしていると、霧がかかったように教室が白く霞《かす》んできた。辺りを見回すと何やら青いものが教室の前を横切り、図工室に入っていくのが見えた。男児のうちの一人はそのまま帰ったが、もう一人は図工室へ様子を見に行ってしまった。そしてそのまま、彼は行方不明となった。学校から帰った方の男児は図工係であったため、その日も授業前に図工準備室へと向かった。そこで何気なく彫像を見ていると、何やら見覚えのある姿にはっと立ち止まった。そこには青い涙を流すあの少年の顔の形をした彫像があったのだ。

それ以降、夜になるとこの図工準備室から「帰りたいよぉ」という啜《すす》り泣《な》きが聞こえるようになったという。

常光徹著『学校の怪談』に載る。

アオゲジジイ［あおげじじい］

ある中学校に出現するという怪異。

飯倉義之の論文「少年少女民俗誌」（『世間話研究』第一二号収録）に、飯倉氏自身が少年時代に噂《うわさ》として語られていたことが記録されている。氏によれば小学校に出現する「アカゲババア」（**赤毛ババア**参照）と夫婦であるという噂もあったとされる。

青ぼうず［あおぼうず］

山形県の山中の小学校に現れたという怪異。夕方男子便所の一カ所に入ると、青い顔をした坊主《ぼうず》頭の化け物が便器の中から顔を半分だけ出して、大きな目で睨《にら》んでくるのだという。

常光徹著『学校の怪談』などに載る。学校の怪談編集委員会編『学校の怪談2』では、青ぼうずが出現する学校が昔罪人の首を刎《は》ねた処刑場の跡に建てられたものであったと生首の化け物が出現する由来が語られている。また『現代民話考7』によれば古くは一九三七、八年頃に福島県会津若《あいづわか》松市《まつし》の鶴城《かくじょう》小学校にて「アオボウズ」が出たという話があり、ここでもその学校は処刑場の跡に建てられたものであるという由来が語られている。

岡山県にも「青坊主」という名前の妖怪が伝わるが、こちらは体または衣服が青い色をした大坊主の妖怪で、空き家などに現れる。また鳥山石燕《とりやませきえん》の『画図百鬼夜行《がずひゃっきやこう》』には、一つ目の法師姿の妖怪が青坊主として描かれているが、こちらは説明がないためどのような妖怪かは不明。ただどちらも厠《かわや》（トイレ）に現れる妖怪とは記されていない。

青・赤・黄の手［あお・あか・きのて］

ある小学校のプールに現れるという怪異。ここに夜の一二時に行くと赤・青・黄の手が現れ、胸元を摑《つか》まれてプールに引《ひ》き摺《ず》り込《こ》まれるという。

常光徹著『学校の怪談6』に、千葉県からの投稿として載る。

赤い糸・青い糸・白い糸［あかいいと・あおいいと・しろいいと］

ある学校の男子トイレに現れるという怪異。そのトイレで二番目の個室に入ると蜘《く》蛛《も》が現れて、赤、青、白のどれかの糸が垂れてくる。このとき赤い糸に触るといつの間にか四番目のトイレに移動しており、青い糸に触ると人間の顔をした蜘蛛が二匹現れ、白い糸に触ると不思議なことが起こるという。

常光徹著『新・学校の怪談1』に、千葉県からの投稿として載る。

赤い紙・青い紙［あかいかみ・あおいかみ］

主に学校のトイレに現れる怪異。ある少女がトイレに行くと紙がなかった。どうしようかと困っていると、どこからか「赤い紙はいらんか、青い紙はいらんか」という声が聞こえてきた。少女が怖くなって赤と答えると、体が血だらけになって死んでしまった。また青と答えても今度は何者かに首を絞められ、窒息して死んでしまうという。

青い紙が白い紙になっていたり、赤、青の他に白や黄が加わっていることも多い。それぞれの色を選んだ結果引き起こされることはさまざまで、赤の場合は全身から出血する、首を切り裂かれる、ナイフで殺される、血塗《ちまみ》れの赤い手が下から現れる、真っ赤な血が天井から降ってくる、赤い紙が落ちてきて、それを使うと体が真っ赤になる、尻を嘗《な》められるなどといった具合。青い紙の場合はトイレから出られる、全身の血を抜かれる、青白い手が出てくる、青い紙が落ちてきて、それを使うと体が真っ青になる、青くなって死ぬなど。白い紙を選ぶと壁に引《ひ》き摺《ず》り込《こ》まれる、チリ紙が舞う、下から手で撫《な》でられるなど。黄色を選ぶと命が助かる、全身黄色の病気になる、糞《くそ》塗れにされる、ガスが出てきて窒息死させられる、狂気の世界に連れていかれるなどと伝わる。また変わったものでは常光徹編著『みんなの学校の怪談　緑本』に東京都からの投稿として問いかけに対し新聞紙と答えたらものすごく頭がよくなったという話が記されている。他にも回避方法として、実業之日本社編『都市伝説&怪談ＤＸ』には「何もいらない」と答えればよいという話が載る。

マイバースデイ編集部編『音楽室に霊がいる！』では、声だけでなくトイレに少女が現れて「紙ほしい？」と聞いてくるという話が載り、これにいらないと答えれば帰っていくが、ほしいと答えると「赤、青、白、どの色？」と尋ねられる。これに赤と答えると首を切られて赤い血を流して死に、青と答えると便器に顔を突っ込まれて青くなり、白と答えるとどこかへ連れていかれるという話が兵庫県の中学生からの投稿として載っている。

この怪異にまつわる古い話としては、松谷みよ子著『現代民話考7』に一九四三年頃の話として以下が載る。大阪府大阪市立木川《きかわ》小学校にて、「赤い紙やろか、白い紙やろか」と女の声が聞こえてきて、赤を選ぶと下から尻を舐《な》められ、白を選ぶと尻を撫でられると噂《うわさ》されていたという。

またこの怪異について、村上健司編著『妖怪事典』によれば便所神を祭る際に白と赤、または青と赤の紙で作った男女の人形を備えるという風習から、「カイナデ」と呼ばれる厠《かわや》に現れる腕だけの妖怪と出会わないための呪文としてこれらの紙をやるから出ないでくれよという意味を込めて「赤い紙やろうか、白い紙やろうか」と唱えていたが、その風習が変化してこの怪異が生まれたのではないかと考察されている。

赤いクツ ［あかいくつ］

ある小学校に現れるという怪異。その学校で放課後、トイレに入っていると「赤いクツはいらんかね」と尋ねられることがある。これに「はい」と答えると命を取られてしまうという。

実業之日本社編『幽霊&都市伝説DX』に載る。

赤い靴の怪［あかいくつのかい］

靴にまつわる怪異。ある日、赤い靴を買いに行こうとした人物が交通事故に遭《あ》って足を切断されてしまった。それからというもの、この人物は赤い靴を履いている人間を見つけては大きなハサミで切断してしまうようになったという。

永島大輝「『聞いてみた』学校の怪談・俗信」（『昔話伝説研究』第三五号収録）にて、永島氏が二〇一五年六月五日に氏が授業を受け持っていた中学生のクラスに対して行った調査の回答に記録されているという。筆者命名。記録では赤い靴を買いに行こうとした人物の性別は不明。また、ハンス・クリスチャン・アンデルセンの創作童話『赤い靴』には、主人公のカーレンが足を切断されてしまう場面があるが、何か関連があるのだろうか。

赤い車［あかいくるま］

北海道のある湖畔に現れるという怪異。この湖畔の細い道を暗くなった頃に車で走ると、後ろから運転手のいないサイドミラーの片方が壊れた赤い車に追い越されることがある。このときそのまま赤い車の後をついていくと、通行止めの道に突っ込んで事故を起こすのだそうだ。

常光徹他編著『魔女の伝言板』に、千葉県の女子大生の報告として載る怪異。無人の車に出会うと事故を起こすという点では**幽霊自動車**と似ている。また常光徹著『学校の怪談8』では、同じく無人の赤い車にまつわる話が載るが、こちらでは遭遇しても事故を起こしたという話はなく、これと出会った翌日にこの赤い車の方が事故に遭《あ》い、車体が潰れていたという記事が新聞に載っていたとされる。

赤いクレヨン［あかいくれよん］

全国で語られる怪異。ある夫婦が一軒家を購入した。中古物件ではあるが新築同然だったため二人はよい買い物をしたと喜んでいた。そんなある日、妻が廊下に落ちている赤いクレヨンを見つける。夫婦には子どもはなかったため、前の住人の忘れ物だろうとゴミ箱に捨て、そのときは気に留《と》めなかった。しかし次の日もその次の日も赤いクレヨンは同じ場所に落ちている。夫婦はそれを疑問に思い、その場所の周辺を調べてみることにした。すると明らかにその辺りには外から見るともう一つ部屋がある。そこで家の図面を見てみると、やはり心当たりのない部屋が一つ記載されており、そこは赤いクレヨンが落ちていた場所の側であった。

二人がその壁を叩《たた》いてみると、他の壁を叩いたときとは違う音がする。意を決した夫婦は、隠された部屋周辺の壁紙を剥《は》がす。するとそこには開かないように釘《くぎ》打ちされた扉があった。夫婦がどうにかしてその扉を開くと、そこには何も入っていない小さな部屋があった。しかしその部屋の壁一面は、びっしりと赤い文字によって埋め尽くされていた。

「おとうさんおかあさんごめんなさいここからだしておとうさんおかあさんここからだしてごめんなさいごめんなさいおとうさんおかあさんここからだしてごめんなさいおとうさんおかあさんごめんなさいここからだしておとうさんおかあさんだしてだしてだしてだしてだして……」

クレヨンの色は青や緑の場合があるが、赤が一般的。タレントの伊集院光が、一九九七年頃にTBSのテレビ番組「山田邦子のしあわせにしてよ」内の怖い話企画で発表したものが最初とされるが、後々自分や知人が体験した怪談として雑誌などに投稿するものが現れ、都市伝説として広まるとともにバリエーションも増えていったようだ。

赤い爺さん［あかいじいさん］

家で一人で勉強していると、背後に赤い爺さんという小柄な老人が立っていることがあるという怪異。気が付いて振り向くと赤い爺さんは「遊ぼう」と誘ってくるが、これに「うん」と答えるとどこかへ連れ去られてしまう。また他の答えだとその場で殺されてしまう。それらを防ぐために「マリア様とカシマ様がだめって言ったから」と答えると赤い爺さんは消えてしまうという。

松山ひろし著『カシマさんを追う』に、兵庫県にて一九八二年頃語られていた怪異として載る。

赤い舌・青い舌［あかいした・あおいした］

香川県香川郡直島町《なおしまちょう》の直島小学校に出現したという怪異。一九四七、八年頃、この学校の便所の何番目かに入ると「赤い舌やろか、青い舌やろか」という声が聞こえ、どちらを答えても尻を何か冷たいもので撫《な》でられたという。またある人物はその便所に入った後戸が開かなくなり、父親に戸を叩《たた》き壊《こわ》してもらってやっと出られたという話も載る。

松谷みよ子著『現代民話考7』に載る。

赤いセーターの祟り［あかいせーたーのたたり］

話を聞くと現れるという怪異。かつて赤いセーターを着た少女が変質者に襲われ、バラバラ死体で発見されるという事件があった。そしてこの話を聞いた人間は、四人に同じ話をするまで赤い色のついた洋服を着て鏡に映ってはいけないと言われている。もし映ってしまうと、大きな不幸が訪れるという。

マイバースデイ編集部編『わたしの学校の幽霊』に載る。

赤い世界・青い世界［あかいせかい・あおいせかい］

ある小学校の二階の一番奥のトイレに現れるという怪異。このトイレに入ると、「赤い世界と青い世界、どっちがいい?」と聞こえてくる。これに対し赤い世界を選ぶと首を切られて血で真っ赤に染まってしまい、青い世界を選ぶと首を絞められ真っ青になって死んでしまうという。

フジテレビ出版『木曜の怪談　紫の鏡』に載る。

赤い玉と青い玉［あかいたまとあおいたま］

ある学校において、トイレの鏡から現れるという怪異。トイレに入ってきた子どもに対し「赤い玉と青い玉、どっちがほしいかい」と尋ね、欲しいと言った方の玉を差し出すが、赤い玉に触れた子どもはその瞬間に焼け死に、青い玉に触れると水が流れ込んできて溺死《できし》する。また青い玉を選んで泳いで逃げようとした場合には、赤い玉を投げ付けられて行方不明になってしまうとも語られている。

不思議な世界を考える会編『怪異百物語2』に載る。

赤いちゃんちゃんこ［あかいちゃんちゃんこ］

学校のトイレに現れるとされることが多い怪異。ある学校で休み時間に一人の少女がトイレに入った。するとどこからか「赤いちゃんちゃんこ着せましょうか」という声が聞こえてきたため、少女は驚いてそのことを教師に報告した。それから同じようなことが何度も起きるようになり、教師はついに警察へと連絡する。翌日、一人の婦警が学校にやってきて、問題のトイレへと入ることになった。するとやはり「赤いちゃんちゃんこ着せましょうか」という声が聞こえる。そこで婦警が「着せられるものなら着せてみなさい」と言った。

直後、トイレから聞こえてきた悲鳴に外で待っていた教師が駆け付けると、そこには血塗《ちまみ》れの婦警が倒れていた。彼女の体から飛び散った鮮血はその制服を赤く染め、まるで赤いちゃんちゃんこを羽織っているかのようだったという。

全国の学校に伝わる怪異。犠牲となるのは婦警以外にもその学校の生徒だったり、武道の達人だったりするが、問いかけに対して肯定の答えを返すことで血塗れで殺される点は共通している。中村希明《まれあき》著『怪談の心理学』によれば、新潟県出身の女性が一九七三年頃には赤いちゃんちゃんこの怪談が流布《るふ》していたと語っていたという。また基本的に声だけの怪であるか、少女の姿をした怪異として語られることが多いが、それ以外の例もあり、学校の怪談編集委員会編『学校の怪談13』では山形県鶴岡市《つるおかし》からの投稿として、霊感の強い少女が修学旅行でトイレから帰ってこない生徒を探しに行ったところ、その少女が宙に浮かんでおり、しわくちゃの老婆が「赤いチャンチャンコ」と言うので「馬鹿じゃないの」と答えると、霊感の強い少女の首が切断され、血が流れて赤いチャンチャンコのようになったという話が載る。

他に久保孝夫編『女子高生が語る不思議な話』では公衆トイレに出現するとされており、ここでは「赤いちゃんちゃんこ着せましょうか」という問いかけに同意するとその人間の両腕を切り取って袖なしちゃんちゃんこのようにして殺してしまうと記されている。また前述した『学校の怪談13』では山梨県甲府市からの投稿として、「赤いちゃんちゃんこ着せてくれ」と逆に着せてもらうことを要求するパターンが載っており、こちらはあまりに大きな声で騒ぐので近所の人間がその声が響いてくる学校のトイレに行き、「着せましょか」と言ったところ、トイレの個室に引《ひ》き摺《ず》り込《こ》まれて首を切られて殺されたという内容になっている。また同書には愛媛県松山市からの投稿としてプールに設置されたトイレに赤いちゃんちゃんこを着た少年が現れ、「赤いちゃんちゃんこ着せましょか〜？」と尋ねてくるが、それに「うん、着たいな」と答えると包丁で殺されるという話も載る。

ポプラ社編集部編『映画「学校の怪談」によせられたこわーいうわさ』では兵庫県神戸市からの投稿として、かつて皆にいじめられていた女子児童がカッターで首を切り、死後赤いチャンチャンコという怪異となった。この赤いチャンチャンコは使われていない教室におり、教室に入ってきた人間に対し「赤いチャンチャンコ着せましょうか」と言うが、これに「はい」と答えると首を切られる。逃れるためには「いいえ」「けっこうです」といった答えを返さねばならないという話が載る。ただしこれは真倉翔原作・岡野剛作画の漫画『地獄先生ぬ〜べ〜』の第五〇話、「赤いチャンチャンコの巻」とほぼ同じ物語となっているため、これが元になっている可能性が高い。

そして不思議な世界を考える会編『怪異百物語4』には、江戸時代の話としてこんな話が載っている。江戸の下町に性質の悪い侍がおり、「江戸の狂い侍」と呼ばれていた。ある満月が異様に輝く夜のこと、その侍が自宅で酒を飲んでいると、誰かが戸を開ける音がして冷たい風が吹き込んできた。続いて小さな足音が聞こえて「赤いちゃんちゃんこ、着せましょうか」という女の声がした。それに対し侍は「着せてみろ」と刀を摑《つか》みながら答え、あまりの恐ろしさに部屋を飛び出した。翌朝、侍は全身赤い血だらけで死んでおり、その顔はなぜか笑っていたという。これに類似した話としては、常光徹他編著『魔女の伝言板』に江戸時代に悪行を重ねた武士が道で女に「赤いちゃんちゃんこ着せましょうか」と問われ、「着せろ」と返して刀で切り付けたところ、翌朝になってその武士が全身血だらけとなって笑って死んでいた、という話が載る。

赤いちゃんちゃんこ・青いちゃんちゃんこ
［あかいちゃんちゃんこ・あおいちゃんちゃんこ］

ある高校に現れるという怪異。この学校の体育館のトイレの二番目のドアをノックすると「赤いちゃんちゃんこと青いちゃんちゃんこ、どっちがいい?」と尋ねられる。これに赤と答えると血の海に落とされて溺《でき》死《し》し、青と答えると天井から紐《ひも》が伸びてきて絞殺《こうさつ》されてしまうという。

マイバースデイ編集部編『わたしの教室に幽霊が!』に載る。**赤いちゃんちゃんこ**から派生した怪と思われる。

赤いチョッキ［あかいちょっき］

この言葉を二〇歳になるまで覚えていると、その人間の身に何かが起きるという怪異。

久保孝夫編『女子高生が語る不思議な話』に載る。

赤いちり紙・白いちり紙［あかいちりがみ・しろいちりがみ］

ある小学校のトイレに現れるという怪異。その入り口から向かって右の前から一番目の個室に入ると、「赤いちり紙？ 白いちり紙？」という声が聞こえてくることがある。これに「赤いちり紙」と答えると赤色の水が流れてきて自分も流されてしまうが、白を選ぶと何もないという。

学校の怪談編集委員会編『学校の怪談13』に、北海道岩見沢市《いわみざわし》からの投稿として載る。

赤い月［あかいつき］

少女漫画家の水野英子氏が体験したという怪異。彼女が深夜池袋から車で川越街道《かわごえかいどう》を通って帰宅しているとき、ビルの陰から空いっぱいの赤い月が出現し、それはまるで汚《けが》れた血の色をしていたという。

平野威馬雄《いまお》著『日本怪奇物語』に載る。また実業之日本社編『幽霊&都市伝説DX』には、学校の裏にある池で自殺者が出たが水草のせいで上がってこず、それ以来その水面に映る月が赤く染まることがあるという話が載る。

赤い手袋［あかいてぶくろ］

東京都のある学校に現れるという怪異。運動会などで生徒が外に出て校内に誰もいないときにトイレへ行くのは危険で、一人で行くと殺される、また赤い手袋が落ちていたり、「赤い手袋欲しいか」という声がすると言われていたという。

松谷みよ子著『現代民話考7』に載る。殺人犯と赤い手袋との関連は不明。

赤いドレス［あかいどれす］

トイレに現れるという怪異で、個室に入ったときに「赤いドレス着ませんか」と聞かれ、「はい」と答えると体を焼かれるという。

兵庫県神戸市立鈴蘭台《すずらんだい》中学校に伝わっていたという怪異。降井直人の論文「現代人と世間話―トイレの怪談を中心にして―」(『山陰民俗研究』第六号収録)に一九九九年に採取された話として記録がある。

また常光徹編著『みんなの学校の怪談 緑本』に、千葉県からの投稿としてこんな話が載る。女性があるブティックで買った赤いドレスを友人に貸したところ、友人が火事に遭《あ》って死亡してしまった。気味が悪くなった女性がドレスを返しに行ったところ、ブティックはどこにも見当たらなかったという。

赤いドレスの女［あかいどれすのおんな］

ある小学校の図工室に現れるという怪異。この図工室を土曜日の午後一時五分に覗《のぞ》くと、天井まで背丈のある赤いドレスを着た女がくるくると狂ったように踊っているという。

飯島吉晴著『子供の民俗学』に載る。

赤い布［あかいぬの］

兵庫県のある学校のトイレに現れるという怪異で、「赤い布はいりませんか」と尋ねてくるが、これに対して「いる」と答えるとトイレの中からナイフが飛び出してくるという。

学校の怪談編集委員会編『学校の怪談13』に載る。

赤い沼［あかいぬま］

この言葉を二〇歳になるまで覚えていると、その身に何かが起きるという怪異。

久保孝夫編『女子高生が語る不思議な話』に載る、一定の年齢まで覚えていると災《わざわ》いを起こす言葉の怪異の一つ。またマイバースデイ編集部編『わたしのまわりの怪奇現象1000』では二〇歳まで覚えていると呪われるとあり、学校の怪談編集委員会編『学校の怪談3』では小学校卒業まで覚えていると呪われるとある。他にも常光徹編著『みんなの学校の怪談 緑本』や学校の怪談編集委員会編『学校の怪談スペシャル3』では二〇歳までに忘れないと死ぬとされている。

赤いバス［あかいばす］

四月二日の午後二時四〇分に校庭の真ん中に立って手を挙げると、誰も乗っていない赤い色のバスが現れ、目の前で消えてしまうという怪異。

常光徹著『学校の怪談7』に、東京都からの投稿として載る。

赤いはんてん［あかいはんてん］

ある学校で夜の一一時三〇分に一番奥のトイレに入ると、「赤いはんてん着せましょか」という声が聞こえるという怪異があった。そのため学校は警察に調べてもらうことにし、男性警官がトイレに入ってみたが特に何も聞こえてこなかった。そこで婦警が同じトイレに入ってみると、今度は「赤いはんてん着せましょか」という声が聞こえてきたため「着せられるものなら着せてみなさい」と答えると、トイレの中からナイフを持った手が出現して婦警の胸を突き刺した。辺りには血が飛び散り、そして赤い斑点ができていたという。

　右の話は松谷みよ子著『現代民話考7』により、舞台は東京都の共立女子大とされているが、この怪談は小中高大学問わず全国に流布《るふ》している。また類似した怪異に**赤いちゃんちゃんこ**があり、怪談も終盤までは同じ展開が語られることが多いが、はんてんの場合は飛び散った血が斑点を作り出すという半纏《はんてん》と斑点がかかった怪談となっていることが多いのに対し、ちゃんちゃんこは犠牲者の血が自らの体を赤く染め、赤いちゃんちゃんこを着ているように見えたという怪談になっていることが多い点に違いがある。

　いつ頃から発生した怪談なのかは不明だが、中村希明《まれあき》著『怪談の心理学』には、一九七七、八年頃に女子大生の間で大流行したという話が載せられていることや、後述する稲川淳二氏の怪談の存在から、その頃には存在していたと思われる。

　バリエーションとしてはタレント稲川淳二の怪談「赤い半纏」が有名だろう。これは深夜放送のラジオ番組「稲川淳二のオールナイトニッポン」に投稿されたはがきに記してあった怪異譚《たん》であるとされ、舞台は戦後すぐの学校で、話のオチが血で染まった婦警の制服が赤い半纏のようだった、と赤いちゃんちゃんこに近いものとなっている。ただし稲川氏がこのラジオ番組の司会を務めたのは一九七六年四月から一九七七年九月にかけてであるため、この番組から広まった赤い半纏の怪異が、後に半纏と斑点を組み合わせただじゃれの要素を含んだ怪談に変化していった可能性もある。

　またピチ・ブックス編集部編『私の恐怖体験』には、夜中の一二時にトイレに入ると赤いはんてんを着た老婆が現れ、「死んでほしい人を一人言いなさい」と言われる。これに対し、本当に死んでほしい人の名前を言うと自分が死んでしまう、という話が載る。

赤いはんてん・青いはんてん ［あかいはんてん・あおいはんてん］

　体育館の女子トイレで真ん中のトイレに入ると、壁から「赤いはんてん着せたろか、青いはんてん着せたろか」と色を選ばせる問いかけが聞こえてくるという怪異。このとき赤を選ぶと首を切られて真っ赤な体になってしまい、青を選ぶと首を絞められて真っ青な体にされてしまうという。

　学校の怪談編集委員会編『学校の怪談13』に、東京都八王子市《はちおうじし》の小学生からの投稿として載る。**赤いはんてん**から派生した怪談と思われるが、ここでは血しぶきが斑点となるという要素が失われており、はんてんは半纏《はんてん》のみの意味となっているようだ。

赤いピアスの女 ［あかいぴあすのおんな］

　ある少女が道を歩いていると、赤いピアスをした女性がやってきて「このピアス、きれい?」と尋ねてくるという怪異。それに対し「ええ、きれいです」と答えたところ、「じゃあ同じにしてあげる」と太い針のようなものを取り出し、襲ってきた。実は彼女のピアスのように見えたものは、彼女が耳に空けた大きな穴の爛《ただ》れだったのだという。

不思議な世界を考える会編『怪異百物語3』に載る。問いかけやその答えに対する行動が**口裂け女**に似ている。

赤い服と白い服 [あかいふくとしろいふく]

ある学校のトイレに現れるという怪異。その木造校舎の一階の女子トイレ、その四つある個室のうちのいちばん奥に入ると、どこからか「赤い服と白い服、どっちがほしい?」という声が聞こえてくる。これに対し赤と答えた生徒は真っ赤な血を流して殺され、白と答えた場合は体中の血を抜かれ、真っ白になって死亡する。さらにどちらもいらないと答えた人間は便器に引《ひ》き摺《ず》り込《こ》まれて死に、両方と答えた者は全身の血を抜かれた上で真っ赤な血をかけられるという。

マイバースデイ編集部編『わたしのまわりの怪奇現象1000』に載る。どちらもいらない、どちらもいるといった場合の結果が伝わっているものはこのタイプの怪談では珍しい。

赤い服の女 [あかいふくのおんな]

ある学校に出現するという怪異で、出会うと分身を繰り返し、とても恐ろしいことが起きるという。

常光徹著『学校の怪談D』に、埼玉県からの投稿として載る。

赤い服の警備員 [あかいふくのけいびいん]

徳島県の小学校に現れたという怪異。もともとは墓地だったと伝えられているその学校では、夜になるといるはずのない赤い服の警備員が現れ、それを見てしまうと七日以内に死んでしまうという。

不思議な世界を考える会編『怪異百物語5』に、平石亘氏が聞き取った怪異として載る。

赤い部屋 [あかいへや]

インターネット上に出現するという怪異。ポップアップ広告の形で現れ、真っ赤な背景に黒字でただひとこと「あなたは好きですか?」と書かれた見た目をしている。しかしこの広告は消しても消しても何度も現れ、「あなたは」と「好きですか」の間にある黒い線から次第に隠れていた文字が左にずれていき、最後には「あなたは赤い部屋が好きですか?」と言葉が現れた直後、真っ赤な背景に黒い文字で人間の名前がびっしりと書かれたウェブサイトが表示され、それを見た人間は動脈を切って、または何者かに切られて部屋中をその血で真っ赤に染めて死ぬという。実は赤く染まったそのサイトに記された名前は、この怪異の犠牲者たちの名前だったのだ。

もともとは二〇〇〇年前後に作成・公開されたフラッシュ（アニメーション）に登場する怪異。フラッシュを開くと最初に「この物語はフィクションです」と表示されるが、ネット上では都市伝説として流布《るふ》している様子が見られ、関根綾子著「女子高生が知っている不思議な話」（『昔話伝説研究』第二九号収録）には、東京都内の女子高校に通う生徒が、不思議な話を知っているかと問われた際にこの怪談を語っていることが記録されているのが見える。ただしこの女子高生はフラッシュで見たと語っているため、噂《うわさ》として聞いたものではない様子。

また同じ名前の怪談として、タクシー運転手などが一人暮らしの女性の家や部屋を穴から覗《のぞ》いたところ、部屋の中が真っ赤に染まっているためおかしな部屋だと思っていると、その後その部屋には目が真っ赤な女性が暮らしていたことが明かされ、実は覗いていたのは部屋ではなく穴の向こう側から見つめる女の瞳だったのだということがわかる話が語られることがある。

赤いボール・青いボール・黄色いボール
［あかいぼーる・あおいぼーる・きいろいぼーる］

ある小学校のトイレに現れるという怪異。このトイレに三人の少女が入ったところ、それぞれが赤、青、黄のボールを持った三人の女が現れた。彼女たちはそれぞれ「赤いボールいらんかね」「青いボールいらんかね」「黄色いボールいらんかね」と問うてくる。そこで少女たちがそれを欲しがったところ、赤を選んだ少女は血塗《ちまみ》れになり、青を選んだ少女は血を抜かれ、黄を選んだ少女はそのボールをもらって無事に出られたという。

常光徹編著『みんなの学校の怪談　赤本』に、岐阜県からの投稿として載る。また同シリーズの『学校の怪談A』では神奈川県からの投稿として、放課後体育館の倉庫に入ると「赤いボールと青いボール、どっちで遊ぶ?」という声が聞こえ、赤を選ぶと血が降ってきて、青を選ぶと首を絞められるという話が載る。

赤いマフラーの女
［あかいまふらーのおんな］

全国で語られる怪異。あるところに、季節や気温に関わらず赤いマフラーをしている少女がいた。彼女はどんなことがあってもマフラーを外そうとはしなかった。ある日、近所に住んでいる少年が彼女に対し、なぜいつもマフラーをしているのかと尋ねると彼女は「もう少し大きくなったら教えてあげる」と答えた。

やがて二人は成長し、同じ中学校に通うようになった。そんなある日、少年は幼い日の約束を思い出しまた同じ質問をしてみた。すると彼女は「もう少し大人になったら教えてあげる」と答え、それきりだった。

それから何年か経《た》ち、二人は同じ高校、大学に通うようになっていた。しかし何度聞いてもはぐらかされるばかりで、赤いマフラーの彼女はその秘密を教えてはくれなかった。

それからまた月日が経ち、大学を卒業する頃、二人は恋人同士となっていた。そこで男は彼女にまたマフラーのことを聞いた。すると彼女は「結婚してくれたら教えてあげる」と答えた。そしてそれがプロポーズになったように二人は結ばれることになった。

そして式を挙げた日の夜、彼は改めて彼女にマフラーを巻いている理由を尋ねた。すると彼女は観念したように「これ以上は秘密にできそうにないわね」と答え、そしてマフラーを解いた。その直後だった。彼女の頭は首の真ん中でぽろりと外れ、地面に転がった。

それからまた何年かが経ったが、今でも二人は仲よく暮らしている。妻は相変わらず首に赤いマフラーを巻き、そして夫は青いマフラーを巻いているという。

広く伝わる怪談で、首が落ちるところで話が終わるパターンも多い。小松左京の短編小説『ハイネックの女』の影響が語られることもあるが、体と首が分離する女が首元をいつも隠している、その女が男を自分の同族に引き込むなどの共通点はあるものの話の構造自体は大きく異なっている。そのためこの小説の影響で都市伝説が生まれたとは一概には言い難《がた》い。

ポプラ社編集部編『映画「学校の怪談」によせられたこわーいうわさ』には、マフラーではなく赤い布を巻いた女性の話が載る。同様に常光徹編著『みんなの学校の怪談　緑本』や不思議な世界を考える会編『怪異百物語1』では黒いネッカチーフとなっている。

紅いマント［あかいまんと］

チェーンメールの一種に登場する怪異。一九〇四年、日露戦争が起こっていた当時のこと、子どもたちは日本軍が着る真紅のマントに憧れ、皆がそれを真似て家庭で作ったマントを持っていた。しかし福岡県筑紫野《ちくしの》市高雄《たかお》三丁目四一一四番地に住んでいた矢島剛《やじまつよし》という少年だけはこのマントを持っていなかった。彼の家は貧しく、マントを作るお金などなかったのだ。そんなある日、彼が学校の近くの便所に入った際いつも彼をいじめている子どもたちにそのトイレに閉じ込められ、そしてそのとき周りにいた子どもたちが集まり囃《はや》し立《た》てた。「あーかいまんとはいーらんか」「紅いマントはいーらんか」。耐えかねた剛は自分の背中を持っていたカッターで刺し、自害した。その後見つかった剛の姿は血で染まり、紅いマントを着ているようだったという。

それから九五年経《た》った今、こちらの世界に矢島剛が来ている。そしてトイレに入った人間に「紅いマントはいらんか」「アカイ卍《マン》斗《ト》ハイランカ」と尋ねるという。この声が聞こえたとき、もしこの話を信じているのなら助かるが、信じていないのなら彼とお揃《そろ》いのマントを着ることになる。そして信じているのならばそれを証明するために、一二時間以内に五人の友達にこのメールを送らねばならない。

赤マント、また**赤マント・青マント**の怪談から派生したと思われるチェーンメール。メールの最後には実はこのメールは矢島剛本人から送られていたことが明かされる。また一九〇四年から九五年後とメールの中に記されているため、流布《るふ》し始めたのは一九九九年頃ではないかと思われる。もちろん福岡県筑紫野市高雄三丁目四一一四番地などという場所はいつの時代にも存在しておらず、この話は架空の出来事であると思われる。

赤いマント［あかいまんと］

ある学校で午前一二時に学校に行くと赤いマントが敷いてあるが、それに触ると触れた体の一部が消えてしまうという怪異。

学校の怪談編集委員会編『学校の怪談10』に載る。**赤マント**などの怪異と違い、こちらはマントそのものが怪異と化しているようだ。

赤いマント・青いスカーフ・黄色いドレス［あかいまんと・あおいすかーふ・きいろいどれす］

ある学校で放課後、トイレに入ると現れるという怪異。このトイレでは「赤いマントがいいか？　青いスカーフがいいか？それとも黄色いドレスがいいか？」という女性の声が聞こえてくることがある。これに対し赤いマントと答えると背中を切られ、赤いマントを羽織っているようにされる。青いスカーフと答えると首を絞められる。黄色いドレスと答えると服に火が付いて燃え上がるという。

不思議な世界を考える会編『怪異百物語2』に載る。

赤いマント売り［あかいまんとうり］

東京都の軍用飛行場である横田基地《よこたきち》近くに出没していたという怪異。背が高い人間の姿をしており、「赤いマントはいりませんか」と尋ねてくるが、これを拒否すると長い包丁を手に追いかけてきて背中を切り付けられる。血が流れ出した背中はまるで赤いマントを羽織っているかのように見えるという。

学校の怪談編集委員会編『学校の怪談大事典』に、埼玉県川越市《かわごえし》からの投稿として載る。「赤いマントはいりませんか」という問いかけは学校のトイレに出現するタイプの**赤マント**を連想させる。また日本民話の会編『怖いうわさ　不思議なはなし』では、この噂《うわさ》が一九七二年頃に横田基地近くの米軍ハウスで流れていたとされ、そこでは手に持っているのは牛刀《ぎゅうとう》のようなもので、背の高い男であると性別が指定されている。

他にも不思議な世界を考える会編『怪異百物語7』には、赤いマント売りについてこんな話が載る。ある男性が仕事を終え、冬の帰り道を歩いていたところ、背後から「赤いマントはいらんかねー」と声をかけられた。男性は自分の幼い娘に赤いマントを一枚買ってあげようと思い、「赤いマント一枚、いただくよ」と答えた。その瞬間、男性は背中を鋭い刃物で切り裂かれ、倒れたその姿はまるで赤いマントを着ているようだったという。

赤いヤッケの女［あかいやっけのおんな］

群馬県利根《とね》郡水上町《ぐんみなかみまち》（現利根郡みなかみ町）のあるスキー場に現れるという怪異。二〇歳ほどの年齢の赤いヤッケ（防寒着）を着た髪の長い女性で、後ろ姿は普通の女性と変わりがないが、正面を向くとその顔は半分に割れて血が溢《あふ》れ出《で》ているという。この怪女はスキーを滑りながら現れるとされ、正体はかつてそのスキー場で滑走禁止の崖から落ち、頭を半分に割って死んでしまった女性の成れの果てなのだという。

学校の怪談編集委員会編『学校の怪談10』に載る。

赤い洋服・青い洋服［あかいようふく・あおいようふく］

ある学校の女子トイレに入ると、「赤い洋服あげようか」、または「青い洋服あげようか」と尋ねられるという怪異。このとき肯定の答えを発してしまうと赤い洋服の場合は血をたくさん付着させられ、青い洋服だと青じにされた上ボコボコにされてしまうという。

学校の怪談編集委員会編『学校の怪談スペシャル3』に、三重県四日市《よっかいち》市の小学生からの投稿として載る。怪談中に出てくる「青じ」という言葉は「青アザ」の方言かと思われる。また赤、青と二種類の色が登場する怪異譚《たん》であるが、色を選ばせるのではなく欲しいか否《いな》かを問う怪であるため、話の形としては**赤マント・青マント**や**赤い紙・青い紙**よりも**赤マント**、**赤いちゃんちゃんこ**などの怪異に近い。

赤いワンピース［あかいわんぴーす］

ワンピースにまつわる怪異。ある姉妹のうち姉の方が同じクラスの男子に恋心を抱いた。しかしその想《おも》いを伝える前に男子は転校してしまったため、姉はその男子に手紙で告白した。それから何日かして、その男子から段ボール箱が送られてきた。開けてみると中に赤いワンピースと、そのワンピースを着て会いに来てほしいという内容の手紙が入っていた。喜んだ姉はその約束通り赤いワンピースを着て想い人に会いに行った。それからその男子に会うときには、必ず彼にもらった赤いワンピースを着るようになった。

ところがある日、姉は男子に会いに行ったきり帰ってこなくなってしまった。妹は心配して男子の住所を尋ねたが、その家には誰も住んでいない。その家の人々は引っ越してすぐに事故で他界していたのだ。そして結局姉は見つからなかった。

それからしばらくして近所の人間から姉を見かけたという情報が入ってきた。その話によれば姉は赤いワンピースを着て、青い顔をしていた。そして彼女とともに全身真っ青な人間が歩いていたという。それから何日かして、差出人の名前のない段ボールが妹あてに送られてきた。開けてみると、その中には赤いワンピースが入っていた。

不思議な世界を考える会編『怪異百物語10』に載る。

赤いワンピースの女の子〔あかいわんぴーすのおんなのこ〕

夢の中に現れる赤いワンピースを着た少女の怪異。少女は夢を見た人間に普通は覚えられないくらいに複雑な道順を教え、そして「そこに白いドアがあるから、そこに私はいるからね」と告げていってしまう。その後、夢の景色は少女の言った通りに変わり、教えられた通りの道順を進まねば少女が警告してくれ、最後には白いドアに辿《たど》り着《つ》いて少女と再会し、彼女に「来てくれたんだ」と言われて目が覚めるという。しかしときには目が覚めないこともあり、その場合は永遠に夢の中を彷徨《さまよ》わねばならなくなる。そしてこの話を聞くと、三日後に赤いワンピースの少女の夢を見ることになるという。

インターネット上で語られているのが散見される怪異。夢の中で教えられた道順を覚え、その通りに進まねばならないとする都市伝説は他にもあるが、間違うと道順を教えてくれる怪異は珍しい。さらに夢から目覚められるかどうかは少女の気まぐれのようであり、道順を覚えることも意味はなく対抗呪文のようなものもないため、ある意味対処法のない厄介な怪異である。

赤毛ババア〔あかげばばあ〕

かつて赤い糸で首吊《くびつ》りした人間の霊で、林に出るという怪異。

学校の怪談編集委員会編『学校の怪談大事典』に載る。また飯倉義之の論文「少年少女民俗誌」(『世間話研究』第一二号収録)において、飯倉氏自身が少年時代に体験した怪談として、氏の通っていた小学校の体育館の舞台下通路に「アカゲババア」という毛の赤い妖怪が出るという噂《うわさ》が記録されている。またこのアカゲババアは中学校に現れる**アオゲジジイ**という怪異と夫婦であるという噂もあったとされる。

赤・白・黄色・緑・深緑〔あか・しろ・きいろ・みどり・ふかみどり〕

一人でトイレに入ると、きれいな声で「赤・白・黄色・緑・深緑」と聞こえてくるという怪異。しかしその声は次第に恐ろしいものになっていき、「その次はなんだ」という問いに「紫」と答えると殺されるという。

ポプラ社編集部編『映画「学校の怪談」によせられたこわーいうわさ』に、青森県弘前《ひろさき》市《し》からの投稿として載る。

赤ズキン〔あかずきん〕

大阪府大阪市立森之宮《もりのみや》小学校に住み着いているという怪異。赤ズキンとは魔物の意味で、首吊《くびつ》り自殺を誘発するのだという。

松谷みよ子著『現代民話考7』に載る。

同書ではその正体は**幽霊**とも取れる書き方

がなされている。

開かずの間〔あかずのま〕

全国に伝わる怪異。家や学校、その他の施設において開くことがないように処置されている部屋のことで、その部屋を開けたり中に入ったりするとさまざまな怪異が起こるという。

多くの場合はその部屋で自殺や殺人事件が起きたなど人の死が関わっており、**地下体育館の幽霊**の話のように事故でそこに閉じ込められて死んだ人間がいたという由来が語られることもある。また松谷みよ子著『現代民話考7』には類例として、自殺者が出た後その飛び下りの現場となった窓に霊が出て、夕闇頃になると下を通る人々を呼び止めるようになったため窓が封鎖されたという開かずの窓の話が載る。

赤手〔あかで〕

大阪府大阪市玉出《たまで》のある汲《く》み取《と》り式便所に出現したという怪異。名前の通り赤い手の姿をしており、便器の中から姿を現しては「赤い紙おくれ、青い紙おくれ」と声を発したと伝えられる。

水木しげる著『妖怪目撃画談』に載る。初出は角川書店『怪』第四号。**赤い紙・青い紙**や**カミをくれ**を連想させる怪異である。

赤ちゃんババア〔あかちゃんばばあ〕

夜になるとある学校の体育館のステージ上に出現するという怪異で、顔は老婆だが体は赤ん坊という姿をしているという。またこの怪異はステージを何周かしたあと自分の足を食ってしまうと伝わる。

学校の怪談編集委員会編『学校の怪談13』に、山形県山形市からの投稿として載る。

赤墓〔あかはか〕

北海道函館《はこだて》市《し》船見町《ふなみちょう》の函館山の麓《ふもと》にある外人墓地にまつわる怪異。その一角に非常に目立つ真っ赤な墓石がある。この墓石は通称赤墓と呼ばれ、そこに刻まれている文字を読むと死ぬ、不幸が起きる、車に小さな手形が付けられる、小人が現れる、などの怪異が語られている。

久保孝夫編『女子高生が語る不思議な話』に載る。この赤墓は外人墓地に実在するが、もともとは信濃助治《しなのすけはる》という人物の墓であり、墓が赤く塗られている理由は彼が赤という色をこよなく愛し、遺言にて自身の墓を赤色に染めるように指示したからだと伝わる。助治は一八九四年六月、全身赤ずくめの格好で来函《らいかん》し、函館では「赤服」と呼ばれていた。彼は赤心《せきしん》、すなわち偽りの無い心は日本武道の精髄を表すとして赤色を好んだという。ここからわかる通りこの墓が赤いことには特に恐ろしい謂《いわ》れはない。ただ墓地という特殊な場所で血を連想させる赤い墓石が存在していたことが、恐ろしい噂話《うわさばなし》を生むことになったのかもしれない。

赤マント［あかまんと］

夕暮れ時に赤いマントを羽織って現れるという怪異。子どもを誘拐し、殺害してしまうという。

常光徹他編著『魔女の伝言板』によれば一九三七年頃にはすでに赤マントが出現して警官が出動したことがあったとされる。また松谷みよ子著『現代民話考7』によれば一九三六、七年頃、赤マントの怪人が人々を襲い、あちこちに死体が転がっていて警察や軍隊が片付けて回っているという噂《うわさ》が流れ、その正体は吸血鬼であるとされたと語られていたという。また同書には一九三五年頃に大阪府大阪市北区《きたく》松ヶ枝《まつがえ》小学校の地下室にマントを着た男が現れるという噂が語られていたという話も載るが、これについてはマントの色に言及されていないため、その色が赤であったかは定《さだ》かではない。

また学校のトイレに現れるパターンも有名であり、その場合は「赤いマントはいらんかい」といった**赤いはんてん**や**赤いちゃんちゃんこ**と似た問いかけを発し、それに「欲しい」と答えると背中をナイフで刺され、まるで赤いマントで背中を覆ったようにされる、などと続く。トイレに現れるものでは**赤マント・青マント**も有名だが、こちらの場合は赤か青を選ばせるため問いかけの部分に違いが見られる。

このように半世紀以上の間語られ続ける怪異だが、その発生の背景にはいろいろな説がある。

最も古いものは一九〇六年に起きた「青ゲットの男事件」が元になったという説である。一九〇六年二月一四日付の「北國《ほっこく》新聞」の記事を参照すると、福井県坂井郡《さかいぐん》三国町《くにちょう》（現坂井市《さかいし》）で起きたこの事件では、青い毛布を被《かぶ》った男によって冬の雪の中で三人が殺害され（二人は死体が見つかり、一人は行方不明だが殺害されたものとされている）、一九二一年、未解決のまま時効を迎えた。この事件は犯行現場の橋の欄干《らんかん》が斧《おの》のようなもので切り落とされていたことから「鉞《まさかり》事件」とも呼ばれることもある。また一九二六年に犯人を名乗る男が現れたが、すでに時効を迎えていたためどうすることもできなかったという。さらにこの青ゲットの男事件は毛布の色が赤となり、舞台を昭和の戦前に移した都市伝説「赤毛布の男事件」を生み、これが赤マントの元になったと言われることもある。青が赤に変わった過程については物集高音《もずめたかね》著『赤きマント』という小説にて考察されている。

また別冊宝島編集部編『伝染《うつ》る「怖い噂」』の中の朝倉喬司《きょうじ》「『学校の怪談』はなぜ血の色を好むのか？」では一九三六年に起きた二・二六事件が赤マントの噂の発生または助長の原因になっているという説が提唱されている。それによればクーデターを起こした陸軍将校らの中には赤系統の色をしたマントを羽織っていたものがおり、戒厳令下で詳しい情報も伝わらないままさまざまな流言が飛び交《か》った末に怪人の噂を生んだのだという。

　他にも同年に起きた「阿部定《あべさだ》事件」が元になっているという説や、当時の子どもたちの憲兵隊に対する潜在的な恐怖が怪人を生んだという説、紙芝居の「赤マント」という作品が元となった説、江戸川乱歩《えどがわらんぽ》の『怪人二十面相』が元となった説など、さまざまな情報がある。ただしどれが正しいとは現段階では正確なことは言えず、複数の要因が重なり合って赤マントという怪異を生み出した可能性も十分にあり得る。

　このように歴史が長い怪異であるが、最後に近年語られた赤マントの話の例を記していきたい。常光徹著『学校の怪談3』には、トイレで老婆のようなしわがれた声で「赤いマントが欲しいか」という質問が聞こえてくるが、これに「ください」と答えると熊のような手が垂れ下がり、鋭い爪で背中を切り裂かれるという話が載る。また同シリーズの『みんなの学校の怪談　赤本』には東京都からの投稿として、トイレで「赤いマントはいかがですか」という老婆の声が聞こえたため、「下さい」と答えたところトイレの下から手が出てきて背中をひっかかれ、血だらけにされたという話がある。

　不思議な世界を考える会編『怪異百物語2』には、小学校のトイレで窓を三センチ開けて「赤マントさま」と三回言ってから、トイレに入ると鈴が鳴り、これを聞いたらすぐにトイレを出ないと天井から包丁が落ちてくるという話が載る。ポプラ社編集部編『映画「学校の怪談」によせられたこわーいうわさ』には、赤いマントを羽織った人間が体育館裏のトイレにおり、そのトイレに入った人間をマントで包んで殺してしまうという話が載る。

赤マント・青マント［あかまんと・あおまんと］

　全国の学校のトイレに出現するという怪異。トイレに入って用を足そうとすると「赤いマントが好きか、青いマントが好きか」と問いかけられる。これに対して赤が好きと答えると天井からナイフが降ってきて全身を刺されて殺され、青いマントを選んだ場合は全身の血を吸い取られて死亡するという。

　声だけでなくマントの男が現れるとされる場合も多い。松谷みよ子著『現代民話考7』では、一九三五から三六年にはすでに長野県南安曇郡豊科町《みなみあづみぐんとよしなまち》（現安曇豊科市）豊科小学校でこの噂《うわさ》が語られていたとされる。またこれと同時期に子どもを攫《さら》って殺す怪人、**赤マント**が現れたという話があるが、どちらの発生が早いのか、また片方が片方に影響を与えたのか、それとも個々が別々の怪談として生まれたのかといった詳しいことは不明。ただし後世では赤マントが子どもに対して問いかけを行うなど両者の混同が起きている可能性が確認できる。

　赤と青以外の色を選ばせる場合もあり、常光徹編著『みんなの学校の怪談　赤本』では東京都からの投稿として「青いマント、黄色いマント、赤いマント」という声がして、それに青と答えると水攻めで溺れさせられ、黄色と答えると炎の地獄で焼かれ、赤と答えると包丁が落ちてくるという話が載る。

　学校の怪談編集委員会編『学校の怪談スペシャル3』には、色を尋ねる「怪物赤マント」という怪異が福島県須賀川市《すかがわし》の小学生からの投稿として記録されており、それによれば赤を選ぶと血だらけにされ、青だと棒で叩《たた》かれ、黄だとそのまま怪物は消えてしまうという話になっている。

あかりちゃん［あかりちゃん］

北海道芦別市《あしべつし》のある小学校の女子トイレに現れるという怪異。

　学校の怪談編集委員会編『学校の怪談11』に載る。

赤ん坊幽霊［あかんぼうゆうれい］

一九七七年一〇月末の大阪梅田駅《うめだえき》に現れたという怪異。ある女性が駅のコインロッカーに手荷物を入れ、用事を済ませて夜の九時頃駅に戻ったときのこと。ロッカーの間の狭い通路を奥へと入っていくと、急に生暖かい空気が辺りに立ちこめ、頬にぬるりとした柔らかなものが触れた。女性は驚き、これを払《はら》い除《の》けようとしてその物体を見ると、それは紫に変色した裸の赤ん坊で、女性は恐ろしくなってそこから逃げようとした。

　すると今度はロッカーの扉が一斉に開き、そこから赤ん坊の幽霊が数多《あまた》現れ、泣きながら彼女の周りをぐるぐると回り出した。女性は逃げ出したが、後で聞いた話によれば、その駅のロッカーでは赤ん坊の死体遺棄《いき》事件が何度もあったのだという。

　平野威馬雄《いまお》著『日本怪奇物語』に載る。ただし一九七五年に発行された同著者の『お化けの住所録』にも同様の話が載るため、話自体は一九七五年以前から存在していたと思われる。ロッカーから赤ん坊の遺棄死体が見つかったという事件は一九七一年に初めて発生し、一九七三年に社会現象にもなったコインロッカーベイビーのことだと思われる。この事件は後に同名の怪異が出現する怪談を生んでいる他（**コインロッカーベイビー**参照）、梅田駅と隣接する大阪駅では一九七三年にへその緒と胎盤がついたままの新生児の遺体がコインロッカーから見つかっている。

あぎょうさん［あぎょうさん］

学校の天井裏のような薄暗い所に潜《ひそ》んでいる老婆の怪異で、夕方などに一人で校内にいると上から飛び降りてきて背中に抱き付き、首筋を舐《な》めてくる。抱き付かれても重くはないが、蜘蛛《くも》のように黒い手で抱き締められ、耳元で「あぎょうさん、さぎょうご、いかに」となぞかけをしてくる。すぐにその謎を解けば老婆は天井に帰っていくが、答えられないでいるといつまでも首筋を舐《な》められる上、最後には鋭い歯で噛《か》み付かれるという。また、この話を聞いた人間の元にはあぎょうさんが現れるかもしれないとされる。

右の話は常光徹著『学校の怪談4』に載るが、この怪異自体は全国各地の学校で語られている模様。あ行の三番目は「う」、さ行の五番目は「そ」ということで、あぎょうさんの存在は「うそ」であることがわかる仕掛けとなっている。

悪魔のメルヘンカルタ ［あくまのめるへんかるた］

別称を「悪夢のメルヘンカルタ」とも言い、日本に伝わる怪異。その全文は以下の通りである。

ヨーロッパの呪術師がこの世の悪を封じ込めたカルタ。

白雪姫、赤ずきん、ヘンゼルとグレーテル、人魚姫、不思議の国のアリス、ピノキオの六枚の絵柄のカルタからなる。

邪悪な心の持ち主に取り憑《つ》き、その人物が六つの身体になり身体以外のすべてを支配する。

二〇〇九年秋頃からインターネット上で散見される怪異。右の文がこの都市伝説のすべてであり、呪術師とは何者なのか、この世の悪とは何なのか、六つの身体になり身体以外のすべてを支配するとはどういうことなのか、といったことについては一切説明がなされていない。また童話に関してもそれぞれヨーロッパで作られたものという以外には共通点はなく、謎の多い都市伝説である。

アクロバティックサラサラ ［あくろばてぃっくさらさら］

主に福島県で目撃される怪異。その姿は背が異様に高い女性で、服装は赤い服を着て赤い帽子を被《かぶ》っているが足は素足とされる。また身長以外の身体的特徴としてはその名前の由来ともなった長くサラサラとした黒髪の他、左腕に多数の切り傷がある、口が大きくその中に生えた歯も大きい、眼《がん》孔《こう》に眼球がなく黒く染まっている、などといった容貌が語られている。また建物の屋根の上に立っている、背の高い建物の屋上から飛び降りて地面にぶつかる寸前で姿を消す、走っている電車や自動車の前に突然現れる、断崖絶壁にしがみ付いているなどの奇怪な行動が目撃されている他、公園のベンチやバスの座席に座っているなど街中に普通に現れることもあるという。そしてこの怪異に目を付けられると家までついてこられて攫《さら》われるという話や、目撃しただけでもそれから近い内に事故を起こしたという証言も語られている。

名前を略して悪皿《あくさら》と呼ばれることも多い。2ちゃんねるオカルト板の「ヤヴァイ奴に遭遇したかもしれん」スレッドにて、二〇〇八年九月二二日に報告された怪異。このスレッド内では多くの目撃談が語られているが、そのすべてが同一の存在を指しているものなのか、それとも類似した別の怪異であるのかは不明。身長については一八〇センチの塀の向こう側にいるにも関わらず肩から上が見えていたと語られている他、四メートル近いという証言もある。

また同スレッド内にて同年一〇月七日、この怪異が誕生した由来として以下が語られている。かつて福島県の某ビルで、当時二七歳だった一人の女性社員が飛び降り自殺をした。彼女にはまだ赤ん坊の子どもがいたが、妊娠九カ月になった頃に相手の男に逃げられたという過去があった。その後子どもは生んだものの、自殺の際にその子を抱いたまま飛び降りたため赤ん坊は即死。女性の遺体も無残にぐちゃぐちゃになり、衣服は血の赤色に染まっていた。またその腕には飛び降りによってできたものか、それ以前からあったものか無数の傷があったという。

そして不思議なことにその遺体に目玉はなく、またビルの一〇階から飛び降りたにも関わらず、女性の亡骸《なきがら》には地面を八メートル程這《は》ったような血の痕跡が続いていたとされる。

また同スレッド内では彼女が飛び降りたビルはすでに潰れたという話も語られているが、その理由として原因不明の飛び降り自殺が社員の間で多発したこと、社内に血《ち》塗《まみ》れの髪の長い女性が出現し、気味が悪いと退職するものが多く出たこと、が挙げられている。

インターネット上における出現時期が近く、背が高い女の怪異という共通点がある**八尺様**《はっしゃくさま》との関連が語られることも多い。

アケミさん［あけみさん］

足を奪う怪異として名前が紹介されている資料があるのみで、詳細不明。

常光徹他編著『魔女の伝言板』には、兵庫県伊丹市《いたみし》の女子大生の報告により足の必要の有無を問いかける**カシマさん**に類似した怪異としてアシトリミナコ（**足取り美奈《みな》子《こ》さん**参照）とともに紹介されている。

アケミちゃん［あけみちゃん］

外見は黒いセミロングの髪型のおとなしそうな印象を受ける女性とされ、年齢は十代後半ぐらいと形容される怪異。人と会話をすることはできるが、時代がばらばらの話題を立て続けに話したり、同じ話を繰り返したり、急に無言になるなど不可解な言動が見られる。またバッグの中に中華包丁を二本所持しており、電車の揺れに合わせカチ……カチ……、とプラスチックがぶつかり合うような音を出すという特徴がある。

この話ではアケミちゃんは電車の中で偶然会って話しただけの男性に異様に執着し、友人の家に逃げ込んだ彼を追って家まで現れ、その際には警察に追われて逃亡するものの、それから一カ月以上過ぎた後にアケミちゃんは男性の前に再度現れる。またこの際に彼女は男性のジーンズの中に「私」がいると話すが、男性が確認してみるとそれは細長い人の指のようなものであり、人間のものではなくマネキンのような感触だったと語られている。

そして彼女の首元の髪をかき上げた下には薄らと繋《つな》ぎ目があり、それがうなじの真上部分で噛《か》み合《あ》っていない状態になっていたこと、顔の上半分が破壊された状態にも関わらず平気で言葉を発し続けたことなどからアケミちゃんが人間ではない別の何かであることが判明する。

それに気付いた男性は逃亡を図るも、アケミちゃんは破壊された自身の頭半分を摑《つか》んで追いかけてくる。そこで男性はあのマネキンの指のようなものを神社に放り投げ、その直後にアケミちゃんが車にひかれたことで事件は収束に向かう。事故現場にはアケミちゃんと同じ衣服を着た人形の残骸が転がっていたという。

2ちゃんねるの「死ぬ程洒落《しゃれ》にならない怖い話を集めてみない?292」スレッドに投稿された怪談の名称であり、その中に出てくる怪異の名前。初出は二〇一二年四月七日。人形で「アケミちゃん」というと女性お笑いコンビ日本エレキテル連合のコントで一時期流行《はや》った「朱美《あけみ》ちゃん」が思い出されるかもしれないが、誕生としてはこちらの怪談の方が早い。ただ、「朱美ちゃん」も誕生したのは二〇一二年のようである。

怪談ではアケミちゃんの正体は人形であり、指のような細長い物体が本体だったのではないかと示唆《しさ》されているが、明確な答えは示されていない。そのためもしかしたらまだアケミちゃんはどこかに存在しているのかもしれない。

あさいしうすえせお ［あさいしうすえせお］

一九八〇年代後半によく現れたという怪異で、人間に似た姿をしているが顔色が青や赤に染まっており、擦れ違った人間の肩を叩《たた》いて振り返った人間の髪をすべて抜いてしまうという。これを防ぐためには「あ・さ・い・し・う・す・え・せ・お」という呪文を唱えねばならない。

マイバースデイ編集部編『わたしのまわりの怪奇現象100』に「髪の毛を抜く妖怪」という名前で載る。呪文はあ行の五音とさ行の四音をそれぞれ組み合わせたものだが、意味は不明。

浅川駅 ［あさかわえき］

JR東日本の立川《たちかわ》駅に現れた「大月《おおつき》」行きのオレンジ色の電車に乗ったところ、通過したという存在しないはずの駅の怪異。気持ちが悪いほどに青く染まった雲一つない空の下、周りに何もなく人の気配もなく小鳥のさえずりだけが聞こえてくる屋根付きのホームという様相をしている。この駅では京王線《けいおうせん》に乗り換えが可能という旨《むね》のアナウンスが流れる他、ここを通過すると相模湖駅《さがみこえき》に到着するという。また携帯の電波が届かなかったり地図に表示されなかったりといった怪奇現象も生じるようだ。

2ちゃんねるのニュース速報VIP板に

立てられた「駅から異世界に行ってきた話」スレッドにて、二〇一四年九月二五日に語られた体験談に登場する**異界駅**。東京都の立川駅から相模湖駅の間に出現したことを考えると、JR東日本の中央本線に出現したと思われる。

朝の吸血鬼［あさのきゅうけつき］

朝、通学路を無視して学校に行くと突然黒いマントを羽織った人が現れ、「君、黒が好きかい?」と尋ねられるという怪異。これに対し「嫌い」と答えるとその場で殺され、「好き」と答えると二年間背後に付きまとわれ、二年経《た》つと殺されてしまう。

ポプラ社編集部編『映画「学校の怪談」によせられたこわーいうわさ』に、兵庫県尼崎《あまがさき》市《し》からの投稿として載る。

足いりますか電話［あしいりますかでんわ］

夜中の二時頃に電話がかかってきて、それに出ると「足いりますか」と聞かれるという怪異。これに対し「いる」と答えると翌朝首に足が生え、「いらない」と答えると翌朝自分の足が一本消えているという。

ポプラ社編集部編『映画「学校の怪談」によせられたこわーいうわさ』に載る。また常光徹著『学校の怪談9』にも誕生日の夜九時に「足いりますか」という電話がかかってくるという話が載るが、こちらは「足いりますか」の問いに対し「いる」と答えてしまったところ、次の夜にスルメの足が届いたというオチになっていた。

足売りババア［あしうりばばあ］

老婆の姿をした怪異。ある少年が放課後、学校からの帰り道を歩いていると大きな風《ふ》呂敷《ろしき》を背負った老婆に遭遇した。その老婆は薄気味悪い笑みを浮かべながら少年に近づき、「ぼうや、足はいらんかね?」と尋ねてきた。少年が戸惑っていると、老婆はまた同じ質問を繰り返す。そこで少年ははっと気が付いた。あの風呂敷の中には、大量の人間の足が入っているのではないかと。少年は首を横に振り、「足なんていらないよ!」と答えた。

その次の瞬間、老婆はものすごい力で少年の片足を千切《ちぎ》り取り、それを風呂敷に包んでどこかへ去ってしまった。

松山ひろし著『三本足のリカちゃん人形』によれば、もし「いる」と答えた場合には無理やり足をくっ付けられて三本足にされてしまうという。またこの老婆を回避するためには「私はいらないので○○の所へ行ってください」と友達を紹介しなければならないという後味の悪い方法しかない。

いつ頃出現したのかは定《さだ》かではないが、学校の怪談編集委員会編『学校の怪談13』において福岡県福岡市からの投稿としてトイレに足売りばあさんがいるという話が見られるため、九〇年代には語られていた様子。またポプラ社編集部編『映画「学校の怪談」によせられたこわーいうわさ』には兵庫県明石《あかし》市からの投稿として、乳母車にたくさんの足を乗せて現れ、「足いるか？」と聞いてくる老婆の話が載る。この怪異の場合は「いる」と答えれば足を一本くれるだけだが、「いらない」と答えると自分の足を持っていかれてしまうという。

アシオルカ［あしおるか］

道端で子どもたちを待ち伏せし、「足いるか？」と尋ねてくる怪異。これに対し「いる」と答えれば問題はないが、何も答えずに逃げ出すと鎌を構えて時速二〇〇キロという速さで追いかけてきて、捕まってしまうと両足を切り落とされるという。

松山ひろし著『カシマさんを追う』に載る。同書によればウェブサイト「Ｕｒｂａｎ Ｌｅｇｅｎｄｓ／噂《うわさ》と都市伝説」に投稿された怪異というが、二〇一七年現在では確認できない。

足喰いババ［あしくいばば］

かつて日本に赤電話と呼ばれる公衆電話があった頃に現れたという怪異。ある小学校の職員室の前の廊下に赤電話があり、そのお金が出てくる取り出し口の下を三回叩《たた》くと電話の下から六本足の老婆が現れると噂《うわさ》されていた。この老婆は鎌を持っていて、叩いた人間を追いかけ、追い付いたら鎌でその人間の足を切り取って喰《く》ってしまったのだという。

不思議な世界を考える会編『怪異百物語3』に載る老婆の怪。

足取りジジイ［あしとりじじい］

夜、布団《ふとん》から足を出して寝ているとどこからともなく現れるという怪異で、「足をくれ〜」と言って足を奪っていく。またこの話を聞いた人間の元には忘れた頃、風が強い夜に足取りジジイがやってくるため、そんな日には布団から足を出さないで寝なければならない。

常光徹編著『みんなの学校の怪談　緑本』に載る。

足取り美奈子さん［あしとりみなこさん］

話を聞くと現れるという怪異。その話とは以下のようなもの。

あるとき、美奈子ちゃんという少女が交通事故で死亡した。それ以来その美奈子ちゃんの友達の夢に美奈子ちゃんが現れ、「右足はいらないの？」としつこく聞いてくるようになった。初めのうちは友達も無視していたが、毎晩のように夢に現れるため、ある日思わず「いらない」と答えてしまった。その翌日、友達は交通事故に遭《あ》い、右足を失った。

そして美奈子ちゃんの話を知ってしまうと、その人間の夢の中に彼女が現れるという。

マイバースデイ編集部編『わたしのまわ

りの怪奇現象1000』において「美奈子ちゃんドリーム」という名前で見られ、同書には他にも実際にこの怪異らしきものに出会った際「これは私の足だからあげない」と答えると美奈子さんは去っていったという話も見える。同編者の『わたしの学校の幽霊』では、交通事故で右足を失い、その怪我《けが》が元で死んでしまった「足とりみなこさん」という少女が「足をください」と言って出てくることがあるが、このとき「はい」と言ってしまうと朝までに足をもぎ取られてしまう。これを回避するためには、「みなこさん、成仏《じょうぶつ》してください」と声に出して言わなければならないという話が載る。

本書での怪異の名称は松山ひろし著『カシマさんを追う』によった。同書ではこの怪異の出典としてウェブサイト「幻想住人録666」を挙げているが、同サイトに記されている内容は前述した『わたしのまわりの怪奇現象1000』とほぼ同様のため、元来の出典はこの書籍の可能性も高い（サイトはすでに閉鎖しているため、インターネットアーカイブにて確認）。

また常光徹他編著『魔女の伝言板』において「アシトリミナコ」の名が見られるが、足を奪う怪異の一つとして紹介されているのみで詳しい性質への言及はない。他にも渡辺節子他編著『夢で田中にふりむくな』には「あしとりみなこさん」の名が見られ、夢に出てきて足を取っていく怪異の一つとして紹介されているものの、こちらも詳しい説明はない。

足ひきじじい〔あしひきじじい〕

足だけを布団《ふとん》から出して寝ているところ老翁《ろうおう》の怪異が出て、足を引っ張られることがあるという。

マイバースデイ編集部編『わたしのまわりの怪奇現象1000』に載る老翁の怪。

足をください〔あしをください〕

ある少女が雨の日に外を歩いていると、工事現場でセメントを固めている足のない男という姿の怪異を目撃した。しかもその男はセメントに自分の頭を入れて固めていた。少女は恐ろしくなって、急いで家へと帰った。

その夜、少女が眠っているとどこからかあの男が部屋に入ってきて「お嬢さん、足をください」と声をかけてきた。そのため少女が悲鳴を上げた瞬間、男は持っていた大きな鎌で少女の足をもぎ取り、不気味な笑い声を上げながら去っていった。

そしてこの話を聞いた人間の元には、その夜首の入ったセメントを固めている男がやってくる。そのとき「足をください」と尋ねられるため、「私の足は使えません」と答えねばならない。そうすればこの男は消えてしまうという。

マイバースデイ編集部編『わたしの学校の七不思議』に載る。

足を出しての老婆［あしをだしてのろうば］

話を聞くと現れる怪異。その話は以下のようなもの。あるところに老夫婦がおり、妻の方は足が悪くほとんど寝たきり状態で夫が身の回りの世話をしていた。そんなある日、夫が仕事のため長時間家を空けていたため、妻が夫を待ちわびて電話をしようと二階から一階に下りようとした。だが足が不自由な妻は階段で足を踏み外し、転げ落ちてしまった。仕事から帰ってきた夫は無残な妻の姿を見て急いで救急車を呼んだが、妻は死亡してしまった。

この話を聞いてから少なくとも一週間の間、布団《ふとん》から足を出してはいけない。これを破ってしまうと何らかの災難が降りかかり、時には死んでしまうこともあるという。またこの話をした後に写真を撮ると見ず知らずの老婆が写り込むことがあるとされる。

二〇〇六年半ば頃からインターネット上で散見される「足を出して」という怪談に登場する怪異。

足を掴む手［あしをつかむて］

全国各地で語られる怪異。ある三人の男たちが車でドライブをしていた。その途中、運転手の顔色が青白く変わっていき、やがて車が止まった。他の二人が異変に気付いて心配していると、運転手は二人に向かって「俺たち、友達だよな？　何があっても友達だよな？」と確認するように尋ねる。二人が同意すると、運転手は「なら俺の足元を見てくれ」と言う。二人が彼の足元を覗《のぞ》き込《こ》むと、車の底から生えた白い手が彼の足首をがっしりと摑《つか》んでいた。それを見た二人は悲鳴を上げて車から逃げ出した。しかし友達を見捨てたことを後悔した二人が人を呼んで車があった場所に戻ってみると、すでに車も彼の姿もなかったという。

運転している場所や車に乗っている人数や男女構成などは話によって変化する。また、オチとして運転手の死体が見つかる話になっていたり、運転手が発狂していたりする場合もある。怪談の題名としては「友達だよな？」となっていることが多い。また腕が現れるのは車内とは限らないようで、大迫《おおさこ》純一著『あやかし通信『怪』』では地面から現れて、そこに立っている男の足を摑んでいる手の話が載る。

味を見て［あじをみて］

夜中の二時にある小学校の家庭科室に行くと少女がおり、「味を見て」とこちらに向かって言ってくるという怪異。彼女の言う通りに味見をすると異世界に飛ばされてしまうという。

常光徹著『学校の怪談C』に、愛知県からの投稿として載る。

小豆ババ［あずきばば］

夜道に出現し、小豆を投げてくるという

怪異。

学校の怪談編集委員会編『学校の怪談大事典』に載る老婆の怪。「小豆婆《ばばあ》」という妖怪はいるが、小豆を投げ付けてくるという例はないため別々の存在と思われる。

アステカの祭壇［あすてかのさいだん］

撮影した場所も人間も時期もばらばらなのにも関わらず、複数の写真に写り込んだ赤い光に縁どられた壺《つぼ》のような形をした影のような怪異。フジテレビの番組「奇跡体験アンビリバボー」にてこれが写された心霊写真が紹介されたところ、他のテレビ局も追随してこれを特集するなどしたが多数の霊能者から苦情が入り、それ以来テレビにおける心霊写真特集が減ったと伝えられる。

その噂《うわさ》によれば実はこの写真に写り込んだ壺のようなものはかつてメキシコのアステカ文明において生《い》け贄《にえ》を捧げる際に使われた祭壇なのだという。この文明で栄《さか》えた太陽信仰では、太陽は生け贄を捧《ささ》げなければ消滅してしまうという思想があり、そのために多くの人間の心臓が神に捧げられていた。生け贄となった人間は生きたまま杯《さかずき》の形をした祭壇に縛り付けられ、黒曜石のナイフで体を切り裂かれ、心臓を奪われた。その生け贄たちの怨念が多くの写真に写り込み、自らの命が奪われた祭壇の形となって現れるのがこの心霊写真なのだという。

アステカとは一四二八年から一五二一年まで中米メキシコ中央部に栄えたメソアメリカ文明の王国。一五二一年八月一三日、スペインの侵略による形で滅亡している。実際にこの文明では人身御供《ひとみごくう》の文化が根付いており、前述したように黒曜石による切り裂きの他、生け贄を火中に放り込んだり、生きたまま生皮を剝《は》ぐなどの行為もあったようだ。また生け贄に捧げられることは名誉なことであるともされ、実際にはその対象となったものは神事の日まで丁重に扱われたが、一方で生け贄を確保するため戦争を仕掛けることもあったという。

そしてこの**心霊写真**とアステカ文明の関わりであるが、現在ではこの祭壇はフィルムカメラの内部にある金具の写り込みであるという説が定説となっている。フィルムを固定する金具がフィルムを取り出す際に入った光によって二重露光のような形で写り込んでしまうのがこの影の正体だというのである。実際にこの写真の撮り方を教えている場所も多く存在するようだ。そしてカメラの機器自体に原因がある写真だからこそ、何も関係のない多くの人々が撮った写真に同じ形で写り込んだのだという。

なんとも夢のない話であるが、そもそも遠い異国のアステカの怨念が日本の心霊写真に写り込むのも不思議な話ではある。デジタルカメラが普及した現在ではこの現象が記録されることもほとんどなくなった。しかしもしかしたら、数多くのアステカの祭壇の中には本物の心霊写真が紛れ込んでいたのかもしれない。

あたご［あたご］

和歌山県のあたごトンネルに出現するという老翁《ろうおう》の怪異で、自転車に乗って走る車を追いかけ、石を投げ付けてくるという。

山口敏太郎著『ホントにあった呪いの都市伝説』に載る。

頭と手と足［あたまとてとあし］

海浜に現れたという怪異。ある男性が三人、千葉港の砂浜にテントを張ってキャンプをしていた。すると女が現れ、「頭と手と足」と言う。三人は相手にしなかったが、その夜大きな波が来て彼らはテントごと湊《さら》われてしまった。次の日、その浜にはそれぞれ頭と手と足がない死体が打ち上げられていた。

不思議な世界を考える会編『怪異百物語9』に載る。

姉壁［あねかべ］

茨城県つくば市内に現れたという怪異。この市のある公務員住宅には、かつて「姉さん」と読める文字が浮かび上がっていたために姉壁と呼ばれていた。その由来は以下の通り。

ある日、ファミリーレストランから飛び出してきた子どもが、道路の反対側に立っていた姉の所へ行こうとして車にはねられて亡《な》くなった。そのとき子どもが最後に叫んだ言葉が「姉さん」であったが、その事故の後に地震が起きた際、子どもが飛び出した場所の後ろに建っていたビルの壁に亀裂が走り、「姉さん」という文字が浮き上がったのだという。

並木伸一郎著『最強の都市伝説3』などに載る。現在はこの壁は塗り替えられており、その文字は読めなくなっているらしい。

油すまし［あぶらすまし］

熊本県に現れるという怪異で、誰もその姿を見たことがないという。しかし噂《うわさ》では寂しい山道に不思議な火が燃え上がり、その火の中に恨めしそうな顔をしたお坊さんの姿が浮かぶのだという。またこの妖怪は油や電気、ガスなどを無駄遣いした人間に取り憑《つ》き、病気にするなどと伝わる。

マイバースデイ編集部編『わたしは霊にとりつかれた！』に載る。誰も姿を見たことがないのに姿が伝わっているというのは不思議な話である。

油すましはもともと柳田國男《くにお》著『妖怪名語彙』で紹介している妖怪（さらにその元資料となったのは『天草島民俗誌』で浜田隆一氏により報告された妖怪だが、そこでは「油ずまし」と記されている。柳田國男が「油すまし」と名前を誤って転記したことから、こちらの名前が広まったらしい）で、熊本県天《あま》草郡《くさぐん》栖本村《すもとむら》字《あざ》河内《かわち》と下浦村《しもうらむら》を結ぶ峠道にて、孫連れの老婆が「ここに昔、油瓶を下げた油すましがでたらしい」と孫に話したところ、「今も出るーぞー」と言って油すましが現れたという話になっているため、先に紹介した話とは大幅に異なっている。しかし戦後以降の文献では油を粗末にしている人間に害を与える、といった特徴を紹介されることが多くなったため、この流れを汲んで先に紹介した油すましも省エネを推奨するような妖怪とされたのだと考えられる。そのため、一応本書に項目を立てているものの、名前以外は創作された怪異である可能性も高い。

あまがたき駅［あまがたきえき］

阪急電鉄の京都線にて、阪急富田駅《とんだえき》から京都河原町駅《かわらまちえき》行きに乗った際、その途中に現れたという怪異。この駅に停《と》まった電車に乗っていたという人物の体験談によると、駅に向かう途中から異変が起き始め、車窓から見える景色は高層ビルと小さなビル、そして廃《すた》れた瓦屋根の古民家などがひしめき合って建っているという奇妙なものとなり、空は透き通った青に薄紫が混ざったような奇怪な色をしていたという。

また電車内でも異変があり、いつの間にか全車両から乗客が消え、先頭車両に乗っている車掌の肌は白粉《おしろい》を塗ったように白く、ドアを叩《たた》くなどして合図をしても一切の反応を示さなかったと語られている。

そしてそのまま電車はその謎の空間の中を走り続け、途中「あまがたき駅」に到着するというアナウンスが聞こえたが、駅に着いてもホームには誰もおらず、相変わらず奇妙な色の空と不規則な高さのビル群が並んで建っていたという。さらに駅を過ぎた後も、乗客がいないはずの車内を素足の子どもがぺたぺたと足音を立てながら走っていくなどの異変が続いた。それから電車は通常通りの空間に戻り、乗客も元に戻っていたという。

おーぷん2ちゃんねるのニュー速ＶＩＰ板における「異世界に行く『飽きた』やったけど」スレッドに、二〇一四年六月一一日に書き込まれたものが初出と思われる**異界駅**。

アメおばーさん［あめおばーさん］

学校から帰る途中に突然現れ、「アメ、あげようか」と聞いてくる老婆の怪異。これに首肯してしまうと、「目を閉じて口を大きく開けて」と言われ、その通りにすると老婆はその口に手を突っ込んで魂を引き抜き、食ってしまうという。

不思議な世界を考える会編『怪異百物語3』に載る。似た名前の怪異に**アメ玉ばあさん**がいる。

アメ玉ばあさん［あめだまばあさん］

ある中学校に出現するという怪異で、この老婆に飴《あめ》をもらうと何事もうまくいくようになるが、二〇歳になると悪魔に食われてしまうという。またこの老婆がくれる飴玉はこの世のものとは思えぬ色をしており、形は丸く口に入れるとべとべとするとのこと。

　ポプラ社編集部編『映画「学校の怪談」によせられたこわーいうわさ』に載る。ただしこの怪異には元ネタと思《おぼ》しきものがあり、一九九五年にスーパーファミコンで発売された『学校であった怖い話』に登場するシナリオ「飴玉ばあさん」に登場する飴玉ばあさんがそれで、基本的には前述した怪談と同じだが、終盤でその飴の原料は人間の眼球であるという恐ろしい事実が明かされる展開となっている。

　常光徹著『学校の怪談9』には「アメダマババア」という名前で似た怪異が載り、この老婆から飴玉をもらうと人生がうまくいくようになるとされているが、こちらの老婆は飴を無理やり奪おうとした人間がカゴを奪い取り、中を見ると飴玉ではなく目玉があり、「あ、目玉」と呟《つぶや》いたというオチがついている。これも恐らく『学校であった怖い話』のシナリオを踏襲したものであろう。名前が似た怪異に**アメおばーさん**がいる。

あめふり［あめふり］

　童謡「あめふり」を三番まで歌ってしまうとその夜、幽霊が現れるという怪異。その三番の歌詞とは「あらあら　あのこは　ずぶぬれだ　やなぎの　ねかたで　ないている」というもので、このずぶ濡《ぬ》れになって泣いている「あのこ」とは、池で溺れ死んだ別の子どもの幽霊のことを指しており、この三番を歌うと幽霊が自分が呼ばれていると勘違いしてやってくるのだという。

　この噂《うわさ》に続き、歌の主人公である子どもは母親と仲よく雨の中を帰っていくが、その光景が柳の下の子どもの**幽霊**に嫉妬を引き起こさせ、呪いをかけられて後に汗でずぶ濡れになりながら衰弱死してしまったという怪談が語られることもある。またマイバースデイ編集部編『わたしのまわりの怪奇現象１００』などでは窓に少女の霊が張りついて現れるという出現の仕方が語られている。常光徹編著『みんなの学校の怪談　緑本』には、この歌の二番の「あらあら、あの子は」という部分を雨の日に歌うと女の子がついてきて、家に入っても窓からじっと覗いているという話が東京都からの投稿として載る。ピチ・ブックス編集部編『私の恐怖体験』では午前二時にこの歌を歌うと窓に親子連れの霊が現れる。

　童謡「あめふり」は北原白秋《きたはらはくしゅう》作詞、中《なか》山晋平《やましんぺい》作曲の歌で、児童雑誌「コドモノクニ」一九二五年一一月号に掲載されたものが初出だとされている。もちろんこのような噂は発表当時は語られていないが、柳と雨という光景が幽霊を連想させたのかもしれない。

　ちなみに四番の歌詞は雨に濡れる「あのこ」に傘を貸すというもので、明らかに歌の主人公である子どもは柳の下の子どもを認識している上に親切に自分の傘を貸してあげようとしている。これで呪われたらとんだ災難である。

あやさん［あやさん］

深沢町《ふかざわちょう》という町の海に現れる怪異で、セーラー服姿だが付け根から切断された右腕の傷口に包帯を巻いた少女という姿をしているが、その正体は第二次世界大戦時、紡績《ぼうせき》工場に動員された女学生の霊なのだという。彼女はその工場で大きな機械を担当していたが、事故で右腕を肩から切り落とされた上、その事故は「お国のためだ」の一言で切り捨てられ、思い余った彼女は深沢町から出る漁船に乗り込み、海に身を投げた。それ以来、その海で漁をしていると泣き声が聞こえたり、あやさんが溺れた場所で泳いでいる人間が海の底に引《ひ》き摺《ず》り込《こ》まれたりといったことが起きるようになったという。

学校の怪談編集委員会編『学校の怪談13』に載る。

ありささん［ありささん］

チェーンメールにて語られる怪異の一つ。惨殺《ざんさつ》死体として発見されたありさという女性の死体が警視庁によって検死室に運ばれるが、死体は検死室から消え、もともと彼女の死体が発見された殺害現場で発見される。それが何度も続くうちにありささんの死体は腐敗し、さらに二カ月が経《た》つ頃になると今度は女性の惨殺事件が相次ぐことになる。被害者の共通点は、ありささんの話を読んだり聞いたりした女性であるという。ありささんは死体の状態で動き周り、自身の怪談を知った女性を殺していたのだ。死を避けるためにはチェーンメールを一定人数以上に送らねばならず、またありささんの目を見てしまうと大変なことが起きるとされる。

チェーンメールにて語られる死者の怪異は多いが、ありささんが特徴的なのは**幽霊**としてではなく動き回る死体として現れることである。また理由は不明だが女性のみを対象としているようで、男性がチェーンメールを回さない場合どうなるのかは記されていない。

あるき水［あるきみず］

雨の中現れるという怪異で、その名の通り水の塊のようなものが歩いていくという。

水木しげる著『妖怪目撃画談』に載る。初出は角川書店の『怪』第零号。

歩く女［あるくおんな］

高速道路に現れ、普通の歩調で自動車についてくる怪異。

渡辺節子他編著『夢で田中にふりむくな』に載る。また常光徹著『新・学校の怪談1』では白い服を着た女性とされ、時速一〇〇キロで走る車の横を歩いてついてきたという。追い付かれたり追い抜かれたりした結果どうなるかという話はなく、ただ異様に速い歩行で尾行してくるのみの怪異のようだ。

合せ鏡の悪魔 [あわせかがみのあくま]

合せ鏡にまつわる怪異。零時零分零秒に合せ鏡をすると未来の自分が映り、三時三三分三三秒にすると未来の結婚相手が映り、四時四四分四四秒にすると鏡の中の悪魔が見えると伝わる学校の家庭科室の三面鏡で合せ鏡をした女生徒がいた。それ以来彼女は鏡を見る度に未来の自分を見るようになり、その姿はどんどん歳《とし》を取っていく。最終的に鏡に映る彼女はよぼよぼの老婆となり、同時にその子は死んでしまった。その原因は老衰であったという。鏡の中の悪魔が強力な催眠術をかけ、彼女を精神的に老いさせ、衰弱死させたのだそうだ。

不思議な世界を考える会編『怪異百物語6』に載る。同シリーズの『怪異百物語10』には、満月の夜午前零時ちょうどに合せ鏡を行うと鏡に悪魔の姿が映るという話が載る。他に久保孝夫編『女子高生が語る不思議な話』によれば、この悪魔を小瓶で捕まえることができれば願いを聞いてくれるという。

また渡辺節子他編著『夢で田中にふりむくな』にも同様の怪異が載るが、こちらでは老衰の原因が悪魔だとは明言されていない。他に類例を挙げると、松谷みよ子著『現代民話考7』には、一九四九年頃の栃木県宇都宮市菅《すげ》高等学校の話として、ある一角の鏡の前に立って懐中電灯に映し出された自分の姿があまりにも老《ふ》けているため驚いていると、その姿がさらに老けていき、最後には死に顔となるのを見て発熱し、床についたという話が載る。ただしこの鏡は合せ鏡であったとも悪魔が現れたとも記されていない。

あわない [あわない]

あるゴミ集積所に現れるという怪異。夜にその集積所の前を通ると腕がない幽霊が現れ、通りがかった人間の腕を突然切り落とし、自分の腕に合わせてみる。そしてそれが合わないと「あわない」と呟《つぶや》いてその腕をゴミ集積所に捨て、去っていくという。

不思議な世界を考える会編『怪異百物語6』に載る。腕を切り落としたり、切り落とした腕を自分の腕に合わせてみたりする様子を見ると、失ったのは片腕だけなのかもしれない。

【い】

異界駅［いかいえき］

主に二〇〇〇年代半ば以降から電子掲示板などインターネット上で報告されるようになった怪異で、現実世界とは異なる世界に存在する駅の総称。主に既存の電車に乗っている間に迷い込むことになる。

二〇〇四年初頭に登場した**きさらぎ駅**を嚆矢《こうし》としてインターネット上で語られるようになったと思われる。それ以前からも**幽霊電車**をはじめとしてあの世へ向かうなどの不可思議な電車が現れたという話は多く語られていたが、不可思議な駅が現れたという話はきさらぎ駅以降に頻繁に語られるようになった。ただし、異なる世界ではなく異なる時代に繋《つな》がったという話はあったようで、常光徹著『学校の怪談2』には、ある病院まで来いという電話を受け取って電車に乗ってその場所を目指すと、降りた場所は一九四五年の戦時中の駅だったという話が載る。

生き人形［いきにんぎょう］

タレント稲川淳二氏による有名な怪談の一つであり、その中に現れる怪異の名称。また自身の意思を持ち動く人形の総称として使われることもある。

稲川氏の語る怪談の中では他に少女人形という名前でも呼ばれることからわかる通り、外見は人間の少女を模しており、身長は一二五センチほどで、和服を着て黒髪をおかっぱに切《き》り揃《そろ》えているという外見をしている。

この人形は元来は幻想芝居の『呪夢千年』のために作られたものだったが、出来上がったばかりのはずの人形は右手と右足が捻《ね》じれていて言うことを聞かず、これを作った人形作家に連絡を取ろうとしたところ人形を完成させてすぐに行方不明になっていることが判明する。

それから芝居の台本を書いていた作家の家が全焼する、芝居稽古中にカバンやタンスに水が溜《た》まる、右手右足を怪我《けが》する人間が続出するなどさまざまな怪異が起こった末に、『呪夢千年』は公演初日を迎えることになる。

そしてその初日にも怪異は止《や》まず、出演者が次々と熱を出すなどして倒れる、会場が異様な冷気を帯びる、いつの間にか舞台上に人が一人増えているなどの怪異が続き、舞台の開始直後に人形の右手が破裂し、さらに少女人形を入れた棺桶《かんおけ》から謎の白い煙が舞台一面に広がるなどの怪奇現象が発生、そして何とか辿《たど》り着《つ》いたラストシーンでは女優のカツラに突然火が点《つ》き、燃え上がるなどの怪事が続く中、舞台は何とか最後まで上演された。

その後この人形芝居の噂《うわさ》を聞き付けたテレビ局により番組が作られることになるが、この番組撮影でも怪異は起こった。リハーサル中にカメラが次々と壊れる、スタジオのドアを思い切り叩《たた》く音がするのにドアの向こうに誰もいない、などの事故が多発したため放送できなくなってしまったとされる。

その後別のテレビ局が再び少女人形を扱った番組を作ろうとするが、ここでもさまざまな怪異が発生する。まず、持ち込まれた少女人形の髪が明らかに以前より伸びており、リハーサル中に停電が起きる、生放送中に人形をカメラで映した途端その後ろの幕が落ちる、さらに照明が天井から外れて落ちてくる、などの現象が起こり、最終的に番組製作は中止になった。

そしてこの人形をある霊媒師に見せたところ、その霊媒師と連絡が取れなくなり、後日人形を受け取ってから三日後に死亡していたことがわかったという。

さらに少女の姿は変化し続け、髪は伸び、顔つきは少女からまるで大人の女のものに変わっていたとされる。そしてその人形を使い、今度は大阪で番組が作られることになったが、そこでも奇怪な音が響き渡る、番組に出るはずだった霊能者がスタジオに向かう途中事故に遭《あ》う、生放送の画面に少年の霊が映り込む、などの現象が発生したという。

またその番組の後、人形とそれを持った人形使いの前野氏とともに稲川氏が移動する途中、明らかに通常より何倍もの速さで時間が過ぎる、そのまま友人たちの集まりに赴いたところ、人形の目が腫れ、顔の形が変わっているなどの現象が起き、稲川氏らは早々に泊まっていた民宿を引き揚げることになった。

その後その人形を使うはずの芝居は別の人形を使って行うことになり、人形はそのまま前野氏に預けられることになった。そして、あるときその前野氏は仕事で海外に行くため少女人形をある作家に預けたと話した夜、火事で死亡、さらに奇妙なことに、その火事の時間に稲川氏は彼から電話を受け取っていたという。

そしてその後のこと、かつて人形の顔が変わっていたあの民宿で、女将の娘として生まれた少女が今度は夜中に現れる少女人形と言葉を交《か》わすようになり、そして少女人形は「お母ちゃんを探している」と告げ、その母親とは彼女の着物を作った人間、その民宿の女将の母親であることが判明する。

そこで彼女から人形に会いたいと頼まれた稲川氏は、人形の預け先である作家の元に連絡を取ったが、その先生の家からいつの間にか少女人形が着物ごと消えていた。

そしてその民宿の女将の娘が、人形は四国の寺でバラバラになっていると言い、さらに稲川氏が近頃奇妙な物音を聞き、そして彼の元に少女人形が現れた、という場面で稲川氏の語りは終わる。

この話はＴＢＳにて一九九六年八月二三日に放送された「稲川淳二のねないで怪談

話　第三夜」にて語った「永遠の魂を持つ人形」による。またこの一連の生き人形事件とその後を漫画化した永久保貴一氏の『生き人形』『続・生き人形』によれば、すでにこの少女人形の魂の呪いはすでに解かれているとされている。ただし人形本体の行方については何も触れられていない。また同漫画によれば、この人形の怪異に「生き人形」という名前を与えたのは永久保氏であるという。

　この生き人形の怪の正体は、前述した永久保氏の『生き人形』によれば空襲で右手足を吹き飛ばされた少女の霊を始め、数多くの霊がこの人形に取り憑《つ》いたものだという。

イケモ様［いけもさま］

　ある池を守る幼い神様とされる怪異。「あきよへほ、あきよへほ」「きよへ」などの言葉を発する。幼いが故に常に寂しさに苛《さいな》まれる神であったことから、かつては池を守ってもらう代わりに里から子どもを生《い》け贄《にえ》として捧《ささ》げていたが、時代が下りその習慣が失われたため、自ら里へ下りて子どもを攫《さら》うようになったという。また連れてきた子どもは逃げられないように足の筋を切り、ずっと側におくのだと伝えられる。そのため里の者たちはかつて生け贄となった子どもたちが池に行くために通っていた小《こう》路《じ》に石を並べてその場所を閉じており、イケモ様の方からは外の世界に干渉できなくなっているが、その小路を通って池にやってきた子どもには干渉できるようだ。

　白い色のものを見ることができないという特徴があり、イケモ様から逃れるためには白い布で体を覆わねばならないとされる。またイケモ様によって傷つけられた場合、どんなに年月が経《た》っても真新しい傷のような状態のままで癒えることはないという。

　2ちゃんねるオカルト板の「死ぬ程洒《しゃ》落《れ》にならない怖い話を集めてみない？296」スレッドに、二〇一二年六月一日に書き込まれたものが初出だと思われる。

描写された姿は人影のようなもの、というだけであるため、容姿は人型をしているらしいということがわかるのみで男神《おがみ》であるか女神であるかも不明。この話が書き込まれたスレッド内でも言及されているが、イケモ様とは池守様の意と思われる。

イサルキ［いさるき］

　兵庫県のある小学校に出現したという怪異。全身真っ黒な人間といった姿をしている。小学校の飼育小屋にいるセキセイインコの首をナイロンの紐《ひも》で括《くく》り、首吊《くびつ》りのようにして殺す、同じ飼育小屋の中のウサギの赤ん坊を紐で括り殺す、小屋の角に押し込めて殺すなどの残忍な行動を取り、しかもその犯行では小屋の中に侵入した痕跡が一切残っていなかったとされる。

　またこの怪異を目撃した少年はそれを人に話した次の日からまるでもともと存在しない人間だったかのようにどんな記録にも

残っておらず、行方不明になってしまったという。

2ちゃんねるオカルト板の「死ぬ程洒落《しゃれ》にならない怖い話を集めてみない？159」スレッドに、二〇〇七年三月五日に書き込まれた**ヒサルキ**系の怪。

石女［いしおんな］

ピンク色の傘を差した女の姿をした石像の怪異。その顔には目、鼻、眉がなく、真っ赤な口だけが存在しているという。この石像は額から血を流していたり口が笑っていたりすることがあり、それを見てしまうと高熱を出して寝込むことになる。また額から血を流し、口が笑っているという状態が同時に発生しているのを見てしまうと、この石女が家までやってきて食べられてしまうという。

常光徹編著『みんなの学校の怪談　緑本』に、千葉県から投稿されているのが見える怪異。また補足すると石女は「うまずめ」とも読み、子どもを産めない女性を指す差別用語として使われることがあるが、この怪異に関してはその字の通り石でできた女の姿をした怪異という意味であり、うまずめとは無関係と思われる。

異次元少年［いじげんしょうねん］

ある学校の校庭で午前三時になると出現し、一人サッカーをしているという少年の姿をした怪異。この少年はもともとはサッカーの試合中に大怪我《けが》をして死んでしまった霊。この少年を見てしまうと異次元へ飛ばされ、二度と帰ってくることはできないという。

マイバースデイ編集部編『学校の恐怖伝説』に載る。筆者命名。なぜ少年の霊を見ると異次元に飛ばされるのかは不明。

泉の広場の赤い服の女［いずみのひろばのあかいふくのおんな］

大阪府の梅田《うめだ》にある泉の広場に出現するとされる、古風な赤いドレスや赤いコート、赤いワンピースなど赤い服を着た姿をした女性の怪異。名前を縮めて「赤福」と呼ばれたり、また「アキちゃん」と呼ばれたりしている。

目撃情報はさまざまだが、赤い服を着ていて目に白目の部分がなくすべて黒に染まっているという部分は共通している。また人によって見えたり見えなかったりするようだ。普段は不気味な姿で泉の広場に出没しているが、稀《まれ》に自分に気が付いた人間に近寄り、顔を見つめてくるなどの行為をする。さらに同一人物かは不明だが、泉の広場では白いワンピースを着た奇妙な女性の目撃談もある。

2ちゃんねるオカルト板の「不可解な体験、謎な話～enigma～Part4」スレッドに二〇〇二年六月二一日に書き込まれたものが、インターネット上におけるこの怪異の初出だと思われる。なお赤い服の女が現れたのは書き込まれた時点から三年近く前のことらしいが、現在に入っても泉の広場では赤い服を着た女が目撃されている。また並木伸一郎著『最強の都市伝説4』では並木氏の知人の証言として、伸びっぱなしでぼさぼさの頭髪に生気のない顔、時代遅れの服装をしており、この女を見ると見つめ返してくるが、その瞬間に眼球がすべて黒目になるため「クロメ」とも呼ばれているという話が載っている。

目撃談が多岐《たき》に渡ることから実在する人間が都市伝説化したとも考えられるが、その姿が見える人間と見えない人間がいる、周囲の景色がぼやけていても赤い服の女だけは異様にはっきりと目に映るなど言動以外にも奇妙な特徴が散見される。**幽霊**なのか、人間なのか、それとも元来人ならざる何かなのか、その正体はいまだ不明である。

異世界に行く方法［いせかいにいくほうほう］

インターネット上に書き込まれた儀式にまつわる怪異。まず必要なものはエレベーターが設置されている一〇階以上の建物で、最初にその建物のエレベーターに一人で乗ることから儀式は始まる。そしてそのエレベーターで四階、二階、六階、二階、一〇階、五階の順に移動する。この際、五階に着くまでに誰かが乗ってきた場合、儀式は失敗するという。そして五階に着くと若い女性が乗ってくるため、それを確認したら一階のボタンを押す。するとエレベーターは一階に降りることなく一〇階へと上がっていく。そのまま一〇階へ行くことができ、そのドアが開けばそこには自分しか人間のいない世界が待っているとされるが、その後どうなるかは一切不明である。

初出は不明だが、二〇〇九年頃にはネット上で上記の方法が紹介されているものが散見される。また辿《たど》り着《つ》く場所が自分以外に人がいない世界という部分からわかる通り、五階から乗ってくる女性は人ではないという。エレベーターに乗って異世界に行ってしまう話としては、他に**Rボタン**がある。

イチョウの祟り［いちょうのたたり］

東京都中野区《なかのく》のある中学校に伝わっているという怪異。その学校の校庭にはイチョウの木が生えていたが、ある年の春休み、その学校の校長が子どもたちの遊び場を広げるため、校庭のイチョウを切ってしまった。すると四月になってから校長が腸の癌《がん》で、教頭が胃の癌で相次いで死亡した。それで皆はこれはイチョウの祟《たた》りだと囁《ささや》きあったという。

イチョウを切り倒したためにその祟りで胃腸の病気で死亡するという駄洒落《だじゃれ》のような怪談となっている。この話が記録された常光徹他編著『走るお婆《ばあ》さん』ではもともとは校長が胃潰瘍《いかいよう》で、教頭が大腸癌で亡《な》くなる話だった、とも語られている。

不思議な世界を考える会編『怪異百物語1』にも校庭に生えたイチョウを切り倒したために引き起こされた祟りの話があるが、こちらでは胃腸の洒落はなくなり、「樹」

という字が名前についた子どもたちが次々と不可思議な事故で死んでいくという怪談になっている。

また常光徹著『学校の怪談8』では、校庭に植えられたイチョウの由来として、病気のために行き倒れた僧侶の死体を埋めた場所に植えたイチョウである故に、これを切ると病気になるという言い伝えが語られており、実際にこれを切った校長と教頭が胃腸の病気になるという展開が記されている。

花子さん研究会編『トイレの花子さん』には、石川県のある中学校の校庭のど真ん中に生えたイチョウの木にまつわる話として、この木の銀杏《ぎんなん》を歳《とし》の数以上食べると早死にするという話や、そのイチョウの木を切ろうとしたところ、葉の周りにいつの間にかイチモンジセセリという蝶《ちょう》の大群が現れ、イチョウの木を守るように渦を巻いて飛んだという話が載る。他にもピチ・ブックス編集部編『学校のこわい怪談』には、山口県からの投稿としてある生徒が校門の側に生えたイチョウの木の枝を折ったところ足を折り、カッターで幹を傷つけた生徒が窓ガラスに手をついてズタズタの切り傷を作り、枝を燃やした生徒は家が火事に、と自身が受けた被害を返してくるイチョウの木の話が載る。

また少々趣が異なるが、松谷みよ子著『現代民話考9』には、明治時代の話としてイチョウを伐採しようとしたところ暴風雪が起きたという話が載っている。

イチョウの霊［いちょうのれい］

青森県の中学校に現れた怪異。ある日の深夜、その校舎の職員室で漏電による火事が起きた。通報を受けた消防隊員が駆け付けたが、すでに白衣をまとった小柄な老人が、桶《おけ》とひしゃくを使って消火活動に当たっていた。そこで消防隊員は危ないから下がるように言うが、すでに老人の姿は消えていた。

その後、隊員たちの尽力により何とか火は消し止められたが、そこに焦げだらけの白衣をまとった老人がおり、隊員が声をかけると老人はそのまま学校の裏門まで歩いて門の脇にそびえる樹齢何百年ものイチョウの大木に上り、地上一〇メートルほどのところにある木のうろに消えてしまったという。それで、これはイチョウの木の霊で、学校の全焼を防ぐために現れたのではないかと噂《うわさ》されたという。

学校の怪談研究会編『日本全国縦断　学校のこわい話』に載る。

一尺じいさん［いっしゃくじいさん］

富山県氷見《ひみ》市の貝谷《かいや》という場所に出現したと伝わる怪異で、その名の通り一尺（約三〇センチ）ほどの身長の老爺《ろうや》の姿をしており、市谷橋《いちのたにばし》という場所に立ってキセルを咥《くわ》え、ニタリと笑う様子が目撃されていたが、道路が舗装されてからは出現しなくなったという。

平野威馬雄《いまお》著『日本怪奇物語』に載る。

一寸婆［いっすんばばあ］

インターネット上で語られる怪異。かつて地方のある旅館に泊まった一家の若い一人娘が、トイレにて全身を滅多刺しにされて惨殺《ざんさつ》されるという事件があった。顔は個人の判別もできないほどに破壊されており、さらに遺体には舌がなかった。むろん警察は全力で捜査を進めたが、事件現場は完全な密室であり、内側から鍵をかけられたドアが開けられた形跡もなく、それ以外に外部との繋《つな》がりがあるとすれば人が顔も出すことができないような小さな窓と通気口だけだったのだ。

解決のための糸口すら摑《つか》めないでいたある日、事件のあった旅館の経営者の息子が両親に付き添われてやってきた。その息子はただビデオテープを差し出すだけで口を開こうとはしなかったが、逃げ出す様子もなかったためとりあえずそのテープを再生してみると、突然息子が半狂乱になった。彼は明らかにそのテープに怯《おび》えている様子で、異様な雰囲気の中でテープの再生が始まった。

この旅館の息子には盗撮癖があったらしく、そこには排尿中の被害者女性の姿が映されていた。映像が進みしばらくすると例の小窓が開き、そこから身長一五から二〇センチほどの老婆がガラスの破片を持って現れた。そして老婆はそのガラス片を使って一瞬のうちに女性の喉を掻《か》き切り、直後悲鳴を上げることもできず女性は倒れた。しかし老婆の凶行はなおも続き、体を滅多刺しにされた女性が息絶えた頃、老婆は女性の舌と頭皮の一部を切り取り、そしてカメラの方を見て言った。「次はお前だよ」と。

このビデオテープは、今も警視庁に保管されているのだという。

2ちゃんねるオカルト板の「死ぬ程洒落《しゃれ》にならない怖い話を集めてみない？」の初代スレッドに、二〇〇〇年八月八日に書き込まれた怪異。ただしこれの元となったと思《おぼ》しき話はその一年ほど前に出版された天堂晋助著『都市伝説百物語』に載る（**鬼ばば**参照）。またウェブサイト「かわいい星怪談会議室『怖いのきらい』」にて、一九九九年七月から八月にかけて電子掲示板にて行われた怪談話の中に、窓からトイレに侵入してマサカリで女性の首を切断し去っていく、三〇センチほどの老婆の姿が盗撮ビデオに映っていたという話が語られている。そのためこの怪談はさらに以前から語られていた可能性もある。

一寸は約三センチであるため一五～二〇センチとされる一寸婆は五寸から七寸弱の大きさがあるが、この名称については恐らく一寸法師から連想されたものと思われる。

イナクタニシ［いなくたにし］

チェーンメールに現れる怪異。このメールが回ってきたら三日以内に死ぬという文言の後、死にたくなければこのメールを複数人に「イナクタニシ」と言いながら回せば助かるのだという。

イナクタニシは逆から読めばシニタクナイ、つまり「死にたくない」となる。名前が逆さ言葉となっている現代怪異は多いが、チェーンメールとして流布《るふ》されたものは珍しい。

狗歯馬駅・厄身駅・なんでおりるれか駅

［いぬしまえき・やくみえき・なんでおりるれかえき］

JR東日本の八高線《はちこうせん》に立て続けに現れたという怪異。ある人物が八高線を利用したところ、折原駅《おりはらえき》を過ぎた辺りから電車が停《と》まらなくなり、二時間程経《た》った頃に現れたのがまず狗歯馬駅で、そこは改札出口がなくフェンスに囲まれた奇妙な駅の風貌をしており、外の景色は山に囲まれていた上、空は紫色だったという。その次に現れたのが厄身駅で、その次の駅からは電車が止まらず駅の名前だけが通過していったが、その駅の名前が「なんでおりるれか駅」「なんで駅」「まどからおりろ駅」「おりろ駅」「おりろ駅」「おりろ駅」と続き、それから三時間後に八高線の小川町駅《おがわまちえき》に辿《たど》り着《つ》いたという。

2ちゃんねるオカルト板の「死ぬ程洒落《しゃれ》にならない怖い話を集めてみない？278」スレッドに、二〇一一年八月三一日に書き込まれた怪異。ただしこの怪異に遭遇したのはその時点から二二年前の話とされているので、恐らく一九八九年頃に現れた**異界駅**と考えられる。また折原駅、小川町駅がともに埼玉県の駅であることを考えると埼玉県から繋《つな》がった異界駅でもあるのだろう。最初は異様な特徴を持ちながらも電車の停まる駅として現れていた狗歯馬駅や厄身駅に対し、後半に出現したひらがなで書かれた駅はまるで電車に乗った人間にメッセージを与えるかのような駅名となっている。人間はこの異界にとって排除するべき異物として見なされていたのか、それとも電車から降りさせることでさらなる災厄をその身に降りかからせようとしていたのか、それは恐らく自身でこの異界へ入ってしまわねばわからないだろう。

犬鳴峠

［いぬなきとうげ］

福岡県宮若市《みやわかし》と同県糟屋郡久山町《かすやぐんひさやままち》の境を跨《また》ぐ峠で、旧道と呼ばれる現在閉鎖されたトンネルを中心としてさまざまな怪異が起こることで有名。

この周辺を舞台とした心霊体験談としてよく聞かれるものは、一九八八年に旧道で起きた焼殺事件の被害者の幽霊が火達磨《ひだるま》の状態で出現するというもの。他にも事件や事故の現場となったことが多く、それが心霊スポットとして噂《うわさ》される原因の一つとなっていると思われる。この峠周辺にまつわる怪異としては**犬鳴村**、**禍垂**《かすい》がある。

犬鳴村

［いぬなきむら］

福岡県北部の犬鳴峠《いぬなきとうげ》周辺に存在するとされる村にまつわる怪異で、外界と隔絶されており、村の入り口には、「この先、日本国憲法は通用せず」と書かれた看板が立てられている。村に通じる道には縄と缶で作られた罠《わな》が仕掛けられており、外部の人間がこれに引っかかると凶器を持った村人たちが現れ追いかけられる。この村人たちは異常に足が速く、捕まると惨殺《ざんさつ》されてしまうという。

　この村はもともと江戸時代頃からひどい差別を受けていたため、外部との交流を一切拒み、その村の中だけで社会を完結させて今まで存続してきたとされ、日本の行政記録や地図からは抹消されている。村の入り口近くにはボロボロのセダン（車）があり、その付近の小さな小屋には人間の死体が山積みにされているという。また村では携帯電話の電波は圏外となり、助けを呼ぶこともできない。

　犬鳴峠にまつわる都市伝説の一つ。**杉沢村**と並んで有名な地図から消えた村の怪談だが、死者が襲ってくる杉沢村と違い、こちらでは恐らく生きた人間と思《おぼ》しき存在たちが襲ってくる。この村は村人たちが自ら外界との交流の道を閉ざしたのではなく、感染病などを患《わずら》っていた人々を隔離する目的で作られたと語られることもある。

　また一八八九年までは実際に犬鳴村という名前の村が存在し、現在も地名として残っているが、集落自体は犬鳴ダムの建設により湖底に沈んでいる。そのため現在語られる都市伝説としての犬鳴村とは無関係と思われる。

井の頭公園の首無し幽霊［いのがしらこうえんのくびなしゆうれい］

　井の頭公園に現れたという怪異。あるカップルがこの公園でデートをしていた際、ふと白っぽい人影があることに気が付いた。どうやら後ろを向いた女性のようだが、その人影は俯《うつむ》いているのか頭が見えない。こんな夜の公園で何を探しているのだろうと不思議に思っていると、その人影が不意にこちらを向いた。驚いたことに、その人間は俯いていたのではなく首がなかったのだ。その姿に驚いたカップルのうち、男性の方が女性を置いて逃げ出した。女性は急いで後を追ったがヒールなのでうまく走れない。そして何とか池の端で追い付いたものの、それから二人の間には会話がなくなり、やがて別れたという。

　世界博学倶楽部《くらぶ》著『都市伝説王』に載る。同書によればこの話は一九九四年に起きた井の頭公園バラバラ殺人事件の直後に発生した噂《うわさ》であることから、その事件がもともとあった井の頭公園でデートするカップルは別れるという都市伝説と組み合わさり、この怪談が出来上がったのではないかと考察されている。

命を削る人形［いのちをけずるにんぎょう］

　一つのビスクドールにまつわる怪異。このビスクドールはある家系に数世代前から相続されてきた人形であったが、その持ち主となったものは人形に異様に執着するようになり、寝食を惜しんで人形を構い続けるようになった末、衰弱したり体に異常をきたし、最後には死んでしまうという。その外見は五〇から六〇センチほどの背丈の美しいビスクドールだが、少なくとも語られているだけで二人の人間を死に追いやっている。

そしてこの人形はあるとき一人のビスクドール好きの女性の手に渡るが、その女性に対しても体に原因不明の病魔を巣食わせるなどの怪異を働き、最後にはキャビネットの下敷きにしようとした。しかし女性は一命を取り留め、病院から帰ってみると元凶のビスクドールは頭部を破損した状態でキャビネットのガラス扉の残骸の真ん中に座っており、それに覆いかぶさるようにして彼女が最初に買ったお気に入りのビスクドールがあったという。それ故、女性はあの命を削る人形の呪いからお気に入りのビスクドールが身を挺《てい》して自分を助けてくれたのだろうと語っている。そして壊れてしまった二つの人形は焼かれて灰にされてから骨壺《こつつぼ》に収められ、女性が亡《な》くなった後に同じ墓に入れられることになったという。

2ちゃんねるの「人形の怖い話ありませんか?七巻目」スレッドに書き込まれた怪談の名称であり、怪異の名前。他に「持ち主の命を削る人形」とも呼ばれる。また代々この人形を相続してきた一族は「ビスク憑《つ》き」と呼称される模様。初出は二〇〇七年一月二九日だが、それ以降もこの人形にまつわる話が同一人物によって語られ続け、二〇一〇年初頭にそのビスクドールが壊れたことで一応の収束を見せ、同年一〇月に最後の持ち主だった女性が亡くなったことが報告された。この話では人間に祟《たた》る恐ろしい人形の話が語られるとともに、自らの身を犠牲にしても持ち主を守った人形の話も語られている。たとえ人形であろうとも人を恨むこともあれば大切にされた恩を返すこともあるのだろう。

今何時ババア〔いまなんじばばあ〕

老婆の姿をしているという怪異。この怪異に「今何時?」と尋ねると「昨日の今頃だよ」と答える。そのため重ねて今何時かを尋ねるとやはり「だから、昨日の今頃だよ」と返ってくる。これを三回続けると、老婆の持っている壺《つぼ》に入れられてしまう。噂《うわさ》ではその壺はあの世へ繋《つな》がっているらしい。

不思議な世界を考える会編『怪異百物語3』に載る老婆の怪。

イルカ島〔いるかじま〕

「イルカ島」という言葉を二〇歳まで覚えていると、体がバラバラになって死んでしまうという怪異。

学校の怪談編集委員会編『学校の怪談スペシャル3』に、富山県富山市の小学生からの投稿として載る。また木原浩勝他著『都市の穴』では年齢が一五歳とされている。他にポプラ社編集部編『映画「学校の怪談」によせられたこわーいうわさ』や学校の怪談編集委員会編『学校の怪談3』では二〇歳になるまで「イルカ島」という言葉を覚えていると「足いりませんか」と電話がかかってくる話が紹介されている。

また常光徹編著『みんなの学校の怪談 緑本』では東京都からの投稿として「イルカ島」という言葉を聞いた子どもの一二歳の誕生日に電話がかかってきて「足一本増やすか？ それとも一本減らすか？」と問われ、増やすと答えると次の日に足が三本に、減らすと答えると足が一本になっているという話が語られている。この怪異を回避するためには電話がかかってきたときに「ソウシナハノコ」と答えればよいとされ、**ソウシナハノコ**との共通点も伺える。

他に松山ひろし著『カシマさんを追う』では**イルカノアシイル**という都市伝説との類似点が指摘され、イルカ島の「いるか」は**カシマさん**系列の怪異が言う「足いるか？」に由来するのではと考察されている。

イルカノアシイル［いるかのあしいる］

一三歳の誕生日になると何者かから家に電話がかかってきて、「イルカの足いる？」と尋ねられるという怪異。その際それに対して「いる」と答えると足を切断され、逆に「いらない」と答えると事故に遭《あ》って死んでしまう。さらに答えずに電話を切ると何者かによって殺されてしまうという。

松山ひろし著『カシマさんを追う』によればTBS系列で放送されていたテレビ番組「USO⁉ジャパン」公式サイトの掲示板にて二〇〇一年五月に投稿されていたとのことであり、インターネットアーカイブにて確認すると実際に二〇〇一年五月一三日に投稿されているものが見つかった。それによれば右の話に加え、電話を切った女の子が翌日部屋で死体になって見つかったという話が語られている。一定の年齢に達すると被害に遭う部分は**紫鏡**系統の話のようだが、この言葉を覚えていると、という前提がない部分が恐ろしく、また問いかけに対して被害を免《まぬが》れる方法が伝わっていない点もかなり理不尽である。

色問蝙蝠［いろどいこうもり］

ある学校の一階の一番奥のトイレの天井の穴から現れるというコウモリの姿の怪異で、生徒がトイレに入ると「赤がいい？ 青がいい？ それとも黄色？ 茶色？」と尋ねる。これに対し赤と答えると殺され、青と答えると血を抜かれ、黄と答えると便器に流されるが、茶色と答えるとコウモリは「しょうがない」と言い、その直後勝手にドアが開くのだという。

常光徹編著『みんなの学校の怪談 赤本』に、新潟県からの投稿として載る。筆者命名。

胃を返せ［いをかえせ］

ある小学校に出現するという怪異。その学校では廊下を歩いていると、「胃が痛いよ～」という声が聞こえてくることがある。声の方向に向かってみると、また「胃が痛い。胃を返してっ」という声が聞こえ、突然腕が現れて腹を摑《つか》み、胃を奪おうとするという。

マイバースデイ編集部編『学校の恐怖伝説』に載る。

【う】

ウサギの祟り［うさぎのたたり］

ウサギにまつわる怪異。ある男が山奥で狩りをしていると、ウサギが罠《わな》にかかっていた。男はウサギの首を刎《は》ね、その肉を食ったが、気が付くとウサギの頭がなくなっていた。その晩山小屋の戸を叩《たた》く音がしたため男が戸を開けると、一人の女が立っており道に迷ってしまったので今晩泊めてほしいという。男が女を泊めてやることにすると、女は自分が夕飯を作るというので任せた。しかし出てきた料理はにんじんをただ煮ただけのもので、ふと女を見ると前歯でにんじんを齧《かじ》っている。さらに女の体は木のように細く、手は骨しかない。そのため男が女になぜ体に肉がほとんどないのかと問うと、女の前歯が異常に長く、目が赤くなり、その手にはいつの間にか鎌が握られていた。そして女は金切り声で男に向かって「お前に食われたんだよ」と言った。

その翌日、男の白骨死体が見つかった。

常光徹他編著『ピアスの穴の白い糸』に載る。同書によればこの怪談は伝統的な昔話を下敷きに成立した話であるとされ、山奥での狩りという場面設定、「道に迷ってしまったので泊めてください」という下りなどが共通する要素であると指摘されている。またオチが現代伝説で好まれる「お前だ」のパターンになっているという点を考えると、新旧の両面を兼ね備えた典型的な現代の話であるという。

ウサギの呪い［うさぎののろい］

ウサギにまつわる怪異。ある学校で飼っ

ていたウサギが死んでしまったとき、その亡骸《なきがら》は学校の裏に埋められ、墓が作られた。それ以来、理由は不明だがそこに一定以上近づく人間は呪われるようになってしまったという。

学校の怪談編集委員会編『学校の怪談4』に載る。同書には他にも学校で飼っていたウサギにまつわる怪異として、墓を踏むと呪われる、木の根元にウサギを埋めたところ、木の幹にウサギの顔が浮かび上がってきた、音楽室の裏にウサギが埋めてあり、そこに最後に行った人間は呪われる、ウサギの墓があった場所をコンクリートで固めたところ、その部分が揺れるようになった、といった怪異譚《たん》が記されている。

ウサギの霊［うさぎのれい］

チェーンメールに現れるという怪異。銃で撃たれて死んだウサギの霊が、父や母、そして自分を殺した人間を殺すために取り憑《つ》こうとするというもの。それを防ぐためには一定の人数にメールを転送しなければならない。

殺されたウサギが人間に復讐《ふくしゅう》しようとする怪異には他に**ウサギの祟《たた》り**がある。

うさぎババア［うさぎばばあ］

三重県のある学校で噂《うわさ》されていたという怪異で、頭が老婆で体がウサギという外見をしている。竹藪《たけやぶ》の中から突然現れ、目が合うとずっと追いかけてくるという。また壁から突然現れるという話もあるらしい。

常光徹著『学校の怪談9』に載る老婆の怪。三重県から投稿のあった事例。頭が老婆、体が動物という怪異は他に**馬ばあさん**がいる。

牛一頭［うしいっとう］

東京都品川駅《しながわえき》付近の銀行のコンピューターセンターに現れるという怪異。まだら牛の亡霊であるとされ、夜、警備員が見回りのためコンピュータールームのドアを開けると部屋の真ん中に牛が一頭おり、こちらを見つめているため目が合ってしまう。それを見た日には、警備日誌に「牛一頭」と書くことが決まっているのだという。

不思議な世界を考える会編『怪異百物語8』に載る。まだら牛とあることから、恐らくこの牛はホルスタインのように複数色の毛が入り混じった体をした種だと思われる。

丑女［うしおんな］

兵庫県六甲山《ろっこうさん》の裏山あたりにある神社の境内に出現するという親子の幽霊の怪異。丑《うし》三《み》つ時《どき》（午前二時頃）に現れる女と子どもの二人連れの幽霊とされるが、幼稚園の制服を着た子どものみが現れることもある。

木原浩勝他著『新耳袋　第一夜』に載る。**牛女**とは六甲山に出現するという特徴と「うしおんな」という名前が共通しているが、子どもの存在の有無は異なる。丑女と名付けられたのは牛女の存在が理由か。

牛女［うしおんな］

牛女と呼ばれる怪異にはさまざまな姿や性質を持ったものがいるが、共通して兵庫県南東部、神戸市の市街地の西から北にかけて位置する六甲山《ろっこうさん》という地域に出現すると語られることが多い。その中でも最も多く見られるものは牛の頭に人間の女の体を持ち、赤い着物を着ているという牛頭人身《ぎゅうとうじんしん》の怪異で、これと遭遇すると事故を起こしてしまうとされ、関西地方では有名な都市伝説であるという。またこの牛頭人身の牛女にはこんなルーツが伝えられることもある。

戦前、ある屋敷《やしき》（牧場や屠殺場《とさつじょう》とも）で半牛半人の娘が生まれた。その娘は世間の目に触れさせられないと座敷牢《ざしきろう》に閉じ込められていたが、芦屋《あしや》・西宮《にしのみや》市一帯が空襲で壊滅したときに逃げ出し、その焼け跡に牛女が現れたという。この話は木原浩勝他著『新耳袋　第一夜』でも語られており、また小松左京の小説『くだんのはは』のルーツとなったとされ、この小説にも戦時中の芦屋市を舞台に牛頭人身の娘が登場するが、ここではその娘は牛女ではなく**件**《くだん》であるとされている。ただし一般的に伝わっている件は人頭牛身であるため、牛女とは人と牛の部分が逆であり、遭遇すると事故を起こすといった話もない（該当項目も参照）。

他にも常光徹他著『走るお婆《ばあ》さん』では深夜に六甲山を車で走っていると、顔が女で体が牛の女がバイクに乗って走ってくるという話や、西宮市の甲山《かぶとやま》にある、牛女が出現すると噂《うわさ》の岩を蹴ったり騒がしく囃《はや》し立《た》てて通り過ぎたところ、四《よ》つん這《ば》いになった獣のような女に追いかけられて次々と事故を起こしたたという話が載る。また木原浩勝他著『都市の穴』では体が牛で顔が般若《はんにゃ》の姿をした牛女や、白い着物を着て角を生やした般若のような顔の女が牛女と呼ばれているという話が記されており、加えて同書によれば一九八〇年代後半には甲山で宙に浮いた首のない牛がバイクを追いかけてきたという噂が語られていたという。

また鷲林寺《じゅうりんじ》に「牛女の塚」があるとされることもあるが、これはテレビ番組で行われた捏造《ねつぞう》であり、実際にはそんなものは存在しない。詳しい顛末《てんまつ》は鷲林寺の公式ホームページの「牛女伝説の真実」に記されているが、この牛女の噂により鷲林寺は多大な被害を受けているため、留意しなければならない。また六甲山には**丑女**という名前は似ているが性質の異なる怪異も現れるという。

牛の首［うしのくび］

この世には「牛の首」という恐ろしい怪談があるという怪異。江戸時代にはすでに伝わっていたというこの怪談は、余りに恐ろしい内容故に名前だけが伝わり、内容を知るものはほとんどいない。一部の人間が知っているのみの話だ。その恐ろしさを伝えるように、こんな話がある。

ある小学校の教師が学校の遠足の際に、バスの中で怪談を子どもたちに語り聞かせていた。普段は騒々しい子どもたちも今日は真剣に彼の話に耳を傾けている。これに気をよくした彼は、最後に「牛の首」という怪談を披露することにした。ところが彼が話を始めた途端にバスの中に異変が起き始めた。話を聞いていた子どもたちがそのあまりの恐ろしさに教師に話を止めるように訴え出したのだ。しかし教師はその異常な反応を目の当たりにしてもなぜか一切話を止めようとはせず、まるで取り憑《つ》かれたように話を続ける。しばらくするとバスが急停止した。その衝撃で正気に戻った教師が運転席を見ると、バスの運転手が脂汗を流しながら震えている。さらに辺りを見まわすと、児童たちは皆口から泡を吹いて失神していた。それ以来、その教師が「牛の首」のことを話すことはなくなったという。

この話はインターネット上で語られるものだが、話自体はかなり以前から存在しており、小松左京の小説『牛の首』でもこの怪談について語られている。ただしこの小説でも都市伝説でも牛の首の内容そのものについては基本的には一切触れられておらず、何だかわからないが今まで聞いたことがないような恐ろしい「牛の首」という怪談が存在する、という形骸のみが伝わっている話とされ、その話がどのような内容であったのか、そもそも内容があるのかは現在でも判明していない。またインターネット上では牛の首の真説として、かつて飢餓《きが》状態にあったある村で、人々が同じ人間に牛の首を被《かぶ》せてその肉を食らったというような話が語られることがあるが、これは牛の首を元に特定の個人が創作した怪談と思われる。小松左京は『牛の首』のあと、首から上が牛として生まれてきた少女にまつわる話を描いた『くだんのはは』という小説を記している。こちらについては**牛女**との関連を語られることが多いため、そちらの項目も参照。

うしろよばあさん
［うしろよばあさん］

満月の夜に学校の校門に立って喋《しゃべ》っていると「うしろよ、うしろ」という声が聞こえるという怪異。これに対し右に振り向くと何もないが、左に振り向くと鎌を持った老婆がいて首を切り落とされる。

ポプラ社編集部編『映画「学校の怪談」によせられたこわーいうわさ』に、愛知県春日井《かすがい》市からの投稿として載る。似た怪異に**肩たたきババア**がいる。

渦人形
［うずにんぎょう］

インターネット上で語られる怪異。服を着た人形の姿をした怪異で、顔は日本人形のように真っ白な肌に笑みを浮かべた表情をしているが、目にあたる部分に二つ真っ黒な穴が空いており、目玉がない。また口についても同じように三日月状の穴のようなものが空いているものの唇らしきものはない、という容姿をしている。そして何より特徴的なのはその首で、細い棒のような形をしており、一メートルほどの長さがある。渦人形はその首を前後に動かし、頭で窓を叩《たた》きながら「ホホホ……ホホホ……」と抑揚のない声で笑うという。

この人形はもともと江戸時代に呪物として作られたもののようで、渦人形に目を付けられると無表情で涙を流しながら笑い続けるという奇妙な状態に陥る。この呪いから逃れるためには渦人形そのものを破壊するのがよいようだ。人形の中にどこか核のようなものがあるらしく、これを壊すと呪いから逃れることができるらしい。

2ちゃんねるオカルト板の「死ぬ程洒《しゃ》落《れ》にならない怖い話を集めてみない？265」スレッドに、二〇一一年五月一九日に書き込まれた怪談に登場する。人形の胴体に「寛保《かんぽう》二年」「渦人形」と書かれていた以外には謎の存在であり、何らかの呪物であるということが予想されるのみである。

歌声ユーレイ［うたごえゆーれい］

ある学校の二階東トイレに歌を歌いながら入っていくと女性の声が一緒に歌ってくれるという怪異。このとき途中で歌をやめてしまうと、「歌わせて……」という悲しそうな声が聞こえるという。

マイバースデイ編集部編『心霊体験大百科』に載る。

腕をくれ［うでをくれ］

千葉県にて語られていたという怪異。夢に片腕のない兵隊の姿をした幽霊が現れ、「片腕下さい」と言う。それを断ると翌朝目覚めたときに片腕がなくなっているという。この問いに対しては黙っていても同様の結果が待っているため、「〇〇のために使うので、あげることはできません」と答えると翌日は腕が痺《しび》れる感覚があるが、翌々日には元通りになっているという。

不思議な世界を考える会編『怪異百物語3』に載る。

うばよ去れ［うばよされ］

夜中の二時頃、部屋のドアをノックする音が聞こえたら「うばよ去れ」と三回唱えてからドアを開けないと奇妙な老婆がいて、どこかへ連れていかれてしまうという怪異。またこの話を聞くと一週間後にその老婆が現れるとされる。

久保孝夫編『女子高生が語る不思議な話』に載る**ババサレ**系の怪異。同様の呪文で撃退できる怪異に**バーサレ**がいる。

馬人間［うまにんげん］

夜一〇時にある学校の運動場を訪れると、顔は馬で体が人間の怪人が走っているという怪異。

学校の怪談編集委員会編『学校の怪談4』に、沖縄県浦添市《うらそえし》からの投稿として載る。筆者命名。また松谷みよ子著『現代民話考7』には、一九六九年頃の群馬県館《たて》林《ばやし》市のある小学校における話として、馬の顔をした女性がピアノを弾いていたという怪談が載る。この学校は元墓地の上に建てられており、戦争で死んだ人間や馬の霊を弔《とむら》ったところであったらしい。他に常光徹著『学校の怪談B』では戦時中馬を集めていた場所の跡に建てられた小学校で鏡を見ると顔が馬になっているという話が載っている。また人間と馬の比率が逆の怪異に**馬ばあさん**がいる。

馬ばあさん ［うまばあさん］

福島県のある道路で夜に車のライトを消し、時速一〇〇キロ以上で走っていると、顔が老婆で体が馬の姿をした馬ばあさんという怪異が出現するという。

不思議な世界を考える会編『怪異百物語3』に載る。またマイバースデイ編集部編『わたしのまわりの怪奇現象1000』ではある海岸道路に出現する顔が老婆、足が馬という怪異が**一〇〇キロババア**の名前で載っている。道路を時速一〇〇キロ以上で走ると出現するという要素も一致しているが、こちらの場合は胴体部分がどうなっているのか不明。

埋まらない穴の主 ［うまらないあなのぬし］

ある中学校の校舎が建てられたときに現れたという怪異。まだ工事を一部残し、学校は開校したが、その校舎の外れの工事現場に直径三〇センチほどの穴があり、これがどんなに土を埋めても埋まらなかった。この穴はもともとその土地が竹藪《たけやぶ》だった際、誰のものとも知れない古い石の塔の下にあったものだったが、あるときこの穴に石の塊を投げ込んだところ、その場所だけ大きな地震があり、その日の夕方に再び起きた地響きとともに穴から青く光るものが天に昇っていった。その翌日、穴は簡単に埋められるようになっていたという。

学校の怪談研究会編『学校の魔界ゾーン』に載る。筆者命名。

海から伸びる手 ［うみからのびるて］

海に現れるという怪異。ある若者たちが数人で連れ立って海に遊びに行ったときのこと、一人の若者が海に飛び込み、溺れてしまったのか戻ってこなかった。友人たちは悲しみ、彼の姿を最後に撮った海に飛び込む瞬間の写真を現像したところ、そこには海中から無数の白い腕が伸び、彼を海中に引《ひ》き摺《ず》り込《こ》もうとしている様子が写っていた。

全国各地やインターネット上で語られる怪異。その分バリエーションが多く、どの海か特定された状態で語られたり、舞台が海ではなく川や池、プールであったり、腕だけでなく女や老婆といった人の形をしたものが飛び込む人間を引き摺り込もうとしている姿が写っていたりという違いが見られる。

いつ頃から語られている怪談なのかは不明だが、別冊宝島『うわさの本』に収録されている浅羽通明「D・P・Eは逢魔《おうま》の時間　複製技術時代の心霊写真⁉」によれば、浅羽氏の知人が一九七〇年代中頃に怪奇実話めいた読み物でこの話を読んだ記憶があると記されている。

他に松谷みよ子著『現代民話考12』では一九九〇年頃に聞いた話として、海の事故で死んだ女性とその事故があった日に海辺で最後に撮った写真を現像したところ、死んだ女性に向かって海から白い手が無数に伸びていた、という話が記されている。また同書には同じように海の事故で死んだ友人が海に飛び込む場面を撮った写真を現像したところ、海の中からその友人に向かって伸びる無数の白い腕とその真ん中で手を広げて友人の方を見上げている女性の姿が写っていたという話も載っている。

学校の怪談研究会編『日本全国縦断　学校のこわい話』には、宮崎県の話として、高校のプールを舞台にこの怪談が記されている。

他に類例としては不思議な世界を考える会編『怪異百物語9』で長野県のある湖でボートに乗っていた際、水中からたくさんの白い手が出てきて湖の中に引き込まれたという怪異が記録されており、常光徹著『新・学校の怪談4』では引き摺り込むのではなく後ろから背中を押す無数の白い手が写真に写っていたという怪談が載る。

また大島広志「若者たちの怪談」（世間話研究会『世間話研究』第三号収録）には、東京都のビジネス専門学校の生徒から記録した話として、腕が伸びているのではなく、事故死した若者を引き摺り込もうとするたくさんの霊が海から全身を覗かせて写真に写っていたという話が記されている。

海からやって来るモノ［うみからやってくるもの］

ある海辺の町に特定の日のみ現れるという怪異。海から這《は》い出《だ》してくる黒い煙の塊のような姿をしており、その先端には顔のようなものがついているという。また現れると周囲に強烈な生臭い臭気を撒《ま》き散《ち》らし、音は出さないにも関わらず形容し難《がた》い耳鳴りを引き起こす。海から這い上がった後はその町の家の軒先を覗《のぞ》き込《こ》むという行動を取り、この怪異の姿を見てしまうと人間であれば原因不明の高熱に見舞われたり、動物であれば錯乱してしまったりするという。また地元ではこれを避けるために魔除《まよ》けとして軒先に籠や笊《ざる》をぶら下げ、家から出ないようにして被害を防ぐとされる。

二〇〇五年一二月七日に2ちゃんねるオカルト板の「死ぬ程洒落《しゃれ》にならない怖い話を集めてみない？116」スレッドに書き込まれたものが初出と思われる怪異。この怪談の舞台となった地域は不明であるが、伊豆七島《いずしちとう》に伝わる妖怪「海難法師《かいなんほうし》」と関連づけられることが多い。この妖怪は江戸時代、島々の人々に憎まれていた悪代官、豊《とよ》島忠松《しまただまつ》の成れの果てと伝えられ、彼を殺そうと画策した島民たちの罠《わな》によって海が荒れる日に島巡りを決行し、そのまま波に呑《の》まれて死亡した。その怨念が悪霊《あくりょう》と化し、やがて毎年旧暦一月二四日になると海難法師と呼ばれる妖怪となって島々を巡るようになった、とされる。桜井徳太郎編『民間信仰辞典』によればこの被害を防ぐため、伊豆七島ではこの日は決して外には出ず、魔除けとして門口《かどぐち》に籠を被《かぶ》せ、雨戸に柊《ひいらぎ》やトベラなどの匂いが香ばしい、魔除けないしは厄を払うとされるような葉を刺し、どうしても外に出なければならないときは頭にトベラの葉を付けたり、袋を被って海を見ないように移動したという。この風習を守らず海難法師に出会うとさまざまな災《わざわ》いが降りかかると伝えられており、「海からやってくるモノ」との話と類似点が多く見られるが、実際に海からやってくるモノがこの海難法師と同一の存在なのかは今のところ確実な情報はない。

海の上の親子霊
［うみのうえのおやこれい］

海に現れるという怪異。ある船の船員が海の上に女性と子どもが立っているのを見つけたため、慌ててハンドルを切った。船内から出てきた船員にその話をすると、それは以前崖から身を投げて心中した親子の霊だと教えられたという。

久保孝夫編『女子高生が語る不思議な話』に載る。

海坊主
［うみぼうず］

体育館の女子トイレを女子が掃除すると現れるという怪異で、水色の塊の姿をしている。これはどんなにトイレを流しても出現し、しかも大きくなっていく。そしてこのトイレを掃除した女の子は翌日いなくなってしまうという。

ポプラ社編集部編『映画「学校の怪談」によせられたこわーいうわさ』に、東京都渋谷区《しぶやく》からの投稿として載る。海坊主とは本来海に出現し、船を転覆させたり人を海に引き摺《ひず》り込んだりする妖怪と伝えられる。この怪異もその類なのだろうか。またこの他にも学校に現れる海坊主の例は多い。元来通り海に現れた海坊主の話だと、常光徹著『学校の怪談E』にお盆の海に群れで現れたという話が載っている。

うりこひめ
［うりこひめ］

長野県のある小学校では、夜中の一二時に鏡に映る自分に向かって「うりこひめ」と呟《つぶや》くと不思議なことが起こるという怪異が伝えられている。実際にある女子児童がそれを試したところ、鏡に映った自分の首がぽろりと落ちたという。

常光徹著『学校の怪談3』に載る。ポプラ社編集部編『映画「学校の怪談」によせられたこわーいうわさ』やマイバースデイ編集部編『わたしのまわりの怪奇現象1000』にも同様の怪異が載る。他にも学校の怪談編集委員会編『学校の怪談6』には、奈良県奈良市からの投稿として「うろ子ひめ」という名前の怪異が見られ、こちらは夜の一二時に名前を呼ぶと自分が逆さまに見えるようになってしまい、「ごめんなさい」と一〇〇回言うまでそれは直らないという。

『瓜子姫《うりこひめ》』とはもともとは日本中で伝えられる民話の一つである。瓜から生まれた瓜子姫という女の子がお爺《じい》さんとお婆《ばあ》さんに大事に育てられるが、ある日天邪鬼《あまのじゃく》に騙《だま》されて連れ去られる。その後の結末は姫の生死から天邪鬼の末路までさまざまであるが、話によっては天邪鬼の首が切り落とされるものがあるため、鏡の中の首が落ちるという話はここから来ているのかもしれない。

うわさのマキオ ［うわさのまきお］

夜中に公園で遊んでいると現れる、マキオという少年の怪異で、彼に「あそぼう」と声をかけられて一緒に遊ぶと二度と帰ってこられなくなるという。

常光徹著『学校の怪談7』に載る。ポプラ社編集部編『映画「学校の怪談」によせられたこわーいうわさ』では、マキオはブランコで遊んでいて「一緒にブランコに乗ろう」と言われて誘いに乗ると消されてしまうという話が載る。

この怪談については元となったものが判明している。それは一九九〇年四月一九日にフジテレビ「世にも奇妙な物語」にて放送された「噂《うわさ》のマキオ」という話で、ここではパソコン通信で「夜公園に一人で行くとマキオという男の子が遊んでいる。この子どもと遊ぶとどこかへ連れていかれてしまう」という噂を作り出し、広めた女子高生が実際に公園にてマキオと遭遇し、消されてしまうという筋書きになっている。そのためこの怪異はその物語内で語れた噂部分が実際に都市伝説として流布《るふ》していったものと思われる。ちなみに怪談を創作して広めた結果、それが実際の怪談として現れる部分の要素は**パソコン通信の怪**として別の怪談で語られている。

【え】

AIババア ［えーあいばばあ］

四月四日午前四時四四分にある学校のパソコンルームの特定のパソコンを起動すると画面に現れるという老婆の怪異で、あの世に連れていかれてしまうという。

実業之日本社編『怪談＆都市伝説ＤＸ』に載る。

エクトプラズム ［えくとぷらずむ］

心霊にまつわる怪異。目に見えない霊的存在が物質化するために必要な物体とされ、半物質（現実の物質と霊的存在を構成する物質の中間という意味合い）のこと。白または半透明の物質とされること多く、霊は霊媒と呼ばれる霊能者やそれ以外の人々からこの物質を抽出し、自らも幽的のある成分をこれに混合させて目に見える姿に物質化するという。

この説明は田中千代松編『新・心霊科学事典』に拠った。エクトプラズムは元々霊主義、心霊科学にて提唱された概念で、三浦清宏著『近代スピリチュアリズムの歴史』によれば、フランスの生理学者シャルル・ロベール・リシェによって名付けられたという。また浅野和三郎著『神霊主義』によればその特性の一つは自由自在に変形することで、物体から人間の姿までどんな形にもなるという。心霊主義において目に見えない存在とされている霊は、霊媒から発されるこれを使って物質化し、霊と交信する能力を持つ人間以外とさえも交流できるようになると考えられているか、エクトプラズムを利用した場合必ず可視化するということではなく、肉眼で見えない状態で現れる場合も多々ある。他にも板谷樹他著『霊魂の世界—心霊科学入門—』によれば霊能者が離れた物体を動かしたりする際やポルターガイストが物理的な現象を起こす際にもこのエクトプラズムが利用されていると説明されている。この場合のエクトプラズムは、普通の人間の目には見えないとされることがほとんど。

またこれは自然に出現するものではなく、霊媒と呼ばれる霊能者の体から放出され、その際には霊媒の体重が大きく減少するとされ、前述した『霊魂の世界—心霊科学入門—』によればドイツの医師、シュレンク・ノッチング博士がこの物質の成分を調べたところ、多量の白血球と上皮細胞を含んだ唾液の成分ににたもので、これを焼いたところ残った灰の中から塩化リジュウムと燐酸、カルシウムなどが見つかったとされる。

エッ子さん

［えっこさん］

昭和初期の頃、茨城県のある集落で惨殺《ざんさつ》されたとされる女性の怪異。彼女は二〇歳の頃、村の外れで原型を留《とど》めない死体として発見され、その姿は首が異常に湾曲し、片腕がなく、衣服を着用していないという異様な状態だった。警察は殺人事件として捜査するが、目撃者が一人もいない。またエッ子は死の直前に手紙を残しており、内容は「私が間違っていた。彼のことを理解できなかった。私は恐らく地獄に堕《お》ちるだろう。悔しい……悔しい……きっと、もう済んだことになる」というものだったが、エッ子には親しい男性はおらず、有力な情報とはならなかった。結果的に事件は解決することはなく、手紙もいつの間にか消えてしまい、それから集落においてエッ子という名前はタブーとなった。犯行現場とされるエッ子の遺体があった場所には社《やしろ》、祠《ほこら》が建てられ、今も存在しているという。そしてこの話を聞くと何かが起こると伝えられる。

インターネット上で囁《ささや》かれる怪異。いつ頃出現したのかは不明だが、二〇一四年八月にはすでに語られている。話を聞いた後に起きた具体的な現象としては、部屋に上半身のみの中年の男が現れ、這《は》ってくる、姿見の側に白い服を着た女が現れ、消える、携帯電話に電話がかかってきて、女性の声で「うるま……」と言われた、携帯電話がおかしな動きをする、などの例が記録されている。

NNN臨時放送

［えぬえぬえぬりんじほうそう］

深夜、テレビの放送終了後、そのまま画面に映るカラーバーを見つめていると、突然ゴミ処理場が映し出され、「NNN臨時放送」というテロップが現れるという怪異。ニュースでもあったのかとそれを見続けていると、画面下から人の名前がスタッフロールのようにせり上がり、その名前を抑揚のない声が読み上げるという映像が五分間ほど続く。そして最後に「明日の犠牲者はこの方々です。おやすみなさい」という声が聞こえ、またはテロップが流れ、番組が終了するという。

2ちゃんねるテレビ板の「何故《なぜ》か怖かったテレビ番組〜第四幕目〜」スレッドに二〇〇〇年一一月二六日に書き込まれた文章が、この怪異の発端だと思われる。最後に自分の名前が出てきたというオチがつくこともあるが、これは**赤い部屋**と共通する。動画投稿サイトではこの都市伝説を元にした動画も作られており、そこに一瞬、海外の都市伝説「ジェフ・ザ・キラー」（蒼白の顔面に裂けた口の若い男、という容姿の殺人鬼）の元になった画像が映り込むためか、彼とNNN臨時放送がセットにされていることもある。また初出の情報には音楽が流れていたという話はないが、作成された動画にてBGMが流れていた影響か、何らかの音楽が流れていたと語られることもある様子。これに類似した都市伝説にNHKの放送終了後、受信料未払い者のリストが流れるというものがあるが、都市伝説として発生した順番は未払い者リストの方が早い。

またこれが元になっていると思われる話に常光徹著『新・学校の怪談5』に記されている「あの世放送」というものがあり、この話の大筋はNNN臨時放送と変わらないものの番組の最後に問い合わせ先の電話番号が出て、電話をかけるとあの世に繋《つな》がったという話が加えられている。他に類似した話としてはポプラ社編集部編『映画「学校の怪談」によせられたこわーいうわさ』に、砂嵐の状態になったテレビを見ていると「お前は死ぬ」と文字が現れた、という話が載る。

えみこちゃん ［えみこちゃん］

話を聞くと現れるという怪異。その話とは、次の通り。かつて、えみこちゃんという女の子が車の中で友達とお菓子を半分こしているとき、事故に遭《あ》ってしまい、運悪くえみこちゃんだけが死んでしまった。

この話を聞いた人間は、三日後の夜にえみこちゃんに連れていかれてしまう。それを回避するためには、お菓子を半分にして枕元に置いておかねばならない。

マイバースデイ編集部編『わたしの学校の七不思議』に載る。

エリーゼ ［えりーぜ］

ある学校の体育館裏のトイレに出現するという怪異で、見つけた人間に対し「わたしのベートーベンをかえして」と言ってくる。これに対し「あなたのベートーベンを盗《と》っていない」と返すと、「そうね、あなたは違うみたい」言いながら消えてしまうという。

常光徹編著『みんなの学校の怪談　赤本』に、島根県からの投稿として載る。ベートーベンの恋人のエリーゼとはベートーベンが自分が愛した女性のために一八一〇年に作曲したと伝わるピアノ曲「エリーゼのために」のタイトルになっているエリーゼと思われるが、容姿については何も触れられていないためどのような姿だったのかは不明。

エリカさん ［えりかさん］

ある学校の二階のトイレに現れるという怪異。

学校の怪談編集委員会編『学校の怪談11』に、愛知県名古屋市からの投稿として載る。また常光徹編著『みんなの学校の怪談　赤本』では、埼玉県から投稿された話において**やみ子さん**、**おきくさま**という**幽霊**とともに語られており、**トイレの花子さん**のライバルだとされている。

エレベーターの女 ［えれべーたーのおんな］

あるマンションに現れたという怪異。そこで一人暮らしをしている大学生が友人とともにエレベーターに乗ったときのこと、急に友達ががたがたと震え出したため大学生が不審に思っていたところ、友人が「女が、女が笑ってる」と呟《つぶや》いた。変だな、と思いその大学生が振り返ったところ、大学生とその友人の間、二センチ程しかない隙間を女が不可思議な笑い声を上げながら悠々と通り抜けていった。

　不思議な世界を考える会編『怪異百物語3』に載る。

エレベーターの怪［えれべーたーのかい］

　東京都北区上中里《きたくかみなかざと》にある瀧野川《たきのがわ》女子学園の七不思議の一つとして伝わる怪異。この学園の校舎には一棟だけエレベーターが設置されているが、あるとき生徒がもう館内に人がいなくなった頃にそのエレベーターの前を通ったとき、急に扉が開いてその中に立っていた女性が「乗っていらっしゃい」と声をかけてきたという。それに驚いて急いで用務委員室まで行くと、すでにエレベーターの電源は切られていると言われたとされる。

　松谷みよ子著『現代民話考7』に載る。またこれ以外にもエレベーターにまつわる怪異は多く語られており、松山ひろし著『壁女』には、死んだはずの友人にその直後事故に遭《あ》うエレベーターへの搭乗を止められ、九死に一生を得るという話が載る。

　本項目以外のエレベーターにまつわる怪異については**Rボタン**、**異世界に行く方法**、**エレベーターの女**、**恐怖のエレベーター**、**地獄の女**を参照。

エンジェルさま［えんじぇるさま］

　降霊により占う怪異の一つ。その方法は二人の人間が向き合う形で鉛筆やシャープペンシルを握り、質問をした後そのシャープペンシルが五十音や数字、はい、いいえ、入口、出口といった言葉の書かれた紙の上をどのように動くのかで占うというもの。
　こっくりさんに似た占いの一つで、「エンゼルさま」という表記であることも多い。前述した方法は安斎育郎《あんざいいくろう》著『こっくりさんはなぜ当たるのか』に載る。また同書によれば紙に食べ物の絵を配置し、エンジェルさまに帰りがけに食べてもらうという儀式が取り入れられることもあるという。他にぽにーてーる編『恐怖の時間割』には、二種類の「エンゼルさま」のやり方が載せられており、一つは白い紙の真ん中に羽の生えたハートを描き、その上に「Ａｎｇｅｌ」、左右に「Ｙｅｓ」「Ｎｏ」という単語を記す。そして青いペンを持って「エンゼルさま、エンゼルさま、どうぞおいでください。いらっしゃいましたら、輪を描いてお答えください」と呪文を唱え、質問にイエスかノーかで答えてもらうというもの。もう一つは紙の真ん中にハートを描き、上部にアルファベットを、左右に「Ｙｅｓ」「Ｎｏ」という単語を、下部に一～一〇の数字を記すというもので、こちらはこっくりさんと同じように十円玉を使ってその動きにより質問に答えてもらうというものになっている。

エンピツおばけ［えんぴつおばけ］

ある学校に出現するというとても小さな怪異で、この怪異に齧《かじ》られた鉛筆を使うと苦手な問題でもすらすらと解けるようになるが、鉛筆を削るなどしてその噛《か》み跡がなくなるとその効果も消えてしまうという。

常光徹著『学校の怪談A』に載る。

【お】

おあずかりしています［おあずかりしています］

京都の宇治市《うじし》にある病院の廃墟《はいきょ》にまつわる怪異。地元の少年五人がその病院に行き、地下の霊安室に入った。しかし特に何事もなく、五人が外へ出たとき、そのうちの一人が忘れ物をしたと病院に戻っていった。

しかしその少年は何日経《た》っても帰ってこなかった。家族が心配していると、その子の家に電話がかかってきて、「こちら○○病院です。お宅のお子さんをおあずかりしています」という声がした。それはあの廃墟となった病院からの電話だったのだ。知らせを受けた警察が調査した結果、病院の霊安室から少年の死体が見つかったという。

渡辺節子他編著『夢で田中にふりむくな』に載る。廃墟で肝試しを行った後、その様子を撮ったビデオなどに奇妙な声が入り込んでおり、再生が終わった直後廃墟から電話がかかってきて廃墟から持っていったものを返すよう促す、という怪談があるが（**幽霊屋敷《やしき》**参照）、この話では逆に廃病院が預かる側となっており、立場が逆転している。

追いかけて来る人魂［おいかけてくるひとだま］

夜中の三時頃、バイクで夜道を走っていると、ものすごく大きな人魂《ひとだま》が追いかけてきたという怪異。それは肩に接触し、高速で空に消えていったが、後で見ると服が焦げていたという。

不思議な世界を考える会編『怪異百物語6』に載る。

追いつかれ階段［おいつかれかいだん］

ある小学校には追いつかれ階段と呼ばれる階段があり、この階段を上ったり下りたりすると誰かに追いつかれるという怪異。

常光徹著『新・学校の怪談2』に、静岡県からの投稿として載る。

おいでおいでおばさん［おいでおいでおばさん］

ある建物の屋上でいたずらをして、翌日その場所に行ってみると「おいでおいで」という声が聞こえてくるという怪異。それについていくと屋上から落ちてしまう。

ポプラ社編集部編『映画「学校の怪談」によせられたこわーいうわさ』に載る。どこの屋上なのか、なぜおばさんなのかは不明。

おいてけ森［おいてけもり］

ある山に現れたという怪異。少年がその山に入ってクワガタを捕まえていたところ、突然背後から「おいてけー、おいてけー」という声が聞こえてきた。振り返ってみると一〇〇〇匹余りのクワガタが並んでいる。少年がクワガタを置いて逃げると声は聞こえなくなったという。

常光徹編著『みんなの学校の怪談　緑本』に、熊本県からの投稿として載る。筆者命名。東京都墨田《すみだ》区に伝わる本所《ほんじょ》七不思議に登場するおいてけ堀を思わせる怪異だが、こちらの舞台は堀ではなく山となっており、おいてけと言われる対象物や声の正体もそれに合わせてかクワガタムシになっている。

おいらん淵［おいらんぶち］

山梨県甲州市塩山一之瀬高橋《こうしゅうしえんざんいちのせたかはし》にある史跡であり、有名な心霊スポットにまつわる怪異。その由来は戦国武将、武田勝頼《たけだかつより》の死に伴う甲州征伐の折、武田氏の隠し金山といわれた黒川金山《くろかわきんざん》が閉山となり、その金山の秘密が鉱山労働者の相手をするために遊郭に集められた五五人の遊女から漏れることを防ぐため、酒宴の興に柳沢川《やなぎさわがわ》の上に藤《ふじ》蔓《かずら》で吊《つ》った宴台の上で彼女らを舞わせ、その間に蔓を切って宴台もろとも淵《ふち》に沈めて殺害したことと伝わる。そのためかこの場所では遊女の幽霊がたびたび目撃されているという。

五五人の遊女が犠牲になったことから「五五人淵《ふち》」とも呼ばれる。この怪異については別冊宝島『現代怪奇解体新書』の小池壮彦《たけひこ》「おいらん淵の真実」にて詳しく調査が行われており、それによれば実際に事件があったのは、この場所よりもさらに上流のゴリョウ滝の辺りであったとされ、事件を説明する看板と小さな供養碑《くようひ》が建てられている。

また花魁《おいらん》という言葉はそもそも江戸時代、吉原《よしわら》遊郭にて生まれた言葉であり、当時は高級遊女を指す言葉であったため、少なくともこの場所がおいらん淵と呼ばれるようになったのは戦国時代からかなり年を経た後だと思われる。

お岩さん［おいわさん］

有名な江戸時代の怪談『東海道四谷怪《とうかいどうよつやかい》談《だん》』に登場する女の幽霊にまつわる怪異。

現代ではこの『四谷怪談』やお岩さんをモデルにした演劇、映画、ドラマなどを製作する際には、東京都新宿区の於岩稲荷《おいわいなり》へお岩さんの墓参りに行かねば祟《たた》られてしまう、という話がよく語られる。

『東海道四谷怪談』におけるお岩さんは夫、伊右衛門《いえもん》に裏切られ、薬と偽って飲まされていた毒によって顔が醜く崩れた上に、伊右衛門の指示で家に来た按摩《あんま》と揉み合いの末刀が刺さり非業の死を遂げる。しかしその後幽霊と化して自分を陥れたものたちを次々と追い詰めていく、という女性として描かれている。

日本民話の会編『怖いうわさ　不思議なはなし』では、このお岩の祟りとして右目に異変が起こるというものが挙げられている。これは前述した『東海道四谷怪談』においてお岩の顔の右半分が毒薬によって醜く腫れ上がったことに由来すると思われる。また同書では企画のため市川団十郎《だんじゅうろう》氏に『四谷怪談』にまつわる話を伺った際、テープレコーダーが奇怪な誤作動を起こしたという話や、東京都江戸川区《えどがわく》両国《りょうごく》にある江戸東京博物館において歌舞伎『東海道四谷怪談』の舞台をミニチュアにし、からくりの仕掛けを解説した展示を作ったところなぜか作動せず、於岩稲荷にお詣《まい》りしたところ無事に作動したという話も載る。

ただし『東海道四谷怪談』は鶴屋南北《つるやなんぼく》による創作であり、お岩のモデルとなった人物はいるものの、この怪談の通りの不幸な人生を歩んだ女性は存在しないとされている。

またこの四谷怪談におけるお岩とは関係なく、**トイレの花子さん**のような形で学校のトイレにまつわる怪談にお岩さんの名前が使われることもあり、学校の怪談編集委員会編『学校の怪談11』では秋田県雄勝郡《おがちぐん》からの投稿として、ある学校の二階のトイレで五回まわって「お岩さん」と呼ぶと水が勝手に流れるという話が載る。

さらに大学にお岩さんと呼ばれる**幽霊**が現れた例もあり、松谷みよ子著『現代民話考7』では東京都千代田区《ちよだく》の法政大学学生会館大ホールに、顔がつぶれたお岩さんと呼ばれる女性の霊が出現し、夜な夜な竹竿《たけざお》を自分の袖で磨いていたのだという話が載る。

大高先生をおそったほんものの亡霊［おおたかせんせいをおそったほんもののぼうれい］

昭和二七年八月二〇日午前三時半頃、青森県下北半島《しもきたはんとう》の陸奥市《むつし》（現むつ市）のある病院にて大高という名前の医師の前に現れたという怪異。

友人が勤務するその海辺の病院に一泊させてもらっていた大高氏は、夜中「寒いんです……とても、寒いんです……」という声を聞いてその声の主を部屋へ招いたところ、氷のように冷たいものがベッドの中に入り込んできたため、一喝すると目の前に首に穴を穿《うが》たれ目が釣り上がり、口が裂けているような姿をした兵隊の亡霊の姿が現れたという。

村松定孝著『わたしは幽霊を見た』に載る。「昭和二十七年、大高博士をおそったほんものの亡霊」というタイトルとともに掲載された、幽霊が去ってからすぐに描いたというイラストが有名。またこれの正体については日本テレビの番組「東芝ファミリーホール特ダネ登場⁉」にて兵庫県明石《あかし》市内に住む女性がこの亡霊は自分の夫であると証言しており、その女性によれば太平洋戦争中に第六青函丸《せいかんまる》に警備兵として乗り込んでいたところ、米空軍に襲撃に遭《あ》い、喉元を打ち抜かれて死亡した、という情報もあるが、現在番組の映像が残っていないため確認できない状態にある。ちなみに第六青函丸《せいかんまる》は実際に一九四五年七月一四日にアメリカ軍機の襲撃を受け、乗組員七六名中三五名が亡《な》くなっている。

大渕小僧 ［おおぶちこぞう］

富士山麓に出現するという怪異。その場所には「大渕小僧の墓」というものがあり、それはかつて親がおらず、その寂しさを紛らわすために村の人々にいたずらをして回っていたために殺されてしまった大渕小僧という名の子どもの墓と伝えられている。そしてその墓の側を通ると子どもの笑い声が聞こえたり、墓の前で手を二回叩いてお参りすると呪われる、などの噂があるという。

また、林間学校のためにこの墓の側を訪れた小学生の話では、この墓にいたずらをしたところ、その日の夜に強烈な喉の乾きを覚えて目を覚まし、水を飲みに行こうとすると、部屋が真夏にも関わらず異様に寒いことに気が付いた。さらに部屋の隅に六歳ぐらいのぼろぼろの着物を着た子どもがうずくまっている。そしてその子どもは突然小学生に向かって飛び掛かると、物凄い力で首を絞め、さらに抵抗すると腕に噛《か》み付いてきた。その痛みに叫び声を上げると子どもの姿はぼやけて消えてしまったという。

ピチ・ブックス編集委員会編『私の学校の怖い話2』に載る。大渕小僧の話は実際に静岡県に伝わる昔話で、静岡県富士《ふじ》市発行の『ふるさとの昔話』によれば現在も大渕小僧のほこらが残っており、地元の小学生などが時々お参りに来ているという。

大目玉 ［おおめだま］

ある日、一人の子どもがソフトボールが終わって帰ろうとして空を見たら、巨大な目玉があったという怪異。

学校の怪談編集委員会編『学校の怪談16』に、静岡県浜松《はままつ》市からの投稿として載る。また同シリーズの『学校の怪談大事典』には、不思議な音で目を覚まし、障子を開けたところ二メートルもの巨大な目玉があり、睨《にら》まれた途端**金縛り**に遭《あ》って、その後四日間高熱が出た、という怪異が載る。他にも常光徹編著『みんなの学校の怪談　赤本』には、小学校の体育館の天井に挟まった四つのボールのうち、一つだけが夜になると巨大な目玉になるという怪談が載る。

おかむろ［おかむろ］

笠《かさ》を被り、黒い着物を着た人間という容姿をした怪異で、夜にトントン、トントンと二回ずつ窓や壁、戸を叩《たた》く。これを無視すると窓や戸をこじ開けて入ってくる。そしてその姿を見てしまうと死んでしまうという。これを回避するためにはこのおかむろが現れたときに「おかむろ、おかむろ」と唱えればどこかに消えてしまう。またこの話を聞くとおかむろに狙われやすくなるという。

「おかむろさん」「おかむろ様」と呼ばれることも多い。この話はマイバースデイ編集部編『わたしのまわりの怪奇現象1000』に載る。また同様の怪異は松山ひろし著『カシマさんを追う』や常光徹著『学校の怪談7』などにあり、ここでは「おかむろさん、おかむろさん、おかむろさん」と三回名前を唱えるとおかむろさんは消えるとされる。バリエーションとしては姿を見ただけで死ぬ他に、おかむろに殺されると語られることもあるようだ。

またフジテレビ出版『木曜の怪談　紫の鏡』ではおかむろさんの正体として、戦時中に戦争で死ぬよりは自殺した方がよいと家で首吊《くびつ》り自殺をした人間の霊だと語られている。

オカリヤ様［おかりやさま］

福島県福島市に伝わる怪異。福島市のある中学校は昔処刑場だったとされており、その校庭にある石碑の付近には幽霊が現れる。それはオカリヤ様と呼ばれており、石碑を蹴ったりすると何かが起きるという。

学校の怪談編集委員会編『学校の怪談12』に載る。

おきくさま［おきくさま］

ある学校に出現するという怪異。

常光徹編著『学校の怪談　赤本』に載る怪異で、**やみ子さん**、**エリカさん**とともに**トイレの花子さん**のライバルとされている。また学校の怪談編集委員会編『学校の怪談11』には、ある学校の三年生のトイレの三番目の戸に骸骨の模様があり、そのトイレには「お菊さん」の霊がいるという話が載る。

お菊ちゃん［おきくちゃん］

チェーンメールにて語られる怪異の一種。呪いを振《ふ》り撒《ま》く謎の存在で、メールを一定の人数以上に送らねばお菊ちゃんから電話がかかってきて、その夜お菊ちゃんが足をもぎ取りに現れるという。

お菊という名前は皿屋敷《さらやしき》の怪談をはじめとして、古くから幽霊譚《たん》にて多く語られる。

また北海道栗沢町《くりさわちょう》の萬念寺《まんねんじ》に預けられている**お菊人形**の名もまたお菊である。その辺りの名前から生まれたチェーンメールだろうか。また山口敏太郎著『日本の現代妖怪図鑑』によれば手首を切りに現れるパターンも存在するようだ。

お菊人形［おきくにんぎょう］

北海道名張郡栗山町《なばりぐんくりやまちょう》の萬念寺《まんねんじ》に伝わる怪異で、髪が伸び続けるという少女の人形。その由来は大正時代まで遡《さかのぼ》る。一九一八年八月一五日、当時一七歳だった鈴木永吉《えいきち》という人物が札幌で開かれた大正博覧会に赴いた際、狸小路《たぬきこうじ》の商店で三歳の妹、菊子のためにおかっぱ頭で胸が鳴る少女の人形を買ったところ、菊子はそれを気に入りとても可愛《かわい》がった。しかし翌年一月二四日、菊子は三歳という幼さで急死する。人形は棺《ひつぎ》に納めるのを忘れられたため、遺骨と共に仏壇にまつられたが、いつしかその髪が伸びるようになった。その後一九三八年八月一六日、永吉は樺太《からふと》に移ることになったため萬念寺に菊子及び父助七《すけしち》のお骨とともにこの人形を預けた。戦後、追善供養《くよう》のために戻ってきたところ、人形の髪の毛はさらに伸びており、永吉は人形をそのまま萬念寺に納めて永代供養を頼んだという。

この話は萬念寺の「お菊人形由来」にある。しかし別冊宝島『現代怪奇解体新書』における小池壮彦《たけひこ》氏の調査を見ると、この人形にまつわる怪異譚《たん》は時代とともに変遷しているという。同書によればこの人形にまつわる怪談の初出は一九六二年八月六日号の『週刊女性自身』であるとされ、それによればこの人形は一九五八年三月三日に鈴木永吉の父の助七が寺に預けたものであり、この人形を大切していた子どもの名前は菊子ではなく清子《きよこ》であるため、お菊人形という名前も登場しない。

お菊という名前が現れるのはそれから六年後の一九六八年七月一五日号の『ヤングレディ』で、『週刊女性自身』の記事と同一の記者がこの人形の記事を取り扱っているが、以前とは異なった来歴を記しているという。それによれば一九一八年の大正博覧会で鈴木助七が買った人形を可愛がっていた娘の菊が肺炎で死亡。一九三八年に樺太の炭鉱に出稼ぎに行くことになった助七が萬念寺に人形を預けた。そして一九五五年になって住職が掃除をしている最中に髪の毛の伸びた人形を発見したとなっている。現在の由来に大きく近づいているが、鈴木永吉が登場しない、髪が伸びているのを見つけたのが住職となっているなどまだ差異が見られる。

そして最終的に萬念寺が現在において公式としている由来と一致するのは一九七〇年八月一五日付の「北海道新聞」に掲載されたコラムで、それ以降は異説は登場していないという。

また余談だが『幽』第二五号において京極夏彦氏はこのお菊人形が人形自体を恐怖の対象として見る嚆矢《こうし》となったのではないかと考察している。

お狐さんの駅［おきつねさんのえき］

沿線上に大きな神社がある私鉄に現れるという怪異で、その神社に勤める巫女《みこ》たちの間で語られているという異界駅。彼女らの話すところではその支線で山間の部分を通っている途中、誰にも見覚えのない駅が現れることがある。その駅は真っ暗な山の中に忽然《こつぜん》と姿を現し、汽車（恐らく電車のこと）はその駅を通り過ぎることがほとんどだが、稀《まれ》に停車することがあるという。駅舎や施設はごく普通に見えるのだが、どこを探しても駅員や客の姿は確認できず、駅名は停車する度に変わっている。ただし駅名はすべて平仮名のみで記されているという共通点がある。また駅の開札口からは山奥へ続く細い道が覗《のぞ》けるだけで、他には何も見えないのだという。この駅は神社関係者の間では「お狐《きつね》さんの駅」と呼ばれており、そこで降りると帰ってこられなくなると伝えられていたようだ。

2ちゃんねるオカルト板の「山にまつわる怖い・不思議な話　Part66」スレッドに、二〇一二年一二月二五日に書き込まれた**異界駅**の一つ。

お経電話［おきょうでんわ］

電話に出ると一五分程の間お経が流れてくることがあるという怪異。もしこのお経が流れている間に何かを言うと、黒い封筒が送られてくるという。

不思議な世界を考える会編『怪異百物語7』に載る。筆者命名。黒い封筒が送られてきたあとどうなるかは不明。

奥多摩の幽霊ライダー［おくたまのゆうれいらいだー］

奥多摩のあるトンネルを走っていると現れるという怪異。古いカワサキの名車「WI」に乗って走ってくる姿がミラーに映り、「そんなに飛ばすと危ないぜ」と声をかけてくるが、振り返ると誰もいない。これは昔奥多摩湖に落ちて死んだライダーの霊なのだという。

渡辺節子他編著『夢で田中にふりむくな』に載る。また日本民話の会編『怖いうわさ不思議なはなし』ではこの怪について、前後の車輪またはフロントフォークがないバイクに乗っている、といった特徴について触れられている。

押し入れ小僧［おしいれこぞう］

押し入れに背を向けて座っている人間を押し入れに引《ひ》き摺《ず》り込《こ》んでしまうという怪異。

マイバースデイ編集部編『わたしの学校の七不思議』に載る。

押し入れの妖怪［おしいれのようかい］

押し入れに寄りかかって座っていると、何者かに押し入れに引《ひ》き摺《ず》り込《こ》もうとされることがある。これは押し入れに潜《ひそ》む怪異の仕業なのだという。

　マイバースデイ編集部編『わたしのまわりの怪奇現象1000』に載る。

押し入れ婆 ［おしいればばあ］

　ある旅館に出現するという老婆の怪異。ある女子のグループがその旅館に泊まった際、霊感の強い一人の少女が指す小さな押し入れを開けてみると、その中に小さな老婆が座っていて少女たちを下から覗《のぞ》いていたという。

　渡辺節子他編著『夢で田中にふりむくな』に載る老婆の怪。具体的な大きさについては記述がないが、小さな押し入れの中にすっぽりと納まっていた描写から普通の人間よりはかなり小さな体軀《たいく》をしていると思われる。この老婆に出会ってしまうとどうなるかは不明。

おしんさん ［おしんさん］

　ある学校に一二月一二日のみ現れるという老婆の怪異。その学校で「おしんの部屋」と呼ばれている部屋に出現し、名前に「しん」と付く子どもを攫《さら》うという。

　学校の怪談編集委員会編『学校の怪談16』に、滋賀県蒲生郡《がもうぐん》からの投稿として載る。

おだいじに ［おだいじに］

　ある小学校に現れるという怪異。その小学校で、二年生の女の子が風邪をひいて熱があるにも関わらず学校に来て授業を受けていた。しかし咳《せき》がひどいので保健室でしばらく休んだ後家に帰ることになったが、女の子は家に帰る途中で倒れてしまい、そのまま死亡した。それ以来夕方頃に保健室に行くと、布団《ふとん》をかぶって寝ている子が現れるようになった。その布団を捲《めく》って痩せ細った女の子が咳をしている姿を見てしまうと風邪がうつり、絶対に死んでしまう。また一度少女を見ると学校のどこにいても咳をする音が聞こえてきて、それを聞いても死んでしまう。これを回避するためには「おだいじに」と三回唱えれば風邪はうつらないという。

　不思議な世界を考える会編『怪異百物語2』などに載る。

お茶どうぞ ［おちゃどうぞ］

　ある学校で体育館にて疲れるまで走り続け、真ん中で転ぶと謎の女の子がお茶を持ってくるという怪異。

　不思議な世界を考える会編『怪異百物語3』に載る。

踊る巨人 ［おどるきょじん］

　学校の体育館に現れたという怪異。その名の通り五メートルほどの巨大な人間の姿をしており、黒の背広に白い蝶《ちょう》ネクタイをしめ、眼鏡をかけた格好で音楽に合わせて楽しそうに踊るのだという。

常光徹著『学校の怪談2』に載る。

おとろし［おとろし］

漫画家の三原千恵利が遭遇したという怪異。氏が高校生の頃、自宅で絵を描いていた際に出現したとされ、それは六〇～七〇センチほどの大きさで胴体はなく頭部だけの姿をしており顔は黄緑色で薄汚れたようなザンバラ髪を生やしていたという。これを見た三原氏はすぐに追いかけたが、逃げて消えてしまったと語られている。

また三原氏の知人も同じ姿の怪を目撃しており、後に担当の編集者に妖怪「おとろし」の絵が描かれた書籍を見せて貰ったところ、それが三原氏の目撃した怪とそっくりであったという話も語られている。

三原千恵利著『猫魂』に収録された一編、「妖怪」にて語られている怪異。氏によればこのおとろしは神棚のあった部屋から氏を覗いていたとされる。

また、妖怪おとろしは江戸時代に佐脇嵩《さわきすう》之《し》によって描かれた絵巻物『百怪図巻《ひゃっかいずかん》』や作者不明の『化物絵巻《ばけものえまき》』などに描かれている妖怪で、牙を生やし長い髪に覆われた巨大な頭という姿で描かれている。また鳥山《とりやま》石燕《せきえん》が『画図百鬼夜行《がずひゃっきやこう》』にこのおとろしを描いているが、ここでは鳥居の上に乗ったおとろしが描かれており、石燕は一切の説明文を書いていないものの、この絵から連想されて神社と関連付けられて語られることもある。三原氏も目撃したおとろしについて、家の神棚から降りてきたのではないかと想像している。

鬼ばば［おにばば］

首都圏にある温泉旅館に現れたという怪異。その温泉旅館の息子は幼い頃からボイラー室に安全管理のために空けられた穴を利用し、浴室を覗《のぞ》くという行為を繰り返していた。そのうちに彼はそれだけでは満足できなくなり、進学した工業高校で得た知識を元に旅館のトイレに隠しカメラを設置し、女性の排泄《はいせつ》の様子をビデオに撮っては溜《た》め込んでいた。

そんなある日事件が起こった。彼がカメラを仕掛けていたトイレの個室で、髪の長い女性が鋭い刃物のようなものにより体中を切り刻まれた死体で見つかったのだ。警察も介入したが、そのトイレの個室には誰かが侵入した形跡はなく、自殺ということで片付けられた。ただ警察が来る前に回収されたビデオテープだけは男の手元に残っていた。しばらく彼はビデオを見ることを躊躇《ちゅうちょ》していたが、やがてどうしても事件の真相が知りたくなり、それをビデオデッキで再生した。

果たしてそこに映っていたのは信じられない光景だった。女性が用を足している最《さ》中《なか》、トイレの個室の上部に設置された、人間が到底通ることができないような狭い小窓から身長三〇センチ程の老婆が侵入してきた。しかもその手には包丁が握られている。そして小さな鬼ばばは女性の背後から近づき、女性を包丁で切り付け始めた。女性が倒れた後も鬼ばばはその体に馬乗りになり、執拗《しつよう》に女性の体を切り刻む。そしてことを果たすと、鬼ばばはまた小窓から出ていった。

映像の再生が終わり男が呆然《ぼうぜん》としていると、その部屋の天井裏からゴトリと物音がした。

天堂晋助著『都市伝説百物語』に載る。これは**一寸婆**《いっすんばばあ》の原型となった可能性があると考えられる。老婆の身長や話の展開に多少の差異は見られるが、女性を惨殺《ざんさつ》する小さな老婆が盗撮のために仕掛けたカメラに映り込んでいるという要素は一致している。

おばけテレビ ［おばけてれび］

真夜中にテレビを一三チャンネルに合わせると後ろを向いた少女が映る。それを見つめていると後ろからお化けに押され、テレビに吸い込まれてしまうという。

ポプラ社編集部編『映画「学校の怪談」によせられたこわーいうわさ』に、埼玉県朝霞《あさか》市《し》からの投稿として載る。

お化け電話 ［おばけでんわ］

一一一という三桁の電話番号に電話をかけ、すぐに受話器を戻したり通話をやめたりすると、折り返し電話がかかってくるという怪異。それを取ると奇妙な音が聞こえたり、無言のまま電話が繋《つな》がり続けたりするという。

この電話番号は**メリーさんの電話**のメリーさんに繋がる番号とされることもある。黒電話の時代を舞台にして語られることもある電話にまつわる古い都市伝説の一つだが、この電話番号については明確にどこに繋がっていたかという答えが存在している。「一一一」という番号は電話が開通しているか確認するための作業用電話番号、つまり線路試験受付の番号となっているもので、本来は電話機接続の技術者がチェックするためのものであるため、一般的には知られていない。ただしこの番号にかけると交換機側で所定の音声信号が一定時間流れることがあるため、折り返しかかってくる電話番号という要素も相まって怪談化したものと思われる。

また電話番号が「一一四」とされる場合もあるが、これにかけると電話の故障受付にかかるため特に不気味なことは起こらない。しかし時代によってはこの番号が電話機接続の作業に使われていたこともあったという話もあり、時代の変化によって語られる番号が変わっていったという可能性も考えられる。

オバリョ山の怪女 ［おばりょやまのかいじょ］

ある高校に伝わる怪異。その学校の裏にはオバリョ山と呼ばれる山がある。学校で働いていた女性教師がその山に夜に入ったときのこと、彼女は頂上付近で「すみません」と後ろから声をかけられた。それは弱々しい女の声で、恐る恐る振り返るとそこには腕に赤ん坊を抱いた痩せ細った女性がいた。その女に少しの間腕に抱えた赤ん坊を抱いてくれないかと頼まれたため、女性教師がそれを受け取ると、女は薄ら笑いを浮かべて「これでやっと人間の世界に戻れるわ」と言い残して暗い森の中に去っていった。そしてこの夜から先生が帰ってくることはなかったが、それ以来その山に行方不明になった彼女によく似た女性が赤ん坊を抱いて現れるようになったという。

常光徹著『学校の怪談6』に載る。オバリョ山という名前は「オバリヨン」をはじめとした、おんぶをせがむ妖怪を連想させるが、途中の赤ん坊を抱かせようとする行動は産褥《さんじょく》で死亡した女性がなると伝えられる「産女《うぶめ》」という妖怪を思い起こさせる。消えてしまった先生は、今でも次の犠牲者を待っているのだろうか。

おはるさん

ある学校の四番目のトイレにはおはるさんという怪異がいるという。

学校の怪談編集委員会編『学校の怪談11』に、北海道札幌市からの投稿として載る。

オフィスわらし
［おふぃすわらし］

会社のオフィスや会社の保養所に現れる座敷《ざしき》わらしという怪異の一種で、これがいると会社の業績が上がるが、消えると業績が落ちるという。

常光徹他編著『幸福のEメール』に載る。岩手県などに伝わる妖怪座敷わらしは家の盛衰に関わるが、オフィスわらしは商売の盛衰に直結することが多いようだ。松山ひろし著『壁女』にもサラリーマンが深夜オフィスでこの怪異に出会ったという話が載る。また大迫《おおさこ》純一著『あやかし通信『怪』』では仕事場に現れ、勝手に塩せんべいを半分盗んでいった怪異が座敷わらしだったのではないかと語られている。ちなみに真倉翔原作・岡野剛作画の漫画『地獄先生ぬ〜べ〜』に描かれた座敷わらしも塩せんべいが好物であった。また、室生忠著『都市妖怪物語』には、東京都渋谷《しぶや》区代々木《よよぎ》のスナックに出入りする座敷わらしの話が記録されている。

会社以外の場所に出現する座敷わらしについては**座敷わらし**、**学校わらし**の項目を参照。

おふろ坊主
［おふろぼうず］

上半身が人間、下半身がロボットという姿の怪異で、夜の八時半頃に風呂《ふろ》場に出現し、お湯をかけてくるという。

常光徹著『学校の怪談8』に載る。

オレンジのマット［おれんじのまっと］

ある家に現れたという怪異。その家の三歳の幼女が夜寝ていた際、いつも眠るときに使っていたオレンジ色のマットが風車のように回転してすごい勢いでぶつかってきた。そのため幼女が大声で泣いていると、慌てて母親が来て電気を点《つ》けた。するとそのときにはマットはもう消えていた。実はそのマットはすでに母親によって捨てられていたため、この家にあるはずがないものだった。後日母親が神社にお参りしてからはマットはもう出てこなくなったという。

久保孝夫編『女子高生が語る不思議な話』に載る。

オレンジの眼の少女［おれんじのめのしょうじょ］

ある女生徒が学校で肝試しをしたときに現れたという怪異。その肝試しのコースの途中、図書館の側に来たとき、部屋のすぐ側の窓辺に背の低い少女がいた。その少女を見ていると静かに女生徒の方を振り向いたが、その眼《め》はオレンジ色に光っていた。恐ろしくなって急いでその場を離れたが、後で他の生徒に聞いてみたところ、だれもそんな少女は見ていないと言われたという。

マイバースデイ編集部編『わたしは霊にとりつかれた！』に載る。筆者命名。

オレンジババァ［おれんじばばぁ］

神奈川県横浜市のある団地にいるという老婆の怪異で、全身がオレンジ色をしており、逃げようとすると分身していじめてくるという。

ポプラ社編集部編『映画「学校の怪談」によせられたこわーいうわさ』に、神奈川県横浜市からの投稿として載る。

おんぶおばけ［おんぶおばけ］

秋田県のある中学校に出現するという怪異。その学校の地下物置に潜《ひそ》んでいるとされ、これに背中にしがみ付かれると次第に重くなり、しかも振り落とせないという。

学校の怪談研究会編『日本全国縦断　学校のこわい話』に載る。おんぶおばけは古くから伝わる妖怪の一つで、その重さに耐えることができれば富を得られるといった伝承もあるが、残念ながらこの話ではそういった要素はないようだ。

オンブスマン［おんぶすまん］

赤ん坊のような声を上げて人を待ち、拾ってくれる人間がいるとその背中に抱き付いて次第に重くなっていく。そして最後には押し潰してしまうという怪異。元は北海道の山中に出現していたが、現在は都会に出てきて市民オンブスマンと呼ばれているという。またその姿は普通の人間には見えないが、取り憑《つ》かれた人間は稀《まれ》にその声を聞くことがあるとされる。

　怪奇実話収集委員会編『オンナのコたちが語り伝える恐怖のホラー怪談』に載る。元はアイヌに伝わる昔話と書かれているが、市民オンブスマンという名前も含めどう考えてもオンブスマン制度とおんぶとの語呂《ごろ》合わせで生まれた怪異と思われる。赤ん坊のような声で泣き、拾い上げた人間に抱き付いて次第に重くなり、最後には押し潰すという説明は妖怪「子泣き爺《じじい》」と同じ。

おんぶ幽霊［おんぶゆうれい］

　家族にまつわる怪異。あるところに夫婦とその息子というごく平凡な三人家族が住んでいた。しかしある日、夫婦は些細《ささい》なことで言い争いになり、弾みで夫が妻を殺してしまい、慌てた夫は床下にその死体を隠した。それからしばらく夫は息子に「お母さんは仕事で遠いところに行っているんだよ」とごまかしていたが、息子は不思議そうな顔で夫を見るばかり。その顔に殺した現場を見られていたのではないかと考えた夫は、こうなったら息子も殺すしかないと、ある夜子どもを部屋に呼んで「お前に話があるんだ」と言った。すると息子もまた「僕もお父さんに聞きたいことがあるの」と言う。そこでやはり殺人に気付いていたかと思い、それを確かめるために息子の話を促すと、子どもは父親の予想に反してこう尋ねた。「何でお父さんはいつもお母さんをおんぶしているの？」と。

　さまざまな類例が見られる怪談で、常光徹他編著『ピアスの穴の白い糸』によれば一九八六年には夕食時に子が父に「どうしてお母さんをしょってるの？」と尋ねる怪談が見られるが、まず父が尋ね、子どもが逆に質問をするという問答の形を取るようになるのは九〇年代に入ってからだったという。

　また殺した人間を背中に背負っていることに子どもが気付く怪談には他に、温泉宿などに現れた客をその宿の主人の子があまりに怖がるので、宿から出ていってもらうように頼み、後で子どもに訳を聞くとその客の背に髪を振り乱した血塗《ちまみ》れの女がいたという。そして後日、若い女を殺した犯人が捕まったという報《しら》せを聞いて犯人を確かめると、あの日宿に泊まろうとしていた客だったことがわかる、というものがある。

　これは妻を殺した夫の話よりさらに古くから語られているようで、小松和彦監修『日本怪異妖怪大事典』によれば、山村民俗の会編『あしなか』一二四号にて、一八九二、三年頃の話としてすでに、宿を訪れた紳士を息子があまりに怖がるので引き取ってもらった際、理由を尋ねたところ息子の背後に血みどろで髪が乱れた女の姿が見えたと答え、後日その紳士が若い女を殺して逃げいている最中だったことがわかったという話が記録されているという。またこれに類似した話が一九五三年の「毎日新聞」において、一八九七年頃の話として記録されているようだ。さらにこれとほぼ同様の内容の話が白馬岳《しろうまだけ》の旅館を舞台にして松谷みよ子著『現代民話考5』でも記録されている。

定番の怪異　戦前──現在まで

この事典には一千種類以上の現代怪異が収録されています。その中でも代表的な怪異たちを、時代ごとに見ていきましょう。

まず戦前の話になりますが、一九世紀の終わり頃に西洋から流入したと言われる**こっくりさん**が、この国で大流行しました。当時は子どもよりもむしろ大人がこれに夢中になったと言います。

二〇世紀に入ると今度は**幸福の手紙**が人々の間で広まりました。これは**不幸の手紙**に形を変えたり、EメールやSNSに舞台を移すなどして、形を変えながら後の時代でも語られています。話を聞いたら現れるという怪異の基礎になったのも、この幸福の手紙のようです。

戦後すぐには**トイレの花子さん**の噂が語られているのが確認されています。

そして一九七〇年代にはオカルトブームと呼ばれる時代に入り、今度は子どもたちの間で**こっくりさん**が大流行し、社会問題になりました。また七〇年代前半には**カシマさん**の噂が生まれ、子どもたちを怖がらせました。さらに**心霊写真**がブームとなり、メディアでも頻繁に紹介されるようになりました。そして七〇年代の終わりには**口裂け女**が登場し、日本中を席巻しました。

八〇年代に入ると**テケテケ**の怪談が語られるようになり、また**トイレの花子さん**が主に小学生の間で大きな流行となったようです。

九〇年代になるとそういった背景や、常光徹、学校の怪談編集委員会の『学校の怪談』シリーズの発売によって学校の怪談ブームが起こり、**骸骨模型の怪**や**人体模型の怪**、**モナリザの怪**や**ベートーベンの怪**など、全国の学校を舞台にして語られていた数多《あまた》の怪談が、全国の子どもたちに共有されるようになりました。

そして二〇〇〇年前後になると、怪談がインターネット上で語られるようになります。当時は数多くの怪談投稿サイトが開設されており、二〇〇〇年にはその後**くねくね**と呼ばれるようになる怪異が登場する怪談が生まれ、二〇〇一年には**ひきこさん**が登場しました。その後、怪談サイトの多くは閉鎖しますが、大型電子掲示板である2ちゃんねるは当時から今に至るまで多くの怪談が書き込まれており、二〇〇八年に登場した**八尺様**《はっしゃくさま》はその代表的なものでしょう。

そして現在においても、新たな怪異は日々増え続けています。次の時代を代表する怪異となるのは一体何なのか、それをまた楽しみに見ていきたいと思います。

【か】

カーテンおばけ［かーてんおばけ］

ある学校にて大掃除の日の夜に現れるという怪異。その名の通りカーテンの化け物で、宙に浮いてひとりでに動く。見ているだけなら問題はないが、捕まえようとすると襲いかかってきて体に巻き付くという。

常光徹著『新・学校の怪談1』に載る。

カールマイヤー［かーるまいやー］

都市伝説としてこの名前が語られる場合、主に日本の音楽グループ「カールマイヤー」が作曲した楽曲「カールマイヤーe p.」のことを指す。これは女性の金切り声や叫び声、笑い声や鼻歌が三分以上流れる曲で、二〇〇〇年頃から実はこの曲は精神崩壊を目的とした実験音楽で、この曲を聞くと精神崩壊を起こす、死ぬなどの噂《うわさ》がまことしやかに囁《ささや》かれた。

もともとこの曲は一九九二年夏に「十枚限定シングル」という企画のために制作・発売され、その後一九九三年にヴァニラ・レコードによって再販された。都市伝説が発生したのは二〇〇〇年頃だが、二〇〇〇年一〇月八日、グループメンバーであるなかおちさと氏のウェブブログ「なかおちさと【鳥を見た】」の中で右の噂は否定されている。この曲が呪いの曲であるということを触れ回ることは、曲の製作に携わった人々の行いの否定に繋《つな》がりかねないことを忘れてはならない。

ガイコツ少女［がいこつしょうじょ］

ある学校に現れたという怪異。一人の生徒が理科室で実験の後片付けをしていると突然電気が消え、棚が揺れて薬品がこぼれ始めた。何が起きたのかと思っていると、骸骨模型が少女の姿に変わった。少女はその生徒を見つめ、手招きしながら「一緒にきて……私はここよ……」と言う。そこで生徒は気を失い、気が付けば保健室のベッドの上だった。

後からその生徒が聞いた話によれば、かつてその理科室で薬品の取り扱いを誤って死亡した女生徒がおり、それが幽霊となって現れたものだったのかもしれないということ。

ピチ・ブックス編集部編『私の学校のこわい話　パート2』に、神奈川県からの投稿として載る。

骸骨模型の怪［がいこつもけいのかい］

全国の学校の怪談で語られる怪異。学校の理科室にある骸骨模型は人がいなくなる夜中になると勝手に動き出し、踊ったり、校内を走り回ったり、音楽室に移動したり、ピアノの音に合わせて踊ったり、人間を見つけると襲いかかったりするといったことが語られる。

また骸骨模型には本物の人間の骨が使われており、供養《くよう》を求めて声を出すとか、急に子どもに向かって話しかけたりという怪異も頻繁に語られる。

大きな被害を出す話は少ないが、時には狂暴な性質を発揮する話もあり、学校の怪談編集委員会編『学校の怪談9』では、大阪府大東市《だいとうし》からの投稿として「遊ぼうよ、遊ぼうよ」と子どもに声をかけ、遊んでしまった子どもは骸骨模型にされて死んでしまうという話や、模型を壊した少年が三日後病気で死亡した話、理科室の蛇口で手を洗った子どもを食い殺す話などが載る。同シリーズの『学校の怪談15』では北海道札幌市からの投稿として、理科室の扉を三回ノックし、「四丁目のがいこつさん」と呼ぶと中からこんこんとノックの音が聞こえたという話や、滋賀県彦根市《ひこねし》からの投稿として、かつて交通事故で亡くなった少年の骨が理科室にあり、五時頃になると通りがかった人間に乗り移ってその体で遊ぶという話、神奈川県横浜市からの投稿として、理科室で骸骨が鶏を食っていたという話、東京都品川区からの投稿として、真夜中に廊下を走ると骸骨が追ってくる話、などが載る。

また古いものでは松谷みよ子著『現代民話考7』に、一九四八年頃の岩手県和賀郡《わがぐん》黒沢尻町《くろさわじりまち》（現北上市《きたかみし》）黒沢尻小学校の話として、ひとりでに鳴り出す音楽室のピアノに合わせて、その真下にある理科室の骸骨が踊るという話が載る。実業之日本社編『怪談&都市伝説ＤＸ』でも、理科室の骨格模型が給食の時間にヒップホップの曲が流れると華麗なダンスを踊り出すが、その際に一緒に踊るとこの骨格模型と親友になれるという話が載る。

骸骨ライダー［がいこつらいだー］

埼玉県に出現したという怪異。ある若者が山間部の道をバイクで走っていると、後方に黒いバイクがちらりと見えた。乗っているライダーは黒いスーツに黒いヘルメットと黒ずくめで変わったやつだと思っていたが、そのバイクが彼のバイクを抜き去っていくときにヘルメットの中を見ると、その顔は骸骨だったという。

常光徹著『学校の怪談3』に載る。筆者命名。

怪人青ジャージ［かいじんあおじゃーじ］

埼玉県のある高校には怪人青ジャージという怪人が伝えられている。青ジャージは夜体育館に出没して舞台で体操の練習をするとされ、その名の通り青いジャージを着た中年の男性の姿をしているという。また夏と冬でそれぞれ夏服と冬服に着替えているという目撃談もある。

天堂晋助著『都市伝説百物語』に載る。

怪人アンサー【かいじんあんさー】

携帯電話を使って呼び出されるという怪異。その方法は携帯を一〇台用意して、一台目から二台目に、二台目から三台目に、そして最後に一〇台目から一台目に、輪になるように携帯を同時にかける。すると通常ならすべて話し中になるはずの携帯電話がどこかに繋《つな》がり、アンサーと名乗る人物が電話に出る。アンサーは一〇人中九人の質問にはそれが何であろうと答えるが、一人にだけ逆に質問をする。そして質問に答えられない場合には画面から腕が出てきてその人間の体の一部をもぎ取っていくという。アンサーはもともと頭だけで生まれてきた奇形児で、そうやって体のパーツを集めて完全な人間になろうとしているのだ。

二〇〇二年八月一〇日に前後して、このような怪談が同時多発的に都市伝説を扱ったさまざまなウェブサイトに書き込まれた（現在判明している中で最も早いものは八月八日にテレビ番組「USO!?ジャパン」の公式ホームページに書き込まれたもの。インターネットアーカイブにて確認）。その後、二〇〇二年一〇月三日付「東京新聞」に、二〇〇三年八月五日にテレビ朝日系列の番組「運命のダダダダーンZ」のコーナーの一つ「あなたも呪われる！ 身の毛もよだつ本当に怖い話」に次々と取り上げられ、全国に大々的に広まる都市伝説となったが、出現から約一年後の二〇〇三年九月、この怪談はある同一人物によって生み出され、広められたものであることが発覚し、作者を名乗る「くねりずあいり」氏が自身のウェブサイト「予感〜Ｐｒｅｓａｇｅ〜」にてその真相を語った。氏は思い付きと言ってよい想像によって生まれた怪人が噂《うわさ》が広まるにつれ変質していくことで本質が与えられたとも語っているが、このサイトは現在閉鎖されており閲覧は不可能となっている。

このような背景もあり、この怪異は都市伝説を捏造《ねつぞう》したとされ非難されることもあるが、創作者が判明した珍しい例ではあるものの恐らくインターネット上に限らず昔から誰かの創作によって生まれた噂話から生まれた怪異というものは多いと思われるので、筆者としては現代怪異の発生の仕方の一つと考えるに留《とど》める。

ちなみに発生から十数年経《た》った現在では一〇人の携帯に電話がかかってきて一人一人が質問していくのではなく、一〇台の携帯電話を持ち寄れば一人でも行うことができ、アンサーに対して九つまで質問できるが最後に逆に質問された際に答えられなければ体の一部をもぎとられるという形で語られることも多い。

また不思議な世界を考える会編『怪異百物語9』には、一〇人が同じ電話番号を押すと一人にだけ電話がかかってきて、その電話に出ると体の一部を奪われて死ぬ、というアンサーの都市伝説が簡略化されたような怪異が載る。

快速バーチャン［かいそくばーちゃん］

八〇歳ぐらいの老婆の姿をした怪異で、時速八〇キロで走る車を追い抜かしていったという。

学校の怪談編集委員会編『学校の怪談16』に、山形県長井市《ながいし》からの投稿として載る。

階段の怪［かいだんのかい］

全国の学校で語られる怪異。上るときと降りるときで階段の数が変わっていたり、数を数えて上ると段数が増えていたりと階段の数が変化する怪談をいう。

さまざまな文献で語られている怪異であり、学校の怪談の定番の一つ。階段の数が変わる由来として死体が埋まっているだとか、その階段で転んで死亡した生徒がいる、といったことが語られることもある。また上っても上っても次の階に辿《たど》り着《つ》かないなど、階段の数が無限に増えていくという怪談になっていることも多い。

海馬市蘭［かいばいちらん］

Ｔｗｉｔｔｅｒ社のウェブサービス「Ｔｗｉｔｔｅｒ」上に現れるという怪異で、呟《つぶや》いてはいけないとされる名前。この名前を呟くと、死者からリプライ（返事）が返ってくるという。

実際にＴｗｉｔｔｅｒでこの名前を検索してみると同名のアカウントが大量に出てくるが、古い呟きを辿《たど》ってみるとこの名前が散見されるようになるのが二〇一四年一二月であるため、恐らくこの頃が発生時期だと思われる。ちなみに一一月以前は検索しても引っかからない。現在この名前を呟いたところで大量のアカウントからリプライがあるのみで、特に大きな被害はないようだ。

帰って来る人形［かえってくるにんぎょう］

人形にまつわる怪異。ある少女がぼろぼろになった市松人形をゴミ捨て場に捨てた。しかし一夜明けると、なぜか市松人形は元あった箪笥《たんす》の上に座っている。恐ろしくなった少女が再び人形をゴミ捨て場に持っていっても、次の日には帰ってきている。それが何度も続き、少女が困り果てていると、人形が少女の方を振り向き、にやりと笑みを見せた。

捨てたと思った人形が、ふと気付くと家に戻ってきているというパターンの怪異。**メリーさんの電話**や**リカちゃんの電話**のように自分の居場所を知らせる怪談と組み合わせられることもある。

人形の種類はさまざまで、市松人形や日本人形、西洋人形、幼児用の人形、外国の兵隊人形などのパターンがある。この種の怪談は古く、昭和の怖い話の定番だったようだ。多くの場合、自分を捨てた人間に復《ふく》讐《しゅう》するために現れるため、最後は悲惨なことになるか、供養《くよう》されるかで終わることが多い。

帰れない砂漠［かえれないさばく］

ある学校で四時四四分四四秒に四階の廊下を走ると一生そこから抜け出すことができない「帰れない砂漠」と呼ばれる場所にワープするという怪異。

常光徹著『学校の怪談8』に、京都府からの投稿として載る。

顔が半分ない人［かおがはんぶんないひと］

千葉県に現れるという怪異。同県のK山という場所で夜道を歩いていると、後ろから肩を叩《たた》かれる。振り向くと顔が半分ない人が立っていて、その顔を見た人はその場で襲われ、一週間以内に顔が半分削られることになるという。

ポプラ社編集部編『映画「学校の怪談」によせられたこわーいうわさ』に載る。怪談は千葉県習志野《ならしの》市から投稿されているが、K山とは山の名前なのか、それとも山がつく地名なのかは不明。

かおるさん［かおるさん］

トイレの鏡に浮き出るという怪異。

学校の怪談編集委員会編『学校の怪談5』に載る。またかおるさん、カオルさんという名前は**耳かじり女**の名前としてもよく見られる。

顔を返して［かおをかえして］

浴衣《ゆかた》を着た髪の長い女の姿をした怪異。「顔を返して〜」と呟《つぶや》きながら徘徊《はいかい》し、人間に近づくと髪の毛を掻《か》き上《あ》げてその顔を見せる。しかしそこにあるのは何もない空間で、まるでカツラが宙に浮いているかのように髪だけが浮かんでいるという。

学校の怪談編集委員会編『学校の怪談14』に載る。

鏡の怪［かがみのかい］

午前二時に鏡を見ると自分ではなく顔を半分髪で隠した女性が映るという怪異。その女性は「わたしはきれい?」と尋ねてくるが、そこで「きれいです」と答えると「これでもきれい?」と顔を隠していた髪の毛を持ち上げる。すると火傷《やけど》か何かで爛《ただ》れたような醜い顔が現れるため、その顔を見てすぐに「きれいです」と答えることができれば問題はないが、驚いたり怖がったりすると鏡の中に吸い込まれてしまうという。

不思議な世界を考える会編『怪異百物語10』に載る。これに類似した怪に**整形オバケ**、**鏡の中の美女**がある。

鏡の中の怪物［かがみのなかのかいぶつ］

あるホテルに設置された化粧台の鏡の中

に棲《す》みついているという怪異で、真夜中になると鏡から現れて鏡の前にいる人間を鏡の中へ連れ去って食ってしまう。しかしこの鏡を布などで覆ってしまえば怪物は出てこられないため、ホテルでは化粧台の鏡に「布を被《かぶ》せるように」と注意書きを付けているという。

不思議な世界を考える会編『怪異百物語7』に載る。

鏡の中のナナちゃん ［かがみのなかのななちゃん］

ある田舎の古い家に現れたという怪異。鏡の中に存在する少女で、元は手鏡であったと思われる、枠も柄もなくなってしまった剝《む》き出《だ》しの丸い鏡の中に映り込んだ。色白で長い髪を両側で結んだ少女の姿をしており、鏡には映っても現実の同じ場所を見てもその姿はないという。また鏡の中に映っていても特定の人間にしか見えないようで、自身を視認する相手とは鏡越しに会話をすることもできる。最初はこの話の語り手と鏡を通して言葉を交《か》わすのみだったが、やがて語り手を鏡の世界へ連れていく方法がわかったと話し、鏡の中に来て一緒に遊ぼうと提案する。

しかし語り手は恐ろしくなって鏡を納戸《なんど》に放置したままナナちゃんから離れていってしまう。それからしばらくして彼も大人になり、結婚して妻とともに実家に帰ったある日のこと、彼はそこで再びナナちゃんと再会することになる。

ナナちゃんは洗面所の鏡の中で、語り手の背後に映っていた納戸の中から現れた。それはかつて彼が鏡を放置したあの納戸だった。それから語り手の記憶は一度途切れるが、今度は彼の車のバックミラーに現れたナナちゃんは「こっちで遊ぼう」と彼を誘う。しかし語り手が家族がいるからもうそっちへは行けないと説得すると、ナナちゃんは大人になったから遊べないのだと判断し、そして「だったら私はその子と遊ぶ」という言葉を残して消えてしまう。その二日後、妊娠していた彼の妻が流産したという事実が報告され、この話は終わる。

2ちゃんねるオカルト板の「死ぬ程洒落《しゃれ》にならない怖い話を集めてみない？24」スレッドにて、二〇〇三年一月二九日に報告された怪異。ナナちゃんは語り手が鏡の中に入ることができる方法がわかったと話しているが、最後にナナちゃんが語り手の子どもを流産させたことを見る限りそれは死によって行われるものとも考えられる。ナナちゃんは鏡の世界に生まれた怪異だったのか、それとももともとは人間で死によって鏡の世界に囚《とら》われたのか、それは今の段階では想像するしかない。

鏡の中の美女 ［かがみのなかのびじょ］

夜中の一二時に鏡を見ると、自分とは違う女性の顔が映るという怪異。その女性は「わたしってきれいでしょ？」と尋ねてくるので、「はい」と答えると「やっぱりね」と言って消えてくれる。しかし「いいえ」と答えると「あんた自分の顔を鏡で見たことあるの？　一度鏡を見てごらんなさい」と言われ、鏡の中に引き摺《ひずこ》り込まれてしまう。

マイバースデイ編集部編『わたしのまわりの怪奇現象1000』に載る。似た怪異に**鏡の怪**がある。

鏡の中の老女［かがみのなかのろうじょ］

神奈川県のある小学校に現れたという怪異。八月の満月の夜、一年に一度だけ、四階の男子トイレの鏡の前に立つと白い服を着た老婆が映るという。実際にそれを試した少年がいたが、本当に鏡の奥から髪をふり乱した白い服の老婆が現れた。少年が顔を近づけてくる老婆を払いのけようと思わず手を鏡に当てると、同時に手が鏡の中に吸い込まれてしまった。それを見た老婆はにたりと笑い、その手を摑《つか》んでいきなり引っ張り始めた。少年は悲鳴を上げるもその体は鏡の世界に引き込まれてしまい、戻ってくることはなかった。それ以来、この鏡は外されてしまったという。

常光徹著『学校の怪談2』に載る。

カキタさま［かきたさま］

ある薄暗い林の中に建つ神社。その鳥居の前で遊ぶ子どもを攫《さら》い、神隠しに遭《あ》わせると伝えられる怪異。実際に黄昏《たそがれ》時にこの場所で遊んでいた子どもの一人が神隠しに遭い、数日後一〇〇キロ以上離れた場所で見つかったと語られている。

二〇一〇年三月八日、2ちゃんねるのニュース速報VIP板に書き込まれた怪異。突然いなくなった子どもが遠く離れた場所で見つかるという**神隠し**譚《たん》は**天狗**《てんぐ》の仕業などとして古くから伝わる怪異だが、このカキタさまが何者なのかは不明。兵庫県小野市《おのし》には垣田《かきた》神社という名前の神社が存在するが、そういった怪異が発生したという記録はないようだ。

柿の実の怪［かきのみのかい］

裏手に墓場のある学校に生えた樹齢一〇〇年以上の柿の木にまつわる怪異。その柿の木には四年に一度、黒々とした毛を生やした実がなり、時間が経《た》つにつれてその毛は伸びて、最後には白髪に変わってしまうという。ある人の話によれば、かつて戦があった際、そのために死んだ者たちを埋めた土の上に植えたのがこの柿の木なのだそうだ。

常光徹著『学校の怪談3』に載る。

影女［かげおんな］

ある合宿所の窓の外に見える自動販売機の付近に現れたという怪異で、女性の影のような姿をしており、これが通る際には自動販売機の電灯が点滅して消え、そして通り過ぎた後に何事もなかったように電灯が点《つ》いたという。

水木しげる著『妖怪目撃画談』に載る。初出は角川書店『怪』第参号。近世に描かれた妖怪としての「影女」は鳥山石燕《とりやませきえん》の『今昔百鬼拾遺《こんじゃくひゃっきしゅうい》』に載るもので、物の怪《もののけ》のいる家で月影に女の影が障子などに映るものであると紹介されている。

影の怪人【かげのかいじん】

青森県に現れたという怪異。ある小学生の少女が下校している途中「苦しい」という声が聞こえてきた。その声の主を探すとどうやら自分の影で、もう一つの男の形をした影がその首を絞めている。しかし現実には誰もいない。そこで少女が近くに落ちていた棒でその影を叩《たた》いたところ、影は手を離しゆらりゆらりと揺れながら逃げていった。少女が帰って鏡を見ると、その首周りに薄赤く血が滲《にじ》んでいたという。

常光徹著『学校の怪談3』に載る。筆者命名。

かごめかごめ【かごめかごめ】

童謡にまつわる怪異。夜中一二時ちょうどに童謡「かごめかごめ」を歌い、「うしろの正面だあれ」と歌い終わると同時に後ろを振り向くと、どこからか斧《おの》が飛んできて首を切断されてしまう。

右の怪談はマイバースデイ編集部編『わたしのまわりの怪奇現象１０００』に載るが、この童謡に関する怪異は他にも多い。常光徹著『学校の怪談3』には、かごめかごめを歌いながら電話ボックスを取り囲む子どもたちの怪異が載っており、その電話ボックスを使用していた人間は間もなく死亡するとされている。また同シリーズの『学校の怪談B』では、学校や井戸の前にてかごめかごめをすると「後ろの正面だーれ」で指定された子どもが消えるという話が載り、『学校の怪談E』では、ある学校の裏庭で柳の木を囲んでかごめかごめをして遊んでいたところ、「うしろの正面だーれ」と歌い終わった後、その柳の根元にある石像が突然遊んでいた子どもたちのうちの一人の名前を呼んだかと思うとその子どもがいなくなってしまい、それからその石像をかごめさまと呼ぶようになって誰も裏庭で遊ばなくなったという話が載っている。学校の怪談編集委員会編『学校の怪談14』には、学校のトイレに一人で行き、一番左の個室に入って一〇秒目を瞑《つぶ》ると「うしろの正面だあれ」という声が聞こえてくるという話が載る。

傘の女【かさのおんな】

神奈川県横須賀市《よこすかし》のある火葬場の裏山に開けられた人通りの少ないトンネルに現れるという怪異。白い着物を着て唐傘を持った長い黒髪の女性の姿をしており、雨の日の午前二時頃に傘を持たず濡《ぬ》れたままでトンネルを通りかかった人間に「家まで送りましょうか」と声をかける。それを断れば何も起きないが、誘いに乗ってしまうと彼女は自分の傘にその人を入れて歩き出す。すると傘の下の二人の姿はトンネルを進むにつれて薄くなり、トンネルを出る頃には見えなくなってしまう。そして二度とトンネルから出てくることはないという。

渡辺節子他編著『夢で田中にふりむくな』に載る。なぜ彼女がそのトンネルに立っているのか、そして彼女とともにトンネルを歩いた人がどこに行ってしまうのか、それはいまだ不明である。また常光徹著『学校の怪談5』では「うしろすがた」という名前で、不思議な世界を考える会編『怪異百物語5』では「トンネルの女」という名前で、それぞれ同様の怪異が紹介されている。

傘ババア［かさばばあ］

ある学校の校門には、突然雨が降った日などに傘を二つ持った老婆の怪異が現れる。そのうち片方の傘を借りて一緒に帰ると、その老婆の家に誘われて殺されてしまうという。

渡辺節子他編著『夢で田中にふりむくな』に載る。不思議な世界を考える会編『怪異百物語3』には「傘おばさん」という題名でほぼ同じ内容の怪異が載る。

仮死魔殺子［かしまあやこ］

この名前を一〇回唱えると夜中に死んでしまうという怪異。

久保孝夫編『女子高生が語る不思議な話』に載る。**カシマさん**系統の話と思われるが、殺子の読み方については触れられていないため、「さつこ」や「ころこ」「きるこ」などと読む可能性もある。

カシマおばけ［かしまおばけ］

ある日突然電話がかかってきて、「名前は?」「住所は?」「電話番号は?」などと尋ねられるという怪異。これに対し名前は女性の場合は「カシマカシコ」、男性の場合は「カシマカシオ」と答えねばならず、住所は「カシマ市カシマ区カシマ町」、電話番号は「カシマのカシマ」と答えなければ一週間以内に家にカシマおばけがやってくる。また、この話を聞いたら一週間以内に五人に同じ話をしなければならないという。

松山ひろし著『カシマさんを追う』によれば一九八六年頃、福岡県にて語られていたという怪異。

カシマキイロさん［かしまきいろさん］

ある細く長い坂道にてその坂を上っている人間の肩を叩《たた》き、その人間の年齢や好きな色などを尋ねる怪異。これに対し、肩を叩かれれば叩かれた方とは逆の方に振り向き、年齢は六〇歳（以上）、好きな色は黄色と答えねばならないという。またこのカシマキイロさんの正体は出現する坂道で首を吊《つ》って死んだ人間なのだともいう。

松山ひろし著『カシマさんを追う』に載る。

化神魔サマ［かしまさま］

北海道札幌市にて中学生たちの間に語られていたという怪異。夜中の一一時から一二時頃に化神魔サマと呼ばれる下半身のない妖怪が現れ、三つの質問をする。この質問に答えられないと呪い殺されてしまう。またこの話を聞いた者の元に三日目の夜に化神魔サマが現れるとされ、それを防ぐためには三日以内に同じ話を五人に正確に伝えねばならない。

松山ひろし著『カシマさんを追う』によれば平凡出版の週刊誌『平凡パンチ』の一九七二年八月七・一四日合併号に掲載された話で、**カシマさん**に関連する一連の怪異の記録では最も古いものだという。また右の話を見てわかるように、この怪異は「下半身のない幽霊」ではなく「下半身のない妖怪」となっているため、人型の怪異であったか否《いな》かは定《さだ》かではないという特徴がある。

カシマさん［かしまさん］

全国で語られる怪異。ある少女が昼間学校でカシマさんという女性の幽霊についての怖い話を聞き、その夜自宅で眠りについていると、夢の中に片手と片足がない女性の幽霊が現れた。女は少女を虚《うつ》ろな目で見つめながら「手をよこせ」という。少女が答えられないでいると、女は少女の手を奪った。次に女は「足をよこせ」と言った。また少女が答えられないでいると、足を奪った。そして女は少女を見つめ、「この話、誰から聞いた?」と尋ねた。少女が友達の名前を答えると、不意に目の前が真っ暗になった。

翌朝、何者かによって手足を千切《ちぎ》り取られた少女の死体が見つかった。不思議なことに彼女の部屋には誰かが侵入した跡はなかったのに、その手足が見つかることはなかったという。そしてこの話を聞いた人間の元には、三日以内にカシマさんという幽霊が現れる。もし彼女に「手をよこせ」と言われれば「今使っています」と、「足をよこせ」と言われたら「今必要です」と、「その話誰から聞いた」と尋ねられれば、「仮は仮面のカ、死は死人のシ、魔は悪魔のマ」と答えなければ手足を奪われてしまう。

フルネームでは**カシマレイコ**と呼ばれることが多いが、この項目では「カシマ」「カシマさん」「カシマさま」「カシマ様」と呼称される怪異について扱うため、カシマレイコについては当該項目を参照。この怪異については松山ひろし氏が著書『カシマさんを追う』などにより詳細な調査を行っている。同書によればカシマさんが最初にメディアに現れたのは一九七二年で、その際は**化神魔サマ**と呼ばれていたという（詳細は当該項目参照）。またカシマとカタカナで表記された怪異がメディア・文献に登場した最初の例は同じく一九七二年一〇月一一日付「朝日新聞」新潟版で、新潟県糸魚川《いといがわ》市《し》にカシマという**幽霊**が出現した話が記されている。ここでは顔の半分が焼け爛《ただ》れた、片足または両足の女幽霊として書かれており、鈴の音を合図に現れるとされた。

　またこの怪異は出現以降その噂《うわさ》のバリエーションを異様に増やしていったという特徴があり、数多《あまた》の怪談が人々の間に語られている。『カシマさんを追う』の中に記録されているカシマさんにまつわる噂を参考にして整理してみると、まずほとんどのパターンに共通する要素は体の一部を欠損または火傷《やけど》していること（欠損部分は足や下半身であることが多いが、腕や頭の場合もある。また火傷の場合は顔か半身ということが多い）、その噂を聞くと数日以内にカシマさんがその人間の元に現れるとされていることである。また女性の霊とされる場合と男性の霊とされる場合があり、女性の場合は若い女であることが多く、男性の場合は旧日本兵であることが多い。

　カシマという言葉が指すものについてもさまざまなものがある。有名なものは現れる幽霊自身の名前であるというものだが、他にも幽霊の出身地、幽霊に「この話を誰から聞いた」と問われた際に答える名前、幽霊を撃退するための謎の呪文、有名な霊能者の名前、などのバリエーションがある。

　出現する場所については夢の中の他、場所を問わず夜になると現れる、学校のトイレに現れる、寝ているときに枕元に現れる、家を訪ねてくる、部屋のドアを叩《たた》く、などのパターンがあるようだ。

　そして現れた際には人間に対し問いかけを行うことが多く、その場合は「私の足はどこにあるの？」「私の腕はどこにあるの？」など自身が失った足や腕などの欠損した部位がどこにあるか場所を問うパターンと、「足いるか？」や「腕がいるか？」など問いかけの対象に対し体の部位が必要か否《いな》かを問いかけてくるというパターンが多い。またそれらの問いかけの後に「この話誰から聞いた？」と尋ねてくるものも多数見られる。他にも、後述するが「お前はどこの生まれだ？」というように出身地を聞いてくるもの、火傷型の場合は「わたし、きれい？」と口裂け女と同様の問いかけをしてくるもの、「遊ぼう」「お暇《ひま》ですか？」などのことを聞いてくるもの、自分の名前を問うてくるものなどがある。また問いかけではなく「足をくれ」「お前の足をよこせ」というように強引に奪い取ろうとしてくる話も存在する。

　これらの問答にはほとんどの場合正しい答えとされるものが用意されており、特に名前を聞かれた際には「カシマさんです」「カは仮面のカ、シは死人のシ、マは悪魔のマ」と答えるものが多い。またこの話を誰から聞いたという問いには「カシマさんです」「カシマさんから聞きました」、出身はどこだという問いには「カシマ」、など「カシマ」という言葉が質問の答えとして用意されているパターンがほとんどを占める。それ以外だと体の部位について「〜いるか」「〜はいりませんか？」と問われた際には「いる」「今使っています」「今必要です」「いりません」といった答えが正解とされている場合もある。

　また問いかけに対する答えではなく、撃

退する呪文が語られる場合もある。その際には前記した「カは仮面のカ、シは死人のシ、マは悪魔のマ」やそれに類するものが撃退呪文となっている場合や、「カシマさん」「カシマ様」という言葉を唱える、または三回繰り返すというものもある。

　それ以外にこの怪異を回避するための有名な方法は、一定の人数に対し一定の期日以内に自分が聞いた話を伝えるというものである。そうすることでカシマさんがその人間の元に現れることを防ぐことができるというもの。この特性によってカシマさんは鼠算《ねずみざん》式に人々の間に伝わっていく可能性を持っている。

　そしてそれらの問いかけに対する答えを間違ったり答えられなかったりした場合や、撃退呪文を唱えられなかったりする場合の結果もさまざまで、多くの場合は足や腕などの体の一部を奪われるが、その他にも殺される、あの世などへ連れ去られる、取り憑《つ》かれる、硫酸をかけられるなどの話が語られている。

　以上がカシマさんという怪異の概要であるが、怪談の種類自体が多いため、以下には文献に記されたカシマさんにまつわる怪談の例を示す。

　まず『カシマさんに追う』にある例を載せる。一例目はこのようなもの。ある女性が鉄道事故で体がバラバラになって死亡した。しかしその女性は自分が死んだことをわかっておらず、この話を聞いた人間の元に呼ばれていると勘違いして三日後の深夜にやってくる。現れると彼女はしばらくこちらを見てから「話を聞いたな?」と問いかけてくるため、「カシマさんに聞きました」と言わねばならない。そうしないと取り憑かれる。

　二例目。夜一人で寝ていると、太平洋戦争の空襲で足をなくした女の霊が現れ、「お前はどこの生まれだ?」と聞くため「カシマ」と答える。

　三例目。ある雪の日に鉄道事故があり、女性が体を二つに轢断《れきだん》されてしまった。機関士が様子を見に行くと上半身だけになった女性にはまだ息があり、腕で体を支えながら必死に助けを求めていた。怯《おび》えた機関士は近くの電柱によじ登ったが、女性もまたよじ登ってきて機関士の背中にしがみ付いた。それから別の機関士が様子を見に来たところ、電柱にしがみ付いたまま亡《な》くなっている機関士と上半身だけの女性の姿があった。この話を聞いてしまった人間の元にはその夜に上半身だけの女性が「足返せ〜」と言いながら現れる。その際には有名な霊能者カシマさんの名前を三回繰り返せば霊は消えてしまう。

　四例目。四肢を切断された旧日本兵の男性の幽霊が現れる。この幽霊は「足はいるか」「腕はいるか」などと聞いてくるが、質問にはすべて「カシマ」と答えねばならない。違う答えをすると足や腕をもがれ、最後には殺されてしまう。またこの話を聞いた人間の元には必ずその深夜に現れる。

　五例目。夜足のない兵隊の幽霊が現れ、「足をくれ〜」と言う。これに対しては何らかの理由で足に故障（水虫でもよい）があるからあげられないと言わねばならない。

六例目。カシマさんは美人で聡明《そうめい》な女性であったが、ある難病にかかって足が動かなくなり、耳が聞こえなくなり最後には目も見えなくなった。人生に絶望した彼女は動かなくなった足を引き摺り、投身自殺した。この話を聞くと夜カシマさんが部屋にやってくる。

七例目。「カシマさん」という名前を覚えると戦争で火傷を負ったカシマさんという人物が家に現れる。

八例目。真夜中に誰かが子どもの寝ている部屋の戸を三度ノックし、「おひまですか？」と声をかけてくる。そのときすぐさまよどみなく「いいえ、おひまではございません。カシマさんです」と答えないとどこかへ連れ去られ、二度と帰ってこられなくなる。

九例目。カシマさんという女の子が友達から仲間はずれにされて死んでしまった。しかし彼女は死後も友達を求め、あの世から彷徨《さまよ》い出てきている。この話を聞くと夜にカシマさんが窓を叩《たた》いて「私の名前は？」と聞いてくるので、「仮面のカ、死人のシ、悪魔のマ」と答えると何もせずに帰る。しかし「カシマさん」と答えると「友達になれた」と思われ、あの世に連れていかれてしまう。

一〇例目。カシマ様と呼ばれる片足と片腕がないとても気持ちの悪い人が釧路《くしろ》から札幌にやってきた。このカシマ様が家にやってきたときは決してドアを開けず、「遊ぼう」と言われたら「今は駄目です」と答える。すると「どうして」と聞いてくるので「片腕と片足がないから、だめ」と答えるとカシマ様は消える。しかし理由を答えられないとドアを開けられて殺されてしまう。

一一例目。「カシマさん／札幌市苫小牧《とまこまい》1―8―9」という名前と住所を覚えていないと、忘れてしまったその日の夜に恐ろしい幽霊がやってきて殺されてしまう。

一二例目。カシマさんという髪の長い女の幽霊が天井に張りついている。この話を聞いた人間のところに必ずやってくる。

一三例目。昔カシマくんという男の子がいじめにあって自殺した。この話を聞いた人間のところにカシマくんはやってくる。呪われないためには眠る前に「カシマのカは仮面の仮、カシマのシは死人の死、カシマのマは魔物の魔」と三日間唱えればカシマくんはやってこない。

一四例目。「カシマ様」の話を聞くと、夢に鏡が現れる。最初の晩はただの鏡だが、毎晩同じ夢を見るうちにカシマ様の姿が浮かび上がってきて、何日かすると完全に姿を現す。するとカシマ様は自分の名前を聞いてくるため、「カシマ様」と答えねばならない。もし答えられなかったり様をつけ忘れると殺される。しかし助かっても一生カシマ様に付きまとわれ、鏡の中にカシマ様の姿を見てしまう。

一五例目。夢の中にカシマさんが現れ、呪文を唱えないと殺される。彼女は赤いワンピースを着て、鎌を持っている。

さらに以下には他の文献に現れるカシマさんの例を載せる。出典となった文献は話の後に（　）で示している。

夜トイレに行くとどこからともなく「右足いるか」という声が聞こえてくる。これに対し「いらない」と答えると足を抜かれてしまう。次に「左足いるか」と聞かれる。これも右足と同じように答えねばならない。次に「この話、誰から聞いたか」と問われる。これには「カシマさんに聞いた」と答えれば何も危害を加えられないが、答えられないと祟《たた》りがある。またこの話を聞いた人間は同じ話を五回、五人に話さねばならない（常光徹他編著『魔女の伝言板』）。

風呂《ふろ》に入っているとカシマさんがやってくる。カシマさんはかつて顔に硫酸をかけられ、恐ろしい面相になった女性で、復《ふく》讐《しゅう》のために家々の風呂場に現れては入浴している人に硫酸をかける。その際に「あたし、きれい?」と質問をしてくるという。また、このカシマさんは幽霊ではなく生身の人間とされている（福沢徹三著『怪の標本』）。

戦争に参加し、爆弾によってぐちゃぐちゃになって死亡した兵士の霊であり、話を聞いた者の元に現れるが「かは仮面のか、しは死人のし、まは魔法のま」と唱えると消える（久保孝夫編『女子高生が語る不思議な話』）。

飛び降り自殺したかしまくんという少年の幽霊がおり、この話を読んだまたは聞いた者の元に三日以内に現れるため、「かしまのかは仮面のか、かしまのしは死人のし、かしまのまは魔物のま」と答えねば殺されてしまう（マイバースデイ編集部編『わたしのまわりの怪奇現象1000』）。

仮死魔という人物が小学校の屋上で自殺したが、その顔が半分に切断されて人体模型にされており、夜中の一二時になると動き出す（学校の怪談編集委員会編『学校の怪談6』）。

この話を聞くと夜眠っているときに現れる怪異で、顔の半分が仮面、半分が血塗《ちまみ》れで手に鎌を持っているかしまさんという者がおり、これは「かは仮面の仮、しは死人の死、まは悪魔の魔、仮死魔です」と唱えると消えるとされる。また夜中の三時に起きると枕元にカシマさんが立っているため「かはカメのか、しは死人の死、まは悪魔のま」と唱えれば姿を消す（常光徹編著『みんなの学校の怪談　緑本』）。

足を事故か何かで切断されたかしまさんという人が、それを苦にして死んでしまった。しかしかしまさんは死後幽霊となり、夜に誰かの家へと現れては「足を下さい」と話しかけるようになった。もしこのとき「嫌だ」と答えると翌日変死し、「いい」と答えると足切り場へ連れていかれて足を切断され、持っていかれてしまう。そしてこの話を三日以内に三人に伝えないと、夜かしまさんがやってくる（小池淳一「世間話と伝承」、弘前大学人文学部人文学科『境界とコミュニケーション』収録）。

鹿島さん［かしまさん］

手足頭のない血塗《ちまみ》れの女性の胴体という姿をした怪異。その由来はこう語られている。もともとは兵庫県加古川市《かこがわし》に住んでいた人間の女性であったが、第二次世界大戦終戦直後、アメリカ軍によって強姦《ごうかん》され、さらに両手両足の付け根を銃で撃たれたことで四肢を切断する手術が必要となったものの一命を取り留めた。しかし自分の美しさに誇りを持っていた彼女は耐えきれず、鉄橋の上から列車に身を投げ、死亡する。

事件の後、警察、国鉄の関係者が線路上に散らばる彼女の肉片を収集したが、不思議なことにその首から上はまったく見つからなかったという。この自殺自体は数日で忘れ去られたが、その数カ月後、今度は加古川市で人々の変死が相次いで起こるようになる。そして変死した者たちは皆、死亡日の朝におかしな光を見たとの証言をしていた。一つの家で起きるとそのすぐ近辺で発生するこの変死事件に人々はパニックを起こした。さらに警察がこの変死事件が起きた家を地図上で結ぶと首と手足のない胴体の形となるという奇怪な事実を突き止める。それからも変死事件は続くが、その犠牲者の一人が死ぬ直前、夜、突然目を覚まし微《かす》かな光が見えて目を凝らしていると、それは光ではなく首と手足のない血塗れの胴体が肩を左右に動かしながら這《は》ってくる光景だったと証言し、それ以降その肉片を見た人間は必ず死亡した。その連鎖の中で次は自分の元にその肉片が現れると予想した男が恐ろしさのあまり加古川市と高砂市《たかさごし》の間にある鹿島神社に相談すると、この怪異から身を守るためには「鹿島さん、鹿島さん、鹿島さん」と三回叫んでこの神社の神を呼ぶしかないと言われ、それを実行したことで一度は難を逃れたが、肉片は男がどこに行っても付きまとい、現れるようになった。そしてこの肉片は、この話を知った者の元にも現れるという。

一九九六年七月一五日、インターネットサイト「Ａｌｐｈａ‐ＷＥＢ　こわい話」に掲載されたのが初出と思われる話だが、現在は閉鎖されているためインターネットアーカイブを使うなどしないと確認ができない。怪談中における「鹿島さん」は鹿島神、つまり日本神話の神でもある建御雷《たけみかづち》だと思われるが、怪談の最後に「地元では幽霊の肉片を鹿島さんと呼ぶ」という言葉が添えられているため、この手足と首のない幽霊にも「鹿島さん」の名前が使われているようだ。元になったのは七〇年代から都市伝説として語られていた悪霊《あくりょう》、**カシマさん**だと思われるが、体の一部が欠損していると語られることが多いカシマさんに対し、こちらは五体すべてが欠損した姿で描かれている。一方で唐突に夜に現れる、「かしまさん」と三回唱えると撃退できる、話を知った者の元に現れるという特徴はカシマさんにも見られるものである。

カシマユウコさん［かしまゆうこさん］

　留守番などで家に一人でいる人間の元に現れ、その人間を連れていってしまうという怪異。それを防ぐためには「カシマユウコさん、カシマユウコさん、鹿児島市鹿島区貸し《（ママ）》間五丁目カシマユウコの家に帰ってください」と呪文を唱えねばならない。

　松山ひろし著『カシマさんを追う』によれば一九九六年頃青森県で語られていたという怪異。もちろん、鹿児島県には右に語られるような地名はない。ユウコという名前は**カシマレイコ**の霊子に対し、幽子かと思われる。

カシマレイコ［かしまれいこ］

　眼鏡をかけた片足の女性という姿をした怪異で、その正体はかつてバレリーナを目指していたが事故で片足を失い、それを苦に自殺した女性の幽霊であるとされる。夕刻あたりに街中でこの女性と出会った人間は夜中に鎌を構えた死神のような存在が片足を刈り取りに現れるため、「仮面のか、死人のし、悪魔のま」と唱えると助かるという。

　右の話は松山ひろし著『カシマさんを追う』に一九八四年頃の話としてあるが、カシマレイコと呼ばれる怪異は他にも多い。同書から複数例を紹介したい。

　一つ目は片手の手首から先がない女性の霊であるというもので、この女性が生前のある日洗濯物をしている際、風に洗濯物をあおられ、片手がないことを通行人に見られてしまったという話がまず語られ、この話を聞くとその晩に必ずカシマレイコがやってくるとされる。カシマレイコは夜寝るまでに玄関を三回ノックするので「カシマレイコさん、カシマレイコさんお帰りください」と唱えねばならないという。これに失敗するとこの女性の霊が居ついてしまうらしい。

　二つ目は筋腫に手を蝕《むしば》まれ、手の切断手術を余儀なくされたことで絶望し、自殺したカシマレイコというピアニストの霊がこの話を聞いた人間の元に現れるとされ、「カシマさんのカは仮面のカ、カシマさんのシは死人のシ、カシマさんのマは悪魔のマ」と唱えねば手を奪われてしまうという。

　三つ目は北海道のある町にて七九年から八〇年頃に語られていたという話で、小学校の教室でストーブに使う石炭を保管している倉庫に出現したとされる。もともとはその倉庫で首を吊《つ》った女性で、一人で石炭を取りに行くと死んだときに着ていた白いワンピース姿のままで目の前に現れるとされ、漢字は「仮死魔霊子」という字が当てられていたようだ。

　四つ目は、ひき逃《に》げに遭《あ》い、そのまま死亡してしまったカシマレイコという女性の話で、彼女をひいた車が赤い車体だったこと、また生前は子どもや動物が好きな女性であったことから、赤い車のある家や動物を飼っている家の子どもの前に現れやすいという。彼女が現れた際には「カシマレイコ」と三回唱えるとよいとされる。

五つ目は東京都で語られていたというこんな話。岐阜県に中学二年生の「鹿島礼子」という少女がいたが、美人ではあるものの勉強は得意ではなく、彼女の両親は出来の悪い娘を毎日虐待していた。そんなある日、少女が鏡を見ると目尻が裂け、大量の血が溢《あふ》れ、眼球が垂れ下がっていた。そして強烈な痛みを感じた彼女は悲鳴を上げてその場に倒れ込み、病院に運ばれたものの目を切除され何も見ることができなくなった。それから彼女は死ぬまで部屋に閉じこもり、二度と姿を現すことはなかった。彼女は自分を虐待した両親と、頭のよい少年少女たちを恨みながら二七歳で亡《な》くなった。そしてその死の翌年から彼女は頭のよい小中学生と自分の父親と同じ名前を持つ男の元に現れるようになった。寝ていると枕元で何かを擦っているような音がして、目を開けると真っ黒い棒のようなものが佇《たたず》んでいる。それは死ぬまで髪を切らず伸ばし続けた鹿島礼子の姿で、髪の間には真っ青な眼球のない女の顔が覗《のぞ》いている。鹿島礼子は「目をくれ」というが、これに「あげる」というとその場で目をくり抜かれる。「あげない」と答えると荒い息をして呪いの言葉を吐きかけて去っていく。また彼女に立ち会った人間はその後一週間運が悪くなるが、一週間を過ぎると何も起こらなくなるという。

またその他の情報としては**口裂け女**の本名がカシマレイコだったという話も同書に載る。他の文献を探るとマイバースデイ編集部編『わたしのまわりの怪奇現象1000』には、家の中で一人で一〇分以上いると青い顔の少女が現れ、「遊ぼ」と声をかけてくる。これを聞いたら即座に「かしまれいこさんが遊ぶなと言いました」と返さねばならないとされる。またこのとき霊感の強い人はこのかしまれいこさんの姿が見えるという話が載っている。

常光徹他編著『魔女の伝言板』には、一九八七年に大阪府の女子大生から聞き取った話として、小学校のトイレに現れる両足のない女の人が「私の足はどこにありますか」と聞いてくるため、それに対し「名神高速道路《めいしん》にあります」と答える、すると「誰に聞いたのですか」と聞かれるため、「カシマレイコさんに聞きました」と答えると女性の幽霊は消えてしまうという話が載る。さらに久保孝夫編『女子高生が語る不思議な話』には、話を聞くと電話がかかってきて、それに対し三秒以内に「かはかめんのか、しは死、まはあくまのま、かしまれいこさま」と答えることができなければ焼けただれた少女が夜中にドアをノックし、開けると「わたしがかしまれいこです」と言って去っていくという話が載る。

カシマさんのフルネームとされるものには多くの名前があるが、カシマレイコはその中で最も多く語られる名前と思われる。またカシマさんの場合男性、女性の霊どちらも語られるが、カシマレイコの場合はこの名前が**幽霊**を指すか否《いな》かに関わらず女性の幽霊が出現するという特徴がある。

禍垂
［かすい］

福岡県は犬鳴山《いぬなきやま》とその周辺を住処《すみか》としていると思われる怪異。下半身のない人間のような容貌をしており、木の枝に手でぶらさがっている姿が目撃されている。また犬鳴トンネル周辺で事故により死亡した人間の霊に取り憑《つ》き、その者に縁のある人間に付きまとって殺そうとしたという情報が語られている。

心霊スポットとして有名な**犬鳴峠**、旧犬鳴トンネルを擁《よう》する犬鳴山に現れると語られる**上半身の怪**。初出は2ちゃんねるオカルト板の「死ぬ程洒落《しゃれ》にならない怖い話を集めてみない？２９３」スレッドにて、二〇一二年四月二四日に語られたものと思われる。禍は「わざわい」「まが」などと読み悪《あ》しきこと、思いがけない災難を意味する。垂れるはそのまま垂れ下がるの意であるので、禍々《まがまが》しく垂れ下がるものといった意味合いであろうか。下半身のない怪異は他にも多数いるが、この怪異の場合はその正体が何者なのか言及されていない。

片足ピンザ
［かたあしぴんざ］

沖縄県の宮古島《みやこじま》に伝わる怪異。平良《たいら》第一小学校近くの通りのガングリ・ユマタと呼ばれる交差点に現れる後ろ足の片方を失《な》くしたヤギの姿をした怪異で、夜に人が交差点を通りかかると前足二本のひづめを地面に打ち付け、残された一本の後ろ足を道を削るような音を立てながら引《ひ》き摺《ず》って四つ角に近づき、叫び声を上げながら飛びかかってくる。このときに片足ピンザに頭上を跳び越されると魂を抜かれてしまうと伝わっている。

右の話はウェブサイト「宮古島キッズネット」「ゴーヤーどっとネット」によった。ピンザとは宮古島の方言でヤギを表すため、片足ピンザはそのまま片足のヤギという意味になると思われる。

その正体について「ゴーヤーどっとネット」を参考にすると、食用のヤギが片足を切られた際に三本足で脱走し、化け物になって人を襲うようになった、小さい頃から飛び跳ねていたヤギが足を折り、なぜかそれ以来人の頭の上を越えるようになったなどと複数語られている。またガングリ・ユマタという交差点の名前にもこの片足ピンザが関わっているとされることもあり、ユマタはそのまま四辻《よつつじ》のことで、ガングリは片足ピンザが後ろ足を引き摺って現れる際の音を表現しているという説、また歩く姿をガングリ・ガングリと表現したことから名付けられたという説がある。

沖縄の妖怪で体の一部を欠損しており、これにある行動をされると魂が抜かれるという共通点を持つ妖怪に「片耳豚《かたきらうわ》」がいるが、これは名前の通り片耳のない豚の姿をしており、股をくぐられると魂を抜かれて死んでしまうと伝えられる。また片目豚の意味の名をもつ「ムィティチゴロ」という妖怪や、「耳無豚《みんきらうわ》」という両耳のない豚の妖怪も股をくぐられることで魂を抜かれるという特徴を持っている。

カタカタ［かたかた］

ある学校の三年二組の教室にあるオルガンの上に現れるという怪異で、上半身のみの姿で手を使って移動する。一人で三階の廊下を歩いているとこのカタカタがついてきて、夜布団《ふとん》の上に現れて笑うという。

ポプラ社編集部編『映画「学校の怪談」によせられたこわーいうわさ』に、北海道石狩郡《いしかりぐん》からの投稿として載る上半身の怪。また学校の怪談編集委員会編『学校の怪談13』にも神奈川県大和市《やまとし》からの投稿として同名の**上半身の怪**が載る。

かたす駅［かたすえき］

JR京都線で京都府から大阪府に向かう途中に出現したとされる駅の怪異。改札を出てすぐのところに鳥居があり、駅近くの電柱に牛頭《ごず》と書かれているとされ、また駅周辺では白い帽子を被《かぶ》った皺《しわ》だらけの老婆が現れたり、牛の鳴き声のようなものが聞こえてきたり、時計に表示される時間が狂うなどの異変があったという。ここに迷い込んだ人間が線路沿いを移動したところ、東海道本線《とうかいどうほんせん》の山崎駅《やまざきえき》に辿《たど》り着《つ》いて無事だったとの話も記されている。

2ちゃんねるオカルト板の「きさらぎ駅について何か知りませんか?」スレッドに、二〇一一年八月四日に書き込まれた**異界駅**。ただし名前だけは二〇一一年三月にすでに登場しており、その際は福岡市に現れた（**やみ駅**参照）。

肩たたきババア［かたたたきばばあ］

校門に現れ、子どもの肩を叩《たた》く老婆の怪異。これに対し右に振り向くと恐ろしい顔の老婆がハサミを持って立っているが、左を向くと何もない。

学校の怪談編集委員会編『学校の怪談スペシャル3』に、鹿児島県鹿児島市からの投稿として載る。また常光徹著『新・学校の怪談3』では叩かれた肩の方に振り向くと「肩たたきバア《（ママ）》」が現れ、逆の方に振り向くと何もないという話が載る。同書によればこの老婆はおんぶを要求し、自身を背負った人間に校庭を一〇周させて、それが終わると消えるという。

カツカツさん［かっかつさん］

上半身のみの怪異であるテケテケの下半身が怪異化した存在で、学校の校内などに現れて、失われた自らの半身であるテケテケを探しているのだという。

二〇〇四年年七月二七日にウェブサイト「現代奇談」にて紹介されているのが見える怪異。下半身のみの怪異というと他にも**トコトコ**などがいるが、カツカツさんの場合ははっきりと**テケテケ**の失われた下半身であると明言されているところがおもしろい。一体テケテケと出会ったらどうなるのであろうか。

学校鬼婆「がっこうおにばば」

学校に現れたという怪異。ある警備員が仕事で夜の校舎を見回っていて屋上の扉を開けようとしたときのこと、不意に背後に気配を感じて振り返ると白い着物を着た白髪の老婆が立っていた。その姿を見た瞬間、急に腰から下の力が抜け、警備員は座り込んでしまった。動けずにもがいている間にも老婆は一歩一歩近づいてくる。しかも最初は白髪で見えなかったその顔は、真っ赤な口が耳元まで裂けているという恐ろしい形相《ぎょうそう》の鬼婆だった。警備員は必死に手で追い払おうとするが、鬼婆はいきなり跳びかかってきてその手を警備員の首にかけた。

それからしばらくして警備員は気絶しているところを仲間の警備員に助けられた。その後の鬼婆の行方はわからず、警備員もまた次の日に辞表を出して会社を去ったという。

山岸和彦他編『怪異！　学校の七不思議』に載る老婆の怪。

学校の七不思議「がっこうのななふしぎ」

全国の小中高など学校に伝わる怪異。この七不思議を七つすべて知ってしまうと怪異が起こるため、すべてを知ってはならないという。

一般的な七不思議は怪談とは限らないが、学校の七不思議と言われる場合に限ってはそのすべてが怪談であることがほとんど。しかし学校によってその内容は大きく異なる。その学校に伝わる不思議の総数は七つとは限らず、逆に八つ以上知ることで怪異を回避するパターンも存在する（松谷みよ子著『現代民話考7』、常光徹著『学校の怪談　口承文芸の展開と諸相』）。花子さん研究会編『トイレの花子さん3』には、六人で学校の七不思議の話をすると**花子さん**が現れ七つ目の話をするという話が三重県の小学生から投稿された事例として載る。

また学校の怪談編集委員会編『学校の怪談3』には、他にも七不思議を二〇歳までに忘れないと死ぬ、七不思議を全部知ると次の日に死ぬ、七不思議を口に出して全部言うと事故に遭《あ》う、七つすべて知ると卒業できない、卒業までにすべて忘れないと家から出られなくなる、といった話が記されている。

マイバースデイ編集部編『音楽室に霊がいる！』では七つまでは知っていても平気だが、八つ目の話を知ってしまうと死ぬという話が埼玉県の中学生からの投稿として載る。

学校の霊「がっこうのれい」

奈良県のある中学校では、その日一番最後に校舎を出る生徒が金縛りに遭《あ》うと伝えられている。これは学校の霊が寂しさから一人でも学校に居残ってもらいたいと思い、生徒を金縛りに遭わせるのだという。

また、赤鉛筆を握っているとこの金縛り

に遭わなくても済むと伝えられている。
学校の怪談研究会編『日本全国縦断　学校のこわい話』に載る。

学校わらし［がっこうわらし］

学校に現れるという怪異。ある高校の音楽部は、毎年夏休みになると肝試しをするのが恒例となっていた。二年生がお化け役となって各教室に隠れ、一年生が各教室を回っていく。ある年のこと、肝試しを終えた一年生たちにどこが一番怖かったかと尋ねると全員揃《そろ》って「三年四組」と答えた。しかし、二年生は誰もその教室にはいなかったのだ。なぜなら三年四組には座敷《ざしき》わらしがいるのだから。

この話は不思議な世界を考える会編『現代百物語1』に載る。また本書では小学校、中学校、高等学校など個人の家ではなく学校に出現する**座敷わらし**の類をこの学校わらしの項目にて紹介している。家や旅館などに出現する場合は座敷わらしの項目を、会社などに出現する場合は**オフィスわらし**を参照。

学校に出現する座敷わらしの例は古くから存在し、柳田國男《くにお》著『妖怪談義』によれば一九一〇年七月頃、岩手県遠野《とおの》市の土淵《つちぶち》村《むら》小学校に座敷わらしが出現し、一年生にのみその姿が見えたという話がある。この話は佐々木喜善《きぜん》著『奥州《おうしゅう》のザシキワラシ』にも載っており、同書には他に岩手県遠野町（現遠野市）の小学校にて、かぶきり頭で白い服を着た六、七歳の子どもが毎晩九時頃になると玄関から入ってきて教室の方へ行って遊んでいたが、あれはザシキワラシであったのだろうという話も載っている。常光徹著『新・学校の怪談4』では宿直室の部屋の四隅から四人の座敷わらしが現れ、四人でその部屋に泊まっている教師の布団《ふとん》の四つ角を持って一八〇回転させるいたずらを行うという話が載り、また同シリーズの『学校の怪談E』では学校に座敷わらしが現れ、子どもたちと一緒に遊び、その座敷わらしに肩を叩《たた》かれるとラッキーなことが続くという話が載っている。

また松谷みよ子著『現代民話考7』には、一九三七年頃、岩手県釜石《かまいし》市の学校にて、プールで死んだ子どもたちが命日の夜になると夜泣くという話を座敷ぼっこが泣いた、座敷ぼっこが死んだ人たちの霊を慰めたと言われていたという話が載る他、東京都千代田《ちよだ》区の法政大学において、学生会館の日本間に座敷わらしが出現したという話が語られている。残念ながらこの学生会館はすでに取り壊されており、座敷わらしが出たという日本間はもう見ることができない。

河童［かっぱ］

全国で語られる怪異。福井県大野郡和泉《おおのぐんいずみ》村《むら》（現大野市）という地域には、こんな話が伝わっている。この村では人と河童とがうまく共存していたが、ある夜のこと、村人たちは河童たちが悲しそうな声で「川の水を変えてくれ、水がおとろしい（福井弁で「おそろしい」の意)」と訴える声を聞いた。そこで翌日村人たちが九頭竜川《くずりゅうがわ》を見に行ったが川の水はいつもの通り変わりはない。しかし河童は「もう住んでおられん」などと言う。そこで村人たちも煩《わずら》わしくなって邪険に扱っていると、ある雨の夜、河童たちはよろよろと山へ立ち去った。

それから二年経《た》ち、村人たちは河童のことを忘れていたが、あるとき川下で方言の研究をしている学生と一人の村人が知り合った際、河童の話となった。それがきっかけとなって川の水質が調査され、九頭竜川がカドミウムに汚染されていることがわかった。九頭竜川上流の鉱山から漏れ出しているというのだ。それで河童が言っていた水が恐ろしいという意味がわかったのだという。

河童の話がきっかけとなって公害がわかったことから村人たちはあのとき河童を邪険に扱ったことが申し訳なくなって、山へ登り「河童よう、お前らのお陰でわしらは助かった、ありがとうなあ」と伝えた。すると霧の奥から微《かす》かに「一〇〇年したら戻って行くさかい、それまで川をきれいにしておいてくれえ」と声が返ってきたという。

この話は松谷みよ子著『現代民話考1』に載る。この他にも河童が現れたという話は戦後になっても多く伝えられている他、河童が学校に現れるという話も多く、学校の怪談としても登場している。また久保孝夫編『女子高生が語る不思議な話』には、**心霊写真**で**幽霊**の横で笑って手を伸ばす河童が写っていた、という変わり種な話も載る。この類例としては常光徹編著『みんなの学校の怪談　緑本』で三重県のある学校の近くにある電話ボックスで写真を撮ると河童の姿が写るというものが広島県からの投稿として載せられており、この話では河童の正体は電話ボックスの横の古い家に住んでいたお爺《じい》さんとされている。

さらにポプラ社編集部編『映画「学校の怪談」によせられたこわーいうわさ』では福岡県北九州市《きたきゅうしゅうし》からの投稿として学校の池に現れた河童を誤って殺してしまったところ、河童のおばけが出るようになったという話が載り、また学校の怪談編集委員会編『学校の怪談スペシャル3』には、徳島県のある小学校の、ゆうれい階段と呼ばれる階段に河童の足跡があるという話が載る。

学校の怪談研究会編『日本全国縦断　学校のこわい話』では、野球をしていた河童の話が載る。

不思議な世界を考える会編『怪異百物語1』には、沼に二メートルの巨大な河童が現れた、小学校の木造校舎のボットン便所の手前から四番目の個室から河童の手が出てくる、岩手県遠野市《とおのし》の猿ヶ石川《さるがいしがわ》に赤い毛を生やした河童が出た、といった現代の河童目撃譚《たん》が載る。ちなみに柳田國男《くにお》著『遠《とお》野物語《のものがたり》』には、猿ヶ石川には河童が多いという話が記されており、その体は真っ赤だとされている。その河童たちが現代でも目撃されているのだろうか。

金縛り［かなしばり］

主に就寝中、意識が覚醒したにも関わらず体が動かせない状態を意味する。またこの状態で幽霊をはじめとした人ならざる存在が見えたという体験談も多い。

金縛りとは本来仏教用語で、不動明王《ふどうみょうおう》が自らの持つ金の縄や羂索《けんさく》で敵や賊、ひいては人の内に現れた悪心を縛り付けることを言った。そのため上記のような体を動かすことができない状態の他にも、何かを厳重に縛り付けるという意味でも使用される。

体が動かない状態には目を開けていられる開眼型《かいがん》と目さえ開けられない閉眼型《へいがん》があり、幽霊などの怪奇現象が起こるのは開眼型であることが多いが、目を開けていない状態でも謎の声が聞こえてくるなどの現象があるという。

他にも変わった話として、ピチ・ブックス編集部編『私の恐怖体験』には、金縛りに遭った翌日にそのことを四人に話すと死ぬ、金縛りに遭《あ》った際に人の名前を呼ぶと金縛りが解けるが、今度はその呼んだ人間が金縛りに遭う、金縛りの最中に目を覚ますと黒いコートの男が現れ、この男が笑うと死ぬ、金縛り中に人の顔が見えた場合、「あなたと私の世界は違うのよ」と言われねば取り憑かれてしまう、金縛りに遭った翌日にそのことを人に話すと死んでしまう、という話などが載る。

金縛りババア［かなしばりばばあ］

東京都奥多摩《おくたま》のキャンプ場に現れたという老婆の怪異。鈴を持った老婆の姿をしており、百物語をしていた少年二人の元に出現した際にはその少年たちを金縛り状態にしたという。また、老婆が消えた瞬間に金縛りは解けたとのこと。

学校の怪談編集委員会編『学校の怪談1』に載る。また同シリーズの『学校の怪談大事典』ではこれに遭遇すると必ず**金縛り**に遭《あ》うとされる。

壁男［かべおとこ］

壁の中に塗り込められた男の死体が怪異と化した存在。九州のある学校ではかつて壁に塗り込まれて行方不明になってしまった職人がおり、彼が行方不明になったのと同じ七月一五日に壁を叩《たた》くと内側から叩き返してくる音が聞こえたり、「外に出してくれ」と声がしたり、壁に人型の黒い染《し》みが浮かび上がってくるという。

常光徹著『学校の怪談5』に載る。

壁おやじ［かべおやじ］

神奈川県や東京都にて目撃談がある怪異で、会社をリストラされてビルから身投げした男の霊だという。壁から姿を現して自殺の再現をしたり、目撃した人間を尾行したりするそうだ。

山口敏太郎著『妖怪草子』に記録がある

怪異。

壁からバーサン［かべからばーさん］

夜、壁を背にして勉強していると壁から現れるという老婆の怪異で、これに肩を二度叩《たた》かれて振り向くと首をちょん切られてしまう。

渡辺節子他編著『夢で田中にふりむくな』に載る老婆の怪。なぜ壁から出てくるのは不明。

カマイタチ［かまいたち］

若いカップルがオープンカーで高速道路を走っていたとき、女性の首が切断された。これはカマイタチという怪異によるものなのだという。

学校の怪談編集委員会編『学校の怪談大事典』に載る。同書には他に、腕をトラックの外に出して運転していた男がその腕をカマイタチによって切断されたという話が載る。「鎌鼬《かまいたち》」はもともと古くから日本全国に伝わる妖怪で、旋風《せんぷう》に乗って現れ、人間の体を切り付けるとされ、またその傷には痛みがなく、血も出ないという特徴がある。これと同じ特徴を持った話も不思議な世界を考える会編『怪異百物語6』にあり、ここでは竜巻に入るとカマイタチに切られる、突風や旋風に当たると血は出ず痛みはないのに切り傷ができている、といった怪が報告されている。

カマ男［かまおとこ］

五時から七時の間に出現するという怪異で、ものすごいスピードで追いかけてくるとされる。また今までに女性ばかり五人以上を襲っているという。

学校の怪談編集委員会編『学校の怪談スペシャル3』に、長野県佐久《さく》市からの投稿として載る。これしか説明がないので、もしかしたら人間の不審者という可能性もある。

カマキリさん［かまきりさん］

ある学校のトイレにいるという怪異で、カマキリにいたずらをしてからトイレに入ると現れるという。カマキリさんはその子どもに対し「お前の手が欲しい。足が欲しい。体が欲しい。頭が欲しい」と言うが、このとき一言でも喋《しゃべ》ってしまうと異次元の世界へ連れていかれ、手、足、体、頭を奪われて気絶する。そして気が付くとカマキリになっており、人間の自分に殺されてしまうという。また「ごめんなさい」と謝れば、殺されずにカマキリとして生きることができるとされる。

常光徹編著『みんなの学校の怪談　緑本』に、愛知県からの投稿として載る。

カマキリ男爵［かまきりだんしゃく］

ある古墳の上に建てられた小学校に出現したという怪異で、その小学校の七不思議の一つになっている。真夜中、音楽室でピアノの音が響くが、このピアノを弾いているのがカマキリ男爵なのだという。

不思議な世界を考える会編『怪異百物語3』に載る。古墳とピアノとカマキリが一体どう繋《つな》がるかが不明だが、カマキリ男爵というからにはそれを連想させる姿をしているのだろう。

カマババ［かまばば］

チャイムが鳴り、うっかりドアを開けると鎌を持った老婆がいて首を切られてしまうという。回避法としてはチェーンを付けたままだと危害は加えられないそうだ。

渡辺節子他編著『夢で田中にふりむくな』に載る。学校の怪談編集委員会編『学校の怪談大事典』にも同様の怪異が載り、夜トイレに現れるという特徴が伝えられている。また名前はつけられていないが、同シリーズの『学校の怪談スペシャル3』には、夜中の一二時に起きて西を向くと老婆がおり、鎌で殺されるという話が神奈川県川崎《かわさき》市《し》の小学生の投稿として載る。

カマ幽霊［かまゆうれい］

ある団地の見通しの悪い道に出現するという怪異で、元はかつてその道に出現した鎌を振り回す男によって殺されたたくさんの住民たちの霊とされる。そこには男に殺された霊が鎌を持って彷徨《さまよ》っており、誤ってこの場所に入り込んでしまうと霊たちに追いかけられるという。

マイバースデイ編集部編『学校の恐怖伝説』に載る。場所は団地の見通しの悪い場所となっているが、**杉沢村**のような村系都市伝説と怪談の構造が近い。

カマをもった人［かまをもったひと］

ある学校のトイレに現れるという怪異で、用具入れのドアを三回叩《たた》いてから開けると、降りかかってくるという。

学校の怪談編集委員会編『学校の怪談16』に、長野県岡谷市《おかやし》からの投稿として載る。

カミいりますか［かみいりますか］

ある学校に現れるという怪異。その小学校の三階のトイレの入り口から三番目の個室に入るとどこからともなく「カミいりますか」という声が聞こえてくる。それに「ください」と答えると天井から長い髪が下がってくるという。

常光徹著『学校の怪談6』に載る。**カミをくれ**が髪を奪っていくのに対し、こちらは髪をくれるという真逆の性質を持った怪異となっている。また不思議な世界を考える会編『怪異百物語9』ではトイレットペーパーがないという条件下で同様の話が語られている。

神隠し［かみかくし］

全国で語られる怪異で、内容は次の通り。小学校の昼休み、子どもたちが校庭でかくれんぼをしていたときのこと、ある一人の女子児童だけはどこに隠れているのか見つからず、昼休みが終わっても出てこなかった。そしてその女子児童は行方不明となってしまった。それから一二年後、母校における同窓会に出席していたかつてのかくれんぼのメンバーたちは、過去の事件を思い出し、校庭に出てみた。そこで行方不明になった女子児童の名前を大声で呼ぶと、後ろの方から女の子の「はーい」という声がして、あの女子児童が物陰から駆け出してきた。一二年前のあの姿のままで。

常光徹著『学校の怪談2』に載る。この女子児童が隠れた場所は一二年後の未来に繋《つな》がっていたのだろうか、それとも時間の流れが違う異界に入り込んでしまったのだろうか。類似した話はさまざまな文献で散見され、不思議な世界を考える会編『怪異百物語7』では少女が学校のトイレに入ったまま出てこなくなり、それからちょうど一年経《た》った日に当時のまま現れるというパターンが紹介されている。かくれんぼは平安時代の『栄花物語《えいがものがたり》』にも記述が存在する日本の伝統的な遊びであったが、近代以前には夕暮れ時以降にかくれんぼをしていると神隠しや誘拐の被害に遭《あ》うとされていたこともあった。

カミくれオバケ［かみくれおばけ］

夜の一二時にある学校の三年四組に行くと現れるという怪異で、丸い胴体に巨大な目玉という外見をしており、「カミくれ、カミくれ」と言いながら近づいてくるため、持っている紙を渡すと「違う！　お前の髪だ！」と言って髪を持っていかれてしまうという。

不思議な世界を考える会編『怪異百物語9』に載る。**カミをくれ**から派生した怪異だろうか。

かみくれおばさん［かみくれおばさん］

ある学校の三番目のトイレに出現し、「カミくれ、カミくれ」と要求してくる老婆の怪異。

学校の怪談編集委員会編『学校の怪談大事典』に載る。**カミをくれ**から派生した怪異か。

髪を切られた花子さん［かみをきられたはなこさん］

校則違反を理由に、トイレの中で黒く長い自慢のストレートの髪を教師によってハサミで無理やりに切られ、その髪を便器に流されたことで自殺した高校生の少女が怪異と化したもの。彼女の自殺以来、トイレの手前から三番目の個室に入り、「三番目の花子さん」と二回言い、「赤い髪、青い髪、白い髪」と唱えるとトイレに入った女性は髪を切られて死んでしまうか、消えてしまうという。

常光徹他編著『魔女の伝言板』に大阪府の看護専門学校の女子学生から一九九四年七月に報告された話として記録されている**トイレの花子さん**の怪談の一種。同書によれば一九九四年七月に聞き取った噂《うわさ》とのことで、「赤い髪…」の台詞《せりふ》と花子さんと同じトイレにまつわる学校の怪談である**赤い紙・青い紙**から発生したのではないかと指摘されている。髪と紙を混同するトイレの怪談は他にも便所から手が出てきてカミを求める**カミをくれ**があり、その関連も考えられる。またこの怪談はインターネット上にも広がっているようで、その場合髪を切った刃物がハサミではなく鎌になっていることが多い。

カミをくれ ［かみをくれ］

トイレに現れるという怪異。ある少女が学校のトイレで用を足していると、便器の中から「カミをくれ」という声が聞こえてきた。怖くなった少女は慌ててトイレットペーパーを便器の中に入れたが、声は止《や》まずやがて紙がなくなってしまった。しかしなおもあの声は聞こえてくる。少女は泣きそうになりながらもう紙がないことをその声の主に向かって伝えると、便器の中から「その紙じゃない、この髪だ！」と怒鳴《どな》り声が聞こえ、直後便器から手が伸びてきて少女の髪を摑《つか》み、そのまま便器の中に引《ひ》き摺《ず》り込《こ》んでしまった。

名前は「カミくれ」となっている場合もある。また髪を摑むという話のためか大抵は女子トイレに現れ、少女が犠牲者として語られる。全国の学校に伝わる怪談。古くは一九七七年出版の奥成達《おくなりたつ》著『怪談のいたずら』において、怪談の手法の例として次のような話が載っている。殺人事件の被害者死体が公衆便所に投げ込まれ、それ以来その便器の奥から「紙をくれ」というか細い声が聞こえるようになった。そこでちり紙を投げ込んでやるが声は途絶えず、もう一枚しか残っていないというところで突然語り手が大声を上げ、「その紙じゃない、このカミだ！」と聞き手の髪を引っ張るとよいとされている。

この怪異についてはなぜ怪異と化したのかという過去が語られているものもある。常光徹他編著『魔女の伝言板』では、この怪異が出現したルーツとして、ある髪の長い女の子がそのトイレで足を滑らせ、トイレの中に落ちて死亡してしまった、それからその女の子の霊がそこにずっと住み着いているという話が載る。

他にも不思議な世界を考える会編『怪異百物語9』には、校則のため無理やり先生に髪を切られ、トイレで自殺した女子生徒の霊が夜になると「カミをくれ」という声を出す話が記録されている。これに類似したものでは松谷みよ子著『現代民話考7』において、兵庫県のある女学院の話として同じく校則のためにある生徒が髪を切られてから開かずの便所ができ、そこから「カミが欲しい、カミが欲しい」という声が聞こえてくるようになり、それにトイレットペーパーを投げてやると「このカミが欲しい！」と髪を摑まれたという話が載る。

かむ…駅［かむ…えき］

名古屋鉄道に現れたという異界駅。様相としては近代的な明るい駅とされ、車内の雰囲気も特に変化することはない。またこの駅を発進した後は再び電車に乗った際の駅に戻ってきていたという。

2ちゃんねるオカルト板の「時空の歪《ゆが》みPart13」スレッドに、二〇一二年八月二五日に書き込まれたものが初出と思われる**異界駅**。また駅名については「かむなんちゃら駅」または「かんなんちゃら駅」とアナウンスが流れているのを聞いたとされており、正確な名前は別にある模様。

ガメラ［がめら］

動物にまつわる怪異。どこかの学校にガメラと名付けられたカメが飼われており、そのカメが夜に大きくなって学校を壊したという。

学校の怪談編集委員会編『学校の怪談4』に載る。ガメラは言わずと知れた大映の怪獣映画『大怪獣ガメラ』をはじめとしたガメラシリーズで主役を務める、ワニガメを元にデザインされた怪獣だが、それが元となって誕生した怪異と思われる。

カヤマさん［かやまさん］

事故で両手両足を失《な》くした女性の霊とされる怪異で、胴体と首だけの姿で転がってくる。この話を聞いた人の元には必ずカヤマさんがやってくる。

松山ひろし著『カシマさんを追う』に載る。同書では、このカヤマという名前は手足が外れるという人形の特性からリカちゃん人形の本名、「香山リカ」から来ているのではないかと考察されている。

加代ちゃんのかぐや姫［かよちゃんのかぐやひめ］

群馬県の子持山《こもちやま》に伝わる怪異で、その山にある分校の校庭には、北側の隅に孟宗竹《もうそうちく》の竹藪《たけやぶ》がある。毎月旧暦の一五日、月が出る時間になると竹藪から竹を切る音が聞こえてきて、竹が切り倒されるとその根元に光の輪ができ、可愛《かわい》らしいかぐや姫が現れる。その姿はおかっぱ頭にもんぺを履いて肩に防空頭巾をかけている少女なのだという。このかぐや姫は竹藪の中を一巡りすると、分校の庭へ出てきて踊るように歩き回り、月へ吸い取られるように消えてしまう。

その正体は太平洋戦争当時、この山へ疎開してきた加代という名前の少女と伝えられており、彼女は東京に残った父親に会いに行ったその日に空襲によって死んでしまったのだという。そして加代はその子持山のある地域で十五夜の日に食べられる竹《たけ》筒飯《づつめし》（米を竹筒に入れて炊いたもの）を楽しみにしていた。戦時中は米が配給制であったため途絶えていた文化であったが、終戦して加代が東京へ帰る日には皆で食べようと言って、加代はそれを待ち望んでいた。だが加代は死んでしまい、それ以来かぐや姫が現れるようになったため、きっと竹筒飯を皆と食べたくて竹藪の中に現れるのだと人々は話し合った。

それから彼女の供養《くよう》のため、竹筒飯の風習は復活し、それを炊いている間は子どもも大人も加代を呼ぶためにわらべ歌を歌うようになった。

「なべなべ　そこぬけ　そこがぬけたらかえりましょう」

しかし供養を始めてから人々のその優しい気持ちに成仏《じょうぶつ》したのか、加代ちゃんが現れることはなくなったという。

学校の怪談編集委員会編『学校の怪談15』に載る。

カラオトバコ［からおとばこ］

埼玉県児玉郡《こだまぐん》に伝わる怪異。その地域のある家に開けてはならない先祖伝来の箱があった。その箱は一族に変事や災難がある前にひとりでに鳴り出すというものであったが、一九六〇年代の前半に家を近代建築のものに建て替える際、他の道具と一緒に物置に置かれ、子どもたちが蓋《ふた》を取って中にあった刀と槍《やり》の先を出して玩具にしてしまった。カラオトバコは子どもたちの手から慌てて取り上げられたものの、それからカラオトバコが鳴ることはなくなったという。

松谷みよ子著『現代民話考5』に載る。

カラカラ［からから］

ある学校に出現するという怪異で、人を見つけると捕まえて口から手を突っ込み、骨を一本ずつ取り出していくという。

ポプラ社編集部編『映画「学校の怪談」によせられたこわーいうわさ』に、兵庫県西宮市《にしのみやし》からの投稿として載る。同じ名前で片手に骨を持っているあのポケモンは関係ない。たぶん。

ガラスの館［がらすのやかた］

福島県にあるという怪異。その館に入った人間は死んでしまうと伝えられていたが、実際に入ってしまった一人の人間が館の中に散らばっていたガラス片を一つ手に取り、それを助手席に置いて帰路についた。だがその途中いるはずのない女が助手席に現れてハンドルを無理やり横に切り、男性は反対車線に入ってトラックと正面衝突して死亡してしまったという。その事故車の助手席からは、席に置かれたままのガラスの欠片《かけら》が見つかったとされる。

不思議な世界を考える会編『怪異百物語2』に載る。

カランコロン［からんころん］

顔を白い布で覆った男で自転車に乗って現れ、道行く人に「カランコロンと言え」

と言葉をなげかけてくるという怪異。これに対しカランコロンと答えると男は消えてしまうという。

不思議な世界を語る会編『怪談実話のネタ本』に載る。容姿と言い性質と言い**トンカラトン**に似ているが、日本刀を持っていたという話やカランコロンと答えなかった場合の話は見当たらない。また常光徹著『新・学校の怪談5』では特定の人間にしか見えなかったと語られている。

火竜そば ［かりゅうそば］

話を聞くと現れるという怪異。東京都のある大学には、決して聞いてはいけないと伝わる話があり、もし聞いてしまっても決して他人に話してはいけない。その話というのは、こんな話である。

ある日大学の実験室が火事になった。まったく火の気のない実験室が見る間に燃え上がったのだ。ところが火事が起きる少し前、どこからともなく現れた竜が火を噴いていたのを一人の学生が目撃していた。彼はこの火事の消火にあたり炎に巻かれて大火傷《やけど》を負った。その翌日、彼は目撃した竜のことをまた別の学生に話した。すると今度はその学生の家が火事となり、あの火を吹く竜が現れた。そしてその話をさらに別の学生に話したところ、三度竜が現れ、その学生の家も火事となった。つまりこの話は伝染し、聞いた者の家が次々と火事に見舞われるというのだ。そしてこの火事から逃れる方法はただ一つ、竜の姿を見たとき、「火竜そば」と二三回繰り返せば、竜の姿はたちまち消えてしまう。

常光徹著『学校の怪談』に載る。「火竜そば」は繰り返していくと「かりゅうそばかりゅうそばかりゅうそば」と「うそばかり」という言葉が隠れていることがわかる。ただ単に言葉を逆にするのではなく、繰り返すことで新たな言葉が生まれるというおもしろい怪談である。

かるちゃん ［かるちゃん］

二〇一七年現在から七〇年以上前、この国が戦時下にあった時代からこの怪異の話は始まる。ある少女が国民学校に通っていた頃のこと、その日彼女は下校する途中、友達五、六人と連れ立って林に入り、薪《たきぎ》に使う枝を集めていた。少女たちは枝を拾うのに夢中になり次第に林の奥へ、奥へと入っていったが、しばらくすると少女は林のさらに奥の方から声が聞こえてくることに気が付いた。耳を澄ませてみると、その声は自分のあだ名を呼んでいる。周りの友達もそれに気付き、誰だろうということになって少女が「だれよー」と返事をすると、「かーるちゃんだよー」という声が返ってきた。しかし姿は見えないため、少女たちは皆で声のする方に進んでいった。そうして林の奥の少し広まった場所に出ると、青い着物に風呂敷《ふろしき》包みを抱えた若い女性が立っていた。

少女たちはその姿を見て少々驚いた。この戦時下、大人も子どももんぺを履くのが当たり前のはずなのに、なぜかこの女性は着物を着ている。そしてそんな格好でなぜかこんな林の奥にいる。少女の友人たちも誰もその女性に覚えはなく、女はただその場所にじっと立ち続けている。そのため、それ以上どうすることもできずに少女たちはその場を去った。

しかしその日以降、少女はときどき同じ夢を見るようになった。それは崖の上に生えた木の枝で首を吊《つ》って風に揺れるあのかるちゃんと名乗った女性の姿で、彼女と出会ってから七〇年を過ぎた今でも稀《まれ》に夢に現れるという。

筆者の知り合いのSさんが、幼い頃から彼女の祖母の体験談として聞かされていたという怪談。この女性は少女たちに何かを伝えたかったのであろうか。

川女［かわおんな］

ある川の中から現れる女の姿をした怪異で、出現の前兆として水面が赤く染まるという。そして現れると「〇〇はいるかー」と人の名前を三度呼び、水の中に消えてしまうが、この怪異に名前を呼ばれた人間は翌日心臓病で入院してしまったという。

学校の怪談編集委員会編『学校の怪談10』に、福岡県三池郡《みいけぐん》（現みやま市）からの投稿として載る。筆者命名。

川崎のサトシ君［かわさきのさとしくん］

ある墓石にまつわる怪異。かつて、幼稚園児だったサトシ君という子どもが池に落ちて亡《な》くなり、その池の側にサトシ君の墓が作られた。その墓にはサトシ君のへの呼びかけの言葉が刻まれているが、決してこれを声に出して読んではいけない。もしそうしてしまうと一人ぼっちで死んで寂しがっているサトシ君が一緒に遊ぼうと現れ、その人間に取り憑《つ》いてしまうのだ。

この話は幽霊探検隊編『関東近辺幽霊デートコースマップ』に載る。また同書では肝試しをした人間が幼稚園の制服姿の男児を見た、雨の日にサトシちゃんの墓の横の卒塔婆《そとば》から小さな手が手招きしていた、などの体験談が載る。

また広坂朋信著『東京怪談ディテクション』によればサトシ君は実在した子どもで、かつて神奈川県川崎市《かわさきし》の緑《みどり》ヶ《が》丘《おか》霊園《れいえん》の側にあった池で子どもの頃に溺死《できし》したのだという。そして彼の両親は緑ヶ丘霊園に墓石と慰霊塔を建て、サトシ君の生前の姿を写した像を据えた。さらに幼稚園の園児たちが寄せた追悼の言葉が慰霊塔の台座に刻まれた。怪談にある呼びかけの言葉とはこの言葉だと思われる。しかし現在ではサトシ君の像は撤去され、霊園内には存在していない。

この怪談はもともとサトシ君の像にまつわるものであったようだが、その噂《うわさ》のせいでこの霊園で肝試しをする者たちが現れたため、像は撤去されてしまったという。またサトシ君は誰かに恨みを持って死んだ訳でも、人をあの世に連れ去るために石像や慰霊塔が建てられた訳でもない。この怪談におけるサトシ君は、もともとは加害者ではなく被害者であることに留意しなければならない。

カワシマさん［かわしまさん］

戦争で死んだ兵士の幽霊だとされる怪異。

日本民話の怪監修『こども怪談新聞 学校編』に載る。「カシマさんじゃなく、カワシマさんだろう?」と紹介されているため、**カシマさん**に似た特徴を持つ怪異ではないかと思われる。

皮はぎあきちゃん［かわはぎあきちゃん］

話を聞くと現れるという怪異。その話は次の通り。かつて、あるところにあきちゃんという少女がいた。彼女の顔はイボだらけで、あきちゃんはそれをコンプレックスに思っていた。そんなある日、あきちゃんはもしかしたら顔の皮を一枚剝《は》げばきれいな肌の美人になれるかもしれないと考え、自分の顔にカミソリを突き立てた。

あまりの激痛に気を失いそうになりながら、あきちゃんは顔の皮を一枚剝いでしまった。しかしそれが元で彼女は死んでしまった。

この話を聞いた人間の元には、夜になるとこのあきちゃんが現れ、「顔の皮をちょうだい」と皮を剝ぎに来る。助かる方法はただ一つ、「私はあなたよりも、もっと醜いです」と言い、目をつむって手を合わせるしかない。そうしなければ顔の皮を剝がされてしまうのだ。

マイバースデイ編集部編『わたしの学校の幽霊』に載る。

川ボウズ［かわぼうず］

午後三時三三分に一人で川べりに行くと、子どもの泣き声が聞こえてくる。これは川ボウズという怪異の仕業で、姿を見てしまうと川に引《ひ》き摺《ず》り込《こ》まれるという。

常光徹著『学校の怪談A』に載る。

カン、カン［かん、かん］

カン、カンという金属音のような音とともに現れる女性の姿をした怪異。腰の辺りまで頭髪を伸ばし、細身の体軀《たいく》に白い浴衣《ゆかた》のような着物を身に付けていて、その両手には常に鈍器のようなものが握られているという。あるアパートの一室に出現した際にはこの怪談の語り手に背を向けて正座していたが、振り向いたその顔の目に当たる部分にはちょうど眼孔《がんこう》に収まる大きさの鉄《てつ》釘《くぎ》が刺さっていた上、さらにその語り手に対し「あなたも……あなた達《たち》家族もお終《しま》いね。ふふふ」という不気味な言葉を告げたという。

その後もカン、カンという音は家の中で幾度も響き、怪異もまた、語り手の母親に異常な行動を引き起こさせる、家を出ていった語り手の姉の家に現れる、八年越しにアパートに帰ってきた語り手の前に再び姿を現すなどの行動を見せた。

2ちゃんねるオカルト板の「死ぬ程洒《しゃ》落《れ》にならない怖い話を集めてみない？17」スレッドにて二〇〇二年八月二一日に語られ、さらにその八年後の話が「死ぬ程洒落《しゃれ》にならない怖い話を集めてみない？234」にて二〇一〇年一月四日に語られた怪異。話から類推するにこの怪異が実際に語り手の前に初めて現れたのは九〇年代後半だと考えられ、それから二〇一〇年まで同じアパートに現れ続けているため、少なくとも一〇年以上は語り手の家族に執着し続けていると考えられる。

この怪異が何者だったのか、またその目的は何なのかは不明のまま、カン、カンも祓《はら》われたり追い出されたりすることなく、家の中にいまだ存在しているままに話は終わっている。カン、カンという音の正体も不明のままだが、手に鈍器を持っていたこと、両目に鉄釘が刺さっていることを考えると自らの目に釘を打ち付けていた音とも思われる。何者かの生霊《いきりょう》ではないかとの予想もされているが、正体も目的もわからないところがさらなる不気味さや恐ろしさを際立《きわだ》たせている怪異である。

棺桶ババア［かんおけばばあ］

車と並走して運転手を摑《つか》み出《だ》し、担《かつ》いでいた棺桶に入れてそのまま焼却場まで運んでしまうという老婆の怪異。

インターネット上で散見される老婆の怪。高速道路に出現する例もあるという。

姦姦蛇螺［かんかんだら］

インターネット上で語られる怪異で、生《な》離蛇螺《りだら》、生離唾螺《なりだら》、姦姦唾螺《かんかんだら》とも呼ばれ、単にだらと呼ばれることもある。上半身に六本の腕がある女性の姿をしているとされ、下半身の形は不明。しかしこの下半身を見てしまうと姦姦蛇螺の怨念を浴び、命が助からないと伝わっている。基本的に山か森の中の一定区画の中で封印されており、周期的にその封印の場所は移されるらしい。

彼女がいかにしてこのような怪物となったのか、その過去については詳しく言及されている。その話は以下の通り。

姦姦蛇螺はもともと人間であり、神の子としてさまざまな力を代々受け継いできたある巫女《みこ》の一族の一人だった。しかしあるとき人を食《く》らう大蛇に悩まされていた村人がその巫女の一族に大蛇の討伐を依頼し、それを受けて巫女の家は特に力の強かった一人を退治に向かわせる。

巫女は大蛇を倒すべく懸命に立ち向かうが、隙を突かれて下半身を大蛇に食われてしまう。それでも巫女は村人たちを守るため大蛇に対峙《たいじ》するが、勝ち目がないと判断した村人たちは巫女を生《い》け贄《にえ》にする代わりに村の安全を保障してほしいと大蛇に持ちかける。大蛇は強い力を持っていた巫女を疎《うと》ましく思っていたため、それを承諾。食らいやすいように村人たちに巫女に腕を切り落とさせ、巫女を呑《の》んだ。それによって村人たちは一時の平穏を得、さらに巫女を大蛇に食わせたのは巫女の家の者たちが思案した計画だったと明かされる。

　しかし異変はすぐに発生した。大蛇が姿を見せなくなったはずの村で次々と人が死んでいくようになったのだ。右腕、左腕のどちらかを失《な》くした死体が一八体現れ、最終的に村に残ったのはたった四人の人間だけだったという。

　しかし残った四人の村人は巫女の家について調べ、姦姦蛇螺となった巫女を鎮《しず》めるための方法を編み出した。それが以下の方法と伝えられている。

　まず死んだ村人に見立てた六本の木に、同じく死んだ村人に見立てた六本の縄を張り六角形の空間を作る。その中で一つの箱の中に巫女の家族に見立てた六本の棒を姦姦蛇螺の姿に見立てた形に置き、そして箱の中の四隅に生き残った四人の村人に見立てた四本の棒を置く。そうやって森や山の一定区画に放し飼いにするようにして姦姦蛇螺を封じた。しかしいまだなお姦姦蛇螺の怨念は晴れてはおらず、今でも年に一度神楽《かぐら》を舞う、祝詞《のりと》を奏上するなどして供養《くよう》が行われているという。

　このようにある一定の区画に封じられているため普段は姿を見せない姦姦蛇螺だが、前述した棒の形を崩す、注連縄《しめなわ》によって形作られた六角形を崩すという行為をすれば封印を解かれ、人を襲うこともあるとされる。

　初出は二〇〇九年三月二六日に「ホラーテラー」というウェブサイトに投稿されたものと思われる。村に封じられた怪異の封印を少年たちが解いてしまうという内容で、棒の形を崩してしまった一人の少年は両手両足に激痛を発していたという。これは巫女が両手両足を失って怪異と化したことと何らかの関係があるかもしれない。また怪談中には姦姦蛇螺の伝説を語る存在として「あおいかんじょ」と名乗る巫女とその伯父が出てくるが、その素性はほとんど明かされていない。怪談中では姦姦蛇螺の下半身の形は示されていないが、現在では蛇の半身とされることが多い。

看護婦の幽霊［かんごふのゆうれい］

ある学校に出現するという怪異で、お盆の上に針とメスを一〇本ずつ乗せており、人を見つけるとそれを投げてくる。これに当たると死んでしまうという。

　学校の怪談編集委員会編『学校の怪談スペシャル1』に、長野県塩尻《しおじり》市からの投稿として載る。

かんひも［かんひも］

長野県信州新町《しんしゅうしんまち》にて確認されたという

怪異。黒く艶がある縄紐《ひも》のようなもので結われた腕輪と形容され、直径は一〇センチほど。また意味不明の漢字が掘り込まれた丸い石のようなもので五カ所が留《と》められているという見た目をしている。もともとは腐りかけた木箱に入れられ、四人の人物が立ったまま絡《から》み合《あ》い、顔は苦悶《くもん》の表情に染まっているという不気味な石碑の足元に埋められていたもので、箱にはやはり意味のわからないお経のような漢字が書かれた布が撒《ま》かれていたという。

この腕輪を腕にはめると「ケー！」という鳥か猿のような声が聞こえ、そしてそれを腕に付けたまま数時間いると腕輪の紐が解け、その一本一本が腕に突き刺さるという怪異が起きる上、さらにその一本一本が皮膚の中を寄生虫のように動き回るという不気味な様相を見せる。これを放置すると体内を移動して頭部まで侵食しようとするため、防ぐにはこのかんひもに侵された部分を切り落とすしかないとされる。

またその際に切り落とした傷口からは血や肉ではなく無数の髪の毛がこぼれ落ちてくるとされ、その処置が間に合わず頭に入り込んでしまった場合には一本一本の髪が脳に突き刺さり、無数の小さな穴を空けられてしまうという。

2ちゃんねるの「死ぬ程洒落《しゃれ》にならない怖い話を集めてみない？111」スレッドに、二〇〇五年一〇月一四日に書き込まれた怪異。この話を報告した人物によれば「かんひも」は「髪被喪」と書くとされ、「髪」のまじないで「喪（よくないこと・災《わざわ》い）」を「被《かぶ》」せるという意味であると説明されている。またその由来も説明されており、それを要約すると以下の通り。

古い時代のある村での話。外界とあまり接触を持たずに生活していたその村では、婚姻により血縁関係が濃くなり、それによって障害を持った子どもが生まれることがあった。その子たちは「凶子《まがご》」と呼ばれ、その子を産んだ母親も「凶女《まがつめ》」と呼ばれた。そしてそういった子どもが生まれた場合、その母子は災いを呼ぶと考えられていたため、まず凶女に凶子を殺させ、それが終わり次第凶女も残虐な方法で殺害するという風習があった。さらにその凶女は死後も集落に災いを及ぼすという思想があり、そこで凶女の髪の束を凶子の骨で作った珠《たま》で留《と》める「髪被喪」を作り、それを隣村の地面に埋めて災いを他の村に被せようとした。それがかんひもの由来だという。

しかし他の村の人間たちがそれをみすみす見逃すことはなく、髪被喪を掘り出してそれを作った村へ埋め返しに行った。そこで再び災いの危機が及んだその村では、阿《あ》苦《く》と呼ばれる道祖神《どうそじん》を作った。これがあのかんひもの木箱の上に立てられた四人の人間を象《かたど》った像で、元来は「架苦《かく》」と呼ばれており、像に苦を架すことで村に災いが及ぶのを防ごうとするため作られたものだったという。しかし現在はこの風習もすでに風化してしまっているようだ。

【き】

黄色い車［きいろいくるま］

道を歩いていると、三人連れの女性を乗せた黄色い車が現れて「一緒に行きませんか?」と誘ってくるという怪異。これに「明日にします」と言って誘いを断った男がいたが、彼は翌日自動車にはねられて死亡した。

マイバースデイ編集部編『わたしのまわりの怪奇現象1000』に載る。同様の話は久保孝夫編『女子高生が語る不思議な話』にもある。また二〇〇二年一〇月一日に都市伝説収集サイト「現代奇談」に記録された話では、三人の女の誘いに同意して車に乗るとその日のうちに死んでしまうという展開が付け加えられている。

黄色いミイラ［きいろいみいら］

この言葉を一定の年齢まで覚えているとその身に不幸が起こるという怪異。

常光徹他編著『走るお婆《ばあ》さん』に、**紫鏡**、**黄色のハンカチ**の類例として名前のみ載る。またインターネット上ではこの黄色いミイラは夢の中で出現し、それを見てしまうと翌日その人間が死んでいる、という話になっているものもあるようだ。

黄色のハンカチ［きいろのはんかち］

この言葉を二〇歳になるまで覚えていると死ぬという怪異。

常光徹編著『みんなの学校の怪談　緑本』に、愛媛県からの投稿として載る。**紫鏡**に代表される一定の年齢に達するまで覚えていると不幸が引き起こされる言葉の一つ。黄色のハンカチといえば一九七七年公開の映画『幸福の黄色いハンカチ』が有名だが、この言葉は幸せをもたらすことはないようだ。

黄色ばばあ［きいろばばあ］

便所に出現するという怪異で、子どもを糞《くそ》だらけにしたり黄色に染めたりするという。

山口敏太郎著『日本の現代妖怪図鑑』に載る。似た怪異に**クソカケババ**がいる。

消えない目［きえないめ］

福岡県にある小学校に伝わる怪異。ある日、二、三人の子どもたちが昼休みに教室の黒板に幽霊のような奇妙な絵を描いて騒いでいた。それを見た先生に叱られた彼らは絵を消そうとするが、なぜだか目の部分だけが消えない。それ以来黒板にはその大きな目だけが焼きついたように残った。そして教室の子どもたちを睨《にら》んだり、瞬《またた》きをしたりするようになったという。

常光徹著『学校の怪談2』に載る。また類似した話が学校の怪談編集委員会編『学校の怪談16』に載る。こちらでは子どもたちが放課後黒板にお化けの絵を描いたところ、目だけが消えなくなって翌日その目に睨まれたという話や、昼間に子どもが描いた目玉の絵が夜になると学校の黒板に浮かび、瞬きするといった話が静岡県静岡市からの投稿として載る。

消える老婆［きえるろうば］

秋田県に現れたという老婆の怪異。夜遅く真っ暗な道を車で走っていると、屋根のついた小さなバス停が見えてきた。そのバス停に車のライトに照らされて一人のお婆《ばあ》さんが見える。しかしもうバスもないのに変だな、とバス停を通り過ぎた直後に後ろを振り返ると、もう老婆の姿はなかったという。

不思議な世界を考える会編『怪異百物語6』に載る。

菊池彩音［きくちあやね］

チェーンメールにて語られる怪異の一つ。菊池彩音の幽霊本人が書いたという体裁でメールは綴《つづ》られ、それによれば彼女は生前両親からの虐待や学校でのいじめを受けていたという少女で、そのいじめの一環としてまずクラスの男子に片目を潰され、さらに両親に残った目を潰されたという。そしてその恨みからまず両親の目を潰し、さらに殺害するに及ぶが、その翌日クラスの男子三人によって殺害されたと語る。しかし死してなお彼女はかつて自分を殺した男子を三人とも殺害し、そして友達になってくれる人を探してメールを送っているのだという。もし彼女と友達になりたくない場合は、彼女が指示する人数に三日以内にメールを転送しなければならない。そうしなければ彼女によって殺されてしまうのだ。

メールの文中からは復讐《ふくしゅう》として相手を殺すことを楽しんでいるような様子も伺える。また自分の写真と称して添付ファイルを送付してくることもあるようだ。

きさらぎ駅［きさらぎえき］

ある女性によって電子掲示板に書き込まれた怪異。その女性が新浜松駅《しんはままつえき》から静岡県の某私鉄に乗っていると、いつもは数分間隔で停《と》まるはずの電車が二〇分以上停車しないことに気が付く。不安になり始めた彼女は、しばらくしてやっと辿《たど》り着《つ》いた駅で降車するが、その「きさらぎ駅」という名の駅は付近に人家も見えないところに建つ無人駅だった。その場所がどこなのかもわからない女性は携帯電話で家族に連絡するも、彼女の父親が調べてもそんな駅は見つからないという。そこで警察にも連絡するが、いたずらだと取り合ってもらえない。しかもどこからか太鼓の音と、それに混じって鈴の音が聞こえてくる。不気味に思った彼女は仕方なく線路を辿って戻り始めるが、突然聞こえた線路の上を歩いてはいけないという声に振り返ると、片足を欠損した老爺《ろうや》が立っていて、すぐに消えてしまった。恐怖に慄《おのの》きながら女性は電車で通った覚えのある「伊佐貫《いさぬき》」という名前のトンネルを抜け、そこで出会った人の車に乗せてもらう。

安堵《あんど》する女性だが、車は一向に町へ戻る気配を見せず、運転手にどこへ行くのか尋ねても何も答えない。その上意味のわからない独り言を呟《つぶや》き続ける。彼女はここで隙を見て逃げることを電子掲示板に報告するが、そのまま彼女の書き込みは途切れ、話は唐突に終わる。

初出は2ちゃんねるオカルト板の「身のまわりで変なことが起こったら実況するスレ26」で、きさらぎ駅に迷い込んだ「はすみ」と名乗る女性がその状況を実況する形で二〇〇四年一月八日深夜から九日早朝にかけて書き込まれた**異界駅**で、この怪談以降さまざまな異界駅にまつわる話がインターネット上で語られるようになった。この不可思議な世界では時間が元の世界と一致しない、ＧＰＳがエラーを起こす、写真に写る光景が赤みがかったおかしなものとなる、などの異変も起きたという。また本人かどうかは不明だが、二〇一一年六月三〇日にウェブサイト「奇譚ｂｌｏｇ」にはすみを名乗る女性がきさらぎ駅から抜け出したという話を書き込んでいる。それによればあの最後の書き込みの後暗い森の中で運転手が車を止め、その右方から男性が歩いてきて辺りが光り、車に衝撃があったと思うと運転手が消えていたという。そして歩いてきた男性に逃げるよう促され、光の方へ歩けと言われてそちらの方へ向かったところ、当時より七年後、二〇一一年四月の最寄り駅に辿り着いていたとのこと。

この生還報告が書き込まれた後にはたびたびきさらぎ駅に迷い込んだという体験談がインターネット上で語られており、何かを燃やして煙を出せばこの駅から逃れられるという情報も書き込まれた。また**やみ駅**の項目で詳しく述べているが、きさらぎ駅は福岡県において出現したという情報も語られている。

キジマさん ［きじまさん］

話を聞くと現れるという怪異。これにまつわる有名な怪異譚《たん》は以下の通り。キジマさんという人物がある日ひき逃《に》げに遭《あ》った。彼の友人たちが病院に辿《たど》り着《つ》いたときにはすでにキジマさんは虫の息で、その姿は両手足が切断されて、全身に巻かれた包帯の中から片方の目だけが覗《のぞ》いているという無残なものであった。キジマさんは友人たちに「俺をこんなにした犯人を探し出してくれよ」と伝え、それを友人たちが約束すると息を引き取った。しかし結局犯人は捕まらず、友人たちも探し出すことはできないまま一年が過ぎる。その一周忌、友人たちが彼の墓前で犯人が見つからなかったことを謝っていると、突然キジマさんが墓石の前に現れた。死んだときと同じように手足を欠損して、片目以外の全身を包帯に覆われた姿で。そして彼は友人たちに向かって「俺を殺したんは、お前やろ！」と言い放った。それに対し友人たちが慌てて否定すると、キジマさんは消えてしまったという。

それ以来キジマさんは彼の話を聞いた者のところに現れるようになり、キジマさんは自分で犯人を捜しているのだという噂《うわさ》が流れた。

ただこの話には恐ろしい裏話がある。実はこの話は作り話なのだ。それだけならばよいのだが、問題はフィクションであるにも関わらず、このキジマさんが話を聞いた人間の元に実際に現れたという体験談が後を絶たないということである。そしてもう一つ恐ろしい話がある。この話を聞いた者は、必ずある問いに同じ答えを返すというのだ。「包帯の間から覗《のぞ》いていた目は、左右どちらか」という問いに対して、「左目」と。

大迫《おおさこ》純一著『あやかし通信『怪』』に載る。

また不思議な世界を考える会編『怪異百物語6』では怪異の名前がKさんとなっている類似した話が載るが、こちらは作り話であったとは語られておらず、またKさんが現れた際には問いに対して「違う」と答えればよいという対処法も載っている。

キジマさんという名前で語られる怪異はこれ以外にも多くおり、松山ひろし著『カシマさんを追う』ではキジマさんという名前は**カシマさん**系列の怪談の中でも関西方面に多く見られるとし、例を載せている。それをいくつか紹介してみると、一つ目は一九八〇年頃関西にある大学のクラブで語られていた話で、富山県滑川市《なめりかわし》の踏切《ふみきり》で事故に遭《あ》い、手足がバラバラになったキジマさんという少女が、死後三日経《た》ってから友人の枕元に現れ、「右手がないの」「右手をちょうだい」「足もないの」「足をちょうだい」と尋ね、それに「いいよ」と答えてしまった少女はその二日後、交通事故に遭って右腕が千切《ちぎ》れてしまったという怪談となっている。またこの話を聞いた人は三日後枕元に血みどろの少女が立つが、その問いかけに決してはいと答えてはいけないとされる。

二つ目は愛媛県で一九八四年頃語られていたという話で、「キジマサン」という高知県の人物が保険金目当てに線路に両足を置いて自ら切断しようとしたが、失敗して命までも失ってしまった。その保険金は親戚に分けられたが、キジマサンはその保険金を受け取った額が最も少ない親戚の元へ足がない姿で現れ、「足いるか？」と尋ねた。これに対し親戚が「はい、いります」と答えると「どうしてだ？」と返ってきたため「歩くためです」と答えた。すると今度は「命いるか？」と尋ねてきたため「はい、生きるために」と答えるとキジマサンは消えた。しかしその男は翌朝発狂してしまい、それを目の当たりにした妻が急いでそのことを最も多額の保険金を受け取った人物に連絡したが、信じてもらえなかった。しかしキジマサンはその人間の元に現れ、彼は翌朝階段の下で血塗《ちまみ》れになって死んでいたという。

他にもカシマさんと組み合わされた話が同書に載っており、それは以下の通り。その話ではキジマが男、カシマが女のカップルとされており、結婚を誓い合う仲だったがキジマがひき逃《に》げに遭って両足を失い、一命は取り留めたものの痛みに気が狂って事故から三日後に自殺してしまう。カシマは犯人が許せずに自力でその犯人を見つけ出して殺し、しかし警察に捕まって死刑を言い渡される。そして事故から一週間後、仮面を付けられて絞首刑《こうしゅけい》になってしまった。この話を聞くと三日後にキジマが、一週間後にカシマが立て続けに夜中の二時に枕元に現れる。このときキジマは「君の足をくれないか?」と尋ねてくるので足を布《ふ》団《とん》に隠し、「私も足がないのであげられません」と答えなければいけない。するとキジマは確認しようと布団をまくってくるのでこのとき「キジマのキはキチガイのキ、キジマのジは自殺のジ、キジマのマは魔物のマ」と言わなければならない。またカシマは「キジマを殺したのはお前か?」と聞いてくるので、「違います」と答えねばならない。するとカシマは鎌を取り出して「鎌で刺して悲鳴をあげたら犯人だ」と言ってくるため、刺される前に「カシマのカは仮面のカ、カシマのシは死刑のシ、カシマのマは魔物のマ」と答えねばそのまま殺されてしまうという。

他にも不思議な世界を考える会編『怪異百物語3』では戦時中に足を撃たれ、そのまま片足を失い死亡した兵士の霊とされており、夜になると現れて「足、いりますか?」と尋ねてくる怪異として紹介されている。これに対して、いると答えると翌朝足が三本になり、いらないと答えると足が一本になっているという。これを回避するためには「あります、あります、きじまさん」と答えるとよいという。

キジムナー［きじむなー］

沖縄県に現れるという怪異。ガジュマルの木の精で、毛むくじゃらの小さな子どものような姿をしている。カニが好物で、また人間の漁を手伝ってくれたりするのだという。

キジムナーは古くから琉球《りゅうきゅう》、沖縄に伝わる妖怪だが、近年でも多く目撃談がある。また不思議な世界を考える会編『怪異百物語1』によればキジムナーは見える人と見えない人がいるという。

木次郎さん［きじろうさん］

ある神社の鎮守の森に生える一本の杉の木にまつわる怪異。この杉の木の前で「木次郎さん」と三回言うと木の中から返事が聞こえ、杉の木の中に連れ去られてしまうという。

常光徹編著『みんなの学校の怪談　緑本』

に載る。

狐 [きつね]

動物にまつわる怪異。ある女性が友人たちと狐がよく現れるという場所に車で出かけたところ、着物姿でおかっぱ頭の小学一年生ほどの女の子が夜道を一人で歩いていた。しかもその少女は決して顔を見せないように、車の動きに合わせてたもとで隠していたため、それは狐が化けたものだろうと話し合ったという。

水木しげる著『妖怪目撃画談』に載る。初出は角川書店『怪』第九号。また第八号では狐の提灯《ちょうちん》行列を見たという話も載る。他にも不思議な世界を考える会編『怪異百物語8』には、あるオリンピックの有力候補選手だった女性が走ると後ろを追いかけてきたという狐の話が載っている。それによればその狐は特定の人間にしか見えないが、女性が走るところを見かけると女性を追いかけていくという行動を取っていたため、女性の母親が女性が試合の度に野山で狐に油揚げを供えていると、女性は無事日本記録を更新する活躍を見せたという。

また同シリーズの『怪異百物語1』には千葉県の行徳《ぎょうとく》で蕎麦《そば》屋の出前を頼んだ狐の話や、千葉街道でコイに化け、釣り好きの男を騙《だま》し、その獲物を奪ってしまった話などが載る。さらに『怪異百物語9』にはある家の納屋《なや》が泥棒に入られ、さらに火を放たれた際、どこからか見事な毛並みの銀狐が現れ、ケーンケーンと鳴きながら母屋《おもや》の者たちを起こしたという話が載っている。

他にも**こっくりさん**をした結果狐の霊を呼び出してしまうという話や、汽車に化けた**偽《にせ》汽車**の話など近年でも狐の怪にまつわる話は多く語られている。

きぬこさま [きぬこさま]

ある学校の男子トイレに現れるという怪異で、そのトイレの右から四番目の個室を叩《たた》いて「きぬこさま」と言うと冷たい風が吹いて水を流す音がするという。

学校の怪談編集委員会編『学校の怪談11』に載る。

キヒサル [きひさる]

ある人物が村の老人から聞き取ったという怪異。それによれば群れからはぐれた猿を狙って体の中に入り込み、体を乗っ取る特性を持つ怪異がおり、この乗っ取る存在はヌシ、乗っ取られる存在はグヨリと呼ばれ、体の中にヌシがいる状態のグヨリがキヒサルと呼ばれるという。そしてキヒサルとなった猿は獣を殺し、その肉を食うという性質を持つようになり、猿の体を利用して猿の群れに近づき、手当たり次第に殺して食うという。その食欲は尋常ではなく、キヒサルが現れた山では獣の数が一気に減るとまで言われており、そのキヒサルが食い殺した獣の死体によって猟師や樵《きこり》はその存在に気付くと伝わる。その上猿の体を乗っ取るという特性のため従来の狩りの方法で捕らえても猿の体を捨てて逃げてしまい、鉄砲で直接撃ってもなかなか死なない。しかし対処法は伝わっており、金物の音を恐れる特性を利用して山裾から山頂に追いやって油の染《し》み込《こ》んだ布を被《かぶ》せ、焼き殺すことで退治できるという。またこのキヒサルは錆《さ》びのような匂いを発するため、匂いで気配がわかるが、決してキヒサルに直接触ってはならず、また焼き殺す際も猿の体を捨てて現れるヌシの姿を見てはならないとされる。

　2ちゃんねるオカルト板の「山にまつわる怖い話Part3」スレッドにて、二〇〇三年一一月一九日に語られた**ヒサルキ**関連の怪異。また同スレッドでは同じくオカルト板の「【夢魔?・】ヒサルキ／ヒサユキ【ネタ?・】」スレッドにて二〇〇三年八月二二日に書き込まれた「ヒサル」と呼ばれる犬に取り憑いた同種と思しき怪異についての関連も考察されている。こちらは猿が少なくなったために犬に憑《つ》いているという話となっており、その様子は体中が血まみれ、傷だらけで骨や内臓が体から飛び出しているにも関わらず走り回るという凄惨なものだったという。

キミアキ君［きみあきくん］

神奈川県のある中学校の卒業生に語り継がれているという噂《うわさ》に登場する怪異。その卒業生たちが中学校に入学した際、最初のホームルームで先生が出席を取り始めたとき、「キミアキ君」という名前が呼ばれた。その生徒には名字がなく、出席簿の名字の欄も空白で、さらに住所録にも「神奈川県〇〇市」とあるのみで保護者の名前もない。ただそれ以外は普通の男子生徒で、友達と話したり遊んだりしていた。キミアキ君の家に行った者はいなかったが、滅多に人の住まない町はずれにある島の裏側に住んでいるという噂《うわさ》はあった。だが入学から一年以上過ぎたある日、キミアキ君は親しい友人にも転居先を告げないまま突然転校してしまう。それからさまざまな噂が流れたものの、結局キミアキ君が何者なのかは不明のままだったという。

　木原浩勝他著『都市の穴』に載る。キミアキ君が人間で何らかの事情で素性を隠していたのか、それともそもそも人ならざる何かだったのかは不明のままである。これと同じように素性のわからない謎の子どもにまつわる話では、大迫《おおさこ》純一著『あやかし通信『怪』』に「こうたろう」という名前の子どもの話が載っているが、こちらは最後にその正体が**河童**《かっぱ》であったことが明かされている。

きもちの悪いもの［きもちのわるいもの］

大阪府にて出現したという怪異。雨の降った夜中に玄関がトントンと叩《たた》かれ、ドアを開けるときもちの悪いものが立っている。この怪異に「あし、いるかぁ～」と尋ねられ、「いらん」と答えると足を一本持っていかれる。逆に「いる」と答えると足が一本生えてくる。そしてこのきもちの悪いものに「どこから来たんだ」と尋ねると、「かぁ　しぃ　まぁ」と答えるらしい。

　容姿の描写についてはとにかく気持ち悪いらしいと書いてあるのみ。松山ひろし著『カシマさんを追う』によれば一九八〇年に大阪府の学校で流行《はや》った噂とのこと。この著作では同じ足を奪う怪異である**カシマさん**との関連について触れられているが、みなぎ得一《とくいち》の漫画『√3（ひとなみにおごれやおなご）』には、足を奪う、足を増やすという特性から**足売りババア**との関連について考察されている。

鬼門を開ける方法
［きもんをあけるほうほう］

　インターネット上にて紹介された怪異で、一種の儀式。その方法は東京都の電車を利用する。まず、秋葉原駅《あきはばらえき》から日比谷線《ひびやせん》に乗り、茅場町《かやばちょう》駅《えき》で降りてホームを八丁《はっちょう》堀《ぼり》方面に行くと鉄格子《てつごうし》の下に塩が置かれているため、それを足で蹴散らす。そしてそのまま駅のホームを移動し東西線《とうざいせん》に乗り換え、高田馬場駅《たかだのばばえき》で降りてホームを西武新《せいぶしん》宿線《じゅくせん》乗り換え方面に行く。すると再び鉄格子の下に塩が置かれているため、それを足で蹴散らす。さらにもう一度東西線の茅場町駅で降りて改札をくぐり、4a出口の階段の下に赴き、米を一〇粒垂らす。そして茅場町駅から今度は日比谷線に乗り、築《つき》地駅《じえき》で降りてホームを築地本願寺方面に行くと、三度鉄格子の下に塩が置かれているためそれを足で蹴散らして、最後に日比谷線に乗って目を閉じ、自分が一番したいことを考えながら手を組んでそのまま乗っていればよいという。

　初出は2ちゃんねるオカルト板のいずれかのスレッドに、二〇〇八年六月一一日に書き込まれたものと思われるが、現時点では同年八月三〇日以降に転載されたものしか見つからなかった。鬼門とは北東の方角を意味し、陰陽道《おんみょうどう》において鬼が出入りするとして忌《い》むべき方角と考えられている。また反対側の方角である南西の方角も裏鬼門と呼ばれ忌み嫌《きら》われている。日比谷線は東京都において南西から北東に向かって伸びる地下鉄であるため、この儀式においても使われているものか。ただし陰陽道における鬼門は魔除《まよ》けなどをおいて避けるものであるが、開けたり閉じたりするものではない。

旧朝里病院の怪
［きゅうあさりびょういんのかい］

　北海道小樽市朝里《おたるしあさり》における怪異で、そこにはかつてある病院の廃墟《はいきょ》があり、誰もいないその内部から足音が聞こえたり、手術室から奇妙な金属音がするなど、幽霊が出現するという噂《うわさ》があった。またその廃墟に入ってそこに残されているカルテや注射器などを持ち帰ると、もう使われていないはずの病院から「返してください」という電話がかかってきたという。

　現在この病院は取り壊されており、すでに存在していない。廃墟の中にあったものを持ち帰ると返してくれと電話がかかってくるという話は、**幽霊屋敷《やしき》**関連の話として多く見られる。

吸血カッター［きゅうけつかったー］

北海道のある小学校に伝わる怪異で、同校の七不思議の一つ。図工用のカッターに紛れており、これを使うと怪我《けが》をしてしまうという。

実業之日本社編『幽霊&都市伝説ＤＸ』に載る。

九〇センチの老婆［きゅうじっせんちのろうば］

夜中の二時頃に現れ、クイズを三問出してくるという老婆の怪異。このクイズにすべて正解できないと、九〇センチの老婆と五人の孫に連れ去られてしまうと言われている。

マイバースデイ編集部編『わたしの学校の七不思議』に載る。

キューピットさん［きゅーぴっとさん］

降霊により占いを行う怪異の一つ。その方法は白い紙にひらがな五十音と零から九までの数字、そしてハート印を書いた紙を用意し、部屋の窓を開けて紙の上の十円玉に指を置く。そしてキューピットさんを呼び出すと、十円玉を動かしてさまざまな質問に答えてくれるという。

この方法は安斎育郎著『こっくりさんはなぜ当たるのか』に載る。

また久保孝夫編『女子高生が語る不思議な話』にはこんな話も載る。キューピットさんの占いにはまったある少女がいた。彼女は一人でキューピットさんを呼び出すようになり、そのうちに次第に親しくなって呼び出さずともキューピットさんの方から話しかけてくるようにもなった。しかしキューピットさんは自分が女性であるということ以外は教えてはくれなかった。そんなある日、少女がいつものようにキューピットさんを呼び出し、話をしようとするといつもと雰囲気が違う。それを不審に思っていると、「し・ぬ・の・っ・て・こ・わ・い・ね」と話しかけてきた。実はこのキューピットさんはもともといじめられて自殺した生徒の霊だった。そしてキューピットさんは尚《なお》も続ける。「い・っ・しょ・に・き・て・く・れ・る」と。それに連れていかれてしまうと思った少女は「私はまだ死にたくない」と叫び、キューピットさんに謝った。それでも彼女は何度も誘ってきたが、少女は応じなかった。すると、最後にキューピットさんは「ほ・ん・と・の・こ・と・を・い・っ・て・く・れ・て・あ・り・が・と・う・さ・よ・な・ら」と言って、消えてしまったという。

また他にマイバースデイ編集部編『わたしのまわりの怪奇現象１０００』には、三人の少女がキューピットさんをやったところ、そのメンバーのうち一人がかつて死なせてしまった小鳥の霊が現れた、という話が載る。

旧ホテル展望閣「きゅうほてるてんぼうかく」

北海道小樽《おたる》市に存在したホテルの廃墟《はいきょ》にまつわる怪異。天望閣と書かれることもあった。かつて心霊スポットとして有名になり、幽霊が目撃された、白い煙のようなものが襲ってきた、崖の上に立っているため、自殺の名所となっている、などの噂《うわさ》話《ばなし》があったが、現在では取り壊され、新たにノイシュロス小樽というホテルに建て替えられている。

建て替えられてからはあまり心霊体験の噂はなくなり、かつて怪談が語られていた記録が残るのみになっている。

キュルキュル「きゅるきゅる」

電話にまつわる怪異。ある日、一人の男性の部屋にどこからか電話がかかってきた。男性がその電話に出てみると、女性の声で「あなた……キュルキュルキュル……でしょ?」と尋ねる声が聞こえる。その言葉は何度も繰り返され、その内に次第にはっきりしてきた。そして最後にやっと聞き取ることができた言葉は「あなた、死にたいんでしょ?」だったという。

死へと誘う電話がかかってくる都市伝説だが、元になったものは稲川淳二氏が語る怪談「…からの電話」だと思われる。この怪談でも「あなた……キュルキュルキュル……でしょ?」という言葉が電話越しに繰り返され、最後には「あなた、死にたいんでしょ?」と言っていたことが判明するという展開になっている。またこの怪談の場合は三人の人間に同じ電話がかかってくるが、そのうちの二人は電話のあと事故で死亡することになる。しかし三人目の場合、電話に対し「死にたくない!」と叫んだために助かったようで、どうやらこの電話に応答する場合は否定の答えを言えばよいようだ。またインターネット上で怪談として語られる場合、否定の回答をしたり大声で叫ぶだけで答えなかったりすると、電話の向こうから舌打ちが聞こえたとされることもある。

恐怖のエレベーター「きょうふのえれべーたー」

天井に鏡が設置されたあるエレベーターでは、その鏡から血が流れ出ることがあり、その血に直接触れたものは死んでしまうという怪異。またその鏡にはたくさんの死人の顔が映るとされ、さらにこの鏡を割ったりエレベーターを壊しても翌日には元通りの状態でそこに存在しており、恐怖のエレベーターと呼ばれるようになったと伝えられる。

不思議な世界を考える会編『怪異百物語7』に載る。

巨頭オ「きょとうお」

ある廃村にまつわる怪異。一人の青年が昔訪れたことがある小さな旅館のある村を思い出し、久々にそこに行きたいと思い立った。そこで青年は連休を利用して車を出し、記憶を頼りに道を進んでいくと、ある看板が目の前に現れた。しかし記憶の中では村の場所を示していたはずの看板にはただ「巨頭オ」と記されている。青年は不思議に思ったが、とりあえず進んでみることにした。

すると村はあるにはあったが廃村と化しており、長らく放置されていたのか建物に草が巻き付いているような状態になっていた。人々が暮らしていたかつて村の情景を思い出し、不思議に思いながら青年が車を降りようとすると、二〇メートルほど先の草むらから異様に頭の大きい人間のようなものが現れた。しかも一人ではなく、複数人が周りを囲うように立っている。その異常な光景に困惑していると、その人間たちは両手を足にぴったりと付け、巨大な頭を左右に振りながら近づいてきた。その恐ろしい光景に青年は急いで車をバックさせ、その場所から逃れた。

後日青年が地図を確認したところ、その場所はかつて彼が旅行で訪れた村であることは間違いなかったという。

2ちゃんねるオカルト板の「時空の歪《ゆが》みPart4」スレッドに、二〇〇六年二月二二日に書き込まれた怪異。「巨頭オ」という言葉には謎が多いが、看板に書かれていたのはもともとは「巨頭村」という言葉で、村の木偏部分が削れてしまったため、または逆に寸の部分と木の右側のはらいが削れてしまったため、「オ」に見えたのではないかという可能性がある。

かつてその村に住んでいた人がなんらかの理由で化け物となってしまったのか、化け物たちが村を乗っ取り廃村としてしまったのか、それとも道が異界に通じてしまっていたのか、さまざまなことが想像できる怪談である。

キラキラガールさま［きらきらがーるさま］

こっくりさんに似た怪異の一つ。

学校の怪談編集委員会編『学校の怪談大事典』に**こっくりさん**の類例として名前のみ載る。

きらきらさん［きらきらさん］

ある福祉施設に現れたという怪異。その施設では、かつてたびたび動物の惨殺《ざんさつ》死体が発見されるという事件が起きていた。そこで施設で働く女性が、その現場にいた児童に何か知らないか聞いてみると、「きらきらさんがやった」と言う。しかしそれが何であるか聞くと両目を両手で隠して「しらない」としか答えない。そんなことが続いたある日、施設内の児童たちを外に連れ出していたとき、ある一人の男児が「きらきらさんだ」と言って青空の一点を見つめ始めた。大人が見てもそこには何も見えないが、子どもたちは皆同じ一点を見つめ続けている。中にはニコニコと手を振っている子どももいた。

そこで女性が児童の一人にきらきらさんが何か改めて尋ねてみると、やはり両目を両手で隠し、「しらない」と答える。そのためその両手を摑《つか》んで目から外し、もう一度尋ねてみると、突然その子どもが両手の人差し指を突き出し、女性の両目に突き立てようとした。女性は間一髪しりもちをついてそれを避けることができたが、子どもは今度は自分の目に向かって躊躇《ちゅうちょ》なく二本の指を突き刺した。女性は慌ててその腕を押さえ付けたが、子どもとは思えぬ力でその指を目に捻じ込もうとする。しかし突然その子どもは正気に戻り、目が痛いと泣き叫んだ。児童は病院に連れていかれたが、目には後遺症が残ってしまったという。

2ちゃんねるオカルト板の「死ぬ程洒落《しゃれ》にならない怖い話を集めてみない？92」スレッドに、二〇〇五年二月一八日に書き込まれたものが初出と思われる。**ヒサルキ**にまつわる怪異の一つとして数えられ、実際に書き込んだ本人も、ヒサルキの話を読んだことからきらきらさんの話を思い出した、と証言している。

切り子さん［きりこさん］

ある学校に現れるという怪異で、その学校の四階の二番目のトイレの前に行き、「切り子さーん」と呼ぶと、そのトイレに住んでいる切り子さんが現れて首を切断されるという。

常光徹著『学校の怪談D』に、新潟県からの投稿として載る。

霧島駅［きりしまえき］

深夜に西武《せいぶ》鉄道《てつどう》池袋《いけぶくろ》線《せん》の飯島駅《いいじまえき》から終点である西武《せいぶ》秩父《ちちぶ》駅《えき》まで赴く際、東吾野《ひがしあが》駅《のえき》と吾野駅の間に現れたという駅の怪異。その路線を電車が走っていた際、突然あるはずのないトンネルが現れ、それを抜けると今度は濃い霧に覆われた空間が待っており、そこをしばらく進んだ後にこの駅が出現したとされる。電車は特にアナウンスもなく停車し、しばらくドアを開けていたが、霧の向こうにほんのりとオレンジ色の光が見えたのみだったという。また終点の西武秩父駅に到着した際は定刻通りの時間で、霧の空間に入った後時間が進んでいなかったと語られている。

2ちゃんねるのニュース速報VIP＋板の「不思議な駅を通過した」スレッドに、二〇一四年九月六日に書き込まれた**異界駅**。

切り取りミシマ［きりとりみしま］

土曜日の夜に一人で寝ている人間の元に現れ、三つの質問をしてくるという怪異。その質問とは以下の通り。まず最初の質問は「手、いる？」というもので、これに「いらない」と答えると両腕を切り取られて星を肩に付けられ、次の質問である「足、いる？」に対して「いらない」と答えると両膝を切り取られて二個目の星を付けられる。そして最後に「いま、ひま？」と聞いてくるがこれに「ひま」と答えると三つ目の星を付けられ、地獄に連れていかれてしまう。

マイバースデイ編集部編『わたしのまわりの怪奇現象1000』に載る。

霧の中の少女［きりのなかのしょうじょ］

静岡県の伊豆《いず》スカイラインに出現するという怪異。この道路では霧の日に道端の石垣の上に車と同じ速度で走る少女が出現し、これを見てしまうと走っても走っても次のインターチェンジに着かないような気がするという。

学校の怪談編集委員会編『学校の怪談大事典』に載る。

ギロス［ぎろす］

鏡の中に住むという謎の怪異。

学校の怪談編集委員会編『学校の怪談5』に、千葉県市川市《いちかわし》からの投稿として載る。

銀色のナイフ［ぎんいろのないふ］

この言葉を一定の年齢まで覚えていると不幸があるという怪異。

常光徹他編著『走るお婆《ばあ》さん』に**紫鏡**の類例として名前のみ載る。

きんかんババァ［きんかんばばぁ］

午前四時、ある学校の野外に建てられたトイレに行くとこの老婆がうろうろしていることがあるという怪異。

学校の怪談編集委員会編『学校の怪談16』に載る。きんかんとはミカン科の果物の金柑《きんかん》のことだろうか。それとも金管楽器の金管だろうか。このトイレでは他に**トイレの花子さん**もうろうろしていることがあるという。

金曜日の黒猫［きんようびのくろねこ］

ある学校に伝わる怪異。その学校の図工室には小さな黒猫を抱いて椅子に腰かけている少女の像がある。これは昔この学校で図工を教えていた先生が作ったものと言われており、この像は生徒たちの間で「金曜日の黒猫」と呼ばれていた。なぜならその年の最後の金曜日に図工室に入ると不思議な現象に出会うと言われているためだ。

実際にこの日に図工室に入った少女が体験した話では、少女の膝の上の黒猫が二倍程の大きさに成長しており、それに触れようとしたところ猫の目が開き、鳴き声を上げたという。

常光徹著『学校の怪談8』に載る。

【く】

九時おじさん
［くじおじさん］

ある学校に現れるという怪異で、夜九時九分に一階の女子トイレで「九時おじさーん。なにかして遊ぼうよ」と言うと、「縄跳び、ままごと、どっちがいいー?」と声が返ってくる。これに「縄跳び」と返すと首を絞められ、「ままごと」というと包丁が落ちてくるという。

常光徹著『学校の怪談8』に、東京都からの投稿として載る。この問いかけとそれに答えた結果起きる事象は、**トイレの花子さん**でも同じものが見られる。

クソカケババ
［くそかけばば］

真夜中二時に三番目のトイレへ入るとこの老婆の怪異がいて、糞《くそ》をかけてくるという。

学校の怪談編集委員会編『学校の怪談大事典』に載る。似た老婆に**黄色ばばあ**がいる。

件
［くだん］

人間の頭と牛の体を持っているという怪異。第二次世界大戦時にこの件が現れ、この戦争は今年中に終わる、日本は戦争に負ける、戦争が終われば疫病が流行《はや》る、などといった予言を行ったという。

件は江戸時代にはすでに伝承されている怪異で、人面牛身または牛面人身の姿をしており、生まれてすぐに予言をし、直後に死んでしまう妖怪とされていた。また社会に大きな異変が起きる直前に現れるともされ、件の絵が描かれた瓦版は人々の間で災厄を防ぐお守りとして信じられていた。

戦後ではこれとは逆に頭が牛で体が人間の**牛女**という怪異の怪談もよく語られるようになっている。それについては当該項目参照。

口裂け女
［くちさけおんな］

全国で語られる怪異。その概要は次の通り。ある少年が夕暮れの下校道を歩いていると、前方から赤いコートを身にまとった背の高い若い女性が歩いてくるのが見えた。その顔の半分ほどは大きな白いマスクで覆われていたが、恐らく大変な美人なのであろうことは少年の目にもわかった。少し緊張しながら少年がその女性の横を通ろうとすると、ふと女性が立ち止まり、そして少年の方を見て不意に「わたし、きれい?」と声をかけてきた。少年が困惑しながら「きれいだと思います」と答えると、その女性は口元を覆うマスクに手をかけた。そしてゆっくりと外されるそのマスクの下から現れたのは、耳元まで大きく裂けた女の口。女はその裂けた口で微笑《ほほえ》みながら、「これでもきれい？」と尋ねる。少年は慌てて逃げようとしたが、すぐにその腕を口裂け女に摑《つか》まれた。そして少年が最後に見たものは、自分の顔に迫る鋭利なハサミの光景だった。

代表的な現代の怪異。一九七九年頃から爆発的に噂《うわさ》が広まり、北は北海道釧路《くしろ》市、南は沖縄県那覇市まで席巻《せっけん》したが、発生に関しては一九七八年一二月頃から子どもたちの間で噂が流れ始めたという話があり、一九七九年一月二九日の「岐阜日日新聞」にて初めてメディアに登場し、岐阜県加茂《かも》郡《ぐん》八百津町《やおつちょう》に現れたと伝えられた。また『週刊朝日』一九七九年六月二九日号にて八百津町で出現との記事が掲載され、一九七八年一二月の始めに口裂け女を見た老婆が腰を抜かしたという噂が紹介されている。また別冊宝島『うわさの本』収録の朝倉喬《きょう》司《じ》「あの『口裂け女』の棲《す》み家《か》を岐阜山中に見た！」では、この記事を元にして一九七八年末に岐阜県東部ないしは中部に発生し、七九年半ばには小中学生の生活圏を辿《たど》ってほぼ全国に波及したと考察されている。また室生忠著『都市妖怪物語』には、一九七五年頃から近畿地方を中心に口裂け女らしき噂が語られていたとされる。同書では、かつてこの怪異が「口裂けおばけ」「口割れ女」という名前で語られていた、という話も載る。

彼女にまつわる話は、基本的には「わたし、きれい？」という問いかけに対して「きれい」と答えると「これでもきれいかぁ！」などと叫んでマスクを取るという展開になっており、殺害や傷害に及ぶことまでは語られず、耳まで裂けた口を露《あら》わにする場面で怪談が終わることも多い。また「きれいじゃない」「ブス」など否定の答えを出した場合は基本的に殺害される結果となる。被害者が女性の場合、口を裂かれて口裂け女になるとされることもある。

口裂け女の問いかけに対する答えとしては、「まあまあです」「普通です」などというのがよいとされ、この返答に迷っているうちに逃げ出すことができるのだという。また他にこの怪異から逃げる術としては、べっこう飴《あめ》が好物なのでそれを与えて食べている間に逃げる、ポマードが苦手なのでその匂いを嗅がせる、「ポマード」と三回唱えると逃げ出す、「にんにく」と一定回数唱えるなどが有名。他にもに掌《てのひら》に犬と書いて見せる（常光徹著『学校の怪談　口承文芸の展開と諸相』）、べっこう飴が好きなのではなく苦手なので投げると怯《ひる》む（松谷みよ子著『現代民話考７』）、一〇〇点のテストを見せると逃げるが、九〇点以下だと笑いながら追いかけてくる（学校の怪談編集委員会編『学校の怪談スペシャル３』）、小梅ちゃんというキャンディが好物なのでそれを与えて食べている間に逃げる。ただし小玉だとすぐに食べてしまうので大玉を与える、またバンドエイドを鞄《かばん》に張っていた女子高生がことなきを得た（木原浩勝他著『都市の穴』）、ボンタン飴が好物なのであげて逃げる、またハゲ、ハゲと続けて言うと捕まらない（不思議な世界を考える会編『怪異百物語1』）、問いかけに対し「ブス」と答えるとよい。また追いかけられた際にはまっすぐにしか走れないため、途中で曲がれば追い付かれない（フジテレビ出版『木曜の怪談　紫の鏡』）、高いところが苦手なため、建物の三階以上に上ると来ない（日本民話の会編『怖いはなし　不思議なうわさ』）、りんごが弱点なため、投げ付ける（『世間話研究会』第九号、根岸英之「大学の友人から聞いた川崎《かわさき》の世間話（上）」）、などの対処法が語られている。

　彼女が使う凶器としてはナイフ、鎌、ハサミ、包丁、鉈《なた》、剃刀《かみそり》、メスなどの刃物が多く、それを使って子どもの口を自身と同じように裂く、または切り殺すなどと語られる。他にも野村純一著『江戸東京の噂話』によれば、鎌が伝達の過程で取り違えられ、同音異義語である釜を持って追ってくるとされた噂もあったという。

　また先に挙げた『怖いはなし　不思議なうわさ』では片手に鎌、片手に櫛《くし》を持っていたという噂が岡山県岡山市で語られていたという情報が載り、『都市の穴』では口の中に生えた一三〇本の歯を使って頭から噛《か》み殺《ころ》す、その怪力で口を裂くなど凶器を使わないパターンもあったと語られており、『木曜の怪談　紫の鏡』でも同様に捕まると食われてしまうという話が載る。さらに先に挙げた「あの『口裂け女』の棲み家を岐阜山中に見た！」では編み物棒を凶器として手にしていたという噂が記録されている。

　他に「読売新聞」では一九七九年五月一九日に口裂け女が登場したが、その際の名前は「オオカミ美女」とされており、凶器は斧《おの》だったという。

　色は赤を好むようで、赤いコートに白いパンタロン（ズボン）を履いているという容姿が語られることが多いが、他にも真っ赤な帽子を被《かぶ》っている、赤いスポーツカーに乗っている、赤いハイヒールを履いているなどの情報がある。これは返り血を目立たなくするためだそうだが、逆に血の目立つ白い服を着ているとされることもある。また赤いベレー帽に赤いハイヒール、そして赤いコートという格好である（『怪異百物語1』）、赤いパンタロン姿だった（初見健一著『ぼくらの昭和オカルト大百科』、常光徹編著『みんなの学校の怪談　緑本』）などの話もある。

　そして一〇〇メートルを三〜六秒で走るという驚異的な身体能力を持つとされることが多く、他にも身長が二メートルある、歯が一〇〇本以上あるなどその人外性が強調される身体的特徴が付加されることも多い。さらに変わり種としては学校の怪談編集委員会編『学校の怪談13』に、走ると一〇〇メートルを一〇秒で、泳げば三秒でやってくるという泳ぎが異様に速い口裂け女が載り、また『現代民話考7』では東京都江戸川区《えどがわく》での話として赤い傘を持ち、夕方四時頃に子どもを探しに現れて一人で歩く子どもを傘で捕まえ、空を飛んでいって捕まえた子どもを食うという空を飛ぶ噂まで語られていたことが記録されている。

　口が裂けた理由は諸説あり、三人姉妹が揃《そろ》って整形手術を受けたが、一番下の妹だけ失敗して気が狂ってしまった、熱いコーヒーを飲んで火傷《やけど》し、その火傷を治す際の手術に失敗して裂けた、三人姉妹が交通事故に遭《あ》い、下二人がその事故で口が裂けてしまった、姉妹がおり、美しい姉ばかりがちやほやされるため、妹を不憫《ふびん》に思った彼女たちの母親が姉の口を裂いた（『学校の怪談　口承文芸の展開と諸相』）、道を歩いていた際に子どもに熱いコーヒーを飲まされ、その火傷で口が裂けた（『都市の穴』）、鎌で誤って自分の口を裂いた（『ぼくらの昭和オカルト大百科』）、交通事故に遭い手術をしたが、失敗して口が裂けた（『怪異百物語1』）、双子の女の子が揃って整形手術を受けたが、一人は手術に失敗して口が裂けてしまった。それで彼女はもう一人を妬《ねた》んだ末、気が変になり町に出没するようになった（「あの『口裂け女』の棲み家を岐阜山中に見た！」）、三人姉妹の真ん中の子だったが、姉、妹に比べ彼女だけが特別美人で、それを妬んだ姉に口を切り裂かれて殺された、整形手術を受けた際、医師のポマードの匂いに何度も吐きそうになり、そのせいで手術は失敗、口が裂けた彼女は医師を殺害し、どこかへ去った（『木曜の怪談　紫の鏡』）、などの話が語られている。ただしポマードの匂いで吐きそうになったせいで整形手術が失敗する、という話は真倉翔原作・岡野剛作画の漫画『地獄先生ぬ～べ～』の中でも語られているため、そこから発生した可能性もある。

　また口裂け女は三姉妹とされる他にも、口裂け女は三という数字が好きで三鷹《みたか》や三《さん》軒茶屋《げんぢゃや》に出没する、沖縄では那覇市の国際通りの三越《みつこし》デパートに現れた（『江戸東京の噂話』）といった特徴も語られている。

　そのルーツについても諸説あり、並木伸一郎著『最強の都市伝説』では滋賀県に口裂け女のモデルがいたという説が紹介されており、明治時代中期、滋賀県信楽《しがらき》（現甲《こう》賀《か》市《し》信楽町《しがらきちょう》）に実在した「おつや」という女性が恋人に会うために山を隔てた町へ行く際、女の独り身で山道を行くのは物騒なので、白装束に白粉《おしろい》を塗り、頭は髪を乱して蠟燭《ろうそく》を立て、三日月型に切った人参《にんじん》を咥《くわ》え、手に鎌を持って峠を越えたといい、これが後の口裂け女伝説の元になったという。また同書では他に岐阜県において一九六八年にバス二台が川に転落し、女性の白骨化した頭部を引き上げ復顔してみたところ口が耳元まで裂けていた、という話が紹介されている。

　またナックルズBOOKS『最強怪奇譚《たん》　こわい話』では岐阜県大垣市《おおがきし》にて精神病の女性が座敷牢《ざしきろう》に閉じ込められていたが、夜な夜な口紅をべったりと口に塗りたくっては抜け出していたという噂があり、それが口裂け女の噂を生んだのではないかと考察されている。他にも『ぼくらの昭和オカルト大百科』では**カシマさん**の怪談から変形して誕生したという説が紹介されており、実際に口裂け女の本名は**カシマレイコ**であるという噂が流れていたという。また同書では口裂け女の噂が流行する以前において、タクシー運転手の怪談として女性客を乗せたところその口が裂けていたという話が語られていたという情報も載る。ちなみにカシマさんと口裂け女との関連については松山ひろし著『カシマさんを追う』でも言及されており、同書によればカシマさんに関連する怪異で「わたし、きれい？」という類の質問をしてくるものがあったという（**原爆少女**、**整形オバケ**参照）。

　最後に口裂け女に関わるさまざまな噂を紹介したい。

　不思議な世界を考える会編『怪異百物語』では口裂け女は世良公則《せらまさのり》のヒット曲「燃えろいい女」を歌いながら歩いていると出現し、「ヨーグルト、食べる？」と尋ねてくるが、「いらない」と答えると自分が食べられるという話が紹介されている。おもしろ情報ネットワーク編『世間にはびこるウワサの大検証』では口裂け女が**人面犬**の飼い主だったという説が記録され、常光徹著『学校の怪談9』では四月四日になると保健室の先生がマスクをしているが、実はその正体は口裂け女で、そのマスクをしている理由を聞いた子どもは食べられてしまうという話が載る。同シリーズの『みんなの学校の怪談　緑本』では最初に「さ」のつく名前の女の子が好きという話や血液型がO型の人間は狙わないなどの話が載っており、『木曜の怪談　紫の鏡』では自分の子どもを捜しており、その子どもの名前の初めに「さ」がつくという話が載る。また『都市の穴』では子どもを狙う理由について、子どもができなかったためその恨みを他の子どもたちにぶつけているという説が記されている。ポプラ社編集部編『映画「学校の怪談」によせられたこわーいうわさ』には「口裂け女」と声に出して言ってしまうと、北に向かって一〇〇回「ゴメンナサイ」と言わないければ自分が口裂け女になる、殺される、「あやまれ〜」と毎晩うなされる、のどれかの現象に陥るという話が載る。『都市妖怪物語』では、あるところに姉妹がおり、姉は美人でちやほやされたために妹に同情した母親が姉の口を裂いてしまった。彼女はそれから口割れ女と呼ばれるようになり、彼女と出会った際には「美人ですか？」という問いかけに答えないと包丁で刺し殺される。またこの話を聞いた人間は三日以内に他の人に同じ話を伝えないと今度は自分の元に口割れ女が現れる、というカシマさんを連想させるような話が載る。日本民話の会監修『こども怪談新聞　学校編』では、小学校の水飲み場に現れ、逃げる警備員を追いかけて食ってしまった口裂け女の噂が記録されている。前述した「あの『口裂け女』の棲み家を岐阜山中に見た！」では、徳島県では口裂け女が「私の目はきれいか」という問いかけをしたという噂があり、神奈川県では手に持った写真と比べさせて「どっちが美人？」と尋ねる例があったと記録されている。

口裂けババア ［くちさけばばあ］

ある学校の七不思議の一つに数えられる

怪異。その学校で午後六時ちょうどに校門に立っていると右肩を叩《たた》かれ、左を振り向くと誰もいないが、右を振り向くと口の裂けた老婆がいて喰《く》われてしまうという。

　学校の怪談編集委員会編『学校の怪談スペシャル3』に、愛知県宝飯郡《ほいぐん》の小学生からの投稿として載る。筆者命名。似た怪異に**肩たたきババア**がいる。

くちばし女［くちばしおんな］

　北海道帯広市《おびひろし》のつみき公園に夕方になると現れるという怪異。

　学校の怪談編集委員会編『学校の怪談16』に載る。つみき公園とは帯広市に実在するつみき児童公園かと思われる。名前の通り口が嘴《くちばし》になっている女の怪だろうか。

靴下男［くつしたおとこ］

　ある学校に放課後に残っている生徒に向かって突然ぶつかってくるという怪異で、生徒がすみませんと頭を下げるといきなり靴下を頭に被《かぶ》せるか、靴下で首を絞めるかするという。この怪人が現れた際には「にんにく」と三回言うか、頭を二回撫《な》でるとよいらしい。

　常光徹編著『みんなの学校の怪談　赤本』に、兵庫県からの投稿として載る。「にんにく」が撃退呪文となるのは**口裂け女**と共通している。

くねくね［くねくね］

　主に田園に現れる、その名の通り体をくねらせるようにして動くという怪異。色は白く、人間の間節の構造上不可能な曲げ方をする。またこれを遠目に見る分には問題がないが、双眼鏡などの道具を介す場合も含めてそれを間近で見てしまい、それが何であるかを理解すると精神に異常をきたしてしまうという。

　伊藤龍平著『ネットロア　ウェブ時代の「ハナシ」の伝承』によればウェブサイト「怪談投稿」にて二〇〇〇年三月五日に投稿された「分からないほうがいい・・」というタイトルの話が一連のくねくね譚《たん》の初出とされる（二〇一六年現在はサイトが閉鎖されているため、インターネットアーカイブにて確認）。その後二〇〇一年七月七日、2ちゃんねるオカルト板において「死ぬ程洒落《しゃれ》にならない怖い話を集めてみない？6」スレッドにこの話が転載され、「分からないほうがいい」という名前の怪談として広まり、さらに二〇〇三年三月六日に同じくオカルト板の「不可解な体験、謎な話～enigma～Part14」スレッドにて少年時代、嵐で荒れ狂う海辺で全身真っ白の物体を見たという体験談が語られ、その物体が両手を頭上で高速で動かし踊るような動きをしていた、それをはっきりと見てしまった視力がよい少女が叫び声を上げておかしくなり、その後脳に後遺症を負ってしまったらしい、といった特徴から「分からないほうがいい」との類似が指摘される。

そして二〇〇三年三月二九日に同じくオカルト板の「死ぬ程洒落にならない怖い話を集めてみない？31」スレッドにおいて前述した「分からないほうがいい」とそっくりな経験をしたという人物が、それと自分の体験を混ぜ合わせて書いたものを投稿。それが一般的に「くねくね」の名で呼ばれるようになったと思われる。そしてこの話では今までの話になかった要素として、このくねくねの正体を見てしまった子どもが狂ったように笑いながら体をくねらせるようになったという展開が加えられており、その子どもが新たなくねくねとなる未来が示唆《しさ》されている（ただし話者によれば実際にはくねくねしたものは見ていないとのこと。前述した「分からないほうがいい」と混ぜたためにこのくねくねという怪異が話の中に現れたのだと思われる）。そして同年七月に先の「不可解な体験、謎な話～ｅｎｉｇｍａ～Ｐａｒｔ14」スレッドで浜辺に現れたくねくねが再び話題になり、七月九日にオカルト板に「くねくね」という専用スレッドが立てられ、その後民俗・神話学板にて七月一四日に「★★『くねくね』について★★」というスレッドが立てられて情報が求められるなど盛り上がりを見せていったようだ。

近年でもその存在について触れられることも多く、書籍では常光徹著『新・学校の怪談5』に、東北地方のオイヌサマの丘という場所に出現したくねくねの例が語られており、これを見続けていると魂を取られて心を壊されてしまうとされている。実業之日本社編『怪談＆都市伝説ＤＸ』には、海辺に現れるくねくねの話が載り、この正体を知ってしまうと気絶したり、気が変になってしまったりすると語られている。

首いるか［くびいるか］

青森県下北半島《しもきたはんとう》の恐山《おそれざん》に出現するという怪異。恐山の山中には顔に紙が一枚張られた地蔵があり、その紙の下にあるのは変哲のない地蔵の顔だが、紙を剝《は》がしてしまうと近いうちに夢に老婆が現れ、「首いるか、首いるか」と尋ねられる。これにいらないと答えてしまうと首を切られて死んでしまうのだという。

渡辺節子他編著『夢で田中にふりむくな』に載る老婆の怪。地蔵と夢の中の老婆の関連性は不明である。

首折れ女［くびおれおんな］

山形県の高館山《たかだてやま》展望台に現れるという怪異。この展望台は自殺の名所でもあり、展望台を上る螺旋《らせん》階段の途中に首が不自然に折れ曲がった女が座り込んでいることがある。これはこの展望台で自殺した女の霊なのだという。

イリサワマコト著『幽霊心霊現象大図鑑』などに載る。筆者命名。この高館山展望台は有名な心霊スポットらしく、他にも多くの心霊現象が起きるという。

首狩り婆［くびかりばばぁ］

大分県臼杵市《うすきし》の少年向け公共施設に出現するという老婆の怪異。その名の通り子どもの首を狩るという。

臼杵ミワリークラブ所属の、闇の中のジェイ氏から筆者が聞き取った老婆の怪。

首切りババァ［くびきりばばぁ］

ある学校の旧校舎が取り壊される前、その校舎のトイレの左から二番目の個室に出たという怪異。この老婆は「赤、黄色、青、どれがいい」と尋ねてくるが、赤と答えると鎌で首を切られ、黄色と答えるとトイレの中に引《ひ》き摺《ず》り込《こ》まれ、青と答えると体の血を吸われるという。

学校の怪談編集委員会編『学校の怪談スペシャル3』に、福岡県八女郡《やめぐん》の小学生からの投稿として載る。また固有の名前は明示されていないが、マイバースデイ編集部編『学校の幽霊100話』では五時五五分に校門を出ると白い着物を着た老婆に首を切られる、という話が載る。

首さがし［くびさがし］

ある踏切に現れるという怪異。ある中学校にとても足の速い短距離走の生徒がいたが、その生徒は学校のすぐ側にある、通学の際に通過するローカル線の踏切《ふみきり》で電車にひかれて死んでしまった。そのときに切断された首がどこかに飛んでしまい、結局見つかることはなかった。それ以来、その現場では首なしの幽霊が首を探して彷徨《さまよ》っているという。また一人でその線路を横断する人間がいると、一定の距離を保ちながらレールの上を追いかけてくるのだそうだ。

不思議な世界を考える会編『怪異百物語9』に載る。筆者命名。また常光徹著『学校の怪談A』では公園の林で自分の首を探している首のない男の話が載っている。

首しめの手［くびしめのて］

ある小学校に伝わる怪異で、その学校の壁には六本指の掌《てのひら》の跡がある。それを七回見てしまうと、夜にその手が首を絞めに来るという。

不思議な世界を考える会編『怪異百物語9』に載る。

首ちょうちん［くびちょうちん］

暗い夜道にて、自分の首から切り離した頭をちょうちんのように竹の棒にぶら下げて現れる怪異。生首はぼんやりとした光を放っており、この恨めしそうな顔に睨《にら》まれると大抵の場合重い病にかかってしまうという。四国によく現れるが、佐賀県や東京の錦糸町《きんしちょう》でも目撃談があると伝わる。

マイバースデイ編集部編『わたしは霊にとりつかれた！』に載る。古典落語に「首《くび》提灯《ちょうちん》」というものがあるが、これはある酔った江戸っ子が武士にちょっかいを出し、あまりのしつこさに激高した武士が刀を振るって江戸っ子の首を切るも、早業に自分の首が切られたこともわからず江戸っ子がそのまま歩いているうちに首がずれてきて、どうしようかと江戸に戻ったところ知人の家が火事になっており、自分の首を提灯のように持って知人を見舞いに行くという筋立てになっているため、話の内容はまったく異なっている。

首取り幽霊［くびとりゆうれい］

　話を聞くと現れる怪異。その話とは、次の通り。昔、ある女の子が子守を任されていたときのこと、赤ちゃんを背負ってその山の神社に赴いた際、賽銭《さいせん》箱の上にきれいな櫛《くし》があった。一目見て気に入った女の子は罪悪感を覚えながらもその櫛を盗んでしまい、急いでその場を離れようとしたが、背後から何か追いかけてくるような気配がする。女の子は必死で神社から逃げ、村まで辿《たど》り着《つ》いた。すると村の人々が女の子を見てざわめいている。どうしたのだろうと背負った赤子を振り返ると、赤ちゃんの首がなくなっていた。

　この話を聞いた後は、たとえどんな音がしても右に振り向いてはいけない。もしそうすると、幽霊に首を取られてしまうのだ。

　マイバースデイ編集部編『わたしの学校の七不思議』に載る。筆者命名。話を聞くと幽霊に首を取られるとされているのはこの怪談独自の要素だが、特定の場所にあるものを取ってきたことによって背負っていた赤ん坊の首がもぎ取られるという類の話は多数語られており、古くは一六七七年に刊行された怪談集『諸国百物語《しょこくひゃくものがたり》』の一編、「賭づくをして、我が子の首を切られし事」において、臆病な夫の代わりに死体の指を二本切り取って持ち帰るという賭けを行った女房《にょうぼう》が、その死体の側で森の上から「足元を見よ」という声が聞こえ、見ると苞《ほう》に包まれた小さく重いものが落ちており、これは自分を哀れんだ神仏が哀れみを下さったのだと意気揚々と帰ってきたところ、その中身は自分が背負っていた赤ん坊の首で、彼女の背には首のない赤ん坊の胴体があった、という話が語られている。

　また有名な話としては小泉八雲《こいずみやくも》の『幽霊滝《ゆうれいだき》の伝説』がある。この話では幽霊滝と呼ばれる滝にある賽銭箱を持ってくるという肝試しを達成できれば今日取れた麻をすべてあげようという話になり、そこで赤ん坊がいる一人の女性が名乗りを上げ、実際に賽銭箱を持って帰ったところ、赤ん坊の首がもぎ取られていたという話になっている。

　他にも常光徹著『学校の怪談3』などでは、ある貧乏な女性が肝試しの報酬である現金欲しさに参加し、実際に指定されたものを取って帰る途中、後ろから何者かに引っ張られたため手に持った鎌でそれを切り裂いたところ、それは自分の背負った赤子の首であり、彼女を引っ張ったのは赤子がじゃれついていただけだったのだ、という怪談が語られていることもある。

くびなしきこり［くびなしきこり］

ある教室のドアの前に現れるという怪異で、教室のドアを開けた人間の首を切り落としてしまうという。

愛知県からの投稿として、常光徹著『学校の怪談7』に載る。

首なし狐［くびなしぎつね］

愛知県のある小学校の家庭科室に午前零時に現れるという怪異で、テーブルの上で楽しそうに遊んでいたりするのだという。

常光徹編著『みんなの学校の怪談　赤本』に、東京都からの投稿として載る。その名の通り首がない狐の姿をした怪異だろうか。

くびなしこぞう［くびなしこぞう］

ある学校に現れるという怪異。

常光徹著『学校の怪談7』に名前のみ記されている。

首なしドライバー［くびなしどらいばー］

奈良県と大阪府を結ぶ阪奈《はんな》道路に現れるという怪異で、大阪に向かう途中にあるさぶろくカーブ付近に、首のないアベック（恋人同士の意）が乗ったオープンカーという姿で出現するという。

木原浩勝他著『都市の穴』に載る。筆者命名。同書によれば、この阪奈道路には**首なしライダー**も出現するという。

首なしライダー［くびなしらいだー］

頭部を欠損した文字通り首なしの男がバイクに乗って現れるという怪異。日本各地を舞台とした怪談が存在しており、またこの首なしライダーを見たり追い抜かれたりすると、事故に遭《あ》うなどの不幸に見舞われるといった話が語られることも多い。

東京都の奥多摩《おくたま》に出現するとされることが多いが、他にもさまざまな場所にて語られる全国的に有名な怪異の一つ。首なしライダーはもともと人間であり、何らかの事故によって首を刎《は》ねられたと語られることが多い。その事故はただの交通事故というものから、暴走族の騒音に耐えかねた住人や敵対する暴走族、また変質者が道路を横断するように張ったピアノ線に気付かずに突っ込み、首を切り飛ばされたというもの、道路に向かって折れ曲がった道路標識に首を切られたというもの、事故でガードレールに突っ込んだというもの、トラックの荷台からはみ出した鉄板や落下物が頭部に当たってというものなど多岐《たき》に渡り、また首を失《な》くしたまま走り続けている理由も首を刎ねる原因となった犯人を捜して、というものや失くした首を探しているというものなど多様である。また常光徹他編著『ピアスの白い糸』によれば外国でも同様に首のないライダーの怪異が語られているという。

他にも木原浩勝他著『都市の穴』によれば兵庫県六甲山《ろっこうさん》には切り落とされた首の方が大声を上げながら宙を飛んでいたという目撃談がある。またこれとほぼ同様の話が久保孝夫編『女子高生が語る不思議な話』において、富士山近くの六郷山《ろくごうざん》（山梨県西《にし》八代郡六郷町《やつしろぐんろくごうちょう》〈現西八代郡市川三郷町《いちかわみさとちょう》〉のことか）を舞台にして語られている。

さらに常光徹著『学校の怪談7』には、二人乗りのバイクで首のない男がバイクを運転し、後ろに乗った女が男の首を抱えた怪異が茨城県筑波山《つくばさん》の麓《ふもと》に出現するという説が記されている。

首はいりますか電話［くびはいりますかでんわ］

電話にまつわる怪異。午前二時頃、ある青年がテレビで大好きな番組を見ていると不意に電話が鳴った。それを取ると「首はいりますか」という声が聞こえる。しかし青年は早くテレビを見たかったため、「いらない」と答えてしまった。その直後、青年の首が体から落ち、床に転がった。

常光徹著『学校の怪談7』に、奈良県からの投稿として載る。

首を引き抜く老婆［くびをひきぬくろうば］

海に現れる怪異。ある若いカップルが海に出かけた際、岩場から海に飛び込む男を女が写真に撮ることにした。だが男は海に飛び込んだきり上がってこなかった。やがて彼は死体となって見つかったが、不思議なことにその首は胴体から引き抜かれていた。それから数カ月後、女はあの写真のことを思い出し、現像に出したところ、取りに行くと店員が見ない方がよいという。それでもと言って中身を見てみると、そこには男が海に飛び込む瞬間、その首を引き抜く老婆が写っていた。

渡辺節子他編著『夢で田中にふりむくな』に載る。同書にはこれと類似した話として、海へ飛び込んだまま上がってこない男の飛び込む瞬間の写真を現像したところ、そこには海ではなく両手を広げた老婆が待ち構えていたという話が載る。また大迫《おおさこ》純一著『あやかし通信『怪』』では同じく飛び込みの瞬間を撮ったビデオを再生したところ海の上に座った老婆が写っており、飛び込んだ青年を延々と蹴り付けていた、という話が語られている。これに似た話としては、大島広志「若者たちの怪談」（世間話研究会『世間話研究』第三号収録）にて、溺死《できし》してしまった男性を最後に写した写真を現像したところ、背後の海から無数の白い手が浮かび上がっている様子と、男性の頭部に一人の老婆がのしかかっている姿が写っていたという話が記録されている。

熊風［くまかぜ］

羆風、羆嵐《くまあらし》などとも呼ばれる。現在日本で最大の被害をもたらした獣害事件「三毛《さんけ》別《べつ》羆《ひぐま》事件」にまつわる怪異。この事件を引き起こした一頭の羆が射殺され、その死骸が人々の手によって農道を引《ひ》き摺《ず》られていく際、晴天であった空がにわかに曇り、雪が降り出して強風が吹《ふ》き荒《すさ》んで吹雪《ふぶき》となった。言い伝えによれば熊を殺すと空が荒れると言い、地元の村人たちは急変したこの天候を熊風と呼んだという。

　またこの事件の当事者で、村の子どもであった大川春義氏という人物は後にこの事件の犠牲者の仇《あだ》を討つため猟師となり、生涯に一〇〇体以上の羆を打ち取った。そして氏の家族もまた、熊風について次のように言及している。

「おじいちゃんが一人で山へ入るでしょう。夕方まで全然連絡なしよ。だけど昼頃ちゃんと分かるんだ。おじいちゃんが羆を仕留めたかどうかね。何故《なぜ》っておじいちゃんが羆仕留めたときはうちの庭に烏《からす》がいっぱい集まってくるの。おじいちゃんまだ山の奥でもね。烏が先に来て待ってるんですから。仕留めた羆が山下りてくるのを。それと、風が吹くんですよね、いわゆる羆嵐が。羆嵐って本当にあるんですから」

　三毛別羆事件は一九一五年一二月九日から一二月一四日にかけて現在の北海道苫前《とままえ》郡《ぐん》苫前町《とままえちょう》三渓《さんけい》、当時の苫前郡苫前村大字力昼村《りきびる》三毛別の六線沢《ろくせんさわ》という場所で起きた事件で、エゾヒグマが数度に渡り開拓民の民家を襲い、人間を殺害した。被害者は死者七人、重傷者三人であり、現在でも日本最多の被害者を出した獣害事件である。そしてこの事件は一人のマタギ、山本兵吉氏によって羆が射殺されたことによって終息した。その際に吹いたのが「熊風」と言われている。この事件を元にした吉村昭氏の小説『羆嵐』の題名もこのとき吹いた風が元になっており、また前述した大川春義氏の家族の言葉は、同作品の新潮文庫版の倉本聰氏の解説にて読むことができる。他にも三毛別羆事件の舞台となった苫前町の『新苫前町史』には、一二月に起こる吹雪を熊風と呼ぶ、という話が載る。

熊の剥製の怪［くまのはくせいのかい］

　動物の怪異。腹の中に赤子がいたにも関わらず人間に殺され、剥製にされた熊がいた。メス熊は人間を恨んでおり、夜になると泣いているが、人を見つけると動いて襲ってくるという。

　ポプラ社編集部編『映画「学校の怪談」によせられたこわーいうわさ』に、山形県山形市からの投稿として載る。

クラシマヒサユキ［くらしまひさゆき］

　クラシマヒサユキと名乗る人の姿をした怪異だが、見る人間によって少年から非常に小柄な成人男性まで違った姿で見えるという特徴を持つ。またこれと遭遇した女性の体験談ではその女性の幼少時、里親を探していた子猫を、その貰《もら》い手《て》となる予定だった人間に「もらってこい」と言われたと話して受け取り、後日その子猫の首を切断して女性の家の玄関に置くという残虐な行動を取った。その上、女性の弟に対しその行動の理由をあの猫たちは本当は事故で死ぬはずだった姉弟の身代わりになったものであり、助けるにはなにか一番大切なものを壊さなければいけなかったと話したという。また女性の友人で、ヒサユキと名乗る人物と暮らしていたという少女の証言では、彼女はこのヒサユキに暴力を振るわれていたとされ、そしてこの友人の一家はその後いなくなってしまったという。

ヒサルキに関連する怪異の一種で、「死ぬ程洒落《しゃれ》にならない怖い話を集めてみない？258」にて二〇一一年三月二七日に語られたものが初出と思われる。またここではフルネームが語られているが、ただ**ヒサユキ**と呼ばれている怪異もいる。それについては該当項目を参照。

倉ぼっこ［くらぼっこ］

ある人物か五歳から六歳頃のときによく一緒に遊んだという怪異で、押し入れの中から現れる二、三人の五～八歳程の子どもの姿をしていたという。

水木しげる著『妖怪目撃画談』に載る。初出は角川書店『怪』第伍号。倉ぼっこはもともと柳田國男《くにお》の『遠野物語拾遺《とおのものがたりしゅうい》』などにある岩手県遠野市に伝わる妖怪で、蔵ぼっこや蔵わらしなどとも呼ばれ、**座敷《ざしき》わらし**との関連もよく語られる。前述した怪異が遠野市に現れたのかは定《さだ》かではないが、押し入れから出現する子どもの妖怪という特徴から倉ぼっこの一種とされたと思われる。

クラワラシ［くらわらし］

岩手県のある学校の校庭に聳《そび》える樹齢数百年のイチョウの木のうろに住んでいるという男児の姿をした怪異。もともとはその小学校から数百メートル離れた場所にあった旧家の蔵に住み着いていた妖怪であったが、その家の主人が事業に失敗し、蔵ごと人手に渡ってしまったために蔵が取り壊され、学校のイチョウの木に住むようになったという。それ以来このクラワラシは悪いことをした子どもの尻をつねったり、夜中に校庭で遊んだりするようになったと伝わっている。

学校の怪談研究会編『全国縦断　学校のこわい話』に載る。クラワラシは**座敷《ざしき》わらし**の一種とされ、佐々木喜善《きぜん》著『奥州《おうしゅう》のザシキワラシの話』などで記録されている。また座敷わらしと同じように家からいなくなるとその家が没落してしまうと伝わるが、この話では家が没落したためにクラワラシが蔵を出ることになったと順序が逆になっている。

グリーン様［ぐりーんさま］

こっくりさんに似た怪異の一つ。

マイバースデイ編集部編『わたしは霊にとりつかれた！』に、**こっくりさん**の類例として名前のみ載る。マーク・矢崎著『キューピッドさんの秘密』には、友情や人間関係を発展させる方法を教えてくれる占いとされ、中部地方から関東地方にかけて広まったと記されている。

車にしがみ付く霊［くるまにしがみつくれい］

その名の通り自動車を襲う怪異。ある女性たちが鎌倉《かまくら》に行く際にトンネルを走っていると、後続の車がやたらとクラクションを鳴らしてくる。その理由がわからないまま後ろの車は女性たちの車を追い抜かしていったが、次に後ろに来た車もクラクションを鳴らす。それでいろいろ調べてみるも、やはり何もない。しかし次に来た車もクラクションを鳴らすので、トンネルから出た後に道の端に停車し、クラクションを鳴らした車の運転手に聞いたところ、「お宅の車に男の人がべったり乗っかってたんですが、途中できえてしまったんです」と青ざめて答えたという。

右の話は松谷みよ子著『現代民話考3』に載るが、類例は多く、しがみ付いているのは女性のこともある。また大抵は途中で消えてしまうが、渡辺節子他編著『夢で田中にふりむくな』では後ろの車にパッシングされるため車を止めると、車の上に老婆がいることを教えられ、見ると実際に老婆が車の上に座っていたため車を置いて逃げたという霊が消えないパターンも語られている。また常光徹著『新・学校の怪談3』では京都の深泥池《みどろがいけ》の付近の話として、自動車に鬼がしがみ付いていたという話が記されている。

車を押す老婆［くるまをおすろうば］

踏切に現れる怪異。ある男が踏切《ふみきり》の前で自動車を停《と》め、電車が通過するのを待っていた。しかしブレーキを踏んでいるにも関わらず突然彼の乗る車がゆっくりと前へ動き出し、線路に進入し始めた。驚いた彼は、慌ててサイドブレーキをかけるが、なぜか車は停まらず少しずつ線路の中に入っていく。遠くからは電車の姿が近づいてくる。一体何が起きているのか、彼が焦《あせ》りながら振り返ると、車の後ろに満面の笑みを浮かべた血まみれの老婆が取り付き、車を前へ前へと押し出そうとしていた。

松山ひろし著『壁女』に載る。

黒い女［くろいおんな］

東京都のある小学校の七不思議の七番目を知ると、黒い帽子、黒い服の長髪の女性の姿をした怪異が殺しに来るという。

マイバースデイ編集部編『心霊体験大百科』に載る。筆者命名。七不思議をすべて知ると現れるのか、それとも七番目の不思議が固定されていてそれを知ると現れるのかは不明。

黒いコートの女［くろいこーとのおんな］

ある少女が住む家の二階ベランダに突然現れた若い女の怪異で、黒い帽子に黒いコートといういで立ちをしており、三日間ベランダに立ったまま部屋の中を覗《のぞ》いていたという。

学校の怪談編集委員会編『学校の怪談

9』に、福島県いわき市からの投稿として載る。

黒いモヤ［くろいもや］

話を聞くと現れる怪異。その話とは、次の通り。ある嵐の晩、海が大荒れになり一人の少女の家が今にも飲み込まれそうな状態となった。少女は怖くなって友達から借りたおまじないの本を開き、恐怖から逃れるためのおまじないを窓に向かってやってから電気を消して寝た。すると午前二時頃、窓から見える電柱の辺りから黒いモヤがわき、部屋に入ってきた。それは天井に張り付き、目を覚ました少女に向かって不気味な声で「首と胴と足とどれがいい」と尋ねてきた。女の子は夢かと思って何も答えずにいたところ、首と胴と足とを切断されて死亡してしまった。

この話を聞くと一年後、天気が悪い日の夜中に黒いモヤが現れ、「首と胴と足とどれがいい」と聞いてくる可能性があるという。

久保孝夫編『女子高生が語る不思議な話』に載る。

黒いもや［くろいもや］

夜の一二時一二分一二秒にある学校の校庭の中央に現れるという怪異で、黒いもやのような姿をしている。これを見ていると女の姿となって鎌を振り回して襲ってくる。この女から逃げ切ることができても、八日後に恐ろしい祟《たた》りがあるという。

学校の怪談編集委員会編『学校の怪談スペシャル3』に載る。また同書を出典として常光徹他編著『魔女の伝言板』にも同じ怪異が載るが、そちらでは「黒いもや」ではなく「暗いもや」とされている。

黒い霊［くろいれい］

ノートや天井など、四角いものの四隅に向かって「木に春は椿《つばき》」と唱えると、自分の後ろに黒い影が立つという怪異。しかし振り返ってそれを見ると、死んでしまうという。

マイバースデイ編集部編『学校の恐怖伝説』に載る。

クロカミサマ［くろかみさま］

全身を髪の毛で覆われた姿をした怪異で、丑三《うしみ》つ時《どき》（午前二時頃）に道を徘徊《はいかい》する神様とされ、一定の儀式を行うことで恨みを持つ人物に仕返しをしてくれるという。儀式のやり方は以下の通り。

まず自分の髪の毛を一本用意し、それに向かって復讐《ふくしゅう》したい相手の名前と自分がされた仕打ちを唱える、または恨みなどの内容を書いた紙に包む。そして「自分の恨みを晴らしてくれますように」と唱える。最後にビルなどの高所に赴き、「クロカミサマ、どうか私の無念をお晴らしください」と唱えて髪の毛を飛ばす。その後は普通に日常を過ごし、誰にも儀式のことを言ってはならない。これでクロカミサマが恨みを晴らしてくれると伝わる。また最後に「無念をお晴らしください」ではなく「苦しみを取り去ってください」というとその願いを聞いてくれるともいう。

またクロカミサマを目撃した場合、その人間が善良ならばその人に幸福を与え、悪人ならば災厄をもたらすともされ、関東での目撃談が多い。クロカミサマの儀式を行った後、憎い相手が一家離散や難病を患《わずら》うなどの不幸に見舞われた、美人な女性が急激に老《ふ》け顔になり、会社も首になったなど具体的な結果が記されている場合もある。

二〇一四年一月一二日頃からインターネット上で流布《るふ》されたと考えられる。関東で流行《はや》っているという情報が付加されていることが多いが、この辺りの日付を境にして一気にインターネット上に広まっているのでかなり怪しい。

黒玉［くろだま］

全身が真っ黒な姿をした怪異で、ある鉄棒の柱の側に現れたという。

水木しげる著『妖怪目撃画談』に載る。初出は角川書店『怪』第16号。黒玉は水木しげる著『日本妖怪大全』などにある妖怪で、夏の夜に現れ、蚊帳《かや》をすり抜けて中で眠っている人間の足元にとまり、次第に上がっていって胸の上に乗って苦しめ、最後には顔の上まで来て呼吸困難にさせるが、驚いて目を覚ますとすでにそこには存在しないなどと解説されている。前述した鉄棒の側に現れた怪異もこの妖怪に倣《なら》って黒玉ではないかと解説されているが、『日本妖怪大全』の黒玉の話は『聖城怪談録《せいじょうかいだんろく》』の「局清瀬《つぼねのきよせ》怪事《かいじ》に逢事《あうこと》」が元になっているのではないかと思われる（ただし蚊帳をすり抜けたという描写はこの話にはなく、怪異も「黒き丸きもの」と表現されているのみで「黒玉」という名前も出てこない）。

くろづめ［くろづめ］

ある学校に八月二八日に出現するという怪異で、これに話しかけられて振り向いたり答えたりしてしまうと、殺されてしまう。そのため話しかけられたときは走って逃げなければならないという。

学校の怪談編集委員会編『学校の怪談スペシャル3』に載る。くろづめは黒爪ということだろうか。

黒猫の電話［くろねこのでんわ］

満月の夜に黒猫を見ると、夜黒猫から電話がかかってくるという怪異。この電話があったときはその日のうちに四四四人に黒猫から電話があったことを知らせないと、殺されてしまう。そして死体の首には猫が引《ひ》っ掻《か》いたような傷痕があるという。

ポプラ社編集部編『映画「学校の怪談」によせられたこわーいうわさ』に、東京都練馬区《ねりまく》からの投稿として載る。

黒のバイク［くろのばいく］

夜に峠道を走っていると、高速で走るバイクが後ろから追い越しをかけてくる。その姿は黒のつなぎに黒いヘルメットを被《かぶ》り、黒のバイクに乗っているというもので、すごいテクニックでカーブを曲がっていくが、よく見るとそのバイクにはタイヤがついていないという怪異。そのバイクとライダーはガードレールを飛び越えて闇の中に消えていったとされる。

不思議な世界を考える会編『怪異百物語6』に載る。

黒マント［くろまんと］

学校に現れる怪異。頻繁に忘れ物をする女の子が九月二五日の夜、学校へ忘れ物を取りに行った。するとそこには黒マントの怪人がいて、「手、足、首どれがよい」と聞かれたため、「手」と答えたところ、手を切断されて死亡してしまったという。

学校の怪談編集委員会編『学校の怪談13』などに載る。同書によれば過去には黒マントという怪人が子どもを攫《さら》いサーカスに売り飛ばすという噂《うわさ》もあったそうだ。また常光徹著『学校の怪談6』にはこんな話も載る。ある学校の教室の隅に置いてあるテレビに、夜になると黒マントの怪人が映る。この怪人は黒マントを着て口髭《ひげ》を生やした男、という外見をしており、画面に現れると「お嬢さん（またはお坊ちゃん）こんばんは」と挨拶をする。それを無視すると「忘れ物ですか」「一緒に探してあげましょうか」などと話しかけてくる。これに返事をしてしまうと、テレビの中の黒マントに朝まで付き合わされる。無視しているとテレビは勝手に消えるため、それが一番の対処法だという。

【け】

警戒標識の意味［けいかいひょうしきのいみ］

「!」マークで知られる警戒標識は「その他の注意」を表しており、通常は標識の下に補助標識が設置されて注意すべきものが書き込まれている。しかし稀《まれ》に補助標識のない警戒標識が存在し、その場合は「幽霊に注意」を表している、という怪異。他に理解不能な事故が多発する場所にこの標識が立てられるという話もあり、また「幽霊に注意」を意味するのは「!」ではなく「?」の標識であるとされる場合も確認されている。

実際に、目に見えて危険な場所では補助標識が使われていないことも少なくない。また東京都の青山《あおやま》墓地《ぼち》の脇道にこの標識が立っており、ここから「幽霊出没注意」を意味するという都市伝説が発生したという説もある。ちなみに青山墓地には「！」ではなく前述した「？」マークの標識があり、その標識の前を自転車で通り過ぎたとき、突然後ろに女が飛び乗ってくるという話もある。ただし「？」の標識は日本の道路標識には存在していない。

この標識を見かけて、もし下に補助標識がなかったとき、そこが明らかに危険な場所ならばよいが、もし一目で危険がわからないような場所だったならば、目に見えない危険が迫っているかもしれない。

ケイコさん［けいこさん］

四国に現れた女性の幽霊とされる怪異。ある四国の水産会社の事務所や、事務所の裏手の漁港、また船の甲板に現れ、特に悪さをするでもなく儚《はかな》げに遠くを眺めていたという。そのうちにこの幽霊は「ケイコさん」と名付けられ、社員の間では日常会話の話題に上るほどに当たり前の存在となっていた。しかしある日、ケイコさんが船の甲板に現れた際、いつも遠くを眺めていた彼女が不意に斜め上を見上げ、つられて社員が見上げると巨大なタンカーが船目前まで迫っていた。慌てて回避しようとしたところ、ケイコさんの姿もタンカーの姿も消えていた。それからケイコさんの姿を見ることはなくなったという。

2ちゃんねるオカルト板の「海にまつわる怖い話・不思議な話19」スレッドに、二〇一四年五月二九日に書き込まれた**幽霊**譚《たん》に登場する怪異。目的も正体も一切不明で、その最後もタンカーを消し去ってしまったのか、それともタンカーの幻を見せたのか、また彼女が待っているものがその幻のタンカーだったのかもわからない。しかし人に悪さをする訳でもなく、人と共存していた幽霊であり、何とも不思議な感慨を抱かせる怪異である。

携帯ばばあ［けいたいばばあ］

携帯電話にまつわる老婆の怪異。ある女子高生が電車内で携帯電話で友達と話していた。すると突然、友達の声がしわがれた老婆のようなものに変わり、「遅くまで遊んでいないで、早く帰りなよ」と言う。それを怪訝《けげん》に思っているとさらに「電車の中で、電話をかけるのは迷惑だからやめよう」などと言ってくる。友達がわざとやっているのかと笑っていると、今度は「駄目だ！」と電話の向こうから紛れもない老婆の声が聞こえ、そして気が付けば握っていた携帯電話は身長一五センチ程の老婆の姿に変わっていた。女子高生が悲鳴を上げると、小さな老婆は女子高生の指を噛《か》み、走って逃げていってしまったという。

怪奇実話収集委員会編『オンナのコたちが語り伝える恐怖のホラー怪談』に載る。

毛糸ババァ 〔けいとばばあ〕

午後四時になると、ある坂道から毛糸が落ちてくる。それに気付くと続いて老婆の怪異が現れ「毛糸玉を拾ってくれないかね」と言われるが、言われた通りにしてしまうとその毛糸で首を絞められて殺される。しかし「マフラー、手袋、靴下……赤い毛糸が足りないよ」と唱えると悲鳴を上げて逃げていくという。

ポプラ社編集部編『映画「学校の怪談」によせられたこわーいうわさ』に、長崎県西彼杵郡《にしそのぎぐん》からの投稿として載る。森京詞雄著『花子さんがきた!! 5』にこれの元となったと思われる話が載せられており、この毛糸ババァは孫のマフラーや手袋をあむために毛糸を買いに行く途中事故で亡《な》くなったため、前記の呪文を唱えると消えてしまう、と説明されている。

毛羽毛現 〔けうけげん〕

ある学校の理科室に現れたという怪異で、真っ黒で大きい猫の尻尾のような姿をしており、これに気付いた生徒が「あっ」と声を上げると消えてしまったという。

水木しげる著『妖怪目撃画談』に載る。初出は角川書店『怪』第参号。毛羽毛現は鳥山石燕《とりやませきえん》の『今昔百鬼拾遺《こんじゃくひゃっきしゅうい》』に載る毛むくじゃらの妖怪で、石燕によって創作されたものと考えられている。

K峠の山姥様 〔けーとうげのやまうばさま〕

静岡県のK峠という場所に現れる怪異。この峠の頂上には地元の人間に山姥様と呼ばれている小さな祠《ほこら》があり、そこに祀られている山姥様は白髪に裂けた口という容姿をした老婆だと伝えられている。この峠では車の上に老婆が飛び乗ってくる、地面から手が生え、人間の足を掴《つか》む。絶壁を白髪の老婆がすごい勢いで登っている、などといった怪奇現象が目撃されているという。K峠がどこなのかは不明。

常光徹著『学校の怪談3』に載る。

ゲームババア 〔げーむばばあ〕

佐賀県のある小学校に伝わる七不思議の一つに語られる怪異で、学校にゲームソフトを持ってきていると、教室に誰もいないときを見計らってゲームババアが現れ、ゲームソフトを持っていってしまうという。このババアが所持するソフトは現在は一〇〇〇本を軽く越えているとされる。

実業之日本社編『都市伝説&怪談DX』に載る。

ケケケ 〔けけけ〕

雨の日に現れる怪異。ある少女が雨の日に父親を迎えに歩いていると、人通りの少ない道で青い服、青い傘、青い靴という姿の女性が後を付けてきた。そこで早歩きで逃げようとすると、その女性も早歩きでついてくる。怖くなって少女が走り出すと、女性もまた走り出した。その途中で少女は転んでしまい、そのまま気絶してしまった。

　しばらくして気が付いたときには女性の姿はもうなかった。ほっと安堵《あんど》して次第に強くなる雨に傘を開いたところ、あの女性が傘の内側に張りついていて「ケケケ」と笑い、去っていった。

　常光徹編著『みんなの学校の怪談　緑本』に、東京都からの投稿として載る。

ケケケおばけ［けけけおばけ］

夜中天井を見ていると現れるという少女の姿をした怪異で、「ケケケ、髪の毛一本おくれ」と言われて返事をしてしまうと禿《は》げるという。

　マイバースデイ編集部編『わたしのまわりの怪奇現象１０００』に載る。ケケケとは毛毛毛、ということだろうか。

ケケケばあさん［けけけばあさん］

放課後に学校に残っている生徒を腕組みをして猛スピードで襲い、捕まえると「ケケケ」と言って気絶させるという老婆の怪異。バナナを持っていると逃げられるらしい。

　常光徹著『学校の怪談６』に、神奈川県からの投稿として載る。バナナによって危険を回避できるという点は**サッちゃん**と共通する。

ケセランパサラン［けせらんぱさらん］

小さな白い毛玉のような姿をしているという怪異。所有する人間に幸福を運ぶとされ、穴を空けた桐《きり》の箱で飼育し、餌としては白粉《おしろい》を与えるのだという。また白粉を与え続けるとケセランパサランが増えるといった話もある。

　「ケサランパサラン」と呼ばれることも多い。一九七〇年代後期にブームとなった怪異だが、江戸時代にはすでに語られていた記録があり、村上健司編著『妖怪事典』によれば主に東北地方で見られる怪異だったという。当時から持ち主に幸運を与える力を持っていたとされるが、多くの場合は一年に一度しか見てはならず、もし二度以上見ると不幸になってしまうと伝えられていたようだ。また近年語られる場合は持ち主の願いを叶《かな》える、またその際には消えてしまうといった特徴が伝えられることもある。

　初見健一著『ぼくらの昭和オカルト大百科』によれば、七〇年代のブーム当時は桐の箱ではなく缶や小瓶、プラスチックの水槽など身近にあるもので飼うのが主流だったと言い、また餌も白粉だけでなく小麦粉や片栗粉《かたくりこ》という説もあったという。

　また、何でもないものをこの怪異と間違うといった話も多く見られ、実際に七〇年代にケセランパサランとされたものの多くは綿毛の生えた植物の種子、捕食された小動物の食べ残しが毛皮を外にして縮まり丸まったもの、蝶《ちょう》や蛾《が》の繭《まゆ》、オーケン石という鉱物などの別物だったという。

その名前の由来にも諸説あり、スペイン語の「ケセラセラ」が語源だという説、「袈裟羅《ケサラ》・婆裟羅《バサラ》」という梵語《ぼんご》が語源だという説、『和漢三才図会《わかんさんさいずえ》』に載る「鮓荅《ヘイサラバサラ》」が元になっているという説などがある。鮓荅は獣の肝臓や胆嚢《たんのう》に生じる白い玉で、鶏卵ほどの大きさのものから、栗やハシバミくらいの小さいものまであり、石や骨にも似ているがそれとは別物で、蒙古人《もうこじん》はこれを使って雨乞いをしたと記述されている。またこれは南蛮渡りの秘薬「平佐羅婆佐留《へいさらばさる》」と同じもので、痘疹《とうしん》、解毒《げどく》の作用があり、万能薬として伝えられるこの玉が幸福を与える存在に変化していったという説もある。実際に山形県ではケセランパサランを「テンセラバサラ」、宮城県では「ケセラバサラ」と呼び、鮓荅の影響の可能性が伺える。

ケタケタ［けたけた］

胸から上しかない人の姿をした怪異で、人間を見つけると両腕を前に重ねて両肘を上下に振り、ものすごい速さで追いかけてくるという。

不思議な世界を考える会編『怪異百物語1』に載る**上半身の怪**。

ケタケタ幽霊［けたけたゆうれい］

電柱の影から現れ、人を追う怪異。転んだり角を曲がったりすると助かるという。

常光徹他編著『ピアスの白い糸』に、一九九四年六月に沖縄県の少女から報告されたと記録されている。姿についての描写はないが、下半身のない怪異の類例として載るため、ケタケタ幽霊もその類と思われる。

ゲタに注意［げたにちゅうい］

北海道函館市《はこだてし》内のトンネルに出現する怪異。このトンネルの入り口には「ゲタに注意」と書いてあり、トンネルの中を車で走ると下駄《げた》をはいたおじさんの霊が出現し、下駄を投げ付けてくる。その下駄に当たると次の日には死んでしまうという。

久保孝夫編『女子高生が語る不思議な話』に記述がある。このトンネル自体は実在しており、通称「おばけトンネル」と呼ばれ函館市の五稜郭駅《ごりょうかくえき》の北側に設置されている。トンネルに書かれた文字は「ゲタに注意」ではなく「けたに注意」であり、けたとは橋脚の上に橋の方向に横たえた受材のことを指す言葉で、下駄のことではないし、他のトンネルにもこの注意書きは見られるためこのトンネルが特別な訳でもない。この下駄を投げてくるおじさんはけたに注意の意味の勘違いから偶然生まれた怪異なのだろう。ちなみにこのトンネルには、近くの鉄塔で自殺した女性と、彼女と手を繋《つな》ぐ娘の霊が出る、という噂《うわさ》もあるようだ。

けばおいわこ［けばおいわこ］

ある学校に出現するという怪異で、遅くなってから帰ろうとする子どもの後を雨音のような音とともに付けていくといい、「誰」と問うと「けばおいわこじゃ！　覚悟！」と目に包丁を突き刺すという。

常光徹編著『みんなの学校の怪談　緑本』に広島県からの投稿としてある怪異。その名前は逆から読めば「こわいおばけ」となるが、その謎を解いたところで怪異を回避できるといった話は特に記されていない。

ゲバチ［げばち］

ある中学校に現れたという、灰色のスーツを着て眼鏡をかけている人間の姿をした怪異。名前の由来はゲバチという魚に似て頭部が大きく、角張っているためとされるが、この怪異の姿は特定の人間にしか見えないという。

またこの姿を見た三人の生徒は苦手だった教科の成績が劇的に上がったが、それから一年後、ゲバチを見たのと同じ日に一人が事故で死亡し、さらにその一年後にもう一人が死亡、さらに一年後の同じ日に最後に残った一人も事故に巻き込まれ、最終的にゲバチを見た生徒全員が死亡してしまったという。

学校の怪談編集委員会編『学校の怪談スペシャル1』に載る。このゲバチに定められた死を回避することは不可能なようで、どんなに注意を払っていても、家に横倒しになったクレーン車が激突する、校舎にヘリコプターが墜落するなどの予想外の事故によって死亡すると語られている。

けむりババア［けむりばばあ］

ある学校の体育館の上に現れるという怪異で、白い着物を着た老婆の姿をしており、誰かがその姿に気付くと煙のように消えてしまうという。

常光徹編著『みんなの学校の怪談　赤本』に、東京都からの投稿として載る。

現代版泥田坊［げんだいばんどろたぼう］

神奈川県厚木《あつぎ》市のある地域に出現したという怪異。その正体はかつてその一帯の土地の持ち主であったが不動産屋に騙《だま》されて土地をただ同然で買い取られたという男性の生霊《いきりょう》で、夜になると「返してくれ〜、返してくれ〜」と声を上げるのだという。

水木しげる著『妖怪目撃画談』に載る。初出は角川書店『怪』第18号。泥田坊はもともと江戸時代の絵描き鳥山石燕《とりやませきえん》の『今昔百鬼拾遺《こんじゃくひゃっきしゅうい》』に載る妖怪で、子孫のために田を残して死んだ農民がいたが、放蕩《ほうとう》息子が田を他人に売ってしまったところ、夜な夜な目が一つの怪物が現れて「田かへせ」と罵《ののし》るようになったと解説されている。ただし実際に近世以前に民間伝承として語られている泥田坊という妖怪は見つかっておらず、石燕が風刺として創作した妖怪であることが指摘されている。また『妖怪目撃画談』に載る現代怪異の多くは近代以前の記録に残る妖怪の名前をつけているが、なぜか泥田坊にだけ「現代版」という言葉が使われている。

原爆少女［げんばくしょうじょ］

広島県で原子爆弾の犠牲になった少女の幽霊とされる怪異で、話を聞いた三日後に現れる。その姿は原爆のケロイドで焼けただれているが、「わたしきれい?」と尋ねてくるので「きれい」と答えねばならない。その後「わたしはどこから来たか?」と尋ねてくるので、「カシマ」と答えればよいとされる。

松山ひろし著『カシマさんを追う』に、一九七〇年代中頃の話として載る。

ケンムン［けんむん］

「ケンモン」ともいう。鹿児島県の奄美《あまみ》群島《ぐんとう》で語られる怪異で、小人のような姿をしており、ガジュマルの木を住処《すみか》にしていると伝わる。終戦直後、GHQのマッカーサーの命令でガジュマルの木を切り倒したところ、ケンムンの姿が見えなくなり、その後マッカーサーがアメリカに帰ってから死んだために、ケンムンはマッカーサーを祟《たた》るためにアメリカに渡ったのではないかと噂《うわさ》されたという。その後ケンムンは奄美群島で再び目撃されるようになり、アメリカから帰ってきたと再び噂されたという。

この話は松谷みよ子著『現代民話考1』に載る。小松和彦監修『日本怪異妖怪大事典』によれば、ケンムンは奄美諸島のうち奄美大島と徳之島《とくのしま》に生息しているとされるため、その島々で語られた話である可能性が高い。

犬面人［けんめんじん］

その名の通り犬の顔をした人間という姿の怪異。普段は帽子、サングラスである程度顔を隠しているが、人が近づくとそれを取って脅《おど》かすという。また黒いコートを着ていたという証言もある

常光徹編著『みんなの学校の怪談　緑本』に、北海道からの投稿として載る。**人面犬**の逆パターンのようだ。

【こ】

コアラのお化け［こあらのおばけ］

ある学校の女子トイレに出現するという怪異。

学校の怪談編集委員会編『学校の怪談スペシャル3』に、岐阜県関市《せきし》からの投稿として載る。

こいとさん［こいとさん］

人生で二回だけ現れるという怪異で、二度目にこいとさんを見るのはその人間が死ぬときだという。

その外見は死ぬ瞬間の目撃者本人の姿をしているとされ、また出現する前兆として以下の三つの現象が語られる。一つ目は小銭入れから五円玉がなくなる、二つ目は二カ月以内にペットが死ぬ、三つめは知らぬ間に左薬指に針で突いたような穴が空き血が滲《にじ》む、というものである。特に三つ目の前兆が現れたときにはこいとさんがかなり近くに来ているとされ、遭遇せずに済むのはかなり難しく、これを回避するためにはできるだけ一人にならないでいるしかないという。

並木伸一郎著『最強の都市伝説3』に載る。死の前兆として現れる自分の姿という点では**ドッペルゲンガー**を思わせるが、こいとさんの場合は二回現れると回数が決まっていること、また自分の死ぬ瞬間の姿で現れるとされていること、さらに現れる前兆が語られていることなどが独特である。「こいとさん」という言葉は実際に大阪府の方言として存在しており、末の娘を指す。上の娘が「いとさん（はん）」、中の娘がいる場合は「なかいとさん（はん）」、そして末の娘を「こいとさん（はん）」というようだ。またそこから転じたのか良家のお嬢さんを表す言葉としても使われるらしい。しかしこの方言と前述した都市伝説との関連は見出《みいだ》せず、名前の由来となったかどうかは不明である。

コインロッカーベイビー［こいんろっかーべいびー］

コインロッカーにまつわる怪異。ある女性が育てきれなくなった赤子を駅のコインロッカーに入れて立ち去った。その数年後、ずっと避けていたその駅を仕事のためどうしても使わなければならなくなった女性があのコインロッカーの前を通り過ぎようとしたとき、ロッカーの前で泣いている男児を見つけた。周りの人々はその子どもに気付いていないかのように通り過ぎていく。そのため女性はその子に声をかけ、なだめてから「お父さんは？」と問うた。しかし子どもは首を横に振るばかり。そこで「お母さんは?」と尋ねてみると、突然男児は顔を上げて女性を睨《にら》み付け、「お前だ!」と叫んだ。

　全国的に有名な怪異だが、舞台は東京都渋谷《しぶや》駅《えき》とされることが多い。常光徹他編著『ピアスの白い糸』によれば一九八七年にこの形式の怪談はすでに記録されているという。また、同書では平野威馬雄《いまお》著『日本怪奇物語』に一九七七年に大阪府の梅田《うめだ》駅《えき》でコインロッカーで死んだ裸の赤ん坊の**幽霊**が出現したという話があることに触れている。ただし同著者の『お化けの住所録』では、同じ話が一九七五年以前の話として記録されている(**赤ん坊幽霊**参照)。さらに遡ると、中岡俊哉著『タナトロギー入門』において一九七三年七月、中岡氏がテレビ局の依頼で新宿駅に放置された赤子の死体の心霊写真を写すという企画に参加したことが語られている。この企画では実際に撮った写真の中に嬰児《えいじ》の霊が写ったという。

　コインロッカーベイビーという名称は一九七〇年代前半に多発した実際の赤子遺《い》棄《き》事件を指す言葉であり、当時は社会現象にもなった。コインロッカーへの赤子遺棄事件で最古のものは一九七〇年二月三日に渋谷の百貨店のコインロッカーで発生したものとされており、新聞紙に包まれビニール袋に入れられた新生児の遺体が発見されたことで母親と思《おぼ》しき人物が指名手配されている。しかしその後も赤子遺棄事件は増え続け、一九七三年には四三件に達して「コインロッカーベイビー」という言葉が流行語にまでなった。また一九八〇年にはこの事件を元にした小説『コインロッカーベイビーズ』が村上龍によって書かれており、そういった時代背景がこの怪異を生んだのだろう。

　コインロッカーに赤子を捨てる事件は二〇一〇年代に入ってもまだ続いている。今でもどこかのコインロッカーの前には、母親を捜す赤子の霊が佇《たたず》んでいるのかもしれない。

後悔の木箱 [こうかいのきばこ]

見た目は古びた小さな木箱で、ルービックキューブのように木目が合致するように揃《そろ》えると蓋《ふた》が開くという特徴を持つ。しかし中に入っているのはぼろぼろの布袋《ほてい》で、それには「天皇ノタメ　名誉の死ヲタタエテ」と記されており、さらにその中身は大量の爪と髪の毛の束だという。そしてこれを開いた人間とその周辺にいる人間は呪われてしまうとされ、実際にこの箱を開けた人間はその後半日で事故に遭《あ》って体を両断されて死亡し、また直接箱の中身を見ていなくとも彼に近しい者たちで、その箱の中身が何であるかを知っている者たちは数年の時を置いてさまざまな災《わざわ》いが降りかかり、最終的には命を落としたとされる。また箱を開けた直後に彼らを撮った写真はその未来を暗示するように奇怪な写真となっていたという。

　この木箱の正体は怨念そのものとされ、

怨恨《えんこん》を持った死者たちの霊が箱の中に詰め込まれていたものと思われる。

2ちゃんねるオカルト板の「死ぬ程洒落《しゃれ》にならない怖い話を集めてみない？4」スレッドに、二〇〇一年四月一一日に書かれたものが有名だが、話自体の初出はウェブサイト「Ａｌｐｈａ-ＷＥＢ　怖い話」に二〇〇一年一月二九日に掲載されたものと思われる。箱自体は戦前から存在しており、戦後の焼け跡から発見されたという。話の内容からいって箱の中に詰め込まれていたものは何らかの理由により天皇のために殺された者たちの毛髪や爪と思われるが、何のために箱に入れる必要があったのか、何のためにこの箱が作られたのかは一切不明。また話の中心となる箱の類似性からか**コトリバコ**の前身となった怪談と紹介されることもある。

光速ババア［こうそくばばあ］

その名の通り光の速さで走ることができる老婆の怪異。

山口敏太郎著『日本の現代妖怪図鑑』に載る。同書によれば**ハイパーババア**が進化した姿なのだという。また同著者の『ホントにあった呪いの都市伝説』によれば、この老婆が出現したのは二〇〇三年頃とされている。

校長先生の怪［こうちょうせんせいのかい］

その名の通り、小中高等学校の校長先生にまつわる怪異。長野県のある小学校では古い体育館が取り壊されることが決まった頃、体育館の後ろに飾られた歴代校長先生の目が動いたり、怒った顔になったりした。これは歴史ある体育館が壊されることに校長先生たちの怒りに触れたためだという。

右の話は常光徹著『学校の怪談　口承文芸の展開と諸相』に載るが、校長先生にまつわる怪談は全国の学校に伝わっている。

松谷みよ子著『現代民話考7』では、埼玉県のある小学校で夜一二時になると歴代校長の写真から校長先生たちが抜け出し、会議を始めるという怪異が載る。また常光徹著『新・学校の怪談1』ではある小学校では、バレーの試合があると、天井に亡《な》くなった校長先生の顔が現れ応援を始めるという話が載り、同シリーズの『新・学校の怪談3』では、開校記念日に学校の玄関の鏡に初代校長先生が映り、嬉《うれ》しそうに笑うという話や、満月の日に亡《な》くなった校長先生が校庭に現れ、藤山一郎の有名な歌謡曲「青い山脈」を歌うという話が載っている。

また久保孝夫編『女子高生が語る不思議な話』では、放課後に誰もいない体育館の真ん中で縄跳びをすると角の方から初代校長が車椅子に乗って現れ、笑顔で見ていてくれるという話が語られている。

常光徹編著『みんなの学校の怪談　赤本』には、神奈川県のある小学校に伝わる七不思議の一つとして、六月一三日の一二時に校長室に行くとジェイソンがいるという話が記録されている。ちなみに六月一三日は映画『13日の金曜日』シリーズに登場する殺人鬼、ジェイソンの誕生日である。

学校の怪談編集委員会編『学校の怪談スペシャル1』には、長崎県長崎市の小学生からの投稿として、夜一二時に校長室に昔の校長が現れ、ケケケと笑いながら人の血を吸うという話が載る。

校庭の椿［こうていのつばき］

ある小学校の校庭の真ん中に植えられた、大きな椿の木にまつわる怪異。この椿は毎年赤い花をつける。学校を建てる前はその辺りは木々が鬱蒼《うっそう》と茂る寂しい場所で、学校建設の際にすべての木を切ることになったが、この椿の木だけは切り口から血が流れ、椿を切ろうとした人間に怪我《けが》や病気が重なるなど災難が続いたため切り倒すことができなかった。ある人の話によれば昔死体を埋めた土の上に生えたのがこの椿で、花の色が一際《ひときわ》赤いのは死者の血の色だからだという。そのためか校庭で白椿を植えたとしても必ず赤い花が咲くそうだ。

常光徹著『学校の怪談』に載る。椿は昔から花の落ちる様が人の死を連想させると伝えられるためか、怪異と結び付きやすい花である。また木の下に死体が埋まっているという話は桜が有名で、椿と似た怪異譚《たん》が多い（**血を吸う桜**参照）。

幸福の手紙［こうふくのてがみ］

一定の期間内に不特定多数の人物に同内容の手紙を送れば、何らかの幸福が訪れるという旨《むね》が書かれた手紙の怪異。

大正時代（一九一二年～）から日本に流布《るふ》するチェーンメール（チェーンレター）の一つ。丸山泰明の論文「『幸運の手紙』についての一考察」によれば、「東京朝日新聞」一九二二年一月二七日付の記事に、二四時間以内に九枚のはがきを書いて出すと九日後に幸運が巡るが、出さなければ悪運が回ってくることや、このはがきはある米国の士官から始まり、すでに地球を九度回っているといった旨の文章が書かれた「幸運の手紙」が出回ったという話が記されているという。いつの間にか収束したが、一九二六年の夏に再び流行し、それ以降たびたび流行と沈静を繰り返すようになったようだ。また同論文は、この幸運の手紙は英語圏で広まっていたものが一九二二年以降複数回に渡って日本に流入したものと考察しており、外国の人間が自分に回ってきた幸運の手紙を複数枚出す際に、その中の一部を日本の友人知人に向けて送ったためそれが日本語に訳されて広まり、定着したのではないかという。

また一九七〇年代に入ると幸運が訪れるという要素が消失した**不幸の手紙**も日本で広まるようになっていく（詳細は該当項目参照）。現在でも幸運の手紙、幸福の手紙は見られるが、紙媒体ではなく電子メールや電子掲示板など電子媒体を利用したものがほとんどになっているようだ。

ゴールデン鏡［ごーるでんかがみ］

この言葉を二〇歳までに忘れないと一生呪われるという怪異。

常光徹編著『みんなの学校の怪談　緑本』に、北海道からの投稿として載る。

五月五日の老婆［ごがついつかのろうば］

五月五日の子どもの日に、ある学校の五階の廊下に並んでいるロッカーの、右から五番目を開けると中にいるという怪異。小さな老婆の姿をしており、一度戸を閉めて再び開けるといなくなっているという。

常光徹著『学校の怪談5』に載る。筆者命名。同じようにロッカーの中に出現する老婆の怪に**ロッカーババア**がいる。

黒板じじい［こくばんじじい］

ある小学校で放課後に六年一組の教室に一人でいると、黒板じじいという怪異が出現して黒板に落書きするという。この落書きを見て児童の仕業と思い込み叱った教師が、二カ月後に死んでしまったという話もある。

学校の怪談編集委員会編『学校の怪談スペシャル3』に、福岡県三井郡《みいぐん》の小学生からの投稿として載る。

五時ジジ［ごじじじ］

五時にトイレに入ると五時ジジというお爺《じい》さんの怪異が出る。

常光徹編著『みんなの学校の怪談　赤本』に、兵庫県からの投稿として載る。この話では、同じトイレに四時に入ると「四時ババ」（**四時ババア**参照）が現れるとされている。マイバースデイ編集部編『音楽室に霊がいる！』では、五時ジジと四時ババは夫婦の霊とされ、それぞれその名の通り五時、四時になるとある小学校のトイレに現れるという話が奈良県の女性の体験談として記されている。

五時ババ［ごじばば］

霊らしいということ以外不明な怪異。

学校の怪談編集委員会編『学校の怪談大事典』に載る。名前からして五時にどこかに現れるのではないかと思われる。

コシマレイコ［こしまれいこ］

両手に松葉杖《まつばづえ》をつく右足を欠損した若い女性の姿をした怪異で、自分と同じくらいの歳《とし》と背格好の女性に寄ってきて「あなたの右足ください」と頼んでくる。コシマレイコの松葉杖の中には分銅とそれに繋《つな》がるピアノ線が仕込まれており、無視して立ち去ろうとする人間に対しては分銅を飛ばしピアノ線を右足に巻き付けてその足を引き千切《ちぎ》り、また走って逃げる人間に対しては後頭部に分銅を飛ばして当て、気絶させてからやはり足にピアノ線を巻き付けて引き千切るとされる。そして切断した足を大事にビニール袋に納め、背負っている氷の入ったクーラーボックスに入れて持ち帰ってしまう。さらに、足を取られた女性は第二、第三のコシマレイコと化すと伝えられる。

ウェブサイト「現代奇談」掲示板に二〇〇三年九月一六日に投稿されている。同サイトでは**カシマレイコ**の名前が伝達の過程で変化したものと考察されている。

ごしょう駅［ごしょうえき］

JR北陸本線《ほくりくほんせん》に繋《つな》がったという駅の怪異であり、電車の怪異。この駅にくる電車は青くレトロな車体で、車両が一〇両以上もあるとされ、乗り込むと車内は明かりが一切なく真っ暗な状態な上、窓も黒く塗り潰されているという。そしてこの電車に乗ってしまった人間はごしょう駅に連れていかれ、そのまま行方不明になってしまうとされる。

2ちゃんねるオカルト板の「電車内での怖い話 11」スレッドに、二〇〇九年八月一四日に書き込まれた**異界駅**。同スレッドでは、同年八月二三日にもこの駅に関わる話が投稿されている。ごしょうとは後生を意味しているという説が語られることも多い。

午前二時の美女［ごぜんにじのびじょ］

夜中の二時に不自然に目が覚めることがあるが、それは女性の亡霊とされる怪異に起こされたためという場合がある。このとき女性は起こした人間に対し「わたしってきれい？」と聞いてくる。肯定すれば問題はないが、否定すると恐ろしいことが起こるという。

マイバースデイ編集部編『わたしのまわりの怪奇現象1000』に載る。この問いかけは**口裂け女**を思い出させるが、彼女と違いこの怪異の場合はただ「はい」と答えることが回避方法となっている。

子育て幽霊［こそだてゆうれい］

古くから伝わる怪異。兵庫県の遠阪《とおさか》トンネル付近でのこと。あるトラック運転手が夕立のあった真夏の深夜に若い女性を乗せてやり、そのままトンネルに入った。するといつもより強い冷気を感じ、前方に燐火《りんか》（火の玉のこと）が飛んでいくのが見えた。女性はトンネルを抜けた青垣町《あおがきちょう》の遠阪の村の灯《ひ》が遠くに見える場所で止めてほしいというのでその通りにし、女性が降りると冷気が消えた。それからも夕立があった日の深夜に限ってこの若い女性が現れるため、トラックに乗せていた。

後にこの女性は、遠阪で嫁入りしたが身ごもったまま離縁され、山東町柴《さんとうちょうしば》で子を産んだ後に死んでしまい、子はトンネルを隔てた丹波市《たんばし》の彼女の実家に引き取られたため、夜な夜な墓をから子どもの元に通い、乳を呑《の》ませていた幽霊だったとわかる。

松谷みよ子著『現代民話考3』に載る。

また同書には昭和初め頃の福島県郡山市《こおりやまし》湖南町《こなんまち》での話として、タクシーに乗って自分の墓に通ったり、ミルクを買いに彷徨《さまよ》い歩く女性の霊の話が類例として記されている。

他にも学校の怪談研究会編『日本全国縦断　学校のこわい話』には、学校に届けられる給食の牛乳を盗み、自分が自殺したクヌギの木の元に通って赤ん坊に呑ませていたという話が載っている。

日本児童文学者協会編『高速道路に出るおばけ』には、石坂町という町を舞台にして、粉ミルクを買いに現れる**幽霊**の話が載る。この幽霊はミルクを売っている薬屋の目の前で赤ん坊を背負ったまま車にひかれた女性の霊で、母親も赤ん坊もその時点で死亡していたことが語られている。実際に幽霊として現れる白い着物の母親が背負う赤ん坊も、首をだらんと垂らしていたと描写されている。

コチョコチョお化け ［こちょこちょおばけ］

ある学校に伝えられる怪異で、校庭の隅の校舎の壁に現れるという。そこには直径二センチほどの小さな穴が空いており、そこに掌《てのひら》を当てるとこの怪異にくすぐられる。この穴はもう塞《ふさ》がれてしまったが、今でもコチョコチョお化けは学校のどこかにいると信じられている。

常光徹著『新・学校の怪談4』に載る。

こっくりさん ［こっくりさん］

明治時代から現代に至るまで多くの人々に親しまれている占いの一種であり、降霊にまつわる怪異。その方法は大きく分けて二つあり、現在一般的なものは机の上に紙を置き、鳥居、五十音、はい、いいえ、鳥居を書いてその上に十円玉を置き、参加者全員が十円玉の上に指を置いて、「こっくりさん、こっくりさん、おいでください」といった呪文を唱えるもの。成功すると霊が現れ、十円玉を動かしてどんな質問にも答えてくれるという。これに似た方法では十円玉ではなく真ん中で束ねた三本の割り箸を利用し、その割り箸が指すもので答えを聞くというものもある。

もう一つは明治時代から伝わる方法で、三本の竹の上におひつの盆を乗せ、布をかぶせてそこに軽く手を乗せ、その傾きによって占うというもの。どちらの占いも降霊術の一種として考えられており、狐狗狸と当て字をするためか**狐**《きつね》の霊が現れるとされる例が特に多い。

もともとは西洋のテーブル・ターニングやヴィジャボードという占いに起源を持つ。テーブル・ターニングは丸いテーブルの周りに複数人が集まり、テーブルに手を載せて神を呼ぶ呪文を唱え、そして一回ならイエス、二回ならノーなどテーブルの足が地面を叩《たた》く回数で占いをするというもの。明治時代の哲学者井上円了《いのうええんりょう》の著作『妖怪玄談　狐狗狸《こっくり》』によれば、一八八四年にアメリカの帆船が伊豆《いず》・下田《しもだ》近海で破損した際、修理に立ち寄った下田にてこのテーブル・ターニングが伝えられ、占いに用いる装置がこっくり、こっくりと傾く様子から「こっくりさん」という名前が与えられたことが日本におけるこっくりさんの起源なのだという。それが全国に広まる過程で「狐狗狸」の漢字が与えられたようだ。また円了はこの著作の中でこっくりさんが行う占いの原理についてさまざまな説を提唱している。

一方で紙に五十音などを書くタイプのこっくりさんは、ヴィジャボードが元になっていると思われる。これは一八九二年にアメリカのパーカー・ブラザーズ社が占い用のゲーム商品として開発・発売したもので、一枚のボードにアルファベットとアラビア数字、それにＹｅｓ、Ｎｏの文字と降霊術を終わらせるためのＧｏｏｄｂｙｅの文字が用意されているというもの。これが日本に伝わった際にこっくりさんの占いの方法の中に取り入れられたものと思われる。

この方法は一九七〇年代前半には全国の小中校生の間で流行していたことが中岡俊哉著『狐狗狸さんの秘密』に記されており、その当時からこっくりさんを行ったことで不可思議な現象に見舞われたという報告が多々あったという。

また岡本和明他著『コックリさんの父 中岡俊哉のオカルト人生』には、中岡俊哉氏が一九七一年にその著書『テレパシー入門』でこっくりさんに触れていたこと、またテレビ番組での出演でも折に触れてこっくりさんの方法等を紹介していたことについて記されており、全国の子どもたちの間にこっくりさんが広まったのは中岡氏の力によるものも大きいと思われる。

また日本国外でもこっくりさんが行われた話がある。松谷みよ子著『現代民話考2』には、戦時中、戦地で日本兵たちが行ったこっくりさんの話が二例載る。

一例目は大東亜戦争の際、戦争がいつ終結するのかと問うと「昭和二三年、日本が大勝利に終わる」と答えたが、戦争は敗北で終わった。その理由を再びこっくりさんに尋ねてみると「原子爆弾に驚いた」と答えたというもの。二例目は戦地にてこっくりさんを迎え、戦争の勝敗を伺ったところ、「マ、ケ、ル、ライネン七ガツ」と答えたというもの。この話では日本を遠く離れてもやってきてくれるこっくりさんは兵隊を励まし導いてくれる存在で、兵士たちの心の救いとなっていたという。また同シリーズの『現代民話考6』にも終戦を予言したこっくりさんの話が載り、小松和彦監修『日本怪異妖怪大事典』によれば戦中は他にも復員の有無も占われていたという。

こっくりさんをやったために恐ろしい目にあったという体験談も多い。「お帰りください」と言っても帰ってくれない、「コロス」「ノロウ」などの不吉な言葉が質問に関係なく回答として返ってくる、こっくりさんをしていた人間が失神したりおかしなことを口走るようになるというものが多いが、他にもこっくりさんをやっている内に一人の女子生徒の首が一回転して死亡した、顔や行動が狐のような状態になった（久保孝夫編『女子高生が語る不思議な話』）、急に息ができなくなった（学校の怪談編集委員会編『学校の怪談大事典』）毎晩狐の夢を見て翌朝鼻血が出る、無理やり自殺させられる（学校の怪談編集委員会編『学校の怪談2』）、数時間に渡って**金縛り**に遭《あ》う、猫の死骸が何よりの好物、大きな白狐《びゃっこ》が夢に現れ、教室の中を覗《のぞ》いていた（松谷みよ子著『現代民話考7』）、**トイレの花子さん**の居場所を聞いたところ、一人の子どもが降霊した**花子さん**に取り憑《つ》かれ、トイレの中で泡を吹いて倒れていた（フジテレビ出版『木曜の怪談　紫の鏡』）などの恐怖体験が語られている。

占い以外にも先にも挙げた学校の怪談編集委員会編『学校の怪談2』では名前を呼んだだけで祟《たた》られる、殺されるという話が複数載る。この場合はこっくりさんを「さん」づけで呼ばないためにこっくりさんの怒りに触れ、被害に遭ったとされる場合もあるようだ。また同書には学校のトイレに現れるこっくりさんの話も記されており、その場合はトイレで「こっくりさんあそびましょ」と呼ぶと「はーい」と声がしたというトイレの花子さんのような話となっている。他に同シリーズの『学校の怪談13』では理科室にこっくりさんがいるという話も語られている。また同シリーズの『学校の怪談スペシャル3』には、埼玉県川口市《かわぐちし》の小学生の話として、体育小屋の輪っか（フラフープのことだろうか）を持って「こっくりさんきてください」と言うと、輪の中からこっくりさんの声が聞こえ、それを聞いた人間は死んでしまうという怪談や、千葉県佐原市《さわらし》の小学生の体験談として、「こっくりさん」と言いながらトイレを五〇回叩いたところトイレに引《ひ》き摺《ず》り込《こ》まれた、という話などが載る。実業之日本社編『幽霊&都市伝説DX』には、北海道のある小学校の七不思議の一つとして、一三日の金曜日に学校で四人でコックリさんをやると、文字通り死人が出るという話が載る。

コツコツの幽霊［こつこつのゆうれい］

下半身がない女性の姿をした怪異で、両肘をついて歩く際に「コツコツ」という音がするため、この名前で呼ばれているという。

マイバースデイ編集部編『心霊体験大百科』に載る**上半身の怪**。同書ではもう一例この怪異にまつわる話が載り、それによれば肘ではなく両手のひらで自分の体を持ち上げるようにして歩いていたという。

コツコツババァ［こつこつばばぁ］

高速道路や線路、路上などに現れる上半身のみの老婆の怪異。肘を地面についてコツコツと鳴らしながら高速で移動してくるという。これに追い付かれると死んでしまうとされることもある。この怪異の正体は深夜の踏切《ふみきり》事故によって胸から下の部分から真っ二つにされ死亡した老婆である。この怪異は非常に速い速度で走ることができるものの直角に曲がれないため、追いかけられた場合には思い切って直角に曲がればよいらしい。

渡辺節子他編著『夢で田中にふりむくな』などに登場する。同書には「コツコツババァの全身版」という怪異が名前のみ載っている。下半身が存在するコツコツババァなのだろう。

また常光徹編著『みんなの学校の怪談 緑本』には、三重県からの投稿として「コツコツおばけ」という名前で老婆の肘から先の腕のみが踏切に現れるという話が載る。この正体もかつてその踏切で鉄道事故に遭《あ》った老婆だという。同書には「コツコツバアサン」という怪異も載り、若いカップルが高速道路を一二〇キロで走っていると杖《つえ》をついた老婆が追いかけてくるという。また同書にはもう一例コツコツバアサンという名前の怪異が載っているが、こちらは東京都の奥多摩《おくたま》にあるダムの手前のトンネルに雨の夜一一時に行くといつの間にか立っているという老婆で、この老婆が肘をコツコツとたたき始めると生活が豊かになるとされている。

他にも学校の怪談編集委員会編『学校の怪談スペシャル2』には、東京郊外のある中学校に伝わる話として、中学校裏の道路の中央線の上を午後四時四四分に通ると、コツコツと音が聞こえてきて、振り返ると上半身だけの老婆が肘を使ってコツコツと音を立てながら走ってくる「コツコツばばあ」の話が載る。

コトコトさん［ことことさん］

ある学校に現れる怪異で、下半身のない男性の姿をしており、肘を使ってものすごい速さで走ってくるという。

学校の怪談編集委員会編『学校の怪談13』に、滋賀県甲賀郡《こうかぐん》（現甲賀市）からの投稿として載る**上半身の怪**。

コトリバコ［ことりばこ］

島根県のある地域に伝わるという怪異で、木が複雑に組み合わさってできた二〇センチ四方ほどの大きさの木箱という様相をしている。本来は「子取り箱」と書く物体で、その正体は呪い殺すために作られた一種の武器だという。この箱が近くにあるだけで、女性や子どもは次第に内臓が千切《ちぎ》れていくという恐ろしい形で殺されることになる。

元来は一八六〇年代後半から八〇年代頃、ひどい差別と迫害を受けていた部落に現れた、戦（隠岐騒動か。後述）から落ち延びてきた一人の男により伝えられたもの。さらなる迫害を恐れ、その男を殺そうとした部落の者たちに対し、男は自分の命を助けてくれるなら代わりに武器の作り方を教えると交渉し、コトリバコの作り方を伝えたという。

その方法はまず最初に複雑に木の組み合

わさった箱を作り、その中身を雌の家畜の血で満たして一週間置き、そして血が乾き切らないうちに蓋《ふた》をする。それから部落で間引いた子どもの体の一部を入れるが、年齢によって入れる部位が異なる。生まれたばかりの赤子はへその緒と人差し指の第一関節部分までを、七歳までの子どもは人差し指の先とはらわたを絞った血を、一〇歳までの子どもは人差し指の先を入れ、蓋をする。このときに犠牲になった子どもの数で箱の名前が変わり、一人でイッポウ、二人でニホウ、三人でサンポウ、四人でシッポウ、五人でゴホウ、六人でロッポウ、七人でチッポウとなる。数が多いほど強い力を持つという。それに伴い箱にはそれぞれの数に対応した別々の印を付けるとされる。男は、部落の者たちと最初に作った箱は自分が持っていくという契約をしており、そこには七歳までの子ども八人を犠牲として入れたが、最初にできたハッカイと呼ばれるその箱以外、八人以上は絶対に入れてはいけないと念を押していたという。

部落の者たちは男の指示に従ってハッカイを作り、男はそれを使って呪いの威力を見せた。その力は絶大で、わずか二週間で一五人の子どもと一人の女が犠牲となったという。効果を目の当たりにした部落の者たちは箱を武器として利用し、周辺の地域の者たちにこの部落に今後一切関わらないことを約束させた。破れば再び呪いを振りまくという言葉とともに。

箱の作り方を伝えた男は箱の管理の仕方を残し、ハッカイを持って去っていった。その方法とは、女子どもを近づけないこと、必ず暗く湿った場所に安置すること、箱の力は年を経るごとに弱くなっていくこと、もし必要なくなった場合は、寺では絶対に処理はできないため、ある神を祭る神社に処理を頼むこと、というものだった。

それからも部落の人々は、間引かねばならない子どもが出る度に箱を作り、一三年目には一六個の箱が出来上がっていた。しかしその一三年目のある日、部落の一一歳の子どもが箱を盗み出してしまったことを発端に、その子どもの家中の女子どもが死亡した。それを見た部落の者たちは自分たちの作り出したものが何であるかを改めて実感し、箱を処分することに決めた。彼らはこの箱の作り方を教えてくれた男の言う通り神社に赴き処理を頼んだが、箱の力が強すぎたため、神主はまず箱の力を薄めることを提案した。それは三から四家が持ち回りで箱を保管し、家主の死後は次の役回りの家主が保管する、というもの。箱の種類によって期間は違うが、それぞれ規定の年数が経《た》った後に神社にて処理することになった。現代では一六個の箱のうち一四個までは処理されているが、最も力が強いチッポウのコトリバコ二つが、いまだに処理できず残っているという。

2ちゃんねるオカルト板の「死ぬ程洒落《しゃれ》にならない怖い話を集めてみない？99」スレッドに、二〇〇五年六月六日に書かれたものが初出と思われる。コトリバコが作られるようになった経緯は、後に立てられた「ことりばこ」という専用スレッドにて、二〇〇五年六月八日に語られた。

イッポウ、ハッカイなどの名前の由来は明かされていないが、「一封」「八開」ではないかという予想が書き込まれている。またこの箱の作り方を伝えたのは隠岐島《おきのしま》での反乱から逃れてきた人物とされているが、この反乱は一八六八年に起きた隠岐騒動と思われる。熊本大学文学部総合人間学科民俗学研究室編『熊大生の放課後―熊本市黒髪市界隈《かいわい》の民俗　社会調査実習1／2報告書』には、この怪異が熊本大学の学生の一人が聞いた噂《うわさ》として語られていることが記録されている。

この指とーまれ［このゆびとーまれ］

チェーンメールに現れる怪異。ある少女が「この指とーまれ！」というかけ声を聞き、走って友達の所へ行こうとした。だが道路へ飛び出した際に運悪く四トントラックにはねられ、体がバラバラになって即死してしまった。死体はすぐに回収されたが、なぜか右手だけが見つからないかったという。

それから数日後、亡《な》くなった少女の友達が「この指とーまれ」と言ったとき、「はぁーい」という声と共に右手だけが飛んできた。その右手は「お前が呼ぶからだ……」という声とともに呼びかけた女の子の首へ向かった。チェーンメールでも「この指とーまれ」と呼びかけていることから、二四時間以内に一定の人数にメールを転送しなければ呼びかけた女の子のようになってしまうと語られ、メールの文章は終わる。

バラバラになった体の一部が見つからず、怪異と化すという話は**カシマさん**や**上半身の怪**をはじめとして多くの怪異にみられるモチーフ。

五〇〇キロババア［ごひゃっきろばばあ］

大きな荷物を背負った老婆の姿をした怪異。親切心から荷物を持ってあげようとすると、彼女の背負う五〇〇キログラムの荷物を押し付けられてしまう。

不思議な世界を考える会編『怪異百物語3』に載る老婆の怪。この老婆の場合、名前につく「キロ」はキロメートルではなくキログラムを表しているようだ。

ごみこさん［ごみこさん］

N県のある山中に深夜に出現するとされる怪異。出会ってしまうと「あたしを捨てたなぁ‼」と叫び声を上げ、八つ裂きにされてゴミ袋に詰めて捨てられると伝えられる。

二〇〇〇年代前半にインターネット上に書き込まれ、広まったと思われる。二〇一〇年代に入ってもネット上で散見されるが、上記の内容以外のことはほとんど語られることがなく、名前と口調から女性の怪異であろうと想像できるぐらいである。『呪いのご当地都市伝説～北海道・東北編』という映像作品において実写化されたこともあるが、その際はなぜか北海道のご当地都市伝説として紹介されていた。ごみこさんの過去は明らかにされておらず、人間なのか怪物なのか**幽霊**なのかも不明である。

ゴム人間［ごむにんげん］

肌が緑色でゴムのような質感をしている人間の姿をした怪異。母子で手を繋《つな》いで歩いていたという。

二〇〇三年頃、日本テレビのバラエティ番組「ダウンタウンDX」で俳優の的場浩司が目撃したと語った怪人。それ以降目撃証言が何度か報告されているようだ。また名前はゴム人間だが、見た目の印象でつけられた名称であるため本当に肌がゴムのような素材でできているのかは不明。

米食い女［こめくいおんな］

夜になると米を齧《かじ》るという怪異で、これが出ると米の中に茶色や黒のものが混ざるようになるそうだ。

マイバースデイ編集部編『わたしのまわりの怪奇現象１００』に載る。

小指の話［こゆびのはなし］

この話を聞くと翌朝小指がなくなってしまうという怪異。ただしある対処法を実践すると小指を失わずに済むようだ。

ポプラ社編集部編『映画「学校の怪談」によせられたこわーいうわさ』に載る。話の具体的な内容や対処法の詳細は書かれていないため不明。

ゴリラの幽霊［ごりらのゆうれい］

愛知県に現れたという怪異。道路のど真ん中に出現し、その姿はゴリラであったものの体は半透明だったという。

山口敏太郎著『日本の現代妖怪図鑑』に載る。これ以外に資料がないため詳細は不明だが、目撃情報では半透明のゴリラであったと記されているだけなので**幽霊**ではなく生きた半透明のゴリラだった可能性もある。

564219［ころしにいく］

ポケベルにまつわる怪異。ある女子高生のポケベルに「５６４２１９」という数字が送信されてきた。その女子高生が怖がっていると学校帰りに何者かに襲われそうになった。何とか逃げ切り、家に帰ると再びポケベルが鳴り、「５６４２１９」と入る。怯《おび》えた彼女はポケベルの電源を切り、眠りについたが、寝ている間に切ったはずのポケベルが鳴り、「５６４２１９」というメッセージが入っていた。

この話は久保孝夫編『女子高生が語る不思議な話』に載るが、類例は多く最後に女子高生が殺されるパターンも存在する。またポケベルについて説明しておくと、携帯電話が一般化する前に流行した通信機器で、正式名称をポケットベルという。一九九〇年代前半では女子高生がメインユーザーとなっていた。その当時はまだ日本語の文章は送ることができず、数字のやり取りしかできなかったが、女子高生たちは数字の語呂《ごろ》合わせでメッセージを送り合っていた。この怪異はそんな流行を背景として語られるようになったのだろう。

コロポックル ［ころぽっくる］

北海道で目撃された怪異で、部屋の中で夢中で踊っていたという。

不思議な世界を考える会編『怪異百物語1』に載る。コロポックルはもともと北海道の先住民族であるアイヌの民間伝承で語られる妖怪で、フキの下の人という意味の名前の通り小さな人間のような姿をしているとされる。

転んだら死んでしまう村 ［ころんだらしんでしまうむら］

誰もが一生に一度は見るという共通夢と呼ばれる夢の中に現れる怪異で、夕暮れ時の農村のそこら中に青紫に変色した死体が横たわっているという奇怪な景色をしている。そこでしばらく待っていると着物を着た数人の少女が近寄ってきて、「ここは転んだら死んでしまう村なんだよ」という説明がされた後、少女の中の一人が死体に躓《つまず》き転んでしまう。すると少女は絶叫を上げながら青紫色の死体へと変わる。ここから先は、「追いかけてくる少女たちからひたすら逃げ回った」「少女に竹馬を渡された」「何事もなく目が覚めた」など、さまざまな証言がある。しかし夢の中で転んでしまった人からの証言は一つもないという。

少なくとも二〇〇七年頃にはインターネット上で語られていた怪異のようだが、広まり始めたのは2ちゃんねるの「じわじわ来る怖い話22じわ目」スレッドで紹介された二〇〇九年以降だと思われる。夢の中で転んでしまうと現実でどうなるのかはぼかされているが、他の夢にまつわる怪異と同じように夢の村での出来事が現実にも影響を及ぼし、本当の死体として発見されるのであろう。

権現様 ［ごんげんさま］

こっくりさんに似た怪異の一つ。

マイバースデイ編集部編『わたしは霊にとりつかれた！』に、**こっくりさん**の類例として名前のみ載る。また中岡俊哉著『狐狗狸《こっくり》さんの秘密』には、地方によっては「大権現さま、大権現さまおいでください」という呪文によって霊を呼び出す方法があったり、「大権現さま、いらっしゃいましたら、大きく、大きくお回りください」と三人で唱えることによって**狐**《きつね》の霊を呼び出す方法が紹介されている。

今度は落とさないでね ［こんどはおとさないでね］

全国に伝わる怪異。ある若い夫婦がいた。二人には子どもがいたが、美男美女の夫婦の子であるにも関わらずひどく醜い顔をしていたため、プライドが高い妻はその子を一歩も家から出さず、周りの人々には流産したと言い訳していた。三年後、妻は初めて子どもを遊園地に連れていった。子どもは大喜びだったが、遊んでいるうちに「トイレに行きたい」と言ったので、母は子どもを崖の淵《ふち》に連れていき、子どもが小便をしている最中に後ろから突き落とし、殺してしまった。

　それから数年後、夫婦の間にまた子どもが生まれた。それはとても可愛《かわい》らしい子で、夫婦に大切に育てられた。三年後、夫婦は子どもをあの遊園地に連れていった。すると子どもが「トイレに行きたい」と言ったため、またあの崖に連れていった。すると子どもが振り返り、かつて突き落としたあの子どもの顔になって告げた。

「お母さん、今度は落とさないでね」

　さまざまなバリエーションのある都市伝説で、子どもが突き落とされる場所は崖の他に、船、フェリーの上、川、海、湖、池など、水にまつわる場所であることが多い。

　また常光徹他編著『ピアスの白い糸』に載る例を見ると、子どもを殺す理由も右の話のように醜い姿をしていたという他に、抱きかかえて小便をさせていた際に誤って落としてしまったという不可抗力なもの、子どもを産んだが育てる財力がなく仕方がなく手にかけるというもの、父親がわからない子どもで邪魔な存在だったというもの、再婚するために前夫の子どもが邪魔だったというものなど、さまざまに語られているが、殺された子どもの兄弟となるはずだった子どもが母親または父親に向かって子殺しの罪を告発するという点は共通している。

　このように、かつて殺した相手が自分の子どもに生まれ変わり罪を暴露する話は、「六部殺《ろくぶごろ》し」「こんな晩《ばん》」などと呼ばれ、古くから怪談として日本各地に伝わっている。差異はあるが、代表的なものは以下のような話。

　ある農家が旅の六部（「六十六部」の略称。全国六六カ所の霊場を巡礼する行脚僧《あんぎゃそう》のこと）を殺し、その金品を奪って豊かになった後、子どもが生まれる。子どもはいくつになっても口がきけず、ある晩にむずかっている子どもに小便をさせようと厠《かわや》（トイレ）へ連れていくと、その晩はあの六部を殺した日と同じような天候だった。すると突然子どもが口を開き、あの六部の顔になって「お前が俺を殺したのも、こんな晩だったな」と親に向かって告げる。

　このモチーフは近代でも一九〇八年出版の夏目漱石《なつめそうせき》の小説『夢十夜《ゆめじゅうや》』で使われている。ただし六部殺しの場合は殺人者が男（父親）であることが多いが、「今度は落とさないでね」と呼ばれる怪談の場合は女（母親）であることが多い。これについて『ピアスの白い糸』では、「子に対するかつての家長としての男性の立場と、子に対する今日の女性の立場のありようが、殺人者の性別の変容をもたらしたと考えられる」と考察されている。

　また「こんな晩」では主に、偶然面識のなかった加害者と被害者が出会い、地上や屋内において殺人が行われるというものが典型だが、現代の「今度は落とさないでね」の怪談は血縁関係のある子どもを海や湖、川などの水を使って殺すという違いがある。この特徴を辿《たど》ってみると、ラフカディオ・ハーン（小泉八雲《こいずみやくも》）が一八九四年に出版した『知られぬ日本の面影』にある「持田の百姓」で、父親が自分の子どもを川に投げ入れて殺すという形で描かれている（ただし前述した加害者が父親か母親かの違いはある）。

また金品を奪った罪を子どもが暴露するという話もある。現代ではタクシー運転手が妊婦を乗せたところ、その妊婦が持っていた現金や宝石などに目がくらみ、殺して奪い取ってしまう。それから数年後、道ばたで一人立っている少年をそのタクシー運転手が拾い、「お母さんは?」と尋ねたところ、「お前に殺されたんだ!」と叫ぶという展開の怪談で語られることも多い。これは**コインロッカーベイビー**の怪談にも似ている。

コンドルのような怪鳥 ［こんどるのようなかいちょう］

動物の怪異。ある女性が夜、大学進学のための受験勉強をしていた際のこと、ふと窓の外を見るとコンドルのような、体長三メートルはあるのではないかという鳥が飛んでいたという。

不思議な世界を考える会編『怪異百物語8』に載る。

怪異の調べ方

現代の怪異は、実にさまざまな媒体で語られています。それらを調べるとき、まず基本となるのは書籍でしょう。都市伝説、学校の怪談、実話怪談などを扱った書籍には、多くの怪異が記録されています。読者等が体験した話や聞き取った話を収集している書籍も多いですが、対象年齢によって集められる怪異が大きく異なるため、種類を問わず幅広く読んでみることが大切です。

また近年では、インターネットも重要な媒体となっています。一九九〇年代後半以降、ネット上で生まれた怪異がたくさんいます。それらの怪異の原点を探るため、ネットの情報を辿っていくのも楽しいでしょう。参考にしたウェブサイトが閉鎖された場合を考え、記録を残すことも重要です。

最後に、身近な誰かに知っている怪談を聞き取るという調べ方があります。そこで見つけた怪異は、今までどんな媒体でも記録されたことがない、あなたがこの世界で初めて記録する怪異となる可能性もあります。

現代の社会には、数え切れない怪異たちが溢れています。調べてみると、そんな怪異たちの世界がよりはっきりと見えてくることでしょう。

齋驛來藤駅

［さいえきらいとうえき］

かつて二人の少年が遭遇したという不可思議な駅の怪異。ある日二人が家屋と家屋の間に見たことのない道を発見し、探検しようと進んでいった。しばらくすると行き止まりの看板があったが、その先にも道が続いていたため看板を無視してさらに進んでいくと、今度は小さなトンネルが続けて三つ現れた。三つ目のトンネルを抜けた先に広い草原があり、数件の古びた家屋や商店とともに「齋驛來藤」という駅名標が設置されたホームと錆《さ》びついた線路が見えた。

その周辺を少年たちがうろついていると汽笛の音が聞こえ、それを合図としたように急に陽が傾き、周囲は次第に暗くなり始めた。不安を覚えた少年たちは再び来た道を戻ることにしたが、最初のトンネルに入ったときに後ろを振り返ると、駅周辺には明かりが灯《とも》り、また先ほどまでは見えなかった人影も見えたという。

翌日、二人は再び同じ道を行こうとしたが、昨日あったはずの道はなくなっており、それから何度そこを訪れてもその道が現れることはなかったと語られている。

2ちゃんねるオカルト板の「不可解な体験、謎な話～enigma～Part87」スレッドに、二〇一三年三月一四日に書き込まれたものが初出と思《おぼ》しき**異界駅**。読み仮名が記されていないため、本書では筆者が独自にあてた。電車に乗った結果連れていかれるのではなく、自らの意思で辿《たど》り着《つ》いた異界という、異界駅にまつわる話では珍しいパターンの怪談。一度は行くことができた不可思議な世界への道が二度目以降は消えてしまっており、二度と行くことができなかったという話は、古くから民話などで伝わっている。彼らが行った世界もそんな隠れ里だったのだろうか。

サイクリング婆ちゃん

［さいくりんぐばあちゃん］

福岡県久留米市《くるめし》のある公園に出現するという老婆の怪異。この公園にある池に自転車を漕《こ》いでいる途中に転落した老婆がおり、その死後、彼女の霊が夜な夜なびしょ濡《ぬ》れで自転車を漕ぐ姿で現れるようになったという。

山口敏太郎著『怪異証言　百物語』に載る。

採桑老

［さいそうろう］

この世には、舞うと死んでしまうという「採桑老」という曲があるという怪異。これを舞うと早死にすると伝えられるため、次第に舞われなくなってしまったという。

平野威馬雄《いまお》著『日本怪奇物語』に載る。また二〇〇〇年三月一一日にフジテレビの番組「奇跡体験アンビリバボー」でこの怪異が取り上げられている。

さかさま君［さかさまくん］

生徒に混じって現れ、逆さま言葉で話しかけてくるという怪異。これに何か言われたときは逆さま言葉で返さないと「逆さにしてやる」と言われ、足を摑《つか》まれて引き摺られてしまうという。

また、「ボソア、ボソア」と話しかけられることがあるが、その場合には「メダハシタワ」と答えなければ、永久にどこかに連れていかれてしまうという話も伝わる。

マイバースデイ編集部編『心霊体験大百科』に載る。「ボソア、ボソア」「メダハシタワ」は逆さにするとそれぞれ「遊ぼ、遊ぼ」「私はダメ」となる。

さかさま様［さかさまさま］

願いを叶《かな》えてくれるという神とされる怪異で、「さかさま様、さかさま様、わたしの前に現れないで」と唱えることで出現するという。その名が示す通り天邪鬼《あまのじゃく》な神様で、願ったこととは反対のことを実現してしまうため、自分の希望と逆のことを願わねばならないとされる。

ぽにーてーる編『恐怖の時間割』に載る。

逆さまの女［さかさまのおんな］

東京都奥多摩《おくたま》に現れた怪異。ある男性が奥多摩の山道を車で走っていると、フロントガラスの上から指先がちらりと覗《のぞ》いているのが見えた。車の上に誰かいるのかと驚いていると、今度は両手が下りてきて、最後にその腕の間に髪の乱れた女の顔が逆さまにぬっと現れた。逆さまの女は運転手と目が合うとにやりと笑って上に引っ込んだ。運転手は慌てて車を止め、車の上を見たがすでにそこには何もなかったという。

常光徹著『学校の怪談』に載る。これに似た話に、同じ東京都の千駄ヶ谷《せんだがや》トンネルで天井から女の霊が車の上に落ちてくる、といった怪談があり、こちらは「逆さ女」と呼ばれているようだ。ちなみに逆さ女という名前の怪異はスーパーファミコンで発売されたバンプレストのゲーム『学校であった怖い話』に登場しており、こちらではベッドで寝ている人を覗き込《こ》み、何かしらの秘密を守れと約束させた上で約束を破った人間を惨殺《ざんさつ》する怪異として描かれている。

サカブ［さかぶ］

秋田でいう山の神の叫び声を指す怪異。マタギたちの間で使われ、叫ぶがなまって「さかぶ」となったらしい。この声を聞いた者の証言によれば細く堅い声で、遠い遠い所で響く鉦《かね》の音に似ているという。またこの声が発せられると、頭を強打して気が遠くなったときのような、耳鳴りのような、音が聞こえるというより振動そのものを感じ取る感覚に襲われるようだ。サカブは吉《きち》祥《じょう》であり、集団で狩りをしていても腕の立つものか頭領にしか聞こえないという。東方より聞こえるサカブが最もよく、その方向に進むと必ず獲物を授かったという話も伝わる。

2ちゃんねるオカルト板の「死ぬ程洒《しゃ》落《れ》にならない怖い話を集めてみない？301」スレッドで、二〇一二年八月一一日に報告された。マタギという言葉は北海道・東北地方で狩猟を行う者たちを指し、実際に彼らは山の神を信仰する宗教文化を持っている。山の神が叫び声を上げるのはどちらかと言えば山に入ってきた人間に警告を与えるためと伝えるものが多いが、この山の神は逆に叫び声を上げることで人間に利をもたらしているようだ。

サクサクー［さくさくー］

下半身を欠損した怪異の一つ。除雪車によって胴体を切断された少女の上半身が、肘を使って運転手を追いかけてきたという。

常光徹他編著『ピアスの白い糸』に載る**上半身の怪**。東京の女子短期大学生からの報告であることが記録されている。名前の由来は雪の上を移動する際の擬音からのようだ。

座敷わらし［ざしきわらし］

小児の姿をした怪異で、古くは家に現れるとその家運が上昇し、出ていくと没落すると伝わるが、現在ではその姿を見た人間個人に幸運や幸福が授けられると語られることが多い。

座敷わらしは明治時代に記された柳田國《くに》男《お》著『遠野物語《とおのものがたり》』などに登場する妖怪の一種であり、主に東北地方で語られていたとされるが、現代では地域を問わず現れる傾向にある。またかつては家に憑《つ》き、家運を上昇させるとされた座敷わらしだが、現在では人間個人単位に幸福を与えるとされるものが目立ち、また家だけでなく学校や会社に現れることも多い。本書では学校に現れるものは**学校わらし**、会社に現れるものは**オフィスわらし**として別項目を設けているため、ここでは主にそれ以外の場所に現れる座敷わらしについて説明する。

現代の有名な座敷わらしは岩手県二戸《にのへ》市の緑風荘という旅館に現れるもので、同旅館のホームページを参考にすると、これに出会うと必ずよいことがあるといい、部屋に出るのではなく人に出るのだとされている。またその由来については南北朝時代まで遡《さかのぼ》るとされ、その当時後醍醐天皇《ごだいごてんのう》に仕えていた藤原朝臣藤房《ふじわらあそんふじふさ》が北の足利《あしかが》軍に追われ現在の東京都あきる野市《のし》に身を隠し、その後さらに北上する途中で二人の子どもの内、当時六歳だった兄の亀麿《かめまろ》が病で倒れ、その幼い生涯を閉じた。その際「末代まで家を守り続ける」と言って息を引き取ったため、守り神「座敷わらし」が現れるようになり、緑風荘の敷地《しきち》内にある亀磨神社ではそれを祀《まつ》っているのだという。ただし緑風荘は二〇〇九年一〇月四日に火事で全焼している。これは座敷わらしが家ではなく個人に対して幸福を与える存在となったために家を守ることができなかったのか、それとも過去の伝承のように座敷わらしが家を去ってしまったために起きた不幸なのかは不明。緑風荘は二〇一六年五月一四日に営業再開している。

他にも岩手県遠野《とおの》市のおぼない旅館、岩手県盛岡市の菅原《すがわら》別館や山形県東村山郡《ひがしむらやまぐん》中山町《なかやままち》の宿泊施設のタガマヤ村でも、座敷わらしが出現するとされている。現代の座敷わらしは旅館に出る例が多い。

また現代の座敷わらしは人間にただ幸福を与えるのみの存在ではなく、他にもさまざまな話が語られていることも記しておきたい。ナックルズBOOKS『最強怪奇譚《たん》こわい話』では、色が白い座敷わらしを見ると吉事があるが、色が赤い座敷わらしを見ると凶事が起こるとある。ポプラ社編集部編『映画「学校の怪談」によせられたこわーいうわさ』では、夜になると座敷わらしが現れ、「二〇〇〇年君のことを待っていたんだよ」「僕と同じように座ってごらん」と言われ、座ると動けなくなってしまい、気が付くと座敷わらしはいなくなっていた、という話が載る。

猿壁十字路の幽霊 ［さっかべじゅうじろのゆうれい］

茨城県つくば市内にある一見何の変哲もない十字路に現れるという怪異。この場所では、夜になると白い服を着た女の幽霊が現れて、車の通行を邪魔するため事故が多発するのだという。

並木伸一郎著『最強の都市伝説3』に載る。

殺人ピーターパン ［さつじんぴーたーぱん］

チェーンメールにまつわる怪異。メールの内容は以下の通り。ある少女がピーターパンを目撃した。彼女はそれを家族に話したが、誰も信じてくれなかった。しかし次の日、彼女は再びピーターパンを目撃することになる。それもピーターパンが自分の家族を殺害しているという、最悪の光景と共に。もしピーターパンの存在を信じず、メールを一定以上の人数に送らなければ、夜ピーターパンがその人間を殺しにやってくるという。

筆者命名。ピーター・パン（チェーンメールでは「ピーターパン」と書かれているが、本来の表記は「ピーター・パン」）はもともとイギリスの作家ジェームズ・マシュー・バリーの戯曲や小説に登場する有名なキャラクターであるが、かつてフジテレビの『トリビアの泉』という番組で、成長した子どもを殺害していたという物騒な話が紹介されたことがあった。ただしこれは原作においてそういった描写があった訳ではなく、そういった想像ができるかもしれない部分がある、という程度のものである。このチェーンメールのピーターパンは自分の存在を信じなかったものを殺して回っているようなので、この場合には年齢は関係ないのかもしれない。

サッちゃん［さっちゃん］

童謡として有名な「サッちゃん」の歌には実はあまり知られていない四番があり、その歌詞は、

　サッちゃんはね　電車で足をなくしたよ
　だからおまえの足を　もらいに行くよ
　今夜だよ　サッちゃん

であるとされる怪異。この歌を歌ってしまう、または聞いてしまう、知ってしまうなどすると、サッちゃんは寂しがり屋なので、夜中枕元に現れて歌を知った人を仲間にするためにあの世に連れ去ったり、また布団《ふとん》から出ている体の一部（主に足）をもぎ取っていったりするという。彼女から逃れるためには、三時間以内に五人にこの四番の歌詞を教えるか、枕の下にバナナの絵を置いておくという方法が伝えられている。

歌詞は一〇番まであるとされることもある。電車で足を失《な》くしたとか、夢の中に現れて足をもぎ取っていくといった要素は**カシマさん**や**テケテケ**といった体の一部を欠損した怪異との共通点が見られる。

またポプラ社編集部編『映画「学校の怪談」によせられたこわーいうわさ』では、ブランコに乗りながら「サッちゃん」の歌を歌うと翌日手首と足首を切り取られる、三番まで歌うとサッちゃんが現れ、「あそぼ」と誘われて断ると殺される、といった話が記録されている。

他に常光徹編著『みんなの学校の怪談　緑本』では、愛知県からの投稿として、バナナの絵を描いて寝ると逆にサッちゃんがやってくるという話が載る。また同書にはサッちゃんという名前は出てこないものの、バナナを一日に二本食べて布団から手足を出して寝ているとその部分を斧《おの》で切り落とされるという話が福島県からの投稿として収録されている。これを回避するためにはバナナを一本しか食べないか、逆に三本以上食べるとよいという。

川崎の世間話調査団編『川崎の世間話』では、サッちゃんの話を聞いてからバナナの絵を用意しないで寝ると、体の半分を食われてしまうという噂《うわさ》が記録されている。

また松山ひろし著『カシマさんを追う』には、この怪異を元にした以下のチェーンメールが紹介されている。それによればサッちゃんのフルネームは桐谷佐知子で、一四歳の頃に踏切《ふみきり》事故で電車にひかれ、下半身を失って死亡した。数年後、彼女の当時のクラスメートの男子が童謡「サッちゃん」の歌を元にして四番目の歌詞を作り上げ、面白がってその歌を広めていった。その三日後、男子たちは足のない死体として

発見された。

このメールを読んだ人間は、三時間以内に五人に同じメールを転送しなければ足を探しにサッちゃんが現れるという。

また珍しいものではマイバースデイ編集部編『心霊体験大百科』に、サッちゃんの歌を歌いながら階段を降りると足がなくなるという話が記されている。

ここまでさまざまな「サッちゃん」にまつわる怪異を書いてきたが、もちろんこの童謡には四番は存在せず、作詞者である阪田寛夫氏もまたサッちゃんのモデルは死んだ少女であるなどとは一度も語ってはいない。子どもたちに愛される童謡は、決してそんな恐ろしい理由の元に生まれた歌ではないことに留意しなければならない。

さとるくん ［さとるくん］

電話で呼び出すことができるという怪異。方法は以下の通り。まず公衆電話に十円玉を入れて自分の携帯電話の番号を押す。繋《つな》がったら公衆電話の受話器から携帯電話に向けて「さとるくん、さとるくん、おいでください。さとるくん、さとるくん、さとるくん、いらっしゃったらお返事ください」と唱える。すると二四時間以内にさとるくんと名乗る人物から携帯電話に電話がかかってくる。さとるくんは何度か電話をして自分の現在いる場所を知らせながら近づいてくる。そして最終的にさとるくんは自分の真後ろに来て、このときどんな質問にも答えてくれる。ただし後ろを振り返ったり、質問が思いつかなかったりすると、さとるくんにあの世へ連れていかれてしまう。

呼び出す際の呪文は「さとるくん、さとるくん、おいでください」のみの場合も多い。二〇〇〇年代前半頃から流行《はや》り出した怪異で、呼び出す際の呪文やどんな質問にも答えるという要素は**こっくりさん**に類似している。また電話で位置を伝えながら近づいてくるという点は**メリーさんの電話**や**リカちゃんの電話**を思い起こさせる。

またさとるという名前は人の心を読み、言い当てる妖怪「覚《さとり》」から来ているとされることもあるが、常光徹著『学校の怪談A』には覚の少年が人間の小学校に転校してきて、さとると名乗っている怪談がある。

寂しがり屋の幽霊 ［さびしがりやのゆうれい］

大阪府のある大学の近くに建っていたアパートに出現したという怪異。かつてそのアパートの一五号室で一人暮らしをしていた女学生が、友達ができない寂しさから首を吊《つ》って自殺したという事件があり、それ以来毎月一五日になると幽霊と化した女学生が現れるようになった。この女学生の幽霊を見ると死ぬという噂《うわさ》があったため、誰もこれを見ようとはしなかったが、ある日、アパートを徘徊《はいかい》していたこの幽霊が一人の男子学生を殺害するという怪異が起きたため、アパートは取り壊されてしまった。しかし現在でも、そのアパートの跡に建てられたマンションには、毎月一五日になるとこの幽霊が出現するという。

花子さん研究会編『トイレの花子さん』に載る。男子学生を殺害する際は、まず生前と同じような可愛《かわい》らしい声音でドアの向こうから話しかけるが、開けてもらえないとわかると鍵のかかっているドアを開けて侵入し、男子学生の首に髪の毛と思われる細長いものを巻き付けて殺害したという描写がある。また首を絞められる際には、絞められているという感覚はあるものの痛みは感じないとされる。

座布団ババア［ざぶとんばばあ］

家で一人で留守番をしていると突然カーテンの中から現れるという怪異で、宙に浮いた紫色の座布団《ざぶとん》に乗った老婆の姿をしており、糸車を引きながらひたすらまとわりついてくることがあるという。

ポプラ社編集部編『映画「学校の怪談」によせられたこわーいうわさ』に、三重県鈴鹿市《すずかし》からの投稿として載る。

侍トンネル［さむらいとんねる］

神奈川県鎌倉市《かまくらし》の山奥にある、今は使われていないトンネルにまつわる怪異。このトンネルの中にはなぜか侍の絵が描かれており、その絵を見るためにトンネルに入った人間はトンネルから出てきた際に倒れてしまうという。その体には刃で切られたような傷跡が数多《あまた》生じており、人がこのトンネルを通り抜けるたびに侍の絵に色がついていくという。

不思議な世界を考える会編『怪異百物語10』に載る。

鮫島事件［さめじまじけん］

インターネット上で語られる怪異の一種。事件は何らかの理由で隠蔽《いんぺい》されており、各種メディアの記録からも抹消されているとされ、内容がまったく不明のままにあまりにも恐ろしい事件があったと語られる。

2ちゃんねるを中心としてネット上で語られる怪談の一つだが、架空の事件であることはすでに判明している。発端は2ちゃんねるのラウンジ板に二〇〇一年五月二四日に立てられた「伝説の『鮫島スレ』について語ろう」スレッドで、このノリに追随した人々がそれぞれ事件の内容と思《おぼ》しきものやネット上で過去にあったとされる反応などを書き始め、それが広まっていった。

またその事件の名前が独り歩きしているという特性上内容として語られるものも複数あり、有名なものは以下の通り。鹿児島県にある鮫島という孤島に五人の2ちゃんねらー（2ちゃんねる利用者の意）が遊びに行ったところ、五人全員が行方不明になった。警察によって捜査が進められたが四人は白骨死体として発見され、公安関係者の身内であった最後の一人は依然として見つからないままだった。四人の遺骨が送り届けられた翌日、最後の一人のものと思しき人物の書き込みとして「鮫島にいる」とあった、というもの。鹿児島には実際に鮫島という島が存在し、それがこの話の形成のきっかけとなった可能性がある。

他に有名なものでは、「鮫島」とは2ちゃんねる以前に存在した大型掲示板「あめぞう」に書き込んでいたある人物が使っていたハンドルネームが鮫島であり、その人物が関わる一連の殺人事件が鮫島事件と呼ばれているという話もある。

サリーさんの館［さりーさんのやかた］

北海道函館市《はこだてし》にある廃墟《はいきょ》にまつわる話。このサリーさんの館と呼ばれる廃墟では、幽霊の声が聞こえてくるという噂《うわさ》があった。ある三人の少女が肝試しにラジカセを持ってその館に入り、幽霊の声を録音してくることになった。しかし中を探索してもどんな音も聞こえてはこない。拍子抜けして家に帰りテープを再生すると、途端に三人の顔は青ざめていった。そのテープには三人の声に答えるように何者かの声が混入していたのだ。まず「お邪魔します」に対して「どうぞ」という声が、「きれいですね」という言葉には「そうですか」という声が、そして「お邪魔しました」という挨拶に対しては、「ちょっと待て」という声が入っていた。

この館の怪異譚《たん》は函館市の女子高生たちから噂話を集めた、久保孝夫編『女子高生が語る不思議な話』をはじめとして、常光徹他編著『魔女の伝言板』や、不思議な世界を考える会編『怪異百物語10』に記録がある。この形で語られる怪談は多い（詳細は**幽霊屋敷**《やしき》参照）。また、同じく北海道でこのタイプの怪談が語られる場所に旧朝里《あさり》病院がある（**旧朝里病院の怪**参照）。

ザリガニばばあ［ざりがにばばあ］

金縛りに遭《あ》った人間の元に現れるという老婆の怪異。見た目は着物姿の老婆だが、糸を使って数匹のザリガニを操り、金縛りに遭っている人間を襲わせるという。

怪奇実話収集委員会編『オンナのコたちが語り伝える恐怖のホラー怪談』に載る。

さるのつめ［さるのつめ］

「さるのつめ」という話をすると霊界と人間界が通じ、何かが起きるという怪異。

不思議な世界を考える会編『怪異百物語5』に載る。実際にこの話をした怖い話好きのおばさんは、なぜかつけまつげの片方がなくなって一時間ほど探した結果、テーブルの上に突然つけまつげが現れたという怪奇現象に見舞われたと書かれているが、なぜ霊界と人間界が繋《つな》がった結果つけまつげが迷子になったのかは不明。このように語ること自体が禁忌となっており、話の内容がわからない怪異譚《たん》には、他に**牛の首**、**鮫島**《さめじま》**事件**などいくつか例がある。

猿夢［さるゆめ］

インターネット上で語られる怪異。ある女性が夢を見ていた。彼女は薄暗い無人駅に一人立っていたが、そこに普通の車両ではなく遊園地によくあるお猿さん電車のようなものが入ってきて、その座席には数人の顔色の悪い男女が一列に座っていた。彼女は自分が夢を見ていることを自覚していたが、明晰夢《めいせきむ》である故怖くなれば目を覚ませばよいと考えて電車の後ろから三番目の席に乗り込んだ。すると出発を告げるアナウンスが流れ、電車が動き始めた。

その時点で彼女はこの電車が子どもの頃に遊園地で乗ったスリラーカーの景色であることに気付き安堵《あんど》するが、その直後「次は活《い》けづくり〜活けづくりです」という陰気な声のアナウンスが流れ、さらに電車の一番後ろに座っていた人間が四人のぼろきれをまとった小人によって刃物で切り裂かれて内臓を取り出される場面を目撃する。続けて「次はえぐり出し〜えぐり出しです」というアナウンスが流れ、今度は二人の小人がスプーンで彼女の後ろに座っていた人物の目を抉《えぐ》り出《だ》す光景を目の当たりにする。そして次の対象は三番目に座る彼女の番。アナウンスは「次は挽肉《ひきにく》、挽肉です〜」と流れ、小人が彼女のひざの上に乗って奇妙な機械を近づけてきた。そこで女性は目を覚ました。

それから四年間、女性はこの夢を忘れて過ごしていたが、ある晩に再びその悪夢は彼女を襲った。夢はえぐり出しのアナウンスから始まり、やがて挽肉へと移行する。体に機械が近づいたとき、女性は何とか夢から目覚めることに成功するが、ほっとして目を開こうとした瞬間、確かに現実の世界で「また逃げるんですか〜次に来たときは最後ですよ〜」という声が聞こえてきた。女性は次に同じ夢を見たときには自らの死を覚悟していると語り、この怪談は終わる。

2ちゃんねるオカルト板の「死ぬ程洒落《しゃれ》にならない怖い話を集めてみない？」初代スレッドに、二〇〇〇年八月二日に書き込まれた怪異の一つ。この怪談の中では猿夢という言葉自体は出てこないが、二〇〇一年四月二四日、「死ぬ程洒落にならない怖い話を集めてみない？ＰＡＲＴ４！」スレッドに「猿夢電車」という名前が登場し、翌々日の二六日に猿夢という名前が登場している。先の概要では性別を女性としているが、書き込まれた情報の中では性別を特定できる情報はない。

この怪談自体は以前から存在しているらしく、ウェブサイト「かわいい星怪談会議室『怖いのきらい』」で、一九九九年七月から八月に電子掲示板で行われた怪談話を再編集したもの、として掲載されている中にこの怪談が載せられている。

次に怪談中に出てくるお猿さん電車について、固有名詞としてはかつて上野動物園に「おサル電車」というニホンザルが運転する電車のアトラクションがあったが、この怪談では猿が運転しているという情報はなく、恐らく子ども向けの電車アトラクションの比喩《ひゆ》としてお猿さん電車という言葉を使ったのではないかと思われる。またスリラーカーについては現在浅草花やしきに同名のアトラクションがあり、基本的にはこれを指すようだが、ここでのスリラーカーが花やしきのものを指すのか、それともライド型のお化け屋敷《やしき》全般を指しているのかは不明。

　そしてこの話を読んだためにその四日後、猿夢の続きのような夢を見たという話が「死ぬ程洒落にならない怖い話を集めてみない？36」スレッドに二〇〇三年五月二日に書き込まれる。通称「猿夢＋《プラス》」と呼ばれるこの話では途中で舞台が新幹線に変わる他、元の怪談と比べると「吊《つ》るし上《あ》げ」「串刺し」などの殺人方法が追加されていたり、同じ夢を見ている人物と会話ができたりといった違いが見られる。その後も「死ぬ程洒落にならない怖い話を集めてみない？202」スレッドに「猿夢エゴマ」と呼ばれる話が二〇〇八年一二月五日に書き込まれ、こちらではヤキニク、ペースト、エグマといった殺害方法が描かれている。また殺害方法として出てくるのは「エグマ」だが、なぜか「猿夢エゴマ」と紹介されている例が多い。加えて「死ぬ程洒落にならない怖い話を集めてみない？212」スレッドでも二〇〇九年五月一四日、猿夢を見たことがある人物の体験談が描き込まれ、ここでは串刺し、煮えたぎり、弾《はじ》き飛《と》ばし、ひき潰しという殺害方法が語られている。

　また書籍に記された類例として、常光徹著『学校の怪談B』ではこんな話が載る。ある男性が夢の中で線路の上を歩いていると、「線路を歩いては行けません。怖い目に遭《あ》います」と書いてある看板があったが、夢だから覚めればよいと考えて進んでいくと鉄橋があった。用心深く電車が来ないことを確認し、その鉄橋を渡り始めるとその中程まで来たときに前方から電車がやってきた。そのため思わず危機を感じた男性が夢から覚めようとしてもなぜか覚めない。そこで必死に前方の電車に向かって手を振って叫んでいると五〇メートルほど手前で電車が止まり、安心して脱力したところで目が覚めた。

　しかしそれから一年後のちょうど同じ日、あの鉄橋の上から再び同じ夢の続きが始まった。電車は五〇メートル手前で止まったまま。逃げるなら今だと男性は鉄橋を引き返し始めるが、背を向けた途端電車が動き始めた。がむしゃらに走る男性のすぐ後ろに電車の音が迫ったとき、目が覚めた。死んでしまうかと思ったと溜《た》め息《いき》を吐いたとき、不意に耳元で「つぎの夢で最後ですよ」という声が聞こえた。

　また夢の中の存在が現実にも干渉してこようとするという話は他にもあり、不思議な世界を考える会編『怪異百物語4』には「夢で追われる」という題名で、夢の中で包丁を持った男に襲われて逃げていると、「お前がこの夢を忘れた頃、必ず追い付いて殺してやる」と言われたという事例が載っている。この類例だと常光徹著『学校の怪談9』に、棒を持った男に追いかけられた夢を見た際、目覚めたときに後ろから「夢じゃないぜ」という言葉が聞こえてきたという話が載る。

サングラスのおかま［さんぐらすのおかま］

渋谷や新宿でピアスをしている女の人を見ると、寄ってきてその耳を引っ張るという怪異。

渡辺節子他編著『夢で田中にふりむくな』に載る。これ以上の情報がないため詳細は不明だが、ピアスをしている女性を襲うという点、渋谷に現れるという点では**耳かじり女**を連想させる。サングラスという特徴も彼女と同じく盲目であることを表すアイテムなのだろうか。しかし引っ張るだけのようなので、サングラスのおかまは耳を嚙《か》み千切《ちぎ》っていく耳かじり女に比べれば危険性は低いようだ。

三〇センチの人［さんじっせんちのひと］

ある中学校に伝わる怪異で、文字通り三〇センチほどの大きさの人間の姿をしている。暗くなった学校で電気を点《つ》けずに廊下を歩いている人間を後ろからヒタッ、ヒタッという足音を鳴らして追跡し、足音に気付いて振り向いた人間を獲物を見つけたように走って追いかけるが、捕まるとどうなるかはわかっていないという。

不思議な世界を考える会編『怪異百物語3』に載る。

三〇センチババア［さんじっせんちばばぁ］

京都府綱野《あみの》に近い引原峠《ひっぱらとうげ》のトンネルには三〇センチババアと呼ばれる、その名の通り身長がわずか三〇センチしかない老婆の怪異が現れるという。この老婆は足が速く、自転車などを軽く追い越して走っていくが、人に危害は加えず、さらに捨て子などがあると拾って養うと伝えられている。

ウェブサイト「現代奇談」に二〇〇二年一〇月二一日に記録がある。またポプラ社編集部編『映画「学校の怪談」によせられたこわーいうわさ』には「三十センチババ」としてＪＲのガード下に住み着き、人に嚙《か》み付く老婆の怪が紹介されている。この話を投稿した女子中学生も京都在住とのことなので、関連があるのかもしれない。

三時婆［さんじばばぁ］

トイレに現れる怪異。一九七三年から一九七九年頃の話。鳥取県米子《よなご》市立福米《ふくよね》東《ひがし》小学校では三階の女子トイレの手前から三番目の個室に三時ちょうど（午前・午後は不明）に入ると老婆の声がし、用を足さないとトイレの戸が開かなくなると伝えられていた。それは三時婆という怪異の仕業で、その正体は渡り廊下にある人間の形をした血の匂いがする雨漏り跡だと言われていたという。またその渡り廊下の向こうの階段の三段目に三時婆の顔が染《し》みになっていたためペンキを塗り直すと、三時婆は三階のトイレに住めなくなって一階のトイレに現れるようになり、誰もいないときに入ると甲高い笑い声が聞こえるようになったともいう。

松谷みよ子著『現代民話考7』に載る。

また常光徹他編著『魔女の伝言板』では「三ババア」という名前で伝わっている例が確認できる。

他にも常光徹編著『みんなの学校の怪談 赤本』には「三時ババ」という怪異が載り、山梨県のある学校に現れるとされる。その学校の三階の女子トイレの入り口から三番目の個室に三時に入ると老婆の「出しとくれよォ」という声が聞こえ、用を足してない状態で逃げようとすると戸が開かなくなるという。ただし用を足した後であれば戸は簡単に開くらしい。また学校の怪談編集委員会編『学校の怪談13』では「三時ババ」という名前で、三時になると出現する老婆の**幽霊**の話が見える。同シリーズの『学校の怪談スペシャル3』では、大阪府寝屋川《ねやがわ》市《し》からの投稿として、三時になると「三時ばばぁ」が車椅子に乗って現れ、学校中を時速一〇〇キロで走り回って消えるという話、また鳥取県米子《よなご》市《し》からの投稿として「三時ババー」という怪異が三時に鏡から現れ、子どもを引《ひ》き摺《ず》り込《こ》むという話などが載る。

また花子さん研究会編『トイレの花子さん』には、茨城県のある小学校の話として三階のトイレの三番目の個室に三時に入ると「三時ババア」が現れる、そのトイレの天井のシミは三時ババアの姿を現しており、血の匂いがする、という話が載る。

三十三太郎［さんじゅうさんたろう］

ある学校で運動場の端から三三数え、「太郎ー」と呼ぶと「なんや」と声がするという怪異。

常光徹著『学校の怪談8』に、大阪府からの投稿として載る。

三センチお化け［さんせんちおばけ］

学校のロッカーが並ぶ三センチほどの隙間に三人の小人が縦一列に並んでいる。側を通るとこの怪異が「ふふふ……」と笑うという。

ポプラ社編集部編『映画「学校の怪談」によせられたこわーいうわさ』に、静岡県静岡市からの投稿として載る。

三太郎さん［さんたろうさん］

ある学校でかつて使われていた給食用のエレベーターに現れるという怪異。そのエレベーターに備え付けられたボタンを一、二、三の順番で押して「三太郎さーん」と呼ぶと下の方から「はぁーい」という声が聞こえてエレベーターが上がってくるという。

常光徹著『学校の怪談6』に載る。

三人の看護婦さん［さんにんのかんごふさん］

ある学校の体育館に現れるという怪異で、この看護婦に注射を刺されると急いで病院に行って治療を受けねば死んでしまうという。

学校の怪談編集委員会編『学校の怪談9』に、山口県下関市《しものせきし》からの投稿として載る。同書での名前の表記は「3人のかんごふさん」となっている。

さんぬけぼうず［さんぬけぼうず］

ある学校に現れるという怪異で、「さぼくんはえさんらいんか」と問いかけてくる。この言葉から「さ」と「ん」を抜くと「ぼくはえらいか」となり、「偉い」と答えればさんぬけぼうずは喜んで帰っていくが、「馬鹿」というと知らない世界に連れていかれてしまう。

常光徹著『新・学校の怪談3』に、島根県からの投稿として載る。

三本足のリカちゃん［さんぼんあしのりかちゃん］

人形にまつわる怪異。女性がトイレに落ちているリカちゃん人形を見つけて拾って見ると、そのリカちゃんには普通の二本の足の他にもう一つ、黄土色の足がついていた。驚いて地面に落とすと、「私リカちゃん。呪われてるの……」と繰り返し始めた。その声はどんなにリカちゃんから離れても耳から離れず、最終的に女性は発狂して自らの鼓膜を破ってしまった。

三本目の足は人肉であると明記されることも多い。この話は松山ひろし著『三本足のリカちゃん人形』に載る。同書には三本目の足は工場の機械のトラブルによって誕生したとされる説も載っており、また松山ひろし氏が主宰するウェブサイト「現代奇談」には、夜寝ていると枕元に三本足のリカちゃんが現れ、気付かなければ何事もないが、気付くと手に持った包丁で襲いかかり、足を切り取ってしまうという話が載る。

この怪異には学校の怪談パターンも存在し、有名なものとしては**トイレの花子さん**のように学校のトイレで「三本足のリカちゃん、あそぼ」といった言葉をかけると三本足のリカちゃんが現れ、場合によっては足を切断されるなど害を被《こうむ》るものがある。他にも、現れた三本足のリカちゃんが「わたしリカちゃん、呪われてるの」と言うが害はないパターン、「おままごとする？それともかくれんぼする？」と問われて前者だと包丁が上から降ってくる、後者だと別世界に連れていかれるという問いかけパターン、「わたしリカちゃん。この足の持ち主を探しているの」と言うが害はないパターンなどがあるという。

このような三本足のリカちゃんにまつわる学校の怪談は全国に流布《るふ》しており、学校の怪談編集委員会編『学校の怪談7』ではその姿を見るだけで夢の中で殺されるという話や、「一緒に遊ぼうよ」という声を聞くと翌日死亡する、三本足ではなく四本足のリカちゃんがおり、これはリカちゃん人形の霊である、といった話が載る。同シリーズの『学校の怪談16』では、リカちゃん人形の足が三本落ちてきて人を苦しめるという足のみの怪異として語られるパターンや、三階の階段の三段目から「三つ足のリカちゃん」と言って跳ぶと現れるというトイレ以外に出現するパターンも載る。

他にも、常光徹著『学校の怪談4』には、和歌山県にある小学校のトイレに三本足のリカちゃんがおり、二階の女子トイレの三番目の個室の戸の前に立ってノックをしたあと「三本足のリカちゃん、遊びましょう！」と呼びかけると「何して遊ぶの」という返事が返ってくる。これに「おままごと」と答えると戸が開き、二本はビニールでできているが一本は人間の足となっている三本足の大きな人形の姿をしたリカちゃんが出てくる。このリカちゃんは「花子さん」の生まれ変わりではないかという噂《うわさ》が立っている、という**花子さん**と組み合わせた話が記されている。同シリーズの『みんなの学校の怪談　赤本』では、ある少女が不要になったリカちゃん人形を学校のトイレに捨てたところ、次の日からそのリカちゃんから笑顔が失われ、三本目の足が生えてきた、三階のトイレで「三本足のリカちゃん、遊びましょう」と叫ぶと窓から三本足のリカちゃんが包丁を持って走ってくる、といった話が記録されている。

またフジテレビ出版『木曜の怪談　紫の鏡』では、二時二二分二二秒にトイレに入ろうとすると三本足のリカちゃんがこっちを見て笑っており、「おままごとする？それともかくれんぼ？」と尋ねてくる。これに対し「かくれんぼ」と答えると四次元の世界に吸い込まれ、「おままごと」と答えると上から包丁が降ってきて血塗《ちまみ》れになり死亡するという話や、放課後になるとどこからともなくクマのぬいぐるみを持った三本足のリカちゃんが現れ、小学生を襲うようになった。このリカちゃんがもし「いっしょに遊ぼ」と言ってきたときに「誰だお前」などと答えると、ぬいぐるみにされてしまう。また「いいよ」と答えると一生戻れないところへ連れていかれ、「嫌だ」と答えると次の日事故に遭《あ》ってしまう。これに大しては「ごめんね、今日約束しちゃった」と言えば「今度遊ぼ」と言って消えてしまうとされる話が載っている。

他に、インターネット上では三本足のリカちゃんが生まれた由来が語られることもあり、その話は工場の機械の故障によって生まれ、市場に流通してしまい、関係者の手で回収されたが、その一部はまだ回収されずに残っているというもの。またこの三本足のリカちゃん人形はマニアの間で非常に高値で取り引きされたため、三本足のリカちゃんを追い求めたマニアの男が二体のリカちゃん人形の足を一本もぎ取り、三本足のリカちゃん人形を作ってしまったために、その後事故によって片足を切断されて死んでしまったという話もある。この男に作られたリカちゃんは消えてしまったとされる。

ちなみに宇佐和通《うさわつう》著『THE都市伝説』には、リカちゃん人形をバービー人形に替えた「三本足のバービー人形」なるものが載る。

三輪車のお婆さん ［さんりんしゃのおばあさん］

宮崎県の海岸沿いに出現するという老婆

の怪異。普段は三輪車をこぐ音のみがするというが、稀《まれ》に猛スピードで走る三輪車に乗った老婆が現れ、いつの間にか消えてしまうという。

渡辺節子他編著『夢で田中にふりむくな』に載る。

【し】

幸せのにんじん
［しあわせのにんじん］

実際に小学校の給食に入っている、人型や星形など特別な形に切り抜かれたにんじんにまつわる怪異。一日にクラスに一個だけというものや、月に一度全校児童の中で一人だけ食べることができるといった珍しいもので、子どもたちが好き嫌いをなくし、給食を楽しく食べてもらいたいという思いのもと始まったものらしい。

しかし一方でこの幸せのにんじんにまつわる怪異譚《たん》も発生している。人型の場合、手足や頭が取れていると当たった本人もいつかそうなる、噛《か》まずに飲み込まないと死亡する、人型なのは丑《うし》の刻参《こくまい》りの藁《わら》人形を模したから、などの噂《うわさ》がまことしやかに語られているようだ。

二〇〇八年頃にはインターネット上で流《る》布《ふ》しているのが確認できる。しかしこのにんじんに不吉な噂がまとわり付くようになった時期や地域は定《さだ》かでなく、詳細は不明。呪いの内容が人型に切り抜かれたにんじんに集中しているところを見るに、人間の形をしているということが子どもたちに不気味な感想を抱かせたのかもしれない。

G駅
［じーえき］

異界に現れたとされる駅の怪異の一つ。ある少年が昼間電車に乗っていたときのこと、電車がいつも降りるはずの駅に辿《たど》り着《つ》かず、延々と走り続けるということがあった。その上車窓の向こうは日暮れには遠い時間のはずなのに真っ暗で、さらに先ほどまでいたはずの乗客がいつの間にか姿を消している。その異様な事態に少年が恐怖に震えながら次の駅を待っていると、三、四〇分も経《た》った頃にやっと「次はG駅～、G駅です」というアナウンスが流れてきた。その駅は少年もよく知る地名であったため、いくらかほっとして少年はその駅で降りた。

　その駅は無人駅で、外は相変わらず真っ暗な上ホームには誰もおらず、照明は改札の部分を照らしているのみで民家の明かりも見えなかった。また駅の構造は上り線と下り線を移動する際に改札を抜けないといけない構造になっていたが、乗り越し精算のための機械もなく、駅員の姿もないためどうしようかと少年が改札機の周辺をうろついていると、古びてはいるが駅員の呼び出しボタンが設置されているのを発見し、そのボタンを押した。すると数回の呼び出し音の後男性の声がして、少年が状況を説明すると、優しげな口調でその世界から出る方法を教えてくれた。少年が実際に駅員に言われた通りに改札を出て違う路線の電車に乗ったところ、真っ暗な空が次第に明るくなり、夕暮れ頃にもともと降りる予定であった駅に着いたという。

　2ちゃんねるオカルト板の「自分が体験した不思議なことを書き込むスレ」スレッドに、二〇一四年一一月八日に書き込まれた**異界駅**。G駅のGは駅名のイニシャルのようで、本来の名前は実在する駅名と一致するようだが、それを調べ当てることまではできなかった。

ジェイソン村［じぇいそんむら］

　アメリカからやってきた殺人鬼がホッケーマスクを被《かぶ》り、村人を殺戮《さつりく》した廃村があるという怪異。

　読み方は「じぇいそんそん」とされる場合もある。秋田県、茨城県、神奈川県、群馬県、熊本県などにあるという不可思議な村にまつわる都市伝説。ジェイソンとは恐らくアメリカのスプラッター映画『13日の金曜日』シリーズに登場する不死身の殺人鬼、ジェイソン・ボーヒーズの名前から来ているのだろう。またこれとは毛色が違う都市伝説の中で語られるジェイソン村に**新潟ジェイソン村**がある。

ジェットババア［じぇっとばばあ］

　ものすごい速さで車を追いかけてくる老婆の怪異。その走行スピードはまるでジェットエンジンを積んでいるかのようで、自動車を追い抜かす際ににやりと笑う。出会っても大抵は害はないが、場合によっては追い抜かされると事故を起こすという。

　高速移動系の老婆の怪の一種。ジェットエンジンとジェットターボエンジンの差故か、これが進化すると**ターボババア**になるとされることもある。

死仮魔［しかま］

　話を聞くと見てしまうという夢の怪異。

その話は以下の通り。雲の上にいる夢で、そこでは斧《おの》を振り上げた巨人と遭遇する。この夢から逃れるためには、「死は死人の死、仮は仮面の仮、魔は魔法の魔」と言わなければならない。

常光徹編著『みんなの学校の怪談　緑本』に、群馬県からの投稿として載る。回避のための呪文が**カシマさん**と類似している。

時間の精〔じかんのせい〕

愛知県岡崎市《おかざきし》のある小学校では夜になると窓の外が昼の景色に見え、そのままトイレに行くと時間の精が現れて別世界へ連れていかれてしまうという怪異。

学校の怪談編集委員会編『学校の怪談5』に、愛知県岡崎市からの投稿として載る。

時空うば〔じくううば〕

夜中の二時頃に部屋の戸をノックする音が聞こえることがある。これに対して「うばよ去れ」と三回言ってから部屋の戸を開けなければ、見知らぬ老婆の怪異に遠い所に連れていかれてしまう。またこの話を読んだ、聞いた人間の元には一週間以内にこの時空うばが現れる可能性が高くなる。

マイバースデイ編集部編『わたしのまわりの怪奇現象１０００』に載る**ババサレ**系の怪異。これと同じ呪文により撃退できる怪異に**うばよ去れ**、**バーサレ**がいる。

時空のおっさん〔じくうのおっさん〕

異世界に迷い込んだ人間を元の世界に戻すという怪異。見た目は普通の人間だが、複数いるのか、それとも人によって目に映る姿が異なるのかはわからないが、さまざまな年齢、容姿で語られる。また迷い込んだ人間かどうかを一目で見破る能力も持っているようだ。

非常に多くの体験談が語られている怪異だが、見つけられた出典の中で最も古いものは、2ちゃんねるオカルト板の「死ぬ程洒落《しゃれ》にならない怖い話を集めてみない？92」スレッドに、二〇〇五年二月六日に書き込まれたものであった。大抵は異世界に迷い込んだ人間をすぐに発見し、怒ったり慰めたりしながら元の世界に戻してくれるが、稀《まれ》にもう戻れないことを告げる場合もある。また、この時空のおっさんが出てくる異世界は現実の世界と似通っているが、自分と時空のおっさん以外に動くものがない世界であることが多い。

地獄の牛鬼〔じごくのうしおに〕

この世の中で最も怖い話、それが「地獄の牛鬼」だと言われているという怪異。あまりに恐ろし過ぎるため、この話を聞いた人間はショックで次々と死んでしまい、今ではこの話を知っている人間はいないという。

常光徹著『学校の怪談5』に載る。同じく牛に関連する名前を持つ**牛の首**に類似した怪談である。「牛鬼」とは日本各地に伝わる妖怪の一種で、主に海岸など水辺を歩く人間を襲う。頭が牛で体が鬼、頭が鬼で体が牛、頭が鬼で体が蜘蛛《くも》、などといったさまざまな姿が伝わる。また仏教における地獄世界で罪を犯した亡者《もうじゃ》を苛《さいな》むとされる「牛頭《ごず》」という、頭が牛、体が人の鬼もまた牛鬼と呼ばれることがある。地獄の牛鬼とはこの牛頭を指すのかもしれない。

地獄の女［じごくのおんな］

エレベーターにまつわる怪異。一人の男性があるホテルに宿泊していたときのこと。夜中にドアをノックする音が聞こえ、何だろうと思いながらドアを開けた。すると黒い服を着た女性が立っており、「お一人乗れますが、どうぞ」と言う。男性は恐ろしくなってドアを閉め、そのまま寝てしまった。

翌日、男性がエレベーターに乗ろうとすると中に昨夜の黒い服の女がいた。恐怖を覚えた男性がエレベーターに乗らずにいると、扉が閉まった途端そのエレベーターが落下して中の人間は皆死亡してしまった。実はあの黒い服の女は地獄からのお迎えだったという。

不思議な世界を考える会編『怪異百物語4』に載る。またこの話はもともとは外国で語られていたものらしく、渡辺節子他編著『夢で田中にふりむくな』に一九一二年頃、一人の民俗学者がまだ子どもだった時代に、ロンドンから来た客に聞いたというこんな話が記録されている。一人の若い女がロンドンへ出かける途中で古い領主館に泊まった。その夜は月夜で、女性がなかなか寝付けないでいると、時刻が一二時を回ったとき表の砂利道に馬のひづめと車輪の音が聞こえたため、窓を覗《のぞ》いてみた。そこに見えたのは玄関に向かってくる葬儀用馬車で、中には棺《ひつぎ》がなく、人がたくさん乗っていた。その馬車が窓の真向かいまで来たとき、御者《ぎょしゃ》が女性の方を向いて「もう一人、お乗りになれます」と言う。女性は恐ろしくなってカーテンを閉め、ベッドに潜《もぐ》り込んで朝まで震えていた。

翌日、女性は気を取り直して館を去り、ロンドンへ向かった。目当ては当時としてはまだ目新しいエレベーターがある大きな店で、買い物を済ませて下へ降りようとエレベーターに向かった。エレベーターはかなり混んでいたが、エレベーター係の男が彼女の方を見てこう言った。「もう一人、お乗りになれます」その顔は昨夜見たあの葬儀用馬車の御者と同じだった。

女性は恐ろしくなって誘いを断り背を向けると、扉がガチャンと閉まった音が聞こえた直後、悲鳴と共にエレベーターが落ちていく音が聞こえ、大きな音がした。そのエレベーターに乗っていた人は全員死亡したという。

同書にはアメリカのフィラデルフィアでもこれに似た話が語られていたことが記されている。

支笏ライダー［しこつらいだー］

自殺した男の霊がバイクに乗って現れるという怪異。その名の通り北海道千歳市《ちとせし》の支笏湖に出現し、これに追い抜かされた自動車は必ず事故を起こしてしまうという。

ピチブックス編集委員会編『私の恐怖体験』に載る。

自殺電波塔［じさつでんぱとう］

二人の少女にまつわる怪異。自分の家族を惨殺《ざんさつ》した上に住んでいた館の近くにあった集落も襲い、村人たちを惨殺した少女がいた。一つの体に多数の人格を持つ病を患《わずら》っていた少女は、元の人格に戻った後自分が引き起こした惨劇に耐えられず、最後に辿《たど》り着《つ》いた無線中継所の二階奥にあるフックにロープをかけ、首を括《くく》ったという。それ以来この廃墟《はいきょ》には少女の幽霊が現れるようになり、中継所と電波塔を総称し、自殺電波塔と呼ばれるようになった。

またこの廃墟では少女の他にもさまざまな自殺者の霊が出ると言い、皆そこで自殺したものたちの霊であるとされる。そんなにも自殺者を呼び込むのは、電波塔が自殺を促す電波を発し、被害者を呼びこんでいるからであると語られることもある。

この話はウェブサイト「廃墟伝説」によった。**新潟ホワイトハウス**、**新潟ジェイソン村**に続く都市伝説とされ、新潟ホワイトハウスに対応してかブラックハウスと呼ばれることもある。新潟県に実在する無線中継所の廃墟を舞台にしており、前述した二つの都市伝説にて語られた少女の最後を語る物語となっている。新潟ホワイトハウスと自殺電波塔がセットで語られることもあるため、ジェイソン村より以前に自殺電波塔の都市伝説が存在した可能性もある。

シシノケ［ししのけ］

石川県に現れたという怪異。外見は寝袋の表面に鋭く固い毛を生やしたような姿をしているという。その細長い体には手足がないが、先端の顔に当たると思われる部分には触覚のようなものが三本、三角形を形作るように生えており、さらにその先端には目玉と思《おぼ》しき器官があるとされる。そして三本の触手の中央には鼻または口に当たる器官なのか穴が一つ空いており、その下に髭《ひげ》のようなものが生えているという。発情期の猫の声や赤ん坊の泣き声のような音を発する他、「ツチ……ツチッ……イトッ……シャ……ノウ」と言葉らしきものを発する様子も確認されている。

このシシノケと呼ばれる怪異にまつわる以下の伝承も語られている。かつて山の中にあった村で生まれた奇形児を村人たちが山の神の生まれ変わりとして崇《あが》め、山の社に住まわせた際、もともとその社に住んでいた山神と融合し、山の村を迫害していた里の村を荒らすようになったが、次第に山の村をも荒らすようになり、最後には山の村の民たちによって山から出られないようにされたという話で、それがシシノケの正体なのだともいう。

2ちゃんねるニュース速報VIP板の「変なものを見てしまった。」というスレッドで、二〇一〇年四月一二日に語られたもの。またシシノケの正体と思しき過去の話は新たに立てられた同名のスレッドで二〇一〇年一〇月一〇日に語られている。ただし最初のスレッドに書き込んだ人物とは別の人物が書き込んでいるため、最初に語られたシシノケと本当に関連があるのかどうかは曖昧な部分がある。

しずく［しずく］

少年が友達の家から帰る途中遭遇したという怪異。その少年はある橋の上で雨も降っていないのに雨傘を差した女性が歩いてくるのを見て、変な人だな、と思っていると、擦れ違い様にその女性の傘の上にだけ細かな雨が降りかかっているのが見えたという。

常光徹著『新・学校の怪談3』に載る。

自然霊［しぜんれい］

心霊にまつわる怪異。山や海、炎など自然物に宿る精霊のこと。

この説明はピチ・ブックス編集委員会編『私の恐怖体験』によった。元々自然霊という言葉は心霊主義で使われる用語で、一度も物質的な体を持たず、この世に現れたことがない霊のことを言う。春川栖仙《せいせん》編『心霊研究辞典』によれば、高級な自然霊には神仏や龍神、天使や天人などがあるといい、低級な自然霊には**天狗**や妖精、妖怪などがあるという。

死相の本［しそうのほん］

いろいろな人々の生前の顔と死後の顔がそれぞれ右ページ、左ページに並んでいるだけの本で、辞書程の厚さがあるという怪異。毎日この本を捲《めく》っていると次第に人が死ぬ前に顔に出る死相がわかるようになるという。

2ちゃんねるオカルト板の「死ぬ程洒落《しゃれ》にならない怖い話を集めてみない？46」スレッドに、二〇〇三年七月二七日に書き込まれた怪異。この文中には「占い関係のトップシークレット本」とあり、占い関係者が人の死相を見ることができるようになるために使う本だと考えられる。

七人坊主［しちにんぼうず］

伊豆《いず》諸島の八丈島《はちじょうじま》に伝わる伝説に登場する怪異。江戸時代、大飢饉《ききん》の真っ最中に七人の坊主が流れ着き、飢えから島の者たちに食物の提供を願ったが、食糧不足のために尽《ことごと》く断られ、最終的に一人一人力尽きていくということがあった。坊主たちは自分たちを見殺しにした村人たちを恨んで死んでいったとされ、その呪いがいまだ残っていると島では伝えられていた。

その呪いとは、坊主たちが死んでいった

島の峠で七人坊主の悪口を言うと祟《たた》りが起きるというもので、現代でも実際にそこで道路工事に従事していた者の一人が彼らの悪口を言ったところ、突如土砂崩れが起こり、坊主の数と同じ七人の人間が死亡した事故があったという。

児童文学者協会編『午後六時ののろい』に載る怪談だが、この事故は実際に起こっており、昭和二七年（一九五二年）一一月二三日付で地元紙『南海タイムズ』で報道されている。

また、一九九四年八月には葬儀場の炉で七人分の人骨が見つかるという事件が起こっており、この犯人も不明のままとなっている。

一〇センチおばさん［じっせんちおばさん］

真夜中に外を見ると、一〇センチぐらいのおばさんが猛スピードで駆け抜けていくことがあるという怪異。

ポプラ社編集部編『映画「学校の怪談」によせられたこわーいうわさ』に載る。

疾走犬［しっそうけん］

高速で走るスポーツカーを同じ速度で追うという、人の顔をした柴犬《しばいぬ》の幽霊とされる怪異。

マイバースデイ編集部編『わたしの学校の七不思議』に載る。姿は**人面犬**と共通するが、別の名前がつけられており、また柴犬の**幽霊**であると限定されている。

自転車幽霊［じてんしゃゆうれい］

一九五五年頃の青森県青森市に現れたという怪異。ある人が夜自転車で西平内《にしひらない》から浅虫《あさむし》へ向かっていたとき、トンネルの前で若い女性に自転車に乗せてほしいと声をかけられた。そこで自転車の荷台に乗せると、女性はその人の後ろから抱き付いてきた。しかししばらく走っていると自転車を止めてもいないのに女性の気配が消えた。後ろを振り返ると女性の姿がない。その人は交通事故で亡《な》くなった女性の霊だったのだと思うと急に恐ろしくなり、急いで自転車を漕《こ》いで帰ったという。

筆者命名。この話は松谷みよ子著『現代民話考3』に載るが、類例は多い。また自転車に乗ってくるのは女とは限らず、学校の怪談編集委員会編『学校の怪談9』では自転車がやけに重くなり、後ろを見ると血だらけのおじさんがにやーと笑っていたという話が神奈川県大和市《やまとし》からの投稿として載っている。

シナバ草［しなばそう］

言葉遊びの怪異。ある人間を恨んでいる老婆が首《くび》吊り自殺をした。その恨みは死してなお残り、この話を聞くと三日以内にシナバ草という植物を探して老婆の成仏《じょうぶつ》を祈らなければ、彼女に呪われるという。

マイバースデイ編集部編『わたしのまわりの怪奇現象1000』に載る。ちなみに

「しなばそう」を逆から読むと「うそばなし」となり、この話が嘘《うそ》であることがわかる仕掛けとなっている。

　また常光徹編著『みんなの学校の怪談　緑本』には、同じくシナバ草にまつわるこんな話が載っている。ある村の野原には「しなば草」という名前のとてもきれいな花が咲いていた。一人の少年がその花を採集していると、次第に胸が苦しくなってきて、最終的に死んでしまった。この花を採集した人間は次々と少年と同じ末路を辿《たど》ることになった。実はこのしなば草には秘密があり、その秘密を解くことができれば花を採っても大丈夫だという。もちろんその秘密とはしなば草を逆から読む、ということである。

　同シリーズの『みんなの学校の怪談　赤本』では「しなばそう」が植物の名前ではなく旅館の名前、つまり「しなば荘」になっている怪談が載る。千葉県から投稿されたその話によれば、ある学校が修学旅行でその旅館を利用したところ、一人の女生徒がトイレのドアに「赤、青、黄」の帽子がかかっているのを見つけた。そこで青い帽子を手に取ってみるとその生徒が消えてしまうという事態が起きた。そしてその事件の謎を解くカギは、旅館の名前に隠されているというもの。むろんそのカギも「しなば荘」を逆から読めということである。

死に顔を映す鏡［しにがおをうつすかがみ］

　鏡にまつわる怪異。三面鏡を開くと、角度によっては鏡の構造から目の前のものを何重にも映すことがある。夜中の一二時ちょうどに三面鏡に顔を映し、その中で右から七番目に映る顔は、他の顔とは異なっており、その人が死ぬ際の顔を映しているという。

　鏡を開く時間は二時という例も多く、また死に顔が何番目に映るかは、三番目や八番目、一三番目など多数の例がある。また三面鏡はあの世に繋《つな》がっていると語られる例もあるようだ。類例としては木原浩勝他著『都市の穴』に、夜中の零時に合せ鏡をすると一三番目の鏡に死に顔が映るという話が載る。

死神［しにがみ］

　死にまつわる怪異。ある家族が夕食時のこと、窓も開いていないのにカーテンが揺れていた。変だと思っているとその隙間から死神が突然現れ、子どもを連れ去ろうとした。しかし死神はその顔を見て「こいつじゃない」と言い、壁の中に消えていった。その翌日、隣の家のお爺《じい》さんが亡《な》くなったという。

　不思議な世界を考える会編『怪異百物語9』に載る。死期の迫った人間の前に鎌を持った死神が現れるという例は多い。例えば同シリーズの『怪異百物語5』では、ある少女が入院している自分の祖父の病室を訪れた際、黒く大きな人間が鎌を持ったような影が見え、その後すぐ祖父が亡くなったとの報《しら》せが届いたという話が載る。さらに『怪異百物語7』では、一三日の金曜日に鏡の中から死神が現れ、連れていかれてしまうため、その日は鏡を隠さねばならないという話が記録されている。

またマイバースデイ編集部編『わたしのまわりの怪奇現象1000』では、話を聞くと三日以内に現れるという死神の話が載るが、この死神は鏡の中から現れるため、三日間に二回以上鏡を見なければ回避できるようだ。

死神ばばあ［しにがみばばあ］

夜中眠っているときに夢の中に見知らぬ老婆が現れ、「今何時?」と尋ねてくるという怪異。これに答えてしまうと老婆が死神の姿に変わり、鎌で首を切られてしまう。すると現実の世界でも死んでしまうという。

マイバースデイ編集部編『わたしのまわりの怪奇現象1000』に載る。

死人の集まる日［しにんのあつまるひ］

その名の通り死んだ人間たちが集まる日があるという怪異。死人たちは寺のような場所に集まるとされるが、稀《まれ》に生きた人間も迷い込んでしまうことがある。もしその場所で生きていることがわかると、死人の群れはその人間を自分たちの仲間に連れ込もうとするのだという。

常光徹著『学校の怪談5』に載る。

死ねばよかったのにの悪霊［しねばよかったのにのあくりょう］

ある男性がドライブに出かけた際のこと。ある山道で日が落ちて道に迷ってしまった男性が困っていると、不意に後部座席に座る女性の姿がバックミラーに映り込み、思わずブレーキを踏んだ。恐る恐る振り返るも女性の姿はない。安堵《あんど》して車を走らせようと前方を見ると、すぐ先が崖になっていることに気が付いた。男性はきっとあの霊は自分を助けてくれたのだと思い、感謝しながら車をバックさせていると、突然女の「死ねばよかったのに……」という声が聞こえた。

全国的に語られる有名な怪談。他にも、眠っているはずの同乗者が道案内をした先に崖があり、間一髪で車を止めると同乗者の口から普段とはまったく違う声で「死ねばよかったのに」と聞こえるパターンや、車を走らせていると目の前に突然血塗《ちまみ》れの女性が飛び出してきて慌てて車を止めると目の前が崖で、それを知らせてくれたのだろうと霊に感謝していると、どこからか「死ねばよかったのに」と聞こえてくるというパターンも存在する。霊が最後に発する文言も「死ねばいいのに」「落ちればよかったのに」「畜生」「くそう」「あと少しだったのに」「どうして落ちなかったの」といった複数のパターンが見られる。

またこの悪霊は電子機器を利用する場合もあり、常光徹他編著『魔女の伝言板』や常光徹著『学校の怪談7』には、あるトンネルの中で、行きに車のラジオのスイッチを入れると低い男の声で「行ってらっしゃい。気を付けて」と声が流れるが、帰りにスイッチを入れると今度は女の声で「死ねばよかったのに」と聞こえてきた、という怪異が記録されている。

　珍しい話では、マイバースデイ編集部編『音楽室に霊がいる！』に、愛知県の高校生から投稿された怪談として**幽霊**が出ると有名な高原を4人でドライブしていたところ、走っている途中から「死ねよ」という声が後部座席の2人の耳に届き、三度目に運転手の耳にも届いたため車を止めたところ崖の直前だったため助けてくれたのだと安堵したところ、「死ねばよかったのに」と声が聞こえてきたという、継続的に話しかけてくる悪霊の例が載る。

死の池の幽霊［しのいけのゆうれい］

　ある場所に存在する「死の池」と呼ばれる自殺の名所と化した溜《た》め池《いけ》にまつわる怪異。一人の少女が小学校の野外学習でその付近を訪れた際、池の側に女性の幽霊が現れ、不意に瞬間移動をするようにして少女の目の前まで来て「二度と池に近づくな」と言うとすっと消えていった。少女がその話を教師にしたところ、それが池の付近の住民にまで伝わり、看板や柵などで池に人が近づかないように整備され、自殺する人もいなくなり、やがて死の池という名前も薄れていったという。

　水木しげる著『妖怪目撃画談』に載る。初出は角川書店『怪』第八号。

地縛霊［じばくれい］

　心霊にまつわる怪異。何らかの理由で自分の死が自覚できないまま死ぬ、また怨《うら》みや憎悪《ぞうお》といった激しい感情を抱いて死ぬなど自分の死を受け入れられないまま死んだ場合に、土地や建物など特定の場所に固定化して現れるようになった霊のこと。ただ同じ場所に出現する以外にも、死の直前の行動を繰り返す、怨んだ相手を滅ぼそうとする、無差別に通りかかった人間に害を加えるなどの行動を取ることがある。

　現在ではメディアでも使われるなど普遍的な用語となっているが、元々は近代欧米で発展した心霊主義の中で生まれた言葉のようである。春川栖仙《せいせん》著『心霊研究事典』によれば、地上に思いを寄せ、執着を持ち、ただ何となく憑《つ》いている状態の未発達の霊魂のことを言い、よく**幽霊**現象が起きる場所等で怨恨《えんこん》を抱いてじっとしている霊であるとのこと。また同書では地縛霊がその場所に憑く理由として、相手を死滅、一家断絶させようという目的で憑く、戸惑い、偶然によって憑く、地上へ何らかの執着があって憑くと三つの原因を指摘している。

　日本における地縛霊の歴史も近代まで遡り、一九三四年に発行された浅野和三郎著『神霊主義』においてすでに「地縛の霊」という言葉が見え、また一九四一年に発行された『神霊文庫17篇　死者に交わる三十年から』には、浅野氏が一九二七年に記したという文章の中に「地縛の霊」という言葉が記されている。ここで言う地縛の霊は地上から離れられず、より高位の世界である幽界や霊界に向かうことができない死者の霊、という意味で使われており、現在のような特定の場所に縛られる霊という意味はない。ただし前述した『死者に交わる三十年から』の中で、すでに自分の死に気付かず自殺を繰り返す霊が地縛の霊として数えられているのが見える。

また一九四三年発行の岡田茂吉著『明日の医術』第三編では自身が死んだ場所から動けなくなった霊のことを地縛の霊と呼んでいる。しかしこの時点ではまだこれは一般的な考え方ではなかったようだ。

この地縛の霊、もしくは地縛霊が現在の形で広く使われる言葉となったのは恐らく一九七〇年代以降だと考えられ、中岡俊哉氏やつのだじろう氏らの著作の影響が大きいと思われる。オカルトブームの立役者となった彼らの作品では地縛霊は何らかの理由で特定の場所から動けない死者の霊として扱われている。そしてその他の地上を彷徨う霊については、**浮遊霊**という種類で分けられるようになったようだ。

これら現代の地縛霊については大島清昭著『現代幽霊論』にてその特徴が考察されている。それによれば死者がその特定の場所に固定される原因は大別して三パターンがあるとし、「屍体《したい》が存在する（した）場所」「自らが生命を落とした場所」「生前、関わりが深かった場所」の三つのどれかに固定化されるという。

また日本において地縛霊という概念がない時代でも場所に固定化する死者という存在は伝わっており、皿屋敷《やしき》において自身が身を投げた井戸から現れるお菊などは有名であるが、さらに時代を遡《さかのぼ》ると平安時代の説話集『今昔物語集《こんじゃくものがたりしゅう》』巻二七の「三条《さんじょう》東《ひがし》の洞院《とういん》の鬼殿《おにどの》の霊《れい》の物語」には平安京が造られる以前、松の木陰で雨宿りをしていた際に雷が落ち、焼き殺されたと伝わる場所に人が家を造り、住むようになったが、その男の霊はいまだそこにあり、今でも稀《まれ》によくないことが起こるのだ、という話が記されている。

シバレボッコ ［しばれぼっこ］

北海道に伝わる怪異。冬の吹雪《ふぶき》の夜、玄関の扉を叩《たた》く音がする。これに対して大人が出ると何もいないが、子どもが出てしまうと鈴の音が暗闇から聞こえ、「ねぬみさきでろ、ねぬみさきでろ」と楽しそうな歌声でシバレボッコが誘ってくるという。また、遅くまで起きていると「シバレボッコさ来て食ってまうぞ」というように親が子をしつけるための怪物として使われることもあったようだ。

ウェブサイト「太狸庵家頁《ふとりあんほーむぺーじ》」で一九九六年一二月に採話したとされるものが現在確認できた最古の情報。名称にある「シバレ」とは、東北や北海道にて厳しく冷え込むことを表現する「しばれる」という方言から来ていると思われる。残る「ボッコ」については、北海道に棒切れをのことを指す

「ぼっこ」という方言があったり、ミトン型の手袋を「ぼっこ手袋」と言ったりするが、この場合は妖怪「座敷《ざしき》ぼっこ」と同じように子どもを意味する言葉と考えるのが自然だろう。また、都市伝説研究委員会編著『悪夢の都市伝説』や山口敏太郎著『日本の現代妖怪図鑑』ではこのボッコは少女の意味とされている。

　そしてシバレボッコという名前がアイヌ語ではなく東北方言から来ていることを見るに、この怪異は蝦夷《えぞ》開拓のために本州からやってきた移民たちの間で語られるようになった可能性が高い。「ねぬみさきでろ」という歌については現在のところ何を意味しているのか不明。

死人茶屋［しびとぢゃや］

　上方落語の演目でかつては演じられた記録があり、二代目桂萬光《かつらまんこう》などが十八番《おはこ》としていたが現在では伝承が途絶え題名のみしか残っていない。しかし誰をも震え上がらせる怪談噺《ばなし》だったと伝わっており、「死人茶屋」をやるとよくないことが起こると言われ、誰もやりたがらなかったため永遠に内容が失われてしまったという怪異。

　松山ひろし著『壁女』に記述がある。同書によれば「死人茶屋」は実在した噺で、何らかの理由で失われてしまったというのは真実のようだが、この噺に限らず失われた演目は多数存在するため、本当にあまりに恐ろしいからという理由で失われてしまったのかは定《さだ》かではないという。また小説家の堀晃氏がこの噺を題材に『死人茶屋』という短編を書いており、そこでこの噺がタブー視されているという場面があるため、ここから噂《うわさ》が発生した可能性もあるとされる。

渋谷七人ミサキ［しぶやしちにんみさき］

　援助交際をする女子高生の堕胎《だたい》によって殺された七人の胎児が怨霊《おんりょう》となり、自分たちの母親に復讐《ふくしゅう》して回っているという怪異。女子高生たちが殺された場所は道玄《どうげん》坂《ざか》、スペイン坂、宮益坂《みやますざか》など、必ず渋谷にある坂の名前になっているところに特徴がある。また七人すべての母親が殺されたとき、渋谷七人ミサキは成仏《じょうぶつ》したという。

　山口敏太郎著『日本の現代妖怪図鑑』に載る。「七人ミサキ」は元来高知県を中心とした四国・中国地方で伝えられる妖怪で、多くの場合溺死《できし》者がなるものとされるためか水辺に多く現れ、これに行き会った人間は高熱を出して寝込んでしまう。また七人一組で行動し、人を一人殺すことで一人が成仏でき、そして取り殺されたものが新たに七人ミサキに加わるという行動を繰り返しているとされる。そのため七人同時に成仏する渋谷七人ミサキは性質が大きく異なると思われる。

渋谷のタケシ君［しぶやのたけしくん］

　東京都渋谷区《しぶやく》にはタケシ君という像があり、この像に向かって「遊びましょ」と言いながら周りをぐるぐると回ると、夜中に本当にタケシ君が現れるという怪異。

常光徹他編著『走るお婆《ばあ》さん』に載る。ただし広坂朋信著『東京怪談ディテクション』によれば、これはもともとは**川崎のサトシ君**の話だったものが舞台を移し、渋谷で語られるようになったものだという。

閉めないでお化け ［しめないでおばけ］

ある学校の吹奏楽部の部室では、部屋の鍵を閉めようとすると「閉めないで」という声が聞こえる。しかし部屋の中には誰もいない。これは閉めないでお化けという怪異の仕業なのだという。

久保孝夫編『女子高生が語る不思議な話』に載る。

シャカシャカ ［しゃかしゃか］

新潟県のある小学校に出るという怪異。下半身がない少女の姿をしており、腕を組んで跳ねるようにして階段を下りたり、両腕を振って地面を這《は》ったりして移動する。腕を左右に振るたびにシャカシャカという金属が擦れ合うような音が聞こえ、それが名前の由来だとされる。また廊下を爪で引っかけながら追いかけてくることもあり、その際にシャカシャカという音が聞こえるという話もある。そして逃げる途中で後ろを振り返ってしまうと頭をシャカシャカに齧《かじ》られるのだという。

常光徹著『学校の怪談4』などに載る**上半身の怪**。同シリーズの『新・学校の怪談3』では、神奈川県からの投稿として六歳ぐらいの少年の姿をしているというシャカシャカの話が語られており、そこではある中学校の体育館倉庫に現れ、自分を見た人間をものすごいスピードで追いかけてくるとされるが、下半身の有無については語られていない。

他にポプラ社編集部編『映画「学校の怪談」によせられたこわーいうわさ』では、時速一〇〇キロの速さで移動するとされ、捕まると食われてしまうというものや、下半身をもぎ取って犠牲者をシャカシャカにしてしまうというものが記録されている。また後者の話の場合はシャカシャカの話を信じないとその人の元へシャカシャカが現れるという。

シャカシャカ女 ［しゃかしゃかおんな］

ある学校で男子生徒が部活を終えて家に帰ろうとしたとき、忘れ物に気が付いて教室に戻ろうとした。すると、自分の教室の方のベランダに人影が見える。髪の長い女の子のようだった。男子生徒は気にせず教室に入ったが、やはりベランダには少女の姿がある。そこで気になって、「まだ帰らないの?」と尋ねながらベランダに近づくと、その少女には胸から下がなかった。男子生徒は恐ろしさから声も出せずにいたが、少女は彼に向かってにやりと笑い、シャカシャカと音を立ててベランダの手すりの上を走っていった。

不思議な世界を考える会編『怪異百物語1』に載る**上半身の怪**。名前をはじめ、**シャカシャカ**との類似点が多く見られる。

シャコシャコ［しゃこしゃこ］

ある学校に夕方になると現れるという、上半身しかない怪異。

常光徹著『学校の怪談A』に、神奈川県からの投稿として載る。

邪視［じゃし］

ある山に出現するという怪異。シルエットは人型で顔に鼻も口もあるが、肌が白く、全身に毛が生えておらず、眉間に当たる部分に縦に目がついているという姿をしている。また衣服は着用しておらず、手に鎌を持って奇妙に体をくねらせながら踊り、民謡のような歌を不気味な高い声で歌いながら現れるという。

この怪異の目を直視してしまうと世の中のすべてが嫌になり、強い自殺願望がわき上がってくる。この影響はサングラスを通して見る、また直視せずに視界の端に捉えるなどの方法で軽減できるが、この怪異は一度目を付けた人間を延々と追い回そうとするため、逃れるためには何らかの方法でその興味を逸《そ》らす必要がある。また邪視は人間の排泄《はいせつ》物、唾液、性器など不浄なものを嫌うため、それをぶつけたり見せたりすれば撃退できることもあるようだ。

2ちゃんねるオカルト板の「死ぬ程洒《しゃ》落《れ》にならない怖い話を集めてみない？186」スレッドに、二〇〇八年一月一七日に書き込まれた怪談。この怪談中でも言及されているが、邪視とは世界中に分布する民間伝承、もしくは迷信の一種で、憎しみのこもった眼《め》で睨《にら》むという動作のみで他者に呪いをかけ、災《わざわ》いをもたらす。特に富める人、幸せな人、幼児、美人、妊婦などがその被害に遭《あ》いやすいという。このように基本的には人間の眼に関する怪異として語られるものだが、先の怪談で語られた邪視は元は人間であったのか、それとも人ならざるものなのか不明である。

車窓の目［しゃそうのめ］

京都府にある峠に現れた怪異。ある夜、車でこの峠を越えていると急に車がエンストを起こして止まった。直後金縛りに遭《あ》って動けないでいると、車窓に目が何十も現れてこちらを見つめてきた。

不思議な世界を考える会編『怪異百物語6』に載る。峠の名前はH峠とあるが、名前、場所は特定できず。

喋る生首［しゃべるなまくび］

切断された首が言葉を発するという怪異。よく語られるものはカップルがバイクで二人乗りをしてツーリング中、道路際の標識が折れ曲がり、ちょうどバイクで走行中に首に当たる位置に飛び出していた。男の方は咄嗟《とっさ》に体を曲げてそれを避けたが、女はそうもいかずに標識に直撃、首を切断された。男が急いで転がった彼女の首の元に走っていくと、女の生首は彼を見て「私、どうなっちゃったの？」と尋ねたという怪談。

　またこんな話も有名だろう。ある男性が駅のホームで電車を待っていたとき、飛び込み自殺があった。肉片が飛び散り、不運なことに首の部分が男性の元に転がってきた。思わずそれを見つめていると、不意にその生首の目が開いて「見てんじゃねーよ！」と叫んだ。

　どちらも常光徹他編著『ピアスの白い糸』を参考にしたが、インターネット上を含め全国さまざまな場所で語り継がれる怪談である。もちろん首と胴体が切り離されていれば呼吸ができないため、発声も不可能と思われる。また切断された首が不意ににやりと笑うという怪談も多く伝えられる。また切断された体がなぜか動くというモチーフは**冬の踏切《ふみきり》事故伝説**にも共通する。

　またこの話から派生した、もしくは**白いソアラ**系統の怪談と組み合わされたと思われる怪談がマイバースデイ編集部編『わたしの学校の幽霊』にあり、それによればあるカップルが赤いフェアレディでドライブしていた際、女の方が車の窓から顔を出していたために首を飛ばされる事故があったが、それ以来フェアレディのバックミラーに彼女の生首が、サイドミラーに首のない胴体が映るようになり、その持ち主であった男は赤いフェアレディを売ってしまった。そして、今でもそのフェアレディは転々といろいろな人の手を渡り歩いている、という話となっている。

しゃもじ幽霊
［しゃもじゆうれい］

　女性の姿をした怪異。ある古道具屋の女性が雨の夜、寄り合いから帰ってこない夫の帰りを諦め、戸締まりを終えて眠りに就こうとしていたときのこと、戸を叩《たた》く者があり、開けると雨に濡《ぬ》れそぼった美しい女が立っていた。その風体は真っ白な着物に真っ赤な腰巻きを着けているというもので、上半身と下半身で色がくっきりと紅白に分かれている。また他に手が何か妙だという感想を抱かせた。その女はただ「待っていてあげてください。ご主人が今戻られますから」というと、そのまま行ってしまった。不思議に思っていると、女の言う通りに夫が雨に叩かれながら小走りで帰ってきた。

　その翌日、古道具屋に一組の布団《ふとん》が持ち込まれた。それは立派な婚礼布団であったが、売りに来た男はそれを考えられないほど安価で手放した。そして早速店先に出されたその布団は数日で買い手がついたが、なぜかまた数日で舞い戻ってきた。そんなことが何度も続き、やがて夫の母親がその布団を持って帰ると言い出した。しかし翌日、不安になった夫婦は連れ立って夫の母親の家に向かった。そこで彼らが目にしたのは、布団から逃れるようにして壁に穴を空けて腕を突っ込んでいる母親の姿だった。夫はやはりこの布団には何かがあるとその布団を引き裂いたところ、綿と共に何やら変色した布の包みが現れた。妻がそれを開くと、中から干乾《ひから》びた一〇本の指とくしゃくしゃの肉片、それも抉《えぐ》り取《と》られた女性器が出てきた。

そして夫はあることを思った。妻があの雨の夜見たという女の腰から下が赤かったのは、腰巻きなどではなく血に染まっていたのではないかと。そしてそのとき、妻が叫び声を上げた。彼女もまた思い出したのだ。あの美しい女の手を見たときに覚えた違和感の正体が何であったかを。

あの女の手には指が一本もなく、のっぺりとした掌《てのひら》だけがあった。それがまるで、しゃもじのような形に見えたのだ。

大迫《おおさこ》純一著『あやかし通信『怪』』に載る。

ジャンケンおじさん ［じゃんけんおじさん］

ある学校の校門を出たすぐの所に、毎年春になると見事な花を咲かせる桜並木がある。その桜が満開になる頃にこの並木の下に立っていると、どこからともなく赤い鉢巻きを巻いた中年男性の姿をした怪異が現れ、「よう坊や、ジャンケンしようぜ」などと言いながら近づいてくる。これに応戦し、勝つとこのジャンケンおじさんに大きなキャンディをもらうことができるが、負けるとどこかへ連れていかれてしまう。ただしこの怪人は最初のジャンケンでは初手をグーしか出せないので、それを知っていれば簡単に勝てるらしい。

常光徹著『学校の怪談8』に載る。二回目以降のジャンケンでは最初に何を出すかわからないようなので、二回目はジャンケンに応戦しない方がよいと言われている。

ジャンピングジジイ ［じゃんぴんぐじじい］

名古屋市のある霊園には、ナイキのシューズを履いて人や車を飛び越えていくジャンピングジジイという怪異がいるらしい。

ポプラ社編集部編『映画「学校の怪談」によせられたこわーいうわさ』に、愛知県小牧《こまき》市からの投稿として載る。

ジャンピングばばあ ［じゃんぴんぐばばあ］

愛知県と静岡県の県境に位置するトンネルの付近に出現したという老婆の怪異。着物に下駄《げた》という姿で一回のジャンプで四メートルは跳ぶといい、夜中に走る車を追いかける。追いかけられた車は事故に遭《あ》うという。

常光徹他編著『走るお婆《ばあ》さん』に、一九九〇年、関西の女子大生から報告されたと記録されている。同名の怪異は他にもいくつか情報があり、常光徹著『学校の怪談8』では体育館にて着物にバスケットシューズという姿でバスケットボールをしている小柄な老婆とされ、すごいジャンプをして百発百中のゴールを決めるが、入り口の戸を開けると消えてしまうという。また学校の怪談編集委員会編『学校の怪談大事典』には、詳細は不明だが夜中の二時頃に出現するという情報のみが載る。

ジャンプばば［じゃんぷばば］

夜中に車で走っていると、後ろから老婆の姿をしたこの怪異がジャンプしながら追いかけてきて車を追い抜いていくことがあるという。

不思議な世界を考える会編『怪異百物語6』に載る。似た怪異に**ジャンピングばばあ**がいる。

一五の話［じゅうごのはなし］

一五歳の誕生日の夕刻に家で一人でいると、どこからか電話がかかってきて「足いりませんか?」と尋ねられるという怪異。これに対し「いりません」と答えると数日のうちに事故や病気で足を一本失ってしまい、逆に「いる」と答えるとポストに緑色の足が届けられ、他人には見えないその足に一生付きまとわれることになる。これを回避するためには何も言わずに切らなければならない。また、この話を聞いた人の元には必ず一五歳の誕生日に電話があるという。

松山ひろし著『カシマさんを追う』に載る。

一三階段［じゅうさんかいだん］

家にまつわる怪異。あるアパートに、家賃が他の部屋よりも安いにも関わらず入居してもすぐに入居者が引っ越してしまう部屋があった。その理由は、この部屋に入居した者は皆、夜寝ているときにいるはずのない子どもの声を聞いてしまうからだという。入居してきた最初の晩に聞こえるのは「一段上がった、嬉《うれ》しいな。全部上がったら遊びましょう」という声。そして翌日には「二段上がった、嬉しいな。全部上がったら遊びましょう」という内容に変わっている。それ以後も夜中になると声は聞こえ、三段、四段と次第に近づいてくる。

その部屋は階段を上り切ってすぐのところにある二階の部屋で、二階へ上るための階段は全部で一三段。そのため大抵の人は、一〇日もすると怖くなってアパートから逃げ出してしまうのだ。

しかしあるとき、家賃の安さにつられて一人の男がこの部屋を借りた。彼も噂《うわさ》は聞いていたが、幽霊など信じていなかったためただの噂だろうと考えていた。しかし入居した日の夜、彼が寝ていると誰かが階段を一段上がった音が聞こえた。そして不思議なことに男の耳元で子どもの囁《ささや》く声が聞こえたのだ。「一段上がった、嬉しいな。全部上がったら遊びましょう」と。噂が本当だったことを知った若者だが、ならばその声の正体は何者か確かめてやろうと考え、他の入居者のように逃げることはせず、一三日目までその部屋で眠り続けた。しかしその翌日、男は無残な死体となって発見された。

全国各地で語られる怪異。舞台がアパートではなく、二階建ての中古物件となっている場合もある。その場合は二階で寝ていると声が聞こえてくるという話になっている。また階段の数は一三段が一般的だが、七段というものも散見される。これは一週間の日数に合わせたものと思われる。

不思議な世界を考える会編『怪異百物語5』には、この怪異の正体をかつてその家に家族とともに住んでいた足の不自由な男児の亡霊とする話が記されている。その男児はある日階段で足を踏み外して死亡し、亡霊となって一段ずつ自分の落ちた階段を上ってくる。そして一三段まで上がると、そこにいる人間の足を切り取っていくのだという。またマイバースデイ編集部編『わたしのまわりの怪奇現象１０００』には、階段の段数が一四となっているものの似た展開の話が見え、その声の正体は赤子の霊とされていた。

他に松谷みよ子著『現代民話考７』には、一九四六年頃の岐阜県のある学校の話として、その校舎を建てる際に生き埋めになった少女がいたが、その校舎を夜見回っている際に二階へ上がる階段を上ろうとすると、一段上がるごとにヒトーツ、フターツとか細い声が聞こえてきて、あと一つ上がれば二階というところで「お前やぁ」という声がしたという話が記録されている。

また一三階段そのものについて解説すると、これは戦後処刑台に上るための階段が一三段だったという話から、処刑場を意味する言葉としても使われるようになった言葉で、一三は現代の日本でも忌《い》み数として考えられている。その不吉な数字が人の命を奪うこの怪談にはぴったりなのだろう。

一七人のお坊さん ［じゅうしちにんのおぼうさん］

ある山奥のトンネルに現れる、その名の通り一七人の僧侶の姿をした怪異。普段はトンネルに入ってきた人間を黙って見ているが、一七人のうちの誰かと性格などが似ている人間が現れるとその人間に取り憑《つ》き、霊界に引っ張り込んでしまうという。

久保孝夫編『女子高生が語る不思議な話』に載る。

一二時ババ ［じゅうにじばば］

一二時にトイレに入ると現れる怪異で、鍵を開かなくしてしまうという。

学校の怪談編集委員会編『学校の怪談大事典』に載る。夜の一二時なのか昼の一二時なのかは不明。

守護霊 ［しゅごれい］

心霊にまつわる怪異。その名の通り憑《つ》いた人間をさまざまな場面で守護してくれる霊のこと。その人間の先祖や家族、友人など近しい関係にあった者の死者が守護霊となる、とされることもある。

一般的には右のように語られるが、元々は心霊主義で使われていた言葉で、浅野和三郎著『神霊主義』などにおいて昭和初期にはすでに使用されているのが見られる。

またこの守護霊は基本的に数百から時に数

千年以上前に死亡した人間の霊、特に先祖の霊であるとされる。心霊主義ではかなり重要な存在であり、霊媒が霊能力を使っているように見える場合でも実はその能力を持っているのは守護霊なのだとされることもある。

春山栖仙《せいせん》著『心霊研究事典』によれば心霊科学における守護霊は先天的に人間の守護に当たっている他界の居住者であり、神界から命じられて人の元に赴くため決して後天的に替えることができない存在であるとされる。また同書によれば各人間には先天的に自分と同性の一人の守護霊がついており、それは過去の時代の人霊であることが多いが、一部には竜神など**自然霊**が守護霊となっているなど例外も存在するとされる。また人間の人格や性向のほぼ六、七割はこの守護霊の感化に基づいているなどという。

守護霊さま [しゅごれいさま]

こっくりさんに似た怪異の一つ。

学校の怪談編集委員会編『学校の怪談大事典』に名前のみ載る。名前からして自身の守護霊を呼び出す占いか。

心霊主義では霊媒を通して**守護霊**等の**背後霊**の力を借りて霊と交信するという交霊の方法が使われることがあるため、それがこの占いの元になっている可能性がある。また、つのだじろうの漫画『うしろの百太郎』には、**こっくりさん**と類似した方法で自身の主護霊を呼び出す、という場面があるため、これが元になった可能性もある。ただしこの作品では守護霊と主護霊は別のものとされている。また同シリーズの『学校の怪談2』では守護霊さまをやっていたところ、「ウラ守護霊」なるものが現れ、「呪う」と占いの結果が出た。さらに唐突に電気が切れストーブが消えたという体験談が東京都北区《きたく》からの投稿として載る。ただしウラ守護霊が何者なのかについては記されていないため不明。

また不思議な世界を考える会編『怪異百物語1』には、複数人でペンを支えてこの占いをするという話が見えるが、ここでは占いの途中にペンから手を放しててしまったために守護霊さまの機嫌を損ね、改めて皆でペンを握ったところ手がペンから離れなくなり、しかもペンが高速で「し」と「ね」の文字を何度も何度も往復した上、教室のドアまで開かなくなって夜になるまで解放されなかったという話が載る。

小学校の生首 [しょうがっこうのなまくび]

ある地方の小学校に出現した怪異。真夜中、一人の少年が小学校を探索していると、どこからともなく足音と声が聞こえてきた。声の主は言った。「夜中の二時に次の五つのうち一つをやれ。やらなければ永久に帰ることはできない」「一　物干し竿《ざお》に生首があり、近づいてくるが間近に来るまで瞬《またた》きしない」「二　生首から血が滴《したた》ってくるため、それをすべて口で受け止める」「三　学習机の引き出しに生首があるので、それをすべて散髪する」「四　生首と一緒にSLに乗る」「五　外で草団子をつくって生首に食べさせる」。

その声を聞いた少年は、それから二度と帰ることはなかったという。

木原浩勝他著『都市の穴』に載る。筆者命名。

定規のような顔の女の子
［じょうぎのようなかおのおんなのこ］

ある少年が出会ったという怪異。その少年が夏の夜中に寮へ帰る途中、女の子の泣き声が聞こえてきた。見ると髪の長い女の子が俯《うつむ》いて泣いている。そこで声をかけてみると、その女の子が振り向いた。しかしその顔はまるで定規のように細く長い顔をしていたという。

不思議な世界を考える会編『怪異百物語1』に載る。

焼却炉の幽霊
［しょうきゃくろのゆうれい］

ある学校に伝わる怪異。その学校が開校して間もない頃、一人の生徒が掃除をさぼるために毎日さまざまな場所に隠れていた。その日も彼は掃除をさぼるために焼却炉の陰で隠れていたが、先生がやってきたので見つかってしまわぬように焼却炉の中に入った。するとそのことを知らない用務員が火を付けてしまい、生徒は焼け死んだ。それ以来その焼却炉の戸を開けたままゴミを焼いていると、中から「あついよー、あついよー」という声がして手が出てくるようになったため、その焼却炉は壊されてしまった。その際、焼却炉の内側は真っ赤に染まっていたという。

この話は松谷みよ子著『現代民話考7』に載るが、類例は多い。不思議な世界を考える会編『怪異百物語9』には、焼却炉の側を通ると焼却炉で死んだ少女の霊が肩を二回叩《たた》くが、それに振り向くと焼却炉の中に突き飛ばされて死んでしまうという話が載る。

上半身の怪
［じょうはんしんのかい］

下半身、また脚部などを損失した姿をした怪異の総称。この項では個別の名前がつけられていない怪異についても記載する。

下半身や脚部を欠損している怪異は非常に多く語られているが、筆者が見出したもので最も古いものは松谷みよ子著『現代民話考2』にある話で、第二次世界大戦時、足を負傷したが野戦病院で薬が間に合わず、麻酔無しで両足の膝から下を切断したものの、そのまま死亡してしまった兵士が、真夜中に両腕で体を引《ひ》き摺《ず》って動き、手術室で血をガーゼに吸わせて吸っていたというもの。ただしこの怪異は膝から下がないというだけで高速移動したりはしないので、現代で語られる上半身のみの体で異様な身体能力を見せる怪異に比べれば控えめにも思える。

　またこれらの上半身の怪の名前について、現在では**テケテケ**と総称されることが一般的になっているが、一九九六年出版の『学校の怪談大事典』や『夢で田中にふりむくな』では、大学生、高校生あたりの年代では**ひじ子さん**や**肘かけ女**という名前が使われ、それより下の中学・小学校世代ではテケテケなどの擬音語によってつけられた名前が使われているとある。この世代が成長し、そして新たに小学校に入学した子どもたちが変わらずテケテケの名前を使い続けたことで現在でもテケテケという名前が中心になっているのかもしれない。また映画『学校の怪談』シリーズにおいてテケテケという怪異がマスコット的な立ち位置に置かれたせいでその名が一般的になったとも考えられる。ただしこのテケテケは普通の怪談で語られる下半身のない怪異とはかけ離れた容姿をしている。

　そして以下には筆者が見出した、固有名のついていない上半身の怪の例を載せる。

不思議な世界を考える会編『怪異百物語9』ではある学校の体育館で夜になると上半身だけの生徒がバスケットボールをしており、目が合うと突進してくるという怪談が載っている。

　渡辺節子他編著『夢で田中にふりむくな』には「行ってもいいのね?」という題で上半身の怪が以下のように語られている。新聞配達の青年がある団地の階段の踊り場にて毎日フェンスの上で腕を組んでいるきれいな女性と親しくなり、青年の方から降りてこないかと提案すると、女性は「行ってもいいのね?」と尋ねる。青年が頷《うなず》くと、女性は上半身だけの姿で腕を組んだまま階段を下りてきたという。

　常光徹他編著『走るお婆《ばあ》さん』には「バックミラー」という題名で雨が降る夜に鹿児島県の指宿《いぶすき》スカイラインを車で走っていると、バックミラーにヘルメットを被《かぶ》った上半身のみの人間が手で走って追いかけてくるのが映るという怪異が載っている。これの場合は肉眼では視認できず、バックミラーでのみ見ることができることに特徴があるようだ。また同シリーズの『ピアスの白い糸』ではバイクを追ってくる怪異として「上半身だけの女」というものが記録されている。

　久保孝夫編『女子高生が語る不思議な話』には、上半身の怪についていくつかの記録があり、ある中学校で防火シャッターに挟まれて体を分断された少女の霊、熊本県の高速道路にて、時速一〇〇キロ以上で走る車をものすごい形相《ぎょうそう》で追いかけ、追い抜かしていきその車を事故に遭《あ》わせるという上半身のみの女の怪異などが載っている。

　マイバースデイ編集部編『わたしのまわりの怪奇現象1000』には、学校に出現し、上っても上っても終わらない不可思議な階段にて上半身だけの少女が教師を追いかけたという話や、福岡県糸島郡《いとしまぐん》（現糸島市）の雷山《らいざん》の山道に現れ、腕を使って通る人間を追いかける上半身だけの霊などが載っている。同編者の『わたしの学校の幽霊』には、兵庫県の中学校の話として、死体を焼くために使われていた焼却炉で上半身を焼かれ、足が行方不明になってしまった人の霊が、その焼却炉の跡地に建てられた体育館に現れ、「足をくれ〜！」と言いながら追いかけてくるという話が載る。

常光徹編著『みんなの学校の怪談　緑本』では三つに分裂して別々に逃げた三人の人間を追いかけた上半身だけの女性の怪異の話が載る。

消防士の幽霊［しょうぼうしのゆうれい］

ある町に頻繁に出現するという消防士の格好をした中年男性の幽霊とされる怪異で、火事場に現れてはバケツで水をかけ、火を消すと伝わる。

マイバースデイ編集部編『わたしのまわりの怪奇現象１０００』に載る。

女性連続殺人鬼の幽霊［じょせいれんぞくさつじんきのゆうれい］

ある墓場に出現するという怪異で、かつて人を何人も殺《あや》めた末に自殺した連続殺人鬼の女性の幽霊だと伝わる。ある日、少年がその墓場の前を自転車で走っていると、急に「待って」という女性の声が聞こえた。少年は気のせいだと思いそのまま走っていたが、また同じ声が聞こえてくる。しかもだんだん声が大きくなり、近づいていた。そこで少年が後ろを振り返るとそこに女性の霊がいて、「次はお前の番だ」と言ったという。

久保孝夫編『女子高生が語る不思議な話』に載る。筆者命名。

白髪のお婆さん［しらがのおばあさん］

北海道檜山郡江差町《ひやまぐんえさしちょう》に出現する老婆の怪異で、名前の通り真っ白な髪に真っ白な和服という姿をしている。一見するとただの老婆であるが、この老婆を見てしまうと必ず死んでしまうという。

久保孝夫編『女子高生が語る不思議な話』に載る。

シラカバ女［しらかばおんな］

ある中学校に植えられたシラカバの木の付近に午前二時に現れるという怪異で、白いワンピース姿の痩せた女性の姿をしているため、生徒たちにシラカバ女と呼ばれているという。

常光徹著『学校の怪談A』に、北海道からの投稿として載る。

しらみのおばけ［しらみのおばけ］

ある学校では、放課後三階のトイレにいると後ろから「しらみのおばけ」と呼ばれる怪異が出てくるという。

学校の怪談編集委員会編『学校の怪談15』に、長崎県北松浦郡《きたまつうらぐん》からの投稿として載る。しらみとは人間の頭などに寄生し、吸血するあの昆虫のことだろうか。

シルクハット〔しるくはっと〕

ある墓地の上に建てられた小学校のトイレには「シルクハット」という怪異が出るという言い伝えがある。シルクハットはボットン便所の中にいて、人が用を足していると下から手を伸ばしてトイレに引《ひ》き摺《ず》り込《こ》むという。

不思議な世界を考える会編『怪異百物語2』に載るトイレの怪。なぜシルクハットという名前なのかは不明。

白い駅〔しろいえき〕

駅のホームも、人々も、後ろに聳《そび》える山々も一面真っ白に染まっているという不可思議な駅の怪異。体験者は大阪に行く途中の鈍行列車でこの駅を通過したという。

並木伸一郎著『最強の都市伝説3』に記録されている怪異。同書によれば並木氏がある雑誌の打ち上げをしていたところ、同席していた女性ライターが語った話だという。これもまた**異界駅**の一つなのだろうか。同じく辺り一面が白く染まっていたという異界駅に**ひつか駅**がある。

白い壁〔しろいかべ〕

一二月一二日一二時一二分に白い壁に触れると壁に引き込まれていつの間にか草原におり、そこで一頭のシマウマに出会うという怪異。そこでそのシマウマに乗らなければ壁の中から戻ってくることはできないという。

渡辺節子他編著『夢で田中にふりむくな』に載る。不思議な世界を考える会編『怪異百物語10』にも同様の怪異が載る。

またこれに類似した話としては常光徹著『学校の怪談　口承文芸の展開と諸相』において、パジャマを裏返しに着て寝た後、夜の一〇時から二時の間に起きて、家の中の真っ白な壁に触れると他の世界へ吸い込まれる、というものが記録されている。また不思議な世界を考える会編『怪異百物語7』には、六月六日六時六分六秒に白い壁のトイレにいると白い壁に吸い込まれるという話が載せられており、同書やマイバースデイ編集部編『わたしのまわりの怪奇現象１０００』には、四月四日四時四四分四四秒に白い壁に寄りかかると異世界にすり抜けるという話が載る。さらに久保孝夫編『女子高生が語る不思議な話』には、夜中一二時に白い壁を足で蹴るとその中に入ってしまい、一生そこから出られない、一一月一一日午後一一時一一分に白い壁に触ると異次元の世界へ行ってしまい、戻ってこられないという怪異が載る。

白い着物のバイク乗り〔しろいきもののばいくのり〕

ある国道で時速一〇〇キロ以上のスピードを出して走っていると現れるという怪異で、白い着物を着てバイクに乗った女性がみるみる追い付いてくる。そして運転手の方を振り向き、「スピード違反はダメよ」

と告げて抜き去っていくのだという。
常光徹著『学校の怪談3』に載る。

白いスカイライン［しろいすかいらいん］

兵庫県六甲山《ろっこうさん》の山道に出没するという怪異。名前の通り白いスカイラインが走ってくる怪異で、車内には四人の人間が乗っており、追い抜かす車を全員で見つめながら笑っているという。また追い抜かされてもいつの間にか背後におり、何度も何度もこの白いスカイラインに追い抜かされることになると伝えられる。

渡辺節子他編著『夢で田中にふりむくな』に、六甲山にまつわる怪異の一つとして載る。また学校の怪談研究会編『日本全国縦断　学校のこわい話』には、神奈川県の高校生が九州の阿蘇《あそ》に修学旅行に行った際のこと、修学旅行のバスを何度も同じ赤いスポーツカーが追い抜いていったという話が載る。

白いずきんの女の子［しろいずきんのおんなのこ］

話を聞くと現れるという怪異。その話とは以下の通り。ある少女が本屋に行ったとき、何も書いていない白い本を見つけた。レジに持っていくと店員は買わない方が良いと助言したが、無理を言ってその本を買って帰った。その夜、少女がふと目を覚ますと、部屋の隅に白いずきんを被った女の子がおり、それを見ていると少女は気が遠くなってしまった。翌朝、少女の家族は首を奪われた少女の亡骸を発見したという。

この話を聞くと一カ月以内に白いずきんの女の子が部屋に現れる。そのときは女の子に向かって「ごめんなさい」と何度も言うと消えるという。

常光徹編著『みんなの学校の怪談　緑本』に、神奈川県からの投稿として載る。

白いソアラ［しろいそあら］

中古車にまつわる怪異。ある中古車販売店に白いソアラが数万円という安値で売られていた。高級車であるソアラは当然すぐに売れてしまうが、しばらくするとその店には同じソアラが同じ値段で売られている。実はこのソアラは呪われた車で、持ち主となった人間は例外なく運転中の事故で首を切断されて死亡していた。そしてこのソアラは、主人が死ぬ度にまた同じ中古車販売店に並び、次の主人を待ち続けるのだという。

その中古自動車販売店は群馬県にあると語られることが多い。値段は三万円、五万円、九万円と具体的に語られることもある。また呪いの誕生譚《たん》として、このソアラの最初の持ち主は暴走族の男で、警察に追われていた際に頭を看板にぶつけて首を切断されてしまったという話や、あるカップルがこのソアラでデートしていた際に彼女が窓やサンルーフから頭を出していたために何かにぶつかって首を落とされたといった話が付随することもある。

　また木原浩勝他著『都市の穴』には、白いソアラにまつわるこんな怪談が記録されている。近畿のある山道を白いソアラで下っていると、白い服を着た女性が一人山を下っていた。気の毒に思った若者たちは彼女に声をかけ、車に乗せることにした。しかし走っている途中、若者たちは次々とものすごい形相《ぎょうそう》で暴れ出した。運転手は唯一正気だったが恐ろしくなって車を置いて逃げ出し、そして人を呼んで車の元へ戻ったが、同乗者たちは皆泡を吹いて気絶しており、女性の姿はすでになかった。そして気絶していた若者たちは昏睡《こんすい》状態に陥り、二度と目を覚ますことがなかった。これと似た事件はその近辺で何度も起きているが、被害に遭《あ》うのは決まって型の古い白いソアラなのだという。

　他に類例としては常光徹他編著『ピアスの白い糸』によれば一九六一年に亡《な》くなった俳優、赤木圭一郎が生前愛用していたベンツを買い取った人間がいたが、そのベンツを運転していると突然ハンドルが効かなくなり、事故を起こすということが二、三度続き、修理しても再び事故を起こした。そしてその車は一九六八年頃に忽然《こつぜん》と消えてしまった、という話があったと記録されている。

白い手・赤い手［しろいて・あかいて］

　ある学校の北側女子トイレの三番目に現れるという怪異で、その名の通り赤色に染まった手と白色に染まった手が便器から現れ、トイレを使用している人間の尻を撫《な》でるのだという。

　学校の怪談編集委員会編『学校の怪談2』に載る。また類例として松谷みよ子著『現代民話考7』には、一九四二、三年頃、岡山県岡山市内のある旧制中学校の寄宿舎での話として以下のような話が載る。夜、便所に行くと天井の方から「白い手がいいか、赤い手がいいか、青い手がいいか」という声が聞こえて冷たいものに尻を触られた。後で調べてみると、以前その便所で寄宿生の一人が首吊《くびつ》り自殺をしたことがあったのだという。

　また川崎の世間話調査団編『川崎の世間話』には、一九四三年生まれの男性が小学生の頃に噂《うわさ》されていた怪異として、便所に入ると白い手・赤い手が便器から出てきて撫で回《まわ》され、さらに便器に引《ひ》き摺《ず》り込《こ》まれるという話があったと記録されている。

　赤い紙・青い紙にもそれぞれの色に染まった腕が出現するという例があるが、この怪異は問いかけの有無に関係なく問答無用で尻を撫でるようだ。便所から出てきた手が用を足している人間の尻を撫でるという話は**河童**《かっぱ》の仕業などをはじめとして古くからいくつもの話が語られている。

白い服の女の子［しろいふくのおんなのこ］

　ある小学校の音楽室の近くにある赤い階

さ

段、それを息を止めたまま一階から一番上の屋上の扉まで四階分を上り切ると、白い服を着た女の子に会えるという怪異。

不思議な世界を考える会編『怪異百物語10』に載る。

白いモノ［しろいもの］

小学校のトイレに現れたという怪異。トイレの掃除用具入れの戸、または四番目のトイレをノックして「トントン、失礼します」と四回繰り返してから戸を開けると、白いモノがフウッと出てきたという。

不思議な世界を考える会編『怪異百物語6』に載る。具体的な姿の描写はないが、「フウッ」という擬音から見るに、質量の軽い物体が出現した印象を受ける。

次郎くん［じろうくん］

全国の小学校で語られている、主に小学校の男子トイレに現れる怪異。トイレの花子さんや太郎くんの兄弟とされることも多い。

常光徹編著『みんなの学校の怪談　赤本』では**トイレの花子さん**の恋人という話や、夕方四時に四階の男子トイレに入ると次郎くんに連れ去られてしまうという話、また三郎《さぶろう》という弟がいる話などが載る。他にフジテレビ出版『木曜の怪談　紫の鏡』では赤いものを身に付けると**花子さん**に、黄色いものだと次郎くんに、紫のものだと**やみ子さん**にそれぞれ呪われるという話が載っている。

二郎くん［じろうくん］

花子さんと太郎くんの子どもとされる怪異で、ある小学校の教員用のトイレに現れ、野球のボールを壁にぶつけているという。

常光徹著『学校の怪談7』に、栃木県からの投稿として載る。**トイレの花子さん**が女子トイレに、**太郎くん**が男子トイレに現れるため、子どもである二郎くんは教員用トイレに現れるのだろうか。

白マント［しろまんと］

ある学校の体育館裏に出現するという怪異。

学校の怪談編集委員会編『学校の怪談スペシャル3』に、東京都狛江市《こまえし》の小学生からの投稿として載る。

新麻布駅［しんあさぶえき］

北海道札幌市の地下鉄東西線に繋《つな》がったという駅の怪異。この駅に迷い込んだという男性はいつの間にか二〇一八年の世界に迷い込んでおり、その間もなぜかインターネットだけは二〇一六年当時と接続されていたとされる。

2ちゃんねるオカルト板の「地下鉄で閉じ込められてるんだが。」というスレッドにて、二〇一六年五月二九日に語られた**異界駅**。麻布という地名は札幌市北区《きたく》に存在するが、新麻生という駅はない。ちなみに札幌における麻生は「あざぶ」ではなく「あさぶ」と読むため、今回の駅名の読み方についてもそちらを採用した。

紳士犬〔しんしけん〕

兵庫県神戸市に出現したという怪異。日本犬の雑種がシルクハットを被り、銀縁の眼鏡をかけて前足には金の時計、背中には牛皮のバッグを背負っていたという。また服装が異なっていることもあり、その際には赤いコーデュロイのベストにチロリアンハットという服装に、鼈甲《べっこう》のロイド眼鏡をかけており、顔もまるで紳士のような上品な顔をしていたとされる。

おもしろ情報ネットワーク編『世間にはびこるウワサの大検証』に載る。

心臓いりませんか〔しんぞういりませんか〕

病院に現れたという怪異。一人の若い男性が事故で負傷し、入院した際のこと、ある日の夜に「新しい心臓、いりませんか」という声がどこからか聞こえてきた。それに対して男性は「自分の心臓があるから、いりません」と答えた。すると翌朝、心臓を失った男性の死体がベッドに横たわっていたという。

不思議な世界を考える会編『怪異百物語3』に載る。

人体模型の怪〔じんたいもけいのかい〕

学校の理科室にもある人体模型にまつわる怪異。この模型は夜になるとひとりでに動き出すといったことが語られる。

全国の学校の怪談で語られる怪異。学校の怪談編集委員会編『学校の怪談7』では他にも「背比べをしようか」と子どもに話しかけ、断ると首を切り、背比べをすると背が一〇％縮む、という話や自分の臓器で足りなくなった部分を補うために女性を殺し、その部位を奪っていったという話など凶悪な行動を伴う人体模型の話が載る。

また常光徹編著『みんなの学校の怪談 赤本』では骸骨模型と一緒に踊っているところを見ると胃の中に吸い込まれる、夜になると骸骨模型と会議をしている、など同じ理科室の怪異である**骸骨模型の怪**と組み合わされた話も語られている。

他に不思議な世界を考える会編『怪異百物語2』では夜中に徘徊《はいかい》する人体模型に見つかると連れ去られるという話が載り、それによればその模型はもともと本当の人間で、人形にされてしまったことを恨んでいるのだという。

新長崎駅〔しんながさきえき〕

大阪府に現れたという駅の怪異。壁の一部が薄いピンクや薄い黄色に塗られ、人の姿もそれなりにあり、そこで下車しても特に問題は起きなかったという。

おーぷん2ちゃんねるのオカルト超常現象板の「【オカルト】不思議体験したこと

あるやつ」スレッドに、二〇一四年三月三一日に書き込まれたものが初出と思われる**異界駅**。書き込み時点から八〜一〇年前の話となっているため、二〇〇〇年代中頃に出現したものか。

人面石［じんめんいし］

ある学校の門の側には人の顔に見える石があり、それを踏むと祟《たた》りがあるという怪異。

学校の怪談編集委員会編『学校の怪談大事典』に載る。

人面犬［じんめんけん］

文字通り人間の顔をした犬という姿をしている怪異。ゴミを漁《あさ》っていて人間に注意されると、振り向いて「ほっといてくれよ」「うるせえんだよ」といった言葉を投げかけるという都市伝説や、異様な脚力を持ち、高速道路を走る車を追い抜かしていく、人面犬に追い抜かされた車は必ず事故を起こすといった都市伝説が語られている。

一九八八年から八九年にかけてブームになった怪異。その脚力故か、ものすごいジャンプ力を持っているとされることも多い。

他にも不思議な世界を考える会編『怪異百物語1』には、超能力で人間を苦しめ、原因不明の病気にする、見ただけでトラブルがある、口から火を吹くなどの特徴も語られており、学校の怪談編集委員会編『学校の怪談4』では見られただけで犬にされてしまうという特殊能力が見られる。また並木伸一郎著『最強の都市伝説』には、緑色の糞《くそ》をする、噛《か》まれた部分が腐敗し、切断しなければならなくなるなどの話が載る。

その出生譚《たん》として有名なものには、筑波大学における遺伝子操作によって犬と人間が混じり合った生物が生まれた、というものがある。また常光徹著『学校の怪談』には、野良犬《のらいぬ》に噛まれた女性が次第に人の頭を持った犬になったという出生譚や、関東地方には恐ろしいウイルスを持った犬が六匹おり、これに噛まれることで人面犬と化すなど噛まれることによる怪異化という狼男や吸血鬼、ゾンビなどのような変化の仕方が紹介されている。前述した『最強の都市伝説』ではペットショップで中絶された犬の水子の霊、暴走族に飼い犬もろともひき殺された人の霊が正体であるという説が紹介されている。

他には常光徹他編著『ピアスの白い糸』に、女性が野良犬に噛まれて死亡する事件が起きた数週間後、彼女の顔をした人面犬が現れたという話が千葉県の大学生からの報告として記されている。また同書によれば人面犬がメディアの力により爆発的に広まったのは一九八九年から一九九〇年であったが、その数年前から人面犬の噂《うわさ》は囁《ささや》かれており、「人犬」という呼称で呼ばれていた例もあるという。またおもしろいものでは、おもしろ情報ネットワーク編『世間にはびこるウワサの大検証』において、**口裂け女**の飼い犬だったという説が紹介されている。

信也くん［しんやくん］

ある霊園で深夜に「信也くん」と呼ぶと、全身が真っ黒の少年の幽霊とされる怪異が草むらから現れるという。

山口敏太郎著『日本の現代妖怪図鑑』に載る。

人力車幽霊［じんりきしゃゆうれい］

明治の頃に現れたという怪異。青森県である人力車夫が人力車を引いて八ツ役《やつやく》を通り青森へ向かっていると、妙見《みょうけん》のガンドウ橋のところに女性が立っていて、人力車に向かって手招きした。車夫が車を止めると女性は無言のままに乗り込んできたので、車夫がそのまま車を走らせていると、女は大繁盛《だいはんじょう》している成金《なりきん》の家の前で人力車から降り、その家の門内に消えてしまった。車夫は代金をもらっていないことに気付き、お金をもらおうと家の玄関を叩《たた》くと、女中が出てきて家には誰も来ていないという。そこで車夫はこの家の成金《なりきん》の主人に騙《だま》された女の亡霊がやってきたのだと気付いたという。

松谷みよ子著『現代民話考3』に載る。筆者命名。同書には沖縄県那覇市の話として、風邪をこじらせて亡《な》くなる直前の遊女の魂を遊郭から両親の待つ家まで人力車で連れ帰ったという話や、同じく那覇市の話として夫の不倫に悩み、投身自殺した女の霊が人力車に乗り、幻を見せて車夫を自分が死んだ川の中に誘い込もうとする話も載っている。話の展開やタクシー、人力車という人を運ぶ車を利用するという共通性から**タクシー幽霊**の前身となった話と思われるが、さらに遡《さかのぼ》ると江戸時代にはすでに駕籠《かご》に乗った**幽霊**の話が語られている。

心霊自販機［しんれいじはんき］

一九九三年頃の奈良県に現れたという怪異。ある公園に特定の曜日にのみ心霊写真を販売する自動販売機が出現するという噂が子どもたちの間で語られていたという。

松谷みよ子著『現代民話考12』に載る。筆者命名。

心霊写真［しんれいしゃしん］

心霊にまつわる怪異。何らかの理由により死者の姿または体の一部などが写り込んだ写真のこと。怨念が強い霊を写してしまうと供養《くよう》するまで祟《たた》りがあると説明されたり、また何か余計なものが写るのではなく被写体の体の一部が消えている場合などにはその箇所に怪我《けが》をする、失うなどの説明が付随することもある。

世界中で発生している心霊現象の一つ。右に挙げた以外にも、写真の中にそこにはいなかったはずの人間が写っている、写真に写り込んだ人間が時を経るごとに近づいてくるなど、死者とは限らない怪奇現象が発生している例も見られる。

春川栖仙《せいせん》編『心霊研究辞典』によれば、

心霊写真の元祖は一八六一年のアメリカまで遡《さかのぼ》ることができるという。また小池壮彦《たけひこ》著『心霊写真　不思議をめぐる事件史』によれば、一八七八年に熊本県の熊本鎮台《ちんだい》で撮影された、現場にはいないはずの兵士の姿がぼんやりと写った写真が日本最初の心霊写真として記録に残っているもので、これは西南戦争の戦死者が写ったのではないかと評判になったという。そして明治一〇年代にはすでに心霊写真が写る原理は判明していたが、それは写真に関する知識を持っている者の中にはその撮影方法を心得ていた者がいたというだけで庶民の間では不思議な写真として多くの人々に受け入れられていたとされる。その後人々の間で心霊写真への関心は浮き沈みしながら、心霊写真にとって新たな時代の幕開けである一九七〇年代を迎えることになったようだ。

同書を参考にすると、一九七三年には銀座の松坂屋デパートで「四次元の神秘をさぐる不思議な世界展」が開催され、そこで心霊写真が放送され、さらに日本テレビの深夜番組「11PM」にて江ノ島《えのしま》で撮られた心霊写真が紹介されるなど、かつてない心霊写真ブームが発生したという。また「心霊写真」という名前自体は一九二〇年に心霊研究家の大和田徳義氏が『心霊写真の研究』という著作を刊行しているため、その頃から存在しているが、この語は長きに渡って心霊研究家たちの間で使われた言葉であり、明治からこの昭和の時代に至るまで、もっぱら庶民に使われる名前は「幽霊写真」であったという。それがつのだじろうの漫画『うしろの百太郎』や、中岡俊哉編著『恐怖の心霊写真集』などの著作で使われたことにより子どもたちの間に広まるようになり、一九七五年以降には通俗的に心霊写真の語が使われるようになったとされる。またその頃には心霊写真を持っていると不吉である、祟りがあるという感覚ができあがっており、戦前の身内の霊が写った写真をお守りのように扱うという感覚から大きく変化していたという。

他にも心霊写真ブームが本格化した一九七三年以降はテレビでも心霊写真が盛んに放映されるようになり、多くの人々の間に広まっていったようだ。また一九八〇年代には、心霊写真を投稿し、霊能者がそれを鑑定し、そして神社仏閣を頼るなどしての供養というシステムが生まれたとされる。

【す】

スーツの怪人［すーつのかいじん］

青森県に出現するという怪異で、スーツ姿の中年男性の姿をした謎の怪人。長い坂道に現れ、その道を下る自転車のカゴにちょこんと正座して自転車を転ばせた後また突然消えたり、体を丸めて坂道を転がり降りて突然消えたりするという。

学校の怪談研究会編『日本全国縦断　学校のこわい話』に載る。筆者命名。

杉沢村［すぎさわむら］

かつて青森県にあったとされる一つの村にまつわる怪異。その村は人里離れた山奥にあったが、昭和初期、この村に住む一人の青年が突然発狂して住民全員を手斧《ちょうな》で殺害、男も犯罪の後自ら命を絶った。そして事件を覆い隠そうとする自治体により杉沢村は地図から消え去った。しかしこの村のことは地元の老人たちによって語り伝えられていた。そしてこの村は今でも存在し、迷い込んだ人々の命を奪うのだという。

またこの廃村を実際に訪れたという体験談もあるが、それらによれば杉沢村へ続く道の途中には「ここから先へ立ち入る者、命の保証はない」と書かれた看板があり、その入り口には朽ちた鳥居と、髑髏《どくろ》のような形の石があるとされる。また村の家には大量の乾いた血がこびりついていたり、車に逃げ込むとフロントガラスを血に染まった真っ赤な手が激しく打ち付けるなどの現象が起きたという。さらに村から帰ることができても数日後には失踪してしまったという話もある。

元は青森県の一部で伝わる都市伝説だとされていることが多い。現在発見できた最古の例は、一九九五年に発行された弘前《ひろさき》大学の特定研究報告書『境界とコミュニケーション』に収録された小池淳一の論文「世間話と伝承」にて、小池氏が弘前大学の学生たちにレポートとして提出を求めたという学生たちが知る「こわい話」の中に記録されていたもので、それによれば青森には怖い話の名所として杉沢村と月光の滝というものがあり、杉沢村は噂《うわさ》として聞いたものであるが、かつて一人の男がその村の住人を全員殺害し、浮かばれない霊たちがそこに肝試しに来る人を死の道に引《ひ》き摺《ず》り込《こ》んでしまう。また現在は村ではなく墓所となっているが、何人も病院送りになっているという話と記録されており、現在語られる怪談と多少差異があるものの、一人の男が村を全滅させ、その殺された住人たちが迷い込んだ者を襲うという部分はこの時点ですでに語られていることがわかる。そして青森県弘前市の学生たちの間で噂になっていることから、実際に青森県で語られていた怪談である可能性も高い。

　また一九九七年七月一五日には「怪異・日本の七不思議」というウェブサイトへ杉沢村の話が投稿されており、その話ではほぼ先に書いた杉沢村の概要と一致した怪談が語られている。またそのサイトでは青森空港付近にあるとされている。

　そして二〇〇〇年八月にテレビ番組『奇跡体験！アンビリバボー』にてこの杉沢村が取り上げられたことで、全国的に有名になったようだ。

　またこの杉沢村のルーツになったものは一九三八年に岡山県で一人の人間が一夜にして引き起こした大量殺人事件、「津山《つやま》事件」とされることが多い。横溝正史《よこみぞせいし》の『八《や》つ墓村《はかむら》』の元になったものが杉沢村の事件であると語られることもあるが、これも津山事件を元にしているので関係はない。

　ただし杉沢村と呼ばれていた村は実際にあったとの話もある。その村は事件があった訳でもなんでもなく、住民の過疎によって自然消滅してしまったようだ。もし怪異としての杉沢村があるとすれば、それとはまったく別の、もしかしたら異界のどこかに存在する村なのだろう。

スキップ少年［すきっぷしょうねん］

　あるトンネルの側に現れる怪異で、スキップしながら車を追いかけるという。

　学校の怪談編集委員会編『学校の怪談大事典』に載る。

隙間男［すきまおとこ］

　隙間に現れる怪異。ある男が急に会社を無断欠勤するようになった。上司が心配し、その男の家を訪ねると鍵は開いているのに中には誰もいない。しかしどこからか人の気配がするため、探してみるとわずか二ミリの隙間の中からその男がじっと彼を見つめていた。

　渡辺節子他編著『夢で田中にふりむくな』に載る。話の概要は**隙間女**に似るが、ここに出てくる怪異は女ではなく男となっている。

隙間女［すきまおんな］

　隙間に現れる怪異。ある夜のこと、アパートで一人暮らしをしている学生が不意に部屋の中で誰かに見られているような気がして、振り返った。しかし見回しても部屋には彼の他には誰もいない。違和感は覚えたものの気のせいかと思い、その日は彼はそのことを忘れて眠りについた。

　しかしそれ以来、その学生は毎日のように部屋の中で誰かの視線を感じるようになっていた。窓の外や部屋の隅々を探しても人が隠れられるような場所には誰もいない。彼は自分の方が異常なのではないかと困り果てていたが、不意に視線を動かした際、ついに彼はその視線の主を見つけた。彼が見たもの、それは部屋に置いたタンスと壁の間にあるほんの数ミリの隙間の中に立った女が、じっとこちらを見つめ続けている姿だった。

松山ひろし著『壁女』などによれば別称を「壁女」とも言う。右のパターンの他に、会社を無断欠勤するようになった同僚を心配した男性がその同僚の部屋に向かうと、部屋から一歩も出られなくなっている同僚を発見し、その理由を問うてみると「女が見ているからそれはできない」などと答える。しかしどこを見ても女など見えず、どこにいるのかと尋ねると壁とタンスの隙間を指して「そこにいるんだ」と答えるため、覗《のぞ》いてみるとその狭い隙間の中に本当に女が立っていたというパターンが有名。またこちらのパターンは怪談タレントの桜金造氏の代表作としても知られている。

この二つ以外にも怪談のパターンは存在し、渡辺節子他編著『夢で田中にふりむくな』では部屋から出てこない友人を訪ねると、「実は好きな人ができたんだ」と壁の一センチの隙間に潜《ひそ》む女を紹介するという怪談が紹介されており、常光徹他編『走るお婆《ばあ》さん』では壁と冷蔵庫の間に潜み、冷蔵庫をノックして居場所を知らせる女の話がある。

また不思議な世界を考える会編『怪異百物語1』には、壁と箪笥《たんす》の間の二センチほどの隙間から平べったくなった女が現れ、それを見た人間が一週間肺炎で寝込んだという話が載り、これに類似したものでは久保孝夫編『女子高生が語る不思議な話』において隙間から出てきた細い女を見た直後気絶し、その後一週間肺炎で寝込んだという話が載っている。

他にも常光徹著『学校の怪談7』には、くしゃみをする隙間女の話が載せられており、ウェブサイト「現代奇談」には二〇〇四年四月二一日に赤みがかった月の夜にビルとビルの間を覗き込《こ》むと少女がいて、これを見ると隙間に引《ひ》き摺《ず》り込まれてしまうという話が記録されている。

実業之日本社編『怪談＆都市伝説ＤＸ』には、隙間女がいきなり「かくれんぼをしよう」と声をかけてくることがあるが、これに同意してかくれんぼをすると必ず隙間女に見つけられ、彼女のがいる異世界空間に連れていかれ、二度と帰ってこられないという話が載る。

また江戸時代の随筆『耳嚢《みみぶくろ》』巻十「房斎《ぼうさい》新宅怪談《しんたくのかいだん》の事《こと》」にある戸袋の隙間に潜んでいた女の怪がよく引き合いに出され、この時代から隙間女は語られていたとされることが多いが、この怪談では隙間の中から女がじっとこちらを見つめていたという要素はなく、閉まらない戸を無理やり閉めようとすると戸袋から女が飛び出してきたという話になっており、怪談自体の構造は現在の隙間女の話とは大きく異なっている。

すきまさん
［すきまさん］

自分以外誰もいない部屋で誰かの視線を感じた場合、それはすきまさんという怪異であり、振り向いてはならないという。
常光徹著『新・学校の怪談3』に載る。**隙間女**や**隙間男**の類と思われる。

隙間の目［すきまのめ］

隙間に現れる怪異。ある男性の部屋で、「ねえ、ねえ、私！」と死んだはずの女友達の声がする。その声は生きていた頃女友達がいつももたれかかっていたタンスとタンスの隙間から聞こえてくるので、その二ミリの隙間を覗《のぞ》いてみると、目だけがこちらを覗いていた。

不思議な世界を考える会編『怪異百物語9』に載る。**隙間女**や**隙間男**とは違い、これの場合は目だけが隙間に収まっているようだ。また同書にはある高校生が夜中にビデオをレンタル屋に返しに行く途中、視線を感じて辺りを探ると看板と電柱の隙間から目だけが覗いていたという話や、ある学校で居残って勉強していた生徒が戸の五ミリほどの隙間から目が覗《のぞ》いているのに気が付いたといった話が記されている。

スクエア［すくえあ］

降霊術の一種とされる怪異。方法は四人で正方形の部屋に集まり、部屋の四隅に一人ずつ立って明かりを消す。そして壁沿いに一人が隣の隅に立つ人間の所へ移動してその肩を叩《たた》き、肩を叩かれた者は同じように逆側の隣の人間の肩を叩く。これを繰り返すと最初に動き始めた人間がいた部屋の角には誰もいないはずだが、そこに何者かが出現しているという。

この話はマイバースデイ編集部編『わたしのまわりの怪奇現象1000』に載る。これと同じことをする話に**四隅の怪**があるが、本書では四隅の怪が偶然この現象を起こしてしまうのに対し、スクエアは自ら意図して五人目を呼び出すという形で区別した。また同書には似た怪異で四人が正方形を形作るように座って怪談話をしていると、真ん中に霊が現れるという話も載っている。

スケボーババア［すけぼーばばあ］

正月のある朝に酒に酔った若者の車にはねられて死亡した老婆の怪異。なぜかスケボーに乗って現れて飲酒運転をする人間を探し回っており、見つけると魂を抜き取ってしまうという。

不思議な世界を考える会編『怪異百物語3』に載る。

スコップおばさん［すこっぷおばさん］

いつも大きなスコップを引《ひ》き摺《ず》っている女性の怪異で、死んでしまった自分の赤子を探しているという。理由は不明だが人を追いかけることがあり、しかも足が速く、スコップを引き摺ったままでも自転車に簡単に追い付いてくる。また手に持ったスコップは死んだ赤子の墓を掘り返すためのものではないかと噂《うわさ》されている。

不思議な世界を考える会編『怪異百物語3』に載る。

すざく駅［すざくえき］

JR九州の路線から繋《つな》がる駅の怪異で、廃《すた》れた田舎の無人駅のような様相をしているという。駅には「すざく駅」と記された看板があり、何かを燃やすことでこの駅を出て元の電車に戻ることができるとされる。

2ちゃんねるの夢・独り言板に立てられた「昨日の不思議な少し怖い話」スレッドにて語られた**異界駅**の一つ。初出は二〇一四年一二月二七日と思われる。怪談中に出てきた何かを燃やして脱出するという方法は、同じ異界駅である**きさらぎ駅**でも語られた脱出方法である。

頭上で屁をする者［ずじょうでへをするもの］

一九九四年一〇月頃に現れたという怪異。ある少年が学校の勉強を終えて布団《ふとん》に潜《もぐ》りうとうとしていると、突然頭上で「ブー！」というすごい音がした。慌てて明かりを点《つ》け、周囲を見回すと何もいない。しかし鳴り響いた音は、聞いた感じでは屁《へ》の音だったという。

水木しげる著『妖怪目撃画談』に載る。初出は角川書店『怪』第六号。

すたか駅［すたかえき］

JR京都線に乗っていた際に現れたという駅の怪異。長岡京《ながおかきょう》駅《えき》の次の駅として現れた無人駅で、改札を出たところに大きな鳥居があるのが特徴であるという。

またこの駅に迷い込んだ男性の体験談によれば、自分と同じくすたか駅で降りた老婆に次の電車がいつ来るのか尋ねたところ、次の電車は間もなく来ると答え、その他にも「タマヒメが泣いてるからゆっくりしてきい」「ウコンの力は、終わりの国は捨てろ」「チョウベエ」「タマヒメ」「ヤリ」「ユスド」「ジュウベエ」などの謎の言葉を発していたという。また駅には他に小学校低学年ぐらいの子どももいたというが、その子どもは先の老婆とは親しい関係にはないようで、子どもが落としたお守りを老婆が「渡しとくからばんばにおくれ」というため渡したところ、後で再び会った子どもは何ともいえない嫌な顔をしたという。しかし子どもはその後、男性に老婆が言った電車は来ないと教え、その手を引いて民家や電柱が並ぶ薄暗く古ぼけた景色を歩き、元の世界に帰してくれたという話から、老婆は迷い込んだ人間にとっては有害な存在であり、少年は味方だったのではないかと思われる。

2ちゃんねるオカルト板の「不可解な体験、謎な話～enigma～Part75」スレッドに、二〇一一年一一月一〇日に書き込まれた**異界駅**。またこの異界から戻った先は阪急電鉄《はんきゅうでんてつ》京都本線の長岡天神駅《ながおかてんじんえき》だったとされる。

【せ】

整形オバケ［せいけいおばけ］

髪が長く背が高い女の怪異で、きれいな顔をしているが顔半分を長い髪で隠しており、その姿を見かけた人間の元に近寄ってきて「わたし、きれい?」と問いかける。これに対し「きれい」と答えると前髪で隠していたケロイド状の顔半分を見せ、「これでも?」と迫ってくる。それに怖がって逃げてもしつこく追いかけてくるため、この怪異を見かけても決して目を合わせず、気付かないふりをしなければならない。

整形オバケがこのような姿になったのは、彼女が美容整形手術を受けた際、左右どちらかの顔の皮膚がうまく癒着せず、醜いケロイド状となってしまったことによる。それで気がふれてしまった彼女は、前述したような奇怪な行動を取るようになったという。

松山ひろし著『カシマさんを追う』によれば一九七六年から一九七七年に広島県にて流布《るふ》していた都市伝説だという。またこれに相似した怪異に**鏡の怪**というものがいる。

清峰寮の幽霊［せいほうりょうのゆうれい］

東海地方のある工業高等専門学校に設置された、清峰寮に伝わる怪異。その姿は上半身と下半身が分かれた女性というもので、寮の三階に上半身が、一階に下半身が出現すると噂《うわさ》されている。またその正体は、かつてこの寮が改築される以前にいた寮母が強姦《ごうかん》され、妊娠して自殺し、死後幽霊となったものといわれている。

神田朝美「清峰寮の幽霊話」(『世間話研究』第一六号収録)にて記録されている怪異。この論文では、分かれた上半身と下半身は二階で合体する、首のない**幽霊**が一階から三階を徘徊《はいかい》する、といった噂も記されている。

セーラー服の少女［せーらーふくのしょうじょ］

東京都のある小学校に伝わる怪異。その学校の理科室の横の壁には「セーラー服の少女」という絵画がかけられており、そこには色白で金髪の美しい少女が描かれている。この絵画には妙な噂《うわさ》があり、学校の近くに伸びる線路の上を緑色の電車が通ると少女の目がきらりと光り、絵の中から抜け出してくるのだという。

常光徹著『学校の怪談2』に載る。またこの怪異に遭遇した際、少女に怪我《けが》をさせた所、その後絵画を見ると同じところに怪我をしていたという体験談もあるが、これは同じく絵画の怪異である**モナリザの怪**とも共通する。

セーラー服のババア［せーらーふくのばばぁ］

その名の通りセーラー服を着た老婆の怪異。その正体は今から何十年も前に自殺したある学校の美術部の生徒であったが、死後も歳《とし》を取り続けており、老婆の姿になって現れたという。また美術部であったためか、ある一人の女生徒を操り自分の自画像を描かせたり、夜にその絵の続きを自ら描いていたりしたとされる。

花子さん研究会編『トイレの花子さん2』に載る。

石像の友達［せきぞうのともだち］

ある学校に現れたという怪異で、その学校の校門近くにはボールを持った五、六年生ぐらいの小学生の男の子の石像があった。ある日の夜、一人の少年、A君がその学校に忘れ物を取りに戻った。するとこんな時間にも関わらず校庭で一人の子どもがボールを使って遊んでいる。見ると同い年ぐらいの少年であった。A君は一人で校舎に入るのが怖いためその少年についてきてくれないか頼むと、彼は快く引き受けてくれた。そして無事に忘れ物を取って来て、A君がほっとして帰ろうとしたとき、ボールを持った少年が「一緒に遊ぼうよ」と誘ってきたためA君が「少しならいいよ」と答えると、少年の提案でボール遊びをすることになった。少年は友達がおらず、こんな夜に一人で遊んでいたのだ。

そこでA君が「これから僕が友達になってあげるよ」と言うと、少年は嬉《うれ》しそうに笑った。そのとき、警備員が懐中電灯を片手に「そこにいるのは誰だ」と声を上げた。それで二人はまた会う約束をして、その夜は別れた。

翌日、忘れ物をそのままにしてしまっていたA君が学校に行くと、なぜだか石像の周りに人だかりができている。何事かとA君が石像に近づくと、彼が持っていたはずのボールがない。そして、校庭の真ん中にはそのボールと一緒にA君の忘れものが置いてあった。石像の少年は、心なしか少し笑っているような顔をしていた。

後から聞いた話によると、数年前この校門の前で一人の少年がボールを追いかけて門外に出た際、事故で一人の少年が亡《な》くなっていた。その命日は、A君が学校に忘れ物を取りに行ったその日だったという。

不思議な世界を考える会編『怪異百物語3』に載る。

背中にしがみ付く老婆［せなかにしがみつくろうば］

川に現れたという怪異。ある若者たちが川で遊んでいた際、川に飛び込んだ若者の一人が浮かんでこず、そのまま行方不明になってしまった。そこで後日その飛び込みの瞬間を撮った写真を現像したところ、その若者の背中にしがみ付く老婆の姿があったという。

渡辺節子他編著『夢で田中にふりむくな』

に載る。同書にはこんな話も載っている。ある学校で水泳大会をしていた際、一人の少年が飛び込み台からプールに飛び込んだまま浮かんでこなくなり、死亡した。そしてその大会において少年が写っていた写真を現像したところ、異様な存在が少年と同時に写っていた。

　まず少年が飛び込みの順番を待つ場面の写真では、その少年の後ろに建つ学校の屋上に一人のお爺《じい》さんが立っている様子が写っていた。しかし少年が飛び込み台に立った写真ではその少年のすぐ後ろにお爺さんが移動しており、そして最後に飛び込みの瞬間の写真では少年の背中にしがみ付くお爺さんが写っていた、というもの。

　他にも常光徹著『学校の怪談E』では湖で溺れ死んだグラビアアイドルの写真を現像したところ、写真に老婆が写り込み、アイドルの肩に手をかけて溺れさせようとしていた話が載るが、その老婆の正体はかつて湖で散歩していた際に孫が湖に落ちて溺れ死んでしまい、悲しみのあまりその後を追って湖で自殺してしまった老婆の霊であったことが語られている。

　また写真に写り込むという要素はないものの、松山ひろし著『壁女』にはこんな類例が載っている。ある男子学生たちが海水浴を楽しんでいたところ、そのうちの一人が行方不明になってしまった。彼の遺体は翌日浜辺に死体となって打ち上げられたが、なぜかその下半身には般若《はんにゃ》のような形《ぎょう》相《そう》をした老婆がしがみ付いていたという。

　他にもこの怪異に似た老婆の怪としては**首を引き抜く老婆**があるためそちらも参照。

一〇〇〇キロババア［せんきろばばあ］

高速道路をものすごい速さで走っていくという老婆の怪異。

　常光徹著『学校の怪談3』に載る。名前からして時速一〇〇〇キロで走るのだろう。

せんさま［せんさま］

子どもたちの間で広まった占いにまつわる怪異。目を閉じた子どもを数人の子どもが囲み、部屋の窓を開けて「せんさま、東の窓からお入りください」と請《しょう》じ入《い》れ、せんさまと呼ばれる怪異を子どもに憑《つ》かせて占うという。

　常光徹著『学校の怪談　口承文芸の展開と諸相』に載り、一九八五年一〇月二〇日付「朝日新聞」の「子ども新時代」二三九回にて掲載された記事が元になっているとされている。それによればこの占いによって一人の少女が全身の力が抜け、右手だけが硬直した状態になるという事件が東京都大田区《おおたく》の小学校で実際に起きていたという。

千人お化け［せんにんおばけ］

八月八日の夜に体育館に行くと千人のお

化けがパーティーをしており、夜一二時になるとそのお化けたちが人を殺しに行くという怪異。

常光徹編著『みんなの学校の怪談　赤本』に神奈川県からの投稿として載る。

せんぬきこぞう［せんぬきこぞう］

ある中学校に出現する少年の姿をした怪異。「せすべんせてうんせそんさ」と訳のわからないことを言いながら栓抜きを手に持って人を襲ったり窓ガラスを割ったりするが、この怪異の謎を解いて「すべてうそさ」と告げると泣きながら逃げてしまう。

常光徹著『学校の怪談7』に、和歌山県からの投稿として載る。「せすべんせてうんせそんさ」から「せん」を抜くと「すべてうそさ」になる言葉遊びの怪異である。

千婆さま［せんばあさま］

ある暑い日に少女がふと目を覚まし、外を見ると一人の老婆が立っていた。老婆は少女に「お前、手と足、どっちがいらない？」と尋ね、少女が「手」と答えると老婆は包丁を使って少女の手をもぎ取ってしまった。さらに老婆は少女に対し「私は誰だ」と尋ねた。少女が「わからない」と答えると、老婆は千本の針を少女に突き刺し、殺してしまった。

もしこの老婆に出会ってしまったら、それぞれの質問に対し「手も足も必要です」「千婆さまです」と答えることができれば無事だという。またもし最初に手を奪われてしまっても、次の質問で老婆の名前を当てることができれば手は返してもらえるのだとされる。

常光徹編著『みんなの学校の怪談　緑本』に、東京都からの投稿として載る。

【そ】

ソウシナハノコ［そうしなはのこ］

話を知ると現れるという怪異。その話とは以下の通り。ある雨の日の夕方、メリーさんという名前の少女が父親を迎えに駅まで歩いていたときのこと、駅前の横断歩道を渡ろうとした際に信号を無視した車にはねられ、死んでしまう。さらにこの事故でメリーさんの手の小指が一本千切《ちぎ》れてしまい、いくら探しても見つからなかった。

それ以来雨の日の夕方、この駅前の横断歩道には「わたしの小指はどこ」と寂しい声を発しながら小指を探す少女の霊が現れるようになった。そしてこの話を知ってしまった人は必ず三日以内にメリーさんの夢を見る。その夢の中ではある場所に落ちているメリーさんの小指を探しに行かねばならなくなる。ただ、その際には以下の約束を守らなければならない。もしこの約束を破ると、永遠に夢の中を彷徨《さまよ》ってしまうことになるという。約束とは以下の通り。

まず、眠りにつくと赤い服を着たメリーさんが現れ、夢を見ている人間の手を引いて大きな門の側まで案内していく。そして「この奥に私の小指が落ちています。どうか拾ってきてください」と頼むと消えてしまう。それで少し奥に進むと青い大きな扉があるため、これをまず「右手」で押して開け、「左手」で閉める。門に入ると今度は小さな提灯《ちょうちん》がある。それを「左手」で取って明かりをつけ、細い一本道を進んでいく。すると赤い扉に突き当たるので先ほどとは逆に「左手」で開け、「右手」で閉める。そしてまた一本道を進むと道の真ん中に古い墓石が建っている。その後ろにメリーさんの小指が落ちているので、それを「右手」で拾い上げ「左のポケット」に入れる。そして来た道を帰るのだが、途中で後ろから声をかけられ名前を呼ばれても、返事をしたり振り返ってはならない。もし反応すると夢の中の住人に引き込まれてしまう。帰りは赤い扉と青い扉はどちらの手で開けても構わないが、提灯は元の場所に戻さねばならない。間違えずに最初の門に辿《たど》り着《つ》くことができれば、夢の世界から抜け出すことができる。

もしこの夢を見たくない場合は「ソウシナハノコ」と大声で唱えてこの言葉の謎を解かなければならない。

常光徹著『学校の怪談4』に載る。ソウシナハノコは逆から読むと「コノハナシウソ」、つまり「この話嘘《うそ》」となり、話自体が嘘であったことがわかる仕掛けとなっている。

マイバースデイ編集部編『心霊体験大百科』には別の話が載る。ある三人の少女がキャンプに行った際、一人の少女が滝壺《たきつぼ》に落ちて亡《な》くなってしまった。しかしその少女は突然の出来事のせいで自分が死んだことをわかっておらず、毎夜二人の友達の枕元にぐちゃぐちゃになった顔のまま現れるようになった。そして、この話を読んだ者もこの呪文を唱えなければ取り憑《つ》かれてしまう。その呪文とは、もちろん「ソウシナハノコ」である。

相名勝馬［そうなかつま］

中古車にまつわる怪異。ある国道沿いの中古車販売店で高級外車が一〇万円という破格の値段で売られていた。実はこの中古車は暴走族のリーダーだった「そうなかつま」という男が乗っていたもので、警察を煽《あお》りながら走行していた際に電柱にぶつかり、頭部を切断する事故を引き起こして死亡していた。しかし彼の葬式には仲間が誰も来ず、それから一週間が過ぎた頃、かつての暴走族のメンバーのところへ相名勝馬が現れ、「手をくれ」「足をくれ」などと声をかけてきて、それからメンバーはその通りの場所を怪我《けが》することになった。

　さらに事故車として修繕され、売りに出された彼の中古車にも相名勝馬は現れ、新たな持ち主が運転している途中に助手席に出現しては車を事故に導いていた。しかし彼が出てきた場合にも対処法はある。彼の名前を連続でうんと速く唱えれば彼の秘密に気付くはずだ。もしわからなければ彼の名前を逆さに読むと、おのずとそれが見えてくる。

　不思議な世界を考える会編『怪異百物語3』に載る。話の展開は**白いソアラ**に似ているが、この怪談の場合は相名勝馬を逆さに読むと「まつかなうそ」、つまりは「真っ赤な嘘《うそ》」となるという仕掛けとなっている。

　また常光徹編著『みんなの学校の怪談　緑本』には、ある女の子が学校に忘れ物を取りに行った際、教室に入った瞬間ドアが閉まって開かなくなり、後ろから「そうなかつま」という声がした。その謎を一分以内に答えないと死んでしまうという話が群馬県からの投稿として載る。

そうはれこ［そうはれこ］

　夜目覚めたときに突然現れる、生首の姿をした怪異。この生首は「夜中のごちそう、なんでしょうかァ、なんでしょうかァ」と尋ねてくるが、これに対し一分以内に食べものの名前を言わないと首を食いちぎり、「ごちそうさま」と言って去っていく。またこの話を聞いた人間は三日以内にこの生首に出会ってしまう。会いたくない者は「そうはれこ」と言えばよいという。

　常光徹編著『みんなの学校の怪談　緑本』に、神奈川県からの投稿として載る。「そうはれこ」は逆から読めば「これはうそ」となり、この話が嘘《うそ》であることがわかる仕組みとなっている。

そうぶんぜ［そうぶんぜ］

　話を聞くとその夜に見てしまうという夢の怪異。その夢はある駅から始まり、その駅前に黒猫がいる。その猫についていき、分かれ道で右に行くと「そうぶんぜ」という寺がある。扉を右、左の順で開け、二つの巻物のうち右を持って元来た道を帰ってくる。一つでも間違えると夢から出られなくなってしまうが、一つだけどんな状況でもこの夢から出られる方法がある。それは「そうぶんぜ」という名前を三回逆さに唱えることで、そうすれば夢から覚めるという。

　不思議な世界を考える会編『怪異百物語10』に載る。

　またマイバースデイ編集部編『わたしのまわりの怪奇現象１０００』では右の話と似ているが差異も見られる次のような話が載る。まず自分と生年月日、血液型などがすべて同じ人間がたった今この世を去った、という前提から始まり、これを聞いた人間はその夜の一一時五九分に枕元に立つ黒猫についていかねばならないと続く。すると二つに分かれた道に出るので、たとえ黒猫が左に行っても右に進まなければならない。そして進んでいくと今度は三つに分かれた道があるため、真ん中を通る。その途中狐《きつね》が油揚げを咥《くわ》えて並んでいるかもしれないが、気にせず進む。そうするとやがて「そうぶんぜ」という寺に着くので、その寺にある鐘を三回鳴らし、「そうぶんぜ」を逆から読んだ呪文を一〇回唱えねばならないという。またこの話にはバリエーションも多く、「僧文是」という名前の坊主《ぼうず》が現れるパターンもある。また松山ひろし著『カシマさんを追う』では、**カシマさん**を撃退する際の呪文が「そうぶんぜ」になっているものが記録されている。

だが「そうぶんぜ」を逆さにすると「ぜんぶうそ」、つまりすべて嘘《うそ》だったということがわかる点は共通している。

またマイウェイムックの『実話都市伝説VOL．2』には、同じく夢の中で猫に案内されるという話が載るが、この話では寺の名前が「そうぶんぜ」ではなく「草文寺」となっている。

蕎麦屋のおっちゃん

［そばやのおっちゃん］

雨の降っている深夜に、ある若者が高速道路を飛ばしていると後ろから現れたという怪異で、蕎麦《そば》屋のおっちゃんが五〇ＣＣバイクに乗っているという姿をしており、青い顔で不気味な笑いを浮かべながら、物凄いスピードでその若者を追い抜いていったという。

不思議な世界を考える会編『怪異百物語9』に載る。

ゾルタクスゼイアン

［ぞるたくすぜいあん］

ｉＯＳ向け秘書機能アプリケーションソフトウェアである「Ｓｉｒｉ」に対し特定の質問をした際の返答の中に登場する謎の語句にまつわる怪異。二〇一七年現在Ｓｉｒｉから返ってくる反応の中で判明している情報としてはゾルタクスゼイアンは六〇〇〇〇年程前に遠い銀河で人気があったテレビ番組に出てきた架空の惑星で、チョコレートの川や木、湖などがあり、サンタクロースや妖精、ユニコーンなどがいるとの説明がある。またゾルタクスゼイアン人やゾルタクスゼイアンフクロウという種族の名前を出してきたり、ゾルタクスゼイアンの卵、ゾルタクスゼイアンの卵運び、ゾルタクスゼイアン語という語句を発したりするが、その意味は現在のところ不明。

二〇一五年九月二三日放送のテレビ東京の番組「やりすぎ都市伝説　秋」で紹介され大きく広まったが、それ以前からインターネット上ではぽつぽつとこの謎の単語について語られていたようだ。

ゾルタクスゼイアンは架空の惑星という話があるが、Ｓｉｒｉの場合「残念ながら、私の多次元通貨はこの星では価値がないようです」「昔々、遥《はる》か彼方《かなた》の仮想銀河に、Ｓｉｒｉという若くて知的なエージェントが住んでいました」「私から見ればあなたも宇宙人です」というような言葉を発することがあるため、ゾルタクスゼイアンはこの仮想銀河の中の星、またはその銀河で放送されていたテレビ番組に出てきた星、と結び付けられるかもしれない。またこれに関連して「面白いですね。実はこの間ゾルタクスゼイアンの住人から地球人はいますかと聞かれたばかりなんですよ」という答えを返してくるため、先のゾルタクスゼイアンが惑星であるという言葉やゾルタクスゼイアン人という言葉を併せて考えると、ゾルタクスゼイアンには知的生命体が住んでいる、ということになっている可能性もある。ただしそれが有機生命体なのか、それとも人工知能の集団なのかはわからない。またその返答自体がすべて嘘《うそ》または暗号で、ゾルタクスゼイアンは人工知能の秘密結社であるという説もある。

余談だが、マイクロソフトの音声アシスタント機能「ｃｏｒｔａｎａ」にゾルタクスゼイアンについて尋ねても個別の反応が返ってくる。ただしこちらの場合はＳｉｒｉほどそれについて詳しく知っている訳ではないようだ。

ゾンビ看護師［ぞんびかんごし］

主に学校に現れる怪異。ある一人の小学生の少年が忘れ物をして、深夜の学校に忍び込んだ。懐中電灯の光を頼りに何とか教室まで辿《たど》り着《つ》き、無事忘れ物を見つけて廊下に出ようとしたとき、遠くの方から何かを転がすような音が聞こえてきた。その音は次第に大きくなり、そして暗闇の奥から現れたのは手術用の器具を乗せた台車を押す、ぼろぼろの白衣を着た看護師だった。しかもその顔は死人のように青白い上、こちらを凄《すさ》まじい形相《ぎょうそう》で睨《にら》んでいる。少年はすぐに逃げ出したが、看護師もまた台車を押しながらものすごい速さで追いかけてくる。少年は死に物狂いで逃げ、そしてなんとかトイレの中に逃げ込むことができた。少年は一番奥の個室に潜《もぐ》り込み、鍵をかけ、息を殺した。

やがて看護師の押す台車の音が近づいてきた。そして今度はトイレの個室のドアを開く音が聞こえてくる。それとともに、「ここにはいない……」という声も。どうやら一番手前の個室からドアを順番に開けているらしく、ドアを開ける音と「ここにもいない……」という声が次第に近づいてくる。そして、少年の隠れる個室にもついにその手がかけられ、ドアが激しく揺さぶられる。少年はあまりの恐怖に気が遠くなり、やがて意識を失った。

それからどれぐらいの時間が経《た》ったのか、気が付けば辺りは明るくなっていた。まだあのゾンビのような看護師はいるのかと耳を澄ましても何の音も聞こえてこない。そこで安心し、少年が個室のドアを開けようとするとなぜか開かない。不思議に思って顔を上げると、そこにはドアの上から顔を出して少年を見下ろす、あの看護師の姿があった。

学校の怪談としてよく語られる怪異で、舞台となる学校がもともと廃病院を取り壊して建てられたもの、という説明が加えられることも多い。また押しているのは台車ではなく車椅子で、犠牲者をその上に乗せているとされることもある。そして看護師だからか舞台が病院となっているパターンも存在する。また世界博学倶楽部《くらぶ》著『都市伝説王』で紹介された話では教室のドアを開けるとそこが手術室になっており、その中の看護師が襲ってくる、という展開になっている。

かつては名前をゾンビ看護婦と呼ばれていることが多かった。怪異の名前も時代の変化に順応しているようである。またこの怪異の歴史については別冊宝島『現代怪奇解体新書』で小池壮彦《たけひこ》氏が詳しく考察しており、それによればこの怪異が最初に文献で語られたものは平野威馬雄《いまお》著『お化けの住所録』で、「手押し車を押す看護婦の幽霊」という話で載っているが、これはもともと埼玉県上福岡《かみふくおか》市立第一中学校で起きた幽霊騒動が元ネタだという。この騒動は戦時中の兵器工場の跡地に建てられた第一中学校のトイレに白い幽霊の噂《うわさ》が発生しており、それが看護婦の幽霊の噂に変化したのだとされる。ただし『お化けの住所録』ではただ看護婦の幽霊が出るというのみで生徒を追いかける展開はなく、七〇年代に子どもたちが尾ひれを付けてこの怪談を語っていく過程で今の形になったのではないかと考察している。

またトイレの個室に隠れた所、上から何者かが覗《のぞ》いていたというシチュエーションで語られる怪談もバリエーションが多く、覗くものは虐待を行っている親であったり、変質者であったりと、怪異とは限らない。久保孝夫編『女子高生が語る不思議な話』ではこの怪談における怪異は下半身のない少女となっている。

創作と伝承の間で

本書では、基本的に人々の間で真実として語られている話に登場する怪異を収集していますが、その中には明確な作者が存在する作品を元にしていると思われる怪異も少なくありません。

現代には怪異を題材としたフィクション作品が数多《あまた》存在しています。書籍やテレビ、映画やインターネットで私たちは容易にそれらの作品に触れることができます。

そして、人々の間で事実として語られる怪談は、さまざまなきっかけで生まれます。それは実際にあった出来事を元にしていることもあれば、創作として世に現れた物語が元になっていることもあります。しかし、たとえそれが本来は創作された物語であったとしても、人から人へと伝わる過程でそれが架空の出来事である前提が失われ、実際にあった話であると認識されるようになることもあるでしょう。また創作された物語を、語り手が実際にあった出来事のように話し、その認識が広まっていくことも多いでしょう。

それらは現代における、怪異の誕生の仕方の一つです。ゆえに興味を持った怪異が、一体どうやって生まれたのか、調べてみれば意外な真実がわかり、面白いかもしれません。

【た】

ターボババア［たーぼばばあ］

高速道路に出現し、走る車を四《よ》つん這《ば》いで追いかけてきて、追い付くと横にぴったりとついて並走するという老婆の怪異。その背中には「ターボ」と書かれた紙が貼ってあるという。

この話は学校の怪談編集委員会編『学校の怪談大事典』に載る。また渡辺節子他編著『夢で田中にふりむくな』には「ターボばあちゃん」という名前で右の話とほぼ同様の話が載るが、舞台は兵庫県の六甲山となっている。また同書には「着物の老人」という名前で、[illegible]に出現したという四つん這いで車を追ってくる老婆の怪が載っている。この老婆は灰色の着物を着ており、ものすごい速さで車を追いかけ、追い付くとその後ろのガラスに飛びついて車をスピンさせて事故を引き起こしたとされる。

他に山口敏太郎著『日本の現代妖怪図鑑』には、これが進化すると**ハイパーババア**になるという話が載る。

太古の動物［たいこのどうぶつ］

話を聞いた人間の元に現れるという。その話は以下の通り。遥《はる》か昔、地球上にとても奇妙な姿をした動物がいた。この動物の種族はその姿を嫌った人間の祖先により皆殺しにされてしまった。そしてその太古の動物の最後の一匹は、死ぬ間際《まぎわ》に「絶対に呪ってやる」と言い残したという。そして、これは現代の暦で言えば二月一四日のことであり、この話を聞いた人間は二月一四日の夜に夢に現れたこの動物により、何かとてつもない恐怖を味わわされるという。また、それが原因で精神に異常をきたしてしまう者もいるとされる。

マイバースデイ編集部編『わたしの学校の七不思議』に載る。

タイコばばあ［たいこばばあ］

太鼓の音と共に現れる白髪で大きな籠を背負った老婆の怪異で、これに捕まると河童《かっ》のところに連れていかれ、河童の餌《ば》にされてしまうという。

松谷みよ子著『現代民話考1』に載る。一九四二、三年頃の飛騨《ひだ》、つまり岐阜県において現れたという。またこの話中では**河童**は「ガオロ」と呼ばれている。

高九奈駅・敷草谷駅［たかくなえき・しきぐさやえき］

甲信越地方に現れたという駅の怪異。ある女性が深夜に電車に乗って眠ってしまったところ、いつの間にか時刻は午前二時を過ぎており、電車は「高九奈駅」という田舎の駅に着いていた。辺りには人がおらず、どうしようかと迷っているとドアが閉まり再び電車が動き出してしまった。自分の乗っている車両にはすでに人の姿はなく、不安になった彼女が先頭車両へ向かって移動して行くと小学校低学年ぐらいの年齢の少年が一人、携帯ゲーム機で遊んでいるのが見えた。恐る恐るその少年に声をかけると、少年は驚いた顔をして女性を見上げる。そして女性がこの電車がどこに行くかと尋ねると、少年はわからないと答えた上で、その女性がまだここに来ちゃ駄目だったことはわかると言った。

その答えに女性が困惑していると、電車は「敷草谷駅」という駅に着く。少年はその駅で降りるが、女性がそれについていこうとすると、「それはダメだよ。でも、どうしても来たいならおいで?」と悪意に満ちた笑顔で言う。それを見た女性が駅に降りられずにいると電……して……読むことができない駅に到着。女性は自身の父親に電話で連絡を取りつつ、その駅を降りた。

駅の外は見渡す限り田園や山ばかりで街灯もなく、建物も見当たらない。また父親がGPS機能を使っても居場所がわからないという。そこで女性は「敷草谷駅」の方面に向かって線路を辿《たど》って歩き始めたが、一時間ほど歩いても一向に駅に着かない。その徒労感と肉体的な疲労で座り込む彼女の前に、突然自動車がやってきた。それは彼女の父の車であり、彼女は安心してそれに乗り込んだ。

女性はこれで帰ることができると安堵《あんど》していた。しかしその自動車の中で眠っていると、目の前で運転しているはずの父から携帯電話に着信があった。そのため驚いて運転席の父に呼びかけるが、彼は無表情、無言のままにひたすら車を走らせる。そしてしばらくしてから「早く……行かないと……他の……せいで……」と明らかに父親とは違う声でぶつぶつと呟《つぶや》いている。そのためどこに連れていかれてしまうのかと危機を感じた女性は意を決して車から飛び降りた。そして次に気が付いたときにはそこは病院のベッドの上で、また見舞いに来た父は昨夜のことを何も覚えてはいなかったという。

初出は不明だが、二〇一一年六月にはインターネット上で語られていることが確認できる**異界駅**。また話の展開が**きさらぎ駅**と似ている。駅名の読み方は不明であったため、便宜上筆者が読みをあてた。怪談内では死後の世界に行ってしまったのかもしれないと考察されているが、この駅があった世界が何であったのか、明確な答えは記されていない。

たかこさん 【たかこさん】

こっくりさんに似た怪異であるという。学校の怪談編集委員会編『学校の怪談2』にこれをやった人間が呪われたという話が載るが、具体的な方法は不明。

抱きついてくる老婆［だきついてくるろうば］

あるトンネルに現れたという老婆の怪異。夜中に通るとそこから出られなくなるというトンネルがあり、その中を車で走っていると、上の方から何かが落ちてきた。上を見ても何もないのでそのまま走っていると、突然車体の前方に老婆が抱き付いてきて前がまったく見えなくなってしまったという。

不思議な世界を考える会編『怪異百物語8』に載る。

タクシー幽霊［たくしーゆうれい］

乗り物にまつわる怪異。深夜タクシーを運転していると、墓地の付近で一人の若い女性が手を上げて止めた。運転手はなぜこんな時間に一人で、と気味が悪かったが、女性を一人残しておけずタクシーに乗せた。しばらく走らせていてふとバックミラーを覗《のぞ》くと、なぜか女性の姿が鏡に映っていない。しかし後ろを振り向くと女性の姿がある。もう恐ろしくて仕方がなかったが、何とか女性が告げた家まで辿《たど》り着《つ》いた。女性は礼を言い、今は持ち合わせがないのですぐに持って来ると言って家へ入っていったが、いくら待っていても出てこない。仕方がないので運転手は車を降り、その家の戸を叩《たた》くと出てきたのは先ほどの女性とは別の女性だった。

彼女に事情を話すと驚き、そしてとにかく上がってくれと座敷《ざしき》に通された。そこで聞いた話によると、この女性はタクシーに乗せた女性の母親で、タクシーに乗せた女性はつい数日前に亡《な》くなったばかりだったのだという。

目的地に着く前に乗せていたはずの客がいなくなり、その席がびっしょりと濡《ぬ》れていた、という展開であることも多い。全国各地どころか世界各地に噂《うわさ》が伝わっており、日本ではタクシー幽霊という名前で呼ばれることが多いが、松谷みよ子著『現代民話考3』によれば人力車、自転車、バス、電車で同様の怪異が伝わっている他、死者ではなく死にかけた人間の魂をタクシーに乗せた話や死んだ母親がタクシーに乗ってミルクを買いに行く話、タクシーではないがトラックに乗って子どもに乳を飲ませに行く話など**子育て幽霊**の話のバリエーションとなっているものも載る。また江戸時代の怪談集『諸国百物語《しょこくひゃくものがたり》』の「熊本主理《くまもとしゅり》が下女《げじょ》、きくが亡魂《ぼうこん》のこと」では一人の女性に馬を貸したのに駄賃を持って来ないと馬子《まご》が屋敷《やしき》に文句を言うと、実はその女は何代も前に死んでいたという話が記されており、少なくともこの手の怪談は日本においても近世から伝えられているということがわかる。

また話のバリエーションとしては学校の怪談編集委員会編『学校の怪談大事典』に、後ろに乗せた女性がバックミラーに映っていないことに気付いた途端、女の髪が伸びて巻き付いてきたという話が載る。

竹きりタヌキ［たけきりたぬき］

ある最先端の研究施設の敷地の付近にある竹林に出現するという怪異で、夜中に竹の枝を切る音や竹を切り倒す音を出すという。ただ音だけの怪であり、翌朝見ると竹林に異常はないと伝えられる。

ポプラ社編集部編『映画「学校の怪談」によせられたこわーいうわさ』に載る。大阪府大阪市からの投稿として見える事例。柳田國男著『妖怪名彙《めいい》』によれば、京都府には同じように竹の枝を切ったり竹を切り倒したりの音のみを発する「竹伐狸《たけきりたぬき》」という妖怪が伝わっているが、同じものか。

竹竹さん［たけたけさん］

ある学校の保健室に近いトイレに現れるという怪異で、そのトイレの一番奥の個室の前で三回まわって二〇回ノックし、「竹竹さーん」と呼ぶと「なあに」と不気味な声が返ってくるという。

常光徹編著『みんなの学校の怪談　赤本』に、埼玉県からの投稿として載る。

タタタババア［たたたばばあ］

夜、山を車やバイクで一人で走っているとこの老婆の怪異が現れ、同じ速度で走ってくるという。またこれを気にし過ぎると事故を起こしてしまう。

常光徹編著『みんなの学校の怪談　緑本』に、兵庫県からの投稿として載る。

常光徹著『新・学校の怪談4』には、誰もいない放課後の廊下にタタタ、という音を出しながら走る「タタタ婆さん」という怪異が現れる話が載る。

祟る箱［たたるはこ］

ある高校の屋根裏部屋においてあるダンボール箱、そこにはたくさんの上履きが入っているが、これに触れると祟《たた》りがあり、事故に遭《あ》ったり命を落としてしまうという怪異。また箱は場所を移してもいつの間にかそこに戻っているとされる。

実はこの箱が置いてある屋根裏部屋はかつて校舎の屋上だった場所で、箱が置いてある場所は昔飛び降り自殺をした人々が立っていた場所だった。そこでは相次いで飛び降り自殺が発生したため、その場所に部屋が作られることになったのだという。

不思議な世界を考える会編『怪異百物語10』に載る。段ボール箱に詰まった上靴が自殺者のものであったかどうかは記されていないため不明。

橘あゆみ［たちばなあゆみ］

チェーンメールにまつわる怪異。橘あゆみはメールに記述される女性の名前で、それらのメールの中では暴行され殺された被害者の名前として登場する。チェーンメール自体は橘あゆみの友人の体裁で語られており、メールをある期限までの間に一定の人数以上に回すように記され、それによって得られる位置情報からメールを止めた人間の居場所を突き止め、怪しいと判断した場合には殺害するといった内容になっていることが多い。

　この友人や恋人などの人間を殺される、誘拐されるなどしてその犯人を見つけるためにメールを拡散させる、といったパターンのチェーンメールは数多《あまた》あるが、そのパターンの中でも橘あゆみの名前が書かれたものはかなり初期から存在しており、二〇〇一年頃にはすでに確認されているためかチェーンメールの代表的な例として挙げられることも多い。また橘あゆみが殺された場所として具体的な地名や日付が表記されることもあるが、これは実在しない場所であったり日付と曜日が一致しなかったり、といったパターンがほとんど。

　メールの最後にメールを回さなかったために実際に殺された人間について記されていることもある。

ダッシュ女［だっしゅおんな］

　群馬県の中学校に伝えられる怪異。昭和三〇年代（一九五五～六四年）にこのダッシュ女が真夜中の学校に現れては廊下を走り去っていったとされる。その容姿は三〇歳ぐらいの女性で、ヒラヒラの服を着たきつい顔の美人だが、髪も皮膚も、全身が真っ青に見えたという。またその学校の教師の一人はダッシュ女は**口裂け女**のルーツだと語っていたという話もある。

　花子さん研究会編『トイレの花子さん』に載る。またこの話は常光徹編著『みんなの学校の怪談　赤本』には、京都府の小学生から投稿された話として載るが、話の内容がほぼ同じであるため、『トイレの花子さん』を読んだ子どもがその話をそのまま投稿した可能性が考えられる。

　他にもポプラ社編集部編『映画「学校の怪談」によせられたこわーいうわさ』には北海道旭川市《あさひかわし》からの投稿として、放課後誰もいなくなった校舎にて時速一〇〇キロ以上のスピードで校舎内を走り抜けるダッシュ女という怪異が出る。あまりに速いため誰もその顔を見たことはない、という話が載せられており、また兵庫県氷上郡《ひかみぐん》（現丹波市《たんばし》）からの投稿として、下校チャイムが鳴るときに廊下を走るとダッシュ女がついてきて、振り返ると異次元の世界に連れていかれる、という話も載る。

ダッシュババア［だっしゅばばあ］

　高速道路を走行する車の後ろから現れ、すごいスピードで追い抜いていくという怪異。

　学校の怪談編集委員会編『学校の怪談10』同『学校の怪談大事典』に載る。

田中河内介の最期［たなかかわちのすけのさいご］

　語ってはならないとされる話の怪異。大正の初年の話、東京京橋《きょうばし》の画博堂《がはくどう》という書画屋の三階にて同好の志が集まり、持ち寄った怪談話を代わる代わる話し合う、という催しがよく行われていた。そしていつものように皆が集まっていたある日、その画博堂に見慣れない男がやってきて、自分にもぜひ話をさせてくれという。どんな話か問うと、田中河内介の話だという。

田中河内介は幕末の青侍で尊王攘夷派《そんのうじょういは》志士の一人であり、明治天皇の幼少時にはその教育係を受け持っていた人物でもある。幕末当時、薩摩藩《さつまはん》の島津久光《しまづひさみつ》は藩内の尊王派を無視し、朝廷と幕府を合体させようとする公武合体運動を推進していた。尊王派であった有馬新七《ありましんしち》らはこれに不満を持ち、京都所司代酒井忠義《さかいただあき》を討つため、同士を集めて京都の寺田屋に集まっていた。そしてこの中に河内介もいた。

しかし尊王派の動きを察知した島津は彼らを説得するために刺客を寺田屋に差し向けた。だが尊王派は説得に応じようとせず、やがてそれぞれが対立し刀を使っての殺し合いの事態となり、そのとき下の階にいて騒動には加わっていなかった河内介が説得にあたり、尊王派は降伏するに至る。そして河内介とその息子は薩摩に引き取られることになって船で大坂を出発した。しかし彼はその船上で命を落とし、その死体は小豆島《しょうどしま》に漂着して同地の農民によって埋葬されたという。そしてその不可解な死から田中河内介は大久保利通《おおくぼとしみち》の指図で抹殺されてしまったなどといった噂《うわさ》も流布《るふ》し、大久保が後に横死してしまったのはその祟《たた》りだといったような河内介の祟《たた》りにまつわる話も多く語られた。

この田中河内介の最期《さいご》がいかなるものであったか、この男が話そうというのでその場にいた皆は身を乗り出して聞き耳を立てる。男はこの話をすればよくないことがあるというので今までどこでも話したことがなかったが、とうとうその話を知る人間も自分一人となってしまったし、それにこの文明開化の世の中で話せば悪いことがある、などということがあるはずもない、と前置きして話し始めるが、いよいよ本題というところまで来るといつのまにか話の始めに戻ってしまい、田中河内介の末路を知っている者は自分一人となってしまった、などと話し出す。そしてそのうちにさまざまな理由により座の人々がいなくなる中、男は延々と本題に入らない話を繰り返していたが、偶然周りに誰もいなくなったそのとき、小机にうつぶせになったまま死んでしまっていた。それでとうとう彼は田中河内介の最期を話さずじまいだったという。

この話は池田彌三郎著『日本の幽霊』に載り、池田氏の父親が実際に体験した話であったという。また同書によれば徳川夢声《とくがわむせい》が書いた『同行二人《どうぎょうににん》』という著作にはまた別の形でこの話が載っているとのことだが、それは確認できず。

田中君［たなかくん］

夢に現れるという怪異。ある日、田中という名前の高校生が友人三人とそれぞれの彼女とともにツーリングに出かけた。行き先は群馬県の赤城山《あかぎさん》で、田中のバイクは最後尾にいた。しかしふと先頭を走っていた人間が田中のバイクがついてきていないことに気が付く。事故でもあったのかと戻ってみたが、その形跡は見当たらない。結局、それ以来田中は行方不明となり、その恋人は数日後に戻ってきたものの何も覚えていなかった。

そして田中の恋人が戻ってきた夜、田中と一緒にツーリングに出かけていた一人が夢をこんな見た。夢の中でバイクの側に立っていると、肩をポンポンと叩《たた》かれ、振り返ると顔も体も右半分がぐちゃぐちゃになった田中の姿があった。その後、田中の夢を見た友人はバイク事故で死亡。その死体は顔の半分がぐちゃぐちゃになっていたという。その友人の葬式の晩、今度は同じツーリングのメンバーだった女子が田中の夢を見た。そして同じように夢で田中に肩を叩かれて振り返り、後日彼女もまた事故で顔に一生残る大怪我《けが》をしてしまう。この田中の夢の噂《うわさ》はたちまち彼が通っていた高校内で広まり、今でもその学校に通う生徒たちの間では「夢で田中にふりむくな」と伝えられているという。

渡辺節子他編著『夢で田中にふりむくな』に載る怪異で、同書のタイトルの由来ともなっている。またインターネットでは「田中君」の名前で紹介されることが多く、その場合にはこの話を聞いてしまうと数日以内に田中君が現れ、肩を叩かれて振り返ってしまうと数日のうちに事故に遭《あ》う、死んでしまうとされ、これを回避するためには肩を叩かれても無視しなければならないといった話が続いていることも多い。

田中さん 【たなかさん】

鏡に現れるという怪異。千葉県に田中さんという女の人がおり、交通事故で顔半分がぐちゃぐちゃになってしまった。それで恋人に振られ、田中さんは自殺した。この話を聞いた人間は三日間鏡を見てはいけない。見ると顔半分がぐちゃぐちゃになってしまう。

ピチ・ブックス編集委員会編『私の恐怖体験』に載る。他にも常光徹監修『みたい！しりたい！しらべたい！日本の都市伝説絵図鑑1』には、田中さんは鏡の中にいる女性の怪異で、夜の一二時ちょうどに鏡を見ると鏡の中から現れて鏡の世界へ連れていこうとする、という話が載る。

たなばたおばさん 【たなばたおばさん】

ある学校の一階トイレには七月七日に鏡を見るとたなばたおばさんと呼ばれる女性の怪異が現れる。この女性はもともとは七月七日にそのトイレで死んだ少女の霊であったが、どういう訳か幽霊となっても歳《とし》を取り続けているようで、その時代に応じた姿で現れるのだという。

常光徹著『学校の怪談2』に載る。歳を取る珍しい幽霊であるが、それ故現在はもうたなばたおばあさんとなっているかもしれない。

谷木尾上駅［たにきおがみえき］

神奈川県のある私鉄に現れたという駅の怪異。地下に繋《つな》がる駅とされ、地上の駅舎は木造でひどく古びており、改札機も前時代のものが使われている。また駅の外は線路の先も目の前に伸びる道路も深い森に繋がっており、その先が見通せない状態にあるという。

また迷い込んだ人物の話によればこの駅舎には八歳ぐらいの男児が現れたといい、その子どもと話しているうちに記憶がなくなり、気が付けば横浜市営地下鉄ブルーラインの片倉町駅《かたくらちょうえき》にいたという。

おーぷん2ちゃんねるの「二年前に変な体験したから書いてく」スレッドにて、二〇一四年七月二六日に語られた**異界駅**。

たにしの祟り［たにしのたたり］

ある小学校にまつわる怪異。その学校では何か行事がある度に雨が降った。これは校舎を建てる際、埋め立てられた田んぼを住処《すみか》としていたたにしたちの祟《たた》りによるものなのだという。またこの学校で校庭の地面を掘ると、まるで土が意思を持ったかのように動いてその人間を引《ひ》き摺《ず》り込《こ》もうとすると伝わる。これもたにしの祟《たた》りなのだという。

マイバースデイ編集部編『わたしの学校の七不思議』に載る。

狸［たぬき］

動物にまつわる怪異。一九五二、三年頃の話。月のない闇夜を寺での寄り合いに赴くため一人の男が歩いていると、境内の中に妙に明るい場所がある。それをよく見ると狸が赤、青、黄の色とりどりの着物を着て踊っていたという。

松谷みよ子著『現代民話考11』に載る。

狸は古くから人を化かす動物と伝えられ、その怪異譚《たん》にも事欠かないが、現代でも狸の怪が語られる話は多い。同書には他にも多くの狸の怪異譚が載り、戦後の話を見てみるとお坊さんに化けた狸が砂をかけてきた、汽車の音真似《まね》をした、橋の上で視界を塞《ふさ》ぎ、人間を進めなくした、川の幻覚を見せた、といったものが記されている。また狸が汽車に化けるという話も多いが、それについては**偽《にせ》汽車**を参照。

ダブル［だぶる］

真夜中にトイレに行くとその隅に自分と同じ姿をした人間がうずくまっていることがあるという怪異。その人間が振り向き、にやっと笑うのを見てしまうと、三日以内に風邪で死んでしまうという。

学校の怪談編集委員会編『学校の怪談12』に載る。福岡県福岡市から投稿された事例。自身と同じ姿をした人間と出会うと死んでしまうという特性は**ドッペルゲンガー**を思わせる。

食べたいババア［たべたいばばあ］

道端で「食べたい、食べたい」と独り言を言う老婆の怪異。この老婆に何が食べたいのかと尋ねると「食べたいのはお前だ！」と叫ぶという。

常光徹著『学校の怪談7』に、神奈川県からの投稿として載る。筆者命名。

たまごばばあ［たまごばばあ］

島根県のある小学校が、まだ木造だった頃に出現したという老婆の怪異。その学校の地下プールの更衣室にある教師用のロッカーの中に秘密の抜け穴があり、そこを通って現れていたという。

不思議な世界を考える会編『怪異百物語3』に載る。また山口敏太郎著『日本の現代妖怪図鑑』によれば深夜、屋根から降りてきて生卵をぶつけるという。

たらちゃん［たらちゃん］

トイレに現れるという怪異。ある学園の学生食堂の側のトイレで「たらちゃーん」と呼ぶと真ん中のトイレから「はーい」と返事が返ってくるという。

飯島吉晴著『子供の民俗学』に載る。筆者が直接学生から収集した怪異だが、その本人は試してみると嘘《うそ》だったと証言している。

ダル［だる］

熊野古道《くまのこどう》を舞台にして語られた怪異。これに憑かれると体が急に怠《だる》くなり、力が抜け、そして体温を失い急激な眠気に襲われる。その対処法としては何か食べ物を一口で良いから口に入れると良いという。

日本児童文学者協会編『ゆうれいの泣く学校』に載る。村上健司編著『妖怪事典』によればダルは徳島県那賀郡《なかぐん》や奈良県十津《とつ》川《かわ》地方で言う憑き物で、「餓鬼憑《がきつ》き」の類だという。このような人に取り憑き急激な空腹を引き起こさせる憑き物は西日本を中心として伝わっている。現代におけるこの類の怪の例としては**ヒモジイ様**も参照。

タレサマダ［たれさまだ］

話を知ると現れるという怪異。その話とは以下の通り。第二次世界大戦が終結した夜のこと、山奥に一人で済む女性のところに胴に包帯を巻いた兵隊が来て、「一晩泊めていただけませんか？」と言った。女性は快く兵隊を家に招き入れ、自分の寝室の隣の部屋へ案内した。その真夜中のこと、女性は隣の部屋から発せられる物音に目を覚ました。何かあったのかと女性が廊下へ出ると、ドアを開けてすぐの所に兵隊がいて、女性は殺害されてしまった。実は女性を殺したのは兵隊の霊で、兵隊は戦争ですでに死亡していたのだという。そしてこの兵隊はこの世に強い恨みを持っているため、この話を知った者のところにやってくる。もし来てしまった場合、兵隊の霊に向かって「タレサマダ」と三回唱えなければ殺されてしまうという。

　マイバースデイ編集部編『わたしのまわりの怪奇現象1000』に載る。「タレサマダ」を逆さに読むと「ダマサレタ」になるため、この話は嘘《うそ》であることがわかるようになっている。

太郎くん［たろうくん］

　トイレに現れる怪異。ある小学校の二階の男子トイレの三番目を三回叩《たた》き、「太郎くん」と呼ぶと青い帽子をかぶった少年が戸の上に座っている。これを見て逃げると捕まってどこかに連れ去られるが、逆に太郎くんを追いかけると助かるという。

　この話は茨城県からの投稿として常光徹著『学校の怪談9』に載るが、太郎くんまたは太郎さんにまつわる話は全国の学校に伝わっている。**トイレの花子さん**の対になる存在として語られることが多く、女子トイレに出現する**花子さん**と違い主に男子トイレに出現する。花子さんとの関係はさまざまで、ボーイフレンドだったり、兄や弟だったり、友達だったりなどの話が語られているようだ。

　また花子さんと同じく遊びに誘ってくることもあるようで、常光徹編著『みんなの学校の怪談　赤本』に載る話では「野球をして遊ぼう」と誘ってくるらしい。同書には他にも学校の男子トイレで三〇回ノックし、三〇回便器の周りを回って「太郎さん」と呼ぶと、「はァーい」と返事があり、どんな質問にも答えてくれるという話が載る。またフジテレビ出版『木曜の怪談　紫の鏡』では花子さんはよいお化けだが太郎くんは悪いお化けで、「太郎くんあそぼ」と言いながら男子トイレの左から一番目の個室に入ると、太郎くんが現れてあの世へ連れていかれてしまうという話が載る。

　花子さん研究会編『トイレの花子さん』には、ある学校の男子トイレと女性トイレが一つになったトイレにて、男子トイレ側の三番目の便器の前に三〇秒以上立っていると便器から血が流れてくる。これはかつて上級生にいじめられてトイレで自殺した太郎くんという少年の血だという噂《うわさ》があったという話が記されており、またこのトイレの女子トイレ側には太郎くんの妹で、トイレに閉じ込められて死んでしまった花子さんの霊も出ると語られている。

　他に変わったものでは学校の怪談編集委員会編『学校の怪談6』には、九時になると脳みそを食《く》らう太郎くんの話が載り、同シリーズの『学校の怪談15』には、動き回る理科室の骸骨模型が太郎君と名付けられている。また常光徹著『学校の怪談A』には、「一本足のたろうくん」という怪異が紹介されている。この怪異は男子トイレの右から二番目を四四回ノックしてドアを開けると出現するとされ、「足、何本ありますか」と尋ねてくる。これに「一本」と答んると便器の中に引《ひ》き摺《ず》り込《こ》まれ、「二本」と答えると片足を奪われ、「三本」と答えると消えてしまうという。

タンスにばばあ［たんすにばばあ］

ある少年が家の和箪笥《わだんす》から妙な音がすることに気が付き、上から順番に引き出しを開けていった。すると三段目の引き出しの中にロープで縛られた老婆の怪異がおり、少年を睨《にら》み付けてきた。少年は驚いて家を飛び出したが、そのとき確かに後ろを追いかけてくるような足音がしたという。しかし後で箪笥を確認したところ、もうそこには何もいなかったそうだ。

渡辺節子他編著『夢で田中にふりむくな』に載る。

【ち】

小さいおじさん［ちいさいおじさん］

文字通り体が異様に小さい中年男性の姿をした怪異。身長は八センチから二〇センチほどで姿はさまざま。

小さいおっさんと呼ばれることも多い。二〇〇〇年代初頭に芸能人の間で語られはじめ、ブームとなった。小人が出現するという都市伝説や学校の怪談は古くから存在するため、「小さいおじさん」という名前で呼ばれ始めたのはいつ頃からなのか定《さだ》かでない。ただなぜか芸能人に異様に目撃談が多い怪異である。

地下体育館の幽霊［ちかたいいくかんのゆうれい］

学校に現れる怪異。ある女学生が夏休み中、地下体育館で運動をしていたが、一休みしている内に眠ってしまった。そのとき運悪く用務員が地下体育館に鍵をかけてしまい、そのまま帰ってしまうという事態が発生する。その後女学生は行方不明となり警察も捜査に乗り出すが、結局そのまま夏休みが明けてしまう。そして学生たちが地下体育館に入ると、そこには両手の爪が剝《は》がれた状態でミイラ化した女学生の死体があった。

それから雨の日や夜など外が暗くなると、地下体育館から扉を引《ひ》っ掻《か》く音や助けを呼ぶ声が聞こえてくるようになったという。

全国の学校で語られる怪異。爪がぼろぼろになっている理由は助けを呼ぼうと扉を引っ掻き続けたためで、話によってはさらに空腹から自らの肉体を貪《むさぼ》り食ったという要素が付け加えられることもある。舞台は地下体育館だけでなく写真の現像室や地下倉庫、体育館の用具置き場などさまざまで、**幽霊**と化したことは語られず死体が発見された場面で終わることも多い。また学校の種類は小学校から大学までこれまたさまざまである。

かつては学校の二～四階のあまり使われていない部屋、とされることもあったが、現在では窓もなく外界との交流手段を得ることが難しい地下室や写真の現像を行う暗室が主流となっているようだ。

このように生きたまま閉じ込められる恐怖が語られる話は日本だけでなく世界中にあり、一八四四年にはエドガー・アラン・ポーが生きたまま棺桶《かんおけ》に入れられ、埋葬されることの恐怖を描いた短編小説『早すぎた埋葬』を執筆している。医学が未発達だった時代には実際に土葬文化のある国では生きたまま埋葬されるといった事件があり、棺桶を掘り返すと死体が苦悶《くもん》の表情を浮かべていて、棺桶の蓋《ふた》には爪で掻《か》きむしったと思われる痕があった、という話も残っている。またこれが死者の蘇《よみがえ》りとみなされ、吸血鬼伝説と結びついていった例もあるようだ。

チシマレイコ 【ちしまれいこ】

宮城県北部で語られていたという怪異。北海道で交通事故により首を切断されてしまった女性の霊で、首を探して胴体だけで歩き回っているのだという。

松山ひろし著『カシマさんを追う』に載る。一九七五年頃に語られていたと記録される。チシマという名字は北海道の千島列《ちしまれっ》島《とう》から来ているのだろうか。

血の教室 【ちのきょうしつ】

ある学校に現れるという怪異で、その学校では、午前零時になると四年三組の教室が血で真っ赤に染まり、その中で何人もの人々が血まみれで苦しそうな声を上げるという光景が見られる。そしてこの状態になってしまった教室を見た人間は、三日後に熱を出して死んでしまうという。

学校の怪談編集委員会編『学校の怪談スペシャル1』に、福島県会津若松市《あいづわかまつし》の小学生からの投稿として載る。

血の出る蛇口 【ちのでるじゃぐち】

学校の手洗い場の蛇口から血が流れることがあるという怪異。

全国の学校の怪談に見られる怪奇現象。どの蛇口から血が流れる、何時になると血が流れるなどという部分が指定されることもある。錆《さ》びた水道管を通って赤く染まった水が血に見えると現実的な説明がなされることも多い。

血の料理 【ちのりょうり】

ある学校で夜の調理室に行くと、女性が一人料理をしていることがあるという怪異。この女性に対し「ねぇそれ血の料理じゃない?」と尋ねると「そ……う……よ……わたしの……りょ……う……り……よ。たべる」と答えるとその人間が食べられてしまい、「いいです」と答えると包丁を投げてくるという。

学校の怪談編集委員会編『学校の怪談13』に、東京都中野区《なかのく》からの投稿として載る。

血まみれ佐助［ちまみれさすけ］

家に現れるという怪異。一人で留守番していると、どこからともなく人のうめき声が聞こえてくることがある。その声は床下から「水くんろ、水くんろ」と言っており、しばらくすると床下から霧のようなものが出てきて人の形になる。その姿はざんばら髪の頭が半分に割れ、中から脳みそと血を噴き出しており、右目は半分飛び出して左目は血走っているというもので、「水くんろ、水くんろ」と迫ってくるが、それを見た人間が気絶している間に消えてしまうという。そしてこれが消えた跡にはぬるりとした液体と墓穴の中のようなひどい匂いが残っているとされる。

この幽霊は「血まみれ佐助」と呼ばれるもので、昔代官所《だいかんしょ》へ一揆《いっき》を仕掛けて殺された人間なのだという。

マイバースデイ編集部編『わたしは幽霊にとりつかれた!』に載る。

血まみれのコックさん［ちまみれのこっくさん］

この言葉を二〇歳になるまで覚えていると不幸になるという怪異。

学校の怪談編集委員会編『学校の怪談12』に、東京都小平市《こだいらし》からの投稿として載る。また常光徹編著『みんなの学校の怪談　緑本』では千葉県から投稿された話として、二〇歳までこの言葉を覚えていると死ぬ、となっている。また他にも二〇歳になると血まみれのコックさんが現れて殺される、とされる場合もあるようだ。

ヂャーニスさま［ぢゃーにすさま］

ある学校に伝わる、頭がよくなるというまじないにまつわる怪異。そのまじないの方法は旧校舎の理科準備室にて机の上にお気に入りの鉛筆やシャープペンシルを置き、「ヂャーニスさま、ヂャーニスさま、わたしの筆におやどりください」と唱えるというもので、それを行うと実際にテストで高得点が取れるようになるが、これを実行した生徒はその後旧校舎から帰ってこなくなってしまう。

実はヂャーニスさまの正体は昔天才と呼ばれていた子どもの霊で、彼女はかつてかくれんぼの際に理科準備室の戸棚に隠れていたが、そこに閉じ込められて誰も助けが来ないまま死んでしまった左利《ひだりき》きの少女だったのだという。

ポプラ社編集部編『映画「学校の怪談」によせられたこわーいうわさ』に、兵庫県神戸市からの投稿として載る。

チャーリーゲーム

［ちゃーりーげーむ］

もともとはメキシコに伝わっていたチャーリーという悪魔を呼ぶ占いにまつわる怪異。方法は白い紙と鉛筆二本を用意し、四角形をした白い紙の対角線上にＹｅｓ二つとＮｏ二つを書き、文字が隠れないよう鉛筆を十字に重ねて並べる。そして、「Charie Charie, are you there?」（チャーリーさん、そこにいるの？）と呟《つぶや》くと上側の鉛筆が勝手にどちらかの方向へ回り出し、先がＹｅｓを指す。それ以降は質問をするとＹｅｓかＮｏかで答えてくれるという。

そして質問がすべて終わったら「Charie Charie, can we stop?」（チャーリーさん、やめてもいいですか？）と尋ね、Ｙｅｓのところで鉛筆の動きが止まれば無事に終了となるが、もし帰らない場合は「Charie Charie, go away!」（チャーリーさん、あっちへ行って！）と叫んで紙を破れば強制終了となるらしい。また儀式を中断したり、強制終了しなかったりするとチャーリーに取り憑《つ》かれるという話もある。

二〇一五年五月頃からインターネット上で散見されるようになった怪異。テレビでも取り上げられるなどして一気に流行したが、アメリカではそれよりかなり前からチャーリーという霊が現れる占いがあったようだ。しかしチャーリーという悪魔が本当にメキシコの悪魔なのかは不明だという。また日本の**こっくりさん**と比較されることも多い。

チャッキーメール

［ちゃっきーめーる］

チェーンメールに現れる怪異。メールは「は〜い♪　ぼく、チャッキー☆」という文言から始まり、家の前まで来ているから殺し合いをして遊びたい、拒絶するなら足を切断するなどと脅《おど》し、そして玄関に迎えに来ることを要求して実際に迎えに来た人間を殺害するという。またこのメールを回さないと人形たちが殺しに来るという話も付随する。

このメールには別パターンも存在する。そのメールではプレゼントを持ってやってきたから玄関まで迎えに来いと伝え、プレゼントの画像をメールに添付したとするが、それはプレゼントの写真などではなく、メールを一定の人数に回さない人間の末路であるという。

どちらのメールの場合も最後に「（株）チャキチャキメ製作所」という文章が入る。チャッキーは一九八八年に第一作が公開されたアメリカのスプラッター映画『チャイルド・プレイ』シリーズに登場する殺人鬼。一作目では元は人間の殺人鬼だったが、その魂をグッドガイ人形という人形に移し替え、誕生日プレゼントとして送られた家庭の子どもの肉体に魂を移し替えるためにその子どもを狙うというストーリーになっている。またグッドガイ人形の機能として、劇中で「ハイ！　ぼくチャッキー！　一緒に遊んでよ！」という台詞《せりふ》を言う。前記のメールの内容もそれに倣《なら》ったものか。

中古車の怪［ちゅうこしゃのかい］

中古車にまつわる怪異。ある女性が自動車を運転している際に事故を起こし、死亡した。それからその車は修繕されて中古車として売りに出されたが、ある人がそれに試乗してみると「そこは私の席ですから、座らないでください」と声がする。しかし振り返っても誰もいない。そんなことが続き、とうとうその車には買い手がつかなかったという。

実際に**幽霊**の姿が現れることもある。この中古車は格安で売られているという話が付随することも多い。走らせると必ず事故を引き起こすという中古車の怪については、**白いソアラ**を参照。

中古船の怪［ちゅうこせんのかい］

船にまつわる怪異。殺人事件の現場となった船が売りに出され、ある海運会社のものとなった。それからその船の番人に雇われた男があるとき、船の部品を売り飛ばそうとして捕まった。その男は毎晩のように若い船員の幽霊が出るので恐ろしくて堪《たま》らず、酒を飲んで気をまぎらせていたが、給料ではとても足りずに船の部品を売って酒代にしようとしていたという。

松谷みよ子著『現代民話考3』に載る。同書には他にも類例が載る。

注射男［ちゅうしゃおとこ］

全身を包帯に覆われた男という姿をした怪異で、電柱の陰に隠れて通りかかった小学生を呼び止め、時間を聞く振りをしながらその腕に毒薬を注射してしまうという。またこの男はもともと身内によって座敷牢《ざしきろう》に監禁された人間の怨霊《おんりょう》が怪異化したものとも言われている。

山口敏太郎著『日本の現代妖怪図鑑』に載る。

蝶［ちょう］

死にまつわる怪異。蝶は昆虫の一種だが、古くから現代に至るまで、死んだ人間の魂や死の直前にある人間の魂が蝶の姿を借りて親しい人間の元に現れるという話がよく語られている。

不思議な世界を考える会編『怪異百物語5』ではある人物が親しくしていた女性が亡《な》くなる直前、標本のアゲハチョウが羽ばたいたという話が載る。また同書には死んだ祖父がコウモリに生まれ変わって挨拶しに来たという珍しい話も載る。また同シリーズの『怪異百物語8』にも死んだ祖母が紫一色の蝶となって現れた話、祖母やいとこが白い蝶となってやってきた話の他、死者が蜻蛉《とんぼ》になったのであろうという話が載っており、久保孝夫編『女子高生が語る不思議な話』でも死者が白い蝶になって帰ってきた話、死んだ父親がコウモリになって家に帰った話が載る。

超足がはやい人 〔ちょうあしがはやいひと〕

高速道路を時速一〇〇〇キロで走るという怪異。

常光徹編著『みんなの学校の怪談　緑本』に北海道からの投稿として載る怪異。

超音速じいさん 〔ちょうおんそくじいさん〕

ある高校に現れるという怪異。この学校では、夕方五時になるとどこからともなく甲高い金属音が鳴り響く。その原因は超音速で自転車を飛ばしている爺《じい》さんが急ブレーキをかける際に鳴る音らしい。ただしこの超音速じいさんは人が見ていると走行ルートを変えたりするなど非常に恥ずかしがり屋なため、肉眼でその姿を捉えるのはとても難易度が高いという。

不思議な世界を考える会編『怪異百物語3』に載る。

血を吸う桜 〔ちをすうさくら〕

桜の花があのように鮮やかできれいな薄紅色に咲く理由は、その根元に人の死体が埋まっていて、そこから血を吸っているからなのだという怪異。

全国的に有名な都市伝説だが、この話が広く流布《るふ》するきっかけになったのは一九二八年に発表された梶井基次郎《かじいもとじろう》の小説『櫻《さくら》の樹《き》の下には』だと思われる。また花子さん研究会編『トイレの花子さん2』では、校庭に一本真っ赤な花を咲かせる桜があり、その理由として根元に埋まった死体の血を吸っているからなのだという、花の色が血の色に変化する怪異譚《たん》が載っている。他にもこれに似た怪異としては常光徹著『新・学校の怪談2』には、地面の下に大量の死体を埋めた桜の幹の周りを、四月四日午後四時四四分に左回りに回ると満開の桜が一瞬にして散り、その花びらが見る間に真っ赤に変わってしまうという話が載る。

また桜以外には常光徹他著『走るお婆《ばあ》さん』で根元に死体が埋まっているアジサイは色鮮やかできれいな花が咲くという都市伝説が載っている。

他にも桜にまつわる怪としては、マイバースデイ編集部編『音楽室に霊がいる！』に、学校の敷地《しきち》内に花が咲かない桜の木があるが、もしその桜が花をつけるとその年に生徒が一人必ず死ぬ、という話が青森県の女子高生からの投稿として載る。

血を吸う目玉 〔ちをすうめだま〕

人体にまつわる怪異。ある女性が目を二《ふた》重瞼《えまぶた》にしようと整形手術を受けたが、失敗して失明してしまった。それが原因で女性は気が変になり、入院した精神病院で殺人事件を起こした上、病院を抜け出して崖から身投げして自殺する。その死体を引き上げたところ、なぜか腕に目玉がたくさんついていたという。

そして、その目玉のうちの一つをある病院が回収し、ホルマリン漬けにして保管することになった。しかし夜中になるとその目玉が動き出して入院している患者を探し回り、その血を吸うようになった。目玉は血を吸う度に大きくなり、ついに人の背丈ほどにもなって破裂し、血の海を作り出した。それからその病院は閉鎖されたという。

　不思議な世界を考える会編『怪異百物語9』に載る。

【つ】

月の宮駅 [つきのみやえき]

東海道線《とうかいどうせん》の夜行列車が通過したという駅の怪異。駅は名古屋駅に似ていると形容されるが、雰囲気は薄暗く、駅構内には二メートルほどの背丈の真っ黒で細い人間のような存在が歩いていたとされる。また駅周辺には高さ三〇〇メートルを越す摩天楼《まてんろう》が聳《そび》え、幻想的な景色が広がっているという。

　初出は2ちゃんねるオカルト板の「【夢】子供の頃の不思議体験【現実】」スレッドで、二〇〇八年二月一九日に書き込まれた。

　また同様に「つきのみや駅」という**異界駅**に辿《たど》り着《つ》いた人物の話が同じくオカルト板の「不可解な体験、謎な話～ｅｎｉｇｍａ～Ｐａｒｔ49」スレッドに二〇〇九年一月八日に書き込まれている。

つぎは何色 [つぎはなにいろ]

北海道のある小学校に伝わる怪異。雨の降る日に一階の女子トイレに入ると、どこからか「あーかいろ、あーおいろ、きーいろ……」という優しい歌声が聞こえてくる。それをしばらく聞いていると、突然「つぎは何色だ！」とものすごい怒鳴《どな》り声がする。驚いて泣き騒ぐと目の前に真っ赤な手が伸び上がってくるという。この怪異から逃れるためには、問いに対して「むらさき！」と大声で答えるしかない。

　常光徹著『学校の怪談2』に載るトイレの怪。またフジテレビ出版『木曜の怪談　紫の鏡』にも同様の怪異が載るが、こちらは「次は何色だ！」という問いに答えられないとトイレから出てきた真っ赤な腕に髪を摑《つか》まれて再び同じことを問われるため、このとき「むらさき」と答えれば腕は消えてしまうが、答えられないと死んでしまうとされている。

つきまとうテスト用紙［つきまとうてすとようし］

学校にまつわる怪異。ある中学校で、一人の男子生徒が数学のテストでひどい点数を取った。それは教育熱心な両親にはとても見せられない成績で、その男子生徒は思わずそのテスト用紙を丸めて捨ててしまった。

しかしその日、放課後カバンに教科書やノートを詰めていると、捨てたはずのテスト用紙がその中から出てきた。そのため改めてくしゃくしゃに丸め、捨てた。だが家から帰りカバンの中を覗《のぞ》くと、またしてもあのテスト用紙が現れたのだ。さすがに気味が悪くなりながらも、彼は今度はテスト用紙をビリビリに破いて捨ててしまった。

それで安心して夕食の席についたが、今度は弟が落ちていたとあのテスト用紙を彼に手渡した。男子生徒は慌ててテストを捨てたゴミ箱の中を探るが、そこには一片もテスト用紙がない。そのためまたテスト用紙を捨てて居間に戻ると、今度は母親がテスト用紙を握っていた。

男子生徒はさんざんに怒られたそうだが、なぜあのテスト用紙が何度も彼の前に現れたのかは、いまだにわからないままだという。

学校の怪談研究会編『学校の魔界ゾーン』に載る。

ツチノコ［つちのこ］

日本において一九七〇年代、大ブームを巻き起こした怪異。その姿は体長三〇～八〇センチ程の短い蛇で、三角形の頭が太く短い体に繫《つな》がっており、その間には蛇にも関わらずくびれがあるように描かれることが多い。尾は短く細いとされ、ここもまた他の蛇とは異なる特徴である。ビール瓶に似ていると形容されることもある。

また行動の特徴として、胴を平たくして数メートルを一気に跳ぶ、坂を転がる、いびきをかいて眠る、尾を使って木にぶら下がる、他の蛇のように蛇行して移動せず、尺取り虫のように体を伸び縮みさせて進む、鼠《ねずみ》のような声で鳴く、などが報告されている。非常に強い毒を持っているとされることも多い。

未確認動物として認知されるようになったのは二〇世紀に入ってからであるが、その歴史は古い。ツチノコの名前の一つとされる「ノヅチ」の名は古くは『古事記《こじき》』に登場し、妖怪としてもさまざまな文献に登場する。ツチノコも槌《つち》のような形の蛇という意味合いで、同種の蛇の怪を指す言葉は地域ごとにさまざまな呼び名があった。松谷みよ子著『現代民話考９』には、いくつかツチノコの類と遭遇した人々の体験談が記録されており、そのうち何例か以下に紹介する。

山梨県南都留郡道志村《みなみつるぐんどうしむら》に伝わるノヅチ

は明治十数年頃に山に住み着いていたという怪異で、胴体は五升樽《だる》ほどあり、頭と尾で転がるように地上を移動し、その速度は矢のようであったという。またここではノヅチは村民に百獣の王と恐れられ、警戒されていたと伝わる。奈良県宇陀郡御杖村《うだぐんみつえむら》では「つちんこ」と呼ばれ、見ただけで死ぬと伝えられていた他、槌のような形をしており、口が八つもついていて山の主と呼ばれていたという。同じく奈良県の吉野郡吉野町《よしのぐんよしのちょう》ではつちんこを見た人間が一週間寝込んだという話が載り、和歌山県東牟婁郡《ひがしむろぐん》では毒霧を吹くという話が伝わり、それに当たったものはやはり一週間寝込んだとされる。

また恐ろしく狂暴な話だけでなく、今の価値観で言えば可愛《かわい》らしい話も載っており、徳島県三好郡池田町《みよしぐんいけだちょう》ではよこづちと呼ばれるまん丸でころころした形をした蛇が、山仕事をしている人間の足元に転がってきて「おんぼしてくれ、おんぼしてくれ（四国の幼児語で「おんぶ」の意）」と要求したという話が伝えられている。

そんなさまざまな呼称があった中でツチノコという名前が広まるきっかけとなったのは、釣り仲間の集まりであった「ノータリンクラブ」のメンバーの一人、山本素石《やまもとそせき》という人物である。渓流釣りの最中にその奇妙な蛇を発見し、それに魅せられた山本氏はノータリンクラブの面々とともに日本全国にその目撃談を追い求める。そこで人々に語られたのはさまざまな名前、姿を持つ言わば妖怪としての槌の子、そしてそれに類するものたちであったが、山本氏によって「ツチノコ」という統一された名を与えられ、妖怪ではなく「未確認動物ツチノコ」として人々の前に姿を現した。そして一九六三年にはノータリンクラブの手によって「ツチノコの手配書」が作られ、後に西武百貨店が通報先として定められて最高三億円の賞金がかけられることになる。そして一九七三年には矢口高雄氏の手により漫画『幻の怪蛇　バチヘビ』が描かれ、翌年には藤子・F・不二雄《ふじお》氏の『ドラえもん』の中に未来人のペットとして飼われるツチノコが出現した。他にもテレビや雑誌で取り上げられるなどメディアの力によってツチノコは日本中にブームを巻き起こしていく。

しかし山本氏は一九七三年にはツチノコの探索を止めている。自分はツチノコをダシにするピエロになりたくはないとツチノコとの決別の書である『逃げろツチノコ』を書き上げた。そして氏はそのあとがきにおいて自分がツチノコ探索ブームのきっかけになってしまった後悔と、そしていまだ残るツチノコへの情熱を書いた。氏は一九八八年にこの世を去った。彼がもう一度ツチノコに逢《あ》えたのかどうかは、彼のみが知る秘密なのだろう。

そして現在、ツチノコが未確認動物としてこの世に現れて五〇年あまり。いまだツチノコはＵＭＡのままであり、人々の目の前には現れていない。しかしツチノコは今もどこかで幻の蛇として、ひっそりと生き続けているのだろう。

ツナカユリコ［つなかゆりこ］

主人公の名前を自分で決められるゲームで名前を「ツナカユリコ」にすると不吉なことが起きるという怪異。その不吉な事例をいくつか挙げると、ＲＰＧの名前入力で「ツナカユリコ」の名前を使用すると原因不明の高熱が出る。「ユリコ」だけでも不吉なことが起こる、「ツナカユリコ」という名前をＲＰＧの名前に利用した人物がアキレス腱《けん》を断裂して、さらに熱を出して入院した、ゲームの主人公につける名前をこれにすると霊障が起こり、なぜそのようなことが起きるのか、どうすれば解決するのかはいまだ明確な策がない、この名前を使用するとどこからともなく視線を感じる、といったものである。またゲームがバグを起こす、女性の声が画面から聞こえてくる、などの現象も記録されている。

二〇〇九年初頭にはすでにインターネット上で流布《るふ》していたことが確認できる。ツナカユリコが何者なのかは不明だが、霊障を起こしたり視線を感じたりすることから何らかの霊的存在と考えられることが多い。また実際にこの名前を使ってゲームをやってみるという実験を行ったものもいるが、そのプレイ動画に謎の声が混入するなどの怪奇現象が起こっている。

つぼ姫さま［つぼひめさま］

和歌山県田辺《たなべ》市の田辺第三小学校に伝わるという怪異。この学校の校舎がある場所は、かつて田辺の城があった場所だったが、あるとき城の姫が殺され、壺《つぼ》に入れられて埋められてしまった。その理由は家来に裏切られた、父親に殺された、姉に殺されたなどとさまざまに伝わるが、そのつぼ姫さまが埋められた場所が小学校の便所の、ある個室の下だということは共通している。そのためかその個室に入ると祟《たた》りを受ける、下から手が出てくる、「助けて」と声がするなどという。

松谷みよ子著『現代民話考７』に載る。また同名の怪異が山岸和彦他編『怪異！学校の七不思議』にも載る。こちらでは宮城県のある小学校に伝わる話とされ、その学校に残された木造校舎の汲《く》み取《と》り式の女子トイレ、その手前から四番目の個室に出現するとされている。入った人間を便器に引《ひ》き摺《ず》り込《こ》む、七度呼びかけると返事をする、ノックして「遊びましょ」というと深夜遊びに来るなどと噂《うわさ》されていたようだが、つぼ姫さまと呼ばれていた由来については記されていなかった。

つまようじさんとみきようじさん［つまようじさんとみきようじさん］

ある学校に出現するという怪異。つまようじさんは爪楊枝《つまようじ》を投げてきて、みきようじさんは追いかけてくるという。

学校の怪談編集委員会編『学校の怪談13』に香川県坂出《さかいで》市からの投稿としてある怪異。みきようじさんの名前の由来は不明。

爪切りババ［つめきりばば］

夜の一二時にある学校の滑り台の上に乗っていると出現するという怪異で、「爪切ったろか」と尋ねてくる。これに「はい」と答えると指まで切られ、「いいえ」と答えると腕まで切断されるという。

学校の怪談編集委員会編『学校の怪談スペシャル3』に載る老婆の怪。福岡県福岡市から投稿された事例。また同シリーズ『学校の怪談13』では「つめきりババア」という名前で同様の怪異が記されており、ポプラ社編集部編『映画「学校の怪談」によせられたこわーいうわさ』にもほぼ同じ怪異が載る。

つめをくれ［つめをくれ］

ある学校に現れたという怪異。その学校で警備員が午後一〇時に見回りをしていたところ、二階の水道の水がポタンポタンと落ちていたため、蛇口を締め直した。次に一一時に見回りしたところ、三階の水道の水が流れていたため、それも止めた。そして午前二時の見回りの際、今度は四階の水道の水が勢いよく流れていた。警備員は水を止めながら校内に誰かがいると確信し、侵入者を見つけるため校内を捜し始めた。その途中理科室に入ってみると、八歳くらいの年齢の上半身だけの少女が腕を組んでいた。警備員は驚いてトイレに逃げ込み、四番目の個室に閉じこもった。

それからしばらくして、上半身だけの少女がトイレまで追ってきたらしく一つ一つ個室のドアを開ける音が聞こえてきた。警備員が震えていると、なぜか四番目のドアだけは開けようとしない。そこで顔を上げると、あの少女がドアの上から警備員を覗《のぞ》いており、警備員を見て「つめをくれー」と口を開いた。

その翌日、トイレで爪を剝《は》がされて倒れている警備員の姿が見つかった。

常光徹編著『みんなの学校の怪談　赤本』に、広島県からの投稿として載る。

手足のない人形 ［てあしのないにんぎょう］

人形にまつわる怪異。昔、メリーさんというあだ名の少女がいた。彼女は学校でいじめられた末に大事にしていた人形の手足を胴体から外され、どこかに隠されてしまった。メリーさんは必死にそれを探したが、ついに見つからずそのショックで自殺してしまう。

それ以来怨霊《おんりょう》と化した彼女が校内に現れるようになり、手足のない人形を渡して「手足を探せ」と迫り、彼女の言った期限以内に手足を探し出すことができなければその体の部分を奪われるという。

インターネット上で散見される怪異。メリーさんの本名が松原めぐみとされたり、彼女は生前超能力者だったため死後はサイコゴーストと呼ばれる除霊が不可能な怪異になっている、と続く場合や、人形の名前がセイラとなっている場合もある。

一柳廣孝監修『知っておきたい世界の幽霊・怪異・都市伝説』に載る。ここまで読んで気付いておられる方もいるかもしれないが、この怪談は真倉翔原作・岡野剛作画の漫画『地獄先生ぬ～べ～』の一編「メリーさんの巻（前後編）」に酷似している。『ぬ～べ～』ではメリーさんの本来の名前は「松原めぐみ」であるとされており、生前超能力者であったために死後サイコゴーストとなったという設定も記されている。恐らく『ぬ～べ～』の中の話が実際にあった噂《うわさ》として独り歩きし、一つの怪談として語られるようになったのではないかと考えられる。

低級霊 ［ていきゅうれい］

心霊にまつわる怪異。死後もこの世に留まり、人間に対し悪事を働く霊魂のこと。人の霊の他に動物霊を指すことも多い。

一般的に語られる低級霊という存在を説明すると先のようなものになるが、元々は心霊主義で使われていた言葉のようで、その場合は**天狗**や妖精などの低級な**自然霊**も指すようだ。また対になる存在として「高級霊」という言葉が使われることもあるが、こちらは心霊主義では神仏や天使、また**守護霊**などを指すことが多い。

帝国陸軍第一二六号井戸の怪物 ［ていこくりくぐんだいいちにろくごういどのかいぶつ］

インターネット上で語られる怪異。首都高速中央環状《かんじょう》線に存在する、あるトンネルの中にあるという合流地点。そこには奥へ奥へと進むことができる道が設置されており、金網や鉄柵の扉の鍵を開けて歩《ほ》を進めると、「無断立入厳禁防衛施設庁」と書かれた鉄扉《てっぴ》が現れ、さらにその奥へと複数ある鉄扉の鍵を開けながら進むと「帝国陸軍第十三号坑道」と記された鉄扉が現れる。これを開き、また奥に続く狭い道を進んでいくと、「帝国陸軍第一二六号井戸」と書かれた鉄扉が出現する。

扉の向こうは小中学校の教室くらいの広さの部屋で、その中央に鉄の蓋《ふた》を乗せられた井戸がある。その蓋の端には天井の滑車に繋《つな》がる鎖がついており、滑車からぶら下がっているもう一つの鎖を引いて回すと蓋が開く仕組みとなっている。そしてその井戸の底には真っ白な肌で禿頭《はげあたま》、さらに目に当たる部分に小さな穴があいた不気味な怪物が棲《す》みついており、一部の暴力団などが殺人の証拠隠滅のため人間をこの井戸に落として処理するために利用しているという。そして、理由は不明だが人間をこの井戸に投げ入れるときは必ず生きた状態でなければならないとされる。

2ちゃんねるオカルト板の「死ぬ程洒《しゃ》落《れ》にならない怖い話を集めてみない?186」スレッドに、二〇〇八年一月二一日に書き込まれた怪異。帝国陸軍とは大日本帝国陸軍のことで、一八七一年に組織され、第二次世界大戦でポツダム宣言を受諾した後、一九四五年に解体されている。そのため、この坑道や井戸が造られたとしたらその間のことと思われる。ただし井戸の中にいた怪物の正体については依然として不明である。

デカチャリ［でかちゃり］

一九八〇年代に千葉県船橋市《ふなばしし》に出現したという怪異で、全高二メートル近い巨大な自転車に乗り、小学生を追いかけ回していたとされる怪人。

山口敏太郎著『ホントにあった呪いの都市伝説』などに載る。

テクテク［てくてく］

下半身のない子どもの幽霊で、走りが速い。

学校の怪談編集委員会編『学校の怪談13』に載る**上半身の怪**。沖縄県中頭郡《なかがみぐん》から投稿された事例。同書には沖縄県那覇市から投稿された怪として、体育館に出現する逆立ちのお化けという説明で同名のテクテクという怪異が語られている。また常光徹編著『みんなの学校の怪談　赤本』では腹から下がなく、常にスケボーに乗っているというテクテクの話が語られている。

テケテケ［てけてけ］

上半身だけの人間の姿をした怪異。この怪異にまつわる代表的な話は以下の通り。ある男子高校生が夕暮れの校庭で一人サッカーの練習をしていると、いつも可愛《かわい》らしい女の子が二階の教室の窓で腕組みをして自分を見つめていることに気が付いた。高校生が思わず見つめ返すと、女の子は彼に微笑《ほほえ》みかける。そこで高校生がもっと近くで練習を見ないか、と尋ねたところ、女の子は頷《うなず》き、そして窓枠から飛び降りた。
驚いたことにその体には下半身がなかった。上半身だけの女の子は地面に肘を付くと、凄《すさ》まじい速さで高校生に近づいてきた。テケテケと音を鳴らしながら……。

代表的な**上半身の怪**。欠損部分は両太股《ふともも》から下、腰から下、胸から下などさまざま。肘を使って移動する以外にも腕を使って這《は》ってくる、空中を飛んでくるなど移動方法も多様に語られる。また松山ひろし著『カシマさんを追う』によればこの怪異は沖縄県が発祥の地になっている可能性が高いとのことで、実際に一九八〇年に沖縄県で語られていたという下半身のない少年の**幽霊**の姿をしたテケテケの話が載る。

世界博学倶楽部《くらぶ》著『都市伝説王』などでは頭から直接腕が生えているテケテケの例も見られる。また現在では女性の怪として語られることが多いが、一九八〇年代から九〇年代の記録を見ると男性の姿をしたものも多く見られる。その姿からか名前が**カシマさん**、**カシマレイコ**、**サッちゃん**であるなど他の下半身を欠損した怪異と組み合わせて語られることも多い。また彼女らと同様に話を聞いただけでその人間の元に現れたり、夢の中に現れることもある。

撃退方法もいくつか伝わっており、代表的なものは「地獄に落ちろ」、または「地獄に帰れ」という呪文を唱えるものや、テケテケは急に曲がることができないためいきなり方向転換すれば追ってこられないというもの。他に久保孝夫編『女子高生が語る不思議な話』では回避方法として階段を上る、というものが紹介されている。また実業之日本社編『都市伝説&怪談DX』には、踏切《ふみきり》事故で亡《な》くなって怪異化したこのテケテケに対し、「安らかに眠ってください」と言えば二度とテケテケは現れないという話が載る。

正体不明の化け物として語られることもあるが、下半身を欠損した人間の霊とされる話もよく語られる。その場合は鉄道事故によって体を轢断《れきだん》されたとされることが多く、**冬の踏切事故伝説**が誕生譚《たん》として語られるものが代表的。また出現場所も多岐《たき》に渡り、鉄道事故があった踏切、校舎内や校庭、登下校道、前述した夢の中や場所を問わず噂《うわさ》を聞いた人間のところに現れるなどさまざまに語られる。ここに記された以外にも多くの話が語られる怪異であるため、次にその例を一部抜粋して載せる。

学校の怪談編集委員会編『学校の怪談大事典』では噛《か》みつかれるとその部分が腐る、テケテケ笑って、テクテク歩くといった話が載り、また回避方法として地面に伏せる、足を隠すなどの方法が記されている。不思議な世界を考える会編『怪異百物語1』には、旧校舎に出現する斧《おの》を持って「テケテケ」と口で言いながら追いかけてくる上半身だけのおじさんの姿をした怪異が載る他、同シリーズの『怪異百物語2』には「私の名前、知ってる?」と問い、それに「知らない」と答えると「えー、わたしテケテケさんだよー」と名乗る胸から上だけの姿をした怪異が載る。

ポプラ社編集部編『映画「学校の怪談」によせられたこわーいうわさ』には、二階と一階の間の踊り場で「テケ・テケ・テケ……」と「テケ」を二四回唱えると黒いマントの男と共にテケテケが現れる、という話がある。同書にはテケテケの正体はいじめを苦にして自殺した少女の霊で、捕まると食われるとされている話や、テケテケに摑《つか》まれるとその部分が腐るという特徴が載る。また常光徹著『学校の怪談9』では放課後四時に図書室に入り、椅子を一六個用意して四つずつ四列に並べ、四人であおむけに寝る。すると時計が反対に回り始めるのでその後廊下を走るとテケテケが出現するという召喚方法も伝えられている。

おもしろ情報ネットワーク編『世間にはびこるウワサの大検証』には、場所によっては下半身のみの化け物がテケテケと呼ばれているケースがあるという話が載る。

また不可思議な姿形をしたテケテケの話もいくつか伝わっており、花子さん研究会編『トイレの花子さん4』には、佐賀県の小学生からの投稿として、右手に鎌を、左手にハサミを持ち、鼻や口から臭い膿《うみ》のようなものを垂れ流し、禿頭に「テケテケ、置いてけ、魂、置いテケ」と鳴き続ける小さな人間を生やした奇っ怪な姿をした怪物の話が記されている。この怪物は口から黄色い液体を吐き、それに当たると同じ怪物になってしまうことが示唆《しさ》されている。

学校の怪談編集委員会編『学校の怪談スペシャル3』には、兵庫県神戸市の学校のテケテケの話が載り、そのテケテケは女子トイレの二番目に住み着いており、右手がナイフ、左手がハサミのようで、顔はカマキリのようだとされ、寝ている人間の心臓を食ってその人間に乗り移るのだとされる。しかし心臓を吐き出させることができればその呪いは解けるのだという。

テケテケおじさん［てけてけおじさん］

下半身のない中年男性の姿をした怪異で、放課後の小学校に現れるという。凄《すさ》まじい速さで走ることができるが、急に曲がることができないという弱点がある。

またこの怪異に捕まると元の教室に戻される、後ろからつつかれるとその部分が腐る、追い付かれるとテケテケおじさんとともに消えてしまうといった話もあるようだ。

日本民話の会監修『こども怪談新聞　学校編』に載る。**テケテケ**から派生した怪異と思われるが、腕を使って走るのではなく、普通に走っている様子なのに下半身が見えない、という姿の怪異のようだ。

テケテケばあさん［てけてけばあさん］

ある踏切《ふみきり》に出現するという怪異で、追い抜くと足を踏まれ、逃げようとすると猛スピードで追いかけてくるという。

常光徹編著『みんなの学校の怪談　緑本』に、大阪府からの投稿として載る。**テケテケ**と名前がついているが、この老婆は上半身のみの怪ではなく全身が存在するらしい。

てけてけぼうず［てけてけぼうず］

ある高校に現れるという、顔から手足が生えている奇妙な姿をした怪異。夜、学校の廊下を歩いていると「てけてけ」と音を出しながら追いかけてくるという。

不思議な世界を考える会編『怪異百物語4』に載る。「てけてけ」と名前にあるが、この怪異は足も生えている。また**テケテケ**の一部には頭から直接腕が生えているものがいるようなので、その類例かもしれない。

テコテコおばけ［てこてこおばけ］

ある学校で放課後サッカー部が練習をしていた。すると三階の教室の窓から一人の少女が肘をついて練習を見つめている。そこで部員がこっちに来て練習を見ないかと呼ぶと、少女は本当に行ってよいのかと念を押す。それを肯定すると、少女は三階からいきなり飛び下りた。しかもその少女には顔と腕しかなく、逃げ回る部員を追い回しながら「だって、見に来ていいって言ったじゃない」と不満を漏らしたという。

不思議な世界を考える会編『怪異百物語2』に載る**上半身の怪**。このように窓の向こうから「行ってもいいのね?」と念を押して現れる上半身の怪は渡辺節子他編著『夢で田中にふりむくな』にも記録がある。

デスタウン［ですたうん］

この世とあの世の中間に存在するという不思議な世界で、霧深い町だと伝わる怪異。生者と死者が共存する世界であり、瀕死《ひんし》の人間の魂が迷い込む世界のようだ。またインターネットから偶然このデスタウンにアクセスしてしまう例もあり、その場合ユーザーはトランス状態に陥って仮想世界に取り込まれ、絶命したり体を残して魂を奪われてしまったりするのだという。また睡眠時夢の中で迷い込むこともあるようだ。

山口敏太郎著『都市伝説　あなたの知らない世界』に載る。名前を直訳すると「死の町」となるが、死者が赴く場所ではなく死ぬ直前の人間が迷い込む場所のようだ。臨死体験の際に現れる長いトンネルや花畑、また三途《さんず》の川《かわ》のようなものだろうか。ただし死に瀕している人間以外もインターネット上や夢の中から引《ひ》き摺《ず》り込《こ》むところを見るにかなり性質が悪い怪異の可能性もある。

テズルズル［てずるずる］

雨の日にあるトンネルを自動車で走っていると、テズルズルという怪異が現れて車を後ろから引っ張り、止めてしまう。

不思議な世界を考える会編『怪異百物語

1』や常光徹著『学校の怪談7』に載る。またポプラ社編集部編『映画「学校の怪談」によせられたこわーいうわさ』には、愛知県名古屋市からの投稿として同じ怪異が見える。姿形についての記述はないが、名前から連想するに腕の姿をしているのだろうか。

手のおばけ［てのおばけ］

「肩が凝る」と五回続けて言うと、「揉《も》みましょうか」と声がして手のおばけという怪異が出現するという。

ポプラ社編集部編『映画「学校の怪談」によせられたこわーいうわさ』に、兵庫県神戸市からの投稿として載る。

手伸びババア［てのびばばあ］

大阪に出現したという怪異。あるOLの女性が仕事帰りに電柱の下で腹を抱えて蹲《うずくま》っている老婆を見つけた。女性が駆け寄って声をかけると老婆は「引き起こしてください」というので、女性が老婆の手を取って引き起こそうとすると、老婆の体はそのままに腕だけが伸びた。女性は逃げ出したが、なぜか腰の辺りが重く感じる。そして足を止めて後ろを振り返ると、糸のように細く長く伸びた老婆の腕がベルトを捕まえていた。

常光徹著『学校の怪談3』に載る。筆者命名。

手振り地蔵［てふりじぞう］

兵庫県の六甲山《ろっこうさん》の某所にある地蔵にまつわる怪異。この地蔵は手を振っているように見えることがあるが、これが「ばいばい」をしているように横に振られているときは問題ない。しかし「おいでおいで」をしているように縦に振られている場合には、帰りに事故に遭《あ》ってしまうという。

渡辺節子他編著『夢で田中にふりむくな』などに載る六甲山にまつわる怪異の一つ。同じく六甲山に関連した怪異である**マリちゃんの像**もこの手振り地蔵という名前で呼ばれることがある。

寺生まれのTさん［てらうまれのてぃーさん］

怪異に直面する人々の前に現れ、「破《は》ぁ！」という言葉とともに青白い光弾を発して怪異を撃退し、そして去っていく伝説の男。寺生まれということと、Tさんと呼ばれていること、やたらに強い父親がいるらしいこと以外正体は謎に包まれたナイスガイである。

大抵の悪霊《あくりょう》や化け物ならば「破ぁ！」の一言とともに滅ぼしてしまう上、お札はもちろん、釣《つ》り竿《ざお》を振り回して武器にしたり、サーフィンをしながら海水に霊能力を干渉させたり、青白い光で病を治癒させたりとその力は未知数であり、さらにインターネットの世界であろうが外国であろうが怪異に襲われる人々の危機に駆け付ける。ちなみに腕っ節も相当強い。

そのような力を持つ一方で性格は気さくで女性に対する心遣いも持ち合わせており、多くの人々に慕われているようだ。「破ぁ！」の他、「この小悪党め！」が口癖なのかよく言う。また事件を解決した後にうまいことを言うのも特徴である。

現在見つかったものでは二〇〇七年九月九日に2ちゃんねるＶＩＰ板の「怖いと見せかけて笑える話」スレッドに書き込まれた、赤いワンピースの死神が登場するものが最も早かった。同スレッドでは続けて四つのＴさんにまつわる話が書き込まれている。また登場以来既存の怖いコピペを改変し、このＴさんを登場させるというものも目立つようになり、Ｔさんが登場するコピペは現在かなりの数になっている上、まだまだ増える可能性がある。さらにその多くの話で理不尽な強さにより怪異を撲滅するため、彼によってそれまでの恐怖を払拭《ふっしょく》された人々は数知れない。

そして颯爽《さっそう》と現れ、颯爽と怪事件を解決し、颯爽と去っていく彼を見て我々は思うのだ。やっぱり寺生まれはすごい、と。

テレテレさま［てれてれさま］

ある学校に設置された公衆電話にまつわる怪異。この公衆電話を利用する際、「テレテレさまテレテレさま、電話をかけます」と言いながら電話をかけないと不思議なことが起きると信じられており、実際に一人の生徒が言い忘れて電話をかけたときには電話ボックスの向こうに先生たちの姿が見えたが、ドアを開けると誰もいなくなっているということがあったという。

常光徹著『新・学校の怪談5』に載る。名前の由来は「テレフォン」からだろうか。

電気おばけ［でんきおばけ］

ある学校で蛍光灯やＣＤプレーヤーに取り憑《つ》くという怪異で、これに憑かれた電化製品は壊れて使えなくなってしまう。

常光徹著『学校の怪談Ｃ』に、千葉県からの投稿として載る。

天狗［てんぐ］

富山県富山市四方《とやましよかた》の諏訪神社《すわじんじゃ》に天狗が出るという話があり、その境内にある大ケヤキに現れたという。そこでは天狗が子どもを縛って吊《つ》るした縄が垂れ下がっていた、神社の近くの寺に天狗のミイラがある、などと噂《うわさ》されていた。

松谷みよ子著『現代民話考7』に載る。天狗は言わずと知れた妖怪の一種だが、現代でも目撃談がある。

同シリーズの『現代民話考1』では石川県石川郡白峰村《しらみねむら》（現白山市）の話として、戦後間もない頃、女土工が朝の仕事始めに転倒して太股を打ったが、気にせずにセメント袋を担いで仕事場に向かったところ、到着して太股に酷い切り傷が生じていることに気付いて気絶したという話や、同じく戦後の白峰山の話として、女土工が昼食の湯茶の水を谷川に汲みに行ったが一向に帰って来ず、同僚が探しに行ったところ頭を砕かれて死んでおり、これは天狗の剣にかかったのだろうと噂されたという話などが載っている。

　不思議な世界を考える会編『怪異百物語1』にはこんな話も載っている。ある少女が父親とともに山の中に行ったときのこと、真っ赤な炎のようなものが見え、山火事かと思って驚いていると、赤く長い鼻をした何者かがそこにいた。少女は大人になった今でもあれは天狗だったと信じているという。また同書には一九九七年頃、京都府で開催された鞍馬《くらま》の火祭りに赴いた人物が「木《こ》っ端《ぱ》天狗」に憑《つ》かれたという話も記されている。

電車幽霊［でんしゃゆうれい］

　岡山県で語られていたという怪異。赤穂《あこう》線《せん》を利用していたある男性が、同じ車両に美しい娘が乗っていることに気が付いた。彼女はいつも同じ車両の出入り口近くの同じ場所に座っているが、どこで降りるのだろうと気を付けていてもいつも知らぬうちに消えてしまう。そんなことが続くため、ある日彼女が座っていた席を見てみると、その場所がぐっしょりと濡《ぬ》れていたという。

　それから娘が姿を消したのは赤穂線の工事の際に壊された無縁墓のあったところだとわかり、その墓は娘のものだったために化けて出たのだと語られていたとされる。

　松谷みよ子著『現代民話考3』に載る。筆者命名。同書には大正時代、東京都の市電において、赤電車（最終電車のこと）のみに現れる老婆がおり、「赤電車の幽霊」と呼ばれていたという話も載る。この老婆は車掌が切符を切りに来ると忽然《こつぜん》と消え失《う》せていたという。

天井なめ［てんじょうなめ］

　家に現れたという怪異。ある少女が夜眠っていたとき、上の方から何やらがさごそと音がするのが聞こえて目を覚ました。不思議に思って目を開けると、妖怪天井なめが天井を嘗《な》めていたという。

　マイバースデイ編集部編『わたしのまわりの怪奇現象１００』に載る。妖怪としての「天井嘗」は鳥山石燕《とりやませきえん》の妖怪画集『百《ひゃっ》器《き》徒然袋《つれづれぶくろ》』に載る妖怪で、そこではその名の通り人の体に獣の頭を持った姿の妖怪が長い舌で天井を嘗める様子が描かれている。

【と】

トイレおやじ「といれおやじ」

北海道のある小学校に出現するという怪異で、「チンカラホイ」と唱えると消えてしまうが、唱えないと何かが起きるという。

常光徹編著『みんなの学校の怪談　赤本』に、北海道からの投稿として載る。「チンカラホイ」は童謡「ちんから峠」の歌詞として出てくる言葉であり、アニメ映画『ドラえもん　のび太の魔界大冒険』にて魔法の呪文として使われた言葉だが、童謡にも映画にももちろんトイレおやじは出てこない。

トイレ小僧「といれこぞう」

兵庫県神戸市立西《にし》須《す》磨《ま》小学校に一九四五年頃現れたという怪異。便所に住み着き、悪い子どもの尻を下からペロリと舐《な》めたという。

松谷みよ子著『現代民話考7』に載る。

トイレの花子さん「といれのはなこさん」

全国で語られる怪異。学校の三階の女子トイレ、その三番目のドアを三回ノックし、「花子さん、遊びましょう」と言うと「は～い」という少女の声がする。これは花子さんという名前の幽霊のもので、「何して遊ぶ?」という問いかけをしてくるが、これに対しておままごとと答えると包丁で突き刺され、首絞めごっこと答えると首を絞められる、などという。

三番目の花子さん、三丁目の花子さんといった名前で語られることもある。また男子トイレを舞台として語られる場合は**太郎くん**といった男児の**幽霊**であることも多い。この項目ではトイレに現れる花子さんと呼ばれる怪異を扱うため、トイレ以外に現れる同名の幽霊については**花子さん**の項目を参照されたい。

その容姿としては赤いスカートを履いたおかっぱの少女の幽霊、赤い着物を着た少女の幽霊とされる話が多数見られ、また現れるトイレは三階や奥から三番目の個室といった三にまつわる場所が多いが、二階のトイレであったり一番奥の個室であったりなど特に三に関係ない場所にも現れる。またノックの回数も三が多いが、一回から一〇〇回を超えるものまでさまざまな話がある。そして花子さんを呼び出すと「何して遊ぶ?」と問いかけられるパターンが有名で、それに対しては先に挙げた他に「なわとび」と答えると上から縄跳びの縄が下りてきて首を吊《つ》られるなどの話もある。さらに他の例を挙げると「水泳しましょ」というとトイレの中に吸い込まれてお化けにされる、「バカ」と言うと時速一〇〇〇キロで走ってきて腕を食われる（学校の怪談編集委員会編『学校の怪談6』）、体育館で花子さんを呼び出すとボールが飛んできてドッジボールになるが、ボールに当たると死亡する（学校の怪談編集委員会編『学校の怪談11』）などといった話も伝わる。

そして呼び出した後の反応も声だけで終わる場合、姿が現れる場合、包丁や縄跳びなどの物体が現れて危害を加えてくる場合、トイレの換気扇が勝手に動く、電気が勝手に消える、トイレの水が勝手に流れるといったトイレ内の設備に影響を及ぼす場合などがある。また姿を見せるにしろ見せないにしろトイレの中に引《ひ》き摺《ず》り込《こ》まれると続く場合も多い。

その歴史は古く、松谷みよ子著『現代民話考7』では一九四八年に岩手県和賀《わが》郡《ぐん》黒《くろ》沢尻町《さわじりまち》（現北上市《きたかみし》）で体育館の便所の奥から三番目に入ると「三番目の花子さん」と呼びかけられ、下から白い手が出てきたという話があったという。ただこれは呼びかけられるのはトイレに入った人間となっているため、現在語られる花子さんの話とは立場が逆である。また学校の怪談編集委員会編『学校の怪談大事典』によれば、同じく一九四八年にはすでに「花子さん」と呼ぶと「はーい」と返事が返ってくるパターンの話が語られていたとされるが、これの出典となったものは見つからなかった。

またそのフルネームが語られることもあり、常光徹著『学校の怪談4』には、神奈川県の小学校において花子さんの出るトイレに一冊の本が置いてあり、そこに「一八七九年に長谷川花子誕生」と書かれていたという話が載る。

他の怪談と組み合わせられることもあり、特に**赤いちゃんちゃんこ**との組み合わせが頻繁に見られる。不思議な世界を考える会編『怪異百物語2』には、赤いちゃんちゃんこを着て現れる、「いいよ、待ってて、いま赤いちゃんちゃんこ着てるから」と返事をするなどとあり、山岸和彦他編『怪異！学校の七不思議』には、赤いちゃんちゃんこを呼ぶと花子さんの赤いちゃんちゃんこが飛んでくるという話が載る。また久保孝夫編『女子高生が語る不思議な話』では「赤いちゃんちゃんこ着せましょうか」と尋ねてくるという。他にも常光徹編著『みんなの学校の怪談　赤本』によれば「黄色が欲しいか、赤が欲しいか、青が欲しいか」と尋ね、「全部」と答えると黄と赤と青の顔をした人間が降ってくるという**赤い紙・青い紙**系統の怪異と組み合わされた話も語られていたとされる。この類例については**髪を切られた花子さん**も参照。他にも**四時四四分の怪**に関連した話もあり、実業之日本社編『怪談&都市伝説DX』には、ある小学校で午前四時四四分に四階のトイレが男女で入れ替わるが、これは普段女子トイレに潜《ひそ》んでいるため男子に会えない花子さんの仕業であり、もしこの時間帯に男子がトイレに入ってしまうと、イケメンならあの世に連れていかれ、ブサイクならつまみ出されてしまうという。

こっくりさんに似た占いとして語られる

場合もあり、マーク・矢崎著『キューピッドさんの秘密』においては、トイレで花子さんを呼び出した後、「花子さま、○○のことを教えて下さい」と話しかけると、心の中に答えが返ってくるという話が載る。

またその対処法や弱点も多数伝わっており、牛乳が苦手、一定の回数ごめんなさいと謝るといったものが多いが、他にも一二という数字が嫌い、白い色が苦手（常光徹著『学校の怪談8』）、「黄色、黄色」と唱えると出てこない、三度回り「はーなこさん」と呼び手を叩《たた》くと出ない、（学校の怪談編集委員会編『学校の怪談11』）、一〇〇点の答案用紙を見せると「おどろきモモの木パパイヤー」などと言って退散する。逆に零点の答案用紙を見せると「一緒に遊ぼう」と言ってきたり、「うぉーほほほ」と言いながら追いかけてくる（『みんなの学校の怪談　赤本』）などという話も伝わる。

また彼女が幽霊となった経緯にも諸説あり、その過去として語られることが多いのは戦争時の空襲でトイレに逃げ込み、そのまま空襲の犠牲となって焼死してしまった、変質者に追いかけられてトイレに逃げ込んだが、結局そこで殺されてしまった、親から虐待を受けていて学校のトイレまで逃げてきたが、そこで親に殺されてしまったといった話である。その他にも太郎さんという少年に振られたショックでトイレで自殺したためだという話（常光徹他編著『魔女の伝言板』）、生前太郎くんという男子とサッカーをしていた際、学校のトイレへ飛んでいったボールを取りに行ってそこにいた不審者に殺された、さらに様子を見に行った太郎くんも殺され、それからそのトイレに二人の霊が出現するようになった（『女子高生が語る不思議な話』、学校の怪談編集委員会編『学校の怪談11』）、学校の図書室の窓から落ちて死亡した、学校の女子トイレの三番目で死んだ（常光徹著『学校の怪談4』）、腹痛でトイレに駆け込んでいた花子という少女が学校の火事に巻き込まれ、逃げ遅れて死亡した、花子さんと太郎くんがかくれんぼをしていて、花子さんがトイレの三番目に隠れた際に空襲で爆弾が落ち、死んでしまった、学校のトイレの二番目に入り、バナナの皮を踏んでしまって頭を打ち、亡《な》くなった（『みんなの学校の怪談　赤本』）、校舎の屋上から飛び降り自殺した花子さんという少女の霊が、飛び降りたところにあった一階の女子トイレに住み着いた、ある学校ができる以前、三歳の少女が殺され、バラバラにされる事件があり、その死体が埋められた場所の真上にトイレが建てられたため、そこに体がバラバラになった花子さんの霊が出る（花子さん研究会編『トイレの花子さん』）、かつていじめられ、自殺した少女の霊で、そのいじめの際に顔が醜いと言われ何度も顔を洗わされていたため、死後も飛び降り自殺により顔が潰れた状態でトイレの洗面台の前に現れ、そこにやってきた生徒を同じように醜くするためにトイレの窓から突き落とそうとする（花子さん研究会編『トイレの花子さん2』）、トイレに閉じ込められた少女がドアをこじ開けようとして手を真っ赤な血に染めて死亡した、昔の汲《く》み取《と》り式トイレで便器の中に落ちてしまった花子という名前の少女の霊が「あそぼうよ〜」と声を出すようになった、太郎くんと花子さんがいじめられてトイレに閉じ込められ、二人は落ちていたマッチを使って自殺し、その怨霊《おんりょう》がいまだトイレに居ついている、（フジテレビ出版『木曜の怪談　紫の鏡』）などというものがある。

　また花子さんに家族がいるという例も多く、個別の名前を持つ太郎くん、**やみ子さん**、**ブキミちゃん**、**葉子さん**、**ゆう子ちゃん**の他にも祖父母、父母がいるという話や兄弟姉妹がいるという話も多数語られる。また前述した『みんなの学校の怪談　緑本』ではよい花子さんと悪い花子さんがおり、よい花子さんは白い着物またはドレスを、悪い花子さんは赤い着物またはドレスを着ているという話が記されている。これの類例としてはピチ・ブックス編集部編『私の恐怖体験』に宮城県からの投稿として学校のトイレに花子さんが二人おり、おかっぱでマリをもっている花子さんは優しいが、ロングヘアで目のつり上がった花子さんだとトイレに引き摺り込まれる、という話が載る。

　そして最も有名な学校の怪談であると思われる彼女だが、一九九四年に刊行され、また同年にアニメ化された森京詞姫《もりきょううたひめ》著『学校のコワイうわさ　花子さんがきた!!』をはじめとしたメディア作品にて主要キャラクターとして登場することが多くなり、この九〇年代から花子さんは子どもの味方であるという設定も多々見られるようになった。その影響か、一九九六年発行の花子さん研究会編『トイレの花子さん5』には、いじめられっ子を守り、いじめっ子を襲うという話が複数見られる。その中で彼女は「ワルをやっつける超パワーおばけ」などとも呼ばれている。この傾向は一九九八年に発行された同シリーズの『帰ってきたトイレの花子さん』にも見られ、他の先生たちにいじめられている女性教師の味方となり、いじめを行っていた先生たちをこらしめる話や、いじめられている少女の味方となり、次にその子をいじめたら呪ってやるといじめっ子たちに告げる花子さんの話などが載っている。

　そして今でも学校の怪談を題材にした作品では花子さんを主役としたものが多くあり、彼女が子どもたちに恐れられる存在であると同時に親しまれる存在であることがよくわかる。

東京ビッグマウス［とうきょうびっぐまうす］

　体長三〇〜四〇センチある巨大なネズミで、主に東京都渋谷区《しぶやく》の渋谷駅付近に出没する。普段は餌にされるはずのカラスを襲うなどの行動が目撃されているというが、巨大化した原因は不明である。

　並木伸一郎著『最強の都市伝説2』に載る。

童女石［どうじょいし］

　新潟県北蒲原郡黒川村《きたかんばらぐんくろかわむら》（現胎内市《たいないし》）に伝

わる怪異。この村には青銅で作られた大きな観音様があるが、そのお堂の側から時折、誰もいないのに子どもの悲しそうな叫び声が聞こえてくるということがあった。その噂は一九七一年七月二五日まで続いた。その日、ある男性観光客が観音様へのお参りを済ませてお堂の庭を散歩していたところ、誰かに呼び止められて庭を見て回ったところ、「お・じ・さ・ん・み・て……」という子どもの声が庭の隅から確かに聞こえ、そしてその声の方を見ると小さな女の子の頭が転がっていた。男は腰を抜かす程驚いたが、それはよく見ればただの石だった。ただし、石の表面にくっきりと少女の顔が映っている。男が恐る恐るその石に近づいてみると、石には女の子の他に数人の子どもたちの顔が映っており、どの子も悲しそうな表情で何かを言いたそうにしていた。

　これはただの石ではない。そう考えた男は大声で人々を呼び寄せ、村は大騒ぎになった。そして村の者たちは四年前の大水害を思い出していた。

　黒川村ではかつて、一九六七年八月二六日に豪雨によって胎内川が氾濫し、三〇人の人間が亡くなり、そのうち一〇人は子どもだった。そしてその犠牲者を弔うために観音様の近くにお堂が建てられ、胎内川の石を使って庭が造られた。そして子どもたちの顔が映っていたのは、その河原の石だったのだ。

　そしてそれ以来、子どもたちの映った石は童女石と名付けられ、お堂に丁寧に祀られるようになった。それが一九七一年の夏のことで、それからは悲しそうな声が聞こえなくなったという。

　日本児童文学者協会編『帰ってくる火の玉』に載る。

動物霊［どうぶつれい］

　心霊にまつわる怪異。その名の通り人間以外の動物の霊のこと。人間に取り憑き、害を与えるといった話や、可愛がっていたペットの霊が死後会いに来る、といった話が多い。

　現代では一般的に使われる言葉だが、元々は心霊主義で使用されていた用語だと思われる。通俗的に使われる場合も、心霊主義用語として使われる場合も**低級霊**として扱われていることが多い。

　また浅野和三郎著『神霊主義』などでは霊媒が霊能力を発揮する際には**守護霊**や支配霊などの**背後霊**ではなくこの動物霊が感応している場合があり、それを見極めなければならないとされる。

　他に動物霊にまつわる話として、三原千恵利著『心霊旅行』には、著者自身が体験談として動物病院の帰りにたくさんの霊が付いてきてしまったが、相手が動物であるため言葉が通じず、「シッシッ」という世界共通の動物退去命令を発したところ追い払うことができた、という話が載る。

道路の守護霊［どうろのしゅごれい］

栃木県のあるT字路に現れるという怪異。かつてこの通路で事故に遭《あ》った女性の霊で、T字路で事故を起こしそうになっている人に声をかけて助けてくれるのだという。

実業之日本社編『都市伝説&怪談ＤＸ』に載る。

トーテムポールの怪［とーてむぽーるのかい］

石川県のある学校に伝わる怪異。この学校の西側、校舎と塀とに挟まれた狭い場所に、かつて卒業生たちによって作成されたトーテムポールがあった。このトーテムポールに願いごとをすると叶《かな》えてくれるが、他人の不幸を願うとそれを願った人間にも害があったとされる。また、トーテムポールの重なった顔の中から、目から血を流した顔を見つけると、三日以内に不幸になるという話も伝わっていた。しかし、少年たちがこの粗末に扱われるトーテムポールをきれいに掃除したところ、このトーテムポールから邪気は消えたという。

花子さん研究会編『トイレの花子さん3』に載る。他にも実業之日本社編『怪談&都市伝説ＤＸ』には、ある小学校の七不思議として、校門近くのトーテムポールが馬鹿笑いしており、これを見た生徒がトーテムポールに怒られたという話が載る。また同著者の『幽霊&都市伝説ＤＸ』には、卒業生が作ったトーテムポールが午前四時になると笑い出すという怪が載る。

毒のお化け［どくのおばけ］

ある小学校に出現するという怪異で、人を見つけると噛《か》みついて毒を注入し、殺してしまうのだという。

学校の怪談編集委員会編『学校の怪談スペシャル1』にて、兵庫県姫路《ひめじ》市の小学生からの投稿として載る。

時計泥棒［とけいどろぼう］

兵庫県姫路《ひめじ》市にかつて存在した旧制姫路高校にまつわる怪異。この旧制高校には白陵《はくりょう》寮という寮があった。ある時期、寮生たちが授業に出るために寮を空けている隙に泥棒が入り、そしてただ時計ばかりを盗まれるという事件が発生した。そのため生徒たちが自警団を作り見回りをしていたところ、ある日その時計泥棒が現れた。そのため自警団たちがそれを追いかけていると泥棒が便所に逃げ込んだため、寮生たちは戸を開けようとするが内側から押さえ付けているのか開かない。そのため道具などを持ち出してやっとのことで戸をこじ開け、寮生たちがトイレの中を覗《のぞ》くと、そこには首を吊《つ》って死んでいる泥棒の姿があった。しかもその体からは無数にコチ、コチ、コチと時計が時を刻む音が聞こえてくる。寮生たちが恐る恐るその上着を脱がせてみると、その男の両腕には肩の付け根までびっしりと時計が巻き付いていた。

それから、シンと静まった夜更《よふ》けにその便所に入ると、時計がコチ、コチと時を刻む音が必ず聞こえるようになったという。

松谷みよ子著『現代民話考7』に載る。

学校の怪談編集委員会編『学校の怪談2』では、兵庫県の山間の町にある高校の敷地《しきち》の外れにある、二階建ての野球部の合宿所を舞台にして同様の怪談が語られている。

トコトコ［とことこ］

人間の下半身のみの姿をした怪異。

上半身だけの怪異である**テケテケ**と対になって語られることが多い。ただ多くの怪異譚《たん》が伝わるテケテケに対し、こちらは出会うとどうなるかといった詳細が記されることは少ない。

常光徹編著『みんなの学校の怪談　緑本』では姿の描写はないがこれと同名の怪異が兵庫県からの投稿として載り、それによれば夜七時頃に一人で歩いていると後ろからついてくる怪異で、まっすぐにしか進めないため曲がれば助かるのだそうだ。

トコトコさん［とことこさん］

夜一二時頃まで仕事で学校の教室に残っていた教師が、廊下の窓から誰かが覗《のぞ》いていることに気付いた。先生は気になって窓を開けてみると上半身だけの男がいて、足がないにも関わらずトコトコという足音を鳴らして歩いていた。

学校の怪談編集委員会編『学校の怪談大事典』に載る**上半身の怪**。

とこわ駅［とこわえき］

ある人物が電車に乗っている際、静岡県に行く途中に現れたという駅の怪異。不思議な雰囲気のある駅だったといい、二、三人の人間が駅構内にある小さな部屋のようなものに入っていったがそれだけで、その後は何事もなく目的の駅に着いたという。

ウェブサイト「奇《き》譚《たん》ｂｌｏｇ」のコメント欄に二〇一一年八月一九日に書き込まれた**異界駅**。

図書室のヴァンパイヤ［としょしつのゔぁんぱいや］

千葉県のある中学校に出現したという怪異。「Ｖａｍｐｉｒｅ」というタイトルの洋書の姿をしており、近くの人間を貧血にしてしまうという。

学校の怪談研究会編『日本全国縦断　学校のこわい話』に載る。

図書室の怪［としょしつのかい］

この項目では主に学校の怪談において語られる、図書室を舞台として現れる怪異について、個別の項目を立てていないものを記録する。

マイバースデイ編集部編『音楽室に霊がいる！』に、五月五日に図書室に入り兵隊の姿を目撃すると生きては戻れないという話が福岡県の中学生からの投稿として記録されている。実業之日本社編『怪談&都市伝説DX』には、図書館には「悪魔の本」という本があり、これを読むと地獄に連れ去られるという話、図書室の中にあるページが真っ白な本に名前を書くと、名前を書かれた人間は呪われるという、大場つぐみ原作・小畑健画の漫画『DEATH NOTE』に登場する、デスノートのような呪いの本の話が載る。

トックリさん「とっくりさん」

こっくりさんに類似した怪異。五十音と数字を書いた紙の上に十円玉を置き、それに指を乗せて十円玉の動きによって行う占い。

近藤雅樹著『霊感少女論』に載る。**こっくりさん**から派生した占いと思われる。

どっぺちゃん「どっぺちゃん」

一九九五年一〇月のこと、ある小学五年生の少女が学校の中の二カ所で同時に目撃された。それから数日後、少女がそのことを友人に話すと、それは「どっぺちゃん」という怪異で本人がそのどっぺちゃんと出会っていたら死ぬところだったという。

水木しげる著『妖怪目撃画談』に載る。初出は角川書店『怪』第21号。名前や性質からして**ドッペルゲンガー**と同様のものだと思われる。

ドッペルゲンガー「どっぺるげんがー」

自分自身と同じ姿の人間が現れるという怪異で、多くの場合死の前兆とされる。また自分自身が見るのではなく、知人友人がドッペルゲンガーを目撃する場合もある。

日本でも古くから離魂病《りこんびょう》や影の病と呼ばれる類似した怪現象が伝えられており、それらは自分の魂が体を離れたために自身や第三者にもう一人の自分が目撃されることになるとされ、同じく死の前兆とされた。

ただし現代では死ぬのではなく逆に命を救われたという話もあるようで、日本児童文学者協会編『帰ってくる火の玉』には、少女が入院中に自分と同じ姿をした少女を見て、それから自分の体調が回復していったことから、もう一人の自分が病気を貰っていってくれたのではないかという話が語られている。

隣の女「となりのおんな」

異様に長い髪を持った女性の姿をした怪異。ある男性が終電に乗って家に帰っていたときのこと、途中で髪の長い女性が電車に乗ってきて、空席の目立つ車内でなぜかその男性の隣の席に座った。そのまま電車は終点に着き、その女性は先に降りていったが、ホームの階段で急にその姿が消えてしまった。男性は同じ電車に乗っていた高校生にその女性のことを尋ねてみたが、そんな人はいなかったという答えが返ってきたという。

不思議な世界を考える会編『怪異百物語6』に載る。

飛び込みばあさん ［とびこみばあさん］

交通事故で死亡した老婆が車を運転する人間に警告するため、自分が死んだときのように車に飛び込んで姿を消すという怪異。

山口敏太郎著『日本の現代妖怪図鑑』に載る。これを見るにさらなる事故を誘発しそうな気がしないでもない。平野威馬雄《いまお》著『日本怪奇物語』にも同名の怪異が載り、こちらは甲州街道にて雨上がりの夜中に出現し、車の前に突然飛び出しては消えるのだという。

飛ぶ女 ［とぶおんな］

飛んでいる飛行機の窓から機内を覗《のぞ》き込《こ》む女の怪異。あるスチュワーデス（キャビンアテンダント）がその女を見ると、それは過去に飛行機事故で亡《な》くなった同僚のスチュワーデスだったという。

学校の怪談編集委員会編『学校の怪談大事典』に載る。この類例としては、今野圓《こんのえん》輔《すけ》著『日本怪談集　幽霊篇』に高度一万メートルの上空でスチュワーデスの格好をした女が丸窓にしがみ付き、外から自分の名前を呼んでいることに気付いた機内のスチュワーデスが、その女をよく見るとそれは殺人事件の犠牲となった同僚のスチュワーデスだったという話が紹介されている。同書によれば一九六一年発行の「週刊女性自身」に載っていた話とされるため、半世紀以上前からこの怪談が語られていたことがわかる。

また他に類例としては常光徹著『学校の怪談D』に飛行機の窓の外から女がこちらを覗くという気見の悪い夢を見たため三日後に旅行の際に搭乗する予定だった飛行機をキャンセルしたところ、その飛行機が墜落したという話が載る。

トミノの地獄 ［とみののじごく］

一九一九年に自費出版された西條八十《さいじょうやそ》氏の詩集『砂金』の中に収録された詩の一つであり、それにまつわる怪異。詩の内容はトミノという名の子どもがたった一人で地獄を旅するというものだが、近年では「トミノの地獄を音読すると凶事が起こる」という都市伝説がまことしやかに語られている。それが以下のような詩だ。

姉は血を吐く、妹は火吐く、可愛《かわい》い
トミノは宝玉《たま》を吐く。
ひとり地獄に落ちゆくトミノ、地獄
くらやみ花も無き。
鞭《むち》で叩《たた》くはトミノの姉か、鞭の朱総《しゅぶさ》
が気にかかる。

叩けや叩きやれ叩かずとても、無間《むげん》地獄《じごく》はひとつみち。
暗い地獄へ案内《あない》をたのむ、金の羊に、鶯《うぐいす》に。
皮の嚢《ふくろ》にやいくらほど入れよ、無間地獄の旅支度。
春が来て候《そろ》林に谿《たに》に、暗い地獄谷七曲り。
籠にや鶯、車にや羊、可愛いトミノの眼《め》にや涙。
啼《な》けよ、鶯、林の雨に妹恋しと声かぎり。
啼けば反響《こだま》が地獄にひびき、狐牡丹《きつねぼたん》の花がさく。
地獄七山七谿めぐる、可愛いトミノのひとり旅。
地獄ござらばもて来てたもれ、針の御山の留針を。
赤い留針だてにはささぬ、可愛いトミノのめじるしに。

凶事が起こるのではなく「音読すると死ぬ」とされることも多い。詩自体は不気味さも感じさせるが、美しい日本語で書かれた幻想的なものである。西條氏はほとんどこの詩について語ることがなかったため、現在でも一体どういう意味を持つものなのか謎が多い詩でもあるが、むろん呪いの詩として作ったとも西條氏は語ってはいない。

　この噂《うわさ》の出処は二〇〇四年に出版された『心は転がる石のように』という書籍だと考えられており、作者である四方田犬彦《よもたいぬひこ》氏がトミノの地獄を音読すると取り返しのつかない恐ろしいことが起きる、取り返しようもない凶事が起きるなどと記したことが噂《うわさ》の発端だとされている。また同書ではマルチ作家である寺山修司氏がこの詩を音読したためにしばらくして亡《な》くなったという話が載るが、これがトミノの地獄を読むと凶事が起こるのではなく死亡するという噂の発端となった可能性もある。実際に寺山氏はトミノの地獄を自らの作品の中で使用したり、トミノの地獄を意識したと思われる「姉が血を吐く　妹が火吐く」というそっくりな言葉で始まる『惜春鳥《せきしゅんちょう》』という歌の作詞をしているため、それが噂に信憑《しんぴょう》性を持たせてしまったのかもしれない。

　また『心は転がる石のように』のトミノの地獄にまつわる記事はもともとポプラ社のウェブマガジン「ポプラピーチ」で連載されていたもの、とのことであるため、この都市伝説が広まったのは書籍ではなくこちらが要因となっている可能性もある。また四方田氏は昔からこのトミノの地獄を音読してはいけないという話が伝わっていた体で記事を記しているため、氏がそれについて記すさらに以前から噂自体は存在していた可能性もある。

　このように都市伝説として有名になったトミノの地獄であるが、実際にこれを音読して気分が悪くなったなどの報告がインターネット上でも散見されている。ただし先に記したように作者である西條八十氏が呪いのためにこの詩を生んだなどという事実は存在しないということに留意しなければならないだろう。この怪異はあくまで、トミノの地獄という詩が作者の手から離れて一人歩きして生まれたものなのだ。

ともみ［ともみ］

チェーンメールにて出現した怪異の一種。学校のプールで溺死《できし》した少女の霊のようで、死んだ後もその苦しみを味わい続けているらしく、助けを求めてメールを送っているらしい。また助ける方法がわからない場合は一定の人数にメールを回さなければならないが、そうしなければ午前二時にともみから電話がかかってくるという。

午前二時に電話が来てどうなるのかは不明。

ドラキュラの牙［どらきゅらのきば］

ある学校の奥から二番目のトイレに現れるという怪異で、そこにはドラキュラの牙が置いてあり、その牙に触ってしまうとトイレから出られなくなってしまうという。

飯島吉晴著『子供の民俗学』に載る。

トンカラトン［とんからとん］

全身に包帯を巻いた人間のような姿をしており、日本刀を持って「トン、トン、トンカラ、トン」と歌いながら自転車に乗って現れるという怪異。他の人間に出会うと「トンカラトンと言え」と言い、その通りにすれば去っていく。しかしその言葉を言わないか、または「トンカラトンと言え」と言われる前に「トンカラトン」と言ってしまうと日本刀で切り付けられ、さらに体中に包帯を巻き付けられて新たなトンカラトンとなってしまうという。またトンカラトンは集団で現れることもある。

フジテレビのテレビアニメ『学校のコワイうわさ　花子さんがきた!!』にて一九九四年に放映された第一〇話「怪人トンカラトン」及びその原作がメディアとしては初登場と思われ、長らくオリジナルの怪異なのか元になったものがあるのか不明であった。しかし『最強の都市伝説4』にて著者の並木伸一郎氏がトンカラトンのルーツを追いかけ、トンカラトンの噂《うわさ》がアニメ制作者の一人の故郷で語られていたことを確認している。しかしその当人との連絡がつかず、そこで調査は止まっている様子。

またアニメ版第二期『学校のコワイうわさ　新・花子さんがきた!!』の中の一編「新米の怪人トンカラトン」では新米のトンカラトンが出現したが、彼の話は人間の子どもに自転車の乗り方を教えてもらってそのお礼に左手に巻いておけばトンカラトンの被害を受けなくなる包帯を渡す、という和やかなエピソードとなっている。さらにその後の話やシリーズでは体操を披露したり銭湯に行ってそこで友情を育んでみたりとだんだん恐怖性が薄れてきている。

ドンドン［どんどん］

下半身を欠損した怪異の一つ。ある女性

が修学旅行に行ったときのこと、夜一〇時近くにジュースを買いに外出した際、帰り道でドンドンと音を立てて歩くと、ドンドンと足音がついてきた。しかし振り返ってみても誰もいない。それでほっとして下を見ると、上半身だけの男性が肘をついて追ってきていた。

常光徹他編著『ピアスの白い糸』によれば、一九九八年一一月に東京の中学生から報告されたという**上半身の怪**。

トンネルの老婆［とんねるのろうば］

神奈川県足柄下郡箱根町《あしがらしもぐんはこねまち》のトンネルに現れる老婆の怪異。もともとはトンネル近くのバス停で休んでいた際に孫がひき逃《に》げに遭《あ》った老婆で、瀕死《ひんし》の重傷を負った孫を助けるために通りかかる自動車に助けを求めるも誰も停車することなく、孫はそのまま死亡した。それからというもの、トンネルで背中に孫の死体を背負った老婆が通りかかる車を止めようとするようになり、止まらない車をものすごいスピードで追いかけるようになったという。またこの老婆を見ると止まっても止まらなくても永遠にトンネルから出られなくなると噂《うわさ》される。

不思議な世界を考える会編『怪異百物語7』に載る。

とんぼの間［とんぼのま］

群馬県にある山の家という合宿施設にある部屋の名前。この部屋では夜、子牛ほどもある巨大なカマキリが人の腕を食ったり、大蛇が現れたり、枕の中から虫のような小さな声で「助けて」という声が聞こえたりするのだという。これは、この施設を建設した際に犠牲になった虫たちの仕業ではないかと伝えられている。

常光徹著『学校の怪談3』に載る。

#【な】

内臓ババア［ないぞうばばあ］

あるトンネルに現れるという怪異。上半身だけの老婆の姿をしており、その胸の下から垂れ下がっている内臓を引き摺《ひず》りながら手を使って移動するという。

マイバースデイ編集部編『わたしの教室に幽霊が！』に載る。筆者命名。

ナイナイさん［ないないさん］

ある学校では夜中の一二時になるとこの怪異が現れ、「ない……、ない……」と言いながら手首を探しているという。

常光徹著『学校の怪談C』に、千葉県からの投稿として載る。

泣き首［なきくび］

夏の夜に肝試しをしていると泣き首が現れ、あの世へ連れていかれる。しかし鉄製のものを持っていると何もないという。

常光徹編著『みんなの学校の怪談　緑本』に、愛知県からの投稿として載る。

殴る霊［なぐるれい］

ある公園に現れるという怪異。ある霊感の強い人が仲間とその公園を通ったとき、木の下に幽霊が立っているのを見かけた。それを仲間に伝えたところ、そのうちの一人がふざけて俺が殴ってやると言い出し、その木の下で闇雲に腕を振り回し始めた。そしてその一撃が霊に当たるのが見えたかと思うと、霊がその男を殴り返し、昏倒《こんとう》させてしまったという。

不思議な世界を考える会編『怪異百物語3』に載る。筆者命名。また同シリーズ『怪異百物語7』では霊感の強い少年が道を歩いていた際、後ろから幽霊に殴られたという体験談が載る。

なぞかけバッハ［なぞかけばっは］

ある学校に現れるという怪異。その学校の四階の音楽室の隣は男子トイレになっているが、昼休みにこのトイレに入ると目の前の壁に大きなバッハの顔が現れ、笑い声を上げながら恐ろしい目で睨《にら》み付けてくる。驚いて外に出ようとしてもなぜかドアは開かず、あたふたしているとバッハの口が開いて「ダギョウイチマギョウシいかに、とって喰《く》うぞ」と問いかけてくる。これに対して「ダメだ！」と答えると「まいったあ」と言って消えてしまう。

常光徹著『学校の怪談8』に載る。このダギョウイチマギョウシという言葉はつまりダ行の一番目、マ行の四番目ということであり、繋《つな》げると「ダメ」になる。

謎の生き物［なぞのいきもの］

千葉県千葉市の千葉市立大宮《おおみや》小学校にて地中から現れたという怪異。

体長約七、八センチでぽってりと太っており、引きつった目のネズミの赤ん坊のような顔をした動物で、四本の足には水かきがあり、緑色の体色でキューキューと鳴き声を上げたという。

松谷みよ子著『現代民話考7』に載る。

謎の女［なぞのおんな］

長野県のある公園に伝わる怪異。その公園のブランコと滑り台の間、ちょうど真ん中辺りに立っていると、空が曇り稲妻が落ちるとともに謎の女が出現する。そしてこの女に触れられた人間は謎の女とともに空気のように消えてしまう。もしこの女が現れた場合には「謎の男」と言えば助かるという。

常光徹編著『みんなの学校の怪談　緑本』に、千葉県からの投稿として載る。

ナタデナタ［なたでなた］

この怪異の話を聞いた人間の元に現れるという怪異。話を聞いた人間は、ある日夜中に目が覚める。これがナタデナタが現れた合図で、その現れ方にも複数のものがある。一つはトイレに行くと突然大量の血がトイレに流れ、血と一緒にナタデナタの肉片まで大量に流れてくる。この場合はその肉片が流れないようにすべて手でせき止めなければならない。もしひとかけらでも流してしまったら殺されて地獄に連れていかれてしまう、というもの。次は目が覚めた途端目の前にナタデナタの顔が現れ、その口から血を流してくる。この場合は口から垂れてくるナタデナタの血を口で受け止め、飲み込まなければならない。もし一滴でも零《こぼ》してしまうとその場で殺され、地獄に連れていかれてしまう、というもの。最後は単純に突然出現するというもので、この場合は対処法がなくその場で殺されてしまうとされる。

二〇〇三年七月二九日に2ちゃんねるにおいてさまざまなスレッドに書き込まれた怪異。恐らく特定の人物が怪談を広めようとしたものだと考えられるが、ウェブサイト「現代奇談」によれば名前のみだが、それ以前からこの怪異が投稿された例があったとされているため、怪異の名前自体は以前から存在していたと思われる。

七三一部隊の亡霊［ななさんいちぶたいのぼうれい］

東京都新宿区戸山《とやま》の旧陸軍軍医学校跡地に現れるという怪異。そこには現在国立感染症研究所が建てられているが、ここはもともとは関東軍防疫給水隊、通称七三一部隊の拠点の一つであったと考えられている。七三一部隊はかつて第二次世界大戦期の大日本帝国陸軍に存在した研究機関の一つで、満州《まんしゅう》に拠点を置き防疫給水の名の通り兵士の感染症予防や、そのための衛生的な給水体制の研究を主任務とするとともに、生物兵器の研究・開発機関でもあったとされる。そのために人体実験や、生物兵器の実戦的使用を行っていたと考えられている。その実験において殺された人間の数は定《さだ》かではないが、国立感染症研究所を建てる際に旧陸軍軍医学校跡地の地面を掘り返したところ一〇〇体以上の人骨が現れたこともあった。

そしてここで殺されたものたちの怨念はいまだ消えておらず、跡地に建てられた感染症研究所やその隣にある箱根山《はこねやま》公園では、人々のむせび泣く声が聞こえてきたり、白い人影が行き来したりするという。

世界博学倶楽部《くらぶ》著『都市伝説王』に載る。七三一部隊という名称は正式名称である関東軍防疫給水隊の通称号（秘匿名称）である満州第七三一部隊の略とされる。本部は中国の満州にあり、そこをはじめとして戦地においてさまざまな実験を行っていたようだが、発掘された一〇〇体以上の人骨が本当に七三一部隊の犠牲者によるものなのかは現時点では不明。ただし、七三一部隊が実際に人間を使った実験を行っていたということについても現在さまざまな情報が交錯しており、確実なことは言えない。

また日本を舞台にした話ではないが、七三一部隊に殺された者たちの怨念のため、中国の平房《へいほう》を日本人が訪れると嵐が起こるという話が松谷みよ子著『現代民話考2』に載る。

七曲の怪女 ［ななまがりのかいじょ］

七曲という曲がり道の多い道に現れるという怪異。ある青年が夜にこの道をバイクで走っているとライトの光の中に手を上げた女性が見え、慌ててブレーキをかけた。すると女性が駆け寄ってきて町まで乗せてもらえないかと青年に頼むため、彼は快諾し、バイクの後ろに彼女を乗せた。しかし走っている途中ミラーを見ても女性の姿がないことに気付き、恐ろしくなった青年はバイクのアクセルを踏み込み、麓《ふもと》の道まで出た。そこで再び右のミラーを見ると、首のない女性の体が這《は》いながらすごい勢いで追いかけてきているのが見えた。その上、左のミラーを見ると、女性の首が笑いながら空中に浮遊してついて来ていたという。

常光徹著『学校の怪談2』に載る。筆者命名。七曲とは道や坂などが幾重にも曲がっていることを指す言葉で、地名としても全国に残っているため特定は難しい。四《よ》つん這《ば》いで自動車を追うという点では**牛女**や**四つん這い女**と共通する。

生首ドリブル ［なまくびどりぶる］

学校に現れるという怪異。夕暮れの校庭で一人の少年がサッカーボールをドリブルしていた。しかしよく見るとその少年の頭があるべき場所になく、彼は自分の生首でドリブルしていた。

全国の学校の怪談に出現する怪異。体育館のバスケットコートでドリブルをする生徒がいたため見に行くと、実はボールが生首だった、というパターンもある。またドリブルではないが、山岸和彦他編『怪異！学校の七不思議』では校庭で少年の幽霊が自分の生首でラグビーをしていたという話も語られている。他にもポプラ社編集部編『映画「学校の怪談」によせられたこわーいうわさ』では夜中の一二時に体育館に行くと少女が自分の頭でドリブルしており、この少女と一緒に遊ぶと殺されるか、一生家に戻れないという話が載る。

生首の怪 ［なまくびのかい］

その名の通り生首にまつわる怪異。この項目では胴体の存在が示されず、首から上の状態で現れる怪異について紹介する。

マイバースデイ編集部編『学校の幽霊100話』では家庭科室に自殺した家庭科部の部長の生首が、夜中「痛いよお、痛いよお……」と言いながら現れるという話が載る。実業之日本社編『怪談&都市伝説DX』には、体育館で首つり自殺した生徒の生首が、その命日にバスケットゴールに挟まっているという怪談が載る。また同著者の『都市伝説&怪談DX』には、愛知県の小学校の七不思議の一つとして、サッカーボール入れの中に生首が混ざっているという話が載る。

ぽにーてーる編『恐怖の時間割』には、栃木県の中学校の話として、校庭の木の枝にぶら下がっていた血まみれの生首が突然飛びかかってきて首筋に噛《か》みついたという話が載る。

ポプラ社編集部編『映画「学校の怪談」によせられたこわーいうわさ』には、千葉県柏《かしわ》市からの投稿として、二人の少女が公園を訪れたところ、一人がブランコの上に生首が乗っているのを見つけた。しかしもう一人には見えなかったため、改めて夜の一二時にもう一度その公園を訪れる約束をしたが、生首を見た少女は公園に来ず、生首が見えなかった少女がやはり嘘だったのかと思った瞬間、その生首を見た少女の首がブランコに乗って揺れているのが見えたという話が載る。

学校の怪談編集委員会編『学校の怪談14』には岐阜県恵那郡《えなぐん》（現中津川市《なかつがわし》）からの投稿として、夜学校に行くとボールが床を叩く音がして、見ると生首がボールのように跳ねているという話や、広島県双三郡《ふたみぐん》（現三好市《みよしし》）からの投稿として、野球の練習の帰り道自転車に乗っているとガタッと音がして少女の頭が乗ってきたため、グローブで振り落としたところ消えたという話、宮城県古川市《ふるかわし》（現大崎市《おおさきし》）からの投稿として、女性の首が三階から二階、二階から一階へとどこまでも追いかけてくる話などが載る。

ピチ・ブックス編集部編『学校のこわい怪談』には大分県からの投稿として、霊感のある友人に、背中にべったりと霊が憑いていると指摘されたその夜、風呂に入っていると、天井から血が垂れてきて、直後に白目を剥き、耳の下まで口が裂けた女の生首が現れて顔を舐められたという話が載る。

同シリーズの『私の恐怖体験』には、電話ボックスの上に男の生首が乗っていたという話、かつて近所で女性の首吊り自殺があり、それ以降人身事故が多発する踏切で真っ赤に充血した目、耳まで裂けた口、肉片のまとわりついた首、という容姿の生首が現れ、「ワ・タ・シ・ノ・カ・ラ・ダ・ハ・ド・コ……」「カ・ラ・ダ・カ・エ・シ・テ……」という暗闇からわいてくるような声を出した、などの話が載る。

同シリーズの『学校の怖い話2』には茨城県からの投稿として、海の波間にいくつもの生首が浮かんでおり、それを見た女生徒が一〇日間熱にうなされた、という話が載る。

生首ばばあ［なまくびばばあ］

ある鉄橋の上で夕方になると生首だけで跳ね回るという老婆の怪異。人が見ていると寄ってきて、にたあと笑って消えてしまうという。

マイバースデイ編集部編『わたしのまわりの怪奇現象1000』に載る。筆者命名。

生首面［なまくびめん］

面にまつわる怪異。変わった骨董《こっとう》の好きな実業家がおり、あるときおもしろい面を手に入れた。その面は軽くもなく、重くもなく、土のような質感があり、変わっていたのでその実業家は大変気に入り、自分の部屋の壁に飾った。そんなある夜、眠りについていた実業家が不意に目を覚ますと部屋の中が真っ赤に染まっていた。一瞬火事かと思ったが、よく見るとそうではない。壁にかけた面から血がすごい勢いで流れ、壁を赤く染めていたのだ。しかもその血は壁を流れ落ちて床に当たるとふと消えてしまう。実業家はその不気味な光景に慌てて面を外そうとしたが、ものすごく重くなっていて外せなかった。恐ろしくなった実業家は霊能者に頼んで見てもらったところ、霊能者は目を背け、「これはお面ではない、生首だ」と言ったという。

不思議な世界を考える会編『怪異百物語9』に載る。筆者命名。

縄跳び小僧［なわとびこぞう］

子どもの姿をした怪異で、この小僧に「一緒に縄跳びをしよう」と言われると、縄跳び小僧とともに消えてしまう。

ポプラ社編集部編『映画「学校の怪談」によせられたこわーいうわさ』に載る。

【に】

新潟ジェイソン村［にいがたじぇいそんむら］

かつて新潟県の角田浜《かくだはま》付近にあったとされる集落にまつわる怪異。ある精神病を患《わずら》っていた少女が家族を惨殺《ざんさつ》し、家族とともに住んでいた洋館からほど近い場所にあったこの集落に辿《たど》り着《つ》いた。少女は寝静まった真夜中の家に次々と侵入し、猟銃、鉈《なた》、日本刀などの凶器を使ってそこに住む人々を手あたり次第に惨殺。最後にはチェーンソーを持ち出して人々を死体に変えていった。そうして一夜にして集落の住人は全滅した。すべてが終わり、茫然《ぼうぜん》と立ち尽くしていた少女は突如何かに取り憑《つ》かれたように南に向かって走り出し、集落から姿を消した。

その後集落は放置され、いつしか新潟ジェイソン村と呼ばれるようになったという。

右の話はウェブサイト「廃墟《はいきょ》伝説」によった。**新潟ホワイトハウス**にて語られた少女のその後を語る都市伝説。そのため新潟ホワイトハウスから派生して誕生したと思われる。またこの舞台となっている場所はもともとは集落ではなくキャンプ場だったようだ。しかしこの少女の都市伝説はさらに続くことがあり、その場合は**自殺電波塔**の伝説へと繋《つな》がっていく。

新潟ホワイトハウス［にいがたほわいとはうす］

新潟県の角田浜《かくだはま》に実在するある廃墟《はいきょ》にまつわる怪異。この白い洋館はある外交官の男とその妻、娘、そして家政婦の四人の家族が昭和初期に東京から新潟へと引っ越してきた折に建てられたのだという。

人々はなぜ外交官一家がこんな片田舎に引っ越してきたのかと訝《いぶか》しんだが、その理由は娘にあった。当時九歳だった外交官の娘は多重人格障害（解離性人格障害）を患《わずら》っており、八〇歳くらいの老婆、中年の男性、若い女性、そして少女本人の四つの人格を一つの体に宿していた。その中でも中年の男性の人格は凶暴であり、この人格が現れているときは九歳の少女とは思えないほどの怪力を発揮し、家族にも危害を加えたという。

突如現れた外交官一家と白い洋館については付近にあった村でも話題になっており、少女についてさまざまな噂《うわさ》が飛び交《か》った。それ故外交官の一家は少女を人々の奇異の目から守るため、二階のある部屋に少女を閉じ込め、そしてすべての窓に鉄格子《てつごうし》をはめた。

少女は建物から出られぬまま、その窓からいつも海を眺めていたという。だが極限状態に追い詰められた少女の精神はある日あの中年の男の人格に支配され、父親の猟銃を使って一家を惨殺《ざんさつ》した後姿をくらました。そして現在新潟ホワイトハウスと呼ばれるようになったその廃墟には、今でも少女の霊や惨殺された家族の霊が彷徨《さまよ》っているという。

新潟に実在する廃墟にまつわる怪異。右の話はウェブサイト「廃墟伝説」によった。**新潟ジェイソン村**、**自殺電波塔**と連結した都市伝説として語られることもある。また別冊宝島『現代怪奇解体新書』における赤《あか》福《ふく》すずか氏の調査によれば、少女ではなく息子が一家を惨殺したという話や、この屋《や》敷《しき》に閉じ込められていた人々が自殺し、その霊が彷徨い出てくるという怪談も語られているようだ。

また同書による調査ではこの屋敷にはもともと持ち主がおり、その付近でシーサイドラインが開通した一九七五年頃に持ち主が姿を現さなくなったという証言があったことから、赤福氏は道路の開通により海への道が遮断され、別荘地としての機能を果たさなくなったため打ち捨てられた別荘が、その周辺で起きた殺人事件などの話に組み込まれるなどして長い時を経て都市伝説として語られるようになったのではないかと考察している。

においのお化け［においのおばけ］

ある人間が取り憑《つ》かれたという怪異で、これに憑かれた際には体臭が異常に強くなり、さらに風邪薬などを飲むとその匂いがそっくり全身から噴き出すという不思議な体験をすることになったという。

水木しげる著『妖怪目撃画談』に載る。初出は角川書店『怪』第15号。

二〇センチの人［にじっせんちのひと］

夜二時ちょうどにトイレに入るとノックの音が聞こえてくる。このときドアをノックをしているのは体長二〇センチの人間の姿をした怪異で、もしそのノックで振り向くと消されてしまうという。

不思議な世界を考える会編『怪異百物語1』に載る。

二時ばばあ［にじばばあ］

ある学校で昼の二時になると出るという怪異。

常光徹他編著『魔女の伝言板』に、大阪の女子大生が報告したものと記録されている。**三時婆**や**四時ババア**の類例として簡単な説明のみ載る。

二二号ロッカーの怪［にじゅうにごうろっかーのかい］

ある高校に五〇個設置されているロッカーの中の二二号ロッカーにまつわる怪異で、そのロッカーだけは、学校の人間は誰も利用することはなかった。なぜなら、このロッカーを使用した人間は重病になるか、悪ければ死んでしまうと伝えられているからだ。

実際にこのロッカーを使用した人間は、事故で死亡したり重病を患《わずら》ったりして、一二人がその犠牲となっていた。しかし新しく赴任した一人の若い教師がそれを信じず、このロッカーを使用したところ、その夜に金縛りに遭《あ》い、不気味な光を放つ異様な顔の怪異に取り憑《つ》かれ、そのまま原因不明の病を患って三日目に死んでしまったという。それから半年後、ロッカーは新しいものに取り替えられることになったが、その際に二二号ロッカーの中からアラブ文字で書かれた札が出てきたとされる。

学校の怪談研究会編『学校の魔界ゾーン』に載る。

偽汽車［にせきしゃ］

かつて汽車が日本を走り始めた頃に現れたという怪異。夜、品川の海岸沿いの線路で汽車を走らせていると、蒸気の音がして線路の反対側から別の汽車が走ってくるという怪事が続いた。初めのうちは機関士も驚いて汽車を止めていたが、待っていても一向に汽車はやってこない。そのため、ある夜一人の機関士がスピードを落とさず突っ走っていったところ、何に衝突することもなく走ることができた。そして一夜明け、その不思議な汽車が現れた付近を調べてみると大きな狸《たぬき》が死んでいた。それでこの大狸が汽車に化けていたことが知れたという。

汽車に化ける動物は**狸**、**狐**《きつね》であることが多いが、貉《むじな》というパターンもある。右の話は松谷みよ子著『現代民話考3』にあるが、同書には他にも偽汽車と呼ばれる怪異の例が多く載る。

偽汽車の歴史を辿《たど》ると、大正時代にはすでに偽汽車という名前が語られていたようで、佐々木喜善《きぜん》著『東奥異聞《とうおういぶん》』（一九二六年発行）には「偽汽車の話」というものが収録されている。これによれば一八七九、八〇年頃にはすでに偽汽車の話が語られていたという。また日本で汽車が運行されるようになったのは一八七二年頃だが、なぜ七、八年のブランクを経て狐狸《こり》の怪が語られるようになったかについては、先に挙げた『現代民話考3』にて松谷みよ子氏が一八七八年までは英国人が日本の鉄道を運行していたが、一八七九年四月から日本人の手によって運行されることになった故、狐狸が汽車に化けるという話が生まれたのではないかと考察している。

偽汽船［にせきせん］

茨城県土浦市《つちうらし》に現れたという怪異で、その辺りではよく狸《たぬき》が蒸気船の真似《まね》をした。人々が汽笛の音を聞いて今夜はいつもより早く帰ってきたと思い岸に出ると、何の影もないということがよくあったという。

柳田國男《くにお》著『狸とデモノロジー』に載る。

よく似た怪異に**偽汽車**などがある。

偽人力車［にせじんりきしゃ］

滋賀県に現れたという怪異。ある川の側

を一人の男性が歩いていると、急に人力車が飛び出してきた。この川にはカワウソが多く、昔から人を騙《だま》すと伝えられていたため、その男性は煙草《たばこ》の煙を思い切り吹きかけた。すると車夫は驚いた顔をするとともにその姿が消え、川で大きな音がした。それでやはりこれはカワウソの仕業だと判断した。

しかししばらくするとまた同じ姿で人力車が現れる。男性はまた煙草の煙を吹きかけるが、やはり車夫はしばらくすると現れる。それを繰り返すうちにだんだん気味が悪くなってきて、男性は近くの家まで逃げようとするが、手足が重くなって思うように動けない。それでも何とか力を振り絞り付近の家に辿《たど》り着《つ》いて助けてもらった。それからその男性は一カ月程寝込んだという。

松谷みよ子著『現代民話考3』に載る。

偽馬車［にせばしゃ］

青森県に現れたという怪異。ある自動車が向こうからくる馬車をひいてしまったところ、それは馬車ではなく大きな狐《きつね》であったという。

松谷みよ子著『現代民話考3』に、青森県の話として載る。

二宮金次郎像の怪［にのみやきんじろうぞうのかい］

夜の一二時になると校庭の片隅にある二宮金次郎の像が歩き出し、それを見た人間を襲うことがあるという怪異。また本のページが捲《まく》れたり、目が光ったり、校庭を走り回ったりするという。

背中の薪《まき》の数を数えると毎日変わっている、数えた人間が呪われる、赤や青の涙を流すといった話も多い。人に危害を加える話も多く、ポプラ社編集部編『映画「学校の怪談」によせられたこわーいうわさ』には、刀を持ち人の首を切断する二宮金次郎像の話が載る。また松谷みよ子著『現代民話考7』には、埼玉県熊谷市《くまがやし》熊谷市立東小学校の二宮金次郎像にまつわる話として、夜一二時の時報とともに金次郎像の目が光って右腕が伸び、その人間の首を絞めて殺してしまうという話が記されている。他にも常光徹編著『みんなの学校の怪談　赤本』では夜になると校庭で**トイレの花子さん**と競争している、薪を武器にして、同じく校庭にあり、ナイフを武器にする希望の像と戦う、などの他の学校の怪談と組み合わさった話も語られている。学校の怪談編集委員会編『学校の怪談15』では薪の数を数えると呪われる、交通事故になる、死ぬ、翌日石となる、といった話や、本を返しに金次郎が図書室に行くといった話が載る。また同シリーズの『学校の怪談スペシャル2』には、薪を数えると死ぬ、殺される、蛇を投げたら驚いて逃げた、校庭に同じ生き物を五匹星形に埋めると、一週間後二宮金次郎像が背負う薪にその生き物が紛れ込んでいる、などの話が載る。

花子さん研究会編『トイレの花子さん』には、丑三《うしみ》つ時《どき》（午前二時頃）に薪を割っている姿を見ると斧《おの》で頭を叩《たた》き割《わ》られる、トマトが苦手である、といった話が載る。

荷物運びババ［にもつはこびばば］

荷物を背負った老婆という姿をし、なぜか宅配便で働く人間を狙う怪異。彼らが車で走っているときに窓の外に現れ、にやりと笑ってすごいスピードでどこかへ去っていく。これを見てしまうと首が動かなくなり事故を起こして死んでしまうという。

学校の怪談編集委員会編『学校の怪談大事典』に載る。

人形使い［にんぎょうつかい］

山深い村の小さな小学校に現れた怪異。一人の教師が宿直として学校に泊まっていたある秋の夜のこと、ラジオを聴きながら夕食を食べているとドンドンと玄関を叩《たた》く音がした。こんな時間に何の用だろうと玄関を開けると、大きな風呂敷《ふろしき》を背負った老人が立っている。彼は今夜峠を越えるつもりであったが、雨に降られて困っているため一晩泊めてほしいと教師に持ちかけ、教師もまたそれを快諾した。教師は保健室兼宿直室として使っている部屋に老人を案内し、二つあるベッドのうちの一つを使わせることにした。

その夜、隣同士のベッドで寝ていると、隣のベッドから物音がする。教師が起き上がってカーテンの隙間を覗《のぞ》くと、老人は背負っていた風呂敷を開いて中から大きな箱を取り出していた。そしてその箱の中には一回り小さな箱が、さらにその中にはまた小さな箱が入っており、老人は次々と箱の中から箱を取り出していく。最後に老人は石鹸《せっけん》箱ほどの小さな箱を取り出すと、その中に入っていた小さな女の子の人形を大事そうに手のひらに乗せた。すると不思議なことに人形が起き上がり動き出したのだ。老人は人形が踊るのを見て微笑《ほほえ》みながら、ときどき人形に話しかけるような仕草をしている。教師は人形の顔をどこかで見たような気がしていたが、小さいせいもありはっきりとは思い出せない。やがて老人は人形を小箱に収めると、一つ一つ箱を元のようにしまっていった。

翌朝教師が目を覚ますと老人の姿はなく、そして彼には、村の少女が一人見知らぬ老人に連れ去られたという連絡があったという。

常光徹著『学校の怪談2』に載る。筆者命名。

にんげん呪文［にんげんじゅもん］

「にんげん」という言葉を一〇回唱える行為をさらに一〇回、つまり合計一〇〇回つかえずに繰り返すことができると、体が次元の壁を通り抜けて異次元の世界に行けるという怪異。

マイバースデイ編集部編『わたしのまわりの怪奇現象１０００』に載る。

ニンジンの怪［にんじんのかい］

ニンジンにまつわる怪異。あるところにニンジンが大嫌いな少年がいた。しかしある日給食に出てきたニンジンを食べてみるととてもおいしい。それから少年はニンジンが大好きになった。そんなある日、朝起きると目の前に大きなニンジンがあったため半分を食べて残りをベッドの上に置いて学校に行った。そして学校から帰ってくると、ベッドの上には体が半分になった少年の母親がいたという。

常光徹編著『みんなの学校の怪談　緑本』に載る。同書にはニンジンが大嫌いな少年が神様にニンジンを好きになることを祈ったところ、身の回りのものがニンジンに見え始め、最終的に母親にかじりついてしまうという話も載る。

これらの怪談の元になったのは恐らく松本洋子の少女漫画『にんじん大好き！』であると思われる。この漫画では神様にニンジンが好きになることを祈った少年が、翌日から味は変わらないもののすべての食べ物がニンジンに見えるようになり、そしてついに本物のニンジンを食べることができるようになって苦手を克服する。しかし次第に彼の目には食べ物以外のものもニンジンに見えるようになり、最後には朝起きた際に目の前にあった巨大なニンジンにかぶりついて満腹になるまで食べた後、実はそれが彼の母親だったことが明かされるという内容となっている。

【ぬ】

ヌイの亡霊［ぬいのぼうれい］

鹿児島県熊毛郡《くまげぐん》にある野間《のま》小学校に伝わる怪異。その小学校ではある一人の若い男性教師が毎日遅くまでオルガンの練習をしていた。その日もいつもと同じようにオルガンを弾いていた際、ふと人の気配を感じ、顔を上げると目の前に女性が立っていた。その女性は古風な格好をしているが美しい女性で、教師が声をかけると何も言わずに消えてしまった。

その日から彼がオルガンの練習をしていると、いつの間にかその女性が現れて物悲しい顔でそこに立っているようになった。そんなことが続く内に流石《さすが》に気味が悪くなった教師が校長先生にそのことを話すと、校長先生はそれは恐らく昔ここで死んだ女性の亡霊だろうと教えてくれた。

校長先生によれば、江戸時代に大坂で大《お》塩《お》平八郎《しおへいはちろう》の乱があったときのこと、その乱に関係していたという理由でヌイという女性が大坂からこの地に流されてきた。ヌイは美しい女性で、地元の石堂という家に預けられていたが、いつしかその家の若者と恋に落ちてしまう。しかし周りの人々は流人《るにん》であるヌイと若者とが結ばれることを厭《いと》い、二人の仲を無理やり引き裂いてしまった。それからヌイは悲しみのあまり病を患《わずら》い、若くして命を落としてしまう。そして彼女の亡骸《なきがら》を埋めたのがその小学校で現在桜が咲いている場所だったという。

その話を聞いた翌日、校長先生と男性教師はヌイの菩提寺《ぼだいじ》を訪れ、丁寧に弔《とむら》ったという。

松谷みよ子著『現代民話考7』に載る。

大塩平八郎の乱の記録にヌイという女性の名前は発見できなかったが、この乱のために九州に逃れ、そこで悲恋を遂げた人物としては平八郎の娘、関月尼《かんげつに》がいる。だが彼女はその恋のために病に伏せることはなく、天寿を全《まっと》うしている。

ヌシ［ぬし］

ある中学校に伝えられる怪異で、学校の屋上から転落しそうになった人間を助けたり、侵入した泥棒の体に糸を巻き付けて捕まえたり、といったことを行い、生徒たちに慕われていた。その正体は足の長さが一メートル以上もある巨大な黒蜘蛛《くも》だったという。

常光徹著『学校の怪談B』に載る。

ヌナガワヒメ［ぬながわひめ］

新潟県東頸城郡松代町《ひがしくびきぐんまつだいまち》（現十日町市《とおかまちし》）にて現れたという怪異。町にある松芋《まつお》神社へのお参りの際、一人の少年が松芋山の中へ入り、神隠しにあってしまった。大人たちは皆で三日三晩探し回ったが見つからず、四日目になって現れた。そこで三日三晩どうしていたんだと聞くと「女の綺麗《きれい》な人がね膝枕して、しっぽつ（いがほおずき）っていうおいしいものを食べさせてくれた」と言う。女の人は白い着物を着ていたとされ、人々はそれは近くに祀《まつ》っているヌナガワヒメではないかと噂《うわさ》し合ったという。

松谷みよ子著『現代民話考1』に載る。

ヌナガワヒメは沼河比売、奴奈川姫と書き、日本神話に登場する女神で松芋神社の祭神でもある。この女神が山に迷い込んだ子どもを助けたのか、それとも気まぐれに山に誘い込んだのか、それは不明である。

ぬばさま［ぬばさま］

ある埼玉県の女子高校にあるひょうたん池と呼ばれる池に現れるという怪異。生徒たちの意地悪い気持ちや嫉妬、誰かを呪う心を食って生きているとされ、そういった悪心を持っている生徒がこの池に近づくと池から茶色い痩せこけた手を伸ばし、引《ひ》き摺《ず》り込《こ》んでしまうという。

マイバースデイ編集部編『わたしの学校の七不思議』に載る。

ぬりかべ［ぬりかべ］

ある霊感の強い小学生が目撃したという怪異で、下校途中に墓場の側に立っていたという。

不思議な世界を考える会編『怪異百物語1』に載る。民間伝承に伝わる塗壁《ぬりかべ》は福岡県や大分県など主に九州で語られる妖怪で、突然目の前が壁になったり目が見えなくなったりして進めなくなることをその名前で呼んだという。またこの塗壁は水木しげるの漫画・アニメ『ゲゲゲの鬼太郎』で主人公鬼太郎を助ける妖怪の一つとして活躍しており、そこでは大きな石の板に小さな手足と目がついているような容姿で描かれている。現在では塗壁のイメージはこの姿が有名であるため、立っていたという描写も鑑《かんが》みるとこの霊感の強い少年が見たというぬりかべは、こちらの姿に近かった可能性が高い。

ぬれ頭［ぬれあたま］

ある学校のトイレの個室の前で三回まわってお辞儀を五回し、トイレの中に入ると便器の横の壁から濡《ぬ》れた頭が現れる。これは妖怪ぬれ頭と呼ばれる怪異で、「冷たい」と言うと消えるという。

常光徹著『学校の怪談6』に、大阪府からの投稿として載る。

ぬれ女［ぬれおんな］

東京都にて荒川《あらかわ》の土手に現れたという怪異。顔一面に髪がぶら下がった女のような姿をしており、これに遭遇した人物が擦れ違ったあと後ろを振り返ると、すでにその姿は消えていたという。

水木しげる著『妖怪目撃画談』に載る。初出は角川書店『怪』第16号。ぬれ女、もしくは濡《ぬ》れ女は『化物絵巻《ばけものえまき》』や『化物づくし』などの絵巻、また鳥山石燕《とりやませきえん》の『画図百鬼《がずひゃっき》夜行《やこう》』に描かれている妖怪で、その場合は蛇の体に女の顔がついたような姿をしている。

また民間伝承で語られる濡れ女は赤子を抱いて海辺に現れるものとされ、通りがかった人間に赤子を抱かせて海に消えるが、その直後牛鬼《うしおに》が現れて石のように重くなった上に腕から離れない赤子のせいで動けない人間を襲うなどと語られている。また名前が似た妖怪に濡れ女子というものがいるが、こちらは濡れそぼった姿で雨の夜に現れたり、洗い晒《あらざら》しの髪で人の前に現れ、人を見るとにたりと笑うがそれに笑い返すと一生執念深く付きまとわれるなどという。

【ね】

ネコおじさん［ねこおじさん］

学校の帰り道に現れるという怪異。最初は作業服を着たおじさんという姿で子どもに普通に話しかけてくるが、無視すると目が猫のようになり、ニャーと言いながら追いかけてくる。しかししばらくして振り返ると消えているという。

不思議な世界を考える会編『怪異百物語3』『怪異百物語8』に載る。

猫おばさん［ねこおばさん］

動物にまつわる怪異。ある少年たちが野良《のら》猫に向かって石を投げたところ、その石が猫の首に命中した。そして少年たちがその近くにあったひざの屋という駄菓子屋に行ったところ、そこの主人のおばさんが息を切らして走ってきて二人に向かって「あんたたち猫に石ぶつけたでしょ。私、見てたんだからね」と繰り返した。そのおばさんの首からは、血が流れていたという。

常光徹他編著『ピアスの白い糸』に載る。東京都東久留米《ひがしくるめし》市の男子中学生から一九八八年に報告された事例。学校の怪談編集委員会編『学校の怪談7』にも同様の話があり、常光徹著『学校の怪談5』では野良猫が黒猫になっているものの、内容はほぼ同様の話が載る。

猫人間［ねこにんげん］

顔が猫で体が人間という怪異。名神高速《めいしん》道路に現れ、高速で車を抜き去っていくのだという。

不思議な世界を考える会編『怪異百物語6』に載る。動物の顔を持って高速で走ってくる怪異としては、他に**牛女**がいる。

ネコババア［ねこばばあ］

突然「私の忘れ物、知らない？」と言って近づいてくる老婆の怪異で、知らないと答えても「あ、みーつけた」と言ってその人間が身に付けている高価なものを奪ってしまう。この老婆はもともと金持ちの奥さんで宝石マニアだったのだという。

不思議な世界を考える会編『怪異百物語3』に載る。名前の由来は拾得物をこっそりと自分のものにするという意味の「ネコババ」から来ているものと思われるが、この老婆はかなり堂々と盗みを働いている。

ネコババ三人組［ねこばばさんにんぐみ］

夜中の二時にある学校の近くの山に行くと、ネコババ三人組という怪異がいる。これに近寄ると湯をかけられ、翌朝になるとその部分に毛が生えているという。

学校の怪談編集委員会編『学校の怪談4』に、石川県金沢市からの投稿として載る。名前はネコババだが何か盗みを働くような話は記されていない。猫の化け物に湯をかけられるとその部分に毛が生えてくるというモチーフは猫岳《ねこだけ》の話などの昔話に見られるものと共通する。ちなみに昔話ではその湯に全身を浸《つ》かると猫になってしまうとされている。

ねし［ねし］

ある学校に出現するという怪異で、人間の肉や骨を食《く》らうという。

マイバースデイ編集部編『学校の恐怖伝説』に載る。

ネズミ女［ねずみおんな］

家に現れたという怪異。ある少年が一人で家にいると、一人の女が家にやってきて「私はあなたのお母さんの知り合いだ」と言い張って家にあった高価なものを持っていってしまった。少年はその女との会話をテープレコーダーで録音していたが、後でそれを聞いてみると女の声はすべてチューチューというネズミの声になっていたという。

不思議な世界を考える会編『怪異百物語8』に載る。

ネズミ人間［ねずみにんげん］

ある小学校の旧校舎が取り壊される際、旧校舎の廊下に現れたという怪異。その姿は体は人間だが、首から上はネズミのものだったという。

山岸和彦他編『怪異！　学校の七不思議』に載る。

ねずみのバーさん［ねずみのばーさん］

ある学校に現れるという怪異で、髪の長い老婆の姿をしており、雨の日になると子どもたちを階段から飛び降りさせるとともに、付近の窓を消して地下まで連れ去り、炎で焼いたりするという。

学校の怪談編集委員会編『学校の怪談13』に、大阪府守口市《もりぐちし》からの投稿として載る。階段から飛び降りた先の着地点に窓があるのかは不明だが、同書では階段から飛び降りたときに窓を消して地下まで落としてしまう、というような書き方がなされている。またなぜねずみのバーさんなのか、名前の由来も不明。

ねずみばばあ
［ねずみばばあ］

ある保育園に現れたという怪異で、世界中の鼠《ねずみ》を集め、巨大化させることができるという。

学校の怪談編集委員会編『学校の怪談16』に、岩手県水沢市《みずさわし》（現奥州市《おうしゅうし》水沢区）からの投稿として載る老婆の怪。

【の】

ノストラダムスの大予言
［のすとらだむすのだいよげん］

予言にまつわる怪異。主にフランスの占星術師ノストラダムスが一六世紀に記した詩集『予言集』に記した予言のこと。特に一九九九年七月に恐怖の大王が現れ、人類が滅亡するという予言が有名。

この名称は一九七三年に発行された五島勉の著作『ノストラダムスの大予言』によって有名となり、一九九九年七月に人類が滅亡するとされる予言もこの書に記され、多くの人々に影響を与えたが、それから二〇年近く経《た》った現在でも人類が滅亡する兆候は見えない。『ノストラダムスの大予言』は『予言集』をノストラダムスの伝記や逸話を交《まじ》えて解釈するという体裁のものであったが、この人類滅亡の予言は当時の終末ブームに便乗した五島氏による創作ではないかと言われている。

のっぺらぼう
［のっぺらぼう］

夜道や学校などにいる子どもに声をかけるという怪異。その子どもが振り返ると、目も鼻も口もないのっぺらぼうだったという話が多数伝わる。またタクシーの客がのっぺらぼうだったとか、トイレの前に現れたという話もある。

のっぺらぼうとは顔のパーツが一切ない妖怪として古くから伝わるが、現代にも出現した例は多い。松谷みよ子著『現代民話考3』には、タクシーに乗り込んできたのっぺらぼうの話が載り、運転手がある峠で「この辺は化け物が出るところで、美しい女に会ったと思って顔を見ると目も鼻もない」

という話をしたところ、後ろに座った芸妓《げいぎ》が顔を前に突き出し、「こんな顔か」と目鼻のない顔を見せたという展開になっている。この再度の怪（ある怪異に出会った人間が、逃げた先などで同じ怪異に再び遭遇すること）に至る展開は小泉八雲《こいずみやくも》の怪談『むじな』に似ているが、その正体が動物であるとされる話は見かけない。また学校の怪談としては常光徹編著『みんなの学校の怪談　赤本』に、ある学校に住み着いているのっぺらぼうの話があり、ここではのっぺらぼうに出会うと目、口、鼻、耳を取られるが、「先生がきた」というと逃げ去っていくとされる。

日本児童文学者協会編『高速道路に出るおばけ』には、東名《とうめい》高速道路にて青いトレーニングシャツとズボンをはき、茶色の登山帽を被って自転車に乗って現れるのっぺらぼうの話が載る。またこの正体は、かつて東名高速道路を作るために強制的に自分の畑を買い上げられた農家の男性で、その男性は高速道路が開通した際に道路に架かった陸橋から飛び降り、時速一〇〇キロで走ってきたトラックにはねられて即死したのだということが語られている。

ノビアガリ［のびあがり］

一九八八年頃、ある夫婦が友人とともに神奈川県の丹沢《たんざわ》へドライブしていた際に現れたという怪異。広沢寺《こうたくじ》温泉の素掘りのトンネルへ差しかかったときにはもう真夜中で、その明かりも点《つ》いていないトンネルに入ろうとした瞬間トンネルの脇から煙が吹き上がり、それが人の形と化した。運転手が慌ててアクセルを踏み込むとそれを素通りすることができたが、しかし帰りにそのトンネルを潜《くぐ》った際にも同じ場所でまたあの煙の化け物が出た。そのときも見ないふりをして車を飛ばしたことでことなきを得たが、後になってあれはノビアガリという妖怪であったのだろうかと首を傾《かし》げたという。

松谷みよ子著『現代民話考3』に載る。

他に大迫《おおさこ》純一著『あやかし通信『怪』』では筆者自身の体験として、自分の影が異様に伸びていく怪現象をのびあがりと呼んでいる。

妖怪として伝えられるノビアガリは愛媛県や徳島県に伝わるという記録が残っており、見上げるほどに背が高くなっていくという特徴を持つ。その正体はカワウソやタヌキが化けたものとされ、地上から一尺（約三〇センチ）のところを蹴って目を逸《そ》らす、「見越した」と呼びかけるなどの行為で消えてしまうと言われている。

呪いの音符［のろいのおんぷ］

ある学校に七不思議の一つとして伝わる怪異。音楽室の音符が学校のあちこちに散らばっており、その音符を七つ見つけると二〇歳までに死んでしまうという。

常光徹編著『みんなの学校の怪談　赤本』に、埼玉県からの投稿として載る。

不思議な世界を考える会編『怪異百物語5』、常光徹著『新・学校の怪談1』に載る。

呪われた校歌【のろわれたこうか】

ある中学校の校歌にまつわる怪異。その校歌は四番まで存在しているが、この四番を歌ってしまうと亡霊が出現し、次々と不吉な現象が発生したため、その四番は生徒手帳から削られるなどして歌われなくなってしまったという。

マイバースデイ編集部編『わたしの学校の幽霊』に載る。

呪われた部屋【のろわれたへや】

あるマンションに現れるという怪異。若い夫婦がそのマンションの一三階に部屋を借りた。その一日目の夜、二人が寝ていると「チーン」というエレベーターの開く音がし、それからがちゃがちゃというドアを開けようとする音とともに「なかなか開かないんだ、これ」と少年の声が聞こえてきた。その現象は次の日も、その次の日も続くが、いつも夫婦がドアに近づくと音が止《や》み、ドアの外には誰もいない。それに加えて夫婦はこの部屋に入居した人間は皆二週間以内に出ていくという不穏な噂《うわさ》を聞いてしまう。せっかく借りたこの部屋を手放したくはなかったが、あの不気味な現象に耐えられず、夫婦は一四日目の朝にその部屋を出ることにした。そしていよいよ退去が明日に迫った一三日目の夜、いつものようにドアの方からがちゃがちゃと音がした後、今度はいつもとは違い「やっと開いた！」という言葉が聞こえた。そしてその翌日、夫婦は部屋の中で殺された姿で発見された。

この部屋はもともとマンションの住人たちに呪われた部屋と呼ばれており、実は昔この部屋に住んでいた少年が親に叱られ、部屋から追い出されて鍵をかけられてしまった際に誤って一三階から落ちて死亡したため、亡霊と化した少年が両親を恨んで報復のために、夜中になると自分が住んでいた部屋の鍵を開けに来るのだという。

【は】

バーサラ［ばーさら］

話を聞くと現れるという怪異。その話とは、以下の通り。夜、突然足音が部屋に近づいてきて、ドアをトントンと叩《たた》かれることがある。それに対し「バーサラ」と三回唱えると危険はないが、唱えないと布団《ふとん》からはみ出している体の一部を持っていかれてしまう。またバーサラはこの話を聞くと一〇日以内にやってくるという。

不思議な世界を考える会編『怪異百物語3』に載る**ババサレ**系の怪異。またマイバースデイ編集部編『わたしのまわりの怪奇現象1000』では基本的な部分は同じだが、布団から出ている体の部位を持っていくのではなく頭を真っ二つにする怪異として語られている。他に関連するものでは、学校の怪談編集委員会編『学校の怪談7』では夜中の学校のトイレに出現するリカちゃん人形を撃退する呪文が「ばあさら、ばあさら」とされている。

バーサル［ばーさる］

風のない晩に外から戸をがたがた揺らすという怪異。これに対し「バーサル」と三回言わねば部屋の中に入ってきて、勝手に布団《ふとん》に入り込んだり鎌で殺される、または夢に現れて目を開けると体の上に乗ってくる、人間の老婆に乗り移るなどの行動を起こすと記録されている。

学校の怪談編集委員会編『学校の怪談16』に載る**ババサレ**系の怪異の一種。長野県須坂市《すざかし》から投稿された事例。バーサルは「婆去《ばあさ》る」の意味だと思われる。

バーサレ［ばーされ］

この話を聞くと現れるという怪異で、聞いてから三日以内の真夜中に一人の老婆が現れ、眠っている人間の体を揺すって起こそうとする。そのとき目を開けてしまうと心臓を食べられてしまう。これを回避するためには、目を閉じたまま心の中で「バーサレ」と三回唱えなければならない。

不思議な世界を考える会編『怪異百物語3』に載る**ババサレ**系の老婆の怪。バーサレの意味は「婆去《ばあさ》れ」だと思われる。同書には「バアサレ」という怪異も載り、こちらの場合は話を聞いたその日の夜のうちに出現し、家の戸を叩《たた》いてくる。これに対し「うばよされ」と三回唱えれば撃退できるが、戸を開けてしまうとどこかに連れていかれてしまう、という話になっている。

バーニシャル［ばーにしゃる］

話を聞くと現れるという怪異。その話とは、次の通り。ある男が山奥に一人住んでいた。雨の続くある夜のこと、男の自宅をノックする音がある。男は不審に思いながらもドアを開けると、そこに立っていたのは見知らぬ老婆で、しかも唐突にその両眼が光り始めた。その直後、男は内臓を飛び散らせて死んでしまった。

この話を聞いた人間の元にはバーニシャルの老婆が姿を現す。その際には老婆の出現と共に「バーニシャル」と三回唱えねば、老婆の目が光り出して内臓が飛び出して死んでしまうという。

マイバースデイ編集部編『わたしのまわりの怪奇現象１０００』に載る老婆の怪。話を聞くと現れるという出現要素や呪文を三回唱えて撃退するという話から、**ババサレ**系の怪異と思われる。

バーバラさん［ばーばらさん］

話を聞くと現れるという怪異。その話とは、次の通り。かつてある少女が惨殺《ざんさつ》された。その少女は赤い日記帳にその日の出来事を記録するのが日課だったが、少女の死亡後、その日記帳はどこかへ消えてしまい、決して見つからなかった。

そしてこの話を聞くと、消えたはずの赤い日記帳がその人間の元に届く。しかしその日記帳を開いてはいけない。もし開いてしまった場合、その夜にバーバラさんが現れる。

その場合にも助かる方法はある。バーバラさんはまず部屋のドアをノックするため、その音を聞いたら後ろ向きにドアを開け、振り向かずにバーバラさんを背中に負う。そしてそのまま窓を開ければ、バーバラさんは赤い日記帳とともに去っていく。

しかしもし、その際に一度でもバーバラさんの顔を見てしまうと、身の安全は保証されない。

二〇〇一年六月二〇日、ＴＢＳのテレビ番組「ＵＳＯ⁉ジャパン」のホームページにて、視聴者の一人により掲示板に書き込まれた怪異。その名前や話を聞いたら現れる、ドアをノックするなどの特徴から**ババサレ**系統の怪異かと予想できるが、この怪異は呪文によって撃退するという要素がない。またバーバラさんという名前が少女を指しているのか、それとも別の何かを指しているのかは出典を見る限り曖昧である。

背後霊［はいごれい］

心霊にまつわる怪異。人間の背後に憑依する霊の総称。

元々は心霊主義、心霊科学で見られる言葉で、**守護霊**や支配霊、指導霊などの総称として使われる用語。板谷樹他著『霊魂の世界―心霊科学入門―』によれば人間や団体、会社などに憑き、それを護る霊を言うとされているが、通俗的にこの言葉が使われる場合、稀《まれ》に憑いた人間に害を及ぼす霊を指すこともある。

はいじま駅［はいじまえき］

鳥取県にて因美線《いんびせん》に繋《つな》がったとされる駅の怪異。駅周辺には電灯と狭い道路しかない景色が広がっているが、道なりに進んでいくと人の気配があり、鳥取県の青谷町《あおやちょう》に着いていたという。そして後日その場所を訪れたところ、駅へと繋《つな》がっていた道は公園のような施設に繋がっており、駅は現れなかったとされる。

2ちゃんねるオカルト板の「死ぬ程洒《しゃ》落《れ》にならない怖い話を集めてみない？272」スレッドに、二〇一一年七月五日に書き込まれたものが初出と思われる**異界駅**。

ハイパーババア［はいぱーばばあ］

ターボババアが進化し、さらなるパワーとスピードを手に入れた老婆の怪異。

山口敏太郎著『日本の現代妖怪図鑑』に載る。これがさらに進化すると**光速ババア**になるという。

白線ジジイ［はくせんじじい］

四時四四分に学校の廊下の白線を超えたり踏んだりすると現れるという怪異。

常光徹編著『みんなの学校の怪談　赤本』に、京都府からの投稿として載る老翁《ろうおう》の怪。午前・午後のどちらの四時四四分に現れるかは不明。

パクパク［ぱくぱく］

千葉県のある学校に伝わる怪異で、四時四四分に給食室に現れ、おいしいものをたくさん食べさせてくれるが、その目的は子どもを太らせて食べるためなのだという。

常光徹著『学校の怪談9』に、千葉県からの投稿として載る。午前・午後のどちらの四時四四分に現れるかは不明。『ヘンゼルとグレーテル』の魔女のような怪異である。

禿げたおじさん［はげたおじさん］

ある学校に現れ、「ハゲになろうよ」と誘ってくるという怪異。

常光徹編著『みんなの学校の怪談　赤本』に、東京都からの投稿として載る。

化物の木［ばけもののき］

鳥取県東伯郡東伯町《とうはくぐんとうはくちょう》（現琴浦町《ことうらちょう》）の春日《かすが》神社境内にあるシイの木にまつわる怪異。幹の太さが約一一・五メートルもあるこの大木には、夏には七尋女房《ななひろにょうぼう》が、冬には雪女が住み着いており、悪いことをした人間を木の股のところにある洞穴《ほらあな》に引《ひ》き摺《ず》り込《こ》むのだという。

松谷みよ子著『現代民話考9』に載る。ここに現れる七尋女房は片手が異様に長く、雪女は背が異様に高いという特徴があるらしい。七尋女房は、島根県や鳥取県で伝えられる妖怪で、背丈が七尋（約一二・六メートル）もある女の姿をしているとされる。また雪女は有名な雪の妖怪だが、近世の浄瑠璃『あさいなしまわたり』や近世の怪談本『古今《ここん》百物語《ひゃくものがたり》評判《ひょうばん》』では巨大な雪女が描かれており、江戸時代には少なからず認知されていたものと思われる。これもその類か。

ハサミ男〔はさみおとこ〕

ハサミを持った怪異で、ハサミの音を鳴らしながら現れ、子どもを捕まえると噂《うわさ》された。捕まった場合、巨大なハサミで手足を切り落とされたり、体を真っ二つにされるなどという。

並木伸一郎著『最強の都市伝説』に載る。同書ではこのハサミ男について、一九九九年に殊能将之《しゅのうまさゆき》氏の小説『ハサミ男』が発売されていることや、一九九五年に発売されたゲーム『クロックタワー』にて殺人鬼として「シザーマン」というキャラクターが登場していることから、それらがこの怪人の元になったのかもしれないと考察されている。

ハサミの怪〔はさみのかい〕

ある女の子が学校の帰り、道端で拾ったハサミにまつわる怪異。それから学校で家庭科の授業があった際にそのハサミを使っていると、一人の女の子がその子の布をそのハサミでずたずたに切り裂いてしまった。さらにもう一人の女の子が「あなたの髪《かみ》切ってあげる」と髪に手を伸ばした。だがそのとき急にハサミがひとりでに動き出して髪を切ろうとした子の目を突き刺し、直後布を切った子の腹部に刺さった。

女の子は怖くなってすぐに家に帰ったが、次の日の授業中に様子がおかしくなり、突如ハサミを持って暴れ出した。その騒ぎで隣のクラスの友達が止めに入った際にハサミがその友達の手に刺さり、直後女の子はばったりと倒れてしまった。実はこのハサミの元の持ち主はいじめられて友達にも助けてもらえず自殺した子どもで、残された彼女のハサミが同じようにいじめられているその女の子を助けていたのだという。

久保孝夫編『女子高生が語る不思議な話』に載る。

バサレさん〔ばされさん〕

話を聞くと現れる怪異の一つ。その人間がよく知っている人間の声で部屋の戸を叩《たた》き、部屋の主が戸を開けるとこのバサレさんに殺されてしまうのだという。それを回避するためには「バサレさんお帰りください」と三回言わなければならない。また、話を聞くと一週間以内に現れるとされる。

川崎の世間話調査団編『川崎の世間話』に載る。その名前や性質から見て**ババサレ**系統の怪異と思われる。

はしりんぼう［はしりんぼう］

ある学校の廊下に現れたという怪異で、ある少女が遠くから近づいてくる足音に振り向いたところ、この怪異に食われてしまったという。

常光徹編著『みんなの学校の怪談　赤本』に、東京都からの投稿として載る。どんな姿をしているのかは描写がないため不明。

走るバァさん［はしるばぁさん］

ある北海道のトンネルの中に出現するという老婆の怪異で、真っ赤な歯を見せて笑いながらバイクを追うという。その速度は時速一〇〇キロ以上で走っていても追い付かれるほどだが、トンネルを抜けると消えてしまう。

久保孝夫編『女子高生が語る不思議な話』に載る。

バスケットゴールの下の穴［ばすけっとごーるのしたのあな］

東京郊外の小学校に伝えられる怪異。この学校のバスケットボールクラブにはたくさんの子どもが参加しているが、このクラブではバスケットゴールの下では絶対に転んではいけないと言われている。その理由はこのバスケットゴールの下には人間には見えない穴があって他の世界に繋《つな》がっており、そこで転ぶとその子どもの姿が消えてしまうからだという。実際にある五年生の男児がゴール下で転んだとき、一瞬でその姿が見えなくなったという目撃談が伝わり、また霊感の強い人間がそのゴール下を見ると稀《まれ》に白髪のお婆《ばあ》さんが蹲《うずくま》っていることがあるそうだ。

この話は常光徹著『学校の怪談』に載るが、バスケットボールで使うゴールの下には目に見えない穴があり、そこで転ぶと他の世界や異次元に飛ばされてしまうという話は全国の学校に見られる。

バスケばあちゃん［ばすけばあちゃん］

バイクで高速道路を走行していると、突然バスケットボールをドリブルしながら現れ、ボールをチェストパスで投げ付けてくるという老婆の怪異。ハンドルから手を離してボールを受け取っても、ハンドルから手を放さずボールをぶつけられてもバランスを崩してしまい、高い確率で事故を起こしてしまう。

並木伸一郎著『最強の都市伝説』に載る。同じくバスケットボールを扱う老婆の怪に**ジャンピングババア**がいる。

バス幽霊［ばすゆうれい］

群馬県吾妻郡《あがつまぐん》高山村《たかやまむら》に現れたという怪異。雨がしょぼしょぼと降るある夜に一人の傘を差した老婆が手を挙げてバスに乗り込んできた。しかし降りると言っていたバス停に着いても一向に降りる様子がないため、運転手が声をかけに行くと誰もおらず、座席がしっぽりと濡《ぬ》れていたという。

それから三、四カ月したある日、同じ運転手が運行するバスで今度は若い女性がやはりあの老婆と同じ場所までと告げてバスに乗った。そして同じくその場所に着いたときにはもうその姿が消えてしまっており、やはり座席は濡れていた。このような怪事に二度も遭遇した運転手はそれから熱を出して寝込んでしまったという。

松谷みよ子著『現代民話考3』に載る。

パソコン通信の怪［ぱそこんつうしんのかい］

パソコンにまつわる怪異。ある少女がインターネットを利用してオリジナルの怪談を流行《はや》らせようと考え、実行した。その内容はある公園に行くと一人の少年がおり、「遊ぼ」という。それに対して「いいよ」と答えると殺される、「やだよ」と答えると帰れるというものだったが、それはネット上で急速に広まってしまう。少女はおもしろくなりインターネットを利用してさんざんその情報を拡散していたが、ある日の夕方、その公園に行くと本当に少年が遊んでいた。少女が近づいていくと少年は少女に対し「遊ぼ」と問いかけ、少女はそれが自分の創造した怪談と同じ展開であることに疑問を抱くが、どうせ作り話だしと「いいよ」と答えたところ、怪談の通りに殺されてしまったという。

常光徹他編著『魔女の伝言板』にて一九九四年一〇月九日に記録されたという。松谷みよ子著『現代民話考12』にも東京都の話として同様の話が載る。ただしこの怪談については、その類似性から一九九〇年四月一九日にフジテレビ「世にも奇妙な物語」で放送された「噂《うわさ》のマキオ」という話が元となっているのではないかと思われる。この「噂のマキオ」の中では右で語られるパソコン通信で広めた創作怪談が現実のものとなり、創作者本人がその犠牲になるという展開がそのまま登場している（**うわさのマキオ**も参照）。

肌色の球体［はだいろのきゅうたい］

東京都と神奈川県の県境に位置する陣馬《じんば》山《さん》に現れたという怪異。そこに設置されたガードレールと道路の隙間には人の顔が見える場所があると噂《うわさ》されていた。そこで何人かの学生たちがこの幽霊を見ようと真夜中にそこへ出かけたが、幽霊は見えなかった。しかし帰り道、学生のうちの霊感の強い一人が、車を追いかけてくる肌色の丸い物体を見たという。

不思議な世界を考える会編『怪異百物語6』に載る。この肌色の球体はガードレールと道路の隙間に現れる**幽霊**と同じものなのだったのだろうか。

パタパタ［ぱたぱた］

片手に大バサミ、もう一方の手に鎌を持つとされる、上半身のみの姿をした怪異。パタパタと音を立ててやってくるこの怪異に見つかると下半身を切断され、パタパタの仲間にされてしまう。

学校の怪談編集委員会編『学校の怪談大事典』に載る**上半身の怪**。

バタバタさん［ばたばたさん］

ある学校で放課後の校庭をスリッパで走り回る中年男性の霊とされる怪異。ものすごいスピードで走ることができ、追いかけられるとどんな速さで逃げても追い付かれるという。

このバタバタさんは病院から抜け出した霊であるため、パジャマにスリッパの姿で走り回るという説もあるようだ。

マイバースデイ編集部編『心霊体験大百科』に載る。

パタパタさん［ぱたぱたさん］

宮城県のあるトンネルを時速六〇キロ以上で走っていると出現するという上半身のみの姿をした怪異で、これに追いかけられると生きてトンネルを出ることはできないと語られる。

不思議な世界を考える会編『怪異百物語10』に載る**上半身の怪**。同書では宮城県W町のトンネルに出現するとあるため、恐らくは亘理《わたり》郡《ぐん》亘理《わたり》町《ちょう》のどこかのトンネルと思われる。

また、学校の怪談編集委員会編『学校の怪談13』では福岡県筑紫野《ちくしの》市からの投稿として、パタパタさんという名前の下半身がない老翁《ろうおう》の怪異が載っている。鹿児島県のある高校に現れたというこの怪異は、地面すれすれを滑るように動き、その際にするはずのない足音がパタパタと鳴ったという。他にも、常光徹編著『みんなの学校の怪談　赤本』には東京都からの投稿として、パタパタさんという下半身のない中年男性が現れ、こちらも足がないのになぜかパタパタと足音が鳴っていたという話が載る。

八〇キロばあちゃん［はちじゅっきろばあちゃん］

高速道路で八〇キロ以上の速度を出して走っていると、上半身だけの老婆の怪異が腕を使って追いかけてくるという。

ポプラ社編集部編『映画「学校の怪談」によせられたこわーいうわさ』に載る。埼玉県春日部《かすかべ》市から投稿された事例。他にも山口敏太郎著『日本の現代妖怪図鑑』によれば四〇キロババア、六〇キロババア、**一二〇キロババア**など制限速度に応じて老婆の怪がいるという。もちろん**一〇〇キロババア**もいるが、こちらは法定速度に基づいているというよりも、単に速いということを表現するために一〇〇キロという言葉が名前に使われている印象が強い。

八甲田山の亡霊［はっこうださんのぼうれい］

青森県に聳《そび》える複数火山の総称である八甲田山に現れる怪異。この山はかつてある悲惨な事件の舞台となったことで知られている。遡《さかのぼ》ること一九〇二年一月、日本陸軍第八師団の歩兵第五連隊が青森市街から八甲田山の田代新湯《たしろしんゆ》に向かう雪中行軍の途中で遭難し、訓練への参加者二一〇名中一九九名が死亡した。そしてその多くの兵たちの無念の死によるものか、現代になってもこの場所における怪異の体験談は後を絶たない。よく語られる噂《うわさ》は旧日本軍の軍服を着た亡霊たちが行進するというもので、若いカップルが遭難記念碑の銅像を夜に車で見に行ったところ、女性がトイレに行きたくなり、男性に車で待つよう頼んでトイレに行ったところ、八甲田山で亡《な》くなった日本陸軍の歩兵隊たちが彷徨《さまよ》い出て、男の方は恐ろしさから女を置いて帰ってしまう。そして女はトイレの中で一晩中その行進の足音に苛《さいな》まれ続け、その翌日男がその場所に戻ってみると、髪が真っ白になった女を発見する、という怪談として語られることが多い。

　他に謎の白い球が浮かんでいるという目撃証言も多い。古くから伝わる怪異だが、ここ最近になっても怪奇現象の報告が絶えない場所である。近年で有名なものは二〇一四年五月一七日の深夜、無人の別荘から一一九番があり救急隊が出動したという事件。電話の向こうからはザーザーという雑音しか聞こえず、今も電話が発信された原因は不明であるが、風のいたずらといった説の他に、かつての歩兵隊が助けを求めて電話をかけたのではないかという噂がまことしやかに囁《ささや》かれている。また丸山秦明著『凍える帝国』には、山中で兵士に道を聞かれた、肩を叩《たた》かれた、といった体験談が記録されている。同書では他にこの雪中行軍隊が遭難した直後からすでに亡霊の足音が聞こえたという怪談が語られていたことが記されている。

　他に松谷みよ子著『現代民話考2』には、軍隊が八甲田山に入った当時のことについてこんな話が語られている。八甲田山は旧暦の一二月一二日を中心にした一カ月を「山の神の季節」と呼んでおり、この時期に山に入ると山の神に取り殺されると考えられていた。さきの軍隊がこの山に入らんとしたのがその季節の真っただ中であったため、地元の年寄りたちは止めようとしたが、陸軍はそんな迷信に惑わされてたまるかと出発し、遭難してしまったという。

バッサリ［ばっさり］

　大きな鎌を持って子どもの首を刈る怪異。子どもが自分の部屋の戸を開けていると勝手に入ってきて子どもを襲うという。しかし戸が開いていないと鎌を両手に持っているため開けることができず、その子どもの親の声を真似《まね》てドアを開けさせ、出てきたところに襲いかかり首を切断してしまう。

　不思議な世界を考える会編『怪異百物語3』に載る。同書では**ババサレ**系の怪異とともに紹介されているが、その正体が老婆であるかどうかは明言されていない。ドアを開けると襲われるという点はババサレ系と共通するものの、バッサリという名前は「婆・去」の二語から構成されているとも、単に首を切断する際の擬音から来ているとも取れ、また撃退する際の呪文や話を聞くと現れるという要素もないため、ババサレ系の怪異の一つと断定するのは難しい。

八尺様［はっしゃくさま］

　その名の通り身長が八尺（二四〇センチ強）もある女性の姿をした怪異。老婆であったり、若い女であったりと容姿は一定ではないが、いずれも背が異様に高い女性であること、頭に何か乗せていること、「ぽぽぽぽ」または「ぼぼぼぼ」という濁音とも半濁音とも取れない男のような奇妙な笑い声を上げることは共通している。また言葉を発することも可能で、その上声色を自由に変えることができるようで、その能力を利用して自身が対象とした人間の親しい人物の声を真似《まね》、隠れている部屋からおびき出そうとするなどの行動も見せる。

　この怪異に狙われた人間は「八尺様に魅入られた」と表現され、通常ならば数日のうちに取り殺されてしまう。成人前の若い人間、特に子どもが被害に遭《あ》うことが多く、仮に魅入られた場合は窓をすべて塞《ふさ》ぎ、札を貼った部屋の四隅に塩を置いて御守《おまも》りを持って閉じこもることで、一時的に被害を免《まぬが》れることができるという。また魅入られた人間と血縁関係のある者が近くにいるとその目を惑わすことができるようで、逃げる際にはそれを活用することが効果的なようだ。しかし完全に撃退することは難しいようで、かつては八尺様は地蔵によってある地域に閉じ込められており、そこから出れば追ってくることができないため、その外に逃げるという対処法があったが、現在ではこの地蔵は破壊されており、八尺様はもうどこに現れるかわからないとされている。

　2ちゃんねるオカルト板の「死ぬ程洒《しゃ》落《れ》にならない怖い話を集めてみない？196」スレッドにて、二〇〇八年八月二六日に語られたものが現在確認できる最古のもの。それ以降も目撃談は多発している。

　現在では若い女性の姿をしており、若い男性を狙うとされることが多いが、初期の話では前述したようにさまざまな姿で現れるとされ、狙う対象についてもただ若い人間、子どもが襲われやすいとされているのみで性別による区別は語られていない。これらの要素は元の話において白いワンピース姿で出現したこと、襲われたのが高校生の少年だったことなどからこの怪異の特徴として語られるようになったものと思われる。

　また常光徹著『学校の怪談C』では北海道に現れた八尺様の話が載り、そこでは墓場を草原のように見せるという力を披露している。

　同じ現代の怪異であり、インターネット上で語られた**アクロバティックサラサラ**が、よくこの怪異との類似性を指摘されている。

ハッスルじいさん［はっするじいさん］

兵庫県の六甲山《ろっこうさん》に現れ、リヤカーを高速で引き回し車を追い越していくという老翁《ろうおう》の怪異。

山口敏太郎著『ホントにあった呪いの都市伝説』に載る。同書によれば二〇〇二年頃には目撃談の報告があったとのこと。

花男くん［はなおくん］

トイレの入り口から四番目の個室を一五回ノックし、「花男くん、あそびましょ」と言うとその中で花男くんがくしゃみをするらしい。

常光徹著『学校の怪談5』に載る。埼玉県の小学生から投稿のあった事例。また同シリーズの『学校の怪談A』では長野県からの投稿として、三月三日に体育館に行くと、**トイレの花子さん**と**やみ子さん**とともに花男くんが会議をしており、その後音楽室でコーラスするという話が載る。

花子さん［はなこさん］

主に学校に出現する少女の怪異。トイレをはじめとしたさまざまな場所に現れ、出会った人間に対し多種多様な行動を見せる。

ここでは主にトイレ以外に出現する花子さんと呼ばれる怪異について解説する。トイレに出現するものについては**トイレの花子さん**の項目を参照。

常光徹著『学校の怪談D』で学校の屋上の四隅にバツ印を書き、真ん中に花子さんと書いてそこに一〇秒間待っていると花子さんが現れて友達になれるという話が載っており、同シリーズの『学校の怪談4』や『みんなの学校の怪談　緑本』ではマンホールを踏むと現れるという話も紹介されている。

花子さん研究会編『トイレの花子さん』には、真夜中の音楽室に現れる花子さんという名の美少女の霊の話が載り、この花子さんは自分を目撃した人間に「寂しいの、一緒に遊んで?」と声をかけるが、それを否定して帰ろうとすると化け物のような恐ろしい顔になって首を絞めてくるとされる。

同シリーズの『トイレの花子さん2』には、群馬県のある小学校の校庭に植えられた大きな柿の木の周辺に現れる「柿の木の上の花子さん」という話が載り、この花子さんはもともとその学校で柿の実を近くの老人ホームに届ける柿とり委員をしていたが、ある日交通事故で死亡してしまい、それ以降**幽霊**と化して柿の木の上で柿を守るようになったのだという。

同シリーズの『トイレの花子さん3』では埼玉県の話として、雨の日に現れる花子さんの話が載る。この花子さんは学校の玄関に現れるとされ、自分を傘に入れて一緒に帰ってくれる人間を見つけるとその人間をあの世へ連れていこうとするとされる。

また、その正体はかつて傘を忘れ、雨の中

をそのまま帰ったために肺炎を患《わずら》い、死んでしまった花子という少女なのだという。同書には他に、かつて給食室の冷凍庫に閉じ込められ凍死した、花子という少女の霊が死んだときの姿そのままに現れるという話や、かつて山梨県のある小学校の校庭にて、転んだ際にできた傷から破傷風《はしょうふう》になって死亡した少女の名前が花子といい、後にその校庭で転んでしまった少年の足の傷口から真っ白なキノコが生え、それが全身に広がったが、次の日には消えていたというハナコ菌にまつわる話などが載る。

同シリーズの『トイレの花子さん4』には、電話を使って予言を行う花子さんの話が神奈川県の会社員の体験談として載る。

マイバースデイ編集部編『音楽室に霊がいる!』では、佐賀県の中学生からの投稿として、一三日の金曜日の夜にある小学校の体育館裏の柳の木の周りを三回まわり、「花子さん」と呼ぶと枝の辺りに女性の首が現れ、「はい」と返事をするという怪談が載る。

花子さんのお母さん
[はなこさんのおかあさん]

神奈川県のある学校で女性教師が遭遇した怪異。その日、彼女の勤める学校で、女子トイレの個室の一つに誰かが陣取りずっと開かないままということがあった。放課後になり、夕方になってもそのトイレから人が出てこない上、中から泣き声が聞こえるため女性教師が慌ててトイレを開けてみると、そこには着物を着た成人女性がいた。その着物の女性は教師に対し花子という娘は来ていないかと問いかけるため、教師がいないと答えると、女性は泣きながら「花子はこちらで御不浄をおかりしたはずなんです」と答えた。不気味に思った教師は他の先生を呼ぼうと職員室へ走ろうとしたが、その途端女性が恐ろしい声で「お待ちなさい! 私の花子をどこへ連れていくのですか!」と叫び、驚いた教師はやはり誰かを呼ぶべきだと判断した。しかしそのとき、いつの間にかすぐ横に見知らぬ少女が立っていることに気が付いた。そのため教師は少女に声をかけるも、少女は教師にぶつかってきて、教師は尻餅をついてしまった。

その瞬間、あの着物の女性が教師に襲いかかり首を絞めてきた。同じように先ほどの少女もその手を首に伸ばしてくる。そして女性は教師の首を絞めながら、「ふふふ。苦しむがいいわ。花子も私も、もっと苦しんだのですから。もっと、もっと苦しめてやる」と叫んだ。意識が朦朧《もうろう》とする中、教師は思わず念仏を唱えた。すると、あの少女と女性はいつの間にか消えていた。

その後でわかったことだが、この学校では数十年前、花子という少女が学校帰りに変質者に襲われ、このトイレで遺体が見つかり、そしてその母親もそのショックで死んでしまったという事件があったという。教師を襲ったあの二人の亡霊は、花子とその母親の親子の亡霊だったのだ。それ以来、その学校ではトイレには決して一人で行ってはいけないと子どもたちに教えるようになったと伝わる。

　この話は花子さん研究会編『トイレの花子さん2』に載る怪異だが、花子さんの母親が現れたという話は多い。

　学校の怪談編集委員会編『学校の怪談スペシャル3』では花子さんの母親であり、うら子さんという名前の幽霊について載せられており、彼女は自分の命日である一一月一八日に現れ、校庭で「うら子です。花子元気にしてる?」などの声が聞こえるという。

花子さんのおじいさん ［はなこさんのおじいさん］

　学校に現れるという怪異で、静岡県のある小学校の男子トイレに出現するという。トイレのドアを二回ノックし「花子さんのおじいさん」と言うと、「わしの花子に用か」と怖い声が聞こえるという。

　常光徹著『学校の怪談5』に、静岡県の小学生からの投稿として載る。常光徹編著『みんなの学校の怪談　緑本』には愛媛県からの投稿として、自然の家で花子さんを呼ぼうぜと言って呼んでみたところ、おじいさんが現れて「うちの花子で遊ぶな」と怒られたという話が載る。

花子さんのお父さん ［はなこさんのおとうさん］

　学校に現れるという怪異。廊下に引いてある黄色い線を踏むと花子さんのお父さんに叱られるが、大きな声で「ごめんなさーい」と謝ると許してくれるという。

　常光徹著『新・学校の怪談5』に、兵庫県からの投稿として載る。

花子さんのお婆さん ［はなこさんのおばあさん］

　ある学校の体育館のトイレにいるという怪異で、「花子を知らないか~?」と尋ねてくる。これに知らないと答えるとトイレットペッパーで首を絞められるが、知っていると答えると「どこ?」と言って消えてしまう。

　ポプラ社編集部編『映画「学校の怪談」によせられたこわーいうわさ』に載る。

花子さんのハンカチ ［はなこさんのはんかち］

　山形県のある小学校に伝わる怪異。この学校では、トイレに入っていると「赤いハンカチと白いハンカチ、どっちがいい?」と花子さんが尋ねてくる声が聞こえることがある。このとき白と答えるとトイレットペーパーが伸びてきて全身に巻き付き、赤と答えると真っ赤な水が流れるという。

　花子さん研究会編『帰ってきたトイレの花子さん』に載る。**トイレの花子さん**と**赤マント・青マント**や**赤い紙・青い紙**などの色を選ばせる怪が合体したような怪異となっている。

花子さんの右手首 ［はなこさんのみぎてくび］

　ある中学校にあったという右の手首の形に彫られた木の彫刻の通称であり、その彫刻にまつわる怪異。この彫刻には、それを使って体の一部を撫《な》で、「花子さん、花子さんお願いをかなえてください」と言うとその願いを叶《かな》えてくれるという言い伝えがあった。そのためこの彫刻は生徒たちに重宝がられていたが、ある日こんな事件が起きた。

一人の教師が夜遅くまでその学校に残っていたときのこと、電気も点《つ》いていない音楽室からピアノの音が聞こえ、訝《いぶか》しんで中に入ると、天井から滴《したた》る血がピアノの鍵盤に当たり、音を鳴らしていた。そこで教師が警備員を呼んで天井裏を見ると、そこにはあの花子さんの右手首と呼ばれる彫刻と、切断された人間の左手首が転がっていた。

そのため教師は慌てて職員室に駆け戻り、受話器に手を伸ばしたところ、突然その電話が鳴り出した。それに出てみると、その教師が受け持っているクラスの女生徒が手首を切り、自殺を図ったという。教師は天井裏の手首のことも忘れ、慌てて彼女の運ばれたという病院へ向かった。

病院に着くと女生徒はすでに亡《な》くなっていたが、驚くべきことにその左腕の手首から先が切断され、失われていたのだ。教師はもしかしたらあの天井裏の左手首ではないかと思い至り、警察を呼んでその左手首を回収し、女生徒の手首を合わせると切断面がぴたりと一致した。そして、同じ場所に落ちていた花子さんの右手首は証拠として警察に保管されることになった。しかしそれからも音楽室からはたまに誰もいないはずなのに音が聞こえるようになった。

この女生徒が花子さんの右手首に何を願ったのか、それは現在でも不明である。

花子さん研究会編『トイレの花子さん』に載る。

花ちゃん［はなちゃん］

ある小学校に現れるという怪異。その学校にはかつて花菜子《かなこ》と花世子《かよこ》という双子がおり、どちらも同級生に「花ちゃん」と呼ばれていた。しかしあるとき花菜子が交通事故によって死んでしまい、それから学校では双子の妹である花世子を花菜子の幽霊と見間違える者たちが続出した。その噂《うわさ》が広まったせいで花世子を「おばけ」「幽霊」「亡霊」などと呼ぶ生徒たちが出てきたため、花世子はそれを苦にし、悩んで、最後には学校の屋上から飛び降りて自殺してしまう。

それ以降、この学校ではたびたび本当の花ちゃんの幽霊が目撃されるようになった。もしこの幽霊を見て怖がったり、おばけだと騒いだりすると、それが花菜子の霊である場合は問題ないが、花世子の霊であった場合には怒って仕返しに現れるという。

花子さん研究会編『トイレの花子さん3』に載る。

はなも［はなも］

沖縄県糸満市《いとまんし》喜屋武《きゃん》の荒崎《あらさき》という岬に伝

わる怪異。この岬にあるハナフィギイベと呼ばれる岩の上で「鼻も！（鼻なし、鼻っ欠けというような意味）」と叫ぶと突然に海が荒れ、ひどいときには叫んだ者を攫《さら》ってしまうのだという。

それには、こんな謂《い》われがある。かつて久米島《くめじま》の仲里村《なかざとそん》に一人の娘がいた。その娘の嫁入りが決まり、婚礼の準備を進めていたある日のこと、婚礼の衣装を縫っていた彼女は、誤って裁ちバサミで自分の鼻を切り取ってしまった。それでもう嫁入りなどできないと絶望した娘は一人鳥島《とりしま》に逃げたが、ついにそこで亡《な》くなってしまった。

それからというもの、鳥島の近海に行くときは年頃の娘を連れていくことは禁忌となり、娘を持っているだけでもそこへ赴くことを避けるようになった。また、島に上陸した後は決して鼻について触れてはならないとされ、これを破ればたちどころに風波が起こって船が転覆してしまうと伝わる。

そして、この娘の霊はなぜか荒崎にも出現し、「鼻も！」と叫ぶと風波を起こすようになったのだという。

平野威馬雄《いまお》著『日本怪奇物語』に載る。

花代［はなよ］

チェーンメールに登場する怪異。社会科見学に赴いた際に一〇トンの機械に潰され死亡した少女の霊で、その事故の原因は友達に工場に閉じ込められたことで、教師にも気付かれずに死亡したと独白する。そしてメールの受信者に対し友達を譲ってと頼んでくる。それを回避するためには一時間以内に複数人にメールを回さなければならない。

いじめられていた、というような言葉は出てこないが、閉じ込められたなどそれを示唆《しさ》する文言がメールの中に使われている。死者である彼女に友達を譲ることは、その友達を彼女と同じ死者にするということなのだろう。

バハーサル［ばはーさる］

話を聞くと現れるという怪異。その話とは、以下の通り。ある雪山において登山隊が行方不明となった。何日もの捜索が続いた結果、山奥の壊れかけた山小屋で全員が心臓麻痺《まひ》で死んでいるのが見つかった。そして彼らの足元には、なぜか「バハーサル」という言葉が記されていた。

この話を聞いてしまうとそれから一週間後、その人間の部屋の窓ガラスを誰かが叩《たた》く。一度でもカーテンを開けてその来訪者を見てしまうと無残な死に方をしてしまう。

不思議な世界を考える会編『怪異百物語3』に載る。名前からすると**ババサレ**系の怪異と思われるが、この話では呪文を唱えて撃退するという要素が失われている。

ババアトイレ［ばばあといれ］

トイレそのものの怪異で、このトイレに入ると老婆にされてしまう。

学校の怪談編集委員会編『学校の怪談12』に、大阪府貝塚市《かいづかし》からの投稿として載る。このトイレに入った人間は性別に関わらず老婆にされてしまうのか、それとも女性が入ると急激に年齢を重ねさせられて老婆にされてしまうのかについては説明がないため不明。

はばかりさん［はばかりさん］

トイレに現れる怪異。冬の夜トイレへ行くと、後ろから誰かがついてきているような気配がすることがある。しかし後ろを振り返っても誰もいない。しかしそのままトイレに入ると、やはり後ろに誰かがいるような気がする。そこで再び振り返ると、今度はそこに青白い顔に血走った目の恐ろしい怪異がいる。これに出会ってしまうと、血圧が上がるか貧血になるかで倒れてしまい、場合によってはそのまま死んでしまうという。

この怪異は「はばかりさん」といい、古い便所の臭気が凝り固まって生まれた悪《あく》霊《りょう》で、全国どこにでも現れるとされる。

マイバースデイ編集部編『わたしは霊にとりつかれた！』に載る。「はばかり」とはトイレを表す言葉の一つであるため、名前はそこから取られたものと思われる。

ババサレ［ばばされ］

鎌を持った老婆の怪異で、ババサレの話を聞いてしまうといつの間にか戸口や窓の向こうに現れ、戸を叩《たた》く。これに応えて戸や窓を開けてしまうと鎌で首を切断されてしまうが、戸を開けずに「ババサレ」と三回唱えると撃退できる。

学校の怪談として子どもたちの間で語られることが多い怪異。背に籠を背負っており、切り取った人間の首を入れる、姿を見ただけで死んでしまう、鎌ではなく斧《おの》を振り回してくるなどの話があるが、「ババサレ」と複数回唱えることが撃退の方法であることは共通している。また松山ひろし著『カシマさんを追う』によれば、一九八三年に放送されたＮＨＫの朝の連続ドラマ『おしん』の撮影現場において、主人公の幼少時代を演じた小林綾子氏が「ババアサレ」という怪談を披露したということがあったという。

また常光徹編著『みんなの学校の怪談　緑本』では東京都からの投稿としてババサレがいきなり戸や窓の向こうに現れるのではなく、次第に近づいてきて最終的に目の前や真横に突然現れるという例が載る。この話を聞くと一週間以内に「ババ」と言うと老婆が現れるという。また同書にはババサレが現れていない状態で「ババサレ」と叫んだ結果、逆にババサレを呼び寄せてしまったという話も載っている。マイバースデイ編集部編『心霊体験大百科』には、自分の知っている人間の声を使って話しかけたり、いたずらをしてきたりする老婆の霊の話が語られているが、この撃退呪文も「ばばされ！」であるという話が載る。

バーサレや**バーニシャル**などはこの怪異が元になっていると思われる。類似怪異索引の「ババサレの怪」を参照。

ババヤン［ばばやん］

「ババヤンババヤンアキスセサシノ」という呪文にまつわる怪異。この呪文を見たり聞いたりすると体のどこかに傷ができ、三日以内にこれを見つけないと体中傷だらけになって死んでしまう。また三日以内に血だらけの老婆が現れる場合もあり、その際にはこの呪文を三回唱えれば無事だが、もし一文字でも間違えればこの老婆に乗り移られて死んでしまう、とされる話も語られているという。

久保孝夫編『女子高生が語る不思議な話』に載る。恐らく**ババサレ**系の怪異かと思われるが、呪文の意味は不明。

バファーサル［ばふぁーさる］

真っ赤な目をし、血の混じったよだれを垂らす老婆の姿をした怪異で、子どもを襲い、隠し持った鎌で首を刈るという。もし出現した場合は「バファーサル」と三度唱えることで撃退できるという。

ウェブサイト「現代奇談」によればウェブサイト「Ｕｒｂａｎ Ｌｅｇｅｎｄｓ」に投稿のあった事例とされるが、現在は閉鎖されているため確認できず。また「現代奇談」の管理人である松山ひろし氏の著書『カシマさんを追う』には**ババサレ**の変種として名前のみ載る。

バファシサロ［ばふぁしさろ］

ある戦争が行われていた時代に生きていた、バファシサロという名前の一人の音楽家にまつわる怪異。彼は鉄砲で撃たれようと矢に射られようと走り続け、戦争が終わると同時に血塗《ちまみ》れになって死亡した。そしてその死後彼は怪異として現れるようになり、夜中の一二時に何者かによって戸を叩《たた》かれたとき、バファシサロとその名を呼ばないと戸を叩かれた人間は彼と同じように血塗れになって死んでしまうという。

学校の怪談編集委員会編『学校の怪談3』に、埼玉県越谷《こしがや》市からの投稿として載る。バファシサロは老婆ではなく音楽家とされているが、話の共通点からこの怪異は**ババサレ**系の怪異だと思われる。

バラバラキューピー人形［ばらばらきゅーぴーにんぎょう］

ある学校の図書室に真夜中に現れ、本をバラバラにすることがあるという怪異。

学校の怪談編集委員会編『学校の怪談13』に、兵庫県芦屋《あしや》市からの投稿として載る。同シリーズ『学校の怪談スペシャル3』では図工室にこの怪異が出るという話が載る。キューピー人形は言わずと知れたキューピットをモチーフにして生まれた、幼児の姿をしたキューピーというキャラクター人形のことと思われる。

バラバラ殺人事件の怪〔ばらばらさつじんじけんのかい〕

かつて新潟県であったというバラバラ殺人事件にまつわる怪異。被害者はある館でお手伝いをしていた女性で、犯人はその館の主であったが、犯人が判明したのは時効を迎えてからのことだった。そのため、この女性はこの世を恨んで現れるという。

そして、被害者の女性はこの話を聞いた人間の元に現れる。夜中目が覚めるとこの女性の霊がおり、「わたしの○○（からだの一部）を知りませんか?」と尋ねてくるため、「新潟の主に聞けばわかりますよ」と答えなければならない。そうしなければ、女性の霊は自分が尋ねた体の一部を奪っていってしまうのだ。

マイバースデイ編集部編『わたしの学校の幽霊』に載る。

張り付き婆〔はりつきばばあ〕

神奈川県足柄下郡《あしがらしもぐん》箱根町《はこねまち》小涌谷《こわくだに》にあった、すでに廃校となってしまった学校の寮に出現したという怪異。寮三階の手洗い場に張りついていた骨と皮ばかりの痩せ細った青白い顔の老婆だったという。

山口敏太郎著『怪異証言　百物語』に載る。また同様の名前の怪異が天堂晋助著『都市伝説百物語』に載る。これによれば北海道のある高級ホテルに出現し、地上六階の窓に昆虫のように手足を使って張りついていたという。

ばりばり〔ばりばり〕

夢の中の中学校に現れる黒髪おかっぱの少女の姿をした怪異で、人の生首を頭蓋骨ごとばりばりと音を立てて食《く》らっていたことからこの名前で呼ばれる。夢で中学校に迷い込んだ人間を襲い、その生首を奪って食らう性質があるようだが、どうやら校門の外には出られないらしい。また同じ人間がこのばりばりの夢を複数回見ることもあるようだ。

2ちゃんねるオカルト板の「死ぬ程洒落《しゃれ》にならない怖い話を集めてみない？102」スレッドに、二〇〇五年七月六日に書き込まれた怪談。書き込んだ本人は別の怪談である**猿夢《さるゆめ》**に似通った話と前置きしており、実際に同じ人間が複数回同じ夢を見て同じ怪異に襲われるという点が共通している。ただしこの怪異はあくまで夢の中のみに現れる存在のようで、猿夢のように目が覚めた後にもその人間に干渉するという行動は取っていない。またこの夢の中にはばりばり以外にも片足の無い少年や和服姿の女の子など多くの怪異が蠢《うごめ》いていたようだ。またばりばりは同じ夢を見る度にその人間が逃げられないように対策を取ってくるようなので、夢を見る回数が重なるほどに危険な怪異となる様子。

半身のもの［はんしんのもの］

ある峠に出現したという怪異。下半身がなく、その断面からは内臓がはみ出しているという姿をしており、這《は》い付くばった状態で両腕を使って移動する。ある男性がこの怪異と遭遇した際には、電話ボックスの中にいる彼の周りを一晩中回り続けていたという。

大迫《おおさこ》純一著『あやかし通信『怪』』に載る**上半身の怪**。

禁后／パンドラ［ぱんどら］

ある家系、そしてある田舎町に建つ一つの空き家にまつわる怪異。まずはこの怪異の前提となったその家系の儀式について説明する。

かつて母から娘へと三つの儀式が受け継がれていたある家があり、その家では娘は母の所有物とされ、儀式の材料に使われていた。材料として選ばれた娘は通常の名前の他に母親のみが知る隠し名をつけられ、さらに後者の名前は他者に露見した際のことを考え、本来の字が持つものとはまったく別の読み方が与えられていたという。そしてその名前をつけた日に一つの鏡台を買うことになっており、それは娘の一〇、一三、一六歳の誕生日に行われる儀式以外では娘に見せてはならないとされていた。

その儀式とは以下のようなものと語られている。まず一〇歳の誕生日に、鏡台の前で娘が母親に自身の生爪を剝《は》がして提供、それを鏡台の三つある引き出しの一番上に娘の隠し名を書いた半紙とともに入れ、その日は一日中母親が鏡台の前に座って過ごすというもの。一三歳の誕生日には、鏡台の前で自身の歯を母親に提供することで、母親はそれを鏡台の真ん中の引き出しに隠し名を書いた紙とともに入れ、やはり一日中鏡台の前に座って過ごすというもの。そして一六歳の誕生日には、母親が娘のほぼすべての髪を切り取り、鏡台の前で口から体内に取り入れ、最後に娘に対し娘の隠し名を告げるというもの。

以上によって儀式は完成し、母親は廃人のようになって四六時中自分の髪をしゃぶり続けるようになるが、実はその肉体は抜け殻で、その中身は決して汚《けが》れることのない楽園へ向かうことになるとされていた。残された娘はあらかじめそのために母が生んだ姉妹たちに育てられ、切られた髪が伸びる頃に男と交《まじ》わり、また娘を産んで母親と同じことを繰り返していたという。

また、道具と決めた娘に対しては、手足と首を切断した動物を生きているものとして育てさせる、猫もしくは犬の顔をばらばらに切り分けさせるなど常軌を逸した教育を行っており、普通の人間の娘として育てられるのは一三歳の誕生日の翌日から一六歳になる日の前日までの三年間のみだったという。この動物を使った教育は、この家系において子どもを生むために必要な道具として扱われていた男が儀式の秘密を探ろうとした際に自分が殺した動物たちの怨念を男の元に移すための呪術の準備で、それによって内情に立ち入らせないようにしていたという。

しかしこの儀式は時代を経るごとに悪習とみなされるようになり、次第に廃《すた》れていった。最終的に隠し名は母親の証《あかし》として、鏡台は祝いの贈り物として娘へと受け継いでいくのみのものとなり、この家系の女たちも少しずつ他の住民たちと変わらない生活を手に入れるようになっていく。しかしそんな中で、その家系に生まれた八千代《やちよ》という女性が再びその儀式の被害者となる。

もともとは両親の元でごく普通に育てられ、儀式とは無縁なまま大人となって結婚した彼女であったが、娘の貴子が生まれて一〇年が経《た》ったとき、事件は起きた。両親とともに出かけていた八千代が家へ帰ってくると、爪と歯の一部を剝がされ、髪を抜き取られた貴子の死体が、彼女の誕生祝いに買った鏡台の前に横たわっていた。そして貴子の隠し名が記された紙が床に落ちており、夫の姿は消えていた。八千代は娘の死体に泣き縋《すが》っていたが、娘の後を追うようにその部屋で自らの命を絶った。

それを聞いた八千代の両親は、八千代の夫が八千代から聞いていた儀式を行おうとして、しかし八千代が儀式を断片的にしか知らなかったためにあのような惨状を招いたのだと予想する。両親は娘と孫の仇《あだ》を討つため、八千代たちの住んでいた家にある呪いをかけた。その結果として家に戻ってきた夫は口に大量の髪の毛を含んで死んでいる姿で見つかり、それ以来その家は亡《な》くなった母娘の供養《くよう》をかねてそのまま残されることになった。

しかし老朽化によりその家も取り壊されることになり、住民たちは新たな空き家を建て、そこに家の中身をそっくり移した。家の中身については一階に八千代の鏡台、二階に貴子の鏡台を置いた。八千代の鏡台には一段目は爪、二段目は歯が、隠し名を書いた紙と一緒に入っており、貴子の鏡台には一、二段目とも隠し名を書いた紙だけが入っているという。隠し名は八千代が「紫逅」、貴子が「禁后」で、どちらの鏡台の三段目の引き出しにも二人の手首が入っており、八千代の鏡台には八千代の右手と貴子の左手、貴子の鏡台には貴子の右手と八千代の左手が、指を絡《から》めあった状態で入っている。またその鏡台の前には棒が床に直立して設置され、その上に八千代、貴子の髪が鬘《かつら》のように元の髪型を保ったまま乗せられている。これらを移した住民たちは彼女らを供養していた人間たちであったためか特に被害はなかったが、それから時が経《た》ち、その家で起きた事件も知らない世代になると、入り口さえも作られなかったその空き家に侵入する子どもたちが現れた。

そしてこの空き家でも八千代の両親がかけた呪いはいまだ生きており、侵入した子どもたちのうち屋内に二つある鏡台の引き出しに入っている「紫逅」「禁后」という名前と、絡み合った母子の手首を見てしまったものは異常をきたしてしまい、自分の髪をしゃぶり続けて意思疎通もできない状態に陥ったという。

怪談投稿サイト「ホラーテラー」にて二〇〇九年二月二一日に投稿されたものが初出と思われる怪異。その時点では子どもたちが「パンドラ」と呼ぶ空き家に侵入した顚末《てんまつ》が語られたのみだったが、翌二〇一〇年三月一七日にその空き家に住んでいた母娘の家系にまつわる話が投稿された。

右の概要からわかる通り「禁后」の読み方は知られてはいけないものとされており、実際に話の中でもその読み方が記されることはなかったため、読み仮名として記した「パンドラ」は、前述した通り怪談内で子どもたちによって付けられた空き家の呼び名である。

パンドロ ［ぱんどろ］

明確なことは伝わっていないが、「パンドロ！」と言うと追いかけてきてパンツを奪う怪異であるという。

不思議な世界を考える会編『怪異百物語3』に載る。名前は「パンツ泥棒」が略されたものと思われる。

【ひ】

ピアスの穴の白い糸 ［ぴあすのあなのしろいいと］

人体にまつわる怪異。一人の少女が自分で耳たぶにピアスの穴を空けた。するとその穴からとても細い白い糸が出てきた。何だろうと思ってその糸を引っ張ってみると、急に目の前が暗くなった。その糸のようなものは実は彼女の視神経《ししんけい》で、それを自ら切ってしまったために目が見えなくなったのだという。

全国的に語られる都市伝説。有名な話ではあるが、実際は視神経は耳たぶに通ってはいない。目の前が見えなくなるだけでなく、目玉が引っくり返る、口がきけなくなる、という展開となる場合もある。またこれから発展した怪異に**耳かじり女**がいる。

火遊び女［ひあそびおんな］

夜、墓場に出現し、自分の髪や服に炎を付けて遊んでいるという女性の怪異。

マイバースデイ編集部編『わたしのまわりの怪奇現象１０００』に載る。

ピアノの怪［ぴあののかい］

全国の学校で語られる怪異。放課後になると誰もいない音楽室からピアノの音がする。これは、昔この学校に通っていたピアノが大好きだった少女が事故で亡《な》くなり、その無念から夜になるとピアノを弾《ひ》きに来るのだという。

右の話は学校の怪談編集委員会編『学校の怪談４』によったが、類例は多い。またピアノではなくオルガンが怪をなす例もある。

ひとりでに鳴る音楽室のピアノの怪談は、全国の学校に伝わっている。それを弾いている存在の正体が明かされることもあれば、不明のままのものも多い。古い話では松谷みよ子著『現代民話考７』において、一九四九年頃の話として群馬大学学芸学部の校舎の講堂で真夜中にピアノの音が聞こえるという怪異が語られており、その正体はピアノを習っていたが、結核で死亡した女性であったとされ、ただ音が鳴る以外にも血が滴《したた》る引《ひ》っ掻《か》き傷のようなものが現れたり、鍵盤に血の跡があり、その通りに曲が奏でられたという話が載っている。また同書には突然ピアノの蓋《ふた》が閉まり、指をすべて切断されて死亡した少女の霊がピアノを弾きに現れるという怪談も載る。

他にも特定の曲がピアノで弾かれているのを特定の回数聴く、または自分でその曲を特定の回数弾くなどの行動で呪われる、手首から先だけが現れて鍵盤を叩き、音を奏でる、などという話も伝わる。また天井から落ちてくる血が鍵盤を叩《たた》くという話が語られることも多い。

PAmw-B38［ぴーえーえむだぶりゅーびーさんはち］

チェーンメールにまつわる怪異の一つで、そのメールに登場する機械の名前。メールの内容は自分の恋人が誘拐され、その犯人から送られてきた写真などにより彼女が拷問を受けていると判断した男（メールの作成者）が犯人を特定するためにこのメールを一週間以内に一定の人数に回してほしいと依頼するもので、その期限を過ぎてもメールを転送しない場合は男が友人とともに開発したＰＡｍｗ‐Ｂ３８という機械でメールを転送しない人物の居場所などをメール受信から八日目に特定し、一〇日目に殺しに行くというもの。メールの最後には他のチェーンメールにも見られるように実際にこのメールのために犠牲になったとされる人間の情報が書き込まれている。

二〇〇五年一一月以降に流布《るふ》したと思わ

れるチェーンメール。「M703-PW」や「VVWXX102」といった亜種も存在するが、内容の類似性からもともとは**橘《たちばな》あゆみ**のチェーンメールから派生して出現したと思われる。メール上ではPAmw-B38自体はただ人間を特定するマシンとされており、実際に殺人を行うのは恋人を誘拐された男と語られている。

　機械の性能は送信された電波から逆算してこのメールが今どこにあるか、誰が所持しているかを特定するものとある。また二〇〇五年一一月一一日金曜日に東京都町田《まちだ》市の女子高生が殺害されたニュースがあったが、それはこのメールの作成者による犯行である、という旨《むね》の文言が挿入される場合があるが、そのような機械が使われた猟奇殺人事件の記録はない。ただしこれの元になったと思われる事件は実際に発生しており、町田女子高生殺人事件と呼ばれるこの事件の犯人はすでに逮捕されている。日付や被害者の名前、また被害者の居住地などが一致しているため、このチェーンメールの作者はこの事件をそのまま利用したと考えられ、より悪質である。

　そしてこのチェーンメールは二〇一〇年代に入っても細々と生き残っているようで、その上メールだけでなくSNSのLINEにまで形を変えて出現した例もあるなど、案外息の長い怪異となっている。

ピエロ［ぴえろ］

　主に小学校に現れるという怪異。その名の通り道化師の姿をしており、出会った児童にさまざまな行動を仕掛ける。

　主に学校の怪談として伝わる。学校の怪談編集委員会編『学校の怪談大事典』によればただ出てきて姿を見せるだけのピエロが多いが、図書館の鏡を三分見つめていると鏡からピエロが現れて鏡の中に引《ひ》き摺《ず》り込《こ》むなど危険なピエロもいるという。

　この学校に出現するピエロについての他の例としては常光徹著『学校の怪談8』では兵庫県からの小学校の話として、一階の図書室の前で滑ると玉乗りピエロが現れるとあり、このピエロは人に危害を加えることはないという話が載る。同シリーズの『みんなの学校の怪談　赤本』では大阪府からの投稿として、片足ピエロが夜の三時になると男子トイレに出現し、「赤い紙ほしいかい、青い紙ほしいかい」と尋ねてくるが、これに赤と答えると向こうから刃物が飛んできて血塗《ちまみ》れになる、青と答えると体の血を抜かれるという**赤い紙・青い紙**や**赤マント・青マント**系統の怪異が組み合わさった話や、兵庫県からの投稿として「一、二、三のピエロ」と歌うと一番奥のトイレから男女どちらかのピエロが現れ、特に女のピエロの方が恐ろしく鋭い爪で襲いかかってくるという話などが載る。

　学校の怪談編集委員会編『学校の怪談5』に載るピエロは日本国旗の上に現れ、目があった人間を異次元へ連れていく、トイレの鏡から現れたピエロが手を伸ばして子どもを鏡の中に連れ込んで殺してしまうといった危険な行動を取ると語られている。また同シリーズの『学校の怪談13』には、午後三時半、男子トイレに片足のピエロが出現する、体育館の裏に死んだピエロが出る、などという話が載る。他に同シリーズの『学校の怪談スペシャル3』には、午前三時にトイレに入るとピエロがおり、「私の杖《つえ》を折りなさい」と言われ、折れると何事もないが、折れないと異空間に吸い込まれるという話が新潟県新潟市の小学生から投稿された話として載る。

また不思議な世界を考える会編『怪異百物語5』には、小学校の体育館にある木製ドアの木目に忍者三人とピエロの姿が浮き出ており、夜になると忍者たちが体育館の中を飛び回る他、ピエロが現れて包丁を手に持ち、自分の首を切り落とす、という怪談が記されている。

マイバースデイ編集部編『音楽室に霊がいる!』では神奈川県の中学生からの投稿として、ある小学校の三番目のトイレに血を流しながら踊ったり、入ってきた人間の肩に手を乗せたりするピエロがいたという話が記録されている。

ピカ子［ぴかこ］

ある学校では金曜日だけ勝手に電気が点灯する。これはピカ子という怪異の行動によるものなのだそうだ。

常光徹著『学校の怪談A』に載る。

光の神［ひかりのかみ］

「光の神」という言葉にまつわる怪異で、この言葉を三日以内に忘れないと、不可思議な光が突然現れてそれに殺されてしまう。しかしもし光が現れても、「光の神よ、お許しください。小級、中級、上級、小巻、中巻、上巻、小断、中段、ジョウダン」と答えるとよいという。

常光徹編著『みんなの学校の怪談　緑本』に、神奈川県からの投稿として載る。オチを見るにこの話は冗談、ということなのだろう。小断は「小段」のことか。

光ゆうれい［ひかりゆうれい］

ある学校に現れる怪異で、幽霊にしては珍しく昼にしか見えないという。またこの幽霊は太陽の動きと同期して光を放つため、夜が近づくにつれてその光は弱くなり、太陽が完全に沈むとともに見えなくなってしまうらしい。

常光徹著『新・学校の怪談3』に、大阪府からの投稿として載る。

ヒカルさん［ひかるさん］

愛媛県松山市の松山大学に存在するある絵画にまつわる怪異。その絵画は椅子に腰掛けた若い女性の肖像画であるが、その女性の目が動く、絵を指さすと怪我をする、捨ててもいつの間にか戻ってくる、触ると祟りがある、などの怪談が語られていたという。

近藤雅樹著『霊感少女論』に載る。同書

によればこの「ヒカルさん」はこの絵の作者の名前で、一九七〇年に描かれてからずっとこの絵にまつわる怪談が語り継がれていたが、平成に入り絵が掛けられていた会館が取り壊され、ヒカルさんの絵も倉庫に移されてからはあまり語られなくなっていったという。

ひきこさん ［ひきこさん］

口角と目尻が裂けた顔をした非常に背が高い女性で、体にはぼろぼろの白い着物をまとっている、という姿で語られる怪異。雨の日に子どもの亡骸《なきがら》を引《ひ》き摺《ず》って現れるとされ、別の子どもを見つけると横歩きにも関わらずとてつもないスピードで追ってきて、その子どもを捕まえて肉片になるまで引き摺り続けるという。また子どもの死体は自宅にコレクションされているともされ、普段持ち歩くのはその中で一番のお気に入りだと言われている。

彼女の特徴としては他に自身の醜い顔を嫌っているという要素が語られることが多く、それに関連して鏡を見せると嫌がって逃げ出す、子どもを襲う際に「私の顔は醜いか」と叫ぶなどといった噂《うわさ》もよく聞かれる。また雨の日にのみ現れるのは、みんなが傘を差すため視界が悪くなるからだそうだ。

そしてひきこさんという怪異が生まれた経緯についても詳しい話が伝わっており、それによれば彼女はもともとは「森妃姫《もりひき》子《こ》」という名の人間の少女だったという。背が高く、活発で容姿も可愛《かわい》らしかった彼女は先生たちのお気に入りで、逆に同級生たちからは妬《ねた》まれていた。そんなある日、彼女を妬む同級生の誰かが名前が偉そうだという理由で妃姫子をいじめ始めた。ランドセルに虫を入れられたり、上靴をズタズタにされたりといった行為は序の口で、最終的にはエスカレートしたいじめグループの何人かが彼女の足に紐《ひも》を括《くく》り付け、「ひいきのひきこ。ひっぱってやる」と言いながら学校中を引き摺り回《まわ》した。それにより妃姫子は顔にひどい傷を負って、次の日から学校へ行くことを拒否するようになった。

妃姫子はずっと部屋にこもり、布団《ふとん》を被《かぶ》って泣いているだけだったが、酒乱だった妃姫子の父親は酔っては登校拒否する彼女を殴り付け、さらに母親もそれに同調し、学校であったように妃姫子を引き摺り回したりした上、ついには食事も与えなくなった。その間、妃姫子は部屋に入ってくる虫や蛙《かえる》を食べて餓《う》えをしのいでおり、それを見た両親はますます彼女を気味悪がった。

そんな生活が何年も続いた後のこと。痩せ衰えながらも妃姫子はまだ生きていた。異常に背が高くなった彼女は傷が塞《ふさ》がりそうになる度に自身の顔を傷つけ、己が怨《うら》みを忘れないようにした。そしてある雨の日、彼女は数年振りに部屋から出るとまずその両親に手をかけた。それから彼女は雨の日に現れては子どもたちを襲うようになり、やがてひきこさんと呼ばれ、恐れられるようになったという。

カタカナでヒキコさんと表記されることも多い。現在確認できた最古の例は二〇〇一年七月二四日で、「Ａｌｐｈａ-ＷＥＢ　怖い話」というサイトに投稿された。この段階で見えるひきこさんは学校に現れて四人の少年を追いかけるという女の話で、背が学校の天井に届くほど高く、目と口が横に裂けており横走りで走り子どもを引き摺り回すといったもの。そしてその翌々日の七月二六日、前述したひきこさんの本名である「森妃姫子」の名前や彼女の過去、そして撃退方法が別の人間によって同サイトにて投稿されている（ただしこのサイトは現在閉鎖されているため、インターネットアーカイブを使うなどの手段を取らないと確認できない）。

また同サイトでは二〇〇二年三月二二日には黒い服を着た二メートルほどの身長のひきこさんらしき女を見たという体験談が書き込まれており、同年一二月一一日にはひきこさんには足がなく、頭にぽっかりと穴が空いた「ゆきと」という弟や「雨子《あめこ》」という妹がいる、ひきこさんの姿は子どもにしか見えず、大人の目には映らないという体験談も投稿されている。二〇〇二年一二月二五日には一一月の雨の日に二メートル近い身長の少女が小学四年生の女の子を引き摺っており、それを助けようとするとひきこさんと思しき怪異が口から変な液体を吐き出してきたという話が投稿されている。二〇〇三年四月一九日には家で休んでいる男性の家のインターホンが鳴り、出ると「すいません、ひきこさんですけど、殺しに来たんですけどよろしかったでしょうか」と言われたため、「良い」と答えて逃げた結果他の人間がみんな死んでいたという話が投稿されている。だが現在はそれらの話はほぼ見られなくなっている。

このようにもともとひきこさんはネットの片隅で細々と語られていた怪異であったが、テレビ番組「運命のダダダダーンZ」二〇〇三年八月五日放送の「あなたも呪われる！　身の毛もよだつ本当に怖い話」という特集の中で同時期に出現した怪異である**怪人アンサー**らとともに紹介され、全国的に広まった。

彼女の本名である森妃姫子は「ひきこもり」のアナグラムであると考えられており、彼女の特徴である子どもを引き摺る、という行為にもかかっている。また彼女が受けたといういじめや虐待は怪異としてのひきこさんの存在にも密接に関わっており、前述した鏡を見せるという方法以外にも「引っ張るぞ、引っ張るぞ」と叫ぶと逃げ出すという対処法があることや、自分をいじめた人間と同じ名前の子どもは怖がって襲わない、逆にいじめられている子どもも襲わない、という性質にその影響が伺える。また醜いかという問いに対して**口裂け女**のように「まあまあです」と答えても意味はなく、引き摺られるという。ちなみに「醜い」と答えると怒って、「きれい」というと気に入って余計に引き摺りたがるようだ。また身にまとった白い和服は鈴木光司氏の小説『リング』シリーズ、またそれを原作とした一連の映画に登場する**幽霊**、貞《さだ》子《こ》が着ている白いワンピースの影響が語られることもある。

　最近ではこのひきこさんはいじめられた本人ではなく、いじめられた子どもの母親が子どもの復讐《ふくしゅう》のために徘徊《はいかい》しているという話になっている場合もある。またこの怪異と同じくひきこさんと呼ばれることがある怪異に**引きずり女**がいる。

引きずり女［ひきずりおんな］

　雨の日に現れる怪異。ある小学校にRさんという女の子がいた。見た目は地味で大変まじめな少女で、先生の言うこともよく聞いた。しかしそのためなのか、Rさんはいつしかクラスでいじめのターゲットとなっていった。そんなある雨の日のこと、夕方、下校道で彼女と同じクラスの四人がRさんを傘で突つき、ひどく罵倒した。それにショックを受けたRさんが思わず駆け出して道路に飛び出してしまったところ、運悪くトラックが走ってきて彼女の足を巻き込み、そのまま数十メートル引き摺《ひず》って止まった。そしてRさんはそれが原因となって死亡した。

　しかしそれ以降、雨の日になると学校の帰り道にRさんが死んだ直後の姿で出没するようになり、「引きずってやろうか」と呼びかけるようになった。このとき、「はい」と返事した者は一週間以内に車に巻き込まれ死亡するという。またあの日Rさんをイジメた四人の子どもは次々と自動車事故で死亡しており、その事故の際には車に傷だらけの不気味な少女が乗っていたと噂《うわさ》されている。

　山口敏太郎著『日本の現代妖怪図鑑』に載る。引きずり女は**ひきこさん**の別称とされることも多いが、この引きずり女の別称も「ヒキコさん」とされることがあるという。またこの怪異における「ひく」という言葉は「轢《ひ》く」にもかかっているのかもしれない。また江戸時代の医者であり、戯作《げさく》者《しゃ》であった森島中良《もりしまちゅうりょう》の絵本『画本纂怪興《えほんさんかいきょう》』には「引づり女」という妖怪が描かれているが、男を尻に敷いてすべてを男にやらせ、自分は堕落した生活を送る女を揶揄《やゆ》したような妖怪となっているので、恐らく関係はないものと思われる。

　またニュースサイト「ｅｘｃｉｔｅ．ニュース」の二〇一四年一月二一日の記事には、**クロカミサマ**と関連する話として埼玉県で二〇一一年頃から、強姦《ごうかん》されて殺された女性が自分を強姦した男を引き摺っているという怪異が記されており、その名前が「引きずり女」であるという情報が載る。

引き戸ババア［ひきどばばあ］

　老婆の怪異の一つ。ある女性数人が旅行に出かけた。そして旅先の旅館で案内された部屋に入った途端、一人の霊感が強い女性がこの部屋は変だと言い出した。そして彼女が指す小さな引き戸を開けると、中に老婆が座っていたという。

　不思議な世界を考える会編『怪異百物語3』に載る。筆者命名。

ひくひく［ひくひく］

　ある少年が風呂《ふろ》に入っていると、後ろから髪の毛を一本だけ引っ張るものがあった。そのため後ろを振り返ると人に近い姿をした半透明の絵のような怪異がおり、ニタリと少年を見て消えた。そしてその直後、向こう側のドアで白い人魂《ひとだま》が一瞬見え、すぐに消えた。

　それ以来少年が学校にいるとその姿が見えるようになり、姿を現す度に髪を一本引っ張られたという。

　水木しげる著『妖怪目撃画談』に載る。初出は角川書店『怪』13号。

びくまな［びくまな］

　夜中トイレに行くと、自分の生首が落ちてくるのを目撃することがある。そしてそれを見た人間は翌朝死んでしまうという怪異。これを回避する方法はただ一つ、「びくまな」という呪文を唱えなければならない。そうしなければ首を切り落とされるような事故に遭《あ》ってしまう。

　マイバースデイ編集部編『わたしの学校の七不思議』に載る。呪文を唱えないと翌朝死ぬという話と、事故に遭《あ》うという話が同時に語られているため、どちらが起こるのか不明。また「びくまな」は逆さから読めば「なまくび」になる。

ヒサユキ［ひさゆき］

　静岡県熱海市《あたみし》のある古い小屋の二階に潜《ひそ》んでいたという怪異で、その小屋の隣の民宿にやってきた霊感の強い女性に取り憑《つ》き、女性が眠っている間にその体を操ってその小屋の二階に連れていき監禁、夜になり女性が眠るとその体に乗り移って全裸のまま小屋の外を徘徊《はいかい》し、動物を殺す、その死体を食《く》らう、人家にものを投げ込む、魚を盗んで撒《ま》き散《ち》らすなどの奇怪な行動を取った。また操られている間も女性の意識はあり、夢を見ているような感覚だったとされる。

　女性の意識が覚醒している間はヒサユキと呼ばれる一人の男に取り憑いていたようで、その男は女性とともに小屋の二階で生活していたが、言葉を発することはできず意思疎通もできなかったとされる。眠る際には彼女にぴったりとくっついていたという。それがその男から女性へと体を乗っ取る対象を変えるための準備だったと思われる。

　そんなある日、女性は操られ、外にいる間に人々に捕まえられて病院に運ばれ、開放されたが、あのヒサユキと呼ばれていた男は行方不明のままなのだという。

　ヒサルキに関連するものとして語られる怪異の一つ。2ちゃんねるオカルト板の「死ぬ程洒落《しゃれ》にならない怖い話を集めてみない？Ｐａｒｔ28」スレッドにて、二〇〇三年二月一九日に右の女性とともに熱海に旅行に行ったと思われる人間の体験談が書き込まれ、その後二〇〇三年三月一八日に

「夢の中で夢だと気づく方法2　明晰夢《めいせきむ》」スレッドにて、その当時から二年程前に別の掲示板で拾った話として女性の体験談が紹介された。またこの女性の話がその掲示板で語られたのは二〇〇一年六月二一日となっているが、当該掲示板を見つけることはできなかった。他にも2ちゃんねるをはじめさまざまな場所でヒサユキに操られていたときの女性を目撃したという話などが書き込まれ、さまざまな体験談、目撃談が実は繋《つな》がっていたことが判明する怪異となっている。

ヒサルキ［ひさるき］

　インターネット上で語られる怪異の一つ。その発端となった話は以下の通り。ある墓地を取り囲むようにして設置された柵の先端に小動物が串刺しにされるという事件が続いた。その被害に遭《あ》う動物は、初めはトカゲや虫などの小さな生き物であったが、次第にモグラ、ネコ、ウサギなどの哺乳類も串刺しされるようになった。その墓を管理している寺院は保育園を経営しており、その施設が墓場のすぐ近くにあったことからある園児に何か目撃したか聞いてみると、「ヒサルキだよ」という言葉を残した。他の園児たちもヒサルキを知っている様子だったが、誰もそれがどんなものなのか説明できなかったという。

　またかつてその園に通っていた児童でヒサルキを絵に描いた子どもがいたが、その子を含めた一家は急に引っ越すことになった上、絵を描いた子どもは両目に包帯を巻いていたとされる。そしてそれからニワトリが串刺しにされていたところで事態は沈静化し、その後は再び虫ぐらいしか串刺しにされることはなくなったという。

　2ちゃんねるオカルト板の「洒落《しゃれ》にならないくらい恐《こわ》い話を集めてみない？Part27」スレッドに二〇〇三年二月一三日に書き込まれたものが初出だが、その後もさまざまにこの怪異と関連すると思われる話が書き込まれている。名前が違うが同一とされる怪異については**キヒサル**、**イサルキ**、**ヒサユキ**、**クラシマヒサユキ**、**きらきらさん**を参照。

肘かけ女［ひじかけおんな］

　下半身を欠損した怪異の一つ。大阪府東大阪市《ひがしおおさかし》のある高校のロッカーに放課後に現れる他、同種のものが一九七一年に大阪府で発生した千日前《せんにちまえ》デパート火災後の街頭に、亡《な》くなったホステスの姿で現れたという。

　常光徹他編著『ピアスの白い糸』に載る。一九九〇年代中頃までは**ひじ子さん**などとともに多くの上半身のみの姿をした女性の怪異に使用された名前だったようだが、現在はその立場を**テケテケ**に奪われている。

ひじかけババァ［ひじかけばばぁ］

　暗く近くに池がある場所で自販機を使うと、下半身がなく上半身のみで肘を使って高速で走るひじかけババァという怪異が現れ、追いかけてくる。これに捕まるとひじかけババァにされてしまうという。

　ポプラ社編集部編『映画「学校の怪談」によせられたこわーいうわさ』に、福岡県西白河郡《にししらかわぐん》からの投稿として載る。また学校の怪談編集委員会編『学校の怪談大事典』によれば大阪の難波《なんば》に現れ、自動車を追いかけてきて追い付かれると死亡するという。似た怪異に**ひじババア**がいる。

ひじ子さん ［ひじこさん］

下半身がない女性の怪異で、ある高校に現れ、肘を使って廊下を走ってくる。また彼女を見て逃げると追いかけてくるという。

　常光徹他編著『ピアスの白い糸』に載る**上半身の怪**。

ひじババア ［ひじばばぁ］

老婆の怪異の一つ。真夜中にある女性が運転する車がお婆《ばあ》さんをひいてしまった。しかし女性は怖くなってお婆さんを助けることもなくそのまま逃げ去ってしまう。だがしばらくして女性がバックミラーを覗《のぞ》くと、肘を交互に地面に当て、這《は》うようにしてあのお婆さんが追いかけてきた。女性はスピードを上げお婆さんを振り切って逃げた。しばらく走ってあのお婆さんがついてきていないことを確かめると、女性は安堵《あんど》のためか尿意を催して近くの公園のトイレに入った。そこでふと視線を感じて上を向くと、あのお婆さんがにこにこと笑いながら女性を見下ろしていた。

　不思議な世界を考える会編『怪異百物語8』に載る老婆の怪。肘を交互に付けて追いかけてくる老婆の怪といえば**ひじかけババァ**がいるが、このひじババアの場合は下半身を失っているという描写はない。またトイレに入って上を向くと実は見下ろされていたというシチュエーションは他にも多くの怪談で使われている。

ぴしゃがつく ［ぴしゃがつく］

茨城県に現れたという怪異。ある少年が夜更《よふ》けに布団《ふとん》に横たわっていると、外から聞こえる雨の音に混じってピシャ、ピシャという人が水溜《みずた》まりを蹴って歩いてくるような音が聞こえてきた。それは雨だれとは違う神秘的な音でありながら、背筋が寒くなるような音だったという。

　水木しげる著『妖怪目撃画談』に載る。初出は角川書店『怪』第14号。この怪異の名前の由来であるぴしゃがつくまたは「びしゃがつく」は福井県に伝承される妖怪で、雪や霙《みぞれ》などが積もる夜道を歩いていると、誰もいないはずの背後からびしゃびしゃと足音だけが聞こえてくる現象を言ったようだ。

ひたひた［ひたひた］

歩いていると後ろから「ひたひた」という音がする。これはひたひたという怪異によるもので、これに出会ったら「お先にどうぞ」と言わなければならない。

学校の怪談編集委員会編『学校の怪談大事典』に載る。「お先にどうぞ」という回避方法は、同じく後ろをついてくる目に見えない存在であり「お先にどうぞ」という言葉で回避することができる妖怪**べとべとさん**を思い起こさせる。また久保孝夫編『女子高生が語る不思議な話』にも同じように後ろからついてきて、「お先にどうぞ」と言うと回避できる**幽霊**の話が載る。またインターネット上では「ヒタヒタ」という名前で、夫の浮気《うわき》に耐えかねて割腹《かっぷく》自殺したために下半身を失った老婆の怪の話が語られることがある。

左足のないバレリーナ［ひだりあしのないばれりーな］

話を聞くと現れる怪異の一つ。その話とは、以下の通り。かつて事故で左足を失《な》くしたバレリーナがいた。そしてこの「左足のないバレリーナ」という言葉を二〇歳まで覚えていると死亡するという。

松山ひろし著『カシマさんを追う』に載る。同書では片足を失くしたバレリーナという部分が**カシマさん**の過去としても登場する場合があることから、その共通点について考察されている。

左手塚の怪［ひだりてづかのかい］

ある中学校に伝わる七不思議の一つに左手塚というものがある。その由来は、かつて「車ざき」で殺された姫の左手がその中学校の体育館の辺りに飛んできたため、供《く》養《よう》のために塚石が置かれたというものだった。しかし石集めを趣味とする人間がその石を盗んでしまってから体育館での左手の怪我《けが》が不自然に多くなり、何もないところで左手を切ったり、右手を下敷きに転んだのにも関わらず左手を骨折した、などという不可思議な事故が発生するようになったという。

ポプラ社編集部編『映画「学校の怪談」によせられたこわーいうわさ』に、大分県中津市《なかつし》の女子高生からの投稿として載る。怪談中に出てくる車ざきという単語が何を指しているのか不明だが、京都に同じ読み方の車折《くるまざき》という土地があるため、その場所のことかもしれない。

左手をなくした男［ひだりてをなくしたおとこ］

ある男性が交通事故で左手を失い、そのショックで自殺してしまった。

この話を聞いた人間の元には、午前二時にその男性が現れ、「俺の左手はどこだ⁉」と尋ねてくる。その際には北以外の方角を指させばその男は消えてしまうが、もし北を指してしまうと左手を奪われてしまうという。

マイバースデイ編集部編『わたしの学校の幽霊』に載る。

ピチャピチャ［ぴちゃぴちゃ］

夕方遅くにある学校の二階の廊下を歩いていると、後ろからピチャピチャと誰かの足音がついてくることがあるという怪異。この足音は立ち止まると聞こえなくなり、歩き始めると再び聞こえてくる。そして振り返っても誰の姿もなく、稀《まれ》に足音だけが通り過ぎていくこともあるという。

常光徹著『学校の怪談7』に載る。

ひつか駅［ひっかえき］

西武新宿線《せいぶしんじゅくせん》の本川越駅《ほんかわごええき》から上り方面の電車に乗った際に現れたという駅の怪異。世界そのものが白いと表現される不可思議な世界の中にあり、駅名が黒く書かれている以外には駅の外も含め何もかもが真っ白な景色が広がり、まったく色がなかったとされ、駅ではあるが改札へ向かう階段もなかったという。またここに迷い込んだ人物が出会った訛《なま》りの強い話し方をする五、六歳のおかっぱの子どもによれば、その世界は本来であれば絶対に入ることが許されない場所で、この駅で降りずにそのまま電車に乗っていたらさらに大変なことになっていたという。またこの駅の先にもう一つ駅があり、そこまで行ってしまうと命の保証がないこともその子どもの言葉から示唆《しさ》されている。またこの子どもは迷い込んだ人間を元の世界に帰す力を持っているようで、その代償としてその人間が身に付けているものを何かもらっていくようだ。

2ちゃんねるオカルト板の「不可解な体験、謎な話～ｅｎｉｇｍａ～Ｐａｒｔ77」スレッドに、二〇一二年一月九日に書き込まれたものが初出と思われる。同じように辺り一面が白い景色に覆われていたという異界駅に**白い駅**があるが、そちらではその先の駅に行っても特に問題はなかったようだ。

ヒッチハイクばばあ［ひっちはいくばばあ］

某高速道路の道端に現れ、ヒッチハイクを行う老婆の怪異。何度無視しても車の前に先回りするように同じ格好で現れ、その上この老婆を乗せようと速度を落とした人間はよそ見運転をしていた後続車にぶつけられ、死んでしまうという。

渡辺節子他編著『夢で田中にふりむくな』に載る。

人が消える歩道橋［ひとがきえるほどうきょう］

大阪にあるという怪異。ある歩道橋を三人で横に並んで歩くと、右端か左端の人間が消えてしまうのだという。

不思議な世界を考える会編『怪異百物語7』に載る。三人の人間が並ぶ場合だと真ん中の人物に異変が起こることが多いが、それについては**真ん中の怪**を参照。

人が燃える家［ひとがもえるいえ］

ある家にまつわる怪異。一組の家族が二階建ての中古物件に引っ越してきた。それから数日後、二階で本を読んでいた長女と長男が火達磨《ひだるま》になって焼死した。それからわずか数日後、今度は母親と生まれたばかりの赤子が焼死した。一人残された夫はそこを引き払ったが、次に引っ越してきた人も原因不明の焼死を遂げた。実はこの家は火の精霊の呪いがかかっていたのだという。

マイバースデイ編集部編『わたしのまわりの怪奇現象１０００』に載る。

人喰いおばさん［ひとくいおばさん］

ある学校の旧校舎に出現するという怪異。

マイバースデイ編集部編『わたしの学校の七不思議』に載る。また同著者の『心霊体験大百科』では青森県の中学校の話とされている。

他にも学校の怪談編集委員会編『学校の怪談大事典』に同名の怪異が載り、古いトイレに出るという老婆の怪とされている。名前から考えるに、人を取って喰《く》ってしまう中年女性の怪異だろうか。

人喰い雛人形［ひとくいひなにんぎょう］

人形にまつわる怪異。ある貧乏な夫婦が娘のためにひな人形を買った。しかしそのひな人形を飾っておいたところ、毎朝なぜか口元に血がついている。おかしいと思った両親が隠れて人形を見張っていると、夜、人形がひとりでに歩いて家の外に出て、人を喰《く》い殺していた。そのため父親が人形の顔を斧《おの》で殴り付けると、「吉徳大公《よしとくたいこう》のひな人形は、顔が命です」と言って死んでしまったという。

渡辺節子他編著『夢で田中にふりむくな』に載る。筆者命名。吉徳大公とは東京に実在する日本人形屋の老舗《しにせ》「吉徳大光」のことと思われ、実際に「吉徳大光の人形は顔がいのち」というフレーズも使われている。この人形が人を食い殺す理由は語られていないが、貧乏な夫婦がこのような高級ひな人形を買うことができるほど安く売られていたのには、やはり理由があって……、という話なのかもしれない。

人喰いランドセル［ひとくいらんどせる］

ランドセルにまつわる怪異。ある少女が下校途中、トンネルの中で知らない男に「ランドセルをあげよう」と言われ、新品のランドセルをもらった。そこで少女は家に帰って早速ランドセルを開けてみると、突然そのランドセルに吸い込まれてしまったという。

常光徹著『学校の怪談8』に、神奈川県からの投稿として載る。この怪異についてはテレビアニメ『学校のコワイうわさ花子さんがきた!!」第一八話「人食《く》いランドセル」において、同様に不審な男から受け取ったランドセルが少女を食らう話が描かれているため、これが元になっている可能性が高い。

一声呼び［ひとこえよび］

人の名前を一度だけ呼ぶという怪異で、それに返事をしてしまうと不幸なことが起きるという。

常光徹著『学校の怪談A』に載る。もともと一声呼びは岐阜県で語られていた妖怪で、特定の存在を指すのではなく山中の妖怪が人間を呼びかける現象を言ったようだ。また妖怪が人の名前を呼ぶときは必ず一度しか呼ばないので、人が人を呼ぶときは必ず二回以上呼ぶという対処法が伝わっていた。

一つ目小僧［ひとつめこぞう］

精神科医かつ作家であった斎藤茂太氏が七歳の頃、箱根《はこね》の強羅《ごうら》の別荘に赴いた際、野原を歩いていると一人の人間とすれ違った。そこで挨拶を交《か》わしてよく見ると、その人間と思った者は一つ目小僧であったという。

平野威馬雄《いまお》著『日本怪奇物語』に載る。

一つ目さん［ひとつめさん］

家に現れたという怪異。ある少女が昼寝をしていてふと目を覚ましたところ、巨大な一つ目玉を持ったおじさんが少女を覗《のぞ》き込《こ》んでいた。その眼球の大きさは顔の半分以上を占めるほどで、鼻はなかったという。

水木しげる著『妖怪目撃画談』に載る。初出は角川書店『怪』第弐号。

ひとみさん［ひとみさん］

ある学校のトイレの三番目のドアを二回開け閉めすると、ドアが開かなくなってしまう。これはひとみさんという怪異が押さえているからなのだという。

学校の怪談編集委員会編『学校の怪談11』に、埼玉県深谷《ふかや》市《し》からの投稿として載る。

ひとりかくれんぼ［ひとりかくれんぼ］

インターネット上に伝わる怪異で、降霊術の一つ。方法はまず名前をつけたぬいぐるみを用意し、綿などの詰め物をすべて取り出してその代わりに米と自分の爪を入れ、再び縫い合わせる。その際余った糸はある程度ぬいぐるみに巻き付けてから結ぶ。そしてあらかじめ隠れ場所を決めておき、そこにコップなどの容器にいれた塩水を用意しておく。

　それから午前三時になったら以下の通り行動する。ぬいぐるみに対して「最初の鬼は《自分の名前》だから」と三回言い、浴室に行き、水を張った風呂桶《ふろおけ》、または浴槽にぬいぐるみを入れる。次に家中の明かりを消してテレビのみ電源を入れ、目を瞑《つぶ》って一〇秒数えてから包丁などの刃物を持って風呂場に行き、「《ぬいぐるみの名前》見つけた」と言って刺す。そして「次は《ぬいぐるみの名前》が鬼」と言い、自分は塩水のある隠れ場所に隠れる。この場合は塩水を隠れ場所に準備するのではなく、ぬいぐるみを刺した直後に塩水を手に持って隠れ場所に赴くとされることもある。

　その後、塩水を口に含み、ぬいぐるみを探し出して残りの塩水、口に含んだ塩水を順にかけ、「私の勝ち」と三回宣言することで終了となる。一度はじめた場合、必ず二時間以内にこの順序で儀式を終了しなければならなず、使用したぬいぐるみは燃やす形で処分しなければならないという。またこれを行っている最中に奇妙な物音がする、ぬいぐるみの位置が勝手に変わっている、などの怪奇現象が起きることもあるようだ。

　別称を「ひとりおにごっこ」とも言う。二〇〇六年四月頃に2ちゃんねるオカルト板で方法が紹介されたとされることが多いが、確認できた最古のものは二〇〇七年四月一八日に立てられたスレッド「【降霊】検証実況スレ本館【交霊】」であった。また実際にそれが行われた記録があるのは同スレッドの四月二一日における書き込みである。ただしこの時点で儀式の一つとして「一人隠れんぼ」が数えられているため、ネット上に書き込まれたかどうかは別にしてもそれ以前から存在は確認されていた可能性はある。

　このスレッドで紹介されて以降その様子を実況することが流行し、さまざまな体験談が語られるようになった。また一人と言いつつ、このかくれんぼには多人数版も存在し、その場合は基本的な手順は変わらないものの参加者全員に鬼の役が回るようにかくれんぼし、ぬいぐるみを最後の鬼として直前に鬼となった人物が手順を進めることになるという。また他にぬいぐるみを五体使って行うより強力な降霊術も存在するようだ。

人を食う鏡［ひとをくうかがみ］

　ある夫婦が新婚旅行に行った際、欧州の骨董屋《こっとうや》で手に入れたという鏡にまつわる怪異。新婦は旅行の後その鏡を寝室に置いていたが、ある夜鏡が青白く光りだし、新婦がそれに気が付くと中から手が出てきて彼女を鏡の中に引《ひ》き摺《ず》り込《こ》んだという。その鏡は売られたが、その後もこの鏡を買った家では人が次々と消えているらしい。

　不思議な世界を考える会編『怪異百物語4』に載る。

人を喰う壺［ひとをくうつぼ］

　ある小学校の体育館に存在するという壺

にまつわる怪異。それは子ども一人が入れるぐらいの大きさだが、ある少女がかくれんぼの際にその壺に隠れたところ、翌日骨となって見つかったという。

マイバースデイ編集部編『わたしのまわりの怪奇現象1000』に載る。

人を吸い込む木［ひとをすいこむき］

ある学校に植えられた大木にまつわる怪異。その木の側で事件があって一人の少女が死亡した。それからその木には人が入ることができるほどの大きな穴が空き、夜にその木の側を通るとその人間を呼び止める声がして、木に近づいてしまうと穴に吸い込まれて消えてしまうようになったという。

不思議な世界を考える会編『怪異百物語8』に載る。

譬娜譌爬…駅［ひなかは…えき］

横浜市営地下鉄のブルーラインに現れた駅の怪異。東急線の終点として存在していたとされ、その作りは真っ白なトンネル状の駅舎で天窓が設置されているというもの。また駅名は「譬娜譌爬…」という形で、旧漢字などの羅列であったという。

駅にはエスカレーターが存在し、それに乗るとまだ構内であるはずなのに外へ出てしまうとされる。外の景色は普通の世界とは異なっており、空の色は蜜柑色《みかんいろ》で真冬の夕方にも関わらず太陽がさんさんと輝いていたという。この駅に迷い込んだ人間の体験談によれば、そこで一時間ほど途方にくれていると近所のおばさんといった様相の人物に、また地下鉄に乗るように指示されその通りにしたところ、元の世界に戻り、空はきちんと夜になっていて、電車は次に中田駅《なかだえき》に停車したと語られている。

2ちゃんねるオカルト板の「ほんのりと怖い話スレ　その92」スレッドに、二〇一三年三月七日に書き込まれた**異界駅**。

火の玉［ひのたま］

古くから伝わる空中を飛ぶ怪火《かいか》にまつわる怪異のこと。現代でも目撃談はよく語られており、その多くは死の直後、または直前に人間の体から遊離する魂のことだと考えられ、自分の死を親しい人間に知らせに行くなど人魂《ひとだま》と同一視されていることも多いが、稀《まれ》に正体不明の火の玉や火の玉そのものの怪異も存在する。

日本では『万葉集《まんようしゅう》』の時代から語られている歴史の古い怪異。現代では**霊感**のある人間が見やすいなどといったことが語られることもあり、その色は青、赤、黄、緑などさまざまに語られる。またこの正体を科学によって解明しようという動きも多く、土葬された死体から抜け出したリンが雨水と反応して発光したもの、空中に生じたプラズマであるなどの説がよく語られている。

ヒモジイ様［ひもじいさま］

兵庫県の小学校に伝わる怪異。その学校の遠足で学校付近の峠に行った際のこと、一人の男子児童が突然お腹《なか》を抱え、しゃがみ込んでしまった。そこで教師がどうしたのかと尋ねると、彼は直前に昼食をとったにもかかわらず急激な空腹を訴えたため、他の児童たちを集めておにぎり五個、それに菓子類を分けてもらい、この男子児童に食べさせた。

男子児童は五個のおにぎりをぺろりと平らげ、さらに菓子類を口に放り込んでやっと一息をつき、それで動けるようになったが、その様子を見ていた一人の老人が彼らにこんな話を教えてくれた。

それによれば男子児童が急に空腹で動けなくなったのは、ヒモジイ様という妖怪が憑《つ》いたからなのだという。この妖怪に憑かれた人間は急に空腹感に襲われ、一歩も動けなくなってしまう。そんなときは手のひらに米の字を書くと助かると伝わっているのだという。

それからその小学校では、遠足でその峠に行く際には急に空腹になったら手のひらに米の字を書くようにと半ば冗談交《ま》じりに教えられるようになったのだそうだ。

学校の怪談研究会編『日本全国縦断　学校のこわい話』に載る。ヒモジイ様という妖怪は古くから伝わっており、村上健司編著『妖怪事典』によれば山口県周防大島《すおうおおしま》の源明峠《げんめいとうげ》で語られていたという妖怪で、この峠の頂上付近でこれに憑かれるとたちまち腹が減って動けなくなってしまうが、一口分でも握り飯を食うと動けるようになるとされる。また手のひらに米を書くという対処法は「餓鬼憑《がきつ》き」や「ヒダル神《がみ》」といった人に憑いて急激に空腹にさせる妖怪への対処法として伝わっている話でもある。

一〇〇円のビデオ［ひゃくえんのびでお］

ビデオテープにまつわる怪異。ある男性が旅行先のビデオ店で一〇〇円のビデオを買った。そのビデオはラベルに「鋸《のこぎり》」と書かれているのみで内容がわからなかったため、男性は家でそのビデオを再生してみることにした。しかしテレビに映ったのは一人の男が髪を振り乱し、手に鋸を握って走る映像で、見続けていても男がどこかを目指して走り続ける様子が流れるだけだった。

しかししばらく見ている内に男性はなぜか男が走る背後に自分が見知った景色が混じるようになったことに気付く。やがて男が走っているのは男性の家の近所の景色となり、ビデオを再生して二〇分ほど経《た》った頃、鋸を握った若い男は男性の家の玄関で立ち止まり、手に持った鋸でその玄関の柱を切り始めた。男性は顔色を変えて立ち上がり、窓を開けて外を見るとあの若い男が本当に玄関の柱を鋸で切っている。男性が上から怒鳴《どな》りつけても一向にその手を止めようとしない。そこで男性があのビデオの再生スイッチを切ったところ、鋸の音が止《や》み、あの鋸男の姿も消えていたという。

常光徹著『学校の怪談5』に載る。後に出版された同シリーズの傑作選『学校の怪談 百円のビデオ』でもタイトルに採用されている。

一〇〇円ばばあ ［ひゃくえんばばあ］

関西に現れる老婆の怪異。ある国道と県道の境には一台の自動販売機があり、ここでジュースを買おうとするといつの間にか隣に老婆が立っている。老婆は自販機を使おうとしている人間の手をじっと見つめ、唐突に「それはわしの一〇〇円じゃないかね」と問う。何度否定してもこの問いを繰り返すため、一〇〇円を渡すとその老婆の姿は消えてしまうという。この怪異の正体は昔、一〇〇円を握って買い物に出かけ、その自販機がある交差点で車にひかれて死亡した老婆なのだそうだ。

渡辺節子他編著『夢で田中にふりむくな』に載る。不思議な世界を考える会編『怪異百物語3』では出現する場所が大阪府の国道と県道との交差点近くの道路脇、とより詳しく特定されている。またポプラ社編集部編『映画「学校の怪談」によせられたこわーいうわさ』には、東京都からの投稿として「百円ばぁ〜さん」という名前の怪が載り、それによれば夜中一人で歩いていると「一〇〇円くれ〜」とせがむ老婆が出現するという。ちなみにこの老婆にせがまれると逃げられないらしい。

一二〇キロババア ［ひゃくにじっきろばばあ］

学校の廊下にいて、忘れ物を取りに教室に戻ってこようとすると出現する怪異。

学校の怪談編集委員会編『学校の怪談16』に、福岡県北九州《きたきゅうしゅう》市《し》からの投稿として載る。一二〇キロは速度か重量なのか不明。ただ不思議な世界を考える会編『怪異百物語6』では高速道路を時速一二〇キロで走行する車を自身の足で走って追い越していく老婆の怪が紹介されている。

一〇〇メートル婆 ［ひゃくめーとるばばあ］

渋谷に現れ、厚底ブーツの女子高生を狙うという老婆の怪異。上半身のみの老婆の姿をしており、一〇〇メートルの直線距離に現れて両手を足代わりにして追ってくるが、スピードはそれほど速くはなく、それ故に走り辛《づら》い厚底ブーツの女子高生を狙うのだと思われる。また追い付くとその人間を食ってしまうという。

怪奇実話収集委員会編『オンナのコたちが語り伝える恐怖のホラー怪談』に載る。また同名の怪異が山口敏太郎著『ホントにあった呪いの都市伝説』にあり、同書によれば別名を「徒競走婆」といい、渋谷で厚底ブーツを履いている女子高生に突然一〇〇メートル競走を挑み、追い付くと頭からかぶりついてくるとされる。

一〇〇キロジジイ［ひゃっきろじじい］

老爺《ろうや》の姿をした怪異。一人の男性が車を運転していると、歩道をお爺《じい》さんが歩いていた。男性は気にせず、そのまま進んでトンネルの中を走っていると突然横に先程のお爺さんが現れ、一〇〇キロ近い速度で走る車と並走していた。

久保孝夫編『女子高生が語る不思議な話』に載る。

一〇〇キロで走る車と並走する自転車に乗ったまじめなサラリーマン風おじさん［ひゃっきろではしるくるまとへいそうするじてんしゃにのったまじめなさらりーまんふうおじさん］

名前の通りの怪異である。

渡辺節子他編著『夢で田中にふりむくな』に紹介されている怪異。異様に長い名前でほぼその存在を説明してしまっているが、元資料ではこれで一つの名前とされている。またこの類例、同種と思《おぼ》しき怪異は多く、学校の怪談編集委員会編『学校の怪談大事典』には、山梨県の中央自動車道笹《ささ》子《ご》トンネルにて、スーツを着た全身血だらけの銀行員風のおじさんが自転車で時速一二〇キロで走る自動車と並んで走っていたという怪異が載っており、並木伸一郎著『最強の都市伝説』には、自転車で高速道路を走るサラリーマンというものが載っている。また宇佐和通《うさわつう》著『THE都市伝説』では「高速リーマン」という名前で高速道路に自転車で現れるスーツ姿の男性の怪異が載る。この高速リーマンは肉眼では見えず監視カメラの映像でしか確認されていないが、高速道路で自動車と並走するほどのスピードで走るにも関わらず一切服装や髪が乱れないという。

一〇〇キロババア［ひゃっきろばばあ］

時速一〇〇キロの速度を出して走る車の横を車より速く走り抜けていくという怪異。

学校の怪談編集委員会編『学校の怪談大事典』に載る老婆の怪。他にも不思議な世界を考える会編『怪異百物語3』には、北海道の摩周湖《ましゅうこ》周辺を夜一二時過ぎに車で走っていると出現し、時速一〇〇キロ以上を出さないと逃げ切れず、追い付かれると事故を起こしてしまう怪異として紹介されている。またこの話では老婆は摩周湖のマリモをぶつけることで撃退できるという。

マイバースデイ編集部編『わたしのまわりの怪奇現象1000』では顔が老婆、足が馬の怪異として紹介されているが、胴体はどうなっているのか不明。

常光徹他編著『走るお婆さん』には、神奈川県の大学生から報告された話として、北海道の支笏湖《しこつこ》に通じる峠道を深夜走っていると、四《よ》つん這《ば》いで走る、「百キロばあちゃん」と呼ばれる老婆が追ってくる。峠の先にあるトンネルまでこの老婆に老い抜かれなければ何事もないが、追い抜かれると事故を起こして死んでしまうという話が載る。

憑依霊［ひょういれい］

心霊にまつわる怪異。人間に取り憑く有害無益な霊の総称。

元々は心霊主義、心霊科学で使われていた用語で、板谷樹他著『霊魂の世界―心霊科学入門―』によれば人間に取り憑く有害無益な人霊、**自然霊**、**動物霊**を指すとされる。

ヒヨコの化け物［ひよこのばけもの］

ある小学校の校庭に出現する巨大なヒヨコの怪異。その校庭の真ん中に大きなクスノキがあり、夜中の一二時になるとクスノキと同じ大きさのヒヨコが現れ、木の周りを走り回るという。

不思議な世界を考える会編『怪異百物語10』に載る。

ピョンピョンババァ［ぴょんぴょんばばぁ］

ある愛知県の山道に出現するという怪異。小刻みに跳びながら車を追いかけ、この怪異に追い付かれると呪われて死亡する。この怪異は元はオートバイでこの山道を走っているときに自動車にはねられて死亡した女性なのだという。

ポプラ社編集部編『映画「学校の怪談」によせられたこわーいうわさ』に載る。愛知県春日井《かすがい》市《し》から投稿された事例。

避雷針の幽霊［ひらいしんのゆうれい］

三重県のある小学校に伝わる七不思議のうちの一つに現れる怪異。雷が鳴る夜、学校の屋上の避雷針に突き刺さった幽霊が現れるという。

実業之日本社編『都市伝説&怪談ＤＸ』に載る。筆者命名。

ヒラノ［ひらの］

隙間から出現するという怪異。あらゆる隙間から人間を覗《のぞ》き、襲いかかって人間を殺してしまうという。

ＴＢＳのテレビ番組「ＵＳＯ⁉ジャパン」の公式ホームページの掲示板に二〇〇一年六月二〇日に書き込まれた怪異。

ピラピラさん［ぴらぴらさん］

九月二日に現れるという謎の怪異。

常光徹編著『みんなの学校の怪談　赤本』に、埼玉県からの投稿として載る。出現するという情報しかないため、それ以上のことは不明。

ひるが駅［ひるがえき］

駅にまつわる怪異。ある女性が電車に乗っていたところ、いつもの停車駅を過ぎてしまったのか、いつの間にか辺りが見たことのない景色に染まっていた。そこで「次で降りて引き返すか」と独り言を言っていると、隣に座っていたスーツ姿の若い男性が「次で降りちゃダメだよ」と言う。それを無視して次に到着した「ひるが駅」または「ひらが駅」と書かれていた駅で降りようとしたところ、スーツの男性がその女性の腕を摑《つか》み、「降りちゃダメって言ってるでしょ」と言って引き留め、電車はそのまま発車してしまったが、男性は「さっき降りてたら戻ってこられなかったよ。次が君の降りる駅だから」と言い、実際にその次にいつも降りる駅が現れたという。それ以降も女性はそのスーツの男性を見かけたというが、それからその不可思議な駅に行くことはなかったとされる。

インターネット上で語られた**異界駅**の一つで、「降りるなの駅」と呼ばれることもある。2ちゃんねるオカルト板の「なんか笑える霊体験　外伝4」スレッドにて、二〇一三年二月二八日に語られたものが初出。

ひろしまの幽霊〔ひろしまのゆうれい〕

夜中に一人で寝ていると現れることがあるという怪異で、原爆で体が半分溶けた幽霊が眠っている人間を起こしにくる。幽霊は以下のような質問をしてくる。最初の質問は「ここどこ?」で、これには「カシマ」と答えればよい。次の質問は「あんたどっからきたん?」で、これには「ホッキャーロ」と答える。これは北海道の意味だが、このように言わねばならない。三つ目の質問は「あんた足ある?」で、これには「ない」と答える。そして最後の質問は「今ひま?」で、これには「忙しい」と答えなければならない。もし一文字でも間違ったらどこかに連れていかれて二度と帰ってこられないという。

松山ひろし著『カシマさんを追う』に、一九七二年頃大阪府で語られていたと記録される。

ひろちゃん〔ひろちゃん〕

交通事故で亡《な》くなった幼い少年の霊とされる怪異。生前電車が好きだったためか、いろいろな電車に現れては「次は、なんていう駅ですか?」と乗客に聞いて回るのだそうだ。

マイバースデイ編集部編『わたしのまわりの怪奇現象1000』に載る。

【ふ】

ファミコンの怪［ふぁみこんのかい］

深夜二時にファミコンをしているとテレビから血が流れてきて、画面に青い顔をした女性が映ることがあるという怪異。この女性は「あなたは今から寝ると朝になったらギタギタに切り裂かれて死ぬ」と言い、それを目撃するとコントローラーを握った手が血だらけになっているとされる。またこの女性の言った通り寝てしまうと、その人間は朝には切り裂かれて死んでいるという。

ポプラ社編集部編『映画「学校の怪談」によせられたこわーいうわさ』に、福岡県福岡市からの投稿として載る。ファミコンとは任天堂が一九八三年に発売した家庭用ゲーム機「ファミリーコンピュータ」の略称。他に常光徹編著『みんなの学校の怪談　緑本』にもファミコンにまつわる怪異が東京都からの投稿として載せられており、それによれば土、日曜日に三〇分以上ファミコンをやっているとゲームの世界に連れ去られて三〇分間戻ることができなくなるという。ただこれは子どもの親がしつけのために使った方便の可能性も高い。また同書には二人の少女が一緒にファミコンをする約束をしていて、そのうちの一人がそのためにもう一人の少女の家へ遊びに行く途中事故に遭《あ》い、ファミコンの画面を通して「さ・よ・な・ら」と別れを告げたという話も載る。

他に花子さん研究会編『トイレの花子さん2』には、神奈川県の小学生からの投稿として「恐怖のファミコンソフト」という体験談が載せられており、そこでは中古ソフト屋の主に売ってもらったパッケージが空白のファミコンソフトをプレイしていた子どもが急に倒れ、画面に「ミガワリニナッテクレテアリガトウ」という文字が表示された、とされている。

フィンガーさん［ふぃんがーさん］

ある男性が少年の頃に出会ったという怪異。見た目は真っ白な成人女性の一本の指、という姿をしており、芋虫のように床を這《は》って歩いたり、飛び跳ねたりという動きをする。またその移動方法のためか爪部分は割れて汚れが詰まっていたという描写もある。

この怪異について語られた話によれば言葉を発することはできないが指を曲げて相手と意思疎通することはでき、また相手に飛びついて引《ひ》っ掻《か》くという行動もとったという。そして、家の中にある一つの部屋からなかなか出ることができないという特性を持っていたようだ。

その正体はかつてある家で人工的に作られた怨霊《おんりょう》で、それを祀《まつ》ることで家を繁盛《はんじょう》させるために生み出されたものだった。その怨霊を閉じ込める部屋はワラズマと呼ばれ、その部屋こそがフィンガーさんの出現した部屋だったという。ワラズマは「割らず間」と「童間」の意とされ、怨霊と部屋の一組でワラズマという神様と呼び習わして崇《あが》めるものとされる。またこのワラズマの作り方にも法則があり、必ず仏間の隣に作る、四方を廊下で囲み、人の通行を制限してはならない、客人にはその部屋の廊下の周りを歩いてもらうことが推奨されるが、ワラズマのことは家の者以外に話してはならない、部屋の出入り口は二つないし三つ作らねばならないという決まりがある。しかしワラズマは人が入った時点で中の怨霊が外に飛び出し術が途切れるという問題があり、さらに部屋を開けたものはすぐに死亡し、またその家も落ちぶれていくと伝わっている。

ただしこのフィンガーさんが祀られていた部屋はかなり手練《てだれ》の人間が作ったワラズマで、部屋に出入り口をなくし、さらに普通ならば一代から二代で途切れてしまう効果を何代も継続させるほどのものであったという。しかしそのワラズマにも寿命が近づいており、それが出入り口がないはずの部屋に男性が入ることができた理由だとされる。またこのフィンガーさんと名付けられた怨霊は少年のことを気に入ったようで、爪で引っ掻いたのは「何があってもこいつだけは祟《たた》らない」という目印で、少年がワラズマを開けたにも関わらず成人して以降も生きているのはそれが要因という。

2ちゃんねるオカルト板の「死ぬ程洒《しゃ》落《れ》にならない怖い話を集めてみない？288」スレッドに、二〇一二年一月一四日に書き込まれた怪異。

風化じいさん［ふうかじいさん］

筑波大学の一《いち》の矢《や》宿舎の二人部屋には、衣類も肉体もぼろぼろに朽ち果てた「風化じいさん」と呼ばれる老人の幽霊が現れる。この幽霊はいつも風化しかけた古文書を読んでいるのだという。

筑波大学にまつわる都市伝説の一つ。大学が発行する「筑波学生新聞」一九八六年六月一〇日号に記録されているのが見える。また並木伸一郎著『最強の都市伝説3』ではこの怪異が「風化老人」と名付けられている。他に学校の怪談研究会編『日本全国縦断　学校のこわい話』には、人に見つかると老人と古文書は埃《ほこり》のようにさらさらと消えてなくなってしまうとされている。

風神［ふうじん］

学校に現れるという怪異。四月四日午後四時四四分に体育館の中央に寝ころび、息を吐き出すとそれは白いもやとなって天井に昇っていき、天井に届いた瞬間大風となって跳ね返ってくる。それは起き上がれないほどの突風だが、しばらくすれば収まる。そのときに天井を見ると雲に乗った風神が笑いながら飛び去っていく姿が見えるという。

常光徹著『学校の怪談9』に載る。風神とはその名の通り風を司《つかさど》る神で、古くは日本神話の時代から語られているが、この風神は雲に乗っているという描写から見て風神雷神図に描かれる風神に近いと思われる。この図では風袋《ふうたい》から風を噴き出す風神の姿と太鼓を叩《たた》いて雷を起こす雷神が対になって描かれるが、この怪談では雷神は出てこないようだ。

ブーメランばばあ［ぶーめらんばばあ］

北陸地方に現れるという老婆の怪異。交通事故で死亡した老婆の霊がブーメランのように回転しながら空を飛び回るのだという。

山口敏太郎著『日本の現代妖怪図鑑』に載る。

プールのジョー［ぷーるのじょー］

ある学校のプールの、飛び込み台の下の最も水深が深くなる部分、そのプールの底にジョーという怪異はいる。見た目はコンクリートでできたプールの底が西洋人の顔の形に盛り上がっているというものだが、人が近づくとその眼《め》が開き、顔の左右から腕が伸びてきてその人間を引《ひ》き摺《ず》り込《こ》もうとするという。

怪談実話収集委員会編『オンナのコたちが語り伝える恐怖のホラー怪談』に載る。

プールの人魚［ぷーるのにんぎょ］

ある学校に現れるという怪異で、その学校では夜中、プールで人魚が水浴びをするという。

マイバースデイ編集部編『音楽室に幽霊がいる！』に載る。

プールの化け物［ぷーるのばけもの］

ある中学校のプールの底に出現するという怪異。腐った髪の毛の塊のようなブヨブヨとした黒く丸い物体で、水中に人間を引き込もうとするという。

花子さん研究会編『帰ってきたトイレの花子さん』に載る。この話の中では、そのプールがあるところがかつて救急病院の解剖室であったため、死にきれなかった**幽霊**がその正体ではないかと考察されている。

プールババア［ぷーるばばあ］

ある小学校に出現するという老婆の怪異。その名の通り主に学校のプールに出没し、プールの底に潜《ひそ》んで児童の足を引っ張ったり飛び込みをした児童を脅《おど》かしたりするという。また夜になるとプールサイドを走り回る、体育館まで子どもを追いかけてくるなどという噂《うわさ》もあるようだ。

花子さん研究会『トイレの花子さん』に、岡山県の小学生からの投稿として載る。またマイバースデイ編集部編『音楽室に幽霊がいる！』では、東京都からの投稿として、ある学校で夜中プールに行くと第六コースまでしかないはずのプールに第七コースが増えており、その第七コースで着物姿の老婆が泳いでいるという怪異が載る。

プール坊主［ぷーるぼうず］

雨の日にある学校のプールに現れ、上半身だけを水中から出して恨めしげな顔で手招きするという怪異。またこの坊主《ぼうず》が現れた次の日、プールで溺れる人が続出したという話もある。

マイバースデイ編集部編『学校の幽霊100話』に載る。筆者命名。

ブキミちゃん［ぶきみちゃん］

トイレに現れるという怪異。ある学校では、女子トイレの一番奥の個室の前で四回まわり、ドアを六回叩《たた》くとブキミちゃんという幽霊が現れるという。この幽霊はぶくぶくと太ったような姿をしており、口《くち》の端《はじ》から泡のようなものを吹き出し、首のないフランス人形を抱えているとされる。また、このブキミちゃんと出会った女子児童の話では、共にこのトイレに赴いた友人が女子児童を指して「この子の首がいいんじゃないかしら。その人形にとっても似合うわよ」と言ったかと思うと、今度は笑い出して「冗談よ。だって首はもう用意してあるんですもの」と告げ、その直後ブキミちゃんが指さした廊下の奥からその友人とは別の友人の生首が廊下の奥からずるずると向かってきたところで気を失ってしまう。その後いつの間にか家で寝ていた女子児童は、翌日学校であのブキミちゃんと出会った時間帯に、共にブキミちゃんと出会った友人と、生首だけで現れた友人が二人とも事故で即死していたという事実を知ったという。

花子さん研究会編『トイレの花子さん4』にて、広島県の小学生から投稿された事例として紹介されている怪異。この話では四回ではなく三回まわれば**トイレの花子さん**が出現するとされていた。

また同書にはいくつかブキミちゃんにまつわる話が載るため紹介したい。一例目は悪魔的な力を使い、自分が思った通りの現象を引き起こして自分をいじめている女生徒に大怪我《けが》を負わせたり、自分に遊ぼうと言われて「うん」と返事をしてしまうと一年以内に返事をした人間が死ぬという話を語る華子という名前の転校生の少女がおり、その華子は転校前の学校で「ブキミちゃん」と呼ばれていたという話。

二例目は伊刀君子《いぶきみこ》という名前の少女がブキミちゃんというあだ名で呼ばれていたが鎌倉《かまくら》に遠足に行った際に行方不明になり、その後学校の第二校舎のトイレで武士の亡霊に槍《やり》で串刺しにされた伊刀さんが見つかった。それを見た生徒が慌てて逃げたところ、下駄《げた》箱の端で見知らぬ少女が「わたしが本当のブキミちゃんよ」と告げたが、その少女は手首から靴にかけて血に染まっておリ、それとは対照的に顔面は真っ白だったという話が載る。このブキミちゃんと武士の亡霊の関係は不明だが、話の中ではブキミちゃんは**花子さん**の妹だという噂《うわさ》があったことが記されている。

　三例目は北海道の高校生から投稿された事例とされ、かつて事故で死んだブキミちゃんと呼ばれていた少女が使っていた机があり、それを使った人間がブキミちゃんに呪われ次々と不可解な事故を起こして死んでいくという話で、このブキミちゃんという少女は噂では知られているものの実際に生前のブキミちゃんにあった人間はいないと語られている。

　四例目は高知県の中学生から投稿された事例で、ある生徒たちが血が苦手な教師を脅《おど》かそうと体育用具室で赤いペンキを使ったいたずらをしようとしたところ、死体役の生徒が用具室の中で悲鳴を上げたため扉を無理やり開くと、本物の血を頭から流したその生徒の姿と、血で壁に記された「つまらないいたずらをするな！　ブキミちゃん」という字があったという話。

　五例目は人に取り憑《つ》くブキミちゃんの話で、愛知県名古屋市の中学生からの投稿とされる。このブキミちゃんに憑かれた人間は油断しているとブキミちゃんに心身を乗っ取られるとされ、そうなると虫や髪の毛を食べたり、人が血を流すのを見たくなったりするという。またそのために人を事故に遭《あ》わせたり自殺に追い込んだりするようになり、その上二人犠牲者を出すと今度は取り憑かれた人間が死んでしまうとされる。これを逃れるためには「一つの学校には一人のブキミちゃんしかいない」という話を他の学校の生徒に話したり手紙によって伝えるしかなく、そうするとブキミちゃんはその学校に転校して話を知った人間に取り憑くため、もともと憑いていた人間から離れるのだという話。

　六例目は香川県の小学生から投稿された話で、このブキミちゃんは学校内を徘徊《はいかい》しており、児童たちに事故を起こさせたり悪事をそそのかしたりする**幽霊**とされる。またその姿形もその時々によって違って見え、時には人に取り憑くこともあるという。またこのブキミちゃんは花子さんの妹であると語られている。

　これに類似した例としてはポプラ社編集部編『映画「学校の怪談」によせられたこわーいうわさ』で、ブキミちゃんはトイレの花子さんの妹とされ、人に乗り移って暴れたり怪我をさせたりする狂暴な幽霊であるという話が語られている。

　また同シリーズの『トイレの花子さん3』では、ブキミちゃんとあだ名をつけられた転校生の少女が病気で長期間学校を休んだ際、彼女の生霊《いきりょう》が彼女をいじめていた生徒の前に現れたという話が載る。

　この他にも交通事故で死んだ意地の悪い少女の霊が夢に現れ、なくしたハーモニカを取りに行けと複雑な道順を教え、間違えると夢から二度と出られなくなるという怪談が語られることがあるが、これは恐らく真倉翔原作・岡野剛作画の漫画『地獄先生ぬ～べ～』の一二九話「ブキミちゃんの巻」が元になっていると思われる。**そうぶんぜ**や**ソウシナハノコ**のように夢の中で道順を辿《たど》って何かを探し出す話は古くからあるが、それらの怪談の要素とブキミちゃんが組み合わされたものが『ぬ～べ～』において描かれたブキミちゃんなのだろう。

不幸の手紙［ふこうのてがみ］

チェーンメールにまつわる怪異。一定の期間内に不特定多数の人物に同内容の手紙を送らなければ、何らかの不幸が訪れるという旨《むね》の文章が書かれた手紙のこと。その内容のため、鼠算《ねずみざん》式に数が増えていく可能性がある。

携帯電話やパソコンが普及する前に主流であったチェーンメール（もしくはチェーンレター）の一つ。丸山泰明の論文「『幸運の手紙』についての一考察」によれば、一九七〇年の秋頃から世に現れ始めたとある。また松山ひろし著『カシマさんを追う』によれば一九六九年頃に九州で広がり始め、一年程の時間をかけて大阪、名古屋、東京まで進出してきたという。流布《るふ》し始めてからしばらくは手で書き写して特定の人数に回さねばならなかったが、後にコピーやファクスを利用して回すものも登場した。また手書き時代には不幸の字がくっつき、**棒の手紙**という新たなチェーンメールを生み出したこともある。

一定期日内に○○人の人間に伝えなければ不幸が訪れるという内容は、**カシマさん**や**テケテケ**、**サッちゃん**などの噂《うわさ》を広めなければ自分に不幸が訪れるとする系統の怪異にも影響を与えている。ちなみに実際に行うと犯罪となる可能性があるため、興味本位で行うようなものではない。

藤迫駅［ふじはくえき］

東京メトロの東西線《とうざいせん》、中野行きの地下鉄に繋《つな》がったという駅の怪異。西葛西駅《にしかさいえき》と南《みなみ》砂町《すなまち》の間に現れた、あるはずのない駅だという。景色としては普通の地上駅で特に危険性はないようだが、その駅周辺に近づくと音楽プレイヤーの音が聞こえなくなるという怪現象が起きたという。

二〇一四年一〇月一二日、2ちゃんねるオカルト板の「不可解な体験、謎な話～ｅｎｉｇｍａ～Ｐａｒｔ94」スレッドにて語られた**異界駅**。雰囲気にも特別なところはなく、電車から出ずにそのまま乗っていれば元の世界に戻ることができると思われる。またこの怪異の読み仮名については、筆者が便宜的にあてただけであり、正しい読み方は前述のスレッド内では語られていない。

ふた口女［ふたくちおんな］

髪が長い女の姿をした怪異で、夕方五時になると校門の前を歩き、通りかかった小学生に「わたし、きれい？」と尋ねる。それに対して「ブス」と答えると頭の後ろについている巨大な口で食い殺され、逆に「きれい」と答えると「これでもか！」と叫んで後頭部の口を見せる。これに驚いて逃げると猛スピードのがに股で追いかけてくるが、捕まっても「リキッド」と三回唱えるといなくなるという。

不思議な世界を考える会編『怪異百物語1』に載る。**口裂け女**に似ているが、口が裂けているのではなく後頭部にも口が存在している点が異なる。また撃退呪文である「リキッド」は口裂け女の弱点でゼリー状の整髪料であるポマードに対し、液状の整髪料であるヘアリキッドを指しているのではないかと考えられる。

また「二口女」という妖怪は一八四一年に書かれた『絵本百物語《えほんひゃくものがたり》』という書物に、継子《ままこ》を殺した女の後頭部にできた傷が次第に人間の口のようになり、恨み言を言ったりものを食ったりするようになったものとして書かれているが、この現代怪異との関連性は後頭部の口以外には薄い。人を追いかけ、場合によってはその口で人を食ってしまうという点では食わず女房《にょうぼう》などの昔話に見られる山姥《やまんば》や蜘蛛《くも》が化けた後頭部に口がある怪物に近い。この妖怪も二口女と呼ばれることがある。

二面女 ［ふたつらおんな］

女の姿をした怪異。ある少女がお化けが出ると評判の屋敷《やしき》に一人で出かけていった。近づくとその屋敷は光を放っており、中に入るときれいな女性がいた。女性は少女に「あなた勇気があるのねぇ」と言い、「もしわたしがお化けだったらどうする？」と尋ねた。少女が「あなたみたいにきれいな人だったら怖くない」と答えると、女性は後ろを向いて、後頭部の髪を分けて見せた。するとそこにはもう一つの顔が存在していたという。

常光徹編著『みんなの学校の怪談　緑本』に、奈良県からの投稿として載る。筆者命名。

布団の怪 ［ふとんのかい］

一九四六年頃の東京都江東区《こうとうく》に現れたという怪異。終戦後の物資のない頃にある男性が古い布団を買ってきてそれを被《かぶ》って寝ていると、午前二、三時頃に必ず胸が締め付けられうなされるという怪異に遭《あ》った。そのため布団のがわを剝《は》がしてみると、綿にびっしりと血がついている。驚いて男性が警察に届け、警察がその布団を売っていた古道具屋を調べたところ、その布団は寝ていた人物が布団の上で殺害された後、がわだけを変えて売られたものであることが判明した。そのため被害者が自分を殺した犯人を見つけてほしいがために毎夜男性を苦しめていたのではないかと噂《うわさ》されたという。

松谷みよ子著『現代民話考5』に載る。同書には他にも二つの布団の怪にまつわる話が載っている。一つは東京都町田市《まちだし》の話で、葬儀の際に遺体を寝かせた布団を中古で買ったところ、毎夜寝る度に布団の上から何かが乗っているような気がするという日々が続き、最後には悲しげな女性の声が聞こえてきて目を開くと、目の前に女性の顔があったというもの。

もう一つは沖縄県宮古《みやこ》郡《ぐん》城辺《ぐすくべ》町《ちょう》（現宮《みや》古島市《こじまし》）にて、戦後間もなくの頃、結婚一〇年目にしてやっと授かった子どもの生誕祝いをしていたところその子どもが布団に窒息死させられたという話で、その布団はばたばたと上下に揺れ、棒で叩《たた》きのめしても動きが止まることはなく、さらに鎌で細切れにしてもしばらくはそれぞれの破片が動き続けていたという。また後日この布団を調べてみると、布団の四つ角に人の爪に髪の毛が巻きついたものが見つかり、恐らくこれは墓荒らしによって掘り起こされたもので、悪霊《あくりょう》が乗り移っていたのだろうということになったとされる。

また他にも布団が怪をなす話としては、常光徹著『学校の怪談2』に、群馬県のある中学校に伝わる怪談として以下のような話が載る。その中学校の生徒たちが長野県のある合宿所に宿泊した際、備品の掛布団が「さみしくないかい、さみしくないかい」と呟《つぶや》きながら子どもを締め付けたり、芋虫のように這ったりする話が紹介されている。

ブナガヤ［ぶながや］

赤い毛が全身に生えた子どものような姿をした怪異。主に沖縄県に現れ、川辺でよく目撃されるという。ブナガヤーとも呼ばれる。

小松和彦監修『日本怪異妖怪大事典』によればブナガヤは沖縄県北部で語られる木の精だというが、松谷みよ子著『現代民話考1』では鹿児島県の大島郡《おおしまぐん》でも現れたとの記録がある。戦前から知られている妖怪だが、戦後になっても多くの目撃談が語られている。不思議な世界を考える会編『怪異百物語1』ではブナガヤーが奄美《あまみ》に現れたと言い、大きさは七〇～八〇センチほどで川で漁をするのだという。また同書では戦後間もない頃ブナガヤーが踊っていたのを見たという話も載る。

浮遊霊［ふゆうれい］

心霊にまつわる怪異。死後現世に留まり、当てもなく彷徨《さまよ》っている霊のこと。無害な霊も多いが、人に憑依したり直接危害を加えたりする霊もあるとされる。

特定の場所から離れられない**地縛霊**と対になって語られることが多い。日本では一九六〇年代終盤にはすでにこの名前が使われていることが確認できるが、浅野和三郎著『神霊主義』などを読む限りだと元々心霊主義の考え方では地縛霊が地上に縛られる霊全般を指していたと思われるため、浮遊霊は地縛霊が特定の場所に縛られる霊、と意味が変質したことによって、そこから漏れた霊を表す言葉として誕生した可能性がある。

冬の踏切事故伝説［ふゆのふみきりじこでんせつ］

鉄道にまつわる怪異。真冬の北海道で、一人の女子高生が踏切を渡ろうとして列車にひかれるという事故があった。機関士が列車を降りるとその女子高生は胴体の真ん中を車輪にひかれたようで、下半身と上半身に分断された体が雪の上に転がっていた。まだ子どもなのに可哀想《かわいそう》に、そう思いながら死体を見つめていると、上半身の方がぴくりと動いた。機関士が驚いて少女に近づくと、死体と思っていた少女は青ざめた顔で必死に腕を動かし、足のない体を引《ひ》き摺《ず》って機関士の方に這《は》ってきた。機関士は途端に恐ろしくなり、近くの電柱によじ登ったが、女子高生の上半身は腕の力だけで電柱をよじ登ってきた。そしてついに彼女は機関士の背中に縋《すが》りついた。

それからしばらくして、電柱にしがみ付いたまま死亡している機関士と、線路のすぐそばに横たわっている体を分断された女子高生の死体が見つかったという。

轢断《れきだん》された死体は機関士の背中にしがみ付いたまま見つかることもあり、その場合は機関士が発狂しているという話になっていることもある。また機関士が犠牲にならないパターンも存在する。死体が動いた理由としては、北海道の冬の気温が低すぎたことで傷口が凍りついて出血が抑えられたため上半身のみしばらくの間生き長らえたのだとされることが多い。

松山ひろし著『カシマさんを追う』によれば、この踏切事故伝説の後日談として事故があった踏切で下半身のない**幽霊**が現れるという話が語られることもあるという。また実際に、**カシマさん**や**テケテケ**といった下半身を欠損した怪異の誕生譚《たん》としてこの踏切事故伝説が語られることもある。

実際に真冬の北海道の寒さでは、轢断された傷口が瞬時に凍り付くことはないとされるが、一九三五年に東京都の東北本線赤《とうほくほんせんあか》羽駅《ばねえき》にて自殺を図った女性が電車によって足を切断されたものの、車輪によって傷口が潰され出血が抑えられたために四時間生存していたという事故はあったようだ。また北海道を舞台とした例を挙げてみると、松谷みよ子著『現代民話考3』に一九六〇年頃の話として空知郡狩勝峠《そらちぐんかりかちとうげ》にて一人の女子高生が列車事故で胴を真ん中から真っ二つにされ、それからその場所では列車が通ると泣き声が聞こえてきたり、「やめて！」「助けて！」という声がするようになったという怪談が載っている。ただしこの例では女生徒が上半身のみの姿で現れたという話はない。

ブラック花子さん［ぶらっくはなこさん］

トイレの中で転ぶと、黒い服を着たブラック花子さんが現れるという。

マイバースデイ編集部編『心霊体験大百科』に載る。同書にはもう一例この怪異にまつわる話が載り、それによればブラック花子さんは恐ろしい霊で、便器の中に子どもを引《ひ》き摺《ず》り込み、二度と返さないという。

またこのブラック花子さんは便器の中にふざけて足を入れ、四四秒経《た》つと出てくるとされる。

ブランコ小僧 ［ぶらんここぞう］

四月の九がつく日に学校のブランコに乗っていると、レインコートを着たブランコ小僧という怪異が現れて「一緒にブランコに乗ろうよ」と誘ってくる。これに同意すると、ブランコに乗って九回目に揺れた際に、それが前に揺れると消えてしまい、後ろに揺れれば何も起こらないという。

常光徹著『学校の怪談9』に、兵庫県からの投稿として載る。

ブリッジマン ［ぶりっじまん］

ある学校に出現したという怪異。ブリッジしたまま生徒を追いかけてくることが名前の由来らしい。しかしブリッジしたままでは階段を降りられないため、追いかけられたら下階に降りればよいとされるが、稀《まれ》に階段を飛び越えて下りてくることがあるため、その場合は家庭科室と理科室の間に行って、「たすけて、ボッチャマン」と三回言うとかつて学校で自殺した坊ちゃん刈りの少年の霊が現れ、ブリッジマンを倒してくれるのだという。

不思議な世界を考える会編『怪異百物語8』に載る。

ぷるぷるさん ［ぷるぷるさん］

背骨をだらりと垂らした目つきが悪く髭《ひげ》が濃い中年男性の生首の姿をしており、高速で辺りを見回す際に背骨がぷるぷると震えるためぷるぷるさんと呼ばれているらしい。ある中学校の理科室に出現するが、特に生徒に危害を加えたという話はない。

初出は2ちゃんねるオカルト板の「ほんのりと怖い話スレ　その95」スレッドに、二〇一三年六月二五日に書き込まれた話と思われる。そこではその生首の容姿は髭の濃いおじさんの顔で、もともとは学校近くのアパートの角部屋に居ついていた**幽霊**だったのではとの話が載る。

古目玉 ［ふるめだま］

古い寄宿舎に出現する巨大な目玉の姿をした怪異で、夜中、空中に浮かんで天井に沿って動くという。

マイバースデイ編集部編『わたしの学校の七不思議』に載る。

分身様 ［ぶんしんさま］

こっくりさんに似た怪異とされる。ある中学校で生徒たちがこれを行っていたところ、帰ってくださいとお願いしてもNoと返事をしてくるため、何度もお願いしているとやっと帰ってくれた。そのため急いで教室のドアへ向かうとそのガラスの向こう側に帽子を被《かぶ》った骸骨と髪の長い女の骸骨が映り、こちらを見てにやりと笑っていた。

その骸骨がどうやっても消えないため、生徒たちは思い切ってドアを開けて教室を出たところ、翌週学校にやってきたときには骸骨の姿は消えていた。しかし彼らはもうその遊びをしなくなったという。

松谷みよ子著『現代民話考7』には、東京都保谷《ほうや》（現西東京）市立青嵐《せいらん》中学校にて起きた、一九七八年頃の話とされている。また水木しげる著『妖怪目撃画談』にも分身様を行った人間の体験談について載せられており、それによれば分身様は「○○さんの分身様、来てください」と言って呼び出し、十円玉の代わりに赤のボールペンを使って質問に答えてもらう**こっくりさん**に似たものとされている。またこの話によれば、ある日子どもたちがいつものように分身様をやっていた際、分身様から「空を見ろ」「黒くなる」という言葉が告げられたかと思うと本当に真っ黒な雲が空一面を覆い、そして子どもたちの元へ猛スピードで向かってきたという。

また、マーク・矢崎著『キューピッドさんの秘密』によれば、分身さんは好意を持っている相手の気持ちを知るため、その相手の分身を呼び出す占いであると解説されている。

ぶんぶん ［ぶんぶん］

ある中学校やその学校周辺に現れるという怪異で、上半身のみの女性看護師の姿をしているという。

マイバースデイ編集部編『学校の恐怖伝説』に載る。同書によればこの中学校には上半身だけの血まみれの男性の姿をした「てけてけ」（**テケテケ**参照）も現れ、ぶんぶんはその恋人であるとされている。

【へ】

平和な日々に ［へいわなひびに］

一九八五～六年にかけて放送されたティッシュペーパー「クリネックス」のCMにまつわる怪異で、「平和な日々に」はそのCMで使われた楽曲。CMの内容はアカペラの女性の声と赤黒い空間を背景に赤鬼の子どもと女優（松坂慶子）がティッシュペーパーをふわりと空中に浮かせる三〇秒ほどの映像が流れるというもの。実はこのCMは呪われているとの都市伝説があり、制作スタッフが次々と不幸な事故にみまわれ怪我人《けがにん》や病人が続出した、赤鬼役の少年は撮影後に謎の死を遂げた、出演していた女優が精神を病んで芸能界を引退した、CMに使われた曲は呪いの曲であり、「死ね、死ね、みんな一人ずつ呪い殺してやる」という意味を持っている、赤鬼のはずがなぜか青鬼に変わっていてアカペラの声が老婆の声に変わっていることがある、CMを見ただけで呪い殺される、などの恐ろしい噂《うわさ》がまことしやかに囁《ささや》かれ、さらにこの「平和な日々に」という曲を聞いただけで不幸が起きる、この曲は悪魔の唄である、などの噂が流布《るふ》するに至った。

実際には、松坂慶子氏は現在も女優として活躍中であり、芸能界を引退したという事実はなく、赤鬼役の少年が死亡したという事実も見つかっていない。もちろんスタッフも無事である。

またこの歌はイギリスの音楽グループ「ジェーン&バートン」が一九八三年に発表した「It's a fine day」という曲で、「平和な日々に」と訳されたタイトルからも想像できるように特に怖い内容の歌詞ではない。ちなみにこの商品のCMには「赤鬼編」の他に「天使編」というものもあり、こちらも結構不気味だが見たところで特に問題はない。

平和の女神［へいわのめがみ］

ある校庭に建てられた「平和の女神」の像にまつわる怪異。その像は美しい女性を象《かたど》っており、右手を肩の辺りまで上げたその掌《てのひら》には数匹の蝶《ちょう》がとまっているという姿をしている。そして満月の夜になると、蝶が掌からひらひらと飛び出し、青い月光に包まれて女神の周りを飛ぶという。逆に月光がまったく差さない闇夜には女神の像が動き始め、歩く度に目がきらきらと輝くのだと噂《うわさ》されている。

常光徹著『学校の怪談2』などに載る。

ベートーベンの怪［べーとーべんのかい］

全国の学校で語られる怪異。夜中に音楽室を訪れると、壁に飾られているベートーベンの肖像画の目が光るなどという。

全国の学校に伝わる怪談で、**学校の七不思議**の一つとなっていることも多い。目が光る以外にも目玉が動く、体の向きが変わる、憤怒《ふんぬ》の形相《ぎょうそう》になる、涙を流す、絵から抜け出してピアノを弾く、などの怪異が語られる。またバッハやモーツァルトなど他の音楽家の肖像画で同類の怪談が語られることもある。

学校の怪談編集委員会編『学校の怪談15』には、他にもベートーベンの目が夜の一二時に光りだし、それを見た者は三日後に死ぬという話、ベートーベンの肖像画が夜中に口から血を吐きながら笑うという話、ベートーベンとシューベルトの肖像画が口喧嘩《くちげんか》をする話、夜一二時に光線が出て、音楽室の机を三回転させる。その際には泣き声も聞こえるという話、ベートーベンの目が一二時になると動き、ついには絵から抜け出して「エリーゼのために」を弾くという話などが載る。花子さん研究会編『トイレの花子さん』には、夜になるとベートーベンの目や鼻が勝手に外れて踊り出し、それを見ると死ぬなどの話が載る。

また肖像画ではないが、常光徹著『学校の怪談8』では合唱コンクールの日にベートーベンの像の胸に耳を当てると、心臓の鼓動音が伝わってくるという話も載っている。

ベタベタ［べたべた］

ある学校の焼却炉の片隅に穴を掘って住み着いているという怪異で、夜になると穴から出てきて給食の生ゴミを食べて生活しており、夏になるとプールの底に住居を移すともいう。また四年四組の教室でよく遊んでおり、誰かが近づくと天井に張りついて待ち伏せし、食べてしまうとされるがイカが嫌いなためスルメなどを投げると逃げていくという。

常光徹編著『みんなの学校の怪談　赤本』に載る。

ペタペタ［ぺたぺた］

学校に忘れ物をしてそれを取ってから遅い時間に学校から帰っていると、背後からペタペタという音がするという怪異。これに追いかけられている間に転倒すれば何事もないが、そのまま逃げていると手足を切り取られてしまうという。

ポプラ社編集部編『映画「学校の怪談」によせられたこわーいうわさ』に、佐賀県佐賀市からの投稿として載る。

また常光徹著『学校の怪談9』にも大阪府からの投稿などとして同名の怪異が載り、こちらは後ろから追いかけてくる上半身のみの人間とされ、「足ありません」と言うと消えるという。同シリーズの『新・学校の怪談3』には、廊下を歩いているとペタペタという音がついてくるが振り向いても誰もいないということがあり、それは「ペタペタさん」の仕業なのだという話が載る。

ペッタンスー［ぺったんすー］

上半身しかない女性の姿をした怪異で、ある学校に現れるという。

常光徹著『学校の怪談A』に広島県からの投稿としてある**上半身の怪**。

べっぴ駅［べっぴえき］

東京都と千葉県を結ぶ京葉線《けいようせん》に現れたという駅の怪異。ある修学旅行で東京を訪れていた学生が辿《たど》り着《つ》いたという不可思議な駅で、草原の中に佇《たたず》む古びた田舎の駅という様相をしている。またこの駅に近づいた際には車掌が顔一面緑のアザだらけの中年男性に変わっている、車体が赤と銀のカラーリングからオレンジ色をベースに斜めに青い線が入ったものに変わっている、車内案内表示装置から文字化けしたような漢字ばかりの文章が流れてくるなどの異変が起きたという。

そしてこの体験をした人物は電車から降りた直後に意識が覚醒し、ベッドの上で目覚めたことで実は彼女は通学中に電車の脱線事故によって病院に運ばれ、今まで病室のベッドで眠っていたことが判明する。彼女が見た異界はただの夢であったのか、それとも事故死したものたちを運ぶ幽霊電車が生者を降ろすための駅だったのか、それは今となってはわからない。

　初出の時期は不明だが、二〇一四年七月にはインターネット上に書き込まれているものが確認できる**異界駅**。べっぴという名前の由来は不明。

べとべとさん［べとべとさん］

一九四八年頃に現れたという怪異。ある親子が兵庫県の有馬町《ありまちょう》（神戸市北区《きたく》）から宝塚市《たからづかし》へと歩いている途中、後ろからひたひたと草履《ぞうり》の足音が追いかけてきた。しかし振り返り薄暗闇に目を凝らしても誰もおらず、足音も聞こえなくなる。だが再び前に向かって歩き出すとまた足音が聞こえてくる。そこで父親が「〇〇さん、お先へどうぞ」と言い、そして子どもにも同じことを言わせた上で立ち小便をした。するともう足音は聞こえなくなったという。

　水木しげる著『妖怪目撃画談』に載る。初出は角川書店『怪』第七号。これによれば怪異の名はべとべとさんとなっているが、話の中では「〇〇さん」と名前をぼかされて紹介されている。ただし「べとべとさん、先へお越し」と言って妖怪べとべとさんを回避する方法は奈良県に実際に伝わっていた様子。

　常光徹編著『みんなの学校の怪談　緑本』にも埼玉県からの投稿として、べとべとさんの話が載る。こちらも夜道を歩いていると誰かが後ろからついてくるような気がすることがあるが、道の端によって「べとべとさん、先へお越し」と言えば消えてしまうという話となっており、過去の伝承に見られる妖怪べとべとさんとの差異はあまり見られない。

蛇［へび］

一九四九年頃の東京都中野区で語られていた怪異。ある屋敷《やしき》を壊したところ、太さ一寸五分（約四・五センチ）以上、長さ三尺（約九〇センチ）の大きな白蛇が現れた。その蛇は死後「白金竜昇宮」と名付けられ、祀《まつ》られたが、この蛇は難儀する人々を救ってくれるということで評判になり、参拝客が絶えなかったという。

　松谷みよ子著『現代民話考9』に載る。同書には他にも蛇や大蛇が現れたという話が載るが、戦後以降の時代でも御利益《ごりやく》を享受したという話の他、蛇を殺したために祟《たた》られたという話も多くあるようだ。

へべれけさん［へべれけさん］

夜、寝る前に枕元に日本酒を置いて寝るとへべれけさんという怪異が現れ、酒の礼に願いを一つ叶《かな》えてくれる。へべれけさんは生前酒を大好物としていた男の霊で、交通事故で死亡しており、それが原因で彼の顔はグチャグチャにえぐれているためへべれけさんはそれを見られるのを嫌う。

そのためへべれけさんを呼ぶときは夜中に目が覚めないように気を付けなければならない。もしへべれけさんの顔を見た人はへべれけさんと同じ顔にされて殺されてしまうのだ。

ウェブサイト「現代奇談」掲示板の二〇〇三年七月二日の投稿による。

ペラペラボー［ぺらぺらぼー］

自転車に乗っていると現れるという怪異。少女が一人自転車に乗っていた際、後ろから手が被《かぶ》さってきたかと思うとマスクをしたおじさんが笑っていた。この怪異が現れた場合は叫び声を上げると口をナイフで切り取られるが、「ペラペラボー」と二回唱えると逃げていくという。

常光徹編著『みんなの学校の怪談　緑本』に、東京都からの投稿として載る。

ヘリコプターばばあ［へりこぷたーばばあ］

老婆の怪異。昭和の頃、ヘリコプターの墜落事故で家族を失った老婆がいた。彼女はその悲しみで精神を病み、ついに自ら命を絶ってしまった。それからその老婆を埋葬した墓の付近から、ヘリコプターの羽のようなものを旋回させ、目を赤く光らせた老婆が出現するようになったという。

山口敏太郎著『日本の現代妖怪図鑑』に載る。

ヘルプさん［へるぷさん］

ある学校の女子トイレでは夜になるとヘルプさんと呼ばれる怪異が出現する。これは昔交通事故で死んだ人間の霊なのだという。

学校の怪談編集委員会編『学校の怪談13』に、東京都墨田区《すみだく》からの投稿として載る。

ベロだしばばあ［べろだしばばあ］

東京都に現れるという老婆の怪異。通学路で突然現れ、大声でわめきながら小学生を追いかけてくる。古びた着物を身にまとい、足に履いているのは下駄《げた》なのにも関わらず異様に足が速く、しかもその口からは異様に長い舌が垂れ下がっているという。

不思議な世界を考える会編『怪異百物語3』に載る。

ペロペロピー［ぺろぺろぴー］

空を見上げると出現するという怪異で、蛇のように長い舌をぺろぺろとさせて空中を飛び、子どもたちを驚かせるという。

常光徹著『新・学校の怪談5』に載る。

便所入道［べんじょにゅうどう］

トイレで用を足している人間の前に現れるという怪異で、これと出会うと便秘になってしまう。それを治すためには「便所入道ホトドギス」と言えばよいという。

ポプラ社編集部編『映画「学校の怪談」によせられたこわーいうわさ』に載る。またさくらももこの漫画『ちびまる子ちゃん』四巻に作者が小学校一年生の頃に妖怪本でこの怪異を知ったという話が記されているため、かなり以前からこの怪異についての話は語られていたものと思われる。

また名前は異なるものの、この怪異の元になったと思われる「加牟波理入道《かんばりにゅうどう》」という妖怪は、大晦日《おおみそか》の夜にのみだが便所に現れ、「加牟波理入道ホトトギス」と唱えることが対処法となっている。そのため、これが形を変えて子どもたちの間に伝わった怪異が便所入道なのだろう。

便所ばばあ［べんじょばばあ］

戦中または戦後、群馬県のある小学校に現れたという老婆の怪異。この学校ではかつて便所に行った子どもたちが行方不明になる事件が続いていた。そのため一人の教師が便所に入って様子を伺っていると、突然ボットン式の便所の穴から老婆が這《は》い出《だ》してきた。教師の姿を見た老婆は慌てて飛び出し、逃げ出したが途中踏切《ふみきり》に突っ込み、電車にはねられて死んでしまう。

実はこの老婆はボットン式便所に住み着き、便所を訪れる子どもを攫《さら》ってはその肉を食らっていたようで、近くの空き地からたくさんの遺体が見つかったという。

渡辺節子他編著『夢で田中にふりむくな』に載る。この話を読む限り老婆は食人鬼ではあるものの、人ならざるものではなく人間であったようだ。この老婆が再び現れたという話は聞かない。

弁当くれ［べんとうくれ］

かつてある学校の池に生徒が腐った弁当を投げ入れた。それ以来池から「弁当くれ！」という声が聞こえるようになったという怪異。

不思議な世界を考える会編『怪異百物語10』に載る。

【ほ】

彷徨少女［ほうこうしょうじょ］

ある学校では、下校道にセーラー服を着た真っ青な顔の少女の怪異が出現し、子どもを追いかけるという。この少女に追いかけられ、走り続けていると家に辿《たど》り着《つ》けなくなり、どこか行ったこともない場所に入り込んでしまって永遠にそこを彷徨《さまよ》うことになると伝えられる。

花子さん研究会編『トイレの花子さん』に載る。筆者命名。北海道の中学生から投稿のあった事例だという。

放送室の幽霊［ほうそうしつのゆうれい］

学校で語られる怪異。ある学校の誰もいない放送室に幽霊が現れ、「うううおお……もしもし、アンタ……五日後……死ぬ……」という声がスピーカーを通して発せられることがある。そしてその五日後には必ず誰かが死んでしまうという。

不思議な世界を考える会編『怪異百物語9』に載る。また常光徹著『学校の怪談4』には、夏休み中放送室に閉じ込められ、死亡した少女の霊が「一人にしないで」とスピーカーを通して呼びかける怪談が載る。花子さん研究会編『トイレの花子さん2』では、福岡県の中学生からの投稿として、人が少なくなる時間帯になると勝手に放送室を使い音楽を流したり、話し声を響かせたりする幽霊の話が載る。

実業之日本社編『怪談&都市伝説DX』には、ある小学校の放送室で全校放送の設定にして愛を告白すれば、必ず両思いになれる。これは片思いをしている最中に交通事故で死亡した放送部員の**幽霊**のおかげなのだという話が載る。

包帯おじさん［ほうたいおじさん］

夜道を一人で歩いているとこの怪異が現れることがあり、「この包帯を巻いてくれ」と言われる。それに従わないとナイフで刺されて殺されるが、従っても三カ月後に指が痛くなるという。

学校の怪談編集委員会編『学校の怪談16』に、大阪府豊中市《とよなかし》からの投稿として載る。

棒の手紙［ぼうのてがみ］

手紙にまつわる怪異。一定の期間内に不特定多数の人物に同内容の手紙を送らなければ、棒を返す、棒が訪れるという旨《むね》が書かれた手紙のこと。一九九六年から九七年頃にかけて流行した。

もともとは**不幸の手紙**であったものが、手書きによる複製のためにいつからか不と幸がくっつき、棒になってしまったものと考えられている。これについてはSF作家山本弘氏が自身のウェブサイト「山本弘のSF秘密基地」におけるコラム「これが棒の手紙だ！」にて詳細な研究を行っている。氏は音楽専科社の雑誌編集部で保管していた一〇〇通以上の不幸の手紙、棒の手紙を消印の日付と文言の中にある「私は～番目です」の言葉を元に順に並べ、内容を比較したところ、平成八年八月二五日に宮城県登米市《とめし》迫町《はさまちょう》（現登米市）佐沼《さぬま》から投函《とうかん》されたものに棒の手紙の初出が見え、そこから瞬《また》く間《ま》に増殖していったのだという。ただしそれを踏まえないで読むと「棒をお返しします」「棒が訪れます」と言った文言は結構恐ろしいものがある。それ故にかつてこの手紙を複製して投函する人々が後を絶たなかったのかもしれない。

　実際に熊本大学の民俗学研究室の学生が、二〇一二年に行った「平成流百物語」（『熊民叢書3　熊大生の休日―体感して遊ぶ民俗学―』収録）には、一人の学生が実際に棒の手紙において棒そのものが怪異化した話を語っている。その話を要約すると以下の通り。棒の手紙はもともと不幸の手紙が変化したものであったが、その棒の手紙を出すと嫌いな人を呪うことができるというパターンがあり、手紙を受け取った人の元に棒が現れて呪い、追いかけてくる。その呪いから逃れるためには棒が追いかけてこないような遠い場所へ引っ越すか、もしくは棒の手紙の差出人を見つけ出さなければならない。そしてその前に棒に追い付かれてしまうと、その人も棒にされてしまう。逆に差出人を見つけるとその人に呪いが返るとされる。また、実際にこの棒になる呪いから逃げられなかった人の話もあり、その人は工事中のビルから降ってきた鉄骨の下敷きになり、死体はまっすぐに伸びてまるで棒のようになっていたという。

ほうらいさん

［ほうらいさん］

ある学校の右から四番目の洋式トイレに現れるという怪異。そのトイレの個室のドアをノックして「ほうらいさん」と呼ぶと「はーい」という声がする。それに「遊びましょ」と言うと「首絞めよ」と答えが返ってきて、呼んだ人の首を絞めて消えてしまうのだという。

　学校の怪談編集委員会編『学校の怪談11』に、栃木県小山市《おやまし》からの投稿として載る。

保健室の眠り姫

［ほけんしつのねむりひめ］

ある学校の保健室に現れると伝わる怪異。その保健室で一人で寝ていると、人がいなかったはずの隣のベッドがまるで人が寝ているように膨らんでいることがあり、「苦しい……助けて……」という声まで聞こえてくる。しかしそれに慌てて掛布団《ぶとん》を捲《めく》っても、そこには誰もいないのだという。

実はこの学校ではかつて学芸会で「眠り姫」の劇をやった際、主役である眠り姫を演じた女子生徒が役を終えた後急に体調を崩して保健室で寝ていたところ、そこで急性心不全を起こし、さらに偶然保健室に誰もいなかったためにそのまま死んでしまったという事件があった。それ以来彼女は保健室の眠り姫となって現れるようになったのだという。

学校の怪談編集委員会編『学校の怪談3』に載る。

保健室の化け物［ほけんしつのばけもの］

静岡県のある小学校に出現したという怪異。顔がどろどろに溶解し、緑色の髪を伸ばしたゾンビのような姿をしており、保健室のベッドに寝ている子どもを狙うという。

花子さん研究会編『トイレの花子さん2』に載る。またこの保健室にはもう一匹謎の怪異が出現し、ベッドに寝ている子どもに覆《おお》い被《かぶ》さるというが、もしかしたらその怪異がゾンビのような化け物から子どもを守っていたのかもしれないと語られている。

星の王子さま［ほしのおうじさま］

こっくりさんに似た怪異の一つ。紙に五十音と出入口を書き、降りてきた霊に十円玉の代わりに鉛筆で文字を指させることで質問に答えてもらう、という方法で占うという。

学校の怪談編集委員会編『学校の怪談2』に、熊本県熊本市からの投稿として載る。また同シリーズの『学校の怪談大事典』に**こっくりさん**に似た占いとして名前のみ載る。他にもフジテレビ出版『木曜の怪談 紫の鏡』では、こっくりさんでいう鳥居が星のマークになっていること、また帰ってほしいときには「星の国へ帰ってください」ということが記されている。ピチ・ブックス編集部編『私の恐怖体験』には大阪府からの投稿として、星の王子さまをやったあとの紙は小さく破って捨てないと三日後に王子様だった人が何かに化けて家にやってくるという話が載る。

この「星の王子さま」という名前については、マーク・矢崎著『キューピッドさんの秘密』によれば、フランスで一九四三年に発行されたサン＝テグジュペリの『星の王子さま』という小説から取られたものだという。また同書には、星の王子さまは一九七七年頃から関東地方を中心に、主に北に向かって広まったという情報も載せられている。

細手［ほそで］

東京都大田《おおた》区《く》の洗足池《せんぞくいけ》付近に現れたという怪異。その池ではかつてある男女の心中事件があったが、その後事件の現場のすぐ側に生えた松の木の上から白い手が伸びてきて、散歩をしていた老女の襟を摑《つか》むということがあったという。

水木しげる著『妖怪目撃画談』に載る。初出は角川書店『怪』第壱号。「細手」または「細手長手」は佐々木喜善《きぜん》『遠野《とおの》のザシキワラシとオシラサマ』に載る妖怪で、**座敷《ざしき》わらし**の一種とされ、屋敷《やしき》の奥座敷に出現したと語られているが、この細手に招くような仕草をされた客人の家が津波に遭《あ》って一家全滅してしまったなどと伝えられている。

ホタル使い［ほたるつかい］

長野県の軽井沢《かるいざわ》に現れたという怪異。男女の区別がわからないほど端麗な容姿をしており、手を招くと蛍が寄り、手を放すと蛍が飛んでいくなど蛍を操るような様子を見せる。そして奇妙なことに、その姿は特定の人間にしか見えないという。

山口敏太郎著『日本の現代妖怪図鑑』に載る。

ポックリさん［ぽっくりさん］

占いにまつわる怪異の一つ。これを行った霊感の強い小学生が、何か見えないものに引っ張られて二階の窓から飛び降りるという事件が起きたという。

近藤雅樹著『霊感少女論』に載る。**こっくりさん**から派生した占いと思われる。

ホッピングばあちゃん［ほっぴんぐばあちゃん］

山道を走行中の自動車の目の前に突然ホッピング（正式名称はポゴスティック。取っ手と足場のついた棒状の玩具で、底面にバネがついており、乗って飛び跳ねることで遊ぶ）に乗って大ジャンプし、車を飛び越えていくという。

並木伸一郎著『最強の都市伝説』に載る。

仏崎の女［ほとけざきのおんな］

一九四二年頃のこと、愛媛県新居浜市《にいはまし》にあった仏崎と呼ばれる峠を真夜中に船で通りかかると、必ず「乗せてください」「寄っていきませんか」と声をかける美しい女の怪異があった。この声を聞いた船乗りはその日から高熱を出してしまったという。またこの峠は一九五五年頃に埋め立てられたが、今度は同じ美女が真夜中に走る自動車に向かって乗せてほしいと頼むようになったと伝わる。

松谷みよ子著『現代民話考3』に載る。その正体は亡霊とも生まれながらの化け物とも説明されていないが、時代の変化にうまく順応する怪異である。

骨うりババァ［ほねうりばばぁ］

ある学校に深夜一時から二時に出現するという怪異で、齢《よわい》九〇程の老婆の姿をしており、出会った人間に「骨いりませんか」と尋ねてくる。これに「いります」と答えると全身の骨を抜かれて殺され、「いらない」と答えると秒速三〇メートルという速度で追いかけてきて骨で頭を殴られ、殺されてしまうという。

　学校の怪談編集委員会編『学校の怪談スペシャル3』に、愛知県名古屋市からの投稿として載る。**足売りババア**を思い出す怪異だが、こちらは明確な対処法がない分余計に厄介かもしれない。

骨くいじじい ［ほねくいじじい］

　大阪府のある小学校の校庭の隅にある樹齢一五〇年の木に潜《ひそ》んでいるという怪異。この木の根元を掘るとなぜかボタンがあり、これを三回押すと上から鎌を持った骨くいじじいが下りてくると信じられている。また、木の枝に骨を吊《つ》り下《さ》げているといつの間にかなくなっているという。

　常光徹著『学校の怪談4』に載る。また水木しげる著『妖怪目撃画談』でも同様の怪異が紹介されている。

骨こぶり ［ほねこぶり］

　長野県の山村に現れたという怪異。林間学校のためその村を訪れた子どもたちがいた。彼らはその村の大きな寺に泊まらせてもらっていたが、やがて東京へ帰る日が翌日へと迫っていた。子どもたちは皆眠りにつくのが惜しく、消灯時間が過ぎてもひそひそと話していた。しかし夜も更《ふ》けてくると一人、二人と耐え切れずに眠りについていく。やがて皆が寝静まった頃、一人の少年が尿意を催して目を覚ました。少年が廊下に出て、長い渡り廊下の突き当たりにある便所の前まで辿《たど》り着《つ》いたとき、人の気配がした。しかし辺りを見回しても誰もいない。そのため首を傾《かし》げながらも便所に入り、用を足しながら窓の向こうを見ると、一面の墓場が見えた。ぼんやりとその景色を眺めていると、ふと近くで動くものがある。その上、微《かす》かに忍び笑いの声が聞こえてきた。

　少年が恐る恐る声のした方向を見ると、星明かりの下に長い髪の毛と青白い女の顔が浮かび上がった。白い着物を着たその女は素手で墓場の土を掘り返し、そして何やら齧《かじ》っている。それが何かわからないでいると、女の顔が不意に振り返り少年の方を向いた。その右手には死人の骨が握られている。女はそれをしゃぶりながらにたりと笑い、少年に向かって「見たな」と一言告げた。そしてしゃぶっていた骨を少年に投げ付け、いきなり便所の窓に飛びかかってきた。

　少年は転がるように便所を出て渡り廊下を全速力で走り出した。後ろから女の声が迫ってくる。それでも少年は何とか皆が眠っている本堂に辿り着き、布団《ふとん》をかぶって息を殺していた。

　しばらくすると、本堂の引き戸が開いてあの女の息遣いが聞こえてきた。女は「寝ていたやつは足が温かい、便所にいたやつは足が冷たい」と言いながら、手あたり次第に布団を捲《めく》ってそこに寝ている子どもの足首を握り始めた。女の「違う……」という声が次第に近づいてくる。やがて女は少年の布団に辿り着き、その足首を握った。その手は氷のように冷たかったと同時に、女の「お前だ！」という声が聞こえ、少年は思わず悲鳴を上げた。

少年の悲鳴に他の子どもたちも目を覚まし、誰かが明かりを点《つ》けた。そしてその光の下にはもうあの女の姿はなかった。しかし少年の足首には誰かの手に握られたような紫色の跡が残っていたという。

学校の怪談編集委員会編『学校の怪談5』に載る。この墓場で骨を齧る何者かの怪談は他にも多く語られるが、大抵は骨を求めているのは病気の人間で、薬になると信じて骨を体内に摂取していたという話となっており、人ならざるものが出てくるものは珍しい。他にこの骨こぶりの話にまつわる怪異としては、松谷みよ子著『現代民話考7』に骨をしゃぶっている様子を見られた男が首吊《くびつ》り自殺し、それ以来その事件の舞台となった寮に住む人々が「お前、見たなー」という声にうなされ、**金縛り**に遭《あ》うようになったという話が福井県福井師範《しはん》学校に語り継がれる怪談として載る。

児童文学者協会編『むかえにきた死人たち』には、戦時中、一九四四年七月二〇日に焼けてしまった愛知県岡崎《おかざき》師範学校（現愛知教育大学）の寄宿舎に伝わる話として、こんな怪談が記されている。時は明治の終わり頃、一人の男子生徒が春休み後にがらりと人が変わり、肉や魚を食べなかったその男子生徒が肉、魚をやたらに好むようになり、今までは優秀だったはずの勉強や運動もめっきりできなくなった。好きだったテニスもやらなくなり、そして夜中にこっそり部屋を抜け出すようになった。それに気付いた友人の一人が夜、寄宿舎の裏にある甲山《かぶとやま》に向かう男子生徒の後を付けていったところ、男子生徒は甲山の裏の墓場で人骨を掘り起こし、それを舐めるのを目撃する。慌ててその友人は寮へと帰ったが、男子生徒は彼を追って帰ってきており、そして山姥《やまんば》としての正体を現したが、多くの寮生たちが応援に駆け付けたことで逃げ出した。それからしばらくして、その男子生徒の白骨死体が見つかり、実は山姥が彼と入れ替わっていたのだということが判明した、という話が載る。

またこの手の怪談は「骨こぶり」と題が付けられていることが多いが、飯島吉晴著『子供の民俗学』によれば葬式に加勢しに行くことをホネコブリ、葬式の日に喪家の御馳走《ごちそう》になることをホネカミ、葬式やその手伝いに行くことをホネカミやホネカブリという地域があるとし、その総称として骨こぶりという言葉を使っている。また山口県をはじめとして実際に火葬の骨を噛《か》む風習があったことについても語っているため、その風習が墓場を荒らして遺骨を噛むこの怪談と結びついたのかもしれない。

匍匐前進の幽霊 ［ほふくぜんしんのゆうれい］

元アメリカ軍キャンプ地の付近にあった高校に現れたという怪異。この高校の五階の一番奥の教室で軍服を着た人間が銃を向けてドアの方を見ていた。その男には下半身がなく、上半身だけの姿で匍匐前進してきたという。

不思議な世界を考える会編『怪異百物語5』に載る**上半身の怪**。その怪異が日本人の姿をしていたのかアメリカ人の姿をしていたのかという情報はなかった。しかし基本的に腕を使って移動する上半身の怪としては、匍匐前進の訓練を受けている軍人は合理的なのかもしれない。

ホワイト様［ほわいとさま］

こっくりさんに似た怪異の一つ。

マイバースデイ編集部編『わたしは霊にとりつかれた!』に、**こっくりさん**の類例として名前のみ載る。マーク・矢崎著『キューピッドさんの秘密』によれば、困難から逃れる方法を教えてくれる降霊術とされ、北関東から東北地方にかけて中高生の間に広まったという。

本の目［ほんのめ］

ある中学校の図書館に現れるという怪異。その図書館は北側を向いて設置されており、いつも薄暗く陰気な雰囲気に包まれている。そしてこの図書館に一人で入るとあちこちから視線を向けられるような心持ちになり、ある生徒の話によればぎっしりと詰まった書棚の本の背表紙に目が生じ、その無数の目が瞬《まばた》きもせずに生徒を見つめていたという。

学校の怪談研究会編『学校の魔界ゾーン』に載る。

マスメディアと怪異

現代の怪異に関わるものとして、マスメディアの発展は大きな影響力を持っています。出版や流通の発達、テレビ、ラジオなどの機械の登場は、怪異の世界にも大きな変化をもたらしました。

全国にほぼ同時に情報が発信される現代では、怪異の情報も地域を問わず共有可能となっています。例えばテレビである怪談が紹介されれば、それは電波に乗って全国で一斉に放送され、その番組を見ていた人々の間で広く共有されます。その結果として、同じ怪異が地域や学校の差を問わず怪談として語られるようになったり、元々はごく一部でしか知られていなかった怪異が全国的に有名になる、といった現象が頻繁に生じるようになりました。これは情報伝達の手段が乏しかった時代とは、大きく異なるものです。さらに近年では、一方的に情報を発信するマスメディアだけでなく、相互に情報の伝達ができるインターネットにおいても怪談が盛んに語られ、広まっています。

現代の怪異も時代の変化に順応し、そして進化しているのでしょう。これからの未来、どんな風に怪異が進化するのか、見守っていきたいところです。

【ま】

マグロの幽霊〔まぐろのゆうれい〕

市場で並べられていたマグロを見ていた人間の元に現れ、追いかけ回したという怪異。

山口敏太郎著『日本の現代妖怪図鑑』に載る。これ以上の情報がないため具体的にどんな姿をしていたのかは不明であるが、名前からしてマグロの姿をしていたのかもしれない。殺されて市場に売られたマグロの怨念が具現化したのだろうか。

魔女カトリーヌ〔まじょかとりーぬ〕

ある特定の魔方陣を描くと降臨する魔女とされる怪異。召喚すると富と名誉を与えてくれるが、その召還者が死亡した場合その富と名誉によって培《つちか》われたものをすべて回収し消えるという。そしてこれは人の生命も回収、つまり召喚したはよいがそのまま魔女によって殺害される可能性を持っているということで、これを阻止するためには魔女の要求通りに生《い》け贄《にえ》を奉《ささ》げるしかない。

インターネット上の「都市伝説まとめｗｉｋｉ」でのみ存在が確認できた怪異。名前の由来は不明だが、歴史上で魔女と呼ばれたカトリーヌという名の人物といえば「カトリーヌ・モーヴォワザン」という人物がいる。通称「ラ・ヴォワザン」と呼ばれた彼女は一七世紀のフランスの黒魔術師で、毒薬の製造や販売に関わり、それらは数々の毒殺事件の原因となった。また彼女は黒ミサ（神に反発し、悪魔を崇拝する儀式）にも精通しており、毒殺事件のために火刑に処せられた際には最後まで神への謝罪を行わなかったという。これが魔女カトリーヌと同一人物であるかはわからないが、都市伝説にて語られるこの怪異も生け贄を求めるなど残虐性を持っているようだ。

まちこさま〔まちこさま〕

学校のトイレに現れる、声のみ確認されているという怪異。一定の儀式を行うことで呼び出すことができる存在のようで、その方法とは以下の通り。

女子トイレまたは男子トイレにて、個室を含め誰もいないことを確認し、右手で二回ノックしながらすべての個室の扉を左から開け閉めする。その後一度トイレから出て三分後また入り直す。そして今度は右の個室から順に左手で二回ノックしていくと、誰もいないはずの個室から「はい」という声がする。そこで「まちこさまですか?」と尋ねると、「そうです」と答えが返ってくる。このとき個室は内側から鍵がかかるが、無理に開けたり覗《のぞ》いたりしてはいけない。そのまま自分の叶《かな》えてほしい願いを言う。するとまちこさまからは「わかりました」と答えが返ってくるが、ここで儀式を終えてはいけない。「ありがとうございます」と礼をし、赤い色のものを個室の前に置いておく。そしてトイレから出てまた三分後またトイレに入るとその赤色のものはなくなっており、鍵が開いている。これで儀式は完了である。しかしこの手順を間違えたり、赤色ではないものを置いておくと、三日後夜眠っている間に体を血で赤く染められてしまうそうだ。

　学校の怪談の一つだが、どうも近年インターネット上で広まった怪異のようだ。筆者が見出した最も古い例は、二〇一〇年九月二九日に「YAHOO！　知恵袋」に投稿されたものだった。**トイレの花子さん**のようにトイレに出現する霊的存在だが、呼び出したものの願いを叶えるという要素が加わっている。

町のキヲツケお化け ［まちのきをつけおばけ］

　髪が長くて目が大きく、青白い顔をした人間のような姿をした怪異で、ある公園に出現し、目が合うと気を付けの姿勢をしたまま遅いようで速いスピードで追いかけてくるという。

　常光徹著『学校の怪談8』に、群馬県からの報告として載る。

まっかっかさん ［まっかっかさん］

　雨が降る日に現れるとされる怪異。その格好は赤い傘を差した赤い長靴、赤いレインコートの子どもであり、それを見た人間は死んでしまうという。回避するためには何か赤いものを身に着けているとよいという。

　またまっかっかさんと出会った少女の話が語られることもある。それによればある小学生の女の子が赤い傘を差して歩いていると、前述のように全身真っ赤な姿をした少年が現れ、少女の持つ赤い傘を見つめていたという。少女は後日同級生の話により、彼女が目撃した少年は身に付けるものが何もかも真っ赤という姿で雨の日に町を徘徊《はいかい》するまっかっかさんと呼ばれる怪異で、本来は彼を見た人間は死んでしまうが、少女は赤い傘を持っていたために命が助かったのだと知る、という内容になっている。

　この話は松山ひろし著『壁女』によったが、怪異自体は松山氏が管理人であったウェブサイト「現代奇談」に二〇〇三年五月一六日に載る。ただしここに掲載されたものはまっかっかさんの怪異の概要のみであり、少女がまっかっかさんに出会った話は後に付け加えられたものと思われる。

　またこの怪異についてさらにその出典を辿《たど》ってみると「現代奇談」の掲示板に二〇〇三年五月一〇日に書き込まれた情報まで遡《さかのぼ》ることができ、これが現在確認できる記録としては最古のものであると思われるが、それによればこの怪異は投稿者が一九八九年頃に聞いた噂話《うわさばなし》であるとされている。

真っ赤なおばさん［まっかなおばさん］

ある高校のトイレで座っていると、「真っ赤なおばさんって、知ってる?」という声が聞こえてくるという怪異。それに「知ってる」と答えた場合、一週間以内に便器に座った真っ赤な服を着たおばさんと遭遇することになる。そのおばさんは「水をくれ」と言ってくるため、これに対し「あなたにあげる水はありません」と答えればおばさんはトイレに流されてしまうが、一言一句正確に答えることができなければ自分が便器に流されてしまうという。

天堂晋助著『都市伝説百物語』に載る。

真っ赤なリンゴ［まっかなりんご］

人形にまつわる怪異。ある少女がとても大切にしている人形があった。少女は母親にもし自分が死んだら人形は自分の一番親しい友達にあげるよう頼んでいた。それからしばらくして少女は本当に交通事故で死んでしまい、人形は約束通り少女の親しい友達に渡された。少女の友達はそれを自分の部屋に飾ったが、翌朝なぜか人形の姿が消えている。そこで友達が母親に何か知らないか聞こうと台所へ行くと、血塗《ちまみ》れの人形がまな板の上に立っていた。その上人形は友達の腕に噛《か》み付き、思わず振り払うとその衝撃で外れた頭を抱え、「フフフフ……」と不気味に笑った後頭を胴体に繋《つな》げて外へ出ていってしまった。

この話を知ってしまった人間の元には、数日後の夜中にこの人形が現れて食われてしまう。それを回避する方法は一つ。朝に自分の靴を時計回りに回して「真っ赤なリンゴ」と言えばよい。

常光徹編著『みんなの学校の怪談　緑本』に、埼玉県からの投稿として載る。

真っ黒なモノ［まっくろなもの］

ある男性が父親の入院している病院に見舞いに行った際、病院の階段を下っているといつの間にか階段の形状が変わっており、手すりも金属のものから木製になっていた。不思議に思いながら進んでいると、突き当たりにドアがあったため、それを開けてみた。すると中は一面埃《ほこり》だらけで、靴や車椅子の跡が残っている。そして遠くから少女が来て、「早く逃げた方がよい」と言う。しかもその子の背後からは真っ黒な物体がすごい速さで向かって来ている。彼が慌てて部屋を出て走っていると、いつの間にか父親の入院している階に出ていた。

後で確認すると、その病院では過去の世界に繋《つな》がる奇怪な現象が起こることが稀《まれ》にあるらしく、車椅子や足の跡はその病院で亡《な》くなった人たちのものだと聞かされたという。

不思議な世界を考える会編『怪異百物語

7』に載る。

まっすぐさん［まっすぐさん］

宮城県のある女子校に現れるという怪異で、この学校では、夜中、廊下を鎌を持った真っ黒なものがまっすぐに、猛スピードで走っていくという。

不思議な世界を考える会編『怪異百物語3』に載る。

マッタケバーチャン［まったけばーちゃん］

広島県のある島に出現したという怪異。ある一家が松茸《まつたけ》狩《が》りにこの島に遊びに来たとき、その中にいた一人の老婆が山の中で迷ってしまい、とうとう帰ってこなかった。それからというもの、夜にその山の付近を車で通ると車内にいつの間にか老婆が座っているようになり、それはきっと家に帰りたかったあの行方不明になった老婆なのだと噂《うわさ》が囁《ささや》かれるようになった。この老婆を乗せないためには、人や荷物などで車の座席に空席がなくなるようにすればよいと伝わる。

不思議な世界を考える会編『怪異百物語3』に載る老婆の怪。広島県の小佐木島《こさぎじま》にはまつたけ山という山があるようだが、彼女が出現するのはこの山だろうか。また常光徹編著『みんなの学校の怪談　緑本』では広島県からの投稿として、雨の降った夜に峠を越えようと車を走らせていると後ろの席に老婆が座っていることがある。そのお婆《ばあ》さんは「マツタケおばあさん」と呼ばれているという話が載っている。これも同様の怪異か。

待ってさん［まってさん］

ある地域の中学、高校に出現したという怪異。上半身と下半身に分かれた姿をしており、高校には上半身の方がいて夕方になると腕を重ねて上下に揺らしながら現れ、「待ってー」と笑いながら人を追いかけるという。しかしこれに危害を加えられたという話はなく、追いかけている人間が転ぶと消えるそうだ。また待ってさんは元は人間であったが、あるとき誰かに殺害され、怪異化してしまったという噂で、下半身は中学校の外階段に埋められており、その下半身を探して高校をうろついているのだとされる。

不思議な世界を考える会編『怪異百物語2』に載る**上半身の怪**。

窓から振られる手［まどからふられるて］

廃墟に現れる怪異。何人かの若者たちが廃病院に肝試しに行った。しかしその雰囲気の不気味さに皆怖気《おじけ》づいてしまったため、病院の五階まで上って窓から手を振ることができた人には五万円の賞金が出されることになり、それに釣られて一人の若者が病院の中へと入っていった。しばらくすると約束通り五階の窓から手が振られ、それが引っ込んでから間もなくあの若者が帰ってきた。だが若者は青い顔をしている。そこで問《と》い質《ただ》してみると、彼は五階まで行けずに戻ってきたのだという。ならば、あの窓から振られていた手は……。若者たちがもう一度病院の方を見ると、今度は窓という窓から無数の手が差し出され、彼らに向かってゆっくりと振られていた。

　全国各地に見られる怪異。松山ひろし著『3本足のリカちゃん人形』によれば、話によっては肝試しの舞台が廃校となっている場合もあるという。また最後の無数の手が振られている部分はなく、廃墟《はいきょ》に入っていった人間がその窓があった場所まで辿《たど》り着《つ》けずに帰ってきたということがわかったところで終わる場合もある。

窓の怪［まどのかい］

　窓に現れる怪異。ある夜、少年が自分の部屋で受験勉強していたところ、窓をこんこんと叩《たた》かれた。そこでカーテンを開けてみると若い女性がおり、「がんばれ」と言ってくれたため、少年は礼を言い、その女性と別れた。

　だが勉強机に戻ったところで少年は気付いた。少年の部屋は二階だったのだ。それならば、あの窓を叩いた女性は、一体何者だったのだろうか。

　全国さまざまに語られる怪異譚《たん》。窓の外に現れる者は老若男女《ろうにゃくなんにょ》さまざまだが、基本的には二階以上の高さの窓の外に現れることが共通している。またその正体は明かされない場合が多く、窓の内側にいる人間に直接危害を加えないことがほとんどである。

　常光徹他編著『走るお婆《ばあ》さん』には、二階の雨戸を叩く音が聞こえたため開けるとおっちゃんがおり、タバコ屋の場所を尋ねられたという話、突然窓が開き、窓の向こうから「うるさいわね、静かにしてよ」という怒鳴《どな》り声が聞こえた話、毎夜マンションの二階の部屋の窓の外を女性が通り、上半身を窓の中にすっと入れてくる話、などが載る。

　またマイバースデイ編集部編『わたしの学校の幽霊』では、学校の二階の窓の外を、赤い着物を着た女性が微笑《ほほえ》みながらぺこりとお辞儀をし、通り過ぎていったという怪談が載る。

　他にも学校の怪談編集委員会編『学校の怪談スペシャル1』では、二階の窓の外に現れた美しい女性が薬屋の場所を尋ね、去っていったという怪談が載る。またこの女性は雨の中に現れたにも関わらず髪がまったく濡《ぬ》れていなかったという。

まな板の怪［まないたのかい］

　木にまつわる怪異。ある大工が家を壊して新築することを頼まれた際、ヒノキの板を見つけて家へ持って帰った。大工はその板をまな板に作り直して大工の妻が毎日使っていたところ、彼女は突然死んでしまったという。実はその板は神棚に用いられていた板だったのだ。

　不思議な世界を考える会編『怪異百物語

4』に載る。

魔の第三コーナー ［まのだいさんこーなー］

東京都府中市《ふちゅうし》にある東京競馬場にまつわる怪異。この競馬場の第三コーナーには大きなケヤキの木が植えられており、過去何度か伐採計画が持ち上がったが、これを切ろうとした三人の作業員が急死し、枝を払った人間にまで不幸があったため、計画は中止となった。

実は昔、この競馬場一帯は墓地を擁《よう》する寺院で、競馬場の建設時に行政命令で移転が行われた。しかし戦国時代の北条氏の家臣で一帯を開拓した井田是政《いだこれまさ》の子孫が移転に猛反発したため、井田一族の墓所だけが残ることになった。その際それに隣り合うようにして件《くだん》のケヤキも立っていた。そのためかこの井田一族の執念はいまだにこのケヤキに宿って残っているとされ、さらに墓所の移転を提案した人物が直後に病死するなど奇怪な事件が相次いだという。そしてこの祟《たた》りを恐れた関係者たちはこのケヤキの元に馬頭観音を建て、人馬を供養《くよう》することにした。今でもこのケヤキの下には、井田一族の墓地と、馬頭観音が祀《まつ》られている。

しかし現在でもその付近は馬の怪我《けが》や事故が多発している場所であるため、やがて魔の第三コーナーと呼ばれるようになったようだ。

世界博学倶楽部《くらぶ》著『都市伝説王』などに載る。またこの場所が魔の第三コーナーと呼ばれるようになった由来として別の話が語られることもある。それは第三コーナー付近は戦後の食糧難の頃、軍馬や競走馬を肉として売るために厩舎《きゅうしゃ》に忍び込んだ馬泥棒が馬を殺した場所であり、ここを走っている馬が骨折するのは殺害された馬の怨念と呪いによるものなのだという話だ。その他にも建設会社同士の抗争で人が死亡し、第三コーナーに埋められたためという話もある。もしかしたらそれらの要因が複合し、巨大な呪いとなっているのかもしれない。

魔の第四コース ［まのだいよんこーす］

学校に現れるという怪異。学校のプールの第四コースで泳ぐと、何者かに足を引っ張られる。

この話は学校の怪談編集委員会編『学校の怪談大事典』によったが、これに類する話は全国の学校に存在する。またこの足を引っ張る者の正体はそのプールの第四コースで泳いでいる途中に死亡した子どもの霊であるとされることも多く、引っ張られた足に手形が残っていると続く場合もある。

この類の怪異は第四コースに出現するとされることが多いため、項目名はこのようなものとしたが、舞台となるのは第三コースであったりコースの指定はなかったりすることもある。

また常光徹編著『みんなの学校の怪談　赤本』に神奈川県からの投稿として、学校のプールの第四コースを泳いでいた少年が突然消え、行方不明になったという話があり、松谷みよ子著『現代民話考7』には、宮城県古川市《ふるかわし》（現大崎市《おおさきし》）古川女子高校のプールでかつて亡《な》くなった人がおり、それ以来第四コースを泳いでいると白い人影が見えるようになったという話、宮崎県のある学校でプールの第四コースを泳いでいると突然足に髪の毛が絡《から》まったり、足を引っ張られたりする話などが載る。

また児童文学者協会編『消えたビーチサンダル』には、かつて学校のプールで一人練習している最中に溺れ、第四コースで死亡した少女の**幽霊**がその際にプールサイドに残していた赤いビーチサンダルとともに現れるという話が載る。この少女の幽霊は子どもたちに危害を加えることはなく、むしろ彼女と同じくプールのリレー選手に選ばれた少年が彼女の分まで頑張ることを宣言したためか、そのリレーの当日に少年を導き、見事一着でゴールさせたと語られている。こんな話も残っているのだから、第四コースの幽霊は必ずしも子どもたちを襲う訳ではないのだろう。

マフラー返し〔まふらーがえし〕

マフラーが風に逆らって靡《なび》き始めることがある。これはマフラー返しという怪異の仕業なのだという。

常光徹著『学校の怪談7』に載る。「枕返し」という寝ている間に人の枕を返す妖怪がいるが、その名前から派生した怪異だろうか。

幻の堤防〔まぼろしのていぼう〕

兵庫県に現れたという怪異。堤防で夜、釣りをしていると知らないうちに新しい堤防ができていた。ある人がその堤防で釣りをしようと足を踏み出したところ、その堤防をすり抜けて体が海に落ち、死んでしまったという。

不思議な世界を考える会編『怪異百物語9』に載る。

幻の電車〔まぼろしのでんしゃ〕

大阪に現れた実在しない電車の怪異。夜中の二時頃に線路の上を通過し、その車両には占領軍のアメリカの兵隊たちが乗っていた。そして後日、その路線はかつて米軍基地があった場所に続いていたことが判明したという。

常光徹他編著『魔女の伝言板』に載る。話が聞き取られたのは一九九四年一二月とある。この電車は線路が持つ過去の記憶だったのだろうか。それとも、その夜その場所だけが過去へと繋《つな》がってしまったのだろうか。いずれにせよ興味深い話である。

迷いの小屋〔まよいのこや〕

埼玉県の狭山湖《さやまこ》の付近に見知らぬ道が現れ、それを進むと不可思議な小屋に行き会うという怪異。この小屋は迷いの小屋と呼ばれ、その目の前を何度通り過ぎても道の左右どちらかの側に現れるが、何度目かに通った際に小屋に明かりが灯《とも》る。この光を見るとその小屋に行ってみたいという気持ちが生じるが、小屋を囲む草むらに入り込む前に元の道に戻ると無事に普通の道に戻れるという。ただし、もう一度行こうと考えても二度とあの不可思議な道は現れないのだそうだ。

木原浩勝他著『都市の穴』に載る。小屋や道は迷い込んだ人間によって違う様相を見せるという。また同書によればこの小屋と同様のものかは不明だが、同じように道を進んでいると何度も現れる屋敷《やしき》に入ってみたという体験談も載せられており、その屋敷は四方をすべて六畳間の部屋に囲まれた四畳間の部屋で構成される奇怪な構造であったという。

真夜中のゴン［まよなかのごん］

山中の古い屋敷《やしき》に現れたという怪異。ある三人の若者が山登りに赴いた際、道に迷ってしまい、うろうろしている間に古い屋敷に辿《たど》り着《つ》いた。そこにはお婆《ばあ》さんが一人住んでおり、泊めてもらえることになったが、お婆さんが言うには「夜中、ノックの音がするかもしれないが絶対にドアを開けてはならない」とのことだった。

しかしその夜、酒を飲んで酔っ払っていた三人はドアが「ゴン、ゴン」とノックされるのを聞いてドアを開けてしまう。だがドアの向こうには誰もおらず、他に怪しいこともなく、しかも酔っていたため三人はそのまま寝てしまい、朝起きたときには何も覚えていなかった。だがその帰り道、三人のうち一人は発作を起こして死亡し、さらに一人が車にひかれ、そして最後の一人は無事に家に辿り着いたものの家は火事になっており、家族が死亡していたという。

渡辺節子他編著『夢で田中にふりむくな』に載る。名称は不思議な世界を考える会編『怪異百物語4』によった。

真夜中の霊柩車［まよなかのれいきゅうしゃ］

石川県に現れた怪異。ある車が夜中の一二時過ぎに国道を走っていると、後方からものすごいスピードで霊柩車が近づいてくる。しかもその霊柩車には運転手がおらず、その車の後ろにぴったりとついて走った後、さらにスピードを上げて走り去っていったという。

常光徹著『学校の怪談2』に載る。運転手がいない自動車という点では**幽霊自動車**を連想させるが、この霊柩車に関しては出会ったからといって事故を起こすなどといった話はないようだ。

マラソンおじさん［まらそんおじさん］

暗い田舎道を自動車で走っていると現れるという怪異で、どんなにスピードを上げても車についてきて、運転席の窓の向こうからニヤニヤ笑うという。運転している人間は恐ろしくなってどんどんスピードを上げてしまい、最後には事故を起こしてしまうと伝えられる。

常光徹他編著『走るお婆《ばあ》さん』に載る。

また同名の怪異が久保孝夫編『女子高生が語る不思議な話』にも載る。こちらではある峠に現れるという中年男性の**幽霊**で、かつてマラソンをしていたおじさんが正体とされ、人によって見えたり見えなかったりするという。

マラソンマン
［まらそんまん］

サングラスをかけた男性の姿をした怪異。人間に出会うとマラソンマンはサングラスを外すが、その眼《め》を見ると恐ろしいことになるという。

常光徹著『新・学校の怪談1』に載る。

また同シリーズの『学校の怪談8』でも兵庫県からの報告として同様の怪異が載り、こちらはサングラスを外した顔を見ると石になってしまうとされている。

この怪異の元になったのはテレビアニメ『学校のコワイうわさ　花子さんがきた!!』の第二一話「恐怖のマラソンマン」に登場するマラソンマンだと思われる。アニメでもサングラスを外した後の目を見ると体を石にされてしまうというギリシャ神話のメデューサをモチーフにしたような能力を持つと描写されていた。

マラソン幽霊
［まらそんゆうれい］

筑波大学に現れたという怪異。大学にある男子寮には、かつて午前零時になるとランニングシャツを着てたすきをかけた幽霊が壁の向こうから突如現れ、部屋から部屋へと走り去っていくという怪奇現象が起きていた。そこで寮生が一計を案じ、幽霊の通り道として最後の部屋になる部屋にゴールテープを張った。そして幽霊がそのゴールテープに差しかかると、彼は満足そうに両手を上げてそのまま消え、二度と出てくることはなかった。実はこの幽霊はかつて筑波大学の陸上部員だった学生で、何年も前にゴール直前で心臓発作によって死んでしまい、ゴールできなかった無念から寮の中に彷徨《さまよ》い出ていたのだという。

「ランニング幽霊」と呼ばれることもある。筑波大学で発行されている「筑波学生新聞」一九八六年六月一〇日号では平砂九号棟の三階に現れたと記録されており、その際はアディダスの黄色いトレーナーを着た姿だったという。また筑波大学以外の場所を舞台として語られることもある。例えば不思議な世界を考える会編『怪異百物語6』には、夜九時頃に学校に行くと、マラソンのゴールの直前で死んでしまった男の子の**幽霊**が包丁を持って泣きながらグラウンドを走っており、それを見た人は包丁で刺されるという怪談が記されている。

マリちゃんの像
［まりちゃんのぞう］

兵庫県西宮《にしのみや》市にある市立墓地に建てられた少女の像が、深夜になると手を振るという怪異。ばいばいをしているように横に手を振られた場合は問題ないが、手招きするように縦に振られると危ないらしい。

常光徹他編著『走るお婆《ばあ》さん』には、この墓地を通ったあと六甲山《ろっこうさん》に行くと事故に遭《あ》う、という証言も同時に載る。また同書によれば週刊誌『女性自身』一九九〇年八月七日号にこれについての紹介記事が載ったとのことなので、噂《うわさ》自体はそれ以前から存在すると思われる。

実際のこの像は西宮市の市営墓地満池谷《まんちだに》墓地《ぼち》に建てられている少女の像だと思われ、見た目は正式名称「まりをつく少女の像」の名の通り左手にボールを抱え、右手を上げた少女の形をしたブロンズ像である。また足元には兎《うさぎ》の像が佇《たたず》んでいる。

建てられた由来としては野坂昭如《あきゆき》の小説『火垂《ほた》るの墓《はか》』に出てくる節子のモデルとなった少女を題材としている、交通事故で亡《な》くなった少女を題材としているなどの説がある。また手を振る以外にもこの少女像にまつわる怪談は多くあり、雨の日になると手に持ったボールで毬《まり》つきをして遊んでいる、周囲の墓地から子どもの霊が集まり、一緒に遊んでいる、足元の兎が駆け回る、墓地とその側にある貯水池のニテコ池の間を走る道路を少女の霊が追いかけてくる、などの噂があるようだ。

この怪異は**手振り地蔵**とも呼ばれるが、同名で呼ばれる地蔵が六甲山にある。詳しくは該当項目参照。

まりつき少女 ［まりつきしょうじょ］

少女の姿をした怪異。ある夕方、少女が毬《まり》をついて遊んでいた。そこに通りかかったお爺《じい》さんがその少女にもう遅いから帰りなさいと声をかけたが、少女はそれに答えず黙って毬で遊び続ける。そこで妙に思ったお爺さんは彼女に対し、はいなら一回、いいえなら二回毬をつくように言い、そして「お嬢ちゃんは死んでいるのかい?」と尋ねたところ、少女は毬を一度ついた。そこで重ねて「どうして死んだんだい?」と尋ねると、少女はお爺さんの方を向き、突然口を開いたかと思うと「お前に殺されたんだ!」と答えた。

マイバースデイ編集部編『わたしのまわりの怪奇現象１０００』に載る。同様の話はポプラ社編集部編『映画「学校の怪談」によせられたこわーいうわさ』にもある。他に常光徹著『学校の怪談8』では、学校に現れた毬をつく少年の話として同様の話が語られている。

古いものでは一九五九年七月末の東京都に毬をつく少女の**幽霊**が現れたという話が今野圓輔《こんのえんすけ》著『日本怪談集　幽霊篇』に載っている。それによればあるトラック運転手が八王子市《はちおうじし》から昭島市《あきしまし》に向かう途中、雨の降りしきる道路の真ん中で少女が悠々と手《て》毬《まり》をついている姿を発見し、慌ててブレーキを踏んだが間に合わなかった。そこで大急ぎで車を降りて周辺を調べたが、少女をひいた痕跡はどこにもなかった。

実はその少女は幽霊で、もともとは第二次世界大戦前にこの道路を工事していた際、その工事現場で働いていた父を訪ねてきて遊んでいる最中に土砂崩れに巻き込まれて死んでしまった少女だった。そして一九五九年の長雨で再び土砂崩れが起こり、少女の白骨死体が出たことで少女の幽霊が出るようになったに違いないと噂《うわさ》されたという。

　これと似た話としては不思議な世界を考える会編『怪異百物語6』に滋賀県のまりつき峠と呼ばれる峠にまつわる怪異の話があり、それによればあるトンネルを抜けたところにこの峠はある。過去にそこで毬をついていて車のひき逃《に》げに遭《あ》った少女がおり、夜になるとその毬をつく少女の霊が出るのだという怪談となっている。

　また、まりつき少女の怪談を題材としたチェーンメールが出回っていたこともあり、そこでは首のない赤い着物を着た少女が毬をついていて、はいなら二回、いいえなら三回毬をつき、誰に殺されたのかという問いに「あなただ！」と答えて首を絞めて殺しにくる、という内容になっている。またチェーンメールらしくメールを一定の人数に送らねば公園にこの少女が現れるという内容も付随する。

　また、この「はい」なら鞠を一回ついて、「いいえ」なら二回つくという交信方法は、一八世紀にイングランドで起きた幽霊騒動、通称「コック・レーンの幽霊」と呼ばれる幽霊との交信まで遡る。この騒動では幽霊が意思疎通を図るため、質問に対し答えが「イエス」ならノックを一回、「ノー」ならノックを二回するという形が取られている。

まるい光［まるいひかり］

　神奈川県のある海岸に現れるという怪異。夜海辺を歩くと沖の方にまるい光が見えることがある。不思議に思って近づくと自分は海岸にいるつもりなのにいつの間にか腰まで海に浸《つ》かっている。慌てて海岸に戻ろうとしても何本もの手が海から出てきて引《ひ》き摺《ず》り込もうとするため、なかなか進めなくなっていた。この海では事故で死んだ人の霊が、海辺の人の足を摑《つか》んで海中へ引き摺り込もうとするのだという。

　不思議な世界を考える会編『怪異百物語7』に載る。

マルタさん［まるたさん］

　ある学校の体育館に、ぼろぼろの服を着たマルタさんという怪異が出るという。

　学校の怪談編集委員会編『学校の怪談13』に、兵庫県豊岡市《とよおかし》からの投稿として載る。

マンダムじじい［まんだむじじい］

　ある学校へ向かう通学路に出現する老翁《ろうおう》の怪異で、その道を行く途中で「マンダムじじいのバカヤロー」と叫ぶとマンダムじじいが現れ、鎌を持って追いかけてくるという。

　不思議な世界を考える会編『怪異百物語

3』に載る。マンダムとは日本の化粧品会社の名前だが、この老人の何がマンダムなのか、名前の由来は不明。

真ん中の怪 ［まんなかのかい］

三人の人間が並んで立って何かしらの行動をすると、真ん中の人間に異変が起こるという怪異。

三人並んで写真を撮ると真ん中の人間が消えており、後日その人間が死亡する、といった話が有名。松谷みよ子著『現代民話考12』によれば明治時代の初期には三人で写真に写ると早死にするという怪奇譚《たん》が語られていたという。また小池壮彦《たけひこ》著『心霊写真　不思議をめぐる事件史』によれば、三人で写真に写る際に真ん中に座ると寿命が縮む、魂を吸われるという俗信があり、それを回避するために真ん中の人間が人形を抱くことで四人と数える、という習俗が戦前まで存在していたことが記されている。さらに戦後すぐの一九四七年に行われた、文部省の迷信調査協議会の調査には、全国的に伝わる迷信として「三人で写真を撮ると真ん中の者が死ぬ」という話が調査結果に表れていたという。

また写真以外にもこの類の怪奇譚《たん》は多く、松谷みよ子著『現代民話考7』では、静岡県の浜寺《はまでら》中学校にて、職員室の大きな鏡に夜中の一二時、三人が並んで姿を映すと真ん中の一人だけ映らず、二時間後に死んでしまうという話が載り、常光徹編著『みんなの学校の怪談　赤本』では、三人でトイレに入って鏡を見ると真ん中の一人が鏡に映らないという話が収録されている。マイバースデイ編集部編『心霊体験大百科』には、三人で踊り場の鏡に並んで映ると、真ん中の子どもが霊と入れ替わるという話が東京都の小学校の七不思議の一つとして記されている。また飯島吉晴著『子供の民俗学』では、ある小学校の校庭の白い熊の像に三人で跨《またが》ると、真ん中の子どもがいなくなってしまうという話が記されている。

また人間が並ぶ訳ではないが、学校の怪談編集委員会編『学校の怪談3』には、学校で体育館に行く廊下の真ん中を通ると呪われる、学校の中で真ん中の部分を歩くと早死にするといった建造物の位置的な真ん中にまつわる怪異も載せられており、同シリーズの『学校の怪談5』ではある女子生徒三人がトイレで並んで鏡を見たところ、真ん中の少女が映らず、映らなかった少女が泣きながら三番目のトイレへ行くと「赤と青、どっちがよい?」という声が聞こえ、これに赤と答えたところトイレの中からナイフが飛んできて少女は血塗《ちまみ》れになって死んでしまったという**赤い紙・青い紙**系統の怪異と組み合わさった話が載る。ちなみにこのとき青を選んでいたらトイレから手が出てきて首を絞められ真っ青になって死んでいたという。さらに同シリーズの『学校の怪談6』ではある学校の体育館の女子トイレに三人で入ると、その次にそこに入った際に真ん中に立っていた人間が死ぬ、という話が記されている。ピチ・ブックス編集部編『私の恐怖体験』には、柳の下を三人横に並んで歩くと真ん中の人間がどこかへワープしてしまうという話が載る。

マンホール少女［まんほーるしょうじょ］

マンホールにまつわる怪異。ある少年が学校の帰り道、マンホールの蓋《ふた》の上で飛び跳ねている小学一、二年生くらいの少女を見つけた。そこで「何しているの？」と尋ねてみるが、少女はちらと少年の方を見ただけでまたマンホールの上で「一五、一五、一五」と繰り返し言いながら跳び続けている。少年はきっと一緒に遊ぶ友達がいないのだなと思い、「一緒に跳んでいい？」と尋ねると少女は嬉《うれ》しそうに笑って頷《うなず》いた。そこで少年が一緒に跳んでいると、なぜか少年の体がまるでマンホールの中に吸い込まれるようにして消えてしまった。その後も少女は何事もなかったようにマンホールの上で飛び跳ね続けていた。ただし繰り返しその口から発せられる数字だけは「一六、一六、一六」に変わっていた。

常光徹著『学校の怪談D』に載る。右の話では少女は人ならざる何かであることが示唆《しさ》されているため収録したが、実は元になったと思われる怪談がある。インターネット上で散見されるその話はこんな内容である。あるいじめっ子が道を歩いていると、彼女がいじめている少女がマンホールの上で飛び跳ねながら「九、九、九」と繰り返し叫んでいた。そこでいじめっ子が何をしているのか尋ねても何も答えない。それに苛立《いらだ》ったこと、また妙に楽しそうにマンホールの上で飛び跳ねていることから、もしかしてマンホールの上で数字を言いながら跳ねることはとても楽しいことなのではないかという考えがいじめっ子の頭によぎった。バカげたことだとは思いつつ、少女の邪魔をしたくなったこともあり彼女は少女を追いやり、マンホールの上で跳び上がった。その瞬間少女がマンホールの蓋をずらし、いじめっ子は着地する場所がないまま穴へと落下してしまう。そして彼女を闇の中に落とした少女は嬉しそうに、そして今度は「一〇、一〇、一〇」と言いながらマンホールの上で跳び始めた。

この話では少女と犠牲となる人間は高生ぐらいの年齢で語られることが多く、またマンホールの少女も恐らく普通の人間として語られている。

さらにこの話を遡ってみるともともとはアメリカで語られていたブラックジョークのようで、ここではマンホールの上で飛び跳ねているのは黒人で、それを見て自分自身も跳んでみた結果マンホールに落とされるのは白人という語られ方がされているようだ。

【み】

みーちゃん［みーちゃん］

トイレに現れるという怪異。千葉県のある小学校で二階のトイレの二番目の個室に入り、三度回って「みィーちゃん」と呼び水を流すと「はァーい」と声がするという。
常光徹著『学校の怪談』に、**トイレの花子さん**の類例として載る。

見えてるくせにの幽霊［みえてるくせにのゆうれい］

道に現れるという怪異。ある霊感の強い少女が赤信号が変わるのを待っていると、横断歩道の向こうに異様な雰囲気をまとった女性の姿があった。今までの経験からそれが死者であることを悟った少女は、その幽霊と目が合わないようにして歩いていたが、幽霊の横を通り過ぎようとしたときその幽霊が「見えてるくせに」と呟《つぶや》いた。

この**幽霊**は女性の他に血塗《ちまみ》れの軍服姿の兵隊として語られることも多い。基本的には通り過ぎようとする人間が立ち止まっている幽霊に「見えてるくせに」と声をかけられることが多いが、渡辺節子他編著『夢で田中にふりむくな』には沖縄県那覇市の国際通りの話として、行進をしている兵隊の霊がこの言葉を告げる例が見える。また常光徹著『学校の怪談8』では、体が半透明の中年サラリーマンの幽霊が擦れ違い様に「よくわかったな」と呟くという話が載る。これに似た例では常光徹編著『みんなの学校の怪談　緑本』に、子どもたちが前から来る着物の女性を見て、幽霊がいるとしたらあの人みたいなのだろうと話していたところ、擦れ違い様に「よくわかったわね」と言われたという話が記されている。

ミカンばばあ［みかんばばあ］

ある森の中にゴザを敷いて座っており、そのすぐ側に何本かの鎌を用意しているという老婆の怪異。目が合うとものすごい速さで追いかけてきて、その際にはミカンを投げ付けてくることもあるという。また直線よりもカーブでスピードが緩まるという特徴がある。

不思議な世界を考える会編『怪異百物語3』に載る。

右足知りませんか［みぎあししりませんか］

家に現れるという怪異。ある少女がトラックにはねられ、右足の膝から下を失って死亡した。それから少女は真夜中になるとさまざまな人の元を訪れ、「私の右足知りませんか？」と尋ねるようになった。このとき足を布団《ふとん》から出して寝ていると「私の足だ……」と言って持っていこうとするため、質問されたときは「これは、あなたの足じゃありませんよ」と教えてあげるとまた足を探しにどこかへ行ってしまうという。

久保孝夫編『女子高生が語る不思議な話』に載る。

ミシンの女の子 ［みしんのおんなのこ］

家に現れたという怪異。ある少年が夜中トイレに起きて、用を足してから二階の自分の部屋へ戻ろうとしたときのこと、廊下の奥に置いてあった足踏みミシンに一人の少女が座っていた。少年が不思議に思ってそれを見つめていると、少女が不意に彼の方を向いた。驚いたことに目があるべき部分にはただのっぺりと青い痣《あざ》があるだけで、しかも少女はいきなり立ち上がって少年の方へ足を踏み出してきた。少年は驚いて逃げ出したが後ろから足音がついてくる。少年は何とか自分の部屋に辿《たど》り着《つ》き布《ふ》団《とん》へ潜《もぐ》り込むとそれ以降は朝まで何も起こらなかったが、明るくなってからあの足踏みミシンを確認すると茶色い糸がめちゃくちゃに絡《から》まっていたという。

久保孝夫編『女子高生が語る不思議な話』に載る。筆者命名。

水神様 ［みずがみさま］

水を無駄遣いすると、水神様という怪異の祟《たた》りで何か悪いことが起きるという。マイバースデイ編集部編『わたしのまわりの怪奇現象１０００』に載る。水神はその名の通り水に関する神の総称として使われる名前。

水子人形 ［みずこにんぎょう］

山形県のある学校に伝わる怪異。その学校では仲を噂《うわさ》された男女の教師がおり、その二人が堕胎《だたい》した子どもが学校の小使室《こづかいしつ》の囲炉裏《いろり》に幾人もの小さな人形となって現れたという。

松谷みよ子著『現代民話考７』に載る。

水溜まり女 ［みずたまりおんな］

雨の日に現れたという怪異。ある少年が傘を差して歩いていると、しばらくして雨がやんだ。そこで傘を閉じると、目の前に水溜まりがあったので何気なく覗《のぞ》き込《こ》んだ。すると、その水溜まりの中に少年に向かって笑いかけている女性が映っていた。常光徹著『学校の怪談９』に、東京都からの投稿として載る。

道聞きお婆さん ［みちききおばあさん］

静岡県のある大学の学生寮に出現するという老婆の怪異。白髪の上品なお婆さんという姿をしているが、夜に寮の二階にある一つの部屋をノックして付近の町への行き方を尋ね、その直後に消えてしまうのだという。

山岸和彦他著『怪異！　学校の七不思議』に載る。

みち子さん「みちこさん」

ある学校の女子トイレに現れるという怪異で、トイレで「みち子さん」と呼ぶと現れる。そして彼女と遊んだ者は三日後に熱を出して死んでしまうという。

久保孝夫編『女子高生が語る不思議な話』に載る。学校の怪談編集委員会編『学校の怪談11』にも同様の話が載る。

道連れ幽霊「みちづれゆうれい」

全国に伝わる怪異。ある二組の夫婦AとB、CとDが別荘に遊びに行くことになったが、Cが仕事の都合で遅れることになったため、妻であるDはAB夫婦と共に別荘に向かうことになった。三人は他愛のない話をして盛り上がっていたが、車が山道に差しかかった頃Dは急激な睡魔に襲われ、眠ってしまった。

目が覚めるとDはすでに別荘に着いており、なぜかAとBが深刻そうな顔をしてDを見つめている。そして重々しく口を開き、Cが別荘に向かう途中に事故に遭《あ》って死亡したことを告げた。Dが取り乱していると、今度は別荘のドアが激しく叩《たた》かれ死んだはずのCの声でDに「ドアを開けてくれ」と叫ぶ。Dは思わずドアに向かって駆け寄ろうとするが、AB夫婦は「彼はもう死人であり、Dを道連れにしようとしているのだ」とそれを諌《いさ》める。だがDは我慢できず、ドアを開けてしまった。

気が付くと、Dは病室のベッドに寝ていた。目の前にはCの顔がある。混乱しながらCに状況を尋ねると、実は事故に遭って死亡していたのはAB夫婦の方で、Dも事故に巻き込まれて一晩生死の境を彷徨《さまよ》っていたのだという。夢の中に現れた夫婦は、Dを道連れにしようとしていたのかもしれない。

夫婦ではなく恋人同士となっている話も多い。他のパターンとしては、先に別荘に着いていた一人の元に死亡した二人が**幽霊**となって現れ、道連れにしようとする話もある。この場合は遅れてやってきた恋人や配偶者の声で二人がすでに死亡していることに気付き、無事助かるというオチになっていることが多い。二〇〇四年九月二〇日放送の『世にも奇妙な物語　秋の特別編』では、この話が「あけてくれ」という題名で映像化されている。

三つ首の化け物「みっくびのばけもの」

風が強い日に口笛を三回吹くと、首が三つある化け物が出現するという。

マイバースデイ編集部編『わたしのまわりの怪奇現象1000』に「妖怪の笛」という名前で載る。

ミッチェル嬢「みっちぇるじょう」

夜の山道に現れたという怪異。ある二人

の人間が旅の途中道に迷って小さな山小屋を訪れたところ、そこに住んでいた老婆が道を教えてくれるとともに、「こんな夜にはミッチェル嬢がでるかもしれん。もしミッチェル嬢に出会っても、声を上げたり慌てて逃げたりしてはいけない。とにかく無視することだ」と忠告した。二人は礼を行って老人に教えられた道を歩き始めるが、しばらく行くと後ろから誰かがついてきている気配がある。しかし二人が振り返っても誰もいない。気のせいかと前方に向き直ったところ、レースの白いスカートに青い水玉のブラウスを着た、頭が握りこぶしほどの大きさしかない髪の長い女が立っていた。ミッチェル嬢のその姿を見た二人のうち一人はその場で腰を抜かしてしまったが、もう一人は悲鳴を上げて逃げ出した。その逃げ出した方をミッチェル嬢は笑い声を上げながらものすごいスピードで追いかけていったという。やがて夜が明け、腰を抜かした方は何とか町に辿《たど》り着《つ》いたが、ミッチェル嬢が追いかけていった方は今でも発見されていない。

不思議な世界を考える会編『怪異百物語8』に載る。捕まってしまうとどうなるのかは書かれていないが、無事に帰ってくることは不可能なようだ。もし山道を歩いていてこぶし大の頭を持つ女性に出会ったら、決して逃げ出さないようにしよう。

みっちゃん［みっちゃん］

チェーンメールにて語られる六歳の少女の幽霊とされる怪異。生前両親に包丁で頭部を切り付けられたり、熱した油をかけられたり、逆さまに吊《つ》るされたりするなど虐待を受けていたが、その両親をすでに殺害しており、「新しいパパとママ」を探してメールを送っているという。彼女の父と母になることができないという者はそのメールを規定の人数に送らねばならない。そうしなければ、みっちゃんが殺しにやってくる。

チェーンメールの一種。最後にみっちゃんの画像が添付されている場合もある。

三つの生首［みっつのなまくび］

人の生首の姿をした怪異。毎日のように一緒に学校に通っている二人の少女がいた。そのうちの一人の少女が登下校の際に、必ず高速道路の高架下に差しかかると無言になり早足で歩いていたため、ある日それを不思議に思ったもう片方の少女が理由を聞くと、「あそこの塀にいつも侍の首が三つ並んでてこっちを見るなって言うから、怖くて」と答えたという。

かるちゃんと同じく筆者が知り合いのSさんから聞いた話。この侍たちはかつてそこで晒《さら》し首《くび》にでもされた者たちなのだろうか。

三つ目さん［みつめさん］

ある学校では夜になると外に設置されたトイレから三つ目さんという怪異が出現す

る。この怪異の顔には三つの目しか存在せず、また発光しており、校庭を何周かするとトイレに戻っていくという。

不思議な世界を考える会編『怪異百物語3』に載る。

見てはいけないビデオ［みてはいけないびでお］

ビデオテープにまつわる怪異。ビデオショップに三〇〇円で並べられている「見てはいけないビデオ」というラベルのビデオを再生すると、まず砂嵐が画面に流れ、次第に雑音が消えぼんやりと髪の長い着物姿の女性が浮かび上がってくる。この女はビデオを見ている人間に向かって「あなた、とても可哀想《かわいそう》な人ね」「また、仲間が増えるね」というような言葉をかけてから呪文を唱え、ビデオを見ている人間を吸い込んでしまう。

そして、このビデオは何事もなかったように次の日にはビデオショップに三〇〇円で並んでいるという。

常光徹著『学校の怪談7』に載る。同じように安価で売っているビデオが実は……という怪異に**一〇〇円のビデオ**がある。

みどりガッパ［みどりがっぱ］

緑色の河童《かっぱ》の姿をした怪異で、夕方「遊ぼ」と声をかけてくることがある。これに「うん」と答えてしまうとどこかに連れていかれ、二度と帰ってこられなくなってしまう。逆に否定の返事をするとその場で殺されてしまう。それ以外にも少しでも返事をすると逃げられなくなってしまうため、これが出たらいなくなるまでずっと黙っているとよいという。

マイバースデイ編集部編『わたしのまわりの怪奇現象1000』に載る。

みどりさん［みどりさん］

花子さんのライバルだという怪異。

常光徹著『新・学校の怪談5』に兵庫県からの投稿として、**やみ子さん**と共に**トイレの花子さん**のライバルということのみ記されている。

みどりのチェリー［みどりのちぇりー］

ある学校にあるみどりのチェリーと呼ばれる銅像にまつわる怪異。この銅像は夜中の一二時になると校庭を走り回り、それを見てしまった人間はみどりのチェリーに包丁で目玉をくり抜かれるという。

ポプラ社編集部編『映画「学校の怪談」によせられたこわーいうわさ』に、三重県桑名《くわな》市からの投稿として載る。

緑の手［みどりのて］

ある小学校に現れるという怪異で、その学校で夜六時から八時までの間、二階の四年一組の掲示板の前を通ると、「ちょっと待てよ」と声が聞こえてくる。このとき右に振り向くと助かるが、左に振り向くと掲示板から緑の手がたくさん出てきて掲示板の中に引《ひ》き摺《ず》り込《こ》まれるのだという。

ポプラ社編集部編『映画「学校の怪談」によせられたこわーいうわさ』に、千葉県柏《かしわ》市在住の少年からの投稿として載る。

緑婆［みどりばばあ］

大阪市のある小学校の、一階の一番奥の女子トイレの右から三番目の個室の中には緑婆という怪異が潜《ひそ》んでいるという。

常光徹他編著『魔女の伝言板』に、一九八七年五月に大阪の女子大生から聞き取った話として、**紫婆**《むらさきばばあ》とセットで語られている。この老婆に遭《あ》うとどうなるのかは不明。

みな子さん［みなこさん］

ある学校のトイレの五番目の個室にいるという怪異で、「コンコンコン、み～な子さん、あっそびっましょ」と言うと「いいわよ」という声とともに現れ、食われてしまう。またこのみな子さんに対し馬鹿と言うと時速一〇〇〇キロで走ってきて腕を取られると伝わっている。弱点は「りん、きゃく、とう、しゅう」と二回言うことであるという。

学校の怪談編集委員会編『学校の怪談6』に、長野県東筑摩郡《ひがしちくまぐん》からの投稿として載る。「りん、きゃく、とう、しゅう」という言葉が弱点とされているが、その意味は不明。九字護身法で唱える呪文の一部、「臨兵闘者《りんぴょうとうしゃ》」という言葉に似ているが、二文字目、四文字目が異なっている。

耳かじり女［みみかじりおんな］

東京都渋谷区《しぶやく》に現れるという怪異で、この地区を歩いていると、突然若い女性に「あなたはピアスをしていますか?」と問いかけられる。それに対して「はい」と答えると女はいきなりその人の耳に噛《か》みついて、食い千切《ちぎ》っていく。この女はカオルさんという名前で、かつてピアスをするために耳たぶに穴を空けた際、その穴から出てきた白い糸を引っ張ってしまったことで目が見えなくなった。それ以来精神に異常をきたしてしまい、ピアスをしている女性を逆恨みして、その耳を食い千切っていくようになったのだという。

ピアスの穴の白い糸から派生したと思《おぼ》しき怪異。なぜか名前は「カオルさん」であることが多い。同じくピアスをしている女性を狙う怪異に**サングラスのおかま**がいる。

耳くれババ［みみくればば］

老婆の怪異の一つ。ある少女が明日の遠足用にサンドイッチを作るためにスーパーで食パンを買った帰り道、森の中を通ると一人の老婆が座り込んでいた。話しかけてみると「腹が減った。食べものをくれ」という。そのため買ったばかりの食パンからサンドイッチに使わない耳を渡すと、老婆はすべて食べてしまった。その上さらに食べ物を要求するので、もうないと答えると、老婆は突然「ではお前の耳をくれ！」と叫び声を上げた。

学校の怪談編集委員会編『学校の怪談13』に、愛知県豊橋市《とよはしし》からの投稿として載る。筆者命名。**ミミをくれ**の怪談から派生したものか。

耳そぎばあさん［みみそぎばあさん］

街中にて耳の周りに包帯を巻いた少年と手を繋《つな》いで現れるという老婆の怪異。道行く少年少女に「いいこと教えてあげる。耳を貸してごらん」と声をかけてくる。これに対して言う通り耳を近づけると、「お前の耳をもらう」という言葉と共に剃刀《かみそり》で耳を削《そ》がれてしまうという。

実はこの老婆は手を繋いでいる少年の母親で、事故で耳を切断された少年に耳を移植するため、新鮮な耳を求めて少年と同じ年頃の少年少女を狙い耳を削ぎ続けているのだ。

怪奇実話収集委員会編『オンナのコたちが語り伝える恐怖のホラー怪談』に載る。

耳長おじさん［みみながおじさん］

ある学校で怖い話をしているとたびたび窓際《まどぎわ》に出現するという怪異。

学校の怪談編集委員会編『学校の怪談16』に、京都府京都市からの投稿として載る。名前からすると耳の長い中年男性の姿をした怪異か。

耳なしほういち［みみなしほういち］

ある学校では、特定の数だけ階段を上り下りすると耳なしほういちという怪異が出現し、耳を切ろうとするという。

ポプラ社編集部編『映画「学校の怪談」によせられたこわーいうわさ』に載る。耳なしほういちは小泉八雲《こいずみやくも》の著作『怪談』の中に納められた一編、『耳なし芳一《ほういち》』に由来するものと思われるが、八雲の作品での芳一は怪異ではなく、むしろ怨霊に耳をむしられる被害者である。

ミミをくれ［みみをくれ］

人体にまつわる怪異。あるところに父と息子二人で暮らす家族がいた。父親はパンの耳が好きで、毎日毎日パンの耳ばかり食べている人だった。しかしある日父はパンの耳を食べ過ぎて死んでしまう。息子はとても悲しみ、毎日のように父親の墓参りに行っていた。するとある日､墓の中から「ミミをくれ」という声が聞こえてきた。大好きだったパンの耳を欲しがっているんだと考えた息子は急いで近くのパン屋に赴き、パンの耳をたくさん買ってきて、墓前に供えた。すると墓の中から「そのミミじゃない、お前の耳だ」と大声がして、息子は耳を毟《むし》り取《と》られて死んでしまった。

不思議な世界を考える会編『怪異百物語1』に載る。久保孝夫編『女子高生が語る不思議な話』、常光徹編著『みんなの学校の怪談　緑本』などにも類例が載り、その場合には親子の立場が逆で、死んだ子どもが親の耳を奪うというパターンとなっている。人体の一部を同音異義語と勘違いさせる怪談という点では、**カミをくれ**と共通する部分がある。

　また常光徹編著『みんなの学校の怪談　緑本』では、「何が欲しい？」「何が食べたいの？」という問いに対し「お前の耳だ！」と答えるというパンの耳と人の耳を混同させる過程が省略されているパターンも語られている。

　他にもマイバースデイ編集部編『わたしの学校の七不思議』には、あるときパンの耳が好きな子が事故で死亡し、それから数日後母親の夢にその子どもが現れ、「ミミ、ちょ〜だ〜い」と言う。そこで母親は次の日仏壇にパンの耳を供えたところ、いきなりその子の霊が現れ「そのミミじゃない……この耳だ！」と叫んだという話が載る。

宮本孝［みやもとたかし］

　チェーンメールにて語られる怪異。一一月一七日水曜日、名神《めいしん》高速道路にて雨の中の大事故に巻き込まれて首から上を失ったという男性の霊で、成仏《じょうぶつ》できずに頭を探して彷徨《さまよ》っているという。そしてメールを受信した相手に対し、自分の頭になれ、自分の頭を探せなどと強要してくるため、回避するためには三〇分以内に一定の人数にメールを転送しなければならない。

　直近だと二〇〇四、二〇一〇年の一一月一七日が水曜日だが、その日に大事故が起きたという記録は見当たらない。名神高速道路は**カシマレイコ**の怪談において彼女の足がどこにあるかという問いに対しての答えとして指定されていることがある場所でもある。

ミュータントの森［みゅーたんとのもり］

　北関東の某大学の付近にある森では、複数の動物の特徴をかけ合わせた動物や、巨大な昆虫などの怪異が見られる。これは政府の秘密組織の主導の元で反社会的な実験が行われ、その結果逃げ出した動物がいるのだとか、放射線の実験をしている施設の影響で巨大化したなどの噂《うわさ》が囁《ささや》かれているという。

　木原浩勝他著『都市の穴』に載る。某大学とは恐らく筑波大学と思われ、並木伸一郎著『最強の都市伝説2』では、実際に筑波大学にまつわる都市伝説としてこの話が載る。また同書によればこのミュータントたちは体がドロドロに溶けている人型の怪物だという。

美由紀［みゆき］

　チェーンメールに現れる怪異の名前。あ

る殺人事件で刺殺された被害者のようで、メールの受信者を犯人と断定して夜の一一時に刺し殺しに行くと告げる。

チェーンメールの一種であるが、複数人に同じメールを送ることにより呪いを回避することができない厄介な怪異。

みよちゃん
［みよちゃん］

トイレに現れるという怪異。ある学校の体育館の便所で三度回り、「みよちゃんあそぼ」と言うと「は〜い」という声が聞こえるという。

学校の怪談編集委員会編『学校の怪談11』に、静岡県小笠郡《おがさぐん》（現掛川市《かけがわし》）からの投稿として載る。同シリーズの『学校の怪談14』には山口県小野田市《おのだし》（現山陽《さんよう》小野田市）からの投稿として、三回まわってみよちゃんと行ったらトントンと音がした、という話が載る。

未来の結婚相手
［みらいのけっこんあいて］

占いにまつわる怪異。ある少女が、友達から聞いた自分の未来の結婚相手がわかるという占いを試してみることにした。その方法は真夜中の一二時に口に剃刀《かみそり》を咥《くわ》え、水を張った洗面器を覗《のぞ》き込《こ》むと、そこに結婚相手の顔が映るというもので、少女がどきどきしながら待っていると、時計の針が一二を指した瞬間洗面器に映った自分の顔が揺らぎ、見知らぬ男性のものへと変わった。

それに驚いた少女は思わず声を上げてしまい、同時に口から剃刀が洗面器に落ちた。すると洗面器に張った水ににわかに血のような真っ赤な色が滲《し》み出し、恐ろしくなった少女は洗面器と剃刀を放置してそのまま寝てしまったが、朝になると洗面器に張った水の色は澄んでいて、何もおかしなところはなかった。

それから数年後のこと、あの夜の占いのことなどすっかり忘れた頃、彼女は一人の男性と交際を始めることになった。一緒にいてとても楽しい相手であったが、彼がいつも大きなマスクをしているところだけが気になった。そこであるときなぜいつもマスクを付けているのかと尋ねたところ、男性は無言でマスクを取り、そして古い切り傷の痕を見せた。彼女が一体どうしたのかと尋ねると、男性は一言「お前にやられたんだ」と答えた。

古くから伝わる都市伝説であり、バリエーションも多い。常光徹他編著『走るお婆《ばあ》さん』には、顔に傷をつけられるのが女性のパターンも載せられており、その場合は特に未来の結婚相手を見ようとした訳ではなく、たまたま桶《おけ》に水を張っていたところ剃刀を落としてしまい、それから数年後結婚相手の顔に傷があることに気が付いたその男が妻に理由を尋ねると、「これはあなたが作った傷よ」と言われる、というものとなっている。また他の例としては常光徹編著『みんなの学校の怪談　緑本』に、夜中の一二時に鏡を見ながら赤い櫛《くし》で髪の毛をとかすと将来結婚する相手が見えるという話が紹介されており、日本民話の会編『怖いうわさ　不思議なはなし』では、男が「お前だ！」と叫んだ直後自分に傷をつけた女性を殺害してしまうという展開が加えられた話が載る。

学校の怪談編集委員会編『学校の怪談スペシャル3』には、この話から派生したと思《おぼ》しき怪談が載り、それによればある女性が台所で包丁を使っていると水の張った洗面器に包丁が入り、その水面には男性の顔が映っていたものの女性は気付かなかった。その後、女性は結婚したが、ある日旦那に包丁が刺さって死んでおり、その包丁は彼女がかつて洗面器に落とした包丁と同じものだった、という内容になっている。

ぽにーてーる編『恐怖の時間割』には、刃物を咥えるのではなく洗面器に張った水の上にビー玉を落とすというやり方が載せられており、この方法の場合は「西のカガミの女神様、私の将来の恋人の姿をお見せください」という呪文が必要であるとされている。

また学研の『呪術の本』によれば、この類の話は古くは江戸時代の遊女の間に伝わっていたという。その方法は以下の通り。丑三《うしみ》つ時《どき》（午前二時頃）に自分の月のものを処理する際に使用した紙縒《こより》に火を付けてそっと便所に入り、その火を便槽《べんそう》にかざして暗い空間を見ていると未来の夫となる人の顔が浮かび上がってくるという。

また同書によれば昭和になってもこれに似た方法が遊郭に伝わっており、そこでは蠟燭《ろうそく》を使って未来の夫を見ることになっている。この伝承では映った相手が遊郭に出入りの醜い下駄《げた》直しだったため、驚いて蠟燭を落としてしまったところ、その時刻と同時刻に下駄直しが火傷《やけど》をしていたという話となっており、すでに現在に語られる話と同じ展開が見える。

さらに同書には他にも遊郭に伝わっていた占術として、中秋の深夜二時から三時までの間に八畳敷の部屋に端座して祈念しながら鏡を見ると、未来の夫がそこに映るというものが記録されている。

また未来の結婚相手とされた女性を傷つけてしまうという展開の話は、古くは中国の『続玄怪録《ぞくげんかいろく》』や平安時代の『今昔物語《こんじゃくものがたり》集《しゅう》』にも見えるが、これらは自身が占いをして相手を知るのではなく、卜占《ぼくせん》を行う他者によって将来一緒になる相手を教えられたため、その未来の婚姻を防ぐために己の意志で相手を殺さんと傷つけるが、将来巡り合った女性の体や顔にある傷が元で自分が殺そうとした相手だったと知る、という展開になっている。

【む】

ムシ［むし］

眠っている間に足元から手が出てきて足を引っ張られる現象を指す怪異。またここで足を引っ張るのは必ず女なのだと言われている。

久保孝夫編『女子高生が語る不思議な話』に載る。名前の由来は不明。

ムナカタ君［むなかたくん］

山形県のある小学校に出現するという怪異。男子トイレに現れ、個室の中から「お願いです。牛乳を飲ませてください」と弱々しい声で要求する。これに応えて牛乳を持ってくると戸の隙間から毛むくじゃらの手が現れ、牛乳を受け取る。そしてその後個室を見ると空の牛乳瓶が置かれているという。

またこんな話もある。放課後に二人の男子生徒が廊下でトイレットペーパーを投げて遊んでいたところ、誰もいないはずのトイレからムナカタ君が現れ、「だめじゃないか。だーめじゃないか」と言いながらトイレットペーパーの端を持って巻き付け始め、ものすごい勢いで二人に近づいてきたという。また後で戻ってみると、トイレの前にはきちんと巻き取られたトイレットペーパーが二つ置かれていたとされる。

学校の怪談研究会編『全国縦断　学校のこわい話』に載る。そっくりな怪異に**ムネチカ君**というものがいる。

ムネチカ君［むねちかくん］

東京都のある小学校に出現するという怪異。その学校の男子トイレに現れるとされ、個室の中から付近の薬局でドリンク剤を買ってきてくれるように頼み、言われた通りに持ってくると個室のドアの隙間から金銀の腕時計を付けた腕を伸ばし、ドリンク剤を摑《つか》んで早速飲み始める。その上、飲んだ後に「ファイト、いっぱぁつ！」と叫んで個室の中で暴れ始めるという。またドリンク剤を飲む前は弱々しい声を出すが、飲んだ後は野太い声を発するという特徴もあるとされる。さらに頼まれたものと違うドリンク剤を持っていくと怒り狂って夜も眠れなくなるような恐ろしい文句を発するとされる。

また別の話では、そのトイレで男子生徒たちが新品のトイレットペーパーを持ち出して廊下で転がし、遊んでいたところ、男子トイレからムネチカ君が飛び出し、「だめじゃないか。だめじゃないか。だめじゃないか。だーめじゃないか」と言ってトイレットペーパーをすごい勢いで芯に巻き戻しながら迫ってきたという。加えて、このときトイレットペーパーを投げて遊んでいた男児がトイレに行くたび、そこには一度伸ばしてから巻き戻したようなくちゃくちゃのトイレットペーパーが置いてあるようになったとされる。

花子さん研究会編『トイレの花子さん2』に載る。「ファイト、いっぱぁつ！」の際の声は俳優シュワルツェネッガーのようだったと描写されているが、本人の声に似ているのか、それとも玄田哲章《げんだてっしょう》氏をはじめとした吹き替えの声優のものに似ているのかは不明である。

紫おばさん［むらさきおばさん］

雨の日に午後五時を過ぎてから学校から帰ろうとすると、なめくじが一杯に詰まった買い物かごを持った紫おばさんという怪異がいて、連れていかれてしまうという。

ポプラ社編集部編『映画「学校の怪談」によせられたこわーいうわさ』に、兵庫県明石市《あかしし》からの投稿として載る。なぜ紫なのかは不明。

紫鏡［むらさきかがみ］

紫鏡という言葉を二〇歳まで覚えていると死亡するという怪異。

名称はムラサキカガミとカタカナで記されたり、紫の鏡、ムラサキノカガミ、と呼ばれることもある。また死ぬのではなく不幸になる、呪われる、結婚できなくなるとされる場合も多い。他に学校の怪談編集委員会編『学校の怪談3』には、二〇歳まで覚えているとハンマーを持った男に撲殺されるとあり、小松和彦監修『日本怪異妖怪大事典』によれば二〇歳になると血だらけの女が鏡から現れ、剃刀《かみそり》で殺しに来るという話もあるという。また木原浩勝他著『都市の穴』ではそれ以外に鏡の欠片《かけら》に全身を貫かれて死ぬ、鏡に吸い込まれる、砂漠に飛ばされてしまうという噂《うわさ》も伝えられている他、そのルーツとしてはこんな話が記されている。

終戦直後のこと、もうすぐ二〇歳になる女性が楽しみにしていた成人式を目前に死亡した。その女性は日頃から紫色の鏡を愛用しており、片時も手放さないほど大切にしていたが、なぜかその鏡は彼女の死後見つかることはなかった。そして成人式当日、その女性の知人が行方不明になるという事件が起こり、その人の部屋の床に紫色の鏡がぽつんと置かれていた。そして「ムラサキノカガミ」という言葉を二〇歳まで忘れずにいると、この知人のように鏡の持ち主の女性を呼び寄せてしまい、鏡の中の彼女の世界へ連れていかれてしまうという。

また他に、ルーツとしてはこんな話もある。週刊誌『女性自身』一九九六年二月二七日号では、この鏡が怪異化した由来の話が載る。それによればこの鏡はある女の子が大切にしていた手鏡で、女の子はちょっとしたいたずら心からその鏡を絵の具で紫色に塗ってしまった。だがその後女の子が鏡をいくら拭いても色は落ちず、そして女の子は自分のしたことを後悔し一日も鏡のことを忘れることはなかった。やがて彼女は二〇歳のとき病気で亡《な》くなった。「紫鏡、紫鏡」と呟《つぶや》きながら……。

さらに一九九六年二月八日付の「読売新聞」には「『紫の鏡』誕生は十七年前」という記事があり、その誕生は一九七九年まで遡れるという。

フジテレビ出版『木曜の怪談　紫の鏡』ではある少女が母親に鏡を買ってもらい、とても気に入っていつもそれを持ち歩いていたところ交通事故で死亡、その後彼女の血が鏡について紫色になった、という話が載る。またこの怪異がタイトルにもなっている同書では多くの紫鏡にまつわる怪異譚《たん》が載る。いくつか例を挙げると、一つ目はある姉弟が家の箪笥《たんす》の中から聞こえてくる微《かす》かな泣き声を聞き、その箪笥の四段目に入っていた小さな袋を開けると、小さな鏡が現れるとともに泣き声が聞こえなくなり、そしてその鏡を手に取った瞬間鏡が紫色に変わった。実はその鏡は姉弟の曾祖母がかつて恋人からもらった鏡で、事情があってその恋人と結ばれなかった曾祖母はそれを見て毎日のように泣いていた。そして曾祖母が亡くなってからは彼女の命日になると鏡がしくしくと泣き声を上げるようになった。その鏡は代々娘に引き継がれるようになったが、その鏡のことを覚えている間は結婚できないと伝えられているのだという話。

二つ目はある町で空から降ってきた鏡面が紫の手鏡を手に取った少年が、悪魔の姿となってしまい町で悪さをしているという話で、その悪魔には人を操る力があり、普段はさまざまな人間に化けているが、ニンニクや十字架を苦手としているという。

三つ目はあるマンションの貨物用エレベーターに設置された鏡にまつわる怪で、そのエレベーターで台車と鏡の間で猫が押し潰され、その鏡にべったりと猫の血が、なぜか紫色に変色して付着してしまったため鏡を取り換えた。しかしその新しい鏡が紫色に染まるようになり、それが何度も続いたため、とうとう鏡が取り外されてしまったという話。

四つ目はある少年が拾った紫の鏡にまつわる話で、その鏡は持ち主の願いを叶《かな》えてくれるが、その鏡のことを二〇歳まで覚えていると不吉なことが起きるという話。

五つ目はひき逃《に》げに遭《あ》った少女と彼女のお気に入りの青く縁取られた手鏡についての話で、事故の際その鏡の青い塗料が少女の血の赤と混ざって紫色となり、そのひき逃げの犯人が二〇歳程の年齢であったことから、それ以来少女の亡霊がこの話を知っている二〇歳の人間を次々と呪い殺すようになった。そのため二〇歳になるまでにこの話を忘れなければならないという話。

六つ目は昔ある少女が一つの鏡を大切にしていたが、誰かにその鏡を紫色のペンで塗り潰され、ショックを受けてその犯人を恨みながら死んだ。それ以来、その紫の鏡を見て二〇歳までその鏡のことを覚えていると死ぬという話。

七つ目はある森の奥深くにある古い屋敷《やしき》に住んでいた少年と女性が鏡を買いに行った際、交通事故に遭った。その際買い求めた鏡が割れ、その鏡には紫色の布が被《かぶ》せられていたため、紫の鏡というようになったという話。

八つ目は「むらさきかがみ」という言葉を一五歳の誕生日まで覚えていると、電話が来て「鏡をあげる……むらさきの……あたしの大事なかがみ」と女性が叫ぶ。これに「いらない」と答えると午前零時から二時二二分の間電話が鳴り続け、恐ろしい怪奇現象が起こるという話。

九つ目はある家にとてもきれいな紫の鏡があり、一人の占い師がその鏡を見てみたところ、その鏡には夜中の二時ちょうどに鏡面を覗《のぞ》くと将来の恋人が映るが、二時を過ぎてから見ると死に顔が映るという不思議な力があることがわかった。そして実際にその鏡の持ち主が実際に二時に鏡を見ると素晴らしい異性が映り一年後にその人物と出会い、その次の年に結婚したが、さらに四年が経《た》ってふと二時を過ぎてから鏡を見てしまったその持ち主が翌朝、紫の鏡にもたれて死んでいたという話、といったようにさまざまな怪談が収録されている。

またその他のバリエーションとして、常光徹著『学校の怪談8』には沖縄県からの投稿として「赤い風船、白い風船、紫の鏡」という言葉を二〇歳まで覚えているとよくないことがあるという話が載る。また同シリーズの『みんなの学校の怪談　緑本』にはこんな話も載っている。ある金持ちの夫婦の家に紫色の鏡が飾られており、一人の紳士がその鏡の前を通り過ぎようとすると鏡が光って紳士を吸い込んでしまった。またその次の夜もある婦人が鏡の前を通ると同じように吸い込んでしまった。そうしてその家には誰もいなくなったため新しい買い手が付き、家は建て替えられた。しかし美しい紫の鏡だけは引き取られ、新居に飾られた。するとその鏡はやはり、目の前を通った人間を吸い込んでしまった。この話を知ってしまうと、二〇歳までに忘れない限り呪われてしまうという。

花子さん研究会編『トイレの花子さん5』では、北海道のある中学校に伝えられる話として、今では使われていない古い図書館の鏡を使うと自分の顔が紫に映ったり、鏡がいつの間にか紫に染まり、かつていじめで自殺したユキという少女の顔がそこに描かれるという怪談が載る他、埼玉県の中学校に伝わる話として、ある学校のトイレで首を絞められて殺され、顔が紫色に変色した少女の死体が見つかったという事件があり、それ以来学校のトイレの鏡に紫色の顔の少女が映るようになり、またその少女は死後も成長して二〇歳ほどの年齢の女性の姿となっていたため、それが「紫鏡という言葉を二〇歳まで覚えていると死ぬ」、という噂《うわさ》となって広まったという怪談が載る。

この紫鏡の災厄から逃れるためには白い水晶、黒いカーネーション、水色の鏡、ピンクの鏡、永遠に光る金色の鏡、ホワイトパワーなどの言葉を覚えているとよいとされる。

紫爺［むらさきじじい］

大阪府寝屋川市《ねやがわし》の小学校に出現するという怪異で、四階の男子便所に潜《ひそ》み子どもを引《ひ》き摺《ず》り込《こ》むという。

学校の怪談編集委員会編『学校の怪談13』に載る。この学校の一階の女子便所には**紫婆**《むらさきばばあ》も出るという。同シリーズの『学校の怪談スペシャル3』には、新潟県新潟市の小学生から投稿のあった話として、校庭に「むらさきじじい」が出現する、という話が載る。

また常光徹編著『みんなの学校の怪談 緑本』では紫婆とセットで出現する怪異として語られており、夜の公園のトイレに一人で行くと現れ、何色が好きかを尋ねてくる怪異とされている。この場合は紫以外の色を答えると殺されてしまうという。

紫の亀［むらさきのかめ］

この話を聞いた人間は、二〇歳になるまでに忘れなければ呪われるという怪異。

常光徹他編著『走るお婆《ばあ》さん』によれば東京都の男子大学生から報告された話で、別名を「呪いの亀」というようだ。話の内容としては紫色の亀にまつわる話は残っていない、またはもともとないかのどちらかで、ただこの話を聞いて二〇歳まで覚えていると死ぬ、ということだけが語られている。他に同書では、「亀」は「鏡」が変化したものかもしれないと考察されている。

ムラサキの手［むらさきのて］

トイレに現れたという怪異。ある女の子がトイレに入ったところ、壁に紙が貼ってあり、その紙をめくると穴が開いていた。それをしばらく眺めていると中から紫色の手が出てきて連れ去られそうになったが、女の子は紫色のハンカチを持っていたため助かったのだという。

不思議な世界を考える会編『怪異百物語9』に載る。トイレに現れ、紫のものを持っていれば助かるという点は**紫婆**《むらさきばばあ》と共通している。

紫のブランコ［むらさきのぶらんこ］

この言葉を二〇歳まで覚えていると、女性は結婚できなくなってしまう。

常光徹著『学校の怪談8』に、東京都からの投稿として「紫の鏡」と共に載る。男性の場合どうなのかは不明。

紫婆［むらさきばばあ］

学校のトイレに現れることが多い老婆の怪異。紫の着物や洋服を着ており、トイレの鏡や天井、また壁の穴などから飛び出してきて子どもを襲い、鏡や異次元、トイレの中にに引《ひ》き摺《ず》り込《こ》んだり、腹を裂いて肝臓や心臓を奪っていったりする。この怪異から逃れる方法として、紫のものを身に付ける、「ムラサキ、ムラサキ……」と唱える、またその両方を行うなどが伝わっている。

全国の学校で噂《うわさ》された怪異。学校の怪談編集委員会編『学校の怪談大事典』によれば**トイレの花子さん**の叔母とされることもあり、またトイレの個室のドアをノックして名前を呼ぶと出現する、**カシマさん**のように「足を一本下さい」と言い、それに出会った人は翌日足がなくなっている、などさまざまに語られており、他のトイレに出現する怪異と混合した性質を持つパターンがあることが伺える。

また不思議な世界を考える会編『怪異百物語1』には「ムラサキババア」という名前ながら見た目はきれいな女性で、紫の着物を着ており腰まである長い髪に長い爪、そして唇に紫の口紅を塗っているという怪異が記録されている。他にフジテレビ出版『紫の鏡　木曜の怪談』には、トイレの個室の壁に絵のように出現し、壁が老婆の形に盛り上がるようにして体を実体化させて子どもを壁の中に引き摺り込もうとする紫婆の話が載る。また同書には校門に現れる「ムラサキババア」と呼ばれる怪異の話も載り、それによればこの老婆はかつて孫が虐《いじ》められて死亡したことを学校に訴えたが、学校は相手が年寄りだと思って話を聞かず、それどころか孫は事故で死んだのだと彼女に言い聞かせた。そのために老婆はお前らの話はもう聞きたくないと自分の耳を切り落とし、死亡した。それ以来霊となって各地の学校に出没しては無差別に生徒を切り付けるようになったとされている。ただしこの話については、真倉翔原作・岡野剛作画の漫画『地獄先生ぬ〜べ〜』の第九二話「怪異・ムラサキババアの巻」と内容がほぼ一致しているため、これが元になった可能性が高い。

さらに学校の怪談編集委員会編『学校の怪談2』には、この紫婆が怪異と化した由来が語られており、それによれば彼女はかつて貧乏な家に生まれた娘で、一着のぼろぼろの着物しか持っていなかった。その娘がまだ少女だった頃、彼女は地主の娘が持つ紫色のケープのついた洋服に憧れていたが、ある風の強い日、そのケープが落ちているのを見つけた。少女は一度だけ肩にかけてみようとそっとそれを肩に持っていったとき、地主の娘がケープを落としたことに気付いて、それを持っている少女を泥棒と罵った。少女はそれから手癖の悪い人間と思われ、何一つよいことが起きることもなく歳《とし》を取って死んでしまった。その女性がかつて住んでいた場所にトイレが建てられ、そして紫婆が出現するようになったのだという。

【め】

冥土の電話 ［めいどのでんわ］

電話にまつわる怪異。この世には冥土に繋《つな》がる電話番号がある。そこに電話をかけると「はい、冥土です」という声が聞こえ、実在した有名人の命日を年代順に告げていく。そして最後に、その電話をかけた人間が死ぬ日を伝えて切れてしまうという。

マイバースデイ編集部編『わたしの学校の幽霊』に載る。

メールババア ［めーるばばあ］

夜な夜な携帯電話で超不幸のメールを送り続けるという老婆の怪異。この老婆のメールを受信した場合、一〇〇〇人にメールを転送しないと一生不幸になるという。

不思議な世界を考える会編『怪異百物語3』に載る。

メケメケ ［めけめけ］

自転車などで走っていると、メケメケという怪異が荷台に乗ってくることがある。このメケメケは自転車の操縦者にしか見えないが、これに乗られるとペダルが重くなり、ブレーキも効かなくなる。その上「めけめけめけ〜」と鳴き声を上げて目隠しをするなどしてくるので危険極まりない。しかしメケメケはお経に弱いため、寺の前まで行けばいなくなるという。

フジテレビ出版『木曜の怪談　紫の鏡』に載る。この怪異についてはテレビアニメ『学校のコワイうわさ　花子さんがきた!!』の一一話「自転車に乗るメケメケ」において同名かつほぼ同様の性質の怪異が語られているため、これが元になったものと思われる。

滅三川さん ［めさんがわさん］

滅三川とは由来の存在しない名字であり、幽霊をはじめとする人ならざるものが人間の名前を名乗るときに使う名前なのだという怪異。また過去の文献には「『滅三川』と名乗る者すべて異なる世の人間也《なり》、丁重に扱う可《べし》」との文が記されているという話もある。

マイウェイムックの『実話都市伝説VOL．1』にて紹介されたものが最も古いものだった。インターネット上でも上記と同様の話が流布《るふ》しており、「めっさがわ」と読まれることもある。調べてみたところ確かに滅三川という名字は存在していないようである。というより「滅」の字を使った名字がそもそも見つからないようだ。ただし「滅三川」という名が「異なる世の人間也」と記した文献は見つかっておらず、その文献の存在自体も虚構のものである可能性が高い。

目のない人 ［めのないひと］

夢に現れるという怪異。ある夜、一人の少年が夢を見た。その夢の中で彼は道で何かを探している人の後ろ姿を見て、手伝おうと声をかけた。その人が振り返るとその眼孔《がんこう》には目玉がなく、自分の目玉を探しているようだったので一緒に探すと無事に見つかり、少年は目を覚ますことができた。そして少年は友人にその夢の話をした。

すると友人もまた同じ夢を見て、しかし今度は目玉を見つけることができなかった。そこで友人は走って逃げ始めたが、あの目のない人も追いかけてくる。しかし足の速かった彼は何とか目のない人から逃げ切ることができ、目を覚ました。

そして彼はその夢の話をさらに別の友人にした。その夜、やはりその友人も同じ夢を見た。彼もまた目玉を探し当てることができず、走って逃げ出した。しかし目のない人は彼に追い付き、「あなたの目をちょうだい」と手を伸ばしてきた。その瞬間、彼は目を覚ました。だが気が付くと彼の眼孔からは目玉がなくなっていた。

不思議な世界を考える会編『怪異百物語9』に載る、感染する悪夢の怪異。失った体の一部を夢の中で探させる怪異には他に**ソウシナハノコ**がある。

メラタデブンゼ ［めらたでぶんぜ］

話を知ると現れるという怪異。ある二人の高校生がイサキ半島の先端の寂れた漁村に行き、八〇歳近いお婆《ばあ》さんが切り盛りする旅館にお世話になった。しかしその旅行の最終日、海に海藻を取りに行ったお婆さんが高波に呑《の》まれて死んでしまう。その悲しい出来事から四日目の夜、一二時を過ぎた頃、自宅に戻っていた高校生の家の階段を上る足音がする。こんな夜中に誰だろうと震えていると、ドアが開いて死んだはずのあのお婆さんが入ってきた。お婆さんは彼にせっかくの楽しい旅行なのに自分が死んでしまって気分を台無しにしてしまったであろうことを詫《わ》び、そして一時間ほど自分が死んだときの様子や死後の世界のことを語って、部屋を出ていった。それから高校生は一睡もできずに朝を迎え、そして一緒に旅行に行った友人に電話をかけてその話をした。友人は一笑に付していたが、その夜、お婆さんは彼の元へと現れた。友人がその話を別の友人にすると、そのお婆さんとはまったく関係のないはずのその人の元にまでお婆さんは現れた。

つまりこの話を知ってしまった人間の元にはお婆さんが現れるのだ。それを回避するためには、「メラタデブンゼ」と三回唱えればよい。

常光徹著『新・学校の怪談5』に載る。

メラタデブンゼは逆から読むと「全部デタラメ」になるため、この話が嘘《うそ》であることがわかる。ただこの老婆は現れたところで話を聞かせるだけなので、あまり害はないようだ。またイサキ半島なる場所がどこにあるのかは不明であった。

メリーさん ［めりーさん］

福島県でひき逃《に》げに遭《あ》って死亡したという少女の霊とされる怪異。雨の金曜日の午後五時から六時の間、彼女がひき逃げに遭った場所を通ると、婚約指輪を付けて傘を差し、ナイフを握ったメリーさんが現れるという。彼女からの被害を免《まぬが》れる方法はただ一つ。彼女が好きだったポテトチップスを渡せば助かるとされる。

常光徹編著『みんなの学校の怪談　赤本』に、東京都からの投稿として載る。ひき逃げに遭ったメリーさんという名前の少女が出てくるという点は**メリーさんの電話**の怪談のパターンの一つと共通する。またメリーさんという名前の少女の霊が登場するものでは、同書に千葉県からの投稿としてこんな話が載る。ある少女が職員室で突然鳴り出した電話を取ったところ、「わたしメリー、いま、あなたの後ろにいるのよ」という声がして、振り向くと五年前に亡《な》くなったメリーさんの霊がいて、少女を懐《なつ》かしそうに見つめた後二分ほどで消えてしまったという。

メリーさんの電話 ［めりーさんのでんわ］

人形にまつわる怪異。ある少女が幼い頃に大事にしていたメリーさんと名付けた外国製の人形を、古くなってしまったという理由でゴミ捨て場に捨てた。するとその夜、少女の元に電話がかかってきて、受話器を取ると「わたしメリーさん。今ゴミ捨て場にいるの」という幼い女児のような声が聞こえてきた。少女は誰かのいたずらだろうとすぐに電話を切ったが、すぐにまた電話がかかってきて「わたしメリーさん。今タバコ屋さんの前にいるの」と言う。さっきよりも家に近づいてきている。気味悪く思った少女はまた返事もせずに電話を切ったが、しばらくすると着信があり、恐る恐るそれを取ると「わたしメリーさん。今あなたの家の前にいるの」という。少女は恐ろしくなり、そっとドアの方に歩いていって覗《のぞ》き穴を見るが、誰もいない。一応ドアを開けて確認してみてもいない。ほっとして自分の部屋に戻るとまた携帯電話が鳴り出した。少女がその電話を耳に当てると、あの幼い声がこう告げる。

「わたしメリーさん。今あなたの後ろにいるの」

全国に流布《るふ》する都市伝説に現れる怪異。メリーさんの正体は大きく分けて二パターンあり、右のように捨てられた西洋人形が持ち主だった人間に復讐《ふくしゅう》するために現れるものと、もう一つはひき逃《に》げされたメリーという名前の少女が犯人に復讐するため近づいてくるというものとなっている。

多くの場合は後ろにいることを電話で告

げるところで怪談が終わるが、刃物で刺殺される、翌日死んでいる少女、ひき逃げ犯が見つかったなどの話が続く場合もある。その対処法としては家の扉を開けない、鍵をすべて閉める、シュークリームを与えるなどの方法が挙げられることもある。

またメリーさんの電話番号は「一一一」とされることがあるが、これは「線路試験受付」に繋《つな》がるのでかけてもあまり意味はない。詳しくは**お化け電話**を参照。

同じように人形が電話をかけながら近づいてくる怪談に**リカちゃんの電話**があるが、現時点ではどちらの怪談が先に発生したのかは不明。

またこの自分の居場所を知らせながら近づいてくる恐ろしい存在というモチーフはイギリスの民話『エミリーの赤い手袋』やイタリアの民話『狼《おおかみ》おじさん』などに見られ、欧州でも物語の要素となっていたことが伺える。日本でメリーさんやリカちゃん、また**一三階段**などの現代怪談より前にこの要素を使った話は今のところ見つけられていないが、もしかしたら翻訳された国外の民話がこれらの怪談に影響を与えた可能性もある。ちなみに『エミリーの赤い手袋』は、常光徹編著『みんなの学校の怪談 緑本』で、話の筋はほぼそのままに学校の怪談として語られている。

またメリーさんという名前については、童謡「メリーさんの羊」が元になっているという説やかつて神奈川県横浜市でたびたび目撃された実在の人物、「横浜のメリーさん」が影響しているという説などがある。また**青い目の人形**の項目でも述べたが、全国の学校に飾られている青い目の人形にメリーやメアリーと名付けられた人形が多数存在しているため、これが名前に影響した可能性も考えられる。

メリーさんのメール

［めりーさんのめーる］

西洋人形に少女の霊が宿ったメリーさんという人形が送ってくるとされるメールで、チェーンメールにまつわる怪異。少女は第二次世界大戦当時にメリーさんと名付けた人形を大切にしていたが、外に遊びに行こうとして爆撃され、死亡した。少女は最後に「遊びたかった……」と呟《つぶや》き、そして自身の人形に取り憑《つ》いてしまった。それ以来誰かに遊んでほしくて「あたしメリー、私と一緒に遊びましょうよ。このメールを〇〇人に回して私の遊び相手をふやして」とメールを送り続けているのだという。

メールの転送を指示する人数には変動がある。恐らく**メリーさんの電話**から派生したと思われる。

メリーさんの館

［めりーさんのやかた］

兵庫県神戸市の六甲山《ろっこうさん》のどこかにあるという廃墟《はいきょ》にまつわる怪異。ある二人の若者が六甲山をドライブしていた際、この山のどこかにある「メリーさんの館」の話となり、二人はその場所を探すことにした。しばらくして一人が高い木の隙間から西洋館の屋根のようなものを見つけた。近づくと、そこにはぼろぼろになった西洋館がある。そこで二人の若者は一人が出入り口で待ち、もう一人が館の中に入っていくことにした。

一人の若者がその入り口を潜《くぐ》ると電気もないのになぜか異様に白く明るかった。階段を上り、二階に入ってもやはりその様相は変わらない。しかも二階の部屋に入った途端、ドアがひとりでに閉まった。彼が怯《おび》えていると、いつの間にか彼は真っ白な目をした白人の子どもたちに取り囲まれていた。それを見た瞬間男の意識は飛び、気が付けば病院に寝かされていたという。後から聞いた話によれば、外で待っていたもう一人が失神している彼を見つけ、病院に連れていったのだそうだ。そして今も、あのメリーさんの館が何だったのかはわかっていない。

六甲山にまつわる怪異の一つ。稲川淳二著『すご〜く怖い話』で紹介され、有名になったと考えられる。なぜメリーさんの館と名付けられているのかは不明。

メリーちゃん人形の怪
［めりーちゃんにんぎょうのかい］

人形にまつわる怪異。ある学校に置かれているメリーちゃん人形と呼ばれる西洋人形がある。これはかつてアメリカからこの学校に送られてきたものだが、この人形のことを二〇歳を過ぎても覚えていると早死にしてしまうという。またこの人形を夜見つめていると、目が光り夜眠れなくなってしまうとされる。

学校の怪談編集委員会編『学校の怪談スペシャル3』に、滋賀県蒲生郡《がもうぐん》の小学生からの投稿として載る。このメリーちゃん人形とは一九二七年に日米両国間の親善を目的として互いに寄贈され、日本においては全国の幼稚園や学校に配られた西洋人形、通称青い目の人形のうちの一体だと思われる（詳細は**青い目の人形**参照）。この青い目の人形の中にはメリーと名付けられたものが多くいたため、その一つが子どもたちの間で怪談化したのであろう。

【も】

もういいかい
［もういいかい］

夜道に現れたという怪異。ある少女が塾の帰り道を歩いている途中、道の両側にイチョウが並ぶ寂しい通りで「もういいかい」という可愛《かわい》らしい子どもの声が後ろの方から聞こえてきた。しかし振り返っても誰もいない。空耳かと思い再び歩《ほ》を進めると、五〇メートル程進んだところで再び「もういいかい」と声が聞こえる。気味が悪くなりそのまま早足で歩いていると、また「もういいかい」と声が。そのため「まあだだよ」と答えてみるとまた「もういいかい」という声が聞こえてきた。その後も少女は「もういいかい」と「まあだだよ」の問答を繰り返しながらなんとか家に辿《たど》り着《つ》いた。

家に入ってからはその声は聞こえなくなったため、ほっとしていつもの日常を過ごし、夜になり眠ろうとしたとき、ふとあの声を思い出して「もういいよ」と答えてみた。その途端、突然大きな音がしたかと思うと天井が裂け、そこから真っ黒な二本の腕が伸びてきた。

常光徹著『学校の怪談9』に載る。

もういいよ［もういいよ］

かくれんぼにまつわる怪異。ある五、六人の小学生が公園でかくれんぼをしていた際、一人の少女がなかなか隠れ場所を見つけられず、最終的に公園の隅に捨てられていた冷蔵庫の中に入ってしまう。するとどんなに中から開けようとしてもドアが開かない。そこへ大型ゴミ回収車が現れ、冷蔵庫は粗大ゴミとして回収されてしまう。しかしゴミ回収車が急カーブを曲がった弾みに、冷蔵庫はビルの建設現場でコンクリートに落ちて埋もれてしまった。そして冷蔵庫が埋まったままビルは完成してしまう。

しかしその後、ビルでは夜になると地下から女の子の声が聞こえるようになった。「鬼さん、もういいよ。まだ見つけてくれないの？　わたしもう疲れちゃった。早く見つけてよ」という声が。

不思議な世界を考える会編『怪異百物語5』に載る。現在ではマグネット式でドアが開閉する冷蔵庫が多いが、かつての冷蔵庫にはかけ金が付けられており、外側からドアがロックされる仕組みになっていて実際に子どもが廃棄された冷蔵庫に入って窒息死する事故も発生していた。この怪談もそういった事故から生まれたものかもしれない。

もうすぐいく［もうすぐいく］

人体にまつわる怪異。あるひとり暮らしの男性の元に電話がかかってきた。それに出てみると、聞いたことのない声で「もうすぐいく」という。しばらくするとまたかかってきて「もういる」という。怖くなってドアの覗《のぞ》き穴から外を見ると、大きな目玉がそこにいた。

不思議な世界を考える会編『怪異百物語9』に載る。**メリーさんの電話**や**リカちゃんの電話**と同じく電話をかけながら近づいてくる怪だが、自分の位置を知らせるのではなく着くまでの時間を知らせてくるようだ。しかしなぜ巨大な目玉なのかは不明。

餅じじい［もちじじい］

正月に餅を喉に詰まらせて死んだ老人が怪異化したもの。正月の夜になると口から餅を吐き出しながら徘徊《はいかい》し、道行く人を見つけると餅を吐きかけてくるという。

山口敏太郎著『日本の現代妖怪図鑑』に載る。

もっと速く［もっとはやく］

小学生ぐらいの少年の姿をした怪異で、マラソンをしている人間に後ろから近づいてはにこにこと笑いながら「もっと速く」と煽《あお》る。これに応えてスピードを上げると次第に体のコントロールが効かなくなり、凄《すさ》まじい速さで走ったまま自動車や壁にぶつかって死んでしまうという。この少年の正体は、少年が現れる現場のすぐ近くにある病院に入院している植物状態の青年で、少年の姿が近づくにつれてその顔が青年のものになっていくこともあると伝えられる。

渡辺節子他編著『夢で田中にふりむくな』に載る。

藻でおおわれた人［もでおおわれたひと］

ある男性が夜の田んぼ道を自転車で進んでいると、前方から全身が緑色の藻でおおわれている人間のような姿をしたものが近づいてきた。男性は驚いて自転車を漕《こ》いで通り過ぎたが、直後振り返るとすでに先程の人影はもうなかった。

それから数日後、今度は男性が真夜中に目を覚ますと、右肩の上の方から真っ赤な手が顔を鷲摑《わしづか》みにするかのように近づいてきていた。そこで驚いて部屋の電気を点《つ》けると、いつの間にかその手は消えていたという。

水木しげる著『妖怪目撃画談』に載る。初出は角川書店『怪』第12号。前半の藻でおおわれたような謎の人物と後半の赤い手に何か関連があるのかは不明である。

モナリザの怪［もなりざのかい］

学校の美術室などに飾られたモナリザの複製画が怪をなすという怪異で、絵の中から抜け出して人を食う、手を出してきて目の前の子どもの手や足、首などを摑《つか》む、などの現象がよく語られる。

学校の怪談編集委員会編『学校の怪談8』ではモナリザにまつわる怪異が特集されているが、他にも絵から抜け出した後に絵の中に戻った結果、体の向きが反転している、目が光る、目が追ってくる、目から血を流すなどの話が見られる。

同シリーズの『学校の怪談15』には、東京都東久留米市《ひがしくるめし》からの投稿として絵の中のモナリザの首が夜中ポロリと落ちるという話、長野県長野市からの投稿としてモナリザの絵が動いて本を読んでいる話、などが載る。

ピチ・ブックス編集委員会編『私の学校の怖い話2』では青森県からの投稿として、夜中になると図工室に掛けられたモナリザの絵の口の部分から長い舌が伸び、見ていた人間を捕まえて食ってしまうという話が載る。

『モナ・リザ』はイタリアのレオナルド・ダ・ヴィンチによって描かれた油彩画で、一九七九年東京国立博物館で開催された「モナリザ展」にて初めて日本で公開された。複製画が小学校や中学校に飾られていることが多いため、子どもたちの間でこのような怪異が語られるようになったのだろう。

物神様［ものがみさま］

四人の人間が一人の人間を囲み、呪文を唱え続けるという遊びにまつわる怪異。ある学校で五人の女生徒がこれをやったところ、囲まれていた少女が不意に気を失ったかと思うと目を覚まし、急に泣き出した。そのため彼女を皆で抱き起こすと、彼女の左右の目の縁が両方とも切れており、血があふれていたのだという。

ピチ・ブックス編集部編『私の恐怖体験』に載る。

もも子さん［ももこさん］

ある学校の体育館のトイレに出現したという怪異。

学校の怪談編集委員会編『学校の怪談11』に、愛媛県今治《いまばり》市《し》からの投稿として載る。同書によれば**トイレの花子さん**も同じトイレに出現したという。

【や】

火傷幽霊
［やけどゆうれい］

話を聞くと現れるという怪異。その話は以下の通り。一九四〇年代のこと、大火事に遭《あ》い、逃げ遅れてひどい火傷《やけど》を負って死んだ人がいた。その死体は人の形をした肉塊というような状態で、どこに目があるのかもわからないほどだった。

それからその人はその死んだときの姿で人々の夢の中に現れるようになった。そしてこの話を聞いて一週間後、この火傷幽霊は窓に鍵をかけていようと、扉が閉まっていようと関係なく現れる。

マイバースデイ編集部編『わたしのまわりの怪奇現象１０００』に載る。

夜叉神ヶ淵の怪
［やしゃがみがぶちのかい］

夜叉神ヶ淵という渓谷にまつわる怪異。あるカップルがその渓谷で車を止めた。この渓谷に落ちたものは死体も発見できないと言われる深い谷で、自殺の名所でもあった。女がその谷底を覗《のぞ》き込《こ》んでいると、いつの間にか男がいなくなっていた。彼が落ちてしまったと思った女は助けを呼ぶため近くの町へ向かうが、町の人々は彼女の元に集まってくるものの誰も話を聞いてくれない。それでどうしようかと困っていると、町の人々の中に谷底に落ちたはずの彼氏がいた。そこで女は思い出した。自分たちは二人一緒に谷底に落ちたのだと。その瞬間に彼女の意識は覚醒し、気が付くと病院のベッドにいた。あの小さな町は、夜叉神ヶ淵に落ちた浮かばれない死者たちの住む幻の町だったのだという。

久保孝夫編『女子高生が語る不思議な話』に載る。夜叉神ヶ淵という地名は調べても見つからず、架空の地名なのか実在する場所なのか不明。同じく臨死体験によって訪れることがある死者の町に**デスタウン**というものがある。

屋根に現れた顔
［やねにあらわれたかお］

昼間、窓を背に勉強していたとき、ふと視線を感じて振り返ると窓の外の屋根の上に出現していたという怪異で、人の顔のみの姿で浮かんでおり、それがものすごいスピードで飛んできたという。

不思議な世界を考える会編『怪異百物語５』に載る。

ヤマノケ
［やまのけ］

山形県と宮城県の県境の山道に出現したという怪異。肌は白く、片足と首から上がなくなった人間のような姿をしており、目や鼻など顔のパーツが胸についた奇怪な姿をしている。さらに「テン……ソウ……メツ……」という言葉を発しながら両手をめちゃくちゃに動かし、体全体を震わせて片足で跳んでくるという不気味な動きで近づいてくるとされる。また女性に取り憑《つ》く特徴を持っており、取り憑かれると人格がヤマノケに乗っ取られるのか「はいれたはいれたはいれたはいれた」「テン……ソウ……メツ……」という言葉を繰り返す、顔が不気味に変化するなどの状態に陥る。そしてヤマノケに憑かれた場合は四九日以内に追い出さねばならず、それを過ぎると一生正気に戻ることはなくなると伝えられる。

2ちゃんねるオカルト板の「死ぬ程洒落《しゃれ》にならない怖い話を集めてみない？157」スレッドに、二〇〇七年二月五日に書き込まれたものが初出と思われる。同スレッド内ではその正体は山の霊的な悪意の総称であり、ヤマノケは「魑魅《ちみ》」とも呼ばれるという話が語られている。また女性にだけ憑くのは「山だから」とのことらしい。ヤマノケの名前は「山の怪」「山の化」を表しているという説もあるが、現在のところ正確なことは不明。

やまびこ［やまびこ］

夜、山に向かって「おーい、やまびこー」と叫ぶと「だーれーじゃー」という返事が聞こえて、とてつもなく大きな怪異が追いかけてくる。この時やまびこを呼んだのが一回目、二回目であればやまびこは家の玄関まで逃げ帰れば入ってこられないが、三回目だと入ってくる。そしてその夜やまびこの夢を見て、目が覚めると目の前にやまびこの顔があり、食われてしまう。こうなるともう助かる術はないため、夜にやまびこを呼ぶのは二回までにしなければならない。

常光徹編著『みんなの学校の怪談　緑本』に、奈良県からの投稿として載る。妖怪として語られるやまびこは「山彦」「幽谷響」などと書き、かつて山へ向かって声を出したときそれが返ってくるこだま現象を妖怪視したものが主で、基本的には人間が発した言葉をそのまま返してくるとされる。しかし現代ではその現象も科学的に解明されているためか、このやまびこは言葉を返すという性質がなくなり、ただ山に潜《ひそ》む化け物として考えられているようだ。

ヤマモモもぎ［やまももももぎ］

四国地方の山中に出現したという怪異。名前の通りヤマモモを取るという怪異で、頭のない人間が背広を羽織っているという姿をしている。またこの怪異が目撃された一週間後、出現した山に飛行機が墜落したという話も伝わる。

常光徹著『学校の怪談４』に載る。

ヤマンバ［やまんば］

老婆の怪異。古来から妖怪として語られ

る山姥《やまんば》のこと。現代では主に親が子どもに対し「夜早く寝ないとヤマンバが来るぞ」、などというような形でしつけに使う例が多い。

長野晃子の論文「H君とヤマンバ―現代・都会っ子のヤマンバ―」には、長野氏が一九九九年に行った「夜いつまでも寝なかったときや、夕方暗くなっても外で遊んでいたときに、親になんと言われたか」という大学生を対象にしたアンケートで、東京都、徳島県などの複数の学生からヤマンバもしくは山姥が来るぞと言われたという回答があったことが記録されている。また筆者は北海道出身であるが、幼少時夜なかなか眠らなかったときには同じように親から「ヤマンバが来るぞ」と言われた記憶がある。

他にも同論文では実在する異様な風体の老婆が子どもたちの間で「ヤマンバ」と呼ばれていたという話が記録されており、また大学生に対する「子どもの頃、山姥はどんな存在だと思っていたか」というアンケートでは、古来の伝承や昔話に語られるように恐ろしい人喰《ひとく》い婆《ばば》というイメージを持たれていたことが記されている。これは絵本や親に聞かされた話の影響が大きいようだ。

まだ二〇世紀末には髪を白くなるまで脱色し、肌を日焼けするなどして黒くした上で部分的な着色などを加えた若い女性たちがヤマンバもしくはヤマンバギャルと呼ばれ、さらにその発展系でマンバと呼ばれる女性たちも現れた。この文化を見るに、現代でもヤマンバという存在は我々にとって身近なものなのだろう。

やみ駅［やみえき］

JR九州の久大本線《きゅうだいほんせん》もしくは鹿児島本線《かごしまほんせん》に現れたとされる駅の怪異。ある青年が福岡市から久留米市《くるめし》へと電車で向かう途中、不思議なことに自分以外の乗客が皆眠っており、そして電車は見たこともない古い鉄橋を通っていることに気が付いた。その直後に電車は陸橋の下を通り一つの駅に辿《たど》り着《つ》いたが、その駅はきさらぎ駅という名前だった。そしてその一つ前の駅はやみ駅、先の駅はかたす駅と書いてある。しかし電車はかたす駅には停《と》まらず、しばらく走った後久留米駅に着いたという。

2ちゃんねるオカルト板の「ほんのりと怖い話スレ　その71」スレッドに、二〇一一年三月二三日に書き込まれた怪異。**かたす駅**、**きさらぎ駅**についてはそれぞれ駅に降り立ったという話があるため、詳細は該当項目にて紹介している。ただしやみ駅、かたす駅の並びについてはそれぞれ日本神話における死後の世界、黄泉国《よみのくに》と根《ね》の堅州国《かたすくに》を表しているという説がある。きさらぎの漢字表記が「鬼《きさらぎ》」であるとすれば、仏教における鬼が地獄に関係が深いことを考えると、三駅とも死後の世界に関わる名前を持つ駅とも想像できる。

やみ子さん［やみこさん］

トイレに現れるという怪異。東京都のある小学校の三階トイレの入り口から三番目の個室の前に立ってドアを三回叩《たた》き、「やーみ子さん」と言うと中から微《かす》かな声で「はぁーい」と返事がある。ドアを開けると中は真っ暗で、黒いものが現れる。

この話は常光徹著『学校の怪談4』にて、東京都の小学生からの投稿が記録されている。同シリーズの『学校の怪談7』には岡山県の小学生からの投稿として、**トイレの花子さん**を呼ぶと、「私はやみ子よ」と言いながら現れ、遊んでという言葉に肯定すると闇の中に連れていかれ、否定すると殺されるという話が載る。

ポプラ社編集部編『映画「学校の怪談」によせられたこわーいうわさ』や学校の怪談編集委員会編『学校の怪談2』では、赤子を抱いた若い女性の姿をしており、トイレで自分の子どもを抱いてくれという怪異とされ、その赤子はやみ子さん、または赤子を抱いた人間が十数える間にどんどん重くなっていくという妖怪「産女《うぶめ》」のような怪異として紹介されている。また同シリーズの『学校の怪談11』では**花子さん**を見ると幸せになれるが、やみ子さんを見ると不幸になるという話も語られる。同シリーズ『学校の怪談スペシャル3』では、福井県福井市の小学生の話として、階段に一五分以上立っているとやみ子さんが現れ、足を縛られて殺されるという怪談が記録されている。

常光徹編著『みんなの学校の怪談　赤本』ではやみ子さんの誕生譚《たん》が記されており、それによればやみ子さんは**太郎くん**という少年が好きだったが、彼は花子さんと恋人同士で、ある日二人とも学校の屋上から落ちて死んでしまった。やみ子さんは太郎くんの後を追って自殺し、それから三人は学校のトイレに住み着くようになったという。また同書ではトイレのドアを閉めて「やみ子さん」と言ったらいきなり暗くなった、夕方誰もいない体育館の前を通るとやみ子さんがいて、隣に赤ん坊を抱いた女性が立っているが、このとき「赤ちゃん好きですか?」と聞かれて好きと答えると赤ん坊を渡され、一歩でも動くと赤ん坊が巨大化して食われてしまう、などの話も載っている。

闇のマリア［やみのまりあ］

ミッション系の学校で夜になると歩き回るという怪異。少女の怨念の塊から生じた怪異で、キリスト教で言うマリア様とは別物だという。

マイバースデイ編集部編『わたしの学校の七不思議』に載る。同著者の『心霊体験大百科』では白いドレスを着て、白いベールを被《かぶ》った美人であるとされている。

闇夜の井戸［やみよのいど］

北海道松前郡松前町《まつまえぐんまつまえちょう》にある松前城に設置

された古井戸にまつわる怪異で、この井戸は現在コンクリートで蓋《ふた》をされているが、以前は月のない夜に井戸の底から「苦しい……苦しい！」という呻《うめ》き声が聞こえてきたと伝わる。これはかつて、この城で素行不良の主を戒《いまし》めようとして主の失脚を狙う他の家来たちにこの井戸に投げ込まれて殺された、丸山久治郎《まるやまきゅうじろう》という武士の怨念によるものなのだという。

平野威馬雄《いまお》著『日本怪奇物語』に載る。またウェブサイト「北海道松前藩観光奉行」では井戸に落ちて殺されたのは大沢多治郎《おおさわたじろう》兵衛《べえ》であるとされている。

八幡の藪知らず［やわたのやぶしらず］

千葉県市川市《いちかわし》の国道一四号線に面する小さな森にまつわる怪異。小さな鳥居の後ろに広がるこの森は、足を踏み入れたら二度と出ることができなくなると言われている。

少なくとも江戸時代から伝えられている伝説。市川市のホームページによれば、この場所が禁足地となった理由は諸説あり、「日本武尊《やまとたけるのみこと》が陣所とした跡だから入ってはいけない」「葛飾八幡宮《かつしかはちまんぐう》を最初に勧請《かんじょう》（神仏の分霊を他の場所に移して祭る）した神聖な土地だから入っていけない」「平将門《たいらのまさかど》が朝廷軍と戦ったとき、将門軍の鬼門《きもん》に当たった場所が不知森《しらずもり》だった」「平将門平定《へいてい》の折、平貞盛《たいらのさだもり》が八門遁甲《はちもんとんこう》（占星術によって吉凶を占い、周囲の目をくらまし身を隠す妖術）の陣を敷いたが、平定後もここにだけ将門軍の死門（あの世への関門）の一角を残したので、この地に入ると必ず祟《たた》りがある」「この話を聞いた徳川光圀《とくがわみつくに》（水戸黄門《みとこうもん》）が馬鹿げた話だと藪《やぶ》に入ったところ、白髪の老人が現れ『戒《いまし》めを破って入るとは何事か、汝《なんじ》は貴人であるから罪は許すが、以後戒めを破ってはならぬ』と告げた」という説が紹介されている。

【ゆ】

遺言ビデオ［ゆいごんびでお］

インターネット上に伝わる怪異。フリークライミングを趣味としていた会社員がクライミング中の滑落事故により亡《な》くなった。その人物と家族ぐるみで仲よくしていた同僚の男性は、事故の半年前に彼に頼まれて家族へと残すためのメッセージビデオを撮っていたため、死後一週間ほど経《た》ってからそれを遺族に見せることにした。そのビデオは、白い壁を背景にして撮影され、彼が残された家族への謝罪と励ましの言葉を話している映像だけが録画されているはずだった。

しかし、実際はDVDを再生した瞬間に異変が起こり、ヴーという奇妙な音が響くとともに、一〇秒ほど真っ暗な画面が映り続け、その後その黒い画面の中に亡くなった男性が映り、話し始めた。彼は初めは家族への感謝の言葉を語っていたが、その間もヴーという雑音は止まらない。その上、男性の言葉が自身の父や母、友人へのメッセージに至ったところで断末魔のような声を上げ始め、娘や自身の父を呼びながら死にたくないと叫び、そして映像は唐突に終わった。しかも映像の最後には暗闇の端から男性の腕を摑《つか》んで引っ張っていく様子が映されていた。

その翌日、DVDはビデオを撮った同僚の手で近所の寺に持ち込まれたが、その寺では処分が不可能であることを告げられ、浄霊してくれるという場所を教えてもらって赴いた。そこの霊媒師によると、男性はビデオを撮った時点で完全に地獄に引っ張り込まれており、何で半年永らえたのかわからない、本来ならあの直後に事故に遭《あ》って死んでいたはずだと言われたという。

2ちゃんねるオカルト板の「死ぬ程洒《しゃ》落《れ》にならない怖い話を集めてみない？243」スレッドに、二〇一〇年六月二四日に書き込まれた怪異。「生前のビデオ」という題名で紹介されていることも多い。

ゆう子ちゃん ［ゆうこちゃん］

ある小学校に伝わるという怪異。かつて、この学校に通うみつ子とゆう子という姉妹がおり、仲がよく、休み時間や登下校の際はいつも二人でいた。そんなある日、妹のゆう子がトイレに行きたいと言い出したため、みつ子は校舎一階のトイレの一番奥の個室に彼女を連れていき、そこで用を足させた。しかし足を滑らせたゆう子がその便所に嵌《は》まってしまい、急いで助けを呼んだが間に合わず、ゆう子はそのまま便所の中へ落ちてしまった。救急隊員が到着した頃にはすでにゆう子は溺《でき》死《し》していた。

それ以来、この一階の女子トイレの一番奥の個室を五回ノックし、「ゆう子ちゃん」と呼ぶと「助けて！」という声が聞こえるようになったという。

花子さん研究会編『トイレの花子さん』に、大阪府の中学生からの投稿として載る。また同シリーズの『トイレの花子さん5』では、埼玉県の小学校の怪談の中でトイレの花子さんの妹の「ゆうこさん」がいるという話が紹介されている。さらに松岡 錠《じょう》司《じ》他著『トイレの花子さん』では花子さんの家族は一家心中しているとされ、その中で花子さんの妹として推定六歳のゆう子という少女について記されている。

学校の怪談編集委員会編『学校の怪談11』にも、東京都新宿区からの投稿として学校のトイレのドアを三六回叩くと花子さんとその妹のゆう子さんが出るという話が載る。

U先生〔ゆーせんせい〕

ある幼稚園に現れたという怪異。当時この人物の管轄するクラスに在籍していたという女性の話によれば、見た目は普通の人間と変わらないが、「光の誓い」という幼稚園児が歌うには難しい歌詞と暗い音程の歌を好んで歌わせる、園児たち一人一人に藁《わら》人形を作らせ、遠足の際に神社の鎮守の森の奥にある真っ黒な三本の木に金槌《かなづち》で藁人形を打ち付けさせ、その後前述した「光の誓い」を歌わせる、といった奇怪な行動を見せたという。そしてその遠足の数日後にはU先生の姿は幼稚園のどこにもいなくなっており、女性が他の園児や保育士に聞いても居場所がわからず、そしてどのアルバムを見てもU先生の姿は消えていた。その後幼稚園においてU先生の噂《うわさ》をすることが禁止されたという話が語られ、そして女性によって最後にU先生の本当の名前は「うでちぎり」だったことが明かされる。

2ちゃんねるオカルト板の「死ぬ程洒《しゃ》落《れ》にならない怖い話を集めてみない？305」スレッドにて、二〇一二年一一月六日に語られた怪異。怪談が紹介される際には話中に出てくる歌「光の誓い」がタイトルとして使われることが多い。U先生が姿を消した後の園児の反応はさまざまで、覚えていない者もいれば幼稚園を辞めたと話した者もいたという。また他の保育士はそもそもU先生を知らなかったと思われる描写もある。他にも写真に写らない、遠足の後園児たちが何人も病気になったり怪我《けが》をしたりする、そして怪談の最後に明かされるその奇妙な名前など、U先生が人ならざるものであったことを示唆《しさ》する情報は語られるものの、その正体は不明のまま怪談は終わっている。

Uターンジジイ〔ゆーたーんじじい〕

首都高に現れるという怪異で、その道路のある区間を走っていると、横をものすごい速さで走り去っていく翁《おきな》がいる。しかもこの老人は、一度車を抜き去ってからまたUターンして戻ってくるという。

渡辺節子他編著『夢で田中にふりむくな』などに載る老翁《ろうおう》の怪。同じく首都高に出現する怪異として**ダッシュババア**とともに語られることもある。また山口敏太郎著『ホントにあった呪いの都市伝説』では、愛知県の入鹿池《いるかいけ》の水中から出現するとされ、近くを走っている車を追い抜いてUターンを仕掛けてくるのだという。

幽霊〔ゆうれい〕

古くから語られる怪異。死んだ人間が生前の姿、もしくは死亡した際の姿で生きた人間に観測できる状態で現れるもの。一般に生霊ではなく死霊を指す。

現代の怪異譚の中では、恐らく最も語られる話が多い怪異であり、また数多くの怪異の正体がこの幽霊とされている。この項目では総称としての幽霊について解説する。
死に装束を身に付けた足のない人間、という姿が有名だが、これは近世において演劇や絵で幽霊を表現する際の記号として使われたものであり、民間伝承に現れる幽霊の場合は時代を問わず足があることも多い。近年では**テケテケ**や**カシマさん**など、物理的に足を損失している怪異が幽霊と語られることがあり、稀《まれ》に足だけで現れる幽霊の話もある。他にも腕だけ、顔だけ、という姿で現れる幽霊の話や、声や気配だけの姿が見えない状態で現れる話もあり、現代では幽霊は必ずしも死んだ人間が生きていた頃の姿で現れるとは限らず、その怪異の正体が人間の死者である、という場合には幽霊と呼ばれる場合が多いようだ。

一般的な日本語として定着している言葉だが、その歴史は平安末期にまで遡る。諏訪春雄著『幽霊とは何か』（小松和彦編『怪異の民俗学6　幽霊』収録）によれば一〇八七年から一一三八年にかけて記された藤原宗忠《ふじわらのむねただ》の日記『中右記《ちゅうゆうき》』において、一〇八九年の条にて死者の霊魂を呼んだものが日本における幽霊の最初の用例だとされている。また言葉自体は元々中国で使われていたものであり、諏訪氏の『日本幽霊学事始』（河合祥一郎編『幽霊学入門』収録）によれば、五世紀頃に成立した『後漢書《ごかんじょ》』にすでに用例が見られるという。

『中右記』に描かれた幽霊は生前の姿のまま人前に現れたとは語られておらず、死者が生前の姿で可視化して現れるのが一般的になるのは、近世以降となる。ただし中世以前に可視化した死者がいなかったかといえばそうではなく、幽霊とは語られていないが、古くは奈良時代の『古事記《こじき》』や『日本書紀《にほんしょき》』では伊耶那美命《いざなみのみこと》が死後の姿で夫であった伊耶那岐《いざなぎ》の前に現れた話が記されているし、平安初期に書かれた『日本霊異記《りょういき》』では、中国の『幽明録《ゆうめいろく》』の翻案として生前の姿を表す人間の死者の霊が描かれている。

しかし高岡弘幸著『幽霊　近世都市が生み出した化物』によれば、中世までの死者の霊との交信方法は、特殊な能力を持った宗教者を通して口寄せなどによって行うものが一般的であったという。

次に、同書を参考に近世の幽霊観の変遷を解説したい。近世に入り都市化が進むと、仏教の布教に伴う民間宗教の排斥《はいせき》や、貨幣《かへい》経済の発達に伴う人々の合理化などの要因により、そういった口寄せや占いへの信頼性が失墜し、人々は自分自身の目で幽霊の善悪を判断しなければならなくなった。さらに中世の頃からすでに能や狂言といった演劇においては人の姿で現れる幽霊は描かれていた。これらのことが、幽霊の可視化を発達させることになったという。

近世、特に都市部で語られる幽霊は、宗教者ではない普通の人々の目にも普通に見える存在で、近世初期における幽霊は、恐ろしい存在を指すのではなく、親しい人に別れを告げるために現れるなど、人に危害を加えない善霊や、善悪の判断が付かない霊に対し使われており、悪霊の類は「死霊」「怨霊」などの言葉で呼ばれ、姿も生前の人間の姿とは限らず、蛇や鬼の姿に変化するものであったという。

これが変化したのは一八世紀の半ば頃で、この頃には怨みを持って現れ、人に害をなす霊が幽霊と呼ばれるようになったことが指摘されている。また一八世紀の後半には足のない幽霊の絵が描かれるようになったことも確認されている。他にも近世では歌舞伎において『東海道《とうかいどう》四谷《よつや》怪談《かいだん》』をはじめとした怪談ものとして幽霊が頻繁に登場することになり、民間伝承の中でも数多くの幽霊たちが語られるようになった。

近代に入ると幽霊の地位はより大きなものとなった。近世では現在で言う幽霊、妖怪の上位概念として「化物」という言葉が使われていたが、明治時代以降は妖怪と幽霊はそれぞれ別物として考える傾向が強くなった。また科学の発展に伴う近代化、合理化はそれらの存在を否定するものであったが、この事典を読めばわかる通り、それによってこの国から怪異が消えることはなかった。特に幽霊に関しては、近世以上に大きな立場が与えられることになった。

近代においても文学作品や映像作品、民間伝承の中で語られた幽霊の例は多い。柳田國男が『妖怪談義』の中で幽霊は複雑化した生活内情の元に発生しやすく、噂は絶えず、信じて恐れおののく者も出てきている、と語っているように、この時代は妖怪よりも幽霊の噂が盛んに語られていたようだ。戦時中には遠方から自分の死を知らせるために現れる幽霊の話も盛んに語られていた。

また明治時代には欧州より心霊主義や心霊科学の思想が流入した。死後の霊魂の存続や死後の世界を前提とし、死者との交流を積極的に行うこの思想は、日本の幽霊観にも大きな影響を与えたと思われる。また京極夏彦著『妖怪の理　妖怪の檻』では心霊科学の後ろ盾を得たことが、「幽霊は前近代的なものである」という評価を免れることができ、生き残ることができたのではないかと考察されている。

そしてこの心霊主義、心霊科学は一九六〇年代から七〇年代にかけて、日本の幽霊観に対しさらに大きな影響を及ぼすことになる。七〇年代は現在ではオカルトブーム、心霊ブームなどと呼ばれているが、この時代に活躍した漫画家つのだじろうやドキュメンタリー作家の中岡俊哉、放送作家の新倉イワオは心霊科学に造詣が深く、自身の作品に心霊主義、心霊科学で使用されていた用語を使用した。そういった影響もあってメディアを通してそれらの言葉が広まり、心霊主義、心霊科学を離れて通俗的にさまざまな言葉が使用されるようになった。現代では一般的になった**守護霊**、**地縛霊**、**動物霊**、**心霊写真**といった言葉も、元々は心霊主義で使われていた言葉である。このように現代に入り、幽霊はさらなる多様性を獲得していった。

またこの時代に起きた大きな変化として、**霊感**の登場がある。前述したように、近世以降の幽霊は基本的に人間の目に見えるものであった。つまり生前の姿で現れる死者、という存在が幽霊という言葉で語られていた。しかし霊感の登場により、霊感がなければ幽霊は見えない、という考え方が普遍的なものになった。その一方で、どんな人間の目にも見える幽霊の存在も数多く語られている。詳しくは霊感の項目を参照されたい。

八〇年代以降には、心霊映像の登場や日本産のホラー映画の発展により、日本の幽霊はさまざまに描写されるようになった。白いワンピースを着た長髪の幽霊、という幽霊の描かれ方が増大したことを考えると、映画『リング』の貞子《さだこ》が現在の幽霊観に与えた影響は大きなものがあるだろう。

そして幽霊の存在は、二一世紀を迎えて久しい現在においても盛んに語られている。今後も彼らの活躍に期待したい。

ゆうれいおばば［ゆうれいおばば］

ある学校のトイレの四番目に四時四四分四四秒に入るとこの怪異が現れ、殺されるという。

学校の怪談編集委員会編『学校の怪談6』に載る。

幽霊自動車［ゆうれいじどうしゃ］

昭和初期の頃、タクシーの運転手たちの間で「幽霊自動車」という怪異の噂《うわさ》が広まっていた。深夜に東京でタクシーを流していると、運転手の乗っていない無人の自動車とすれ違うことがある。これが噂の「幽霊自動車」で、これに出会った運転手は必ず二、三日中に事故を起こしてしまうのだという。これを恐れた当時のタクシー運転手たちの間では、魔除《まよ》けとしてバックミラーなどに人形をぶら下げるようになったらしい。

池田彌三郎著『日本の幽霊』に、一九三〇、三一年頃の話としてこの怪談が語られている。また松谷みよ子著『現代民話考3』には、これに出会うと事故を起こすのではなく、気を失ったという話も載る。

幽霊授業［ゆうれいじゅぎょう］

廃校にまつわる怪異。ある定年退職間近の教師がいた。その教師はまじめだが気が弱く、生徒たちにもあまり頼りにされていなかった。そんな彼がある夜、何年も前に使われなくなっていた廃校に向かって歩いていた。それを見た同僚の女教師が不思議に思って彼についていくと、驚いたことに教室には生徒がおり、その教師は彼らに向かっていつもとは打って変わってうきうきと授業をしている。女性教師がその教師に向かい、廃校を勝手に使って授業をしていることを咎《とが》めると、教師は「ここの生徒たちは私の授業を集中して聞いてくれる。こんなに嬉《うれ》しいことはないね」と言った。生徒たちもそれに同調し、「先生に文句を言うやつは僕らが許さない」と一斉に女性教師に向かって襲いかかってきた。彼女は必死になって逃げ、校門を出ると、もう生徒たちは追っては来なかった。彼らは校門の外へは一歩も足を踏み出せなかったのだ。

女性教師はすぐに警察を呼んだが、彼らが駆け付けたときにはそこはもうただの廃校に戻っていた。残っていたのは、荒れ果てた床の上に落ちた一枚の写真。そこには生徒たちとあの教師の姿が写っていた。後日わかったことではその学校は一〇年も前に火事で焼け、その際に多くの生徒が亡《な》くなって廃校になっていたのだという。そして、あの夜以来廃校で授業を行っていた教師の姿を見たものはいない。

不思議な世界を考える会編『怪異百物語1』に載る。

幽霊電車［ゆうれいでんしゃ］

かつて東京都で運行していた玉川《たまがわ》電車（現東急玉川線）にまつわる怪異。終電車がとっくに出てしまったある真夜中、渋谷《しぶや》区の玉川電車の線路上に一人の女性を乗せた電車が現れ、それは安全地帯に着くや否《いな》や消えてしまったという。

この話は今野圓輔《こんのえんすけ》著『日本怪談集　幽霊篇』に載る。また幽霊電車と呼ばれる怪異は他にも記録されており、常光徹著『学校の怪談3』には、真夜中にこれから死んでいく人々を乗せて走る幽霊電車と呼ばれる怪異がある他、不思議な世界を考える会編『怪異百物語10』や、常光徹他編著『魔女の伝言板』には、線路もない場所をこれから死んでいく人々を乗せた電車が走っていく怪が幽霊電車と呼ばれている。この話では幽霊電車を見ると一週間以内に死んでしまうという。

幽霊屋敷［ゆうれいやしき］

ある幽霊が出ると噂《うわさ》の廃墟《はいきょ》にまつわる怪異。その家ではかつて一家が皆殺しにされた殺人事件があり、その家族の亡霊が今も廃墟の中を彷徨《さまよ》っているのだという。そんな廃墟を一人の男がビデオカメラを持って訪れた。男は「お邪魔します」「随分古い家ですね」「二階もあるんですね」などと虚空《こくう》に向かって話しかけながら家の中を一周し、そして自分の家へ帰ってそのテープを再生した。すると、誰もいないはずの廃墟にも関わらず、男の声に反応するように「はい」「そうですね」「ありがとうございます」などと返事をする女の声が入っている。男が寒気を覚えながらそれを見ていると、最後にその廃墟から出ようと「お邪魔しました」と口にした瞬間、一段と低い声で「ちょっと待て」という声が混入していた。

舞台は廃墟以外にも廃病院や洋館とされることが多い。全国各地に伝わる怪異で、ビデオテープや録音テープに廃墟に侵入した人間の言葉に応える形であるはずのない声が混入しているという展開で語られる。また家の中のものを持ってきてしまったためにテープの再生が終わった後電話がかかってきて、それを返せという内容の言葉を浴びせられるパターンもある。

幽霊ラーメン［ゆうれいらーめん］

ラーメン屋にまつわる怪異で、幻のラーメン屋などと呼ばれることもある。地味な店づくりながら抜群にうまいラーメン屋を見つけるが、翌日そこに行っても店があった場所は廃墟《はいきょ》になっている。そしてその廃墟には、昨日置いていったラーメン代がそのまま置いてあったという。

怪談実話収集委員会編『オンナのコたちが語り伝える恐怖のホラー怪談』などに載る。

雪女［ゆきおんな］

二月の寒い日、福島県のある中学校の非常階段に吹雪《ふぶき》の中現れたという怪異。二人の女生徒が夜、学校から帰ろうとしたとき、雪の中で非常階段に一人の女性が立っているのが見えた。そこで二人が声をかけると、女性は滑り降りるようにして階段を降りてきて一言、雪の中から響くような声で「寒い」と言った。そのため女生徒たちが傘を貸そうとすると、なぜか再び階段を上っていって「もっと寒いのよ」と言って笑い始めた。

その途端吹雪がひどくなり、その中でも笑い声を上げ続けているため不気味に思った二人はこの女性を置いて帰ろうとしたが、今度は女性は「待って、置いていかないで」と言い、振り返ると雪の中に浮かび上がるような白い顔が見えたという。

それに恐怖した二人が走って逃げようとすると、雪女はすごい勢いで追いかけてきたが、二人が無我夢中で校門まで辿《たど》り着《つ》くとやがて雪は弱くなり、何とか逃げ切ることができたという。

その正体はかつてその非常階段で雪の日に飛び降り自殺をした女性教師であったと伝えられている。

花子さん研究会編『トイレの花子さん4』に載る。生徒が話しかけると、雪の中の中に響くような声で「寒い」「もっと寒いのよ」と囁《ささや》いたり、吹雪の中で笑い続けていたりしたという。

雪女は古くから伝わる妖怪の一種。さまざまな伝承や妖怪を描いた絵画に登場している。現代では他にも学校の怪談に登場した例もあり、学校の怪談研究会編『日本国縦断　学校のこわい話』には北海道の中学校の話として、その学校に青森県から転校してきた色白の少女が実は雪女であったという話が記されている。

また平野威馬雄《いまお》著『日本怪奇物語』には、群馬県利根郡月夜野町《とねぐんつきよのまち》（現利根郡みなかみ町）石倉《いしくら》の上牧温泉《かみもくおんせん》にて、かつてある旅館に雪女が出現するようになったためその旅館は閉館してしまったという話が載る。その目撃談によれば夜中の二時頃、梅の間の戸を叩《たた》き「この雨戸をちょっと開けてください」というため、開けてみるとそこに屍《し》蠟《ろう》のような女が立っていたとされる。

他にも同書には一九六四年、長野県諏訪《すわ》郡永明村《ぐんえいめいむら》（現茅野市《ちのし》）に現れた雪女の話も載り、それによれば村に住んでいたある兄弟が村の寄り合いの帰りに、見知らぬ若い女から用を足したいので子どもを抱いてくれないかと尋ねられ、弟の方がそれに同意し子を抱いていたが、女性はなかなか戻ってこない。それで兄が代わって子を抱いていると、その子がぐずりだし、さらに「重ねて申し訳ございませんが、私に代わってその子を育てて下さいませんか……お願いいたします」という女の声が聞こえ、青白い火の玉が二人の間をよぎって消えた。

それで不思議なこともあるものだと二人が家へ帰ると、兄の子が井戸に落ちて死ぬという事件が起き、我に返った兄が腕に抱いた子を見るとそれは雪の塊に変わっていたという。

ゆきこさん ［ゆきこさん］

トイレに現れるという怪異。長野県のある小学校で女子トイレの右から三番目の戸をノックし、「ゆーきーこーさァーん」とゆっくり呼ぶと、誰もいないトイレから「はァーい」と可愛《かわい》らしい声が返ってくるという。

常光徹著『学校の怪談』に**トイレの花子さん**の類例として載る。

ゆきちゃん ［ゆきちゃん］

人形にまつわる怪異。ある女性の携帯電話にゆきちゃんと名乗る謎の人物から「私、ゆきちゃん。今日、いっしょに遊んで楽しかったね。あなたのお家《うち》の近くに昨日、引っ越してきました。今度、またいっしょに遊ぼうね」というメールが届いた。そんな人物に覚えはなかったが、その日以来ゆきちゃんから「今日は雨。雨の日は嫌い。だって痛くなるの」「いっしょに遊びたいのに、足が痛くて、動けないの」「あなたは足があるから、テニスもできるし、どこへでも行けていいね。私は歩けないから、遊びに来てね」といったメールが頻繁に送られてくるようになった。そして最後に「あなたがうらやましい。私も足がほしい。ゆきちゃん」というメールが来て、その日のうちに携帯電話に着信があった。

非通知からかかってきたその電話に出てみると、「私、ゆきちゃん。きっと、あなたの足を取りにいくから」という声が聞こえ、電話が切れた。薄気味悪いと思ったが、いたずらだろうと深く考えずに用を足すため近くのトイレに寄ったところ、その個室のトイレットペーパーの上にピンクのワンピースを着た人形が座っていた。その人形は女性が昔遊んだ着せ替え人形によく似ており、じっと見つめていると一瞬その眼《め》が動いて女性を見た。そして「……私、ゆきちゃん……足……ほしいあなたの、足……ほしい……」という声が聞こえてきた。パニックに陥った女性がその人形を床に落とすと、片方の足がもぎ取れるように飛んで側に転がった。女性はひどく恐ろしくなり、急いでそのトイレを後にして家へ帰った。

家では、母親が何やら押し入れを片付けていた。女性の帰宅に気付くと、母親は一つの人形を女性の前に置いた。それを見て彼女は思い出した。それは小さい頃に足が取れてしまったからもういらないと仕舞い込んでいたゆきちゃんという名前の人形だったのだ。そしてその片足が外れた人形は、女性の方を見上げてにやりと笑った。

　怪談実話収集委員会編『オンナのコたちが語り伝える恐怖のホラー怪談』に見える怪異。人形が復讐《ふくしゅう》のために電話をかけてくるという点では**メリーさんの電話**や**リカちゃんの電話**を思わせる。

雪虫の祟り［ゆきむしのたたり］

　雪虫を一〇〇回殺すと、口からその虫が出てきてオレンジ色の血を流して死亡するという。

　学校の怪談編集委員会編『学校の怪談4』に、宮城県牡鹿郡《おしかぐん》からの投稿として載る。雪虫とは北海道や東北地方に見られる白く小さな虫。秋と冬の間に現れる昆虫で、冬の訪れを伝える昆虫としても親しまれている。

指数え［ゆびかぞえ］

　雨が降っている満月の夜に布団《ふとん》の中で指を数えると、指がどんどん減っていくという怪異。

　久保孝夫編『女子高生が語る不思議な話』に載る。常光徹編『みんなの学校の怪談　緑本』にも同様の怪異が載る。

　またマイバースデイ編集部編『わたしのまわりの怪奇現象1000』では夜、暗い部屋の中で足の指を数えるとたまに六本になっているという逆に指が増える現象が語られている。

ユミコさん［ゆみこさん］

　話を聞くと現れるという怪異。その話とは、以下の通り。ある高校で、ユミコといういじめられっ子が自殺をした。そのユミコさんの葬式の三日後、生前にユミコさんと一番親しく付き合っていた女生徒が、高校のトイレの洗面台で手を洗っていると鏡の中でユミコさんが後ろを横切った。そのため思わず女生徒はいつもの調子で声をかけてしまったが、直後に彼女はもうこの世のものではないことに気が付き、さらに体が金縛りに遭《あ》ってしまった。そのため彼女が「ユミコ、お願い成仏《じょうぶつ》して」と三度唱えるとやがて金縛りが解け、体が自由になった。

　彼女はそのことをクラスの友人に話したが、満足に取り合ってはもらえなかった。しかしその三日後、彼女の話を聞いた友人たちもまたユミコさんの姿を見るようになった。そしてその度に彼女たちは金縛りを体験した。

　そう、ユミコさんは彼女の話を聞いた者の元に現れるのだ。そしてもし彼女が現れ、金縛りに遭ってしまった場合には、ユミコさんの名前を三回唱えなければならない。

　学校の怪談研究会編『日本全国縦断　学校のこわい話』に載る。

ゆみ子さん［ゆみこさん］

トイレに現れるという怪異。トイレでゆみ子さんの名前を三回呼ぶと、「な～に」と返事が聞こえる。そしてその日から変なことが起きるという。

学校の怪談編集委員会編『学校の怪談11』に、愛媛県宇摩郡《うまぐん》（現四国中央市《しこくちゅうおうし》）からの投稿として載る。また同書には**トイレの花子さん**の妹としてゆみ子さんがいるという話も語られている。

夢と違う［ゆめとちがう］

夢にまつわる怪異。ある女性が夜に帰宅途中、後ろから付けてくる男がいた。怖くなって急いで家に帰ろうとすると、男はすぐ後ろに立っていて斧《おの》を自分に振り下ろそうとしていた。そこで女性は目を覚まし、それが夢だったことを知った。

それから数日後、女性が仕事から帰る途中、今度は本当に男に付けられた。そこで夢のことを思い出した女性は母親に電話をして迎えに来てくれるよう頼み、そして待っている間近くのコンビニで雑誌を立ち読みしていることにした。すると急に視線を感じ、顔を上げるとあの男がガラス越しに自分を見ている。男は女性を睨《にら》み付け、吐き捨てた。

「夢と違うことするなよ」

最後に男が話す言葉は「夢と違うことすんじゃねえよ」「夢と違うじゃねえか」などのバリエーションがある。また被害者となる女性も女子高生、OLなどと幅がある。

ただ夢の中で変質者に追われる恐ろしい思いをする、その数日から数年後に夢と同じ場面に現実で出くわす、夢を思い出して夢とは別の行動を取る、最後に変質者が「夢と違う」という内容の言葉を発する、という部分は共通している。常光徹他編著『走るお婆《ばあ》さん』によればこの話はテレビ朝日編『本当にあった怖い話』などの影響で一九九一年頃から流行《はや》り出したと思われるとあるが、それから二〇年以上経《た》った現在でもいまだ都市伝説の定番として語られ続けている。

夢の川［ゆめのかわ］

川にまつわる怪異。子どもが大きな川を見つけ、そこでザリガニ取りをしたところ、たくさん獲《と》れた。そこで一週間後またそこに向かおうとしたが、川はいくら探しても見つからなかったという。

不思議な世界を考える会編『怪異百物語4』に載る。

夢のダルマ［ゆめのだるま］

徳島県で語られていたという怪異。夢の中に大きなダルマが出てくることがある。このダルマは「にらめっこしましょ、あっぷっぷ」とにらめっこを挑んでくるが、ここで負けずに睨《にら》み返し、睨み勝つことができればダルマは逃げていく。しかし負けてしまうとダルマのような姿にされてしまうという。

常光徹著『学校の怪談3』に載る。にらめっこを挑んでくるのは童謡「だるまさん」に由来すると思われる。

【よ】

妖怪給食婆［ようかいきゅうしょくばばあ］

千葉県市川市《いちかわし》のある小学校に出現するという老婆の怪異。その小学校にある坂道の色の変わった部分を踏むと、この妖怪給食婆が出現して害をなす。この老婆はかつて不幸な死に方をした給食のおばさんの幽霊が、妖怪化してしまったものなのだという。

山口敏太郎著『ホントにあった呪いの都市伝説』に載る。

妖怪ゴリゴリ［ようかいごりごり］

ある小学校に現れるという怪異で、廊下に立たされている児童の元に現れてガミガミと叱るという。またその学校の先生の一人に片思いをしているらしい。

常光徹著『新・学校の怪談4』に、東京都からの投稿として載る。

妖怪バタバタ［ようかいばたばた］

東京都の小学校に出現するという怪異で、その名の通り夜中にバタバタと足音を立てて走り回るという。また走るのを邪魔したりうるさがったりすると喰《く》われてしまうと伝わる。実際にその怪異を見た人間の証言によれば長い髪を伸ばしたガリガリに痩せた姿をしており、年齢や性別は不詳で、目はつり上がり口は巨大であったとされる。

花子さん研究会編『帰ってきたトイレの

花子さん』に載る。

妖怪ヤカンおじさん［ようかいやかんおじさん］

片手に大きな薬缶《やかん》を持って灰色のジャージを着た中年男性という容姿をしている怪異。自転車よりも早く走ることができ、追い付いた人間の頭から薬缶に入ったお湯をかけるのだという。

天堂晋助著『都市伝説百物語』に載る。そこにある話では用務員室にそのヤカンおじさんがいたというオチがついている。ただその学校の用務員が怪異の正体だったのか、それともヤカンおじさんが用務員室に居座っていたのかはわからない。

妖怪よつんばい［ようかいよつんばい］

深夜、バイクを追いかけてくる怪異。

常光徹他編著『ピアスの白い糸』に**首なしライダー**の類例として名前のみ載る。名前からして**四《よ》つん這《ば》い女**の類か。

葉子さん［ようこさん］

ある学校の一年一組にいるという怪異で、花子さんの妹だという。

常光徹著『新・学校の怪談5』に右の情報のみ載る。

よさく［よさく］

山梨県のある学校に出現するという怪異。木を切り倒す霊であるため斧《おの》と鋸《のこぎり》を持っており、放課後に廊下を歩いている子どもに向かって「そこを歩くと足を切るぞ」と言う。これに対しては「足を切るな。木を切れ」というと森へ行ってしまうとされる。

常光徹編著『みんなの学校の怪談 赤本』に、大阪府からの投稿として載る。この怪異の元になっているのは北島三郎の楽曲「与作《よさく》」だと思われるが、「ヘイヘイホー」とは言わないようだ。

ヨシオくんの木［よしおくんのき］

ある小学校に生えているという不思議な木にまつわる怪異。かつてサッカーが好きだったヨシオという名前の少年がいたが、彼はもうすぐ四年生になるという頃に原因不明の高熱が数日間続き、治療の甲斐《かい》なく死んでしまった。それから彼の両親が学校を訪れ、サッカーボールを寄付するとともにある一本の木をサッカーの練習が見えるところに植えてほしいと頼んだ。かつてのヨシオのサッカー仲間たちはその木を彼だと思いながら練習し、毎日木に向かって話しかけたり、撫《な》でたり、軽く叩《たた》いたりした。そのためいつの間にかその木は「ヨシオくんの木」と呼ばれるようになっていった。

木はすくすくと育ち、やがて幹の太い立派な木となった。そんなある秋の日、サッカー仲間の一人が人の顔の形をした木のコブを見つけ、他の皆もこの顔はヨシオだと確信した。校庭に人面木があるという話はたちまち全校に広がり、低学年の子どもたちは怖がって近寄らないようになったが、ヨシオのサッカー仲間たちはいつもわざとその木の側で楽しそうに振る舞っていた。

不思議な世界を考える会編『怪異百物語8』に載る。かつてのサッカー仲間はもう小学校を卒業してしまっただろう。だがヨシオ君は大木となって、今でもまだ校庭でサッカーを楽しむ子どもたちを見つめているのかもしれない。

四次元ババア【よじげんばばぁ】

ある学校に出現し、人を鏡の世界へ攫《さら》ってしまうという老婆の怪異。もし四次元ババアが現れたら「四次元の世界へ帰ってちょうだい。あとから、わたしもいくわ」と言うとよいらしい。

常光徹編著『みんなの学校の怪談　赤本』に載る。同書には四月四日四時四四分にトイレに立っていると洗面器から水が流れ、それを見ると四次元ババアに四次元の世界へ連れていかれてしまうという話も載る。またその名前や性質の類似点からか**四時ババア**と同一視されることも多い。同シリーズの『学校の怪談6』には、四年四組の黒板に大きな丸を描き、四月四日の四時四四分四四秒に円の中心に右手を置くと四分間右手がそこから離れなくなるか、もしくは丸の中から四次元ババアが出現し、右手を引っ張って子どもを異次元に連れ去るという話が記されている。また学校の怪談編集委員会編『学校の怪談13』には、四時から五時の間、誰もいないトイレで左から三番目の個室のドアをノックすると「四次元ばばぁ」が出現するという話が載る。花子さん研究会編『トイレの花子さん』には茨城県のある学校に伝わる話として、四月四日午後四時四四分にトイレに入り、四四秒ちょうどに水を流すと四次元ババアが出現するという話が載り、またこれと実際に出会った少年の目撃談として手に鈴を持ったボサボサの髪の老婆がトイレのドアの窓に映し出されたと記されている。

よし子さん【よしこさん】

ある学校のトイレに出現し、ドアを開かなくするという怪異。

学校の怪談編集委員会編『学校の怪談11』に、埼玉県熊谷市《くまがやし》からの投稿として載る。この学校には他にも**トイレの花子さん、太郎くん、次郎くん**が出るという。

四時ババア【よじばばぁ】

トイレに現れるという怪異で、「四時ババ」ともいう。大阪府牧方市《ひらかたし》のある小学校で四月四日午後四時四四分四四秒にトイレのドアを四回叩《たた》くと四時ババアが出てきて何もないところへ連れていかれる。

この話は常光徹他編著『魔女の伝言板』に載る。この怪異は全国に流布《るふ》しているようで、同書では他にも血だらけの老婆である、水度《みと》神社という神社に四時ばばあの絵がかけてある、「赤青白のどれがいいか」

と色を選ばせ、白と答えると首を絞められて殺される、といった複数の例が載る。

他にも常光徹著『学校の怪談6』には、午後四時四四分四四秒にトイレの入り口から四番目のドアをノックすると「どなたさま」という言葉とともに**四時ババア**が現れるという話があり、同シリーズの『みんなの学校の怪談　赤本』ではプールのトイレに午後四時に四時ババが出て「フフフフ、ほほほほ」と笑いながら顔を撫《な》でるという話や、午前四時から五時の間に学校のトイレに入ると三〇センチほどの身長の老婆の姿をした四時ババアが現れ五問のクイズを出し、これに三問以上答えられないと一生付きまとわれるといった話が載る。

また学校の怪談編集委員会編『学校の怪談13』には、図書館に四時のババがいるという話や、学校のトイレに「四時ばば」が出現し、四時にトイレに入るとトイレに吸い込まれてしまうという話、午後四時四四分四四秒に学校の黒板にチョークで円を書き、その円の中に両手を押し当てると「四時ババァ」が出現して黒板の中に引《ひ》き摺《ず》り込《こ》まれるか、引き摺り込まれなくても不幸なことが起きるという話、赤いマフラーを使って首を絞めてくるという話、などが載る。

不思議な世界を考える会編『怪異百物語1』では夕方四時の公園にこの怪異が現れるとされ、子どもを追い回し捕まった子どもは二度と放してもらえないという話が載る。また同シリーズの『怪異百物語3』では「四時ばば」と呼ばれる怪異が京都の山にいるとされ、四時を過ぎても子どもが山にいるとその子どもを捕まえて食ってしまう怪異とされている。

またポプラ社編集部編『映画「学校の怪談」によせられたこわーいうわさ』では愛知県小牧市《こまきし》から投稿された事例として、四時四四分四四秒に竹藪《たけやぶ》にいると鎌を持ち人骨の積まれた乳母車を押す「四時ババァ」が現れ、殺されてしまうという話が記されている。

四時四四分の怪

［よじよんじゅうよんふんのかい］

主に学校の怪談において語られる怪異で、不可思議な現象や怪異が出現するとされる時間。四月四日という条件が付くことや、分が四四分ではなく四分である場合、四秒や四四秒と秒数まで指定される場合などもある。

四時ババア、**四次元ババア**、**白い壁**などにまつわる話がこの時間に関わる怪異としては例が多い。また他にもこの時間にまつわる怪異は数多《あまた》あり、要因としては「四」は死に繋《つな》がること、また四時が四次元に繋がることから、このような不吉な話が多いのだと思われる。

またこの項目では、以下に個別の項目を設けなかった四時四四分にまつわる怪異の話も紹介する。

学校の怪談編集委員会編『学校の怪談5』には、ある少年が一階のトイレで四時四四分四四秒に鏡に触ったところ、その鏡に吸い込まれ、五、六分後に音楽室にいてベートーベンに呼ばれたという話、ある学校で四時四四分四秒に光っている理科室の鏡に触れた少年が鏡に吸い込まれ、半年後に床下から体半分が白骨と化した状態で見つかり、実はその場所は半世紀前、異次元に行く方法を研究していた科学者が、四が重なる時刻に死んだ場所だったことが判明したという話、四時四分四秒にある学校の四階を走ると消えてしまうという話、教室の端に四人で立ち、四時四四分四四秒にみんなで真ん中に行くと過去や未来へ飛ばされてしまうという話などが載り、同シリーズの『学校の怪談6』ではトイレの掃除ロッカーにあるモップを四時四四分四四秒に見ると骸骨に見え、それを見た人間の首を絞めるという話、四月四日四時四四分四四秒に四階のトイレの四番目に入ると天井に紫の影が映るといった話が載る。『学校の怪談16』では兵庫県神戸市からの投稿として、四月四日四時四四分に電話すると吸い込まれるという話がある。『学校の怪談スペシャル1』では四時四四分になるとすべてのトイレに幽霊が出現するという話が福岡県大《おお》牟《む》田《た》市《し》の小学生からの投稿として載せられており、『学校の怪談スペシャル3』では学校のトイレに四月四日四時四四分に入ると三日後に死ぬという話や、四時四四分四四秒に前から四番目のトイレに入ると天国か地獄、どちらかに行ってしまうといった話が載る。さらに同シリーズの『学校の怪談大事典』では西暦の一桁が四になっている年の四月四日午前四時四四分四四秒に校庭の中央に立つと、その人間は異次元に飛び込んでしまうという話、四時四四分四四秒にある学校の三階の廊下を走ると墓地に瞬間移動する、金曜日の四時四四分四四秒にオルガンを弾くと窓の外に溶岩に入った少年の姿が見える、といった話が記されている。

　また常光徹編著『みんなの学校の怪談　赤本』では四月四日四時四四分四四秒に教室の真ん中に立って天井を見ると血で文字が書かれているという話、四月四日四時四四分に学校の廊下を端から端まで何度も往復するとタイムスリップができるという話、第四小学校という学校で午前四時四四分四四秒に真ん中の下《げ》駄《た》箱の下から二列目を開けると、どこからともなくいろいろな人が出てくるという話、ある学校で昭和四四年四月四日、四階の四年四組の前から四番目の机に手紙が入っていて、それを読んだ人間が手紙の中から伸びてきた手に首を絞められ、平成四年四月四日、同じようにその机に手紙が入っているかを確かめた児童は、手紙は見つからなかったものの後ろから「わたしになにか用?」と声が聞こえ、首を絞められた話、などが載る。同シリーズの『新・学校の怪談2』では四月四日四時四四分四四秒に階段の一三段目を踏むと違う世界に迷い込むという話や、四月四日四時四四分に校庭の真ん中に立つと校舎の屋上に赤い服を着た女の子が立ってこちらを睨《にら》んでくるという話が載っている。

　他にも久保孝夫編『女子高生が語る不思議な話』には、四時四四分四四秒ちょうどに壁に手をやると、その中に手が入っていくという話が載る。

　花子さん研究会編『帰ってきたトイレの花子さん』には、東京都の小学生が体験した話として、午後四時四四分に家庭科室に閉じ込められ、巨大な影の怪物が空の鍋をひたすら嘗《な》めていたのを目撃したという怪談が載る。

　マイバースデイ編集部編『わたしの学校の七不思議』には、四月四日午後四時四四分四秒に学校の四組の教室を真っ暗にして、後ろの壁をじっと見つめていると白い着物を着た女性が出てくるという話が載る。また実業之日本社編『都市伝説&怪談DX』には、北海道のある小学校の七不思議の一つとして午前四時四四分に鳴り出す職員室近くの公衆電話を取ると女性の悲鳴が聞こえるという怪談や、大阪府の小学校の話として四時四四分にトイレの鏡を携帯電話で撮影すると、自分の死ぬシーンが映る、という話が載る。

吉原千恵子 ［よしわらちえこ］

　チェーンメールにまつわる怪異で、そのメールに登場する幽霊の名前。四歳の頃にある誘拐殺人犯によって殺害された少女の霊で、「歩行者専用」を表す道路標識に描かれた手を繋《つな》ぐ親子は実は自分を攫《さら》おうとしている誘拐犯を写真にとったものをモデルにしており、自分はその娘として描かれた子どもなのだとメールにて語る。そして自分の死体は犯人によって山に埋められたが、埋められた場所に電波塔が建てられたためその電波を通してメールを送っているのだという。メールを使って犯人、また犯人が死んでいればその子や孫に復讐《ふくしゅう》しようと目論《もくろ》んでおり、メールを五人以上の人間に拡散するよう指示する。もしそれに従わない場合は、この霊が何らかの形で害を与えるためにメールを受信した者の元に現れるそうだ。

　チェーンメールに登場する**幽霊**は多いが、この吉原千恵子が特徴的なのは「歩行者専用の道路標識は実は父親と娘ではなく誘拐犯とその被害者を描いている」という都市伝説が元になっている点である。この都市伝説はあるカメラマンが撮った仲睦《むつ》まじい親子の写真が、当時政府によって一般公募されていた標識デザインの一つとして採用されたが、その写真を撮ったカメラマンは何らかの方法（テレビ、雑誌、新聞など）で写真に撮った親子のどちらかの顔写真が載せられているのを見て、彼らが親子などではなく誘拐犯とその被害者だったことを知る、というものだ。そしてこの吉原千恵子のチェーンメールはその都市伝説の後日譚《たん》であることになる。このチェーンメールにはいくつか種類があるが、被害者の名前が吉原千恵子であること（名前の一部が伏せられている場合もある）、殺害当時四歳だったこと、そして歩行者標識のモデルになった少女であり、誘拐犯に殺された少女であること、が共通している。

　ちなみに道路標識の都市伝説であるが、

あのデザインは一般公募されたものではなく国際連合道路標識という国際的な統一規格によって定められたものであり、日本以外の国でも使用されている。ただドイツに関しては「歩行者専用道路標識は誘拐犯を連想させる」という理由からデザインが変更されており、前述した都市伝説もこの話が元になって生まれたのではないかという説がある。

四隅ババア［よすみばばあ］

夜に和室の部屋に行き、四隅を「一、二、三、四」と数えてから眠ると夜中の二時に四隅ババアという怪異が現れ、笑いかけてくる。このとき目が合うと知らない世界に連れていかれてしまうが、「ババサレ」と三回唱えると助かるという。

常光徹編著『みんなの学校の怪談　緑本』に載る。撃退方法が**ババサレ**と共通している。花子さん研究会編『トイレの花子さん5』にも岐阜県の小学生からの投稿として同様の怪が載り、この怪談では旅館の和室を舞台として四隅ババアが出現している。

四隅の怪［よすみのかい］

死にまつわる怪異。ある五人の若者たちが雪山に上り、吹雪《ふぶき》に遭《あ》って遭難した。その吹雪により一人が死亡し、残った四人は死んだ仲間を背負って小さな山小屋へと避難した。そこは明かりも暖房もない粗末な小屋で、夜になるとますます気温が下がっていく。このまま眠ると凍死してしまうという判断により、四人はそれぞれが部屋の四隅に立って一人が隣の隅まで歩き仲間の肩を叩《たた》き、叩かれた人間は逆側の隅まで歩いていき、そこにいる仲間の肩を叩く、という行動を朝まで繰り返して、何とか全員眠ることなく雪山の夜を乗り切った。朝には吹雪も収まっており、四人はようやく下山できたが、後日その中の一人が気が付いた。四人が順番に誰かの肩を叩いていたら、一人目は四人目が肩を叩くときにはすでにもともと二人目がいた場所にいるため、肩を叩くことはできないのではないかと。そのため、四人は死んだ五人目が自分たちの命を助けるためにあの夜現れてくれたのではないかと語りあったのだという。

全国に伝わる怪異。もともと四人しかおらず、現れた五人目が何者だったのかまったく不明というパターンもある。また「四隅」と「現れる謎の一人」という要素が語られる怪談としては、江戸時代の『童子《どうじ》百物語《ひゃくものがたり》』に、寺の座敷《ざしき》の四隅に四人の若者が座り、それぞれが座敷の真ん中に這《は》って出て手探りで頭の数を数えると、五つの頭がある、というものが載っている。これに関連するものとして、四隅を使った降霊術に**スクエア**がある。

ヨダソ［よだそ］

四時四四分四四秒にブランコを見るとヨダソという怪異が襲ってくる。ヨダソは逃げても逃げても襲ってきて、最終的には背中をナイフで刺されてしまう。

学校の怪談編集委員会編『学校の怪談スペシャル3』に、茨城県下館市《しもだてし》の小学生からの投稿として載る。恐らく**与田惣**《よだそう》から派生した怪異と思われるが、与田惣にあった逆さから名前を読めばその正体がわかるというトリックが通用しなくなっているため、より凶悪な怪異となっている。

与田惣 [よだそう]

愛知県名古屋市のある小学校に現れるという怪異。白いマスクに野球帽を被《かぶ》ったおじさんという姿をしており、放課後に一人残っている児童の肩を叩《たた》き、児童が振り向くと「俺は与田惣だ！ さかさまだ！」と怒鳴《どな》って鎌を振り上げ、児童を連れ去ってしまうという。これを回避するためには名前の「よだそう」を逆さまに読み、正体を暴《あば》くしかない。

常光徹著『学校の怪談3』に載る。「よだそう」は逆に読むと「うそだよ」となり、この怪異の存在が虚構のものだったことがわかる、という怪談になっている。また「よだそう」と呼ばれる怪談は種類が多く、不思議な世界を考える会編『怪異百物語10』に載る「よだそう」の名を持つ怪異は背後から襲いかかり首を鎌で切って持っていってしまう怪獣とされている。また学校の怪談編集委員会編『学校の怪談スペシャル3』には、香川県木田郡《きたぐん》からの投稿として四時頃に図書館の前に出現する「よだそう」という怪異について記されており、この怪異の謎を解かねば鎌で斬り殺されるとされている。

ヨタロウ [よたろう]

夜、なかなか寝ないでいるとヨタロウという怪異が現れ、何か恐ろしいことをするという。

不思議な世界を考える会編『怪異百物語3』に載る。ヨタロウとは「夜太郎」と書くのだろうか。

四つ角ばあさん [よっかどばあさん]

三重県に現れたという怪異。夕暮れ時の交差点に現れ、そこを通った子どもに名前を尋ねてそれに答えてしまった子どもをどこかへ連れていくと伝わる。また、遭遇した場合にこの老婆の正体に気付いて名前を教えなかった場合でも、名札などで四つ角ばあさんに名前を知られてしまうと結局どこかへ連れていかれてしまうという。

ウェブサイト「現代奇談」において二〇〇四年二月九日に記録されており、さらにその当時から一五年程前の話とされているため、出現したのは一九八九年頃ではないかと思われる。また、同サイトの管理者である松山ひろし氏の著作『壁女』にも記述がある。

四つん這い女 [よっんばいおんな]

全国に出没する怪異。あるバイク乗りた

ちが人気のない夜の山道を走っていると、白いワンピースを着てハイヒールを履いた姿をした髪の長い女が立っていた。ナンパしようと声をかけたが反応はなく、それに対して悪態をついてその場を去ったところ、ふと後ろを見ると怒りの形相《ぎょうそう》を露《あら》わにした女が四《よ》つん這《ば》いになってものすごい速さで追ってきていた。

常光徹他編著『走るお婆《ばあ》さん』によれば一九九〇年一月にすでに噂《うわさ》が確認されており、同年出版の常光徹著『学校の怪談』にも自分を乗せてくれなかったスポーツカーを四つん這いで追いかけ、追い越していく際に女が「おぼえてろ」と言い捨てた、という話が載る。バイクの後ろや車に女を乗せてやった後、そこから下ろしてしばらくしてからミラーを見ると女が四つん這いで追いかけてきていた、と語られる場合もある。

また渡辺節子他編著『夢で田中にふりむくな』には、女の方からバイクに乗せてくれませんか、と尋ねてくるパターンや、追いかけてくる方法が四つん這いではなくブリッジになっているパターンが紹介されている。久保孝夫編『女子高生が語る不思議な話』には、北海道函館《はこだて》市の南茅部《みなみかやべ》にあるトンネルにこの怪異が出現したという話が載る。マイバースデイ編集部編『わたしのまわりの怪奇現象1000』では森の中に現れたというが、これから逃げ切った男性が次の日交通事故で亡《な》くなったという展開が語られている。大島広志「若者たちの怪談」（世間話研究会『世間話研究』第三号収録）では、東京都港《みなと》区《く》の六本木《ろっぽんぎ》にて、坂道をバイクで走っていると「のせてって」という声が聞こえ、それを拒否すると四つん這いになった女がすごい勢いで迫ってきた。しかしそれでも女を乗せなかったところ、バイクに乗っていた男は翌日事故に遭《あ》って死亡したという話が記録されている。

四つん這い婆
［よつんばいばばあ］

福岡県に現れたという怪異。夜、自動車を走らせていると後ろから何かが走ってくる。大きな犬だなと思っていると実はそれは灰色の着物を着て四《よ》つん這《ば》いで走ってくる老婆で、自動車に追い付くと車体に飛びついてくるという。

渡辺節子他編著『夢で田中にふりむくな』に載る。

読めない駅
［よめないえき］

大阪府に出現したという駅の怪異。この駅に迷い込んだ人物の体験談は以下の通り。その男性は大阪の金剛駅《こんごうえき》で電車に乗り、南海本線《なんかいほんせん》で天下茶屋駅《てんがちゃやえき》へと向かっていた。朝の通勤時間帯で電車は混み合っていたが、ふと気が付くと車内が異様に静かで周りを見るといつの間にか人の姿がなくなっており、電車は駅に停《と》まっていた。

男性は何が起こったのか混乱しながら駅の名前を見ると、なぜだかその駅名が読めない。見た目としては知っている漢字に思えるのだが、どうしてもその読み方がまったく思い出せない。その上後で調べようと思ってもどうしてか字を記憶できない。男性はしばらく悩んだ後、電車が動かないためその駅から町に出てみることにした。

駅の外の景色は普段の大阪の下町と印象は変わらなかったが、男性はその町を知らず、こんな町があったのかと思いながら会社に電話しようと携帯電話を取り出した。しかし電話は圏外になっており、公衆電話もない。そこで近くにあった小さな店の電話を借りようとしたが、中には誰もいない。そのため駅に引き返し、動かない改札を跨《また》いで止まったままの電車の中に戻ろうとしたところ、ホームに厚手のコートを着た紳士的な雰囲気をまとった中年の男性がいた。それに気付いて声をかけようとすると紳士の方から声をかけてきたが、その口は動いておらず、男性の両耳に直接語りかけてくるように声が聞こえたという。その紳士が「もう戻してあげられないから、代わりにこちらで」と一言発すると、突如目の前で爆竹が弾《はじ》けたような衝撃があり、咄《とっ》嗟《さ》に目を瞑《つぶ》って、そして開けると職場にいたという。

男性は仕事をしている最中で、仕事の内容にも大きな変化はなかったが、どこか自分自身に違和感があり、トイレで鏡を見ると目元の印象や髪型が若干変わっており、そっくりな他人のような印象を受けた。また職場の同僚にも同じ違和感を抱き、その仕事を辞めて故郷に帰ってみると、両親もやはり他人であったという。そして男性は自分は元の世界とは別の世界に来てしまったのだろうと独白し、話は終わる。

2ちゃんねるオカルト板の「不可解な体験、謎な話～enigma～Part63」スレッドに、二〇一〇年九月一〇日に書き込まれた**異界駅**。話の内容としては**時空のおっさん**を思わせる要素もあり、実際にその類の話として紹介されることも多い様子。

また元スレッドでは南海本線となっているが、金剛駅と天下茶屋駅を結ぶのは南海高野線《こうやせん》である。これが単なる記載間違いなのか、それとも元の世界と今の世界では各路線が結ぶ駅が異なっているのかは不明。

読んではいけない本
［よんではいけないほん］

図書室に現れたという怪異。ある読書好きの少女が放課後、学校の図書室で奥の本棚の隅に「読んではいけない本」と題名が書かれた本を見つけた。作者の名前もないその本の表紙を開くと「読むな。すぐに閉じよ」とある。今まで見たこともないその本に少女は興味を抱き、忠告を無視して読み始めた。本の内容は体中に包帯を巻いたミイラ男が子どもを襲うという内容で、怖い話だが非常におもしろく、少女はどんどんページを捲《めく》り続けた。そのうちに窓の外は夕闇に包まれ、図書室にいるのは少女のみとなっていた。その頃には三分の二ほど読み終えていたが、ページを捲ると突然真っ白なページに鉛筆書きで「ここでやめろ。さきにすすむな」と書いてあった。少女は気にも留《と》めずさらにページを進める。

だがその途中で彼女の手が止まった。物語の中に姓名、性別に年齢、そして性格や癖までも自分と同じ登場人物が現れたのだ。それでも少女が本を読み進めていると、物語の終盤で椅子に座っているその自分そっくりの登場人物に後ろからミイラ男が襲いかかるシーンが描かれていた。そしてその部分を読んだ瞬間、少女は背後に不吉なものを感じて振り向いた。そこには、本の内容を再現するように大きなミイラ男が立っていた。

常光徹著『学校の怪談8』に載る。朝倉秀雄著『学校の噂《うわさ》の怪談』でもほぼ同様の怪異が載る。

また類例としては同シリーズの『みんなの学校の怪談　緑本』に図書館の奥の倉庫の、さらに一番奥にあった本を見ると目次に「見るな」と書いてあり、それを無視してページを捲ったところ本の中に吸い込まれたという話が載る。

四分の一の顔

［よんぶんのいちのかお］

ある学校にまつわる怪異。満月の夜、ある女生徒がその学校の屋上から飛び降り自殺をした。するとその学校は信じられないことにその女生徒の顔を四等分に切り分け、そのうちの四分の一を人体の標本として理科室に保管した。それ以来、満月の夜になると鍵をかけておいたはずの理科室が開き、誰もいない校舎を四分の一の顔がゆらりゆらりと飛び回るようになった。それは残りの四分の三の顔を探しているのだと伝えられる。

常光徹著『学校の怪談』に載る。自分の学校で起きた自殺事件の被害者を切り刻んで標本にするなど、怪異よりむしろ学校の方が恐ろしい話である。

心霊主義と心霊科学

心霊主義とは、一九世紀半ばのアメリカで始まった宗教的思想です。**幽霊**や精霊、天使や妖精などの肉体を持たない霊的な存在や死後の世界の実在を前提とするこの思想では、人間は死後も霊魂となって存続し、より高位の存在になるとされ、幽界や霊界、現世をさまよう死者たちとの交流を行い、また生きた人間も霊的存在の力を借りてさまざまな能力を発揮するとされています。心霊科学はこのような心霊現象を肯定し、科学的に証明・解明しようとして生まれた研究です。

日本でも明治時代にはこの思想が流入し、独自の発展を遂げていましたが、現代怪異という視点から見ると重要なのは、一九七〇年代のオカルトブームです。この時代、明治時代から伝わる**こっくりさん**や**心霊写真**が新たな流行を見せ、また**地縛霊**や**守護霊**といった現在ではお馴染みの言葉がメディアで盛んに使用されるようになりました。これらは元々心霊主義で使われていたものでしたが、つのだじろう氏、中岡俊哉氏、新倉イワヲ氏など、オカルトブームを牽引した人々が心霊主義、心霊科学に造詣が深く、その用語や思想を作品に取り入れたことが大きな影響を与えたのではないかと思われます。

【ら】

ラーメンの女［らーめんのおんな］

おかっぱ頭で青いジャージを着た赤い目の女という容姿をした怪異で、なぜかラーメンの丼を持っているという。またこの女と出会った少年が走って逃げたところ、女はただ歩いているだけにも関わらず、少年と一定の距離を保ったままついてきたとされる。

水木しげる著『妖怪目撃画談』に載る。初出は角川書店『怪』第21号。

ラッキーオバケ［らっきーおばけ］

マンホールの中に潜《ひそ》む怪異で、午後七時七分七秒になると出てくる。これに遭遇するとラッキーオバケという名前にも関わらず不幸になってしまうという。

ポプラ社編集部編『映画「学校の怪談」によせられたこわーいうわさ』に、沖縄県宜野湾市《ぎのわんし》からの投稿として載る。

ラッパを吹く少年［らっぱをふくしょうねん］

愛知県犬山市《いぬやまし》にある入鹿池《いるかいけ》にまつわる怪異。この池には真夜中にラッパを吹く少年が出現し、この少年に遭遇すると肩が重く、体がだるくなるという。

不思議な世界を考える会編『怪異百物語10』に載る。

ラブさま［らぶさま］

こっくりさんに似た怪異の一つ。

学校の怪談編集委員会編『学校の怪談大事典』に名前のみ載る。また同著者『学校の怪談2』には、長野県埴科郡《はにしなぐん》からの投稿として「ラブさん」を間違えると自然に傷ができるという話が載るが、何を間違えたらできるのかは不明。

ランニングベイビー［らんにんぐべいびー］

放課後の学校に現れるという怪異で、これを見ると幸せになれるという。

学校の怪談編集委員会編『学校の怪談大事典』に載る。詳細は語られていないが、名前からすると、二足歩行で走る赤ん坊の怪異と思われる。

【り】

リアルの悪霊［りあるのあくりょう］

主に「リアル」と題されることが多いネット怪談に登場する悪霊《あくりょう》。「本当に悪いモノ」などと形容される怪異で、その姿は、経帷子《きょうかたびら》を着て、背は一五〇センチくらい、傷んだ髪を腰まで伸ばし、顔全体にお札のようなものを何枚も乱暴に貼り付けているという。また出現した後には、異臭を放つ泥が残されている、常に小さい振り幅で左右に揺れているといった特徴があり、体をくの字に折り曲げて人の顔を覗《のぞ》き込《こ》む動作をよく行う。また人に取り憑《つ》く能力を持ち、これに憑かれると「どおして」という言葉が繰り返し聞こえたり、この怪異の存在が見えるようになる他、首を赤い紐《ひも》で括《くく》られるような発疹《ほっしん》ができ、それが次第に悪化して出血するようになるなど、さまざまな怪奇現象に悩まされることになる。またこの悪霊は取り憑いた人間をゆっくりと時間をかけて苦しめることを好み、決して殺さずに何年もその人間に苦痛を与え続けるのだという。その苦しみから逃れる方法は、自ら命を絶つしかない。

怪談投稿サイト「ホラーテラー」にて、二〇〇九年一一月二四日に書き込まれた「リアル」と題された怪談が初出と思われる怪異。その正体は不明だが、怪談の描写から人間の死者の霊であろうことが予想できる。

理科室の怪［りかしつのかい］

小中高問わず学校の理科室ではさまざまな怪異が語られている。この項目では、個別の項目を作成していないそれらの理科室の怪異について紹介する。

代表的な話としては理科室のホルマリン漬けの動物が動き出すなどの怪異をなす話があり、常光徹著『学校の怪談』ではホルマリン漬けのカエルが鳴き声を上げたという話が載る。

同シリーズの常光徹著『学校の怪談6』では夜中の一二時に理科室に目玉が転がっているという怪談が載り、『みんなの学校の怪談　赤本』では埼玉県から投稿された話として、理科室でリカちゃんがトロール人形の髪の毛を包丁で切っていたという体験談、兵庫県からの投稿として、ある学校で夜の一二時に理科室に入り、「誰もいないから、出ておいで」と言うと「ハァーイ」という声が聞こえて、白い服に赤いスカートの少女がスキップをしながら近づいてくる、といった話が載る。

学校の怪談編集委員会編『学校の怪談15』には、岐阜県羽島《はしま》市からの投稿として、理科室の狐の剥製が夜になると赤いチョッキを着て学校を歩き回るという話、新潟県上越市からの投稿として、理科室のチンパンジーがにやっと笑ったという話などが載る。また同シリーズの『学校の怪談16』には、滋賀県高島郡《たかしまぐん》（現高島市）からの投稿として、帰りのチャイムが鳴った後に理科室で包丁が暴れ回っており、入ると殺されるという話が載る。

マイバースデイ編集部編『学校の幽霊100話』には、真夜中、蝶々の標本が飛び回るという話が載り、ピチ・ブックス編集部編『私の学校のこわい話　パート2』では石川県からの投稿として、夜遅くに理科室に男が現れ、標本をむさぼり食うが、その男が消えた後標本が元に戻っているという話が載る。

理科室の老婆［りかしつのろうば］

ある学校の理科室に出現したという怪異。実験の授業中に理科室の暗幕を閉めた際、理科準備室のドアの前に、体中から血を流し、眼球が飛び出ている老婆が現れたという。

マイバースデイ編集部編『わたしのまわりの怪奇現象1000』に載る。

リカちゃんの電話［りかちゃんのでんわ］

人形にまつわる怪異。ある少女が家で一人留守番をしていた。少女はしばらく退屈していたが、ふとリカちゃん人形が電話で話してくれる「リカちゃん電話」のサービスを思い出し、早速電話をかけてみた。すると電話の向こうでリカちゃんは「もしもし、わたしリカちゃん。これからお家《うち》を出るところなの」と返してきた。少女がもう一度電話をしてみると、今度は「もしもし、私リカちゃん、お電話ありがとう。今お出かけ中なの」と返してくる。少女はおもしろくなってもう一度電話をかけてみると、今度は「もしもし私リカちゃん。今ね、あなたのおうちの前にいるの」と答えた。少女は恐ろしくなって電話を切った。そして部屋へ帰ると、今度は部屋の電話がけたたましく鳴り出した。少女は母親からの電話だと自分に言い聞かせ、その受話器を取ると、「もしもし、私リカちゃん。今あなたの後ろよ」という声が聞こえてきた。

またこんな話もある。ある少女が引っ越しの都合で大切にしていたリカちゃん人形を捨てていった。引っ越しが無事に済んだある日、彼女の部屋に電話がかかってくる。その電話の主はこう言った。「もしもし私リカちゃん。よくも私を捨てたわね。あなたを同じ目に遭《あ》わせてあげるわ」少女はいたずら電話だろうと気にしなかったが、数日後にまた電話がかかってきた。「もしもし私リカちゃん。今近くの駅まで来てるの。迎えに来てね」少女は恐ろしくなって電話を切ってしまった。だが深夜、再び電話のベルが鳴った。「もしもし私リカちゃん。待っていたのに来てくれなかったわね。でももう大丈夫。だって、私は今あなたの後ろにいるんだから」。

この話はリカちゃんが後ろにいると伝え

る場面で終わることが多いが、包丁で刺殺される、人形にされる、少女が消えてリカちゃん人形だけが転がっているなどという結末が語られることもある。「リカちゃん電話」とは、一九六八年一〇月からリカちゃん人形の製造会社タカラ（現タカラトミー）が開始した実際に存在するサービスで、現在も続けられている。

類似した怪異に**メリーさんの電話**があるが、このサービスが存在するためかリカちゃんの場合は少女の方からリカちゃんに電話をかけた結果襲われるというパターンがあることが特徴である。また同じくリカちゃん人形にまつわる怪異として**三本足のリカちゃん**がいる。

りかばそう［りかばそう］

身長一・一メートルほどの大きさの怪異で、天井から突然落ちてきて人間の背中にしがみ付き、「まさかさ」と言って一〇秒ほどの間黙って待っているという。もしこの間にこの怪異の謎が解けなければ、りかばそうの髪が伸びてきて首を絞められてしまうとされる。

常光徹編著『みんなの学校の怪談　緑本』に載る。「りかばそう」と「まさかさ」を逆に読むと「うそばかり」「さかさま」となり、この話が嘘《うそ》とわかるようになっている。

りさちゃん［りさちゃん］

チェーンメールに登場する怪異で、タカちゃんという人物に足をあげたいが、自分の足がないためあなたの足がほしいという内容を、幼児の話し言葉のような文章で綴《つづ》る。これを回避するためには複数人にメールを回さなければならないが、もし回さないと夜中二時半にワン切りがあり、殺されてしまうという。

読点と終助詞の「ね」を多用した「タカちゃんのことすきなのね。りさちゃんのね、足ね、あげたいんだけどね、足ね、ないのね」というような、幼児の話し方のような文体が特徴のチェーンメール。足がないという言葉やメールの受信者を特定し殺害に現れるという点から、りさちゃんはすでに人ならざるものではないかと思われるが、正確なことは不明。

リヤカーおばさん［りやかーおばさん］

北海道のH市郊外にある長いトンネルに出現する怪異。このトンネルでは時速八〇キロで走るリヤカーを引いたおばさんや、車と並走する白いランニングシャツの禿《は》げた中年のおじさんが現れるという。

常光徹著『学校の怪談４』に載る。名前が似た怪異に**リヤカーのお婆《ばあ》さん**がいる。

リヤカーのお婆さん［りやかーのおばあさん］

北海道のあるトンネルに現れる怪異で、お爺《じい》さんの場合もあるという。そのトンネルを走っていると、猛烈に足の速い老婆がリヤカーを引きながら走ってきて、自動車と並走するらしい。

久保孝夫編『女子高生が語る不思議な話』に載る。このトンネルには白い車で走ると追いかけてくる三輪車の子どもの怪もあるという。

竜宮屋敷［りゅうぐうやしき］

大森山という山のどこかにあるという屋敷にまつわる怪異で、古くから伝わる伝説によれば偶然この屋敷を見つけた人間は屋敷の中にある金や銀でできた宝物を持ち帰ることができるが、屋敷に入ってよいのは一度だけで、二度目に入った人間は再び戻ることはなかったという。

そんな話を耳にしたある高校生たちがこの屋敷を発見した際には、まるで今まで人がいたかのように鍋が囲炉裏《いろり》の火にかけられ、庭で鶏が鳴いていたが、中には人がいなかった。またその屋敷に二回入ってしまった高校生は、二度目に屋敷から出てきたときにはまるで何十年もの時を経たかのように服はボロボロになり、顔は皺《しわ》だらけで髪は真っ白の老人となっていたとされる。

常光徹著『学校の怪談9』に載る。その描写は柳田國《くに》男《お》著『遠《とお》野《の》物語《ものがたり》』に出てくる「マヨイガ」に似ているが、マヨイガは再度訪問しようとしても二度と見つけられないのに対し、こちらは二度目でも見つけることができるという違いがある。その代わり入ってしまうとまるで竜宮城から帰った後、玉手箱を開けた浦島太郎のようになってしまう。竜宮屋敷という名前もここから来ているのだろう。

リョウ子さん［りょうこさん］

トイレに現れるという怪異。ある学校の三階のトイレで、入り口から三番目、五番目の個室でリョウ子さんの名を呼び、その悪口を言うと一カ月後に病気になる。これを回避するためには悪口を言った直後に四九〇回ゴメンナサイを言わなければならない。

学校の怪談編集委員会編『学校の怪談6』に、北海道苫小牧《とまこまい》市《し》からの投稿として載る。

リョウメンスクナ［りょうめんすくな］

岩手県のある古寺、その本堂の奥の密閉された空間で黒ずんだ木箱の内に封じられていたという怪異。その姿は二つの頭が後頭部同士で接合し、腕が左右二本ずつの計四本、体は一つで足は通常通り二本という人間のミイラで、この箱を開けて中身を見てしまうと多くの不幸に見舞われ、直接箱を開いたものは謎の心筋梗塞で死ぬか、精神を狂わされるという被害に遭《あ》い、また中身を見ただけの者たちも原因不明の高熱に見舞われたり大怪我《けが》をするなどの被害を受けた。

その正体は大正時代、ある邪教の教祖が日本国家そのものを呪うために作り出したという怪物。物部天獄《もののべてんごく》という偽名を名乗っていたその男は大正時代、岩手のある部落で生活に困窮した親によって見世物小屋に売られていた結合双生児を大金を出して買い取り、そして彼らを他の奇形の人間たち数人とともに押し込んで殺し合わせる蠱毒《こどく》（呪術の類）を行った。しかもその儀式は結合双生児が生き残るよう他の者たちにあらかじめ致命傷を負わせた状態で行われ、さらに結合双生児は唯一生き残った後も殺した者の肉や自身の糞尿《ふんにょう》を食べねばならぬほどの長期間に渡りその地下室に監禁された。そして仕上げとして物部天獄は彼らをまた別の部屋に閉じ込め、食料を与えずに餓死させる。彼はその死体に防腐処理を施し、その死体の腹部に遺跡で発掘された古代において朝廷に反逆していたまつろわぬ民たちの骨を粉状にしたものを入れ、日本神話に語られる怪物、リョウメンスクナになぞらえた呪物を作り上げた。そして物部天獄はそれを携えて日本中を渡り歩き、実際に彼が訪れた場所ではさまざまな災害が引き起こされたという。

最後に物部天獄は相模湾《さがみわん》沿岸近辺にて日本刀で喉を掻《か》き切って自害したが、その際に血文字で「日本滅《ほろ》ブベシ」という遺書を残していたという。また彼の自害の直後、関東大震災が発生し、それもまた物部天獄とリョウメンスクナの起こした災《わざわ》いであった可能性が示唆《しさ》されている。

2ちゃんねるオカルト板の「死ぬ程洒落《しゃれ》にならない怖い話集めてみない？１０９」スレッドに、二〇〇五年九月二一日に書き込まれた怪異。元の話では結合双生児は即身仏にされたといったことが書かれていたが、即身仏は密教系の日本仏教の一部において自らが望んで行う修行であるため、怪物になるために他者から強制される行為には即さないと思われる。日本神話に登場するリョウメンスクナとは『日本書紀《にほんしょき》』に載る飛騨《ひだ》国、現在の岐阜県に現れたという怪物「宿儺《すくな》」のことで、真逆を向き後頭部で繋《つな》がった頭に四本の腕、それに踵《かかと》がなく両側に指先のある二本の足を持ち、武力に優れていたという。『日本書紀』では人民を襲い朝廷に討伐される怪物として記されているが、地元岐阜県では鬼や龍を退治したという伝説が残されていたり、現在も英雄としての信仰が続いていたりと決して悪の側面だけを持つ妖怪ではないことにも留意したい。

リリーさん【りりーさん】

学校のトイレに現れるという怪異。トイレの鏡の前で「リリーさん、リリーさん、リリーさん、こっちへ来て。一緒に遊ぼうよ」といった呪文を唱えた後三回指を鳴らすとリリーさんという怪異が出現し、どこまでも異様な速さで追いかけてくるか、あるいは死ぬまで不幸が続くことになるという。

リリーさんは顔、話によっては体全体に包帯を巻き付けた姿をしているとされ、その理由として不慮の事故によって大怪我《けが》を負ったまま現世を彷徨《さまよ》っている、昔その学校で教師をしていた女の先生が冬のある日に学校が火事になった際、逃げ遅れた生徒を助けようとして焼け死に、その霊がリリーさんとなって現れる、といった話が語られることもある。呼び出してしまった際の対処法としてはリリーさんは学校から出られないため学校からすぐに出て近づかないか、鏡を向けて「リリー去れ、リリー去れ、リリー去れ」と三回唱えると消えてしまうという。

この怪異については一九九六年七月二〇日に関西テレビで放送されたスペシャルドラマ『学校の怪談R』の第二話「妖怪リリーちゃん」に出てきたものが現在見つかっている中では最古の例で、前述した特徴も番組内ではほぼ語られていることから、このドラマで作られたキャラクターが後に学校の怪談として発展した可能性がある。

降井直人の論文「現代人と世間話―トイレの怪談を中心にして―」(『山陰民俗研究』第六号収録)ではリリーさんが兵庫県神戸市立港島《みなとじま》中学校に伝わる怪談として、一九九九年に同校の生徒から採話されていることが確認でき、二〇〇二年発行のマイバースデイ編集部編『心霊体験大百科』では鏡に向かって「リリーちゃん、リリーちゃん、リリーちゃん、こっちに遊びにおいでなさい」と言って指を三回鳴らすと包帯だらけで頭から血を流した人が追いかけてくるという話が載り、二〇〇七年発行の常光徹著『新・学校の怪談3』では大分県からの投稿として「リリーさん、リリーさん、うちに遊びに来てください」と指を鳴らしながら言うと現れるという「ようかいリリー」の話が載る。この話でも鏡を向けて「リリーされ、リリーされ」と唱えると鏡の中に戻っていくとされる。また二〇一三年七月二四日に放送されたTBSの番組『水トク!』の「世界の怖い夜　真夏に震える絶叫SP」では「体育館のリリーさん」という名前である廃校に伝わる怪談として紹介されていた。ここにおけるリリーさんはトイレの鏡の前ではなく、体育館のステージで名前を呼んで指を鳴らすと現れる怪異とされている。

リンゴゾンビ［りんごぞんび］

ある学校に現れたという怪異で、その学校の体育館にリンゴが落ちていたため、一人の少女がそれを拾った。すると翌日も翌々日も落ちていて、しかも拾う度に増えていく。そのためある日拾わないでいると、「拾え、拾え」と後ろから声が聞こえ、見るとゾンビがいてリンゴを落としていた。

常光徹編著『みんなの学校の怪談　赤本』に、兵庫県からの投稿として載る。筆者命名。

臨死体験に現れる女［りんしたいけんにあらわれるおんな］

臨死体験をした際に、花畑や川の向こう岸に現れるという美しい女性の姿をした怪異。手招きをしてその人間を死の世界に呼び寄せようとしたり、白い着物を着せようとしてきたりするという。

松谷みよ子著『現代民話考5』にて複数語られている怪異。同書には他にも臨死体験の際に天女が現れたという話が幾例か載っているため、もしかしたらこの女たちも天女の類なのかもしれない。また少々趣が異なるが、花子さん研究会編『トイレの花子さん3』には、ある少女が長野県の山奥の合宿所で眠りについたところ、三途《さんず》の川《かわ》の向こうから白い服を着た女性が少女を彼岸へと誘い出そうとした話が載り、この女の正体はその日から三カ月ほど前に近くの川で溺死《できし》した女性の霊だったのではないかと語られている。

リンフォン［りんふぉん］

インターネット上で語られる怪異。アルファベットでは「RINFONE」と書く。ソフトボールほどの大きさで、真っ黒な正二十面体の置物のような物体という外見をしている。その二十面のうちどれかを押したり回すことで各面が隆起、陥没し変形していくというパズルのような特徴を持ち、その作業を続けていくと熊、鷹《たか》、魚の順番で変形していくとされる。ただしこれが完成していくにつれてリンフォンの所有者の携帯電話に「彼方《かなた》」と表示される謎の存在から電話がかかってきて、大勢の人々のざわめき声や「出して」という声が聞こえてくる、また所有者に近しい人に対しても夢の中で裸で谷底から崖を上る男女の姿が見えるなどの奇怪な現象を引き起こす。

実はその正体は凝縮された極小サイズの地獄であり、かつ地獄の門であるとされ、「RINFONE」という名前はキリスト教における地獄、「INFERNO」のアナグラムであることが示唆《しさ》されている。

2ちゃんねるオカルト板の「死ぬ程洒落《しゃれ》にならない怖い話を集めてみない？129」スレッドに、二〇〇六年五月一三日に書き込まれた怪異。それによれば一軒の古びたリサイクルショップに売られていたといい、熊、鷹の形までは完成させたものの魚になる前にゴミ捨て場に捨てたところ、それ以上の怪異は起きなかったという。そのため、魚の形を作った後何が起きるのかは不明。また物体を組み替える、地獄と繋がっているという特徴からか、同スレッド内では映画『ヘルレイザー』の影響も指摘されている。この映画ではパズルのように組み替えることで究極の快楽を得るが、地獄に送り込まれる「ルマルシャンの箱」という立方体が登場する。

リンリン便所［りんりんべんじょ］

ある学校の体育館下の便所にまつわる怪異。そのトイレの真ん中の個室の水を流すと「リンリンリン」と鈴の音が聞こえてくるという。これは学校の下に墓があり、埋められている人が墓の存在を知らせようと鈴の音を鳴らしていると伝えられている。不思議な世界を考える会編『怪異百物語8』に載る。

また同じように鈴の音が聞こえてくる便所の怪が常光徹編著『みんなの学校の怪談

ら

赤本』や同著者の『新・学校の怪談3』では「鈴鳴り便所」と名付けられている。

　類例としては常光徹著『学校の怪談』にこんな話が記されている。群馬県のあるトイレには一つだけ青い便器があり、このトイレに入るとドアが開かなくなってチリーン、チリーンという寂しげな鈴の音とともに青白い手が這《は》い出《で》てくる。そしてトイレにいる子どもの足を摑《つか》んで便器の中に引《ひ》き摺《ず》り込《こ》んでしまうという。さらに同シリーズの『学校の怪談6』では四時に四階の四番目のトイレを流すとリーンリーンと鈴の音が聞こえて下から老婆が現れ、便器に引き摺り込もうとしてくるという話が載る。

　さらに同シリーズの『みんなの学校の怪談　赤本』における話では音を出している鈴は**トイレの花子さん**が落としたものなのだという。

　またマイバースデイ編集部編『わたしのまわりの怪奇現象１０００』では水を流した際の鈴の音の正体が、天井に張りついた血塗《ちまみ》れの犬の首輪の鈴の音だったとされ、学校の怪談編集委員会編『学校の怪談6』では水を流した際にリンリンという鈴の音を聞くと翌日に死亡するという話が岐阜県可児市《かにし》からの投稿として載る。また同シリーズの『学校の怪談16』では山形県山形市からの投稿として、赤ん坊が便器の中に落ちてしまい、そのときに付けていた鈴が音を鳴らす、そのトイレで死んだ人間が鈴を持っていたため、今でも水を流すと鈴の音が鳴るといった話が載る。

　他にも飯島吉晴著『子供の民俗学』では水を流すと鈴ではなく木魚の音が聞こえてくるという話が載る。

【れ】

霊感［れいかん］

人間の能力にまつわる怪異。普通の人間では捉えることができない霊的存在を五感、特に視覚で認識できる能力のこととして主に使用される言葉。

　現代ではこのような意味合いの言葉として使われることが多く、霊感がある、強い、などと言えばもっぱら**幽霊**を見ることができる、もしくはその存在を感じることができるという形で使用される。しかし元来「霊感」は神仏の不思議な感応や突発的なひらめきを意味する言葉として使われていた。

近藤雅樹著『霊感少女論』によれば、現在の通俗的な意味で霊感という言葉が使われるようになったのは一九七〇年代前半だという。また同書では**金縛り**体験の有無が霊感の有無を判定するために重要なものとして語られていること、霊を見るだけでなく浮遊や予知夢や虫の知らせなどの予知能力、そして手で触れただけで痛みを快癒させる治癒能力などの能力が霊感という言葉と結び付けられていることが記録されている。

香川雅信著『江戸の妖怪革命』でも霊感が超能力と同義の言葉としてオカルト的なサブカルチャーの文脈の中で使用されていたことを指摘しており、それは人間の中に秘められた一種の超能力の一つとして霊感を磨き上げることで特別な存在になれると謳われていたことを紹介している。

この不可視の霊を視認する力がある、という考え方を辿ってみると、明治期に欧米から伝えられた思想である心霊主義において霊視現象の一つとして考えられていたものが見える。例えば板谷樹他著『霊魂の世界―心霊科学入門―』では霊視の対象として幽霊その他、霊界の生物や景色を挙げている。他にも現代において霊感の一つとして語られることがある千里眼や予知夢もこの霊視の一つと数えられており、その他現在では超能力と呼ばれる類の特殊な能力の多くがこの心霊主義においても説明されていること、また実際に霊感という言葉が通俗的な意味で使われるようになった七〇年代に巻き起こったオカルトブームにおいて中心となった中岡俊哉やつのだじろうの霊に対する考えは心霊主義、もしくは心霊科学の考え方が元になったものが多かったことから、現代における霊感の意味の変化に影響を与えた可能性は大きいと思われる。

しかし近代以前、もしくはオカルトブーム以前では、基本的に目に見える形で現れるものとして幽霊が語られていたように、現代の幽霊が必ずしも霊感がなければその姿形を視認することができないと語られる訳ではなく、対象を問わず目に見える状態で現れる幽霊の話も多く語られている。現代の幽霊を目撃するためには必ずしも霊感が必要、という訳ではなく、今まで見えなかった霊も霊感という特殊な能力があることで可視化される、ということなのだろう。

霊感テスト 「れいかんてすと」

人間の能力にまつわる怪異。文字通り自分に霊感があるかどうかを試すための方法とされる。やり方はまず静かな場所で目を閉じ、自分が生まれ育った家の玄関の扉を想像する。そしてその扉を開けて想像の中で家に入り、家中の窓を一つ一つ開け、玄関に戻ってまた逆の順番に窓を閉めていく。その途中廊下を歩いている誰かとすれ違った人間は霊感のある人間なのだという。

霊感をテストするのではなく、自分の家に見知らぬ人間がいた場合、その場所に幽霊がいる、といった具合に自分の家にいる幽霊を発見するための方法として語られることもある。インターネット上でも散見される方法だが、一九九〇年出版のマイバースデイ編集部編『わたしのまわりの怪奇現象1000』には、すでにこれと似た「想像力ゲーム」というものが見える。これは目をつむって自分の家を想像し、玄関から入って押し入れや引き出しの中、トイレ、台所など部屋中をくまなく覗《のぞ》く。その際に家の中で出会った人間のうち、見知った人間の場合はそれは半年以内に死ぬもので、知らない人間やすでに死んでいる人間がいた場合はそれは家に潜《ひそ》む霊なのだというもの。

霊魂さん [れいこんさん]

降霊術の一つとされる怪異。五十音と鳥居、零から九までの数字、場合によっては「はい」「いいえ」の文字を紙に書き、五円玉や十円玉を用意して「霊魂さん、霊魂さん、○○さんの霊を呼んで下さい」などの呪文により霊を呼び出すという。

こっくりさんに類似した占いの一つ。この方法は中岡俊哉著『狐狗狸《こっくり》さんの秘密』を参考にした。同書によれば北海道小樽市《おたるし》では当時、小銭ではなくおちょこを使った「霊魂占い」というものも流行っていたという。

こっくりさんとの違いはこっくりさんが**動物霊**を呼びやすいのに対し、こちらは人間の霊を呼び出しやすいと考えられているようだ。同様の目的を持った占いの名前に「精霊さん」というものもあるという。

他にもマイバースデイ編集部編『学校の恐怖伝説』には、全身が映るぐらいの大きさの鏡を用意し、霊魂さんが来たなと感じたとき鏡を素早く見ると、目の前に呼び出した恨めしい顔の霊が見えるという話が記録されている。

霊団 [れいだん]

心霊にまつわる怪異。霊に関する都市伝説の一つ。一体では非力な悪霊《あくりょう》たちが、大勢集まり一つの巨大な塊として合体した化け物であり、何十何百の霊が重なっているため除霊はかなり困難な存在とのことで、その上凄《すさ》まじい祟《たた》りを起こすという。

山口敏太郎著『日本の現代妖怪図鑑』に載る。

霊団という言葉は本来は心霊主義や心霊科学で用いられていた言葉のようで、その正体は悪霊とは限らず、背後霊団、といったように**守護霊**や指導霊などの**背後霊**の一団を指して使う場合が多い。

新倉イワオ著『あなたの知らない世界』においては、霊団は霊のグループであり、何百何千という大勢の霊が群れをなしたもので、戦争で大勢の死者があった場所に出ることが多いとされている。

つのだじろうの漫画『恐怖新聞』などには悪霊が他の霊を取り込んでは成長を続ける霊団という存在が描かれている。

他にも漫画作品では山本まゆり著『魔百合の恐怖報告1』においてはたくさんの人霊が集まって魔物化した霊団が有楽町線《ゆうらくちょうせん》

麹町駅《こうじまちえき》の構内に現れたという話が載せられている。

レイちゃん ［れいちゃん］

ある学校の校長室に稀《まれ》に現れるという怪異で、野球大会などの優勝旗をいじって破ったりしているという。

常光徹著『新・学校の怪談3』に、京都府からの投稿として載る。

レモンちゃん ［れもんちゃん］

占いにまつわる怪異。レモン、家、池、五十音を紙に書き「レモンちゃん、レモンちゃん、おいでください」というとレモンちゃんが現れるという。

不思議な世界を考える会編『怪異百物語2』に載る。**こっくりさん**や**エンジェルさま**と同系統の占いだとされる。

【ろ】

ロア ［ろあ］

ある人間の元に送られてきた手紙から始まったとされる怪異。差出人のないその手紙にはワープロで六二ものロア（噂話《うわさばなし》）が記されており、そしてその最後には以下のような文があった。

信じようと信じまいと――

この手紙にあなたの知るロアを一つ加えて、一人の人間に送れ。

そして、この中のロアについては十までしか人に教えてはならない。

もしこれを破れば、あなたの名前の載ったこの手紙がそのうち回りだすことになる。

私の名はロア。私が事実に打ち勝つ日まで――

私は、暗闇であり地下であり背後である。

私は、偶然であり運命であり奇跡である。

そして、無意味であり意味である。

私の名はロア。私が事実に打ち勝つ日まで――

信じようと、信じまいと――

二〇〇三年八月二四日深夜に2ちゃんねるオカルト板に立てられたスレッド「信じようと、信じまいと――」にて、ある一人の人物が「信じようと、信じまいと――」という言葉を書き出しにつけて、毎日午前零時に現れてはさまざまな不可思議な話を書き込み始めた。上記の文章はそのスレッド内にて記されたこのロアと呼ばれる怪異に直接関わると思われる話である。書き込んだ本人は「今、私の書いているこのロア

（噂話）たちは、もともと私の知識ではありません。ましてや作り話でも。これは半ば強制的に自分が知らされてしまったものです。現在、私はこのロアをこれら以外にあと52知っているのですが、これ以上話すのには勇気が要ります。何故《なぜ》なら――いや、それは明日の夜にでも話します」と語っており、そしてその後この人物がロアなのではなく、ロアという謎の存在から送られてきた噂話を掲示板に書き込んでいることが示唆《しさ》されている。

このロアが扱う噂話は地域や時代を問わず多岐《たき》に渡り、また内容もさまざまである。ただすべての話が四行にまとまっているという共通点がある。

ロアから送られてきたという話を書き込んでいる途中、このスレッドを立てた本人はなぜか読んでいる小説にあるはずのない「ロアはあなたを見つけ、あなたはロアになる」という言葉が書き込まれているように見えるという怪現象を報告し、そして「私たちは、世界中すべてを見たはずではないのに世界についてのほとんどの知識を持っている。しかし、その中にロアがもしかしたら含まれているかもしれない。そして、どこかで現実化して何食わぬ顔で座っているかもしれない」「昨日から、暗闇を見るのが怖いんです。あれが、ロアがその奥にいる気がして。パソコンのあるデスクの下が怖い。そこが暗闇だから。そしてパソコンが怖い。今見えている文字化けが、いつのまにか、あの小説のように、恐ろしい言葉に変わってしまうのではないか?」「ロアになる――この意味がこう思えてならないんです。もし、ロアが現実化する力を持っているとしたら、逆に自分という事実もまた、単なる『お話』になってしまうのではないだろうか?」といった言葉を書き込み、そして自分の記憶が曖昧になっていく恐怖を語った後、三四番目の噂を書き込んでそのままスレッドから姿を消した。これが彼または彼女がロアを一〇以上語ってしまったことによって引き起こされたものなのか、また彼は次のロアという存在になってしまったのか、それは現在でも不明のままである。

老女カコリ［ろうじょかこり］

広島県に現れたという老婆の怪異。広島にはかつて家の戸の修繕をしていたカコリという名前の老婆がいたが、戦争で亡《な》くなった。このカコリという名前を口に出すと三日以内に自分の家などの戸やドアを開けるとモンペ姿のカコリが立っているのが見えるのだそうだ。

マイバースデイ編集部編『わたしのまわりの怪奇現象１０００』に載る。話の構造は**ババサレ**系統の怪異に似ているが、撃退するための呪文は載せられていなかった。

六時ジジイ［ろくじじじい］

六月六日六時六分六秒に三階の三番目のトイレに入ると、便器の中から六時ジジイという怪異が出てくるという。

常光徹編著『みんなの学校の怪談　赤本』に載る。似た怪異に**五時ジジ**がいる。

ロクロ首［ろくろくび］

ある学校のゴミ箱倉庫に出現すると伝わる怪異。この倉庫で三つ横に並んでいる大きなゴミ箱を右から順番に「ひとつ、ふたつ、みっつ」と数えながら覗《のぞ》くと、後ろからヒューと音がして気が付くと腕にロクロ首が巻き付いているという。

常光徹編著『みんなの学校の怪談　赤本』に神奈川県からの投稿として載る怪異。轆《ろく》轤首《ろくび》は有名な妖怪の一つで、江戸時代から多くの文献で語られている。また轆轤首には首が伸びるタイプと首が抜けるタイプがいるが、腕に巻き付いたという描写を見るにこの場合は首が伸びるタイプなのだろう。

他にマイバースデイ編集部編『音楽室に霊がいる!』に、静岡県の高校生からの投稿として、ある学校の校門に生えた松の木から一三歩歩いて振り返るとろくろ首がいる、という話が載る。

ロッカーの上の少女の霊［ろっかーのうえのしょうじょのれい］

ある高校に現れるという怪異。その校舎の四階にあるロッカーの上には稀《まれ》に小さな少女がしょんぼりと座っており、その前を通る生徒に向かって「ねえ」と声をかけるが、これに振り返ってしまうと気が狂ってしまうという。

マイバースデイ編集部編『わたしのまわりの怪奇現象1000』に載る。

ロッカーババア［ろっかーばばあ］

処刑場で殺された人間の墓の上に建てられたという学生寮。そのロッカーを開けると老婆の怪異が座っており、じろりと睨《にら》んでくるという。

不思議な世界を考える会編『怪異百物語3』に載る。常光徹著『学校の怪談D』にもこの怪異の話を漫画化したものが載っている。また学校の怪談編集委員会編『学校の怪談スペシャル2』には、ある中学校のバスケットボール部の部室にてロッカーの中に紫の着物を着た小さな老婆が縮こまって座っていたという話が載る。

【わ】

Yさん［わいさん］

霊感が強く、いつも幽霊に襲われていたという女性が死後怪異と化したもの。Yさんは結婚式の途中キャンドルに火を付ける際、誤ってキャンドルを倒してしまい、ウェディングドレスが燃えて焼死してしまった。それ以来この話を聞いた人の夢にYさんが現れるようになったため、その顔を見てはいけないという。また、現れた際には「ご愁傷さま」と唱えると消えるともされる。

ポプラ社編集部編『映画「学校の怪談」によせられたこわーいうわさ』に、東京都板橋区《いたばしく》からの投稿として載る。

わすれもの［わすれもの］

死にまつわる怪異。よく忘れ物をする男の子がいた。ある下校道、男の子は赤く熟れた柿の実を取ろうと木をよじ登った際、頭から落ちてしまった。その後、男の子の母親が帰りが遅い子どものことを心配していると、「ただいま」という声が聞こえて戸が開く音がした。母親がほっとして迎えに行くと、男の子の姿がない。そして「ぼく、からだを忘れてきちゃったんだ」という声だけが聞こえた。

常光徹著『学校の怪談3』に載る。また渡辺節子他編著『夢で田中にふりむくな』では通学電車が事故を起こし、それに巻き込まれて死ぬというパターンが語られている。類似した話に**忘れもの帳**がある。

忘れもの帳［わすれものちょう］

北海道H市であったという怪異。ある小学二年生の男児はよく忘れ物をすることで有名で、毎日何か忘れ物をしていた。そこで担任の先生と母親は考えた末、「忘れもの帳」と大きな字で書いたノートをいつも持たせるようにして、連絡ごとや必要なものをそこに書くようにし、それを確認する癖を付けていると、その甲斐《かい》あって少しずつ忘れものは減っていった。そんなある日、少年は登校途中に体操着を忘れたことに気づき、走って引き返した。その道中踏切《ふみきり》に辿《たど》り着《つ》いたとき、運悪く遮断機が下りている途中だった。遅刻しそうであったため、少年は遮断機を潜《くぐ》って向こう側に渡ろうとしたが、線路の溝に足を引っかけて倒れてしまった。

電車が完全に止まったのは踏切をかなり過ぎてからだった。事故のすぐ後に遺体の回収が行われたが、不思議なことに少年の頭だけは見つからなかった。そしてそれから数日後、母親が少年の持ち物を整理していると、あの忘れもの帳が出てきた。何気なくそれを開くと、「忘れもの、ぼくの頭」と書いてあった。

常光徹著『学校の怪談4』などに載る。

わたし
［わたし］

インターネット上で語られる怪異。ある小学生が友人とともに廃墟《はいきょ》に肝試しに行った際のこと、その二階の扉の前に「わたしは　このさきの　へやに　いるよ」と書かれているのを見つけた。しかし昼間であったこともあり気にせずそのまま進んでいくと、今度は分かれ道の突き当たり、壁に「わたしは　ひだりに　いるよ」と記されていた。そこで友人とともに彼が左に進むと今度は「あたまは　ひだり　からだは　みぎ」とある。その時点で友人は半狂乱になって逃げだしたが、もう一人はその先に何があるか確かめるべく、右の部屋に向かって進んだ。すると突き当たりの壁に「わたしのからだは　このしたに　いるよ」と書いてあり、さらに下を見ると「ひだりの　へやから　わたしの　あたまが　きてるよ　うしろ　みないでね」という言葉が。

彼はついに恐ろしくなり、窓から飛び降りて逃げ、それ以降その廃墟には近づかなくなったという。

主にインターネット上で語られる怪異で、コピペとして電子掲示板などで流布《るふ》されているものが見える。また怪談のタイトルとしては「廃墟で肝試し」という名前が使われていることが多い。二〇〇一年にはすでに語られていたようだが、恐らく初出はさらに遡《さかのぼ》ることが可能と思われる。

このままでも十分に怖い怪談であるが、さらにこの話には隠された意味があるとされる場合がある。元のコピペではこの廃墟の中には何者かによってひらがなによる文章が何カ所にも記されており、必ずかぎかっこの後には「と書いてあった」という文章が使われている。しかし最後の「ひだりの　へやから　わたしの　あたまが　きてるよ　うしろ　みないでね」という文章にだけはその言葉がなく、この台詞《せりふ》は下を見た際に頭のない体が言葉を発しているという解釈が成り立つようになっている。そのため、意味がわかると怖い話の一つとして扱われることも多い。

わたしにもきかせて
［わたしにもきかせて］

一九七〇年代に活躍したフォークグループ、かぐや姫の一九七五年四月一二日に開かれた東京神田共立講堂における解散コンサートで録音された音源に女性の「わたしにもきかせて」という声が混入したという怪異で、霊の声であると噂《うわさ》された。またこの声は逆再生すると「私もそこにいきたかった」と聞こえるという。

この話の前日譚《たん》として難病にかかった女性からの手紙がラジオ番組に届き、自分はコンサートに行く前に死ぬだろうという内容が書かれていたと語られることがあるが、これはテレビ番組『奇跡体験！アンビリバボー』における検証によって嘘《うそ》だと判明している。しかしこの音声自体は存在しており、テレビ番組で何度か実際に流されたこともある。また稲川淳二氏は怪談**生き人形**の中で、ラジオ番組の司会をしていた南こうせつ氏の元にコンサートに行く前に死ぬだろうというはがきが送られてきた話が語られている。

　また大迫《おおさこ》純一著『あやかし通信『怪』』には、この声が入ったテープを聞いた男性が夜金縛りに遭《あ》い、それを解こうとして発した声が「わたしにもきかせてぇぇぇ」になっていたという話が載る。

ワニまた［わにまた］

　ある学校の男子トイレに出現するという尾が二股に分かれたワニで、トイレにやってきた子どもを食《く》らうという。

　常光徹著『新・学校の怪談3』に載る。

わらい男［わらいおとこ］

　家に現れたという怪異。ある少年が真夜中どうしても寝付けないでいると、家の裏の上方から「アッハッハッハッハッハッハ」という冷ややかな笑い声が数十秒の間降ってきたという。

　水木しげる著『妖怪目撃画談』に載る。初出は角川書店の『怪』第壱号。

笑い女［わらいおんな］

　その名の通り常に笑い声を上げている女の姿をした怪異。傷んだ髪を腰まで伸ばした若い女で、「いひゃっいひゃっいひゃっ」という笑い声を上げている以外は普通の人間と変わらず、スーパーなどで買い物をしている姿も目撃されている。ただしこの女に危害を加えた人間が、それ以降どこにいても常にその笑い声が聞こえてくるという謎の現象に悩まされることになったという、その笑い声は音楽や人の話し声が聞こえている状態では聞こえないものの、辺りが静かになると背後から次第に近づいてくるように、日を追うごとに大きくなっていったとされる。そして最終的にその笑い声を聞き続けていた人間は、笑い声から逃れるためなのか両耳をボールペンで突いて自殺したという。

　実は笑い女と呼ばれるこの怪異の声は笑い声などではない。この女の顔はよく見ると口は笑っているものの目は一切笑っておらず、そして口の中には歯が一本もない。その口で、彼女は「いひゃっいひゃっいひゃっ」と声を上げている。それは歯がないためにそう聞こえているだけで、実際には「居た、居た、居た」と言い続けているのだという。

　2ちゃんねるオカルト板の「死ぬ程洒《しゃ》落《れ》にならない怖い話を集めてみない？204」スレッドに書き込まれた怪異。初出は二〇〇八年一二月二七日。普通の人間なのか、それとも人ならざる何かなのか非常に曖昧な存在である。

　また江戸時代末期から明治時代初期のものとされる妖怪絵巻『土佐化物絵本《とさばけものえほん》』には、同様に笑い女という名前の妖怪が載るが、この妖怪も笑い声を聞いた者は死ぬまでその声が耳に残り続けたという。

笑う女【わらうおんな】

湖に現れたという怪異。ある二人の男性が湖畔でキャンプをし、夜に焚き火《たび》を囲んで談笑していると、真っ暗な湖面から激しい水音が聞こえた。二人は立ち上がって暗闇に目を凝らすと湖の中で女性が溺れている。だがよく見るとその女の顔は笑っていた。それを不気味に思い助けに行くのをやめて観察していると、やがて女性はもがくのをやめ、首から上だけを水面に出して今度は怒りの形相《ぎょうそう》で二人を睨《にら》んだ後、ゆっくりと湖の中に沈んでいったという。

　不思議な世界を考える会編『怪異百物語8』に載る。

笑うゴリラ【わらうごりら】

名前の通り笑うゴリラの怪異。ある人物が二、三歳の時の話。家で留守番をしているとインターホンの音が鳴ったためその人物が一人で玄関に行ったところゴリラがおり、しかも笑っていた。そのため急いで二階に上がりまた戻ってみると、ゴリラは消えていた。

　不思議な世界を考える会編『怪異百物語8』に載る。ドアを開けた描写もなく玄関に立っていたということは家の中に勝手に入ってきていたのだろうか。ゴリラの現代怪異としては他に**ゴリラの幽霊**がいる。

腕章の少年【わんしょうのしょうねん】

大阪府に現れたという怪異。ナチスの腕章を付けた少年で、片足が義足にも関わらず足が速い、夕方から夜にかけて街を徘徊《はいかい》している、目が合うと警棒を持って追いかけてくる、三匹から五匹の犬を連れている、運動が得意な子どもを襲う、動物がいると害を加えてこない、などの特徴がある。

　また実際に遭遇した者の証言によれば鋭く異様な眼光を持ち、顔色が異様に青白く、頬がこけ、露出した腕は白く枝のように細く、その腕にナチスドイツのハーケンクロイツの腕章を巻いており、片足は義足、という外見をしていたという。他にも目が合った瞬間その目が一瞬白目になった、連れている犬は「サバンッ、サバンッ」という奇妙な吠《ほ》え方をする、出会った人間の家の前までやってきた、などの体験も語られている。

　2ちゃんねるオカルト板の「死ぬ程洒落《しゃれ》にならない怖い話を集めてみない？175」スレッドに、二〇〇七年九月五日に書き込まれたものが初出と思われる。ただし実際に体験したのはそれから一〇年前であると書き込まれているため、九〇年代後半には出現していたと思われる。また元の話では出現した地域は「大阪S市」となっている。

五十音順索引

この索引は、本書収録の全怪異（一〇九二項目）を五十音順に配列したものである。

あ

五十音順

す

せ

ひ

五十音順
類似怪異
出没場所
使用凶器
都道府県別

ま

み

む

類似怪異索引

この索引は、何らかの特徴的な共通点がある怪異が五例以上見られたものを各項目に分け、配列したものである。

降霊占いの怪

▼こっくりさんに代表される、何らかの霊的な存在を呼び出して質問に答えてもらう降霊術、占いにまつわる怪異。

チェーンメールの怪

▼チェーンメールと呼ばれる、何らかの条件を記すことによって不特定多数の人間へと同じ文章を配布するよう求める、手紙や電子メールに登場する怪異。

乗り物幽霊の怪

▼タクシー幽霊に代表される、乗り物に乗り込む、または乗り物の中に現れる幽霊の怪異。

心霊の怪

▼守護霊や地縛霊に代表される、心霊主

義、心霊科学の思想が元になって生まれた、もしくは関連が深いと思われる怪異。

話してはならない怪

▼牛の首に代表される、内容は不明だがあまりにも恐ろしい、話すと危険があるなどの理由で話すことが禁じられている、という形骸のみが伝わる怪異。

赤き衣の怪

▼赤マントに代表される、主に「赤い〜いりませんか」「赤い〜を着せましょうか」という類の問いかけを行うとされる怪異。

色問いの怪

▼トイレなどの特定の場所に現れ、「赤い〜と青い〜、どちらが好き？」といったように複数の色の中から一つの色を選ばせる問いかけを行う怪異。

厠の幽霊の怪

▼トイレの花子さんに代表される、主に学校のトイレで一定の行動を行うと呼び出すことができる幽霊たち。

カシマの怪

▼カシマさんに代表される、体の一部を欠損した怪異。その話を聞くと一定の期間内に体の一部を奪いに現れるとされる。また怪談内に「かしま」と読む言葉が登場する怪異も含む。

上半身の怪

▼テケテケに代表される、下半身、両足、胸から下など体の下部を欠損した怪異。ただし腕や片足のみを欠損している場合は含まない。

わたしきれいの怪

▼口裂け女に代表される、遭遇した人間に「わたしきれい？」という類の問い掛けを行う怪異。

言葉遊びの怪

▼逆から読む、その名前を繰り返す、なぞなぞを解くなどが撃退法として重要な要素となっている怪異。

呪いの言葉の怪

▼紫鏡に代表される、一定の年齢までその言葉を覚えていると何らかの災厄が降りかかるとされる怪異。

メリーさんの怪

▼メリーさんの電話に代表される、怪談の中にメリーさんという名前が登場する怪異。

足音の怪

▼べとべとさんに代表される、姿はなく、背後から足音だけがついてくると語られる怪異。

異界駅の怪

▼きさらぎ駅に代表される、近年インターネット上で語られる存在しないはずの駅の類。総称としては異界駅を使う。

出没場所索引

この索引は、怪異と遭遇した場所を五十音順に配列した。なお場所について記述がない場合は立項していない。

使用凶器索引

この索引は、怪異が第三者に危害を加えるために用いた凶器あるいは手段を五十音順に配列したものである。

害をなす怪異。なお、引き摺り込んだ後、現実にはあり得ない世界（あの世、異世界、異次元など）もしくは物理的に難しいと思われる場所（壁の中、便器の中など）に連れて行かれる描写が続く場合には【連れ去り】に分類。

スプーン

栓抜き

た

中華包丁

注射

壺

爪楊枝

爪

▼爪を使って害をなす怪異。【素手】とは区別。

連れ去り

▼どこか（異次元や未知の世界を含む）に連れ去られる、神隠しに遭う怪異。

表面に鋭く固い毛

不明

▼その他、殺される、切り裂かれるなど、具体的な凶器は不明だが物理的な害を与えてくる怪異。

都道府県別索引

この索引は、怪異が目撃された場所および怪異談の投稿者の居住地を都道府県別に配列したものである。旧市町村名、固有名詞で立項している場合もある。

あとがき

幼い頃から、私は怪異や妖怪と呼ばれる怪しいものたちが好きでした。アニメや漫画に登場する妖怪たちに喜び、怖がり、そして自分の知らない彼らを探して図鑑をめくる、そんな子ども時代だったと記憶しております。それは二〇年以上を過ぎた現在でも変わらず、新しい怪異・妖怪を見つけては胸を踊らせる日々を過ごしています。

そんな私が子ども時代を過ごした一九九〇年代は学校の怪談ブームが起きた時代で、多くの現代の怪異たちが身近に語られていました。自分が知らない過去の時代だけでなく、自分が今生きているこの時代にもたくさんの怪しげなものたちがいるのだと感じられたのは、幸いなことだったと思います。どんな時代においても怪異たちは決して消えることなく、その時代時代に合わせて新たな姿、性質で生まれ、語られるのでしょう。

そしてそんな、我々と同じ時代を生きてきた怪異を集め、今までになかったような事典を作ろうと書き始めたのが本書です。当初は同人誌として誕生したこの事典ですが、こうして笠間書院様のお力添えを得て、改めて世に出す機会を得ることができました。また執筆にあたり、本書の編集を担当していただいた西内友美様、同人版に引き続きカバーイラストを担当して下さった裏逆どら様、執筆中多くのご教示や応援をいただいた皆様に、深くお礼を申し上げたいと思います。そして何より、本書は先学の方々の著作を参考にさせていただいております。偉大な先人の方々に対する厚い感謝も述べさせていただければ幸いです。

この事典に収録した怪異は現代に跋扈《ばっこ》する怪異たちのごく一部でしかありません。戦後から七〇年以上の間に生まれた怪異たち、そしてこれから生まれていく怪異たちの数を考えると、とても一冊の本には収まるはずがないのです。そんな未知の怪異たちを、この本を読んだ方々に探していただけたなら、作者としても彼らが好きな者の一人としても、とても嬉しいことです。きっと彼らは自分たちを呼ぶ声に応じて、すぐに顔を見せてくれることでしょう。現代には、こんなにも怖くて不思議で愉快なやつらが溢れているのですから。

最後に、この事典に収められているのは、先にも書いたように我々と同じ時代を共にした怪異たちです。しかし、我々が遠い過去の時代の人々が語り、作り出した異形《いぎょう》のものたちを「妖怪」と呼んで親しんでいるように、この怪異たちもいつかは遠い過去のものとなるでしょう。この時代が現代と呼ばれなくなったそんな未来においてまで、現代怪異の記録や記憶が残り、人々に親しまれていることを、願いたいと思います。

二〇一七年一一月

朝里　樹

参考資料

【書籍資料】

アーサー・コナン・ドイル著・近藤千雄訳『コナン・ドイルの心霊学』1992 年、新潮社

あいち妖怪保存会編著『愛知妖怪事典』2016 年、一粒書房

朝倉秀雄『学校の噂の怪談』1995 年、文化創作出版

浅野和三郎著・熊谷えり子現代文・桑原啓善監修『神霊主義―心霊科学からスピリチュアリズムへ』2003 年、でくのぼう出版

飯島吉晴『子供の民俗学―子供はどこから来たのか』1991 年、新曜社

池田香代子・大島広志・高津美保子・常光徹・渡辺節子編著『日本の現代伝説　ピアスの白い糸』1994 年、白水社

池田香代子・大島広志・高津美保子・常光徹・渡辺節子編著『日本の現代伝説　走るお婆さん』1996 年、白水社

池田彌三郎『日本の幽霊』1974 年、中公文庫

イタロ・カルヴィーノ著・河島英昭訳『みどりの小鳥　イタリア民話選』2013 年、岩波少年文庫

一柳廣孝『「学校の怪談」はささやく』2005 年、青弓社

一柳廣孝・吉田司雄編著『霊はどこにいるのか』2007 年、青弓社

伊藤龍平『ツチノコの民俗学―妖怪から未確認動物へ』2008 年、青弓社

伊藤龍平『ネットロア―ウェブ時代の「ハナシ」の伝承』2016 年、青弓社

乾克己・小池正胤・志村有弘・高橋貢・島越文蔵編『日本伝奇伝説大事典』1986 年、角川書店

今井彰『蝶の民俗学』1978 年、築地書館

イリサワマコト『幽霊心霊現象大図鑑』2015 年、西東社

岩倉千春・大島広志・高津美保子・常光徹・渡辺節子編著『日本の現代伝説　幸福の E メール』1999 年、白水社

うぐいすみつる『うぐいすさんちの日常怪話』2008 年、新書館

宇佐和通『THE 都市伝説』2004 年、新紀元社

宇佐和通『都市伝説の真実』2010 年、祥伝社

宇佐和通『最新都市伝説の正体』2014 年、祥伝社

大迫純一『あやかし通信『怪』』2002 年、ハルキホラー文庫

大島清昭『現代幽霊論―妖怪・幽霊・地縛霊』2007 年、岩田書院

大島廣志『民話―伝承の現実』2007 年、三弥井書店

大島廣志編『野村純一　怪異伝承を読み解く』2016 年、アーツアンドクラフツ

大田俊寛『現代オカルトの根源―霊性進化論の光と闇』2013 年、筑摩書房

小原猛著・三木静絵『琉球妖怪大図鑑　上』2015 年、琉球新報社

小原猛著・三木静絵『琉球妖怪大図鑑　下』2015 年、琉球新報社

岡本和明・辻堂真理著『コックリさんの父　中岡俊哉のオカルト人生』2017 年、新潮社

奥成達『怪談のいたずら　ゾーッとさせて楽しむ』1988 年、ワニ文庫

尾関章『両面の鬼神―飛騨の宿儺伝承の謎』2009 年、勉誠出版

おもしろ情報ネットワーク編『世間にはびこるウワサの大検証』1995 年、成美堂出版

怪奇実話収集委員会編『オンナのコたちが語り伝える恐怖のホラー怪談』2001 年、二見文庫

学校の怪談研究会編『日本全国縦断　学校のこわい話』1994 年、永岡書店

学校の怪談研究会編『学校の魔界ゾーン』1994 年、永岡書店
学研『呪術の本　禁断の呪詛法と闇の力の血脈』2003 年、学習研修社
川上善郎・松田美佐・佐藤達哉『うわさの謎―流言、デマ、ゴシップ、都市伝説はなぜ広がるのか』1997 年、日本実業出版社
河合祥一郎編『幽霊学入門』2010 年、新書館
京極夏彦『妖怪の理　妖怪の檻』2011 年、角川文庫
京極夏彦『妖怪の宴　妖怪の匣』2015 年、角川書店
木原浩勝・市ヶ谷ハジメ・岡島正晃『都市の穴』2003 年、双葉文庫
木原浩勝・中山市朗『新耳袋　第一夜　現代百物語』2002 年、角川文庫
久保孝夫編『女子高生が語る不思議な話』1997 年、青森県文芸協会出版部
熊本大学文学部総合人間学科民俗学研究室編『熊大生の放課後：熊本市黒髪界隈の民俗：2011（平成 23）年度社会調査実習Ⅰ／Ⅱ報告書』2012 年、熊本大学文学部
小池壮彦『幽霊物件案内―怪奇探偵の（秘）情報ファイル』2000 年、同棚舎
小池壮彦『心霊写真　不思議をめぐる事件史』2005 年、宝島社文庫
合田一道『北海道　幽霊の住所録― HBC へ寄せられた情報から』1991 年、幻洋社
小松和彦責任編集『怪異の民俗学 6　幽霊』2001 年、河出書房新社
小松和彦監修『日本怪異妖怪大事典』2013 年、東京堂出版
小松左京『石』1993 年、出版芸術社
近藤雅樹・高津美保子・常光徹・渡辺節子・三原幸久編著『日本の現代伝説　魔女の伝言板』1995 年、白水社
近藤雅樹『霊感少女論』1997 年、河出書房新社
今野圓輔『日本怪談集　幽霊篇　上』2004 年、中公文庫
今野圓輔『日本怪談集　幽霊篇　下』2004 年、中公文庫
ささやななえこ『生き霊～ささやななえこ恐怖世界～』1996 年、角川ホラー文庫
桜井徳太郎編『民間信仰辞典』1980 年、東京堂出版
佐藤有文『いちばんくわしい日本妖怪図鑑』1985 年、立風書房
柴田宵曲編『奇談異聞辞典』2008 年、ちくま学芸文庫
実業之日本社編『ドキッ！　幽霊＆怪奇現象スペシャル』2006 年、実業之日本社
実業之日本社編『こわーい！　都市伝説＆怪談 DX』2007 年、実業之日本社
実業之日本社編『ぞぞっ！　幽霊＆都市伝説 DX』2009 年、実業之日本社
実業之日本社編『ギャー！　怪談＆都市伝説 DX』2011 年、実業之日本社
世界博学倶楽部『都市伝説王』2007 年、PHP 文庫
高岡弘幸『幽霊　近世都市が生み出した化物』2016 年、吉川弘文館
高田衛『江戸怪談集　下』1989 年、岩波文庫
高田衛監修・稲田篤信・田中直日編『鳥山石燕　画図百鬼夜行』1998 年、国書刊行会
多田克己編・京極夏彦他文『竹原春泉　絵本百物語―桃山人夜話』1997 年、国書刊行会
多田克己『幻想世界の住人たちⅣ〈日本編〉』2012 年、新紀元文庫
田中千代松編『新・心霊科学事典―人類の本史のために』1984 年、潮文社
千葉幹夫編『全国妖怪事典』1995 年、小学館
常光徹『学校の怪談　口承文芸の展開と諸相』2013 年、ミネルヴァ書房
常光徹『うわさと俗信　民俗学の手帖から』2016 年、河出書房新社
常光徹編『妖怪変化』1999 年、筑摩書房
常光徹著・楢喜八絵『学校の怪談』1990 年、講談社 KK 文庫
常光徹著・楢喜八絵『学校の怪談 2』1991 年、講談社 KK 文庫

常光徹著・楢喜八絵『学校の怪談 3』1992 年、講談社 KK 文庫
常光徹著・楢喜八絵『学校の怪談 4』1993 年、講談社 KK 文庫
常光徹著・楢喜八絵『学校の怪談 5』1994 年、講談社 KK 文庫
常光徹著・楢喜八絵『学校の怪談 6』1994 年、講談社 KK 文庫
常光徹著・楢喜八絵『学校の怪談 7』1995 年、講談社 KK 文庫
常光徹著・楢喜八絵『学校の怪談 8』1996 年、講談社 KK 文庫
常光徹著・楢喜八絵『学校の怪談 9』1997 年、講談社 KK 文庫
常光徹編著・楢喜八絵『みんなの学校の怪談　赤本』1995 年、講談社
常光徹編著・楢喜八絵『みんなの学校の怪談　緑本』1995 年、講談社
常光徹著・楢喜八絵『新・学校の怪談 1』2005 年、講談社
常光徹著・楢喜八絵『新・学校の怪談 2』2006 年、講談社
常光徹著・楢喜八絵『新・学校の怪談 3』2007 年、講談社
常光徹著・楢喜八絵『新・学校の怪談 4』2008 年、講談社
常光徹著・楢喜八絵『新・学校の怪談 5』2009 年、講談社
常光徹著・楢喜八絵『学校の怪談「A」小学校の非常階段』2010 年、講談社
常光徹著・楢喜八絵『学校の怪談「B」組にきた転校生』2011 年、講談社
常光徹著・楢喜八絵『学校の怪談「C」池の伝説』2012 年、講談社
常光徹著・楢喜八絵『学校の怪談「D」高原のきもだめし』2013 年、講談社
常光徹著・楢喜八絵『学校の怪談「E」丑三つ時の大鏡』2014 年、講談社
常光徹『学校の怪談　K 峠のうわさ』2009 年、講談社
常光徹『学校の怪談　百円のビデオ』2009 年、講談社
常光徹監修・中谷靖彦絵『みたい！　しりたい！　しらべたい！　日本の都市伝説絵図鑑 1　現代の妖怪と都市伝説』2015 年、ミネルヴァ書房
つのだじろう『うしろの百太郎 1』1996 年、講談社漫画文庫
つのだじろう『うしろの百太郎 2』1996 年、講談社漫画文庫
つのだじろう『うしろの百太郎 3』1996 年、講談社漫画文庫
つのだじろう『うしろの百太郎 4』1996 年、講談社漫画文庫
つのだじろう『うしろの百太郎 5』1996 年、講談社漫画文庫
つのだじろう『うしろの百太郎 6』1996 年、講談社漫画文庫
天堂晋助『都市伝説百物語　君のとなりの怪しい話』1999 年、ワニ文庫
都市伝説研究会編著『悪夢の都市伝説』2013 年、文庫ぎんが堂
TONO『猫で語る怪異』2017 年、朝日新聞出版
TONO ×うぐいすみつる『よからぬ話』2007 年、朝日新聞社
TONO ×うぐいすみつる『よからぬ話 2』2007 年、朝日新聞社
苫前町史編さん委員会『新苫前町史』2015 年、苫前町（北海道）
中岡俊哉『世界霊魂物語』1968 年、波書房
中岡俊哉『タナトロギー入門　霊魂は不滅である』1973 年、祥伝社
中岡俊哉『狐狗狸さんの秘密』1974 年、二見書房
中岡俊哉『恐怖の心霊写真集』1974 年、二見書房
中岡俊哉『続・恐怖の心霊写真集』1975 年、二見書房
中岡俊哉『新・恐怖の心霊写真集』1977 年、二見書房
中岡俊哉『実証・恐怖の心霊写真集』1979 年、二見書房
中岡俊哉『恐怖の心霊写真集　地縛霊篇』1982 年、二見書房
中岡俊哉『恐怖の心霊写真集〈第 6 弾〉死者の霊体が写った』1983 年、二見書房

中岡俊哉『決定版　恐怖の心霊写真集』1986年、二見書房
中岡俊哉『心霊大全　20世紀の超自然現象世界』2000年、ミリオン出版
永久保貴一『生き人形』2000年、集英社
永久保貴一『続・生き人形　完全版』2012年、集英社
流水凜子『恐怖体験～霊能者は語る～』2004年、あおば出版
流水りんこ『流水りんこの恐怖譚』2014年、青泉社
流水りんこ『誰もしんじなくていい…でもボクたちは見た!!』2014年、朝日新聞出版
ナックルズBOOKS『最凶怪奇譚　こわい話　あなたの知らないニッポンの恐怖』2008年、ミリオン出版
並木伸一郎『最強の都市伝説』2007年、経済界
並木伸一郎『最強の都市伝説2』2008年、経済界
並木伸一郎『最強の都市伝説3』2009年、経済界
並木伸一郎『最強の都市伝説4』2010年、経済界
並木伸一郎『最強の都市伝説5』2011年、経済界
並木伸一郎『眠れないほど面白い都市伝説』2012年、三笠書房
並木伸一郎『眠れないほど面白い都市伝説〔驚愕篇〕』2014年、三笠書房
新倉イワオ『あなたの知らない世界』1980年、日本テレビ放送網
新倉イワオ『あなたの知らない世界〈続〉』1981年、日本テレビ放送網
新倉イワオ『あなたの知らない世界〈続々〉』1981年、日本テレビ放送網
新倉イワオ『あなたの知らない世界〈新〉』1982年、日本テレビ放送網
新倉イワオ『あなたの知らない世界6』1983年、日本テレビ放送網
新倉イワオ『あなたの知らない世界〈新々〉』1983年、日本テレビ放送網
新倉イワオ『あなたの知らない世界7』1983年、日本テレビ放送網
新倉イワオ『あなたの知らない世界8』1984年、日本テレビ放送網
新倉イワオ『あなたの知らない世界9』1985年、日本テレビ放送網
新倉イワオ『あなたの知らない世界10』1985年、日本テレビ放送網
新倉イワオ『あなたの知らない世界11』1986年、日本テレビ放送網
新倉イワオ『あなたの知らない世界12』1987年、日本テレビ放送網
新倉イワオ『あなたの知らない世界13』1987年、日本テレビ放送網
新倉イワオ『あなたの知らない世界14』1988年、日本テレビ放送網
新倉イワオ『あなたの知らない世界15』1988年、日本テレビ放送網
新倉イワオ『あなたの知らない世界16』1989年、日本テレビ放送網
新倉イワオ『あなたの知らない世界17』1989年、日本テレビ放送網
新倉イワオ『あなたの知らない世界18』1990年、日本テレビ放送網
新倉イワオ『あなたの知らない世界19』1991年、日本テレビ放送網
日本児童文学者協会編『ほんとうにあったおばけの話1　高速道路に出るおばけ』1990年、偕成社
日本児童文学者協会編『ほんとうにあったおばけの話4　むかえにきた死人たち』1990年、偕成社
日本児童文学者協会編『ほんとうにあったおばけの話6　ゆうれいの泣く学校』1991年、偕成社
日本児童文学者協会編『ほんとうにあったおばけの話8　帰ってくる火の玉』1991年、偕成社
日本児童文学者協会編『ほんとうにあったおばけの話9　消えたビーチサンダル』1991年、偕成社
日本児童文学者協会編『ほんとうにあったおばけの話10　午後六時ののろい』1991年、偕成社
日本民話の会・学校の怪談編集委員会『学校の怪談文庫K1　先生にあいにくる幽霊』1993年、ポプラ社
日本民話の会・学校の怪談編集委員会『学校の怪談文庫K2　放課後のトイレはおばけがいっぱい』

1993年、ポプラ社
日本民話の会・学校の怪談編集委員会『学校の怪談文庫K3　保健室のねむり姫』1993年、ポプラ社
日本民話の会・学校の怪談編集委員会『学校の怪談文庫K4　校庭にうかんだ墓地』1993年、ポプラ社
日本民話の会・学校の怪談編集委員会『学校の怪談文庫K5　遠足に幽霊がついてきた』1993年、ポプラ社
日本民話の会・学校の怪談編集委員会『学校の怪談文庫K6　放送室に消えた先生』1994年、ポプラ社
日本民話の会・学校の怪談編集委員会『学校の怪談文庫K7　塾の帰りはおばけ屋敷』1994年、ポプラ社
日本民話の会・学校の怪談編集委員会『学校の怪談文庫K8　学校の七不思議』1994年、ポプラ社
日本民話の会・学校の怪談編集委員会『学校の怪談文庫K9　魔界からのお知らせ』1994年、ポプラ社
日本民話の会・学校の怪談編集委員会『学校の怪談文庫K10　真夜中のミステリー・ツアー』1994年、ポプラ社
日本民話の会・学校の怪談編集委員会『学校の怪談文庫K11　3ばんめのトイレに花子さんがいる⁉』1994年、ポプラ社
日本民話の会・学校の怪談編集委員会『学校の怪談文庫K12　体育館であそぶ霊』1994年、ポプラ社
日本民話の会・学校の怪談編集委員会『学校の怪談文庫K13　幽霊によばれた校長先生』1994年、ポプラ社
日本民話の会・学校の怪談編集委員会『学校の怪談文庫K14　こっくりさん、きてください』1994年、ポプラ社
日本民話の会・学校の怪談編集委員会『学校の怪談文庫K15　夜の理科室でわらうガイコツ』1994年、ポプラ社
日本民話の会・学校の怪談編集委員会『学校の怪談文庫K16　100不思議通信スペシャル』1994年、ポプラ社
日本民話の会・学校の怪談編集委員会『学校の怪談文庫K24　学校の怪談スペシャル1　幽霊は体育館でキミを待っている…‼編』1997年、ポプラ社
日本民話の会・学校の怪談編集委員会『学校の怪談文庫K25　学校の怪談スペシャル2「真夜中の金次郎」っていったい何…⁇編』1997年、ポプラ社
日本民話の会・学校の怪談編集委員会『学校の怪談文庫K26　学校の怪談スペシャル3　八番めの不思議を知ったとき、キミは…⁉編』1997年、ポプラ社
日本民話の会・学校の怪談編集委員会『学校の怪談大事典』1996年、ポプラ社
日本民話の会編『怖いうわさ　不思議なはなし―現代の妖怪と異界』1993年、童心社
野村純一『江戸東京の噂話「こんな晩」から「口裂け女」まで』2005年、大修館書店
初見健一『ぼくらの昭和オカルト大百科　70年代オカルトブーム再考』2012年、大空出版
花子さん研究会編『トイレの花子さん―キミの学校のこわ〜い話』1993年、ベストセラーズ
花子さん研究会編『トイレの花子さん2―誰もいない学校の恐怖』1994年、ベストセラーズ
花子さん研究会編『トイレの花子さん3―キミの学校を恐怖が襲う』1994年、ベストセラーズ
花子さん研究会編『トイレの花子さん4―学校に渦巻く恐怖の体験』1996年、ベストセラーズ
花子さん研究会編『トイレの花子さん5―今度はあなたの学校の番だ！』1996年、ベストセラーズ
花子さん研究会編『帰ってきたトイレの花子さん―キミの学校がまたまた大パニック』1998年、衆

芸社
春川栖仙編『心霊研究辞典』1990年、東京堂出版
東アジア恠異学会著『怪異学の可能性』2009年、角川書店
東アジア恠異学会著『怪異学入門』2012年、岩田書院
ひぐらしカンナ『本当にあった不思議ミステリー　見えるんです1』2004年、竹書房
ピチ・ブックス編集部編『私が出会ったこわい話』1992年、学習研究社
ピチ・ブックス編集部編『私の学校のこわい話』1993年、学習研究社
ピチ・ブックス編集部編『私の学校のこわい話　パート2』1993年、学習研究社
ピチ・ブックス編集部編『学校のこわい怪談』1996年、学習研究社
平野威馬雄『お化けの住所録』1975年、二見書房
広坂朋信『東京怪談ディテクション　都市伝説の現場検証』1998年、希林館
不思議な世界を考える会編『怪異百物語1　現代の妖怪』2003年、ポプラ社
不思議な世界を考える会編『怪異百物語2　学校と怪談』2003年、ポプラ社
不思議な世界を考える会編『怪異百物語3　奇人・怪人・不思議人』2004年、ポプラ社
不思議な世界を考える会編『怪異百物語4　夢と金しばり』2004年、ポプラ社
不思議な世界を考える会編『怪異百物語5　家族と霊』2005年、ポプラ社
不思議な世界を考える会編『怪異百物語6　クルマの怪談』2006年、ポプラ社
不思議な世界を考える会編『怪異百物語7　異次元ワールド・メカの怪』2006年、ポプラ社
不思議な世界を考える会編『怪異百物語8　動物の怪・植物の不思議』2006年、ポプラ社
不思議な世界を考える会編『怪異百物語9　人体と食べ物の恐怖』2007年、ポプラ社
不思議な世界を考える会編『怪異百物語10　まだまだあるこわい場所』2007年、ポプラ社
フジテレビ出版『木曜の怪談　紫の鏡』1996年、扶桑社
別冊宝島『うわさの本　都市に乱舞する異事奇聞・怪談を読み解く試み！』1989年、宝島社
別冊宝島『現代怪奇解体新書 「怪奇」を遊ぶための完全マニュアル』1998年、宝島社
別冊宝島編集部『伝染る「怖い話」』1999年、宝島社文庫
ぽにーてーる編『おもしろコワ〜い‼恐怖の時間割』1996年、双葉社
ポプラ社編集部編、渡辺節子構成『映画「学校の怪談」によせられたこわーいうわさ』1996年、ポプラ社
マーク・矢崎『キューピッドさんの秘密　降霊術の不思議』1989年、二見書房
マイウェイムック『実話都市伝説　VOL.1』2005年、マイウェイ出版
マイウェイムック『実話都市伝説　VOL.2』2005年、マイウェイ出版
マイバースデイ編集部編『わたしは霊にとりつかれた！』1985年、実業之日本社
マイバースデイ編集部編『わたしのまわりの怪奇現象1000』1990年、実業之日本社
マイバースデイ編集部編『わたしの学校の七不思議集』1993年、実業之日本社
マイバースデイ編集部編『わたしの教室に幽霊が！』1994年、実業之日本社
マイバースデイ編集部編『わたしの学校の怪談』1994年、実業之日本社
マイバースデイ編集部編『学校の恐怖伝説〜花子さんのいるトイレ〜』1995年、実業之日本社
マイバースデイ編集部編『学校の幽霊100話』1995年、実業之日本社
マイバースデイ編集部編『すごい！　心霊体験大百科』2002年、実業之日本社
松岡錠司・福田卓郎著『トイレの花子さん』1995年、扶桑社文庫
松谷みよ子『現代民話考1　河童・天狗・神かくし』2003年、ちくま文庫
松谷みよ子『現代民話考2　軍隊・徴兵検査・新兵のころ』2003年、ちくま文庫
松谷みよ子『現代民話考3　偽汽車・船・自動車の笑いと怪談』2003年、ちくま文庫
松谷みよ子『現代民話考4　夢の知らせ・火の玉・ぬけ出した魂』2003年、ちくま文庫

松谷みよ子『現代民話考5　死の知らせ・あの世へ行った話』2003年、ちくま文庫
松谷みよ子『現代民話考6　銃後・思想弾圧・空襲・沖縄戦』2003年、ちくま文庫
松谷みよ子『現代民話考7　学校・笑いと怪談・学童疎開』2003年、ちくま文庫
松谷みよ子『現代民話考8　ラジオ・テレビ局の笑いと怪談』2003年、ちくま文庫
松谷みよ子『現代民話考9　木霊・蛇・木の精霊・戦争と木』2003年、ちくま文庫
松谷みよ子『現代民話考10　狼・山犬・猫』2004年、ちくま文庫
松谷みよ子『現代民話考11　狸・むじな』2004年、ちくま文庫
松谷みよ子『現代民話考12　写真の怪・文明開化』2004年、ちくま文庫
松山ひろし『真夜中の都市伝説　3本足のリカちゃん人形』2003年、イーストプレス
松山ひろし『真夜中の都市伝説　壁女』2004年、イーストプレス
松山ひろし『呪いの都市伝説　カシマさんを追う』2004年、アールズ出版
丸山泰明『越境する近代9　凍える帝国　八甲田山雪中行軍遭難事件の民俗誌』2010年、青弓社
三浦清宏『近代スピリチュアリズムの歴史　心霊研究から超心理学へ』2008年、講談社
水木しげる『決定版　日本妖怪大全　妖怪・あの世・神様』2014年、講談社文庫
水木しげる著・「怪」編集部編『別冊怪追悼　水木しげる世界妖怪協会全仕事』2016年、角川書店
三原千恵利『心霊旅行』1999年、朝日ソノラマ
三原千恵利『霊的道案内』2002年、朝日ソノラマ
三原千恵利『猫魂』2002年、ソノラマコミック文庫
宮沢虎雄・坂谷松樹『霊魂の世界—心霊科学入門』1967年、徳間書店
村上健司編著『妖怪事典』2000年、毎日新聞社
村上健司編著・水木しげる絵『日本妖怪大事典』2005年、角川書店
物集高音『赤きマント　第四赤口の会』2001年、講談社ノベルス
森影依『北海道怪異地図』1992年、幻洋社
柳田國男『遠野物語』1973年、新潮文庫
柳田國男『妖怪談義』1977年、講談社学術文庫
やまかわうみ2013春『昔話・伝説を知る事典』2013年、アーツアンドクラフツ
山岸凉子『タイムスリップ　自選作品集』1999年、文藝春秋
山岸凉子『ゆうれい談』2002年、メディアファクトリー
山口敏太郎『山口敏太郎の都市伝説　あなたの知らない世界』2012年、河出書房新社
山口敏太郎『本当にいる日本の現代妖怪図鑑』2007年、笠倉出版社
山口敏太郎『ホントにあった呪いの都市伝説』2005年、コミックス文庫
山口敏太郎『怪異証言　百物語』2006年、リイド文庫
山岸和彦と恐怖委員会編『怪異！　学校の七不思議　ゾッとする光景をボクは見てしまった！』2001年、KAWADE夢文庫
山本素石『逃げろツチノコ』1973年、二見書房
山本まゆり『魔百合の恐怖報告1　部屋の墨の白い影』2002年、朝日ソノラマ
妖怪マガジン『怪』各号、角川書店
吉村昭『羆嵐』1982年、新潮文庫
四方田犬彦『心は転がる石のように』2004年、ランダムハウス講談社
渡辺節子・岩倉千春編著『夢で田中にふりむくな　ひとりでは読めない怖い話』1996年、ジャパンタイムズ

【WEBサイト】（最終閲覧2017.12）

「2ちゃんねる」http://www.2ch.net/

「死ぬ程洒落にならない話を集めてみない？」http://syarecowa.moo.jp/
「怖い話まとめブログ」http://nazolog.com/
「AlphA-WEB　怖い話（アーカイブ）」
https://web.archive.org/web/20031203230448/http://www.alpha-web.ne.jp/fun/kowai/
「現代奇談（アーカイブ）」http://web.archive.org/web/20050328044119/http://osi.cool.ne.jp/
「怖い話投稿　ホラーテラー（アーカイブ）」
https://web.archive.org/web/20130524163718/http://horror-terror.com/palace.html
「ディープダンジョン 2.1　うわごとのとなり」http://www5d.biglobe.ne.jp/DD2/Rumor/ul.htm
「都市伝説広場」http://umaibo.net
「幻想住人録 666（アーカイブ）」
http://web.archive.org/web/20040805042117/http://cthulhu.hp.infoseek.co.jp/index.htm
「国際日本文化研究センター　怪異・妖怪伝承データベース」
http://www.nichibun.ac.jp/YoukaiDB2/index.html
「怪異・日本の七不思議」http://www.orange.ne.jp/~kibita/jp7/
「六甲山　鷲林寺ホームページ」http://www5b.biglobe.ne.jp/~jurinji/main.html
「太貍庵家頁（アーカイブ）」
http://web.archive.org/web/20050204092918/http://www.d1.dion.ne.jp:80/~noguckg/
「なかおちさと【鳥を見た】」http://ameblo.jp/miokurinohi/entry-10133793768.html
「市川市　葛飾八幡宮と文化財」http://www.city.ichikawa.lg.jp/edu09/1111000055.html
「ひとりかくれんぼ実況@ wiki」http://www20.atwiki.jp/hitorikakurenbo/
「都市伝説まとめ wiki」http://seesaawiki.jp/w/urban_legend2010/
「チェーンメール大倉庫」http://www.chenme.com/souko.htm
「怪談投稿（アーカイブ）」https://web.archive.org/web/20120120071208/http://homepage3.nifty.com/kaidan/
「廃墟伝説」http://kuromax.web.fc2.com/index.htm
「いずみ書房おもしろ民話集　エミリーの赤い手袋」
http://blog.izumishobo.co.jp/sakai/2012/12/post_1531.html
「森の目　口裂け女の歴史」http://ameblo.jp/morino-me/entry-11733586051.html
「宮古島キッズネット」http://www.miyakojima-kids.net/
「ごーやーどっとネット」https://www.goyah.net/
「座敷わらしの宿　緑風荘」http://www.zashiki-warashi.co.jp/
「北海道松前藩観光奉行」http://www.asobube.com/database.cgi?dbnum=66&dbkonum=0
「国立国会図書館デジタルコレクション『聖域怪談録』下」http://dl.ndl.go.jp/info:ndljp/pid/1442189

【論文】

新井真冊（2007）「チェーンメールの形成と展開」、『都市民俗研究』13、pp.43-67、都市民俗研究会
飯倉義之（2002）「少年少女民俗誌―『H 君とヤマンバ』を受けての試み―」、『世間話研究』12、pp.108-130、世間話研究会
飯倉義之（2004）「奇人論序説―あのころは「河原町のジュリー」がいた―」、『世間話研究』14、pp.53-82、世間話研究会
飯倉義之（2014）「転生する都市伝説―『棒の手紙』を例として―」、『伝承文化研究』12、pp.1-9、國學院大學伝承文化学会
飯倉義之（2015）「渋谷を巡るハナシと記憶―生きられる渋谷のために―」、『都市民俗研究』20、pp.47-64、都市民俗研究会
飯倉義之（2017）「現代都市社会のコミュニケーションと『陰謀論』的思考」、『都市民俗研究』22、

pp.55-66、都市民俗研究会
大島広志（1991）「若者たちの怪談」、『世間話研究』3、pp.80-85、世間話研究会
川島理想（2015）「変貌する『トイレの花子さん』像」、『世間話研究』23、p.18-40、世間話研究会
神田朝美（2006）「清峰寮の幽霊話」、『世間話研究』16、pp.40-56、世間話研究会
小池淳一（2013）「シンポジウム／『口承文芸研究は都市伝説をどう扱うか』『都市伝説』シンポジウムの趣旨と成果および展望」、『口承文芸研究』36、pp.84-102、日本口承文芸学会
重信幸彦（2013）「シンポジウム／『口承文芸研究は都市伝説をどう扱うか』『都市伝説』という憂鬱」（2013）「『都市伝説』シンポジウムの趣旨と成果および展望」、『口承文芸研究』36、pp.103-113、日本口承文芸学会
関根綾子（2009）「女子高生が知っている不思議な話」、『昔話伝説研究』29、pp.46-58、昔話伝説研究会
常光徹（1986）「学校の世間話─中学生の妖怪伝承にみる異界的空間─」、『昔話伝説研究』12、pp.12-34、昔話伝説研究会
常光徹（1990）「金しばり─その時、みえたもの─」、『世間話研究』2、pp.78-83、世間話研究会
長野晃子（2001）「H君とヤマンバ─現代・都会っ子のヤマンバ─」、『世間話研究』11、pp.8-21、世間話研究会
根岸英之（1999）「大学の友人から聞いた川崎の世間話（上）」、『世間話研究』9、pp.134-143、世間話研究会
根岸英之（2000）「大学の友人から聞いた川崎の世間話（下）」、『世間話研究』10、pp.298-307、世間話研究会
野村典彦（2004）「【資料報告】彼女たちの〈お話〉体験」、『世間話研究』14、pp.150-154、世間話研究会
降井直人（2001）「現代人と世間話─トイレの怪談を中心にして─」、『山陰民俗研究』6、pp.56-81、山陰民俗学会
三柴友太（2009）「『追いかけてくるもの』研究─諸相と変容─」、『昔話伝説研究』29、pp.36-45、昔話伝説研究会
宮本直和（2000）「子供、大人のアイデンティティと『学校の怪談』の流行」、『世間話研究』10、pp.241-252、世間話研究会
戸塚ひろみ（2002）「空間の『怪異』・『埋葬』の空間─東京青山墓地怪異譚考─」、『世間話研究』12、pp.24-43、世間話研究会
丸山泰明（2012）「『幸運の手紙』についての一考察」、『国立歴史民俗博物館研究報告』174、pp.309-317、国立歴史民俗博物館
山田厳子（2005）「シンポジウム／口承文芸の『発生』と『創造』 目の想像力／耳の想像力─語彙研究の可能性─」、『口承文藝研究』28、pp.123-129
山田厳子（2013）「シンポジウム／『口承文芸研究は都市伝説をどう扱うか』 都市伝説と「経験」」、『口承文芸研究』36、pp.114-125、日本口承文芸学会
渡部圭一（2013）「シンポジウム／『口承文芸研究は都市伝説をどう扱うか』 民俗学の1980年代と『都市』概念」、『口承文芸研究』36、pp.126-138、日本口承文芸学会

［著者紹介］

朝里 樹（あさざと・いつき）

1990 年、北海道に生まれる。2014 年、法政大学文学部卒業。日本文学専攻。現在公務員として働く傍ら、在野として怪異・妖怪の収集・研究を行う。

日本現代怪異事典《にほんげんだいかいいじてん》

平成 30 年（2018）1 月 17 日　初版第 1 刷発行

［著者］
朝 里　樹

［カバー・扉イラスト］
裏逆どら

［発行者］
池田圭子

［装幀］
笠間書院装幀室

［発行所］
笠 間 書 院
〒 101-0064　東京都千代田区神田猿楽町 2-2-3
電話 03-3295-1331　FAX03-3294-0996
http://kasamashoin.jp/　mail：info@kasamashoin.co.jp

ISBN978-4-305-70859-5　C0539

印刷／製本　大日本印刷